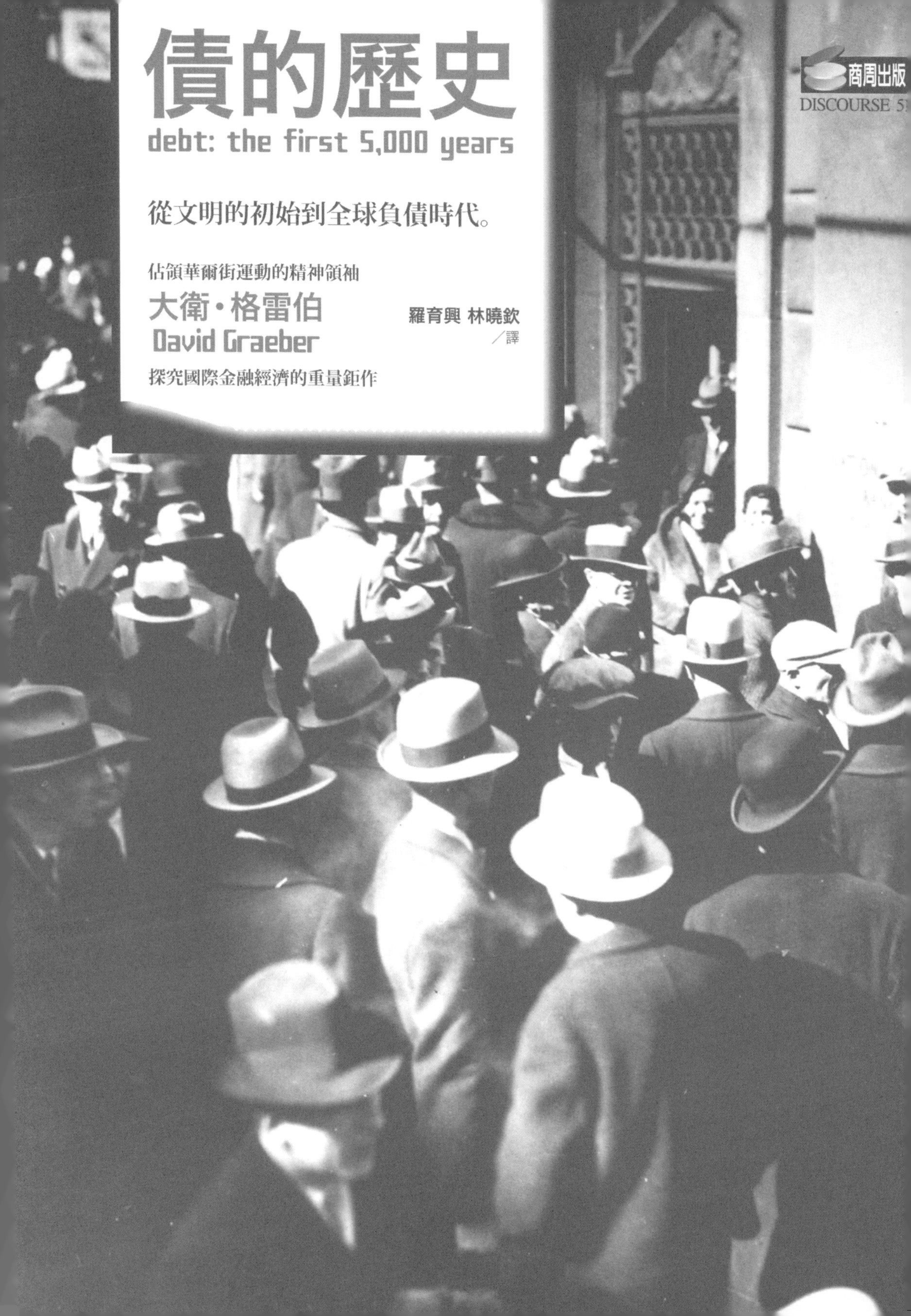

債的歷史

debt: the first 5,000 years

從文明的初始到全球負債時代。

佔領華爾街運動的精神領袖

大衛·格雷伯
David Graeber

羅育興 林曉欽／譯

探究國際金融經濟的重量鉅作

商周出版
DISCOURSE 5

推薦序

重新審視債的歷史

劉瑞華

經濟學家的罪惡？

本書的作者大衛・格雷伯教授是「佔領華爾街運動」的精神領袖，讀者應該不難想見這本書是批判資本主義的。不過，仔細閱讀這本書，可能讓你驚訝，作者不僅要從歷史中梳理出體制的邪惡本質，還大膽挑戰了「欠債還錢」這個看似天經地義的觀念。格雷伯教授以文化人類學的角度所呈現的「債的歷史」則是環繞在「債」的觀念如何產生，以及資本主義所依賴的經濟學理論如何忽視了「債」的現實，因而導致當今市場經濟社會無法解決「債」的問題。

我在閱讀這本書的過程，心情一直很複雜，一方面身為經濟學家無法接受格雷伯教授的指控，另一方面卻又看的不能釋手，幾天之內就仔細讀完這本頁數龐大的鉅作。放下書稿，不得不承認這樣一本有別於經濟學邏輯的書所帶來的知識衝擊，我也必須做點回應，釐清一些經濟學的見解。

格雷伯教授把矛頭直接攻向經濟學的祖師，認為當今的資本主義陷入的困境乃是源自於亞當斯密所建構的社會想像中，市場交易是「以物易物，沒有債務」。這個學術神話引領了資本主義的發展，直到今日無法認識債的本質。那麼該如何認知「債」在人類社會中的意義呢？格雷伯教授從五千年前古文明的起源開始說起，有些材料是依據神話，認為「債」早在貨幣出現之前就存在人類的關係之中。這樣的關係不是一般所瞭解的交易，而是足以剝奪自由的「奴隸」關係。這讓我想起了一件往事。

誰是債的奴隸？

多年以前，我的母親被鄰居倒會，於是和其他受害人到這位冒名標會的會頭家裡要錢。那一天回來時，母親氣得說不出話，追問之下得知，會頭受不了每晚有人來要債的干擾，回嗆：「你們有沒有人性？」這句話重傷了我那位每日憂愁，不敢告訴丈夫兒子被倒掉多少錢的母親。我當時剛剛成為自我期許應該具有「冷靜的腦，溫暖的心」的經濟學家，並未分擔多少母親所受的打擊，只是極端好奇這人怎麼能說出這樣厲害的防禦攻擊？看了這本書，我明白了。

在那位負債人的眼中，討債的人成了經過幾千年歷史還沒進化的奴隸主。在此我要聲明，如果我的口氣有點譏諷，那完全因為此事的本質，我的確接受了格雷伯教授的說法。這裡的奴隸關係不能單從字面上理解，當時有人建議去找一位正在大張旗鼓從事討債服務的前受刑人，卻立即被前來調解的警察警告，這當然激起了債權人大罵法律保護壞人，但事實的確如此，現代的債權人並沒有古代奴隸主的手段。格雷伯教授所說的奴隸關係，是指自由的喪失。債主可以隨時走進負債人的家裡、工作場所，亮出憑據要錢，即使明知拿不到錢也可以騷擾洩憤。不過，你若換個角度想，除非債主雇用討債公司，不然當討債讓負債人失去自由的同時，債主豈不也沒有了做其他事的自由呢？

關鍵在於創造財富的能力

我還可以進一步拿經濟學為債的奴隸理論作見證。為何債主要控制或干預負債人的人身自由？經濟學所承認的價值創造來自生產，而個人擁有的原始生產工具就是勞動。先退一步從基本說起，債務來自擁有的財富少於支付的義務，負債人說財富已經付光了，債主當然不信，不停的討債行動除了測試是否還有私藏，進一步就是掌控創造財富的來源，也就是負債人的勞動。

作者在最後結論裡才提到「沒有生產力的窮人」，這其實不是債務問題，而是社會福利照顧的範圍。真正的債務問題是有生產力的人卻無法償債。我必須說，經濟學並非沈溺於格雷伯教授所批評的「沒有債務的神話」中，而是經濟學直接關注生產力低落的原因。生產力低，原本如果量入為出，也未必就會負債。在此不是辯論人的行為是否理性，或者資本主義如何引誘過度消費的場合。更一般性的問題是為何大量的債務湧現，可能拖垮資金市場，甚至整個國家經濟。

政府債務的問題有其獨特性，其原因通常不在市場機制失靈，而是政治監督失效，更不能怪到經濟學的頭上，因為經濟學界普遍對於政府支出擴張是反對的。寬鬆的貨幣政策的確是導致債務問題的主要原因之一，而政府又經常在大印鈔票時擴大支出，因此經常可見政府債務與民間債務同時飆升。不過，政府通常有個最好的藉口，那就是透過凱因斯理論解釋這是為了應付經濟不景氣，提高所得，免得大家入不敷出。我們還是回到民間負債的問題。

還不清的債

私人為何負債？這本書雖然用了如此龐大的篇幅剖析債的觀念，卻沒有直接回答這個問題。格雷伯教授可能以為經濟學還停在「以物易物」的原始時代，從未處理過這個問題，不過事實上經濟學當然有答案，在此我只能簡單的說明一些。

可以償還的債務並不是問題，而且正如本書所述，債務已經是資本主義社會裡每個人的日常生活。絕對無法償還的債理論上也不會出現，因為沒人會貸放，如果有人，那該算是贈與。關鍵的問題是，原本應該可以償還的債，為何無法償還？即使你不曾聽清楚過金管會要求投信公司必須公布，而通常被極快速唸過的警語，你可能也知道其中的關鍵字是「風險」。

「債」原則上是沒有風險的，負債人曾經保證過一定償還，可是被借去的「債」卻可以被用在有風險的事情上，讓「償債」也變得不確定。人類的生活中一直充滿著風險，這並非資本主義專有，不同時代各有不同的風險，資本主義確實造成了資本的市場風險但並非全部。會導致負債的原因很多，失去生產力是最值得同情的，失業、傷殘、疾病都在大多數資本主義社會已經以某種社會保險的方式處理。然而，過度消費，不管是鋪張的婚禮、祭祀，還是購買跑車、遊艇，甚至為了供應子女上大學，都很難要求社會共同來承擔。

古今中外，最讓人痛恨的「債」應該是高利貸，那是因為債的利息超過一般人正常的生產能力，不管多麼努力也無法還清。本書作者可能想避免「債」的問題被誤解成這個特殊問題所以很少提到。另一個較少論及的是我認為資本主義真正的罪行在金融風險。的確如格雷伯教授所言，借貸與投資在資本主義之前是建立在人際關係的基礎上，資本主義將債與投資變成了商品，產生了市場風險，而且不斷創造或包裝成新的金融商品，讓人難以瞭解其風險。還記得幾乎拖垮華爾街的「連動債」嗎？明明是風險性投資卻取名為債，其心可誅。不過，我並不認為人際關係就能夠減少風險，市場只是增加了複雜性。多年的鄰居竟然倒會，據說是為了幫女兒從股市虧損裡翻本，越陷越深。

經濟學家應該聽聽

格雷伯教授在書中旁徵博引，講述許多寓言式的故事，卻沒提到我熟記的兩則，難道這也是學科差別所致？我東施效顰一下，讓讀者參考。一是據說蘇格拉底即將受死之前，弟子前往詢問老師有何要事交代，哲人只說了記得要還給鄰居一隻雞。另一則是成語「債臺高築」的典故，為了躲債而建築高樓，用今日的說法，債務到期再用建高樓作為借新債的理由，欠債越多，樓蓋的越高。

雖然我自覺讀了本書收穫許多，我還是要承認我仍然缺乏格雷伯教授所期望的想像力，不能從容的拋棄當今市場經濟的理念。我為此辯護的學術理由是經濟學研究選擇，即使如馬克思這樣的革命者，基於經濟學的理解，也為代替資本主義提供了另一個選項。不過，我認為經濟學家應該誠懇的接受格雷伯教授的挑戰，認真聽聽批評，嚴肅面對全球化資本主義的問題，為下一個時代找出新選項。

（本文作者為清華大學經濟學系教授兼系主任）

推薦序
從債的歷史到佔領華爾街

張鐵志

二〇一一年三月，阿拉伯之春仍然炙熱，尚未褪色。人類學家大衛・格雷伯接到加拿大雜誌《*Adbuster*》邀稿，請他討論在歐洲和美國發生革命運動的可能性。

同年七月，他出版新書《債的歷史：從文明的初始到全球負債時代》。

他一定沒想到，幾個月後，就出現了他所等待的革命，而且是驗證他所談的債的歷史的理論。更重要的是，他是這個運動關鍵的參與者：佔領華爾街運動。（這個運動最早就是《*Adbuster*》發起的。）

「從他的積極行動和著作來看，他可能是世界上最有影響力的人類學家」，美國《高等教育紀事報》（*The Chronicle of Higher Education*）說。或者說，由於這本談論「債的歷史」的書和他在佔領華爾街運動中的角色，格雷伯無疑成為這個時代又一個左翼學術明星。

但他自己最愛的身分可能是一個無政府主義者。

他自稱，從十六歲開始就是無政府主義者。在八〇年代和九〇年代時，他想要參與左翼運動，但主流的團體對他來說都太過於階層化，讓人窒息。但是從一九九九年的西雅圖反世貿運動開始，出現一個「全球正義運動」（Global Justice Movement）——他反對「反全球化運動」的標籤，認為他們其實是「反新自由主義」——一個他夢想中的無政府主義運動出現了。此後，他一方面以紐約為基地積極參與直接行動的對抗，另方面在學術上則著力於「無政府主義人類學」（曾著有《無政府主義人類學片簡》

（*Fragments of an Anarchist Anthropology*）[1]。

但這個無政府主義運動者身分卻帶給他坎坷的學術生涯。他從一九九八年開始在耶魯大學人類學系任教，但是二〇〇五年卻沒有被續聘；後來聘期延長兩年，仍沒法拿到終身職。在這期間，他在美國申請了十幾間學校，都沒有結果，即使人類學界許多人認為他是非常優秀的學者。他自己和許多人都認為主要原因是他的激進政治[2]。二〇〇八年他才受聘於倫敦大學 Goldsmith 學院，今年轉入倫敦政經學院。

後金融危機的二〇一一年成為他的巨大轉捩點。七月出版的《債的歷史：從文明的初始到全球負債時代》受到很大迴響，接下來幾個月，他意外踏入佔領華爾街運動的籌備：這個運動一方面體現了他對債的反抗政治的歷史分析，另方面也是實現了他對於無政府主義組織原則的理想。這個運動衝擊了世界。

在《債的歷史：從文明的初始到全球負債時代》一書中他就說，歷史上大部分的革命、反抗和動亂在某程度上都是和債務有關，從創造希臘民主的騷亂到美國革命，或其他任何反殖民抗爭。」但是要聚集債務人成為一個運動是很困難的，因為負債在本質上就是孤立的，且其所引起的不安和屈辱敢更成為一種意識型態。

但是佔領華爾街卻成為這樣一個「債務人」或者「債務世代」的運動。

格雷伯和他的同志們創造席捲全球的新口號「我們是百分之九十九」[3]，而他認為，「這個口號是要提出美國自經濟大蕭條之後沒人做過的事：讓階級力量成為政治議題。」

這之所以成為可能，是因為在美國出現了階級力量的本質變化，而這又是因為美國資本主義的「金融化」。過去，這個過程都被視為一個抽象的過程，但是佔領華爾街運動讓人們認清這個體系就是一個榨取債務的巨大機器。「金融化真正的意義是政府和金融機構的合謀以確保越來越多人陷入債務」，他在今年出版的新書《民主計畫：歷史、危機與運動》（*The Democracy Project: a History, a Crisis, a Movement*）中把他對美國債務的理論應用到他對佔領華爾街運動的分析上。

因此，百分之一的人就是債主：是那些能把他們的財富轉變為政治影響力，然後再把政治影響轉化成財富的人。大部分的佔領者或多或少都是美國債務體系的受害者。目前有四分之三的美國人背負某種形式的債務，而每七人中就有一人被收債者討債。尤其是年輕人，他們努力念書，卻發現畢業後沒有工作，沒有未來，只是滿身債務。

雖然許多人批評佔領華爾街運動沒有具體訴求，但格雷伯認為這個運動本來就不應該只是為了改變政策。「佔領的力量在於讓體制去正當化，訴求許多美國人的共同感覺，亦即我們的政治階級是如此腐化以致於其無法處理一般公民面對的問題，更何況處理世界問題。要創造一個真正的民主系統只能是一切從頭來過。」

所以佔領華爾街不只是要改變這個我們所面對的不公平經濟體制，也是要改造我們的民主。這個運動結束了，體制似乎被撼動有限，但格雷伯在《民主計畫：歷史、危機與運動》樂觀地認為，一旦人們的政治視野與想像被打開了，改變就會不斷下去。

我們也這麼相信，起碼新一波年輕人的反抗運動——同樣是要求社會正義並同樣不信任眼前的民主體制——正在我們這個島嶼上發生。

（本文作者為《號外》雜誌主筆兼《彭博商業周刊／中文版》總主筆）

---

1 他在二〇〇二年於「新左評論」（New Left Review）上發表一篇文章「新無政府主義者」，介紹了新無政府主義運動的主要特點。

2 《高等教育紀事報》討論了他的學術流亡，可以參考萬毓澤教授的中譯版：「一位激進人類學家David Graeber的學術流亡」https://www.facebook.com/notes/poe-yu-ze-wan/一位激進人類學家的學術流亡/1015167796396070

3 這部份是受到經濟學者Joseph Stiglitz在二〇一一年五月的一篇文章「Of the 1%, by the 1%, for the 1%」所影響。

debt: the first 5,000 years

david graeber

第一章

道德的混淆

債
名詞：一、借款，欠錢，債務。二、負債情況。三、人情債，恩情。

——牛津英文字典

如果你欠銀行十萬美元，那銀行就能掌握你的命運。如果你欠銀行十億美金，那你就掌握這間銀行的命運。

——美國諺語

兩年前，由於一連串奇異的巧合，我無意間參加了英國西敏寺舉辦的花園派對。我當時有點不自在，不是因為別的客人不討人喜歡或不友善，而且籌備這場派對的葛瑞米神父也是非常殷勤待客的主辦人。可是我總覺得跟這裡格格不入。後來葛瑞米神父走過來說，我可能會想見見噴泉那邊的某個人。他解釋，那位服裝整齊、看上去水準很高的年輕女子是個律師，神父說：「不過她人比較激進，她替倫敦一個反貧窮組織團體提供法律協助。你們可能會有很多話聊。」

於是我們聊了一下，她跟我談到她的工作。我告訴她，我參與全球公義運動很多年了。媒體通常稱呼這是「反全球化運動」。她很好奇，她讀過許多關於美國西雅圖、義大利熱那亞、催淚彈和街頭暴動事件的文章，但是……這些運動真的有達到效果嗎？

「事實上，」我說：「剛開始那幾年，我們的成果其實很讓人驚訝。」

「舉例來說？」

「嗯，就像是我們差點把國際貨幣基金毀了。」

當時她並不太清楚什麼是國際貨幣基金，我向她解釋國際貨幣基金（International Monetary Fund，簡稱ＩＭＦ）基本上就像是在全世界幫人討債的執法單位。我表示：「也可以說他們就像高利貸業者派來打斷妳腿的人。」接著我開始解釋這組織的歷史背景，一九七〇年代適逢石油危機，石油輸出國家（ＯＰＥＣ）將新近獲利的財富大量投進西方銀行，那些銀行不知道該把這些錢拿去哪裡投資。因此，美國花旗銀行和大通銀行後來就派專員到世界各地去，遊說第三世界的獨裁者和政客貸款（當時稱為go-go banking）*；後來由於一九八〇年代初期美國的貨幣緊縮政策，這些貸款從剛開始極低的利息，立刻暴衝到百分之二十的高利。在一九八〇年代到一九九〇年代期間，這件事導致第三世界的債務危機；後來國際貨幣基金介入，為了讓他們再籌資金償還債務，國際貨幣基金堅持要這些貧窮國家放棄穩定基本民生食品價格的補貼，甚至放棄策略性儲存糧食的政策、放棄免費健保和免費教育，這些要求造成了供應地球上某些最貧窮、最脆弱族群基本需求的政策垮台。我還提到當地的貧窮、公共資源被剝奪、社會福利瓦解、地方性的暴力、營養不良、絕望感和殘破的生活環境。

「那你的看法是什麼？」這位律師問道。

「對國際貨幣基金的看法嗎？我們想廢除它。」

「不，對第三世界債務的看法。」

「哦，我們也想廢除它。我們要求國際貨幣基金停止強制結構調整貸款的政策，因為那些政策造成了直接的傷害。令人驚訝的是，我們竟然很快地辦到了。我們較長期的目標是債務特赦。類似聖經中每二十五年一次的大赦年。就我們觀察，」我告訴她：「過去這三十年來，貧窮國家的錢不斷流進最富有的國家，這一切應該已經夠了。」

「可是，」她反駁道，「他們欠了錢呀！欠債的人當然要還債。」她認為欠債還錢，是天經地義的事情。

就是因為這個論點，我發現這段談話比我原先預期的困難多了。從哪裡開始談起呢？我可以解釋說，這些錢是由那位非民選的獨裁者借走的，他們把大部份的錢直接轉入瑞士銀行帳戶。叫她仔細想想，堅持要這些借貸國還債，而不是叫獨裁者本人，甚至不是叫他的親朋好友還債，卻是從貧窮小孩的口中奪走食物來償還貸款，這樣有何公義可言？或者，仔細想想，截

＊譯注：go-go banking即以創造負債的積極經營方式，調整銀行資金的流動。

至目前為止，有多少欠債的貧窮國家已經付了比當初貸款三、四倍有餘的金額，可是以驚人的複利計算之後，就算償還了大筆款項還是無法減少積欠的本金。我也觀察到再融資時的差異性，借貸國必須遵循華盛頓或蘇黎世設計的正統自由市場經濟政策，他們的國民不曾同意過，也絕不會同意這種做法；堅持要這些國家接受民主國家的憲法，又不讓那些民選的總理改變他們的國家政策，這樣似乎有點不誠實。或說，由國際貨幣基金執行的經濟政策根本不管用。然而，還有一個更根本的問題：認定債務必須得到清償的觀點是否正確。

事實上，值得注意的是，關於「欠錢的人一定要還清債務」這個論點並不正確。貸方本來就應該要承擔某種程度的風險。如果所有貸出去的款項不管是多離譜的數字都能收回，比方說沒有破產法的話，這結果將會非常悲慘。銀行有什麼理由不會做出愚蠢的放款呢？

「我知道這聽起來像是基本常識，」我說：「可笑的是，在經濟上，實際上的貸款卻不是這樣操作的。金融機構應該把資源轉向有利可圖的投資，可是如果不管銀行怎麼做，他們都能保證連本帶利把錢收回來的話，整個體制就無法運作了。比方說，我走進附近的一家蘇格蘭皇家銀行分行說：『你知道嗎？我剛得到一個賽馬明牌，想說不知道你們能否借我幾百萬英鎊？』他們聽了很可能只會笑我神經病。因為他們很清楚，如果我賭的馬沒贏得比賽的話，他們就不可能把錢拿回來。不過，想像一下，假使有一條法律說，不管發生什麼事，銀行都保證能把錢拿回來，即使這表示，我或許是把我女兒賣給奴隸販子，或是摘掉我的器官來還錢。若是如此，銀行有什麼理由不借我錢呢？為什麼要等到有人上門說他找到了一個可行的好點子時，才設下洗錢的陷阱呢？基本上，國際貨幣基金在全世界所做的事情就是這樣——所以當初才會有這麼多的銀行，願意把數十億美金送給那群顯然是大壞蛋的人手裡。

我那時還沒機會說這麼多，因為突然有個喝醉的理財專家走過來，發現我們正在討論金錢的事情，就開始講一些道德風險的趣味故事——不知為什麼，不久之後，對話就變成冗長又不怎麼令人感興趣。理財專家絕大部份都在講他個人追女人得手的性經驗，然後我就悄悄離開了。

債是經濟行為，隱含道德義務

然而，事過好幾天，那段話仍不斷縈繞在我的腦海中。

「欠錢的人當然要還債。」

這句話之所以這麼有力的原因，不是因為它是經濟上的聲明，而是道德上的聲明。畢竟，道德不就是指人應該償還自己的債務嗎？把欠別人的債還給他們，承擔個人的責任，盡個人對他人的義務，正如每個人都會期望他人善盡對自己的義務一樣。還有什麼例子比逃避個人責任、背信忘義和拒絕償還債務更能說明償債屬於道德義務呢？

就是這種看似不證自明的道理，讓我覺得非常危險。這種話讓可怕的事情顯得完全溫和無害，又不引人注意。「欠債還錢」的道理聽起來或許很有力，然而，一旦你親眼見識到這道理真正可怕的威力時，很難不產生強烈的懷疑。我就曾經見識過。我曾在馬達加斯加的高地上住了將近兩年，在我抵達前不久，那裡正好發生了一場極為嚴重的瘧疾。這場疾病之所以會如此致命的原因，是因為瘧疾很多年前在馬達加斯加高地就已經絕跡，因此過了兩代之後，很多人都失去祖先原有的免疫力。問題是，要維持這個杜絕瘧蚊的計畫要花錢，因為必須定期檢測，確保這些瘧蚊不會再繁殖，發現繁殖之後，也要確保牠們不會散播疾病。這個計畫不用花很多錢，可是由於國際貨幣基金嚴格要求緊縮預算，政府必須刪減這項監測計畫的經費，結果一萬人病死了，我也親眼見到年輕的母親，因為失去愛子悲痛不已。有人可能會認為，為了確保花旗銀行不致因某國不肯償還一筆貸款蒙受財務損失，因而造成十萬人喪失性命，這實在說不過去。畢竟這筆錢在銀行的資產負債表上也不是很重要。可是一位擁有十分崇高的道德且在在慈善機構工作的女性，卻把這種事情看做理所當然。她認為，他們欠了錢，欠債的人當然要還債。

債務將暴力建立的關係合理化

接下來的幾個星期，這句話不停地回到我的腦海裡。為什麼有債務？是什麼讓「欠債還錢」的概念變得如此怪異又強大？消費者的債務是經濟的命脈，所有現代國家都建立在赤字開支上。債務儼然成為國要際政治的中心問題，然而，似乎沒有人知道它確切的意思，或者應該怎麼看待它。

實際上我們不清楚什麼是債務，也不知道這個概念的彈性，而這正是債務有力的基礎。如果歷史試圖要告訴我們什麼事的話，那麼沒有別的方式比從債務的脈絡去理解歷史更好。債務能將暴力建立的關係合理化，要讓暴力關係看似合乎道德，莫過於將它置入債務的語言。最重要的理由是，因為這能立刻讓整件事情，看起來像是受害者自己做錯了事。黑手黨很清楚這點，戰勝國軍隊的指揮官也很清楚這點。幾千年來，施以暴力的人都會告訴受害者，說受害者欠他們一筆債。如果沒有東西可以欠的話，那受害者就欠他們「一條命」，（很有力的說詞）因為受害者最少還有一條命可以還。

舉例來說，現今的軍事侵略被定義為違反人道的犯罪行為，如果侵略國被帶上國際法庭，通常法庭都會要求侵略國支付賠償金。一次世界大戰後，德國就付了巨額的賠款，伊拉克仍在為海珊一九九〇年侵略科威特的事償還賠款。然而第三世界的債務，像馬達加斯加、玻利維亞和菲律賓這些國家的債務，似乎正好相反。第三世界的債務國，似乎清一色都是過去曾被歐洲國家攻擊和佔領過的國家。通常，他們的債主國就是這些侵略國，到現在他們還欠侵略國錢。例如，一八九五年間，法國侵略馬達加斯加，解散他們當時的政府後，娜拉瓦魯那女王三世宣稱這個國家是法國的殖民地。加利埃尼將軍「平定」此地後，他們當時很喜歡用「平定」一詞解釋自己的行為，首先做的其中一件事就是對馬達加斯加人民強加重稅，這樣他們才能賠償被侵略的花費，但是，除此之外他們還要付另一筆債，由於法國屬地在財政上理應自給自足，馬達加斯加因此應該自行支付興建鐵路、公路、造橋、開墾農地之類的費用，但這些都是法國政權想要建的。馬達加斯加的納稅人從來就不曾說他們要這些鐵路、公路、橋樑和農地，對於要在哪裡興建，或如何興建的事務，他們也不能發表多少意見。（注1）相反地，法國軍隊和警察卻屠殺了強烈反對這些開發計畫的人（根據某些報告指出，在一九四七年一次起義中，法國人屠殺了五十萬以上的反對者）。馬達加斯加人民對法國也沒做出類似這樣的傷害，儘管如此，從一開始他們便說馬達加斯加人民欠法國政府錢，直到今天為止，馬達加斯加人仍欠法國人錢，世界上其他國家的人也接受這樣的安排。通常都是馬達加斯加政府遲繳債款時，「國際社會」才會注意到此事的道德問題。

但債務不僅是為勝利者伸張正義而已，也是一種懲罰不該得勝者的方式。歷史中最引人注目的例子便是第一個被強迫永久以勞役償債的窮國——海地共和國。海地是第一個由過去農奴所建立的國家，他們不僅起義反叛，還鄭重聲明全體人民擁有的權利和自由，並打敗欲將他們貶回奴隸身份的拿破崙軍隊。法國立刻堅稱，這個新興的共和國虧欠法國一億五千萬法郎，因為他們剝奪了法國農地，使法國蒙受虧損，連打敗仗的法國遠征軍開銷也要海地賠償，所有其他國家包括美國也都同意禁止海地這個國家出入其港口，直到債務償清為止。這筆鉅額款項（相當於一百八十億美金）分明是故意刁難，從此以後，被禁止出入各國海港的「海地」，變成債務、貧窮和可憐人的同義詞（注2）。

不過，有時候債務的意義似乎正好相反。從一九八〇年開始，美國堅持依嚴格的條款，要求第三世界償還欠美國的債務，但美國所欠的債款遠超過第三世界國家所有債務的總和，主要是由於美國的軍事開銷迅速增加之故。然而，美國的外債以發行公債的形式，大部份由其他國家的投資團體持有（德國、日本、南韓、台灣、泰國和波斯灣諸國），實際上這些地區受美國軍隊保護，駐紮當地的美軍基地武器和裝備，絕大多數都是由這些赤字開支來支付的。如今這種情況似乎稍微改變了，中國也加入這場遊戲（中國是特殊例子，原因稍後再詳述），但改變不大。即使中國認為他們持有這麼多的美國債券，在某種程度上中國其實受惠美國的利息，而非讓美國獲取利益。

這些持續注入美國國庫的錢是怎麼一回事？這些是「借貸」嗎？還是「貢金」？過去能在祖國以外地區維持數百個軍事基地的組織，通常都被稱為「帝國」。帝國通常都會要求其屬國人民進貢。當然美國政府堅稱他們不是帝國，但一般人不難理解他們堅持把這些款項當作「貸款」而非「貢金」的唯一原因，其實只是在否認自己實際上就是帝國。

那麼，綜觀歷史，某些債務和其債務人所遭受的待遇確實跟與我們想的不一樣。一七二〇年間，其中一件最讓英國民眾震驚的事情就是，大眾媒體揭露債務人的監獄通常分成兩區。貴族囚犯通常只會在「飛特監獄」或「馬歇西監獄」短暫停留。這在當時還成為一種時髦。監獄裡有穿制服的僕人服侍貴族囚犯用餐進酒，還能定期召妓入監探視。「平民區」中窮困的負債者，卻被銬在窄小的牢房裡。根據其中一篇報導形容，「這充滿污穢和寄生蟲，犯人被飢餓和監獄中的熱病折磨到死為止，得不到任何同情。」（注3）

以某種方式來說，我們目前看到的世界經濟就是英國監獄情形的擴大版：美國是凱迪拉克等級的債務人，馬達加斯加在隔壁牢房貧困飢餓至死。而凱迪拉克級債務人的僕人還訓示他們說，他們的問題是肇因於自己不負責任。

這裡有個更根本的問題，甚至是哲學性的問題，很值得我們深思。比如一個黑道份子拿槍要你繳「保護費」，和拿槍要求你「借」他一千塊，兩者之間有何不同？顯然在大部份的情況下，這沒什麼兩樣，但在某些情況下卻有所不同。以美國欠韓國和日本錢的例子來說，要是權力的平衡轉移，美國失去了軍事優勢，就像流氓失去打手，那這筆「貸款」的情況就會不同，也許會變成真的債務，但最重要的因素仍然是美國是否擁有「槍」。

有一齣很老的喜劇表演把這點表現得更加淋漓盡致。以下是根據史蒂夫．萊特加強改編後的喜劇版：

某日我跟一位朋友走在街上，一名男子突然從巷子裡跳出來說：「把錢拿出來。」我把錢包拿出來後心想：「不能讓這個成為全盤的損失。」於是我拿出一些錢，交給我朋友說：「嘿，佛瑞德，這是我欠你的五十塊。」

這名搶匪看了很不爽，於是自己掏出一千塊錢，強迫佛瑞德在槍口下，把錢借給我，然後他又把一千塊拿回去。

在最後的分析中，這名拿槍的男子並不需要做這些多餘的事，可是為了讓以暴力為基礎的制度執行得更徹底，人們需要建立某種規矩。這套規矩可以完全獨斷專橫，以某種程度來說，規矩是什麼甚至不重要，或者，至少起先並不重要。問題是，當一個人開始以債務之名來建構規則時，人們難免會問：到底該是誰欠了誰？又欠了什麼？

被忽略的債務歷史

人類對於債務的爭論持續了五千年之久，佔了人類歷史很長一段時間，至少在國家和帝國時代，大部份的人都被告知他們欠了債（注4）。很奇怪的是歷史學家，尤其是思想史學派的歷史學家，都不願細想這個現象。特別是當多數人背負債務時，很容易造成長期的憤怒和怨恨。如果直接告訴一群人，說他們低人一等，當然會引來這群人的不悅，但令人訝異的是，被告知低人一等的這群人卻很少引發武力暴動。但如果告訴一群人，將取消他們原本擁有的平等對待，即使他們現有的東西也不是他們應得的他們無權擁有，這樣就很有可能引發這群人的怨怒反抗。歷史似乎不斷在教導我們這個道理。幾千年來，貧富糾葛大部份都圍繞在債主和債戶之間的衝突，都和利息款項、勞役償債制度、特赦、財產收回、歸還賠償、扣押羊隻、沒收葡萄園、將債戶的子女賣為奴隸等有關，雙方不斷爭論這些事情的對與錯。同樣的事件，在過去五千年來的歷史令人驚訝地不斷重演。史上的反叛都以同樣的方式展開：摧毀債務紀錄，像是刻寫板、紙莎草紙、石板帳目。不管什麼時代、什麼地區、使用什麼樣的形式紀錄都一樣（之後，反叛者通常會去催毀土地權狀和稅務估量的紀錄）。偉大的古典學者摩西．芬利（Moses Finley）常說，在古代的世界裡，所有的革命軍都有一個必辦的程序：「將舊債一筆勾銷，重新分配土地。」（注5）

奇怪的是，我們很容易忽略歷史上的這些衝突。但當你想到當代的道德和宗教語言時，它們其實就是直接源自這些衝突。像是「算帳、估計、推測」（Reckoning），或是「贖罪、償還」（redemption）這些字詞最為明顯，因為它們是直接取自古代的財政語言。廣義來說，「罪惡」、「自由」、「原諒」，甚至「原罪」也是一樣。到底是誰欠誰的爭論，在我們基本語言中扮演了極為重要的角色，形塑了關於對與錯的文字表述。

有這麼多的語言源自對債務的爭論，讓債務的觀念變得既怪異又不合邏輯。畢竟，如果我們要跟國王爭論就得用國王的語言，不管這個語言在自己先前的環境有沒有道理都一樣。

放高利貸是邪惡的，因此還不出錢的人卻有罪？

如果我們來細看債務的歷史，首先就會發現嚴重的道德混淆。幾乎在每個地方都可以明顯的看到大部份人都同時擁有這兩種矛盾的觀念：一、借錢的人要還錢是很簡單的道德問題；二、任何習慣借錢給他人的債主都是邪惡的。

後面的這個論點，卻時常引來爭論。最極端的例子可能是法國的人類學家尚克勞德．蓋利（Jean-Claude Galey）在一九七〇年的東喜馬拉雅山區發現的部落。部落中最低級的種姓被稱為「被征服者」

（The vanquished ones）。一般人認為，他們是被目前社會的地主階級，也就是幾百年前地主的祖先所征服的居民後代。「被征服者」的後代永遠只能靠借貸度日。沒有土地又身無分文，為了吃飯餬口，不得不向地主借貸。他們借貸不是為了錢，因為維持生計的小數目實在微不足道，貧窮的債戶靠勞力工作償還的是利息，他們替債主清理戶外的庫房，重鋪庫房的屋頂，換得至少能維生的食物和遮風避雨的地方，然而對這些「被征服者」來說，生活中最大的開銷是婚禮和葬禮。這對全世界大多數的人都是一樣的。婚喪喜慶需要一大筆錢，而且經常都得用借的。蓋利解釋道，階級較高的放貸者要求拿借方的女兒當作抵押品，都是很常見的事。貧窮人家要借錢替女兒舉辦婚禮的話，貸款的抵押品通常都是新娘自己。新婚之夜過後，新娘就得到債主家報到，在那裡當幾個月的侍妾，等到債主倦怠之後，便把她送到木材廠去做一兩年的營區妓女，以便償還父親借貸的錢。等到債務償清之後，她才能回到丈夫身邊，過已婚婦女的生活。（注6）

這種事聽起來似乎很駭人，甚至讓人義憤填膺。可是在蓋利的報告中，並沒有說那裡有人對這種不公不義的事情感到不滿，每個人似乎都覺得這是理所當然的事。當地的高層人士對此種習俗也沒有表示擔憂之意，他們往往是地方上道德的最後仲裁者。不過，這種結果也不令人驚訝，因為，通常大部份的放貸者本身就是擔任最後仲裁的高層人士。

當然，即使在這種地方，大家關起門後有什麼意見別人也不得而知。如果一群毛澤東主義的信徒，突然攻佔了這個地區（毛澤東主義者的確有在印度的鄉下地區運作），把當地這些放高利貸者抓起來審判的話，那我們或許就能聽到不同的意見和聲音了。

然而，我會說蓋利描述的情況只代表其中一種最極端的可能性：放高利貸者本身就是最高的道德權威人士。我們再拿別的地方跟這個地區相比。比如說，中古世紀的法國，當時的放貸者的道德觀讓人嚴重質疑。天主教會一向都禁止借錢賺取利息的行為，但還是經常會有人不守規矩。教會的高層四處授權講道宣傳，派托缽僧雲遊各鎮，到處警告放高利貸者說：除非他們懺悔，歸還從受害者身上剝削得來的利息，否則一定會下地獄。

這些留存下來的佈道，記載很多恐怖故事描述上帝審判那些不肯悔改者。有錢人突然發瘋，或得了可怕的疾病，臨死前在病床上被毒蛇或魔鬼糾纏，不久之後，他們的血肉就被這些毒蛇、魔鬼撕碎或吃掉。十二世紀時，這種佈道達到了巔峰，教會甚至開始直接實施獎懲制度。教皇對當地的教區頒布指令，所有放高利貸者都要被逐出教會；不允許他們領受聖禮，不論在任何情況下，他們的屍體都不准埋葬在教會的神聖墓園裡。有一位法國的紅衣主教雅克．維特里（Jacques de Vitry），在一二一〇年寫的一份紀錄中指出，一位極有影響力的放債者的友人，試圖對當地的教區神父施壓，希望他能網開一面，讓他埋葬在當地的教堂墓園裡：

由於這位生前放貸的死者其友人非常堅持，於是這位神父迫於壓力只好說：「那我們就把他的屍體放在驢子背上，聽聽上帝的旨意，看祂將如何處置這個人的屍體。看這頭驢子把屍體揹到哪裡去，不管是教堂、墓園還是別的地方，我就把屍體埋在那裡。」於是他們把屍體綁在驢子背上，驢子既沒往左，也沒往右，直接把屍體帶出城，走到竊賊被吊死的絞刑架旁，前腳用力一蹬，往後一甩，當下把屍首拋到絞台下方的糞池裡。（注7）

綜觀全世界的文學作品，幾乎找不到一個同情高利貸者的聲音。普遍來說，大家不會同情職業的放貸者，放貸者的定義是指借錢給人收取利息者。我不確定是否還有另一種職業會像放高利貸的一樣，形象一直都這麼壞（或許是劊子手？）。特別值得人注意的是，這些放貸者並不像劊子手那樣身份卑微，他們的階級通常都是社區中最有錢有勢的人。然而，和劊子手一樣，這些放貸者給人的印象一樣壞，有如鯊魚般的高利貸者，賺血腥錢、賣血肉、出賣靈魂。而且，魔鬼本身就是放高利貸的，他的帳本中充滿邪惡的紀錄，或者，另一種說法是魔鬼的形影就矗立在放貸者身後，等著收回壞人的靈魂。以這樣的工作來看，放高利貸的人顯然已跟地獄緊密相連。

在歷史上，只有兩種有效的方式能讓放貸者擺脫這種辱罵：不是把責任推到第三者身上，不然就堅稱借錢的人比他更壞。比方說，中古世紀的歐洲，那些貴族的爵爺通常都會雇用一個猶太人當代理人。很多貴族甚至還會稱那些猶太人是「我們的」猶太人，也就是說這些猶太人是在他們的護翼下做事。但實際上，他們卻常常第一個攻擊猶太人放高利貸。這些貴族除了借猶太人的名義放高利貸之外（保證他們會遭到眾人的厭惡），然後又定期拿他們當擋箭牌，說他們才是放高利貸的人，還私吞了那些錢。第二種方式堅稱借錢的人比自己更壞的情形當然比較普遍，不過事情通常都會演變成借貸雙方都一樣有罪；借貸這件事本來就不光彩，雙方都應該下地獄。

其他的宗教傳統則有不同的觀點。在中古世紀的印度教法典中，不只是收取利息的放貸得到允許（明文規定利息不得超過本金），而且還強調說，借錢不還的人死了會投胎到債主家做奴隸。在後來的法典中，還說欠錢不還的人會投胎到債主家做牛做馬。在佛教的許多典籍，對放貸者有同樣寬容的態度，同時警告借貸者不還錢會有報應。即便如此，大家仍舊認為，倘若放貸者做得太過份時，在歐洲發生的故事同樣也會在這裡上演。一位日本的中古世紀作家就講述過類似的故事，他堅稱這是真實的故事。時間大約在西元七七六年，內容描述一位廣島居民的驚奇的命運，她是一位有錢的官夫人，人特別的貪婪。

她會在她販賣的米酒裡灌水，靠這種稀釋過的日本米酒賺了很多利潤。她出借東西給人的時候，會用較小的量杯，但等到收回借貸時又改用大量杯。她出借米糧時磅秤都會偏少，收回時又要求很大的數量。她強行收取的利息高得嚇人——通常比原來借貸的本金多了十倍，甚至一百倍。她收回貸款時都很強硬，對任何人都毫不留情。因為這樣，很多人都陷入極度的焦慮中；有人為了躲避她，只好拋棄家園，遠走他鄉，四處流浪。（注8）

她死後，一些僧侶在她封棺後的靈柩前誦經超渡七天，到了第七天，她的屍體突然神祕復活：那些前來弔喪的人聞到了難以形容的惡臭，她的腰部以下已經變成牛身，頭上長出四英吋的牛角，雙手變成牛蹄，指甲也裂開變成像公牛的腳背。然而，腰部以上，她的身體仍像人類。她不喜歡吃米食，反而喜歡吃草，吃東西的習慣跟牛一樣會反芻，還全身赤裸躺在自己的糞便堆中。（注9）一大批人前來參觀，她的家屬感到既羞愧又內疚，不計一切要花錢贖罪，不但一筆勾銷了別人欠他們的所有債務，還捐很多錢給宗教機構，最後，上天大發慈悲，這個怪物終於死了。

這位作者本身也是僧侶，他認為這個故事是投胎轉世未成熟的明顯例子，這個女人違背了放貸的「合理範圍和應得的利息」，所以得到了因果報應。問題是佛教經典在這方面沒有寫得這麼明白詳細，沒辦法提供前例。通常是欠債的人才會投胎做牛，不是放貸者。因此碰到要解釋這個故事的道德訓示時，作者的說明就令人非常困惑難解：

正如某部經典所言：「當我們沒有償還所借的物品時，我們的還債方式就是投胎變成馬或牛。」「欠債者就像奴隸，放債者就是主人。」或者，另一種說法是：「欠債者就像野雞，他的債主就是老鷹。」如果你是放貸的人，不要給借貸者不合理的壓力，要求對方償還過多的數量。如果這麼做的話，你將來投胎就會變成馬或牛，為欠你債的人工作，結果反而得償還多好幾倍的債務。（注10）

所以情形究竟會怎麼樣？欠債者和放債者不可能雙方同時都變成對方農場裡的家畜。

這些偉大的宗教傳說往往都會碰到這類兩難的窘境。人類的關係碰到債務方面的問題時，就會牽連到道德。光產生這種借貸關係，雙方就已經有罪了；起碼，若是付款延遲的話，雙方都會有獲罪的危險。另一方面，當我們說某人表現得像他們「不欠任何人任何東西」的樣子時，我們很難將這個人想像成道德沒有缺陷的典範。在世俗的世界裡，道德的主要內容包括履行我們對他人的義務，我們難免會固執地把這些義務看成債務。或許完全脫離世俗的僧侶就能免於這種兩難的問題，然而我們絕大多數的人，仍被迫活在這個沒什麼道理可言的世界裡。

這個廣島居民的例子就是把罪名丟回給指控者的完美實例——就像那個高利貸死者和驢子的故事一樣，強調糞便、動物和羞辱，顯然是為了滿足幻想中的正義。放貸者被迫體驗跟借貸者一樣的遭遇感受羞辱和墮落的感覺。這故事以更生動的方式，打動我們內心更深處，詢問我們同樣的問題：「到底是誰欠誰什麼東西？」

這也是一個完美的實例，說明當一個人提出「到底是誰欠誰什麼東西？」這個問題的時候，這個人已經開始接納放債者的語言。正如我們若不償還債務的話，「下輩子就會投胎去債主家做牛做馬還債」；所以，如果你是個不合理的高利貸者，將來也得「還債」。連因果報應的正義也被貶低為一種商業交易的語言。

債務和義務——債是量化人與人關係的工具

在此我們談到了本書的中心問題：若說我們的道德感和正義感被貶低為一種商業語言，這究竟是什麼意思？若說我們把道德義務貶低為債務，又是什麼意思？當這件事變成另一件事時，會產生什麼樣的變化？當我們的語言是經由這種商業市場形塑而成時，我們應該要怎麼談論這些字句？以某種程度來說，義務和債務的差別很單純也很明顯。債務是指需要償還一筆特定數目的金錢，因此，債務跟其他的義務不同，它可以精準的量化。這使得債務變成簡單、冷硬，又毫無人情味的東西——這也使債務得以轉移。如果某人欠了人情，或欠另一個人一條命——也就只欠那個特定的人。但如果一個人借了四萬元，要還百分之十二的利息，不管債主是誰都無所謂，雙方也不必想太多，不必考慮對方需要什麼、想要什麼，或對方是否有能力償還的問題——如果他們欠對方的是人情、尊重或恩情，就難免得考慮這些細節。如果是債務的話，就不需要考量債務以外造成的影響，只需要計算本金、結餘、罰款和利息的比率即可。如果你被迫拋棄家園，流浪他鄉；如果你女兒得到採礦區當妓女，那算你們倒楣。但對債主來說，這種事情是免不了的，畢竟，金錢就是金錢，交易就是交易。

從這個觀點和這個決定性的因素來看，接下來我們要在這些篇幅中探討的是金錢能使道德變成一種客觀且毫無人情味的算術，藉這樣的方式，將原本可能極不道德或令人憎惡的事情合理化。截至目前為止，我所強調的暴力因素，似乎也因此變成次要的因素了。「債務」和單純的道德義務的差別不在於有沒有人拿著武器強行沒收債務人的財產抵債，或威脅要打斷債務人的雙腿，而是債主可以明確地用數字說出債務人究竟欠他多少。

然而，假如我們靠近一點看的話，就會發現這兩個因素：暴力和量化緊密相關。事實上，這兩個因素環環相扣。法國的高利貸者都有手握權勢的朋友和討債的打手，甚至有辦法威脅教會當局，否則他們怎麼有辦法去索取基本上非法的債務？那位廣島的女人對她的債務人態度強硬，「毫不留情」。但話說回來，她丈夫本身就是當地的達官政要。她根本不需要對任何人手下留情，沒有後台撐腰的人是無法做到這麼徹底的。

暴力或暴力威脅的方式，讓人與人之間關係的數字量化產生很大的問題。類似的討論會大量地在本書中一再重複出現。道德混淆的根源，彷彿始終圍繞著所有與債務相關的主題。造成這種困境的原因，似乎也跟人類文化本身一樣古老。我們可以從古代美索不達米亞（Mesopotamia）早期的資料中觀察到這種過程；從吠陀*的文獻中也能找到最原始的哲學詞語，然而債的道德混淆在史料中以不同種形式一再出現，時至今日仍隱藏在我們制度結構底下那些不可或缺的重要元素中。國家和市場的形成，以及我們最根本的自由、道德和社交本質的觀念。這些都是由歷史上的戰爭、征服和奴隸制度所形成的，隨著歲月過去我們再也無法察覺，因為我們已經無法想像另一種人類社會的情況會是如何。

金融危機成契機，重新審視債務本質

有一些明顯的理由顯示，為什麼現在更是應該重新檢討這些債務史的重要時刻。二〇〇八年九月，我們看到一場財務危機爆發後，幾乎使全世界的經濟停擺。從許多方面來看，世界經濟成了這般景象：船隻不再出海，成千上萬艘船停泊在港口。蓋大樓的起重機被拆除，因為沒有建築可建。銀行大幅度縮減放款，尾隨而來的不僅是民眾的憤怒和不解，大眾也開始談論債務、金錢的本質，以及金融機構為何成為掌握國家命運的團體。

但那只維持一段短暫的時間，這段談話並未產生任何結果。

人們之所以會想討論這個話題是因為他們發現過去十幾年來所聽到的事情，原來是天大的謊言。我真的沒有更婉轉的方式可以形容這場災難。這麼多年來，大家聽到一大堆超級複雜的金融創新名詞：信用商品的衍生詞、抵押擔保債券衍生詞、混合型證券、債務交換諸如此類的詞彙。這些新興金融商品市場複雜到一間著名的投資公司竟然得聘請一位天體物理學家來執行交易程序，因為連財務專員自己也搞不清楚這複雜的方案。這個流傳許久的故事寓意很明顯：最好把這些事情都交給專家去處理。因為你根本不可能搞懂這些東西，即使你不怎麼喜歡金融資本家（似乎有少數人想辯解，說他們也有許多討人喜歡之處），其實不是我們無法喜歡他們，而是他們根本沒什麼討人喜歡的地方。事實上，就算叫超級有

*譯注：吠陀〔Vedas〕，印度最古老的宗教文獻和文學作品的總稱。

能力的政府派專家來監督金融市場，也難以理解這些事情。即使有一堆熱衷此道的學者想了解也搞不懂。我記得很清楚，在二〇〇六年和二〇〇七年間，我曾參加過幾場研討會，會中有一些趕時髦的社會理論家發表論文，辯論新形式的證券化與最新資訊科技有密切的關聯，他們預告一股隱然若現的改變潮流，不僅是交易的時間和可能有所改變，連交易本身也會改變。我記得我當時心想，「這群笨蛋！」他們怎麼如此容易上當受騙。

等到所謂的改變塵埃落定之後，大家才發現原來大部份的方案都是精心策畫的騙局。這些精心巧製的騙局，包括推銷給貧窮家庭的抵押貸款方案在內，貸款戶最終都無可避免會違約；他們在賭這些貸款戶何時會違約；這些金融資本家把抵押貸款方案和賭注包裝在一起，把它賣給投資公司（也許是代為管理貸款人退休帳戶的公司），聲稱不管發生什麼事他們都能賺到錢，還允許這些投資者把這種套裝投資方案，當成金錢一樣買賣交易；把賭注的風險責任轉嫁給大型企業集團保險公司，要是這種方案造成的債務使他們難以負擔的話（這是必然會發生的事情），這時納稅人就得跳出來拯救他們了（像這種企業集團的確是靠政府協助才脫離財務困境的）。（注11）換句話說，這種情況看起來很像七〇年代銀行把錢借給玻利維亞和加彭的獨裁者，甚至手段更精巧。銀行毫不負責任的把錢貸給那些獨裁者，知道就算他們所做的事情被揭發，這些政客和官僚也會倉促行事，確保銀行的貸款仍能獲得賠償，不管這麼做會蹂躪殘害多少人命也在所不惜。

然而，這次的不同點是這些銀行業者所操弄的貸款規模超乎想像：他們累積的債務總額，比全世界每一個國家的國內生產總值還要大——迫使全世界陷入一片混亂，還差一點毀掉現存的體制。

軍隊和警察嚴陣以待，戰戰兢兢的準備應付意料中的暴動和不平靜，幸好這些狀況都沒出現，然而這樣的運作體制也沒什麼大改變。當時每個人都認為，這些代表資本主義的機構（雷曼兄弟控股公司、花旗銀行、通用汽車公司）即將垮台，當初宣稱充滿過人智慧的好點子，結果證明都是虛假的。不過這些事情至少會讓我們重新開始，更廣泛地討論債信公司的本質，而且不只是空談而已。

看樣子大部份的美國人似乎樂於接受更激進的解決之道。根據民調顯示，絕大多數的美國人認為，不應該救這些銀行，不管會造成什麼樣的經濟後果都一樣，但應該要救碰到這種不良抵押貸款的平民百姓。這在美國是很不尋常的事情。因為在殖民時期，美國人一向最不同情債戶。以某方面來說，這是很奇怪的事情，因為美國主要是由一群逃避債務的人所建立的，但這個國家的人幾乎比任何一個國家更深信有債必還的道德觀。在殖民時期，無力還債的人耳朵經常被釘在柱子上。美國是全世界最後一個採納破產法的國家之一，儘管在一七八七年時，美憲法明確指示要新政府實施破產法，直到一八九八年為止（注12），所有努力都基於「道德上的理由」被駁回。這個改變有重大的意義，也許正因為這個理由，那些在媒體和立法機關負責主持研討會議的人，決定當時不是採納破產法的時機。美國政府有效地以三萬億美元的OK繃解決了這個問題，實際上卻什麼也沒改變。那些銀行企業獲救了，小規模的債戶卻沒獲救，只有極少數的例外。（注13）相反的，在三〇年代的經濟大蕭條期間，我們已經開始看到人民對金融業者發出強烈不滿的反對聲浪——因為金融機構要求當初拯救他們的政府，立法全力對付有財務困難的一般老百姓。美國明尼蘇達州的明尼阿波里斯市和聖保羅市的《明星論壇報》（*Star Tribune*）在報導說，「欠債不是犯罪，可是還是有很多人因為付不出貸款就被關進牢裡。在明尼蘇達州，過去四年來，申請逮捕狀抓拿債戶的案例迅速增加了百分之六十，二〇〇九年就有八百四十五個案件……在伊利諾州和印第安那州西南部，有的法官把沒有按時繳納法院規定債款金額的債務人關進牢裡。某些極端的例子中，有許多人得一直待在牢裡，直到他們有辦法籌出最低付款額為止。今年一月〔二〇一〇年〕，一位法官判伊利諾州一位名叫肯尼的男子無期徒刑，直到他把欠木材廠的三百美元債務還清為止。」（注14）

換句話說，我們正朝復興負債者監獄的方向邁進。在此同時，我們探討債務本質的對話陷入僵局，大眾對財務紓困的憤怒變得毫無條理，我們似乎即將栽進下一場金融大災難之中——唯一的差別只在於，這場大災難還要多久才會發生。

我們已經走到這種地步，連國際貨幣基金現在也重新定位，變成全球資本主義者的良心，他們開始提出警告，如果我們繼續朝現在的路線走下去的話，下一次很可能就得不到紓困金了。民眾絕不肯再忍受這種事，因此，金融體系的一切真的會崩潰。最近一個頭條新聞的標題這樣寫道：「國際貨幣基金提出警告，第二次金融紓困將會『威脅到民主制度』。」(注15)（當然，這裡的「民主制度」指的是「資本主義」。）這當然表示，這些負責現今全球經濟體系運作的單位，幾年前還認定現今的制度會永久不變，如今連他們也在各處看到災難即將來臨的預兆了。

在這個例子當中，國際貨幣基金有其論據，我們有十足的理由相信，我們真的正站在這個劃時代的危險邊緣之外。

無可否認，我們很自然地習慣想像周圍的一切都是嶄新的。以金錢方面來說，這個說法再真實不過了。我們有多少次聽到虛擬貨幣的出現，現金變成塑膠，美金變成金融市場忽上忽下的電子資訊，這一切將我們帶進了前所未有的金融新世界。當然，這是假設我們來到了一個未知的領域，這些就是讓像高盛集團（Goldman Sachs）和美國國際集團（AIG）這類金融機構能輕易說服人們相信的原因之一，因為沒有人能理解他們這些令人眼花撩亂的金融新手法。不過，每當有人做出歷史性大幅度規模的事情時，我們學到的第一件事就是虛擬貨幣沒什麼新鮮的。事實上，金錢本來的形式就是這樣，信用系統、記帳甚至消費帳戶，在現金出現很久以前早就存在了，這些事情跟文化本身一樣古老。沒錯，我們也發現歷史似乎有在兩個時代之間來回擺動的傾向：一種是金銀主宰時期，金銀被視為金錢；和金錢被視為帳戶中抽象的虛擬單位時期。但在歷史中，信用貨幣的觀念最先開始發展，而我們今日所看到的現象，只不過是回歸到過去顯然被當成常識的東西，比方說，中古世紀時期——甚至可能在古代的美索不達米亞就已經存在了。

但歷史的確提供了一些極為吸引人的暗示，讓我們能預料將來可能會發生什麼變化。虛擬的信用貨幣時代，幾乎都會建立一些機構來避免發生混亂——阻止貸方跟官僚或政客勾結，搾乾所有人，他們現在似乎就是這樣。同時也會創建一些機構保護借方，我們現處的信用貨幣新時代，似乎正朝反方向走，先是創建像國際貨幣基金這種機構，專門保護貸方而非借方。同時，我們在此談到的這一、二十年的歷史性規模事件，根本不算什麼。我們還是很難預測接下來會發生什麼事。

債的故事，從經濟學神話開始講起

這本書是一本債務史，但也用討論歷史的方式，來詢問人類和人類社會是什麼，或可能像什麼這種最根本的問題。我們到底虧欠彼此什麼？而問這問題究竟又為了什麼？因此，本書一開始就試圖戳破一系列的神話——不僅是對以物易物交易的神話，這點我們在第一章已經討論過了，但也包括與之匹敵的另一項神話，虧欠神祇或國家的最根本的債務。這觀念以某種方式，形成了我們的常識基礎，也就是我們對經濟和社會本質的假定認知。在這種常識的觀念中，國家和市場凌駕於一切之上，與公義原則背道而馳。然而歷史上的實際情況顯示，經濟和社會是一起誕生的，而且始終都糾纏在一起。我們會發現，這些錯誤觀念的共同點是，它們都傾向把所有的人類關係貶低成交易關係，彷彿我們與社會的緊密關係，甚至和宇宙的關係都能用同樣的方式變成一種商業交易。這又導向另一個問題：如果這不是交易那又是什麼？我在第五章會試著描述人類學的研究結果，藉由形容經濟生活的道德基礎觀念來回答這個問題；接著回到金錢起源的問題，來解說為什麼交易原則大部份都是在某種暴力影響下產生的。我們能在犯罪和賠償、戰爭和奴隸、名譽、債務和贖罪，這種種情況當中找到真正的金錢起源。我在第八章中會談到，這些事情依序展開過去五千年來真正的債務和信貸歷史，以及歷史如何在虛擬貨幣和實際貨幣時代之間大輪替。在此提到的許多發現都非常出人意表：從古代的奴隸法和中古世紀中國的佛教中，都能找到現代人對權利和自由的觀念起源，並發現亞當斯密的諸多論點似乎是抄襲自中古世紀波斯國的自由貿易理論者的作品（我想了解現今伊斯蘭教在政治上的情況時，突然意外得到有趣的收穫，這些內容恰巧出現在那些故事中）。這一切種種架設了這個歷史舞台，以新的角度來看資本主義帝國統治下的五千年歷史，至少讓我們開始懷疑這個時代的社會究竟冒著什麼樣風險。

長久以來，大家理智上有一致的共識，認為探討這種「大哉問」的問題無濟於事。漸漸地，情況看起來像是我們不得不好好深思這些最根本的問題。

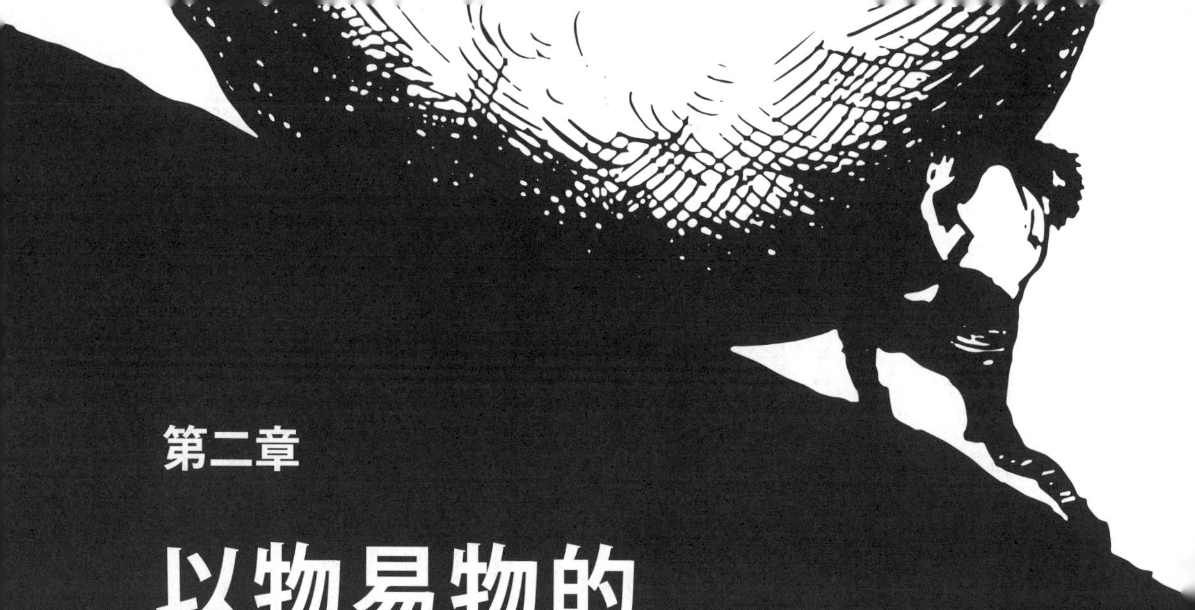

第二章

以物易物的經濟學神話

每個精巧複雜的問題，一定會有一個簡單至極又直接了當的答案，但卻是錯的。

——曼鏗（H. L. Mencken）

單純的義務，指言行舉止必須符合某種特定的規範。而義務和債務，或者債務就是當我們虧欠某人某樣東西，這兩者之間有何差別呢？答案很簡單：金錢。債務和義務的差別在於，債務可以準確的量化，而且需要用金錢來量化。

金錢不僅讓債務成為可能：金錢和債務還會同時出現。我們發現在最早期的一些文獻中，美索不達米亞人寫在刻寫板上的信用和債務紀錄以及由廟宇核發的配給品紀錄，廟宇土地應收的租金，每個紀錄都用穀物和銀子為單位做詳細的記載。有些更早期的倫理學作品，轉而把道德想像成是債務，這究竟是什麼意思呢？換句話說，就是把道德變成金錢。

因此，債務史無可避免地變成了金錢史。要了解債務在人類社會所扮演的角色，最簡單的方式就是綜觀幾十個世紀以來，貨幣的形式和貨幣使用的方式，找出其中端倪很自然就能了解它的涵意。然而，這跟我們習慣見到的金錢史仍是不一樣的。比方說，當經濟學家談到金錢的起源時，債務總是後來才添加的東西。先是以物易物，接下來是貨幣，信用賒帳是後來才發展出來的。即使我們去參考與金錢史相關的書籍，舉例說，在法國、印度或中國的錢幣史，裡面幾乎沒討論到信用賒帳的問題。近百年來，像我這樣的人類學家，已經指出這樣的歷史錯得有多離譜。標準的經濟史跟我們觀察到的現象相差甚遠；我們檢視經濟生活實際上是如何運作的，在真正的社區、真正的市場中，我們很可能會發現，每個人都以十幾種方式虧欠他人一些債務，而且大部份的債務轉移都沒有用到貨幣。這樣的狀況幾乎到處都是。

為什麼兩派學者的看法會有這種差異？

部分原因可能是歷史留下的證據自然引導出不同結論：在考古學的紀錄中，錢幣有被保存下來；賒帳爭執卻沒有保存下來。然而，問題比這些更深遠。對經濟學家來說，信用和債務的存在像是一種汙點，因為他們幾乎不可能假裝這些金錢的借貸，純粹是出於「經濟」動機（比方說，借錢給陌生人和借錢給堂表親的經濟動機都相同）。然而，這點動機上的差異似乎很重要。一直以來，我們都在信用和債務紀錄被抹除的的幻想世界中開始談金錢的故事。在我們用人類學的工具開始重建真正的金錢史之前，我們需要了解傳統的說法有什麼不對的地方。

想像一下以物易物的世界

經濟學家通常都會談金錢的三種功能：交易的媒介、帳目的單位和儲存的價值。所有的經濟文獻和書籍都把第一項看成最主要的功能。這裡從凱斯（Case）、費爾（Fair）、迦特納（Gärtner）和希瑟（Heather）合著的《經濟學》（一九九六年版）中摘錄了一些典型的例子：

金錢對市場經濟的運作至關緊要，想像沒有金錢的生活會是什麼樣子。過去曾經取代金錢的短期經濟替代方式是以物易物。人們以貨品和服務直接換取其他的貨品和服務，而不是透過金錢媒介做交易。

以物易物的交易制度是如何運作的？假設你早餐想吃可頌麵包、雞蛋和柳橙汁，無法拿錢到雜貨店去買這些東西，反而得找到擁有這些東西，並願意拿它來交易的人。同時你也得找到這位麵包商、賣柳橙汁和賣雞蛋的小販想要的東西。如果賣麵包、柳橙汁和雞蛋的人不想要鉛筆，你拿鉛筆去交換是沒有用的。

以物易物的制度要有雙重巧合，雙方都得有對方想要的東西才能完成交易。這表示，為了完成這項交易，我不僅要找到擁有我想要東西的那個人，那個人也得想要我的東西才行。這樣一來，能交易的物品便很有限，這種經濟結構不會太複雜，必須是不難找到人交換的物品，才能經常使用以物易物的方式。（注1）

後者的論調令人質疑，但他的用字遣詞如此含糊不清，很難讓人反駁。

在擁有眾多貨品的複雜社會中，以物易物的方式耗時費力，令人難以忍受。想像你想找一間雜貨店，只要去一趟就能購足你想要的所有物品，對方也願意接受你提供的東西，換取他們的貨品。某種大家都認同的交易媒介（或者付款方式）簡單就能消除雙重巧合需求的問題。（注2）

經濟學家不斷強調，這不是實際發生的事情，而只是靠想像演練出來的例子。貝格（Begg）、費雪（Fischer）和多恩布希（Dornbuch），在二〇〇五年出版的《經濟學》（*Economics*）寫道：「要了解交易媒介對社會的好處，只要想像以物易物的經濟即可。」蒙德（Maunder）、麥爾斯（Myers）、華爾（Wall）和米勒（Miller）在一九九一年出版的《經濟學釋義》（*Economics Explained*）寫道：「想像你今天會碰到什麼樣的困難，想像一下，如果你得用你的勞力去換取別人勞力成果的情形。」帕金（Parkin）和金（King）在一九九五年出版的《經濟學》寫道：「想像一下，你有公雞，但你想要玫瑰。」（注3）我們可以像這樣無止境地羅列眾多例子。幾乎所有現代人使用的經濟學教科書，都用同樣的方式提出這些假設。他們提到歷史上有一段時期沒有金錢，要我們想像那會是什麼樣子。讓我們想像一種像今日的經濟社會，但卻沒有金錢的狀況。那一定會很不方便！因此，人類發明金錢是為了效率的關係。

經濟學家們提出有關金錢的故事，總是幻想從以物易物的世界開始，問題是，要怎樣找到這個幻想世界的時間和地點：我們是在講山頂洞人、太平洋島民，還是美國西部邊疆住民？有一本由經濟學家瑟夫．斯蒂格利茨（Joseph Stiglitz）和約翰．卓菲爾（John Driffill）寫的教科書，帶我們到一個如幻想一般的新英格蘭或中西部小鎮：

我們想像某個老派的農夫在他的小鎮裡，跟鐵匠、裁縫師、食品雜貨商和醫生以物易物的交易情形。然而，為了進行簡單的以物易物，一定得有**雙重需求的巧合**……亨利有馬鈴薯，想要鞋子；約書亞有多一雙鞋子，正好想要馬鈴薯，那以物易物就能讓雙方更快樂。但如果亨利有木柴，約書亞卻不需要這種東西，那麼為了換取約書亞的鞋子，其中一方或雙方就得去找更多人，期望能做多方交易，金錢就能讓多方交易更簡單。亨利把木柴賣給別人，換取金錢，然後用這些錢去買約書亞的鞋子。（注4）

再次聲明，這個假想的世界和我們現在的社會很像，只是把金錢抽掉而已。因此，這種推論是沒有道理的。哪個頭腦正常的人會在這種地方開雜貨店？還有他們要怎樣取得供應品？但我們先把這些問題放到一邊。到底為什麼這些經濟學教科書總是一再重複同樣的故事？一個簡單的原因就是，經濟學者認為這是他們聽過最重要的故事。這個故事輾轉流傳下來，在歷史上十分重要的一七七六年中，格拉斯哥大學倫理學教授亞當斯密有效活化了這個經濟學規則。

亞當斯密的說法並非全部憑空捏造，這個故事在西元前三三〇年就已經存在了，亞里斯多德在他的政治學論文中已經推測出模糊的概括。亞里斯多德表示，起先那些家庭一定是自己製作他們所需的一切，漸漸的，可能有些人專門從事其中一項工作，有人種玉米，有人釀酒，然後互相交換。（注5）亞里斯多德假定，金錢一定是從這種過程中出現的。但中古世紀的哲學家偶爾重複這個故事，但提到亞里斯多德時從不曾清楚地說明這個論點是如何出現的。（注6）

在哥倫布之後的年代，西班牙和葡萄牙的探險家到全世界去搜尋新的金銀來源，這些模糊的故事卻失蹤了。當然，沒有報導指出他們發現了以物易物的國度。大部份十六和十七世紀，到西印度或非洲旅行的人，都假定所有的社會一定會有他們自己的金錢，因為所有的社會都有政府，所有的政府都會發行錢幣。（注7）

從另一方面來說，亞當斯密堅決要推翻當代的傳統智慧，他尤其反對金錢是政府的發明物這個論點。對此，亞當斯密傳承自像約翰．洛克（John Locke）這類傳統自由派哲學家，他們辯稱政府的源起是因為人民需要保護私有財產，為了使這個功能達到最佳的運作，因而誕生了政府。亞當斯密詳述了這個論點，堅稱財產、金錢和市場不僅是在政府機構出現之前就已經存在，而且是人類社會的根基。後來政府出現，才開始在財政事務中扮演它的角色，而且政府的角色應該只限定在鞏固錢幣價值的範圍內。只有提出這樣的論點，他才能堅稱經濟學本身，是人類用自己的原理和律法探索出來的領域——也就是說，跟道德或政治是有區別的。

人類「交換」本能和經濟學勞動分工

亞當斯密的論點值得拿出來詳談，因為，如我所說這是經濟學神話最原始的根源。他繼續述說，嚴格說來究竟什麼是人類經濟生活的基礎？「人類天性中的特定偏好……交易、以物易物、想以某種東西換另一種東西的偏好」，這就是人類經濟生活的基礎。動物不會這樣做。亞當斯密觀察到，「沒有人看過一條狗跟另一條狗做公平又深思熟慮的交易，用一根骨頭換另一樣東西。（注8）但是人類，如果讓他們自由選擇的話，無可避免就會交換和比較物品。這是人類才會做的事情，就連邏輯和交談其實都是交易的一種形式。人類碰到事情都會尋找對自己最有利的方式，思考如何從交易中獲取最大的利潤。」（注9）

就是這種需要交換的本能，創造了勞動分工，讓人類完成所有的成就和文化。在此，讓我們將場景轉換到經濟學家故事中另一個遙遠的幻想國度，敘述裡的世界似乎是北美印第安人和中亞田園遊牧民族的混合物。（注10）

在一個獵人或牧羊人的部落裡，譬如說，有一個人比其他人更迅速靈巧，擅長製造弓箭。他經常拿這些東西去跟人換牲畜，或跟他的同伴換取鹿肉野味；後來他發現，用這個方式比他自己到山野裡打獵，所得到的牲畜和野味更多。為了他自己的利益著想，因此，製造弓箭就漸漸變成了他的主業，他就成了武器製造者。另一個人擅長製造小茅屋或移動式房子的框架和屋頂，鄰居們習慣借用他這項專長，並拿牲畜和野味回報他，後來他發現全心投入這項工作能得到更多的利益，因此他就變成一種建房子的木匠。以同樣的方式，第三個人變成鐵匠或銅匠，第四個人變成製革工人或獸皮鞣革者，當時皮革是原始人的主要服飾……

當我們得出了有專門製造弓箭或小屋的人這個結論，我們開始發現一個問題：原來在這麼多的例子當中，我們傾向將幻想中的原始部落想成小鎮的商店。

然而，當這種勞動分工開始發展時，交換的力量一定經常受到阻礙，在操作時容易碰到尷尬的情況。我們假設有一個人拿出來交換的貨品比自己平常拿得多，另一個人則比平常拿得少。前者當然會很樂於把貨品處理掉，後者會購買過多的貨品。但萬一後者沒有前者需要的東西，他們就無法換貨。肉商店裡的肉太多吃不完，釀酒者和麵包師傅雖然很樂意買一點，可是卻沒東西可以拿出來交換……

為了避免這種不方便的情況發生，勞動分工建立之後，每段時期的社會中，精明的人一定很自然會努力用各種方式安排自己的事務，讓自己能夠隨時掌握交易狀況，除非是他自己做的特殊產品，特定數量的商品，或其他東西，他認為很少有人會拒絕用他們製作的東西來交換。（注11）

貨幣的起源

所以後來大家都無可避免的儲存了一些他們認為別人很可能會想要的東西。這樣會產生自相矛盾的效果，因為到了某種程度時，商品的價值不但沒降低（因為每個人都已經有了），反而變得更有價值（因為它有效地變成了一種錢幣）。

聽說鹽就變成阿比西尼亞地區交易用的一般商業工具；印度某些海岸區是用特定種類的貝殼；紐芬蘭是用乾鱈魚；維吉尼亞是用菸草；西印度某些殖民地用糖；有些國家則用皮革服飾；我聽說，在某段時期，蘇格蘭有個村子裡，工匠會帶鐵釘而不是錢到麵包店或啤酒店交易。（注12）

當然，到了最後，這些交易工具都會轉變成貴重金屬，至少遠距離的交易是如此，因為這些東西很適合當作貨幣，既耐久又容易攜帶，可以無止盡的細分成同樣的等份。

不同的國家會使用不同的金屬來達到這個目的。鐵是古代斯巴達人普遍交易的工具；古羅馬人使用銅；金和銀通用於所有富裕和商業興盛的國家。

為了達到這個目的，這些金屬起初似乎被製作成粗糙的塊狀，沒有任何標記，也沒鑄成錢幣。用這種未加工的金屬交易會產生兩種極大的不便；首先是重量問題，其次是鑑定的問題。貴重金屬中，成分含量即使只有一丁點不同，價值的差別就很大。秤重交易時，要做到極度精確，至少需要非常準確的磅秤和天平。秤黃金的重量時，更需要注意極細微的差別……（注13）

要看出貨幣發展的走向很容易，使用不規則的金屬鑄塊比以物易物的方式簡單，但無法統一單位。比方說，在金屬塊上印上指定的標記，保證其重量、質量和不同的面額，就能讓事情更簡單吧？顯然是如此，因而我們的社會誕生了貨幣。沒錯，發行貨幣表示需要有政府參與，因為通常是他們管理鑄幣廠；但在經濟學家的標準的故事中，政府的角色也僅限於即確保金錢的供應，而且政府似乎做得很差，因為綜觀歷史，由於無恥的國王經常作弊，因而貶低了錢幣的價值，造成通貨膨脹和政治混亂，這原本應該是單純的經濟常識。

這個故事在經濟學中有效扮演了一個決定性的角色，不僅建立了經濟原則的根基，還誕生了我們稱為「經濟」的概念，市場以自己的規則來運作，跟道德和政治生活區隔開來，也因此經濟學家能把「經濟」當成他們的研究領域。我們所指的「經濟」，就是指讓我們能放縱買賣交易和以物易物的自然傾向。我們現在仍在買賣交易和以物易物，將來也會如此，而金錢是最有效率的交易方式。

像卡爾．曼高（Karl Menger）和斯坦利．傑文斯（Stanley Jevons）這類的經濟學家後來又加強了這個故事的細節，大部份是增加各種數學方程式，用來說明理論上各式各樣不規則的人群會有不規則的欲求，不僅創造出當作金錢使用的商品，還能統一價格系統。在說明的過程中，他們也用各種令人敬畏的專業術語來取代舊有的名稱（比方說，「不便」變成了「交易成本」）。不過，最重要的是，對大多數人來說，這個故事現在成了簡單的基本常識。我們在教科書上和博物館裡都會教小孩這個常識。每個人都知道，「很久以前，有以物易物的交易方式，因為很困難，所以人們就發明了金錢。接下來就發展出銀行和信用。」這些全部都簡化成極為單純、直線發展的常識，在過程中理智又無情地，帶領人類持續增加經濟學理論的複雜性和抽象性，從石器時代交換乳齒象長牙到股票市場、投機資金和證券衍生產品。（注14）

這個故事無所不在，我們找得到金錢的地方，就能發現這個故事。有一次我正好有機會到馬達加斯加的阿武尼馬穆鎮，去採訪一種迷你型的小怪獸，名叫卡蘭諾羅。當地一位靈媒聲稱，他把怪獸藏在家中的衣櫃裡。這位靈媒是當地惡名昭彰高利貸者的兄弟，放高利貸的是一位名叫諾汀的恐怖女人，老實說，我很不想跟這家人有所牽扯，可是我那些朋友堅持要去——畢竟這是古代遺留下來的稀有怪獸。這隻怪獸從簾幕後面，用一種彷彿來自另一個世界的詭異、顫抖的聲音說話。但牠最喜歡談論的是金錢，最後，這猜謎遊戲讓我有點惱怒，於是我問道：「你還在世的時候，你們古代的人是用什麼東西當作金錢？」

這個神祕的聲音立刻答道：「不，我們沒有使用金錢，在古代，我們都是直接以物易物，一物換一物……」

人類學家試圖尋找以物易物的國度

這個故事無所不在，是我們現存經濟世界的創世神話，在一般人的觀念中根深柢固，即使是在馬達加斯加這種地方也是。地球上大部份的人都無法想像，金錢可能是由另一種不同的方式產生的。

問題是，沒有證據能證明以物易物的原始社會存在，同時，有無數的證據顯示它並未存在。

幾個世紀以來，許多探險家試著尋找傳說中以物易物的國度。結果沒有一個人成功。亞當斯密把他的故事放在北美的原住民部落（有的人喜歡放在非洲或太平洋地區）。在亞當斯密的時代，我們可以大膽推論，蘇格蘭的圖書館裡沒有可靠的北美原住民經濟體系的資料。但到了那個世紀中期，路易斯．亨利．摩爾根（Lewis Henry Morgan）寫的北美印第安人易洛魁六個部族的著述，還有其他叢書已被廣泛出版。他們很清楚地指出，易洛魁六個部族的主要經濟機構是他們的長屋或議事廳，大部份的貨品都會儲存在那裡，然後由女性協調會分發出去，沒有人會拿箭頭去換肉。但經濟學家刻意忽視這個資訊。（注15）比方說，傑文斯在他一八七一年出版的書中就有寫到，這本書後來被當作談論金錢起源的經典，他舉例時，直接引用亞當斯密提到印地安人用鹿肉去換駝鹿皮和海狸皮毛的資料，卻完全不採用對印地安人實際生活的描述，刻意忽略那些能證明以物易物的描述純粹只是亞當斯密編造的段落。大約在同一時期，傳教士、探險家和殖民地行政官員散佈世界各地，很多人把亞當斯密的書也一起帶去，希望能找到以物易物的國土，卻始終沒有人找到。他們發現了許多不同的經濟社會，但截自今天為止還是沒有人在全世界找到一個地方有人會跟鄰居用「我給你二十隻雞，換那頭牛」的經濟模式交易。

劍橋大學一位人類學家卡洛琳．漢佛萊（Caroline Humphrey）對以物易物的交易模式下了一個定義，這個結論再明確不過了：「沒有任何紀錄描述以物易物的例子，就是這麼簡單，更沒有描述從以物易物中衍生金錢的紀錄；現有的人種誌研究中顯示，這種事情根本不曾發生過。」（注16）

如今這些資料幾乎就能證明，以物易物的交易根本是不存在的——甚至連亞當斯密說的那些「原始人」也不曾使用過這種交易模式，這表示亞當斯密想像中的村民，也幾乎從來不曾使用這種方式，通常只跟陌生人或敵人才會進行這種交易。我們就從巴西的南比克拉瓦人（Nambikwara）開始談起，他們似乎就能符合所有這些標準：他們是小型社會，沒有做很多勞動分工，聚集成小族群，通常一個族群頂多一百個人。如果有一幫人在鄰近的地區，看到另一群人生火煮食的話，他們就會派特使去協商一場交易聚會。如果對方接受了他們的提議，就會先把婦女和小孩藏進森林裡，然後邀請另一幫的男人來拜訪他們的營區。每一幫人都會有一個首領，等到所有人都聚集起來後，各自的首領會發表正式的演說，讚美另一幫人，貶低自己人；每個人都會放下武器，一起唱歌跳舞——不過這種舞蹈是模仿打仗時的戰舞。隨後雙方的人分別去做交易。

如果某個人想要一件物品，他會先讚美那個東西有多好。如果一個人特別珍視這件物品，不想拿出來交換的話，他不說這東西很有價值，反而要說這東西不好，因此表示他想保留它。「這把斧頭不好，很舊了，而且也很鈍。」他會對想要這把斧頭的人這樣說。

直到交易確立之前，這場爭論通常都是以充滿怒氣的口吻說出來的。雙方達成協議後，就從對方手中搶過來。如果某個男人跟人換了一條項鍊，不能直接交出來拿給對方，另一個人得作勢用暴力搶過來。當其中一方在對方尚未結束爭論前，提前把東西搶走的話，這些糾紛往往會演變成暴力爭鬥。（注17）

這樣的交易最後會以一場盛宴終結，女人也會再次出現，但這件事也可能會衍生一些麻煩，因為在音樂和酒菜筵席中，難免充滿很多女人的誘惑。（注18）有時候雙方會因嫉妒起衝突，偶爾還有人被殺。

以物易物的交易有諸多歡樂的成份，若沒有這場交易，雙方可能會是敵人，處於隨時會公然開戰的情況中，如果人種誌學者的話可信的話，只要其中一方認為自己被佔了便宜，交易很容易就變成真正的戰爭。

我們再把焦點轉到半個世界之外，澳洲的阿納姆西部地區（Western Arnhem Land），那裡的原住民剛文古人（Gunwinggu）最著名的以物易物方式是以一個名叫「查馬拉格（dzamalag）」的易物儀式，用來娛樂鄰人。這裡離實際的暴力威脅似乎相當遙遠。部份的原因是因為，那個地區的人都實施族群團體的制度：他們不能跟同族群的人結婚，甚至不能發生性關係，但其他族群的人，不管他們來自哪裡都是可能的性關係對象。因此，即使是偏遠的社區，對男人來說一半的女人都是禁果，另一半才是可追逐的對象。這個地區的人也由當地人各自的專長團結起來：每一個族群都有能跟其他人交易的特殊商品。

接下來的段落是摘自一位名叫羅納德·伯特（Ronald Berndt）的人類學家，在一九四〇年對查馬拉格的描述。

這裡同樣也是由陌生人之間開始交易，經過初期的協商之後，他們便受邀到東道主的大營區。這個例子中的訪客，以他們「極有價值的鋸齒狀長矛」著稱，這個營地的主人則擁有來自歐洲的上好布料。交易由來訪的團體開始，男女進入名為「圓環區」的舞池中，三名訪客開始用音樂娛樂主人，兩名男子唱歌，第三位用傳統木管樂器迪爵瑞都（Didjeridu）伴奏，不久之後，主人家的女人們會出來攻擊這些音樂表演者：

男人和女人都會站起來跳舞，查馬拉格儀式開始時，與訪客相反族群的兩個剛文古女人會用唱歌的方式，要男人「送查馬拉格」給後者。她們先送一塊布給每個男人，接著對他們又打又摸，把他們拉倒在地，稱他們為查馬拉格丈夫，用風騷挑逗的口吻跟他們開玩笑。另一個女人會給木管樂師一塊布，打他或跟他開玩笑。

這套查馬拉格交易的活動，訪客那邊的男子會靜靜地坐著，讓對方那邊的女人走過來，送他們一塊布，打他們，邀請他們一起交配；在笑鬧聲和掌聲中，女方可以自由選擇男人，期間歌唱舞蹈仍繼續進行。女人試圖拿掉纏在男人腰上的蓋布，或摸他們的性器官，把他們拖出「圓環區」去性交。男人會先假裝不願意，然後跟著他們的查馬拉格伴侶，到照亮舞者營火外圍的樹叢中去交配。他們可能會給女人菸草或珠子項鍊，女人回去之後，會把部份的菸草送給鼓勵她們去做查馬拉格性交的丈夫。相反的，這些丈夫也會拿這些菸草去付給他們的查馬拉格女性伴侶……（注19）

接著另一組新的歌手和樂師出現，重複攻擊和被女人拖進樹叢中的動作，男人會鼓勵妻子「別害羞」，這樣才能維持剛文古人好客的好名聲。接著這些男人也會跟訪客的妻子們進行這些儀式，送布料，打她們，把她們帶進樹叢中，並交換珠子項鍊和菸草。最後，等到所有的參加者都至少配對一次以上之後，訪客對他們得到的布料均感到滿意，女人停止跳舞，站成兩排，讓訪客排成一列回敬她們。

隨後訪客這邊的男子向對方部落中的女子跳舞，以便「給她們查馬拉格。」他們拿著鐽鯊式長矛，假裝要刺女人，但卻用平坦的長矛刀背打她們。「我們不會刺妳們，因為我們已經用陽具刺過妳們了。」他們把長矛展示給女人看，隨後訪客部族的男性會逐一向對方部落的女性做同樣的動作，把鋸齒狀的長矛交給她們。交易的儀式就此到此結束，接下來是分發大量的食物。（注20）

這是個極為戲劇化的例子，但戲劇化的例子特別能啟發人心。剛文古部族的主人能這麼做的原因，是因為澳洲阿納姆西部地區的人，對鄰近部落族群都必須保持相對友善的關係，他們保有和巴西南比克拉瓦人交易時相同的所有元素（音樂和舞蹈、潛在的敵意、性關係），把這些元素全都變成一種狂歡遊戲。雖然有些危險，但（人種誌學者強調）部落的每個人都認為這樣能帶給大家極大的歡樂。

所有這些以物易物例子的共同點就是，他們的對象都是陌生人，這些人將來很可能永遠不會再見面，當然更不會發展出長久持續的關係。因此這種一物換一物的交易才會合適：一方做完交易之後便離開。這一切使得初期交易行為，披上社交形式的外衣，藉此分享歡愉、音樂和舞蹈。通常，交易都需要建立在歡樂友好的基礎上。狂歡之後，接下來才是正式的交易，雙方都盡量展現出潛藏的敵意，跟任何陌生人交換物品時，這是必要的，因為雙方都沒有理由不去佔對方便宜，因此，以玩笑打鬧的方式進行侵略。不過，以巴西南比克拉瓦人的例子來說，他們的社交外衣極為單薄，玩笑式的攻擊行為很可能會演變成真正的搏鬥。剛文古人對性關係的態度比較寬鬆，在巧妙的安排下，將分享歡愉和侵略行為變成同一件事。

回顧經濟學教科書上的用詞：「想像一個沒有金錢的社會。」「想像以物易物的經濟模式。」這些部落社會的例子可以清楚的證明，大部份的經濟學家想像力有多麼貧乏。（注21）

為什麼會如此？最簡單的答案就是，有一個門學科叫「經濟學」，經濟學中的最高原則，首先假設人會努力思索，尋求最有利的交易方式，像是如何拿鞋子去換馬鈴薯，如何用布料換取長矛，經濟學家認為，像這種以物易物的交易方式跟戰爭、熱情、冒險、神祕、性或死亡毫無關係。經濟學先假設有一個東西能區分人類行為的不同領域，對他們來說，像剛文古人和南比克拉瓦人的情況是不存在的。這些區別因而產生了特定機構的安排：律師、監獄和警察的存在是為了確保彼此不喜歡對方的人們，在雙方完全沒有意願發展長久關係，但又想盡可能佔有對方的財產時，藉著這些機構來抑制最明顯的謀取私利行為（偷盜）。因此，讓我們假設生活整齊地劃分為讓我們購物的市場和消費領域，其中消費領域包涵與我們密切相關的音樂、盛宴和性誘惑。換句話說，這種看世界的眼光形成了經濟學教科書的基礎：這個基礎在亞當斯密廣為宣傳之下，已經變成我們常識的一大部份，使我們難以想像其他種可能性。

為什麼沒有以交換貨品為基礎的社會，從這些例子當中，答案開始明朗化。以物易物的交易方式只會建立在人與人的關係都處在隨時會把刀抵在對方咽喉的社會中，每個人永遠處在雖擺好了攻擊架式，但又沒有真正出擊的狀態中。的確，以物易物的方式，有時候會在彼此不把對方當成陌生人的情況下發生，但通常是跟那些極可能會變成陌生人的人交易——也就是說，他們對彼此沒有責任感和信任感，也不想跟對方發展長久關係。比方說，巴基斯坦北部的普什圖人（Pukhtun），他們是出了名的好客。以物易物是跟那些你沒有義務殷勤款待的人所做的交易（沒有親戚關係或任何親近的關係）：

人類最喜歡的一種交易模式就是以物易物，或稱給與取。人們總會想盡方法，拿自己的物品換取更好的東西。這種交易通常是拿相似的東西做交換：如收音機換收音機，太陽眼鏡換太陽眼鏡，手錶換手錶。然而，不相似的東西也能拿來交換：比方說，在某個例子當中，一台腳踏車換兩頭驢子，給與取的交易一定都是跟沒有親戚關係的對象進行，這種交易能讓人得到極大的樂趣，因為每一方都想佔對方的便宜，一個人若覺得在交易中佔到了便宜，就會驕傲地大肆吹噓。如果交易的結果很差，被佔便宜的那一方可能會想取消交易，或者，無法把有瑕疵的物品交給毫不懷疑的對方。給與取最理想的交易對象是住在遠方的人，因為這樣他們就鮮少有機會抱怨。（注22）

這種無恥的動機並不僅限於中亞，似乎是以物易物本來的天性——這就能解釋為什麼在亞當斯密之前一兩百年的時代，英文諺語會有「詐騙交易和以物易物」（truck and barter）這句話，在法文、西班牙文、德文、荷蘭文和葡萄牙文中也有意思相近的用語，字面上意義是「詭計、騙局或詐騙。」（注23）直接拿一樣東西換另一樣東西，同時又想在交易轉手時獲得最大的利益，通常都是跟自己不在乎，或將來不會再見面的人才會做這種交易。如此有什麼理由不去佔他們的便宜呢？從另一方面來說，如果考量到那個人或許是自己的鄰居、朋友，也許就會願意公平誠實地跟對方交易，難免也會多方考量對方的個人需求、喜好和狀況，即使想拿東西去跟對方交換，也比較可能會當成禮物送給對方。

以物易物的「雙重巧合需求」

為了說明這種交易的涵意，我們再回到經濟教科書和「雙重巧合需求」的問題。我們上次談到亨利時，他需要一雙鞋子，但他身邊只有一些馬鈴薯。約書亞有多的一雙鞋子，但他並不想要馬鈴薯。因為當時尚未發明金錢，因此出現了問題，這時他們該怎麼辦？

我們已經多少有點了解約書亞和亨利的背景，所以現在第一件事應該已經很清楚了。他們是誰？彼此之間有關係嗎？如果有的話，是什麼關係？他們顯然住在同一個小社區裡，任何住在同一個小社區的兩個人，彼此一定會有複雜的過往。他們是朋友、對手、盟友、情人、敵人，或同時擁有以上幾種關係？

作者原來的例子，似乎是假設這兩個人是鄰居，身份地位約略相等，不是很親，但還算是朋友——

這樣的關係稀鬆平常。即使如此，這樣的說明也不多。舉例說，假設亨利住在美洲土著塞內卡人的長屋裡，他需要鞋子時，約書亞是不可能跟他做這種交易的，他只會跟妻子提起，他的妻子又跟其他的婦女談起這件事，然後她們會從長屋的大眾倉庫裡拿一些材料，做一雙鞋子給他。或者，為了找到一個符合經濟教科書中幻想世界的情節，我們可能得把約書亞和亨利擺到一個像南比克拉瓦人，或剛文古人那種關係密切的小部落裡。

情節一

亨利走上前去，對約書亞說：「這雙鞋子不錯！」

約書亞說：「哦，這東西不怎麼樣，不過，既然你好像很喜歡的樣子，那就拿去吧！」

於是亨利拿走了鞋子。

亨利的馬鈴薯不是問題，因為雙方都很清楚，如果約書亞缺馬鈴薯的話，亨利一定會給他的。

結果就是這樣。當然這個例子不是很清楚，亨利到底能保有那雙鞋子多久，這可能得這雙鞋的狀況好不好。如果這只是普通的鞋子，事情可能就到此為止了。如果這雙鞋很特殊或很漂亮，可能會被人傳來傳去。有個著名的故事說，約翰和羅娜．馬歇爾在六〇年代時，對非洲西南部喀拉哈里的布希曼族做了一項研究，有一次送一把刀給提供資料給他們的當地居民。他們離開一年後回來，發現那個部落裡幾乎每個人都曾在某段時間擁有過那把刀。從另一方面來說，幾位阿拉伯朋友跟我證實過，在比較不平等的狀況下，有個權宜之計。如果一個朋友讚美一條項鍊或袋子，他們通常都會期望你立刻說：「拿去。」不過，如果你真的很想留下它，你可以說：「是啊，很漂亮對吧？這是人家送的禮物。」

但顯然那些教科書的作者心裡想的是比較實務性的轉讓。作者似乎想像，兩個父權家庭的大家長，彼此關係良好，但各自持有自己的補給品。他們也許跟肉販和麵包師一起住在亞當斯密例子中那個蘇格蘭村落，或是住在新英格蘭的殖民地，只是不知道什麼原因，他們從沒聽過金錢，這是個奇異的幻想，但我們來看看應該怎麼處理這樣的情況：

情節二

亨利走上前去，對約書亞說：「這雙鞋子不錯！」

或者，我們把這個故事弄得更真實些。亨利的太太正在跟約書亞的太太聊天，刻意不小心說溜嘴，提到亨利的鞋子很糟糕，說亨利抱怨穿得腳都長繭了。

這個消息傳出去後，隔天約書亞去拜訪他，把多的一雙鞋當作禮物送給亨利，堅稱這只是敦親睦鄰的表示，當然不會想要任何回報。

不管約書亞這麼說是否真心，這麼做之後，約書亞就得到一個信用額度，亨利因此欠他一個人情。亨利要怎樣才能回報約書亞呢？有無數種可能的方式，也許約書亞真的想要馬鈴薯，亨利等到隔一段時間後，把馬鈴薯送過去給他，也堅稱這是禮物。或許約書亞現在不需要馬鈴薯，但亨利會等到他需要時再送。也許一年後，約書亞計畫辦一個宴會，於是他走到亨利的後院說：「這隻豬不錯……」

在任一種情節中，經濟學教科書中不斷提到的「雙重巧合需求」問題也就迎刃而解了。亨利當下或許沒有約書亞想要的東西，但既然他們兩個是鄰居，他遲早有一天會有約書亞想要的東西。（注24）

因此，這表示亞當斯密暗示，他們需要儲存普遍能被接受的物品問題也不存在了，發展貨幣的需求也消失了。在許多真實的小社群中，每個人都會記得誰欠誰什麼東西。

從人情債到信用賒帳系統

這裡只有一個概念性的大問題，認真的讀者可能已經注意到了。亨利「欠約書亞一個人情」，究竟欠一個什麼東西呢？要怎樣量化一個人情？在什麼樣的基礎下可以說，多少個馬鈴薯，或一隻豬跟一雙鞋的價值大約相等？因為，即使這些東西大致差不多，也一定有某種方式能估量X差不多等於Y，稍微差一點，或者稍微好一點。這是不是暗示某種類似金錢的東西，至少有某種單位能比較不同物品的價值，這種單位是不是已經存在？

在大部份的禮物經濟中，確實有現成的方式能大略解決這個問題。人們設立了一系列不同類別物品的等級。豬和鞋子也許被認為約略相等的物品，一個人可以拿某樣東西回報另一樣東西的人情，珊瑚項鍊則是完全不同等級的東西，一個人必須拿另一條項鍊來回報這個人情，起碼同樣得是珠寶。人類學家習慣稱這些為創造不同的「交易領域」（注25），這樣的確稍微把事情簡化了。當跨文化的以物易物成為尋常普遍的情況時，通常都會根據類似的原則行事：只有特定的東西才能換另一種特定的東西（比方說，布料換長矛），這樣會使傳統等值物品的轉換更容易些。然而，這對找尋金錢起源卻完全幫不上忙，事實上反而使解釋金錢起源的問題更加複雜。如果只能交換某種特定的東西，不能交換其他東西的話，那為什麼又要貯存鹽、黃金或乾魚呢？

其實有很好的理由讓我們相信，以物易物的方式並不是古代特有的現象，而是在現代才變普遍的。當然，在我們所知的絕大多數案例中，卻是熟悉金錢使用方式的人，為了某種原因，才使用以物易物的方式，但這種情況並不多。通常都是一國國家經濟癱瘓，社會才開始發展複雜的物品轉換系統：最近的例子來自一九九〇年代的俄羅斯，其次是二〇〇二年在阿根廷發生的事件，前者的例子是盧布，後者是美元，後來都有效地消失了。（注26）我們偶爾甚至能發現某種貨幣發展的起始：比方說，在戰俘營和監獄裡，許多牢友確實把香菸當成某種貨幣，這些例子使那些經濟專家雀躍不已。（注27）但我們這裡談到的人是從小習慣使用金錢，這時因為不得已才不用金錢——這正是我在本書一開始講的，經濟學教科書內「想像中」的情況。

人們較常使用的解決辦法是採納某種信用賒帳系統。羅馬帝國瓦解之後，歐洲大多數地區「回復到以物易物」方式，而且法國加洛林帝國崩潰後，當時的情況似乎也是如此。即使他們已經不再使用這種錢幣了（注28），但人們仍繼續保留舊帝國時代的貨幣計算方式。同樣的，喜歡用腳踏車去換驢子的普什圖人對金錢的使用也不陌生。金錢在那個地區已經存在幾千年了，他們只是喜歡跟地位相等的人交換物品而已。因為他們認為這樣比較有男子氣概。（注29）

最令人驚異的是，即使在亞當斯密的例子當中，他們用乾魚、鐵釘和菸草當作金錢，也是同樣的情形。《國富論》（*The Wealth of Nations*）問世之後的那幾年，學者們檢驗這些例子時，發現幾乎在每個例子當中，裡面的人物都很熟悉金錢的用法，事實上，他們也在使用金錢，把金錢當成帳目中的一種單位。（注30）拿乾鱈魚的例子來說，據說在紐芬蘭乾鱈魚被當成金錢來使用。將近一個世紀以前，英國的外交官米歇爾．伊因斯（A. Mitchell-Innes）曾經指出，亞當斯密描述的例子其實是從簡易的信用系統製造出來的假象：

> 早期紐芬蘭並沒有固定的歐洲住民，漁民只在捕魚季節才會去那裡，除了漁民之外，只有商人會去購買乾魚，同時帶日用補給品去賣給當地的漁民。漁民以英鎊、先令和便士的市場價格，把漁獲賣給商人，然後在他們的帳本中得到一筆信用金額，他們以這些信用額度去支付補給品的費用，餘額的部份，商人則以英國或法國的匯票支付。（注31）

蘇格蘭村的情形也是如此，並不是真的任何人都會拿一袋鐵釘，走進當地的酒館，要一杯啤酒來喝。因為亞當斯密那個時代的雇主經常沒有現金付給工人，薪資往往拖欠了一年多，在這段期間，工人拿他們工作場所的產品，或剩餘的材料、木塊、布料、繩索，諸如此類的東西去店裡交易。鐵釘其實是他們的雇主欠他們的利息，所以他們去酒館都是先賒帳，情況允許的時候，他們才會拿一袋鐵釘去還清帳款。美國維吉尼亞州立法將菸草定為法定貨幣，這似乎是農場主人企圖強迫當地的商人，在農收季節接受他們的產品為信用貨幣的方法。實際上，這條法律迫使維吉尼亞州所有的商人都變成做菸草生意的中間商，不管他們願不願意都一樣。就像西印度的商人被迫成為糖商一樣，因為他們所有富裕的客戶都會拿這些東西來付帳。

早在貨幣出現前，人類就已經背負債務

因此這些原始的例子，其實只是人們在強化信用系統，因為實際的金錢，如金幣和銀幣短缺之故。但對傳統的經濟學歷史產生最大衝擊的是這些翻譯出來的文獻，先是埃及的象形文字，接著是美索不達米亞人的楔形文字。這些發現將學者所認知的、有文字記載的歷史，往回推到將近三千年前，從荷馬時代（約西元前八百年），大約回溯到西元前三千五百年。亞當斯密時代的認知則停留在荷馬時代。這些文獻透露，其實早在貨幣發明前的幾千年前，就已經有了這類的信用系統。

美索不達米亞人的信用系統記載最完善，比埃及法老時代（顯然很相似），中國的商朝（這些我們所知不多），或者印度河流域文明（這些我們一無所知）更加清楚。我們碰巧對美索不達米亞很了解，因為大部份的楔形文字資料，原本就是財務資料的紀錄。

蘇美人的經濟由大神廟兼宮廷的複合體主宰，通常有成千上萬人在那裡工作：有祭司和官員，有在小工廠內工作的工匠，以及在他們龐大產業中工作的農夫和牧羊人。古代的蘇美人通常分成為數眾多的獨立城市，約莫三千五百年前，等到美索不達米亞文明的序幕拉起時，神廟的行政人員似乎已經發展出

一種統一格式的會計系統——事實上，這個系統現今仍然存在，諸如一打的數量，一天二十四小時的體制（注32），正是蘇美人創建的。基本的貨幣單位是錫克爾*，一個錫克爾的重量等於一格耳（gur），或一蒲式耳（bushel）的大麥。一蒲式耳又可細分為六十個麥納（minas），還有與其相對應的等量大麥——原則上，一個月有三十天，神廟的工作人員每天會收到兩份大麥的配給。我們很容易可以看出「金錢」在當時不可能是商業目的轉換產品，而是那些官僚為了方便記錄資源和在部門機構間來回挪移資源，所創造出來的方式。

神廟的官員們使用這種系統來計算債務（租金、費用、貸款……），以銀子來計算。銀子是很有效的金錢，通常是以未加工的塊狀流通，正是亞當斯密形容的「原始的條棒」。（注33）這部份他說得沒錯，其中一個原因是銀子流通的情況並不多，大部份的銀子都存放在神廟兼宮廷的寶庫裡，有的銀子留存下來，被小心守護在同一個地方幾乎上千年。要統一鑄塊、壓印，創造出有公信力、保持其純度的金銀很簡單，當時確實有這項技術，但沒有人認為有這樣的需要。其中一個原因是，雖然債務可以以銀子的單位流通，但他們不需要用銀子支付。事實上，幾乎可以用那個人擁有的任何東西來支付。農夫欠神廟或宮廷金錢的話，或是欠神廟和宮廷的官員，他們似乎都能以大麥來解決債務，這也是為什麼修訂銀子和大麥的比例如此重要的緣故。不過，帶著山羊、家具或青金石去抵債也毫無問題。神廟和宮廷是超級大的工業機構，任何抵押品都能在這有所用途。（注34）

在美索不達米亞城市市場中的農產品價格，也是由銀子來計算的，不是由神廟和宮廷完全控制的其他產品價格，則會隨著市場供需變動起伏。但即使是在這裡，證據也如我們先前所提示的，大部份的交易都是以信用賒帳的方式為基礎。商人（有時候替神廟和宮廷工作，有時候單獨作業）是真正經常使用銀子交易的少數人之一；但即使是商人，他們絕大多數也是以信用賒帳方式交易，一般人會跟「啤酒女士」（ale women）或客棧老板買啤酒，再次重申，他們的交易是用記帳的方式，在大麥收成時才結帳，或是以他們現有的任何東西付清帳款。（注35）

在這一點上，關於金錢起源的傳統故事，不管從哪個觀點看，幾乎都會粉碎瓦解。很少有一種歷史論點會這麼絕對、這麼有系統地令人難以駁斥。二十世紀初期，全盤改寫金錢史需要的所有資料都已就位，這個地基是由米歇爾．伊因斯打下的——就是我先前引述有關鱈魚時提到的那一位——他分別在一九一三年和一九一四年，在紐約的《金融法務期刊》中發表過兩篇論文。在這兩篇論文中，伊因斯以實事求是的口吻，指出現有經濟史中的錯誤假設，並建議我們改寫債務史：

其中一個跟商業有密切關聯的普遍謬誤是，現代推行的一種省錢方法被稱為**信用**，在大家得知這個方法之前，所有的購物都是以現金交易，也就是說，以錢幣來支付的。經過審慎的調查後發現，事實正好相反。在古代，錢幣在商業中扮演的角色遠比現代更渺小。這麼渺小的原因是因為錢幣的數量不足以應付它的需求，〔中古世紀的英國〕貴族家庭和莊園，經常使用不同種類的代幣做小額的付款。貨幣的角色如此微不足道，有時候那些國王還會毫不猶豫地把所有的錢幣收回來，重新鑄造，重新發行，而商業交易仍然照常運作。」（注36）

事實上，我們標準的金錢史正好相反，不是先有以物易物、發現貨幣，然後漸漸發展成信用系統，次序正好顛倒。其實我們現在稱為虛擬貨幣的東西先出現，錢幣是在很久以後才出現的，普及的程度也不是很平均，錢幣也從來不曾完全取代信用系統。以物易物反而是使用錢幣或紙幣後，很可能是因此意外衍生出來的副產品：以歷史的觀點來看，主要是因為那些習慣使用金錢交易的人，因為某種原因無法取得金錢，才會用這種用易物貿易的方式。

＊譯注：錫克爾（shekel），古希伯來和巴比倫的重量單位，約合半盎司。這裡指古希伯來人用的半盎司金幣或銀幣。

奇怪的是，以物易物從未發生，這在新的歷史從不曾寫出來。沒有任何經濟學家駁斥伊因斯，他們只是完全不理會他。教科書從未更改它的歷史——即使所有的證據明白的顯示這個故事是錯誤的。人們寫的金錢史其實是貨幣史，並假設在過去必然存在以物易物；有時錢幣大量消失時，這些時期仍被描述成「回到以物易物」的經濟模式，彷彿這個句子本身的意義不證自明，即使沒有人明白它真正的意思也一樣。因此我們幾乎完全不知道，比方說，一九五〇年在一個荷蘭小鎮的居民，他們是否真的會用起司、湯匙，雇用樂師到他女兒的婚禮中演奏——更不知道該如何把這類的故事安插在莫桑比克的彭巴，或烏茲別克的撒馬爾罕。（注37）

第三章

原始債務

每個生命一出生便欠了諸神、先聖、祖先和眾生債務，如人祭祀，是因為生來便對諸神負有祭祀的債……如人讀頌聖書，是因為生來對先聖負有學習的債……如人欲生兒育女，是因為生來便對祖先負有繼承的債……如人好客，是因為對眾生負有佈施的債。

——摘自吠陀文獻《百道梵書》（*Satapatha Brahmana*）1.7.12, 1-6[譯註]

讓我們驅逐惡夢的惡劣影響，如同還債一般。

——摘自吠陀文獻《梨俱吠陀本集》（*Rig Veda*）8.47.17

〔譯注〕
參考資料：《中國佛教史話》。作者劉克蘇，二〇一〇年三月版，第一章第一節，〈六師外道，百家爭鳴——天下大勢〉，婆羅門的「三債六行」，河北大學出版社。http://zonghe.17xie.com/book/10001742/22988.html

現在的經濟學教科書會以想像中的村子開始講述，那是因為根本不可能有真實的案例可談。有些經濟學家也不得不承認，亞當斯密所說的以物易物的國土根本不存在。（注1）

問題是，為什麼這個神話故事無論如何還是一直流傳下去。經濟學家很久以前就已經拋棄了《國富論》中的其他元素，比方說，亞當斯密的勞動價值理論和對聯合股份公司的不贊同。那為什麼不乾脆把這個神話故事當作奇特有趣的寓言般一併抹除，為什麼不努力去了解原始的信貸約定？也就是說，為何不試著去了解比較有歷史根據的東西呢？

答案顯然似乎是以物易物的神話無法抹除，因為它是整個經濟學理論的中心思想。

我們在這裡回顧一下，亞當斯密當初寫《國富論》時最想做的重要的事是什麼。這本書企圖將新發現的經濟學原理當成一種科學。這表示經濟學不僅有它獨特的研究領域——我們現在稱為「經濟」，不過，在亞當斯密的時代，連有一個叫「經濟」的東西，都算是很新穎的概念——而且被稱為「經濟」的這門科學，是根據與牛頓定律極為相似的方式運作的，牛頓定律也是那個時代新發現支配物質世界的法則。（注2）牛頓宛如宇宙鐘錶設計師般，代替上帝創造了最能造福全人類的宇宙物理機械原理，然後讓它自行運作；亞當斯密企圖寫出類似牛頓定律般的論點。上帝，或者如他所說的是天命，已經安排好一切，我們依據自己的喜好去追求，即使毫不約束市場的運作，最後市場仍會「宛如被無形之手」引導一般，為大眾謀求福利。亞當斯密在《道德情操論》〈天意代言人篇〉（*The Theory of Moral Sentiments*, the agent of Divine Providence）中談到著名的「無形的手」，幾乎可算是上帝之手。（注3）

一旦經濟學被當成法則建立之後，神學的論點似乎就不必要，也不重要了。人們持續爭論，不知道未受約束的自由市場，是否會如亞當斯密所說的那樣運行；但沒有人質疑他所說的「市場」是否存在，是否真的自然天成。源自這個論點的假設，似乎已經變成了常識。我發現，這種常識普遍到每次有價值的東西被轉手時，我們都會假設，這兩個人一定是認為直接交換物品能獲得更多實質的利益。因此，經濟學家們已經看出，其中一個有趣的推論是，不管金錢存不存在都不是很重要，金錢只是一種用來輔助交易的商品，我們利用它來估量其他商品的價值。然而，金錢本身毫無特殊性可言。另外，在一九五八年時，至今仍主導現代經濟學思潮、新古典學派中一位重要人物保羅・山姆森（Paul Samuelson）還是表達出他對「社會發明的貨幣」（the social contrivance of money）的不屑。「即使是最先進的工業經濟，」他堅稱：「如果我們把交易剝除到最赤裸的基本要素，去掉金錢朦朧的外衣之後，就會發現人與人之間，國與國之間的交易，將會大幅度簡化成以物易物的交易。」（注4）有人談到「金錢的面紗」遮蔽了「真實經濟」的本質，真正的經濟是人們製造真實的產品，提供真實的服務，然後彼此拿這些東西交換。（注5）

金錢不重要，經濟或者說是「真實的經濟」其實是龐大的以物易物系統。這論述最後成了典型經濟學的常識。問題是，歷史的證據顯示，若沒有金錢就不會出現這種以物易物的交易方式。即使當經濟「回到以物易物」的時代，如歐洲人說的中古世紀的時代，實際上他們也並未放棄使用金錢，只是不再使用現金而已。比方說，在中古世紀時，每個人仍用舊制的羅馬貨幣來估算工具、牲畜的價值，即使這種硬幣已經停止發行流通了。（注6）

是金錢使我們得以想像，自己有辦法以經濟學家鼓勵我們的方式生活：人與人和國家與國家之間，主要的交流就是交換物品。這也明確地表示，光有金錢的存在不足以讓我們看到這樣的世界。如果可以的話，古代的蘇美人，或遠在亞當斯密《國富論》一七七六年問世之前，早就創造出經濟學定律了。

事實上，欠缺的這個因素，正是亞當斯密企圖貶低的東西：國家政策的角色。在亞當斯密時代的英國，我們之所以能看到充滿肉販、五金行和雜貨店的市場就像完全獨立運作的世界，是因為英國政府極力推廣市場的關係。要推廣市場需要法律和警察，不過，也需要特定的貨幣政策，特別是像亞當斯密這種自由主義者（成功）提倡的貨幣政策。（注7）這需要訂定從錢幣到銀子的價值，但同時又要大量提高金錢的供應，尤其是經常流通的小額錢幣。這不僅需要大量的鉛與銅，同時還要謹慎地管制提供紙幣的銀行。在《國富論》問世之前的那個世紀，至少有兩次有人企圖創造供應國家貨幣的中央銀行，在法國和瑞士的那兩次經驗都證明徹底失敗。在這些案例當中，這個本應屬於國家的中央銀行，大部份卻只依自己的揣測印製紙鈔，使當時的投資者失去信心。亞當斯密雖然支持使用紙幣，但他也跟他的前輩洛克一樣，相信英國銀行和蘇格蘭銀行比較成功的原因是，他們嚴格地依貴重金屬的數量來訂定紙幣的標準，這個論點遂成為經濟的主流思想，強勢到甚至連像信貸這種非主流的貨幣理論，也就是伊因斯提倡的觀點，很快地被放逐到邊陲地帶，主流思想的擁護者把它當成怪異的思想予以抹除，當初也正是這類的想法，導致惡劣銀行的出現和投機性的泡沫事件發生。

當時若能考量這些另類的理論，或許會有所幫助。

國家和信用貨幣原理

伊因斯倡導了後人熟知的**信用貨幣原理**，但十九世紀期間，最熱心的擁護者卻不在伊因斯的英國本土，反而是當代新崛起的兩個國家，即將與英國政權相抗衡的美國和德國。信用理論學家堅稱，金錢不是商品而是會計學的一種工具。換句話說，它根本不是一個「東西」。你摸不到美元或德國馬克，就跟摸不到時間和立方公分一樣。貨幣單位只是一種抽象的測量單位，正如信用理論學家正確的強調，（注8）在歷史上，這種抽象的會計系統早在人類使用獨特交易代幣的久遠以前就已經出現了。

接下來顯而易見的問題就是：如果金錢只是一種衡量的標準，那它要衡量什麼？答案很簡單：債務。一個錢幣就等於一個借條。因此，傳統的觀念認為銀行的鈔票是承諾支付特定額度的「實體金錢」（黃金、銀子，不管它代表什麼東西），信用原理的理論家辯駁說，一張鈔票只是承諾支付與一盎司黃金同等價值的東西，但金錢的意義也僅止於此。一個銀幣、一個銅鎳合金，上頭鑄有蘇珊・安東尼的一美元硬幣、一張印著喬治・華盛頓頭像的綠色一元紙鈔，或是某家銀行電腦中的數字，這些基本上是沒有差別的。一塊黃金實際上只是一個借條的觀念，總讓人難以全盤理解，但這種事情應該是真實的，因為即使他們有在使用金幣和銀幣，但幾乎從來不曾真正流通這些等值的金與銀。

信用貨幣是怎麼產生的？讓我們再回到經濟學教授幻想中的小鎮。比方說，約書亞要給亨利鞋子，亨利並未欠他一個人情，反而答應要給他同等價值的東西。（注9）亨利給約書亞一張借條，約書亞可以等到亨利擁有他覺得有用的東西時再向亨利兌換。在這個例子當中，兌換完之後，亨利可以撕掉借條，事情就此了結。但如果說，約書亞把這張借條轉給第三者——席拉，因為他正好欠席拉別的東西。席拉也可以把這張借條拿給第四者蘿拉，以便抵銷自己欠的債務。那麼最後亨利就欠蘿拉這筆金額。因此金錢就誕生了，因為沒有合理的方式來結束這筆債。比方說，席拉想跟艾迪絲要一雙鞋，她可以直接拿這個借條給艾迪絲，並向她擔保亨利會還這筆債。原則上，這張借條沒有理由不會繼續在這個小鎮上流通好幾年，只要大家仍對亨利有信心即可。事實上，如果流通得夠久的話，大家很可能會完全忘記寫這張借條的人是誰。這種事情難免會發生，人類學家凱斯．哈特曾跟我說一個他兄弟的故事；他這位兄弟在五〇年代是派駐香港的英國士兵。士兵通常都會開祖國英國銀行的支票來付他們的酒錢。當地的商人經常只是簽名背書，支票互相傳來傳去當成錢幣流通。有一次，他在當地一間小店的櫃台上，看到自己六個月前開的支票，上面寫滿密密麻麻大約四十個不同的中文名字。

像伊因斯這類的信用理論學家提出的論點是，即使亨利拿一枚金幣給約書亞而不是一張紙，基本上結果還是一樣。金幣是支付與這個金幣同等價值物品的一種承諾。畢竟金幣本身沒什麼用處，一般人會接受它，只是因為他們認為別人也會接受。

以這個理論來說，貨幣單位的價值不是為了衡量這個物品的價值，而是衡量一個人對其他人的信任。

信任會使所有的事情變得更加複雜，早期紙幣流通的方式幾乎跟我描述的情形一樣，只不過像中國的商人，會在收到的支票上加上自己的簽名，藉以保證這筆債的合法性。但通常查特主義者

（chartalist）*所遇到的困難在於要如何說明這些人為什麼願意持續信任一張紙。查特這詞源自拉丁文，或稱代幣。為什麼大家不直接在借條上簽亨利的名字？沒錯，這種債務代幣的系統可能只適用於一個大家彼此都認識的小村子裡，或者像十六世紀分散在各地的義大利人社會，又或者對那些二十世紀的中國商人才管用，至少必須是每個人都有辦法找到其他人的小型社群中。可是像這樣的系統無法創造出完整的貨幣制度，也沒有證據顯示這種貨幣制度提供充足的借條，讓即使中等大小城市中的每一個人都能用這種貨幣執行每日大部份的重要交易。這需要幾百萬的代幣。（注10）若要保證所有借條的有效價值，亨利必須富有到令人難以想像的地步才行。

然而，比方說，如果亨利是英國的國王亨利二世、諾曼第公爵、愛爾蘭的爵爺和安如伯爵的話，這樣就不成問題了。

真正推動查特主義理論的其實是後人眾所皆知的「德國歷史學派」，最著名的倡導者是歷史學家克納普（George Friedrich Knapp），他的著作《貨幣的國家理論》（*The State Theory of Money*）在一九〇五年首度問世。（注11）如果貨幣只是一種估價的單位，那麼皇帝和國王會關心這種事情便有其道理。每一位皇帝和國王都很熱衷在國內建立重量和測量法的統一制度。這也是事實，如同克納普所觀察到的，這種制度一旦建立之後，便有可能穩定維持很長一段時間。亨利二世在位期間（一一五四到一一八九年），西歐幾乎每個人的帳本都還在使用查理大帝三百五十年前建立的貨幣制度，使用鎊、先令和便士，儘管有些貨幣從來不曾存在過（查理大帝從不曾真正鑄造過一鎊的銀幣），查理大帝的實體先令和便士也沒有持續流通，這些過去曾經流通的貨幣在尺寸、重量、純度和價值上都有很大的差異。（注12）根據查特主義者的看法，這並不重要，重要的是有個統一的制度來測量信用和債務，以及這個制度能穩定持續一段長久的時間。查理大帝貨幣的例子特別戲劇化，因為他的帝國很快就滅亡了，可是在他曾經統治過的地區，人們卻持續使用他創造的貨幣制度來記帳，而且長達八百年以上。十六世紀時，這個明顯被稱為「想像中的貨幣」以及法國古錢幣但尼爾和里弗爾這種計量單位，一直是到法國大

革命期間才徹底消失。（注13）

根據克納普的說法，不管對應這個「想像中的貨幣」所流通的是不是真正的實體貨幣都不是很重要。不管是純銀的錢幣、貶值的銀片、皮製的代幣或是乾鱈魚，基本上都沒什麼差別——只要納稅時，國家願意接受這些東西抵稅即可。基於這個原因，國家願意接受的任何東西都能成為貨幣。其中一個重要的貨幣形式就是，在英國亨利王的時代用來記帳，上面有刻痕的「符木籤」。符木籤是很明顯的借條：雙方交易時會拿一根榛木樹枝，在上面刻痕表示所欠的金額，然後折成兩半，雙方各取一半。債主保留的那一半稱為「股份」（這就是「股票持有人」名詞的由來），欠債的人持有的那一份稱為「存根」（這就是「票根」這個名詞的由來），估稅員會根據這種樹枝來估算當地行政官所欠的稅金。不過，通常亨利的財政部不會等到稅金到期就會把這些符木籤折價賣出去，符木籤成了欠政府債務的代幣，再提供給任何願意以它做交易的人流通。（注14）

現代的紙鈔其實也是用類似的原理，只是反向操作。（注15）各位應該還記得這裡有提到亨利借條的小寓言，讀者可能已經注意到一個令人困惑的平衡概念：只要亨利沒有償還他的債務，這個借條就可能被當成金錢繼續流通。事實上，這正是當初成立的世上第一個成功現代央行英國銀行所運用的邏輯。一六九四年，英國的一個國際財團貸給國王一筆一百二十萬英鎊的借款。他們收到一筆皇家獨立發行的紙鈔借條。這表示這個財團有權利把借條上國王欠他們的部份金額，轉貸給國內任何一個願意向他們借錢，或願意把他們的錢存在這間銀行的英國居民，因此能有效地流通借條，或把這個新成立的皇家公債當成「法定貨幣」流通。這對銀行家是很有利的優勢（他們可以每年跟國王收取原貸款百分之八的利息，同時又能跟借同一筆款項的客戶收取利息），但這只在原貸款保持未償付的情況下才可行。截至今

＊譯注：查時主義者相信貨幣本身不具有內在價值，並主張人們普遍接受政府發行的貨幣根本原因在政府有權徵稅。政府願意接受他發行的貨幣做為民眾稅收的支付，於是貨幣有了信用。

天為止，這筆貸款仍未償還，因為不能還，如果還清了，那英國整個貨幣制度就無法存在了。（注16）

即使沒有別的，這個方式也協助解決了一個許多早期國家財政政策明顯的謎團：他們為什麼要子民納稅？我們通常不會問這種問題，因為答案似乎顯而易見；政府要求納稅是因為他們想要人民的錢。但如果亞當斯密的理論沒錯的話，如果金銀成為貨幣完全不靠政府而是市場自然形成的制度，那直接控制金銀礦場不是最明顯有利的方式嗎？國王想要多少錢都能手到擒來，事實上，古代的國王就會這麼做。如果他們統治的地區內有金銀礦場的話，通常國王都會直接控制它。那麼萃取黃金，在上面印上某人的圖像，讓它在子民之間流通——然後又要求這些子民，把這些錢幣還給國王，又有什麼意義呢？

這樣的確有點令人費解，但如果貨幣和市場不是自然形成的話，這樣就說得通了。因為這是產生市場交易最簡單最有效的方式。我們找個假設性的例子。比方說，某個國王想要固定養一批五萬人的軍隊。在古代或是中古世紀的環境下，要養活這樣的軍力也會有很大的問題，除非這個軍隊正在行軍中，否則光是尋找、取得和運輸補給品，就需要雇用同樣多的人手和牲畜來處理這些事情。（注17）從另一方面來說，如果只要單純地把錢幣交給軍人，要求國內每個家庭都把部份的錢幣還給你，只要做這一個動作，就能將整個國家的經濟體變成提供軍人補給品的大機器。這樣一來，每個家庭若想得到這些錢幣的話，就得想辦法提供一些軍人需要的補給品，連帶地也會產生市場交易。

這有點像諷刺漫畫的版本，但很顯然市場的確是因古代軍隊產生的；只要看一下古印度的思想家考底利耶（Kautilya）的《政事論》（*Arthashastra*）中，關於波斯薩桑王朝的「君權循環」（Circle of sovereignty），或是中國的「鹽鐵論」，就會發現古代的統治者都花很多時間思考有關礦場、軍人、稅務和食物之間的關係。大部份人所得到的結論是，創造這類的市場不只是為了方便養活軍人而已，同時在各方面也很有用處，因為這表示官方不需要直接跟老百姓要求所需的一切補給品，也不需要想辦法在皇家產地或工廠中自行生產出他們需要的東西。換言之，儘管固執的自由主義者假設說國家的存在與市場的產生似乎是相對的，而亞當斯密在他的遺作也是這麼說的，但歷史上的紀錄對此事卻顯示出完全相反的結果。無政府的社會往往也沒有市場的交易。

一般人可能會認為，國家貨幣原理一直是亞當斯密派主流經濟學家所憎惡的論點，事實上，查特主義似乎被看成經濟理論學派中陰暗的民粹主義者，喜愛它的大都是怪人。（注18）最奇怪的事情是，主流派的經濟學家最後都在為政府工作，他們所推行和宣揚的政府政策，卻又很像查特主義者所形容的政策——儘管他們實際上奉行的是亞當斯密的論點，說市場是隨機自然發展的，但所宣揚的卻又是另外一套。

在殖民時期的世界更是如此，我們先回到馬達加斯加的故事。我之前已經提過，征服馬達加斯加的加利埃尼將軍在一九〇一年完全控制這個島嶼之後，首先做的其中一件事就是對馬達加斯加人民課人頭稅，這個人頭稅不僅很重，而且只能用新政府發行的馬達加斯加法郎來繳稅。換句話說，加利埃尼將軍確實自行印鈔，並要求國內的每一個人把他發行的一部份錢幣還給他。

不過，更令人驚異的是，他形容這個稅金是「impôt moralisateur」，意即「教育稅」或「道德稅」。換個現代的說法來說它是設計來教導當地居民工作的價值。由於這個「教育稅」是在農物收成不久之後到期，農民要納稅最簡單的方式就是把稻米賣給來自中國或印度的商人，這些商人很快就在這個國家的許多小鎮定居下來。然而，由於顯而易見的原因，農收季節也是稻米價格最低的時候。如果農民賣掉太多穀物，這表示他們剩下的糧食就不夠養活家人一整年，因此到了後半年又被迫得從商人那裡，用借貸的方式，以高出當初賣價很多的價格再把這些米糧買回來。因此，農民很快就負債累累（商人如同高利貸者一般，用加倍的金額賣出）。要還債最簡單的方式就是尋找某種商品作物來賣，例如開始栽種咖啡或鳳梨，不然就是把孩子送到城市裡去賺錢，或送到法國殖民者在島上開墾的農場裡工作。這個計畫不僅是從農民身上榨取廉價勞力的陰謀，其中似乎還有更多的意涵。殖民地政府也說得很明白（至少在他們自己內部的文件裡），說他們需要確保這些農民至少能留下一點殖民地政府的錢幣，讓他們習慣一些小奢侈品，例如陽傘、口紅、餅乾，這些東西在中國人開的店面裡就能買得到。讓他們培養出新的品味、習慣和期待很重要，為消費需求打下基礎，這樣才能確保征服者離開很久之後，馬達加斯加的人民仍會永遠跟法國保持密切的聯繫。

大部份的人並不笨，絕大多數的馬達加斯加人民很清楚這些征服者的意圖，有些人便堅決抵制。一位法國的人類學家傑拉德．阿撒比（Gerard Althabe）觀察到，東岸島上的居民會克盡本份地到咖啡農園去賺取人頭稅，卻刻意忽視當地商店所賣的商品，把繳完稅之後剩餘的錢交給家族中的長老，長老再用這些錢去買牛或祭拜祖先的祭品。（注19）很多人也公開不諱言地說，他們知道自己是在抵制殖民政府，不掉進對方的圈套裡。

然而，這種反抗卻鮮少能永久持續下去，市場確實會慢慢成形，即使在島上以前不曾有過市場的地區也出現了市場。他們無可避免地出現了小型店面的市場網路。等到一九九〇年我去那裡時，人頭稅最終被革命政府廢除，但新一代的人民已自然接受市場的觀念，就連那裡的靈媒也能引出一段可能來自亞當斯密論點的句子。

這類的例子可以無窮無境的例舉下去。諸如此類的事情，在世界各地被歐洲人武力征服的地區層出不窮，當地尚未有市場，歐洲人並沒有發現以物易物的地區，反而用這種主流經濟學家反對的技術創造出這類的市場。

尋找一個神話世界

人類學家抱怨以物易物這個神話將近一個世紀之久，經濟學家偶爾會以稍具熱誠的口吻指出，儘管所有不利於以物易物理論的證據確鑿，他們還要敘述這個故事有一個很簡單的理由：因為人類學家並沒有想出一個更好的故事來。（注20）這個反對的理由可以理解，但也有一個答案能回答這個問題。針對貨幣起源這件事，人類學家之所以尚未想出一個既簡單又能令人信服的故事，那是因為我們沒有理由相信世上真有這樣一個起源。貨幣跟音樂、數學和珠寶一樣，從來不是被「發明」出來的。我們稱為「貨幣」之物，根本不是一樣「東西」，這是一種以類似比例法的數學公式用來比較不同物品：比方說，一等份的X等於六等份的Y。這種方式很可能跟人類的思維一樣古老，我們想計算得更精確一點時，就會發現時下統稱為「貨幣」的東西，涵蓋了許多不同的習俗和實例，這正是為什麼經濟學家、歷史學家和其他人很難思考出一個定義來的原因。

信用原理長久以來受制於缺少一個令人信服的說詞。這並不是說在一八五〇年到一九五〇年這段期間，所有關於貨幣辯論各方面的論點，就沒有受到這個神話武器的制約。這是事實，在美國或許更是如此。一八九四年間，那些推行美元紙鈔的人，想讓美元跟黃金完全脫離關係，以便讓政府能自由的花錢創造工作機會。這群人發起了一場「向華盛頓進軍」（the March on Washington）的政治運動，這個點子在美國歷史上產生了深遠的影響。李曼・法蘭克・鮑姆（L. Frank Baum）的童話《綠野仙蹤》一九〇〇年問世後，很多人認為這個童話是為了美國人民黨威廉・詹寧斯・布萊恩（William Jennings Bryan）競選而寫的寓言故事，布萊恩兩度競選總統時都發表自由鑄造銀幣宣言：宣誓要以複合金屬鑄造錢幣的系統取代金本位制，這樣就能在黃金之外自由鑄造銀錢。（注21）和擁護推行紙幣一樣，擁護這個運動的主要選民之一便是債務人：尤其是像桃樂絲這種在一八九〇年經濟嚴重衰退時，受到抵押品贖回權被取消這種巨浪侵襲的中西部農民家庭。根據人民黨支持者的解讀，東西方邪惡的女巫代表東西兩岸的銀行家（致力推行緊縮貨幣供應，並因此而得利），稻草人代表農民（他們沒有腦袋能避免這種債務陷阱），錫樵夫代表工業勞工階級（他們沒有心跟農民團結起來），懦弱的獅子代表政黨階級人士（他們沒有勇氣干預）。黃磚路、銀拖鞋、翡翠城市和不幸的巫師，很可能是為他們自己發聲。（注22）「奧茲」當然就是「盎司Ounce」的標準縮寫OZ。（注23）鮑姆企圖要創造一個神話，這個故事出奇的有效，連政治宣傳都沒有這麼有效。布萊恩三次競選總統失敗，這個銀幣規格從不曾被政府採納，現在也很少人記得《綠野仙蹤》原來是在講這些事情。（注24）

尤其對國家貨幣理論家而言，這一直是個大問題。統治者在他們征服的地區，以收取稅金來創造市場，以便支付軍人的開支，或其他政府運作所需的費用，這樣的故事聽起來不大能激勵人心。而且德國人主張貨幣是國家意志化身的觀念，也沒有廣泛流傳。

然而，每次出現重大的經濟崩潰時，傳統的放任主義經濟學就會再度遭受抨擊。布萊恩的運動就是因應一八九三年的經濟大恐慌而誕生的。到了一九三〇年代經濟大蕭條，只要政府確保貨幣能有效依據貴重金屬的標準鑄造，市場就能自行調節，這想法完全無法讓人信服。大約從一九三三年到一九七九年，每個大型的資本主義政府都改變策略，轉而採用凱因斯的理論。凱因斯主義者的正統說法源自這個假設，除非資本主義政府願意有效扮演保母的角色，否則資本主義市場無法確實運作：最著名的例子是在景氣低迷時，政府推出「刺激經濟的市政投資」卻造成巨額的財政赤字。一九八〇年代時期，英國的柴契爾夫人（Magaret Thatcher）和美國總統雷根（Ronald Reagan）就很有魄力地否決了這一切，他們究竟做了多少，我們不是很清楚。（注25）不管怎麼說，他們所造成的衝擊卻比之前金融貨幣理論的正統派更大：尼克森一九七一年做出決定，使美元與貴重金屬徹底脫離關係，完全廢止金本位貨幣政策，引進從此主導全世界經濟的流動貨幣制度。這表示從此以後，所有國家的貨幣都會受到影響，就像新古典主義經濟學家所形容的，現今的貨幣純粹是由大眾的信任所支持的「流通券」。

凱因斯（John Maynard Keynes）對這個他自己喜歡稱為「另類傳統」的信用和國家理論，遠比跟他地位相等的經濟學家們（凱因斯仍算是二十世紀最重要的經濟學思想家）和他的前輩或後來的經濟學家都更為開明。某段時期他還沉浸其中，全心鑽研貨幣起源，他花了好幾年的時間，試圖查明貨幣的起源——他後來稱這個為他的「巴比倫狂熱」。（注26）他把這次的研究結論寫在他最有名的著作《貨幣論》（*Treatise on Money*）的最前頭；假如一個人不具任何成見，只是謹慎地檢視歷史紀錄的話，大概也只能得到這樣的結論：研究證明他的狂熱基本上是正確的，不管最原始的起源是什麼，過去四千年來，貨幣實際上是國家政府的產物。他發現個體之間只會彼此互訂合約，取走借款，承諾償還，如此而已。

因此，國家政府處於優先地位，以律法的權威強制對方支付與這個名稱或合約上敘述內容相對應的物品。但要加倍償還，因為政府聲稱有權決定和宣告，與這個名稱相對應的物品是**什麼東西**，而且還可以不時修改變更這個宣告，也就是說，國家聲稱有權利重新編修字典。所有的現代國家都聲稱有這個權利，至少四千多年來一直都是如此，也就是說，當貨幣演化到這個階段時，克納普的查特主義主張貨幣是國家產物的這個學說，已然成為事實……現今所有文明的貨幣，無庸置疑，就是查特主義。（注27）

這並不表示國家有必要**創造**貨幣。貨幣就是信用，可以藉由私人的合約協議書產生（例如借款）。國家只是強制人民執行這個協議書，並規定法律條文。因此凱因斯下一個引人注目的主張是：由銀行製造貨幣，沒有固定的規範能限制他們製造貨幣的能力，不管他們貸出多少錢，借款人都別無選擇，還是得把錢再存進某間銀行，因此，銀行體系作做為一個整體，債信總額永遠都能抵銷平衡。（注28）這種暗示屬於激進派的想法，但凱因斯本身並不是激進派者。他最終都能以謹慎的方式表達這個問題，將它融入當代的主流經濟學中。

凱因斯並不是神話創作者，但另類傳統理論到了這個程度，對以物易物神話也算是想出了一個解答，但這並不是凱因斯個人努力的結果（凱因斯最後決定，貨幣的起源不是很重要），而是當代某個新凱因斯主義者的研究成果，這些人毫不畏懼地追隨凱因斯較為激進的建議，也不怕會產生什麼樣的後果。

貨幣的國家信用理論真正的弱點向來都是在稅金上的問題。要解釋早期的國家為什麼會要求子民納稅是一回事（為了創造市場），若要問「有什麼權利？」又是另外一回事了。假設早期的統治者並不是一般的惡霸，稅金也不是勒索——據我所知，沒有任何一個信用理論學家對早期政府的事會提出這種諷刺的概念——那麼我們就得問，他們是如何讓納稅這種事情合理化的。

在現今這個時代，我們都認為自己知道這個問題的答案。我們繳稅給政府是為了讓政府提供我們一些服務。早期的國家真正能提供的通常只有武力保護。當然到了現代，政府還能提供各式各樣的服務。這一切是在說明，我們又回到了某種原始的、人人同意的「社會契約」，但沒有人真正知道究竟何時、何人，或為什麼我們應該要接受這種遠古祖先決定的束縛，我們在其他事務上並不覺得有被古老祖先的決定所束縛。（注29）如果假設市場是在政府之前出現的，那一切就說得通了，但當你發現事實並非如此時，這個論點很快又動搖了。

為了達到符合這個國家信用的原理，有人創造出一個另類的解釋，稱為「原始債務理論」。這個理論由一組研究員在法國大幅度推廣，不只是經濟學家，還有人類學家、歷史學家和新古典主義者，原本是以米歇爾．阿格利塔（Michel Aglietta）和安卓．奧爾良（Andre Orleans）這些人物為中心而組成的團體，（注30）最近則是由布魯諾．泰瑞特（Bruno Theret）為中心，從那以後也被美國和英國的新凱因斯主義者所採用。（注31）

這是新近才出現的情況，起先他們大部份都是在辯論會中討論歐元的本質。創造歐洲共同貨幣不僅燃起知識份子的各種辯論（共同貨幣必然是在暗示創造一個共同的歐盟國家嗎？或是暗示歐洲共同經濟或共同社會？這些事情最終的涵義是不是都一樣？）同時也引起了激烈的政治辯論。創造歐元區是由德國帶頭發起的，德國的中央銀行仍認為創造歐洲共同貨幣主要的目的是為了對抗通貨膨脹。此外，緊縮貨幣政策和平衡預算的需要，被當成削去歐洲國家福利政策的重要利器，這必然會造成金融家和領養老金者、貸方和借方之間政治對抗，就跟一八九〇年代美國那些鬥爭一樣激烈。

他們的核心論點是，任何想將貨幣政策從社會政策分離的企圖都是錯誤的。原始債務理論學家們堅稱兩者一直都是同樣的東西。政府用稅金創造貨幣，他們有辦法這麼做的原因是因為政府已經成為所有公民債權的守護者。這個債務就是社會本身的精華，早在貨幣和市場之前就已經存在了，貨幣和市場只是把這種債務拆開來而已。

第一個論點是這個債務的意義並不是透過國家而是透過宗教表達出來。為了讓這個論點有效成立，阿格利塔和奧爾良把重點放在一些早期的梵文宗教文學作品：吠陀和梵書中收集的讚美詩、禱文和詩歌，以及往後幾個世紀僧侶們所寫的注解和論述，現在這些文獻被當成印度思想的根本。這個選擇並沒有表面看上去那樣怪異，這些文獻記載歷史上最早期對債務本質的觀點。

事實上，即使是大約西元前一二〇〇年到一五〇〇年作成最早期的吠陀詩集，也顯示出他們對債務的持續關注——債務被看成是愧疚和原罪的同義詞。（注32）有無數禱詞是懇求天神解除禮拜者的枷鎖，或債務的束縛。有時候這些提到債務的字眼是字面上的含意——比方說，《梨俱吠陀本集》有一段很長的敘述，描寫一個悲傷受困的賭徒「無家可歸，四處流浪　一直活在恐懼和負債中，不停地尋找金錢」。負債顯然是隱喻。

在這些讚美詩中，死神和閻羅王的形象很重要。欠債就是死神把重量壓在你身上，如果欠債沒還，沒有信守承諾的話，不管是欠神祇或欠別人的債，終將活在死神的陰影中。通常即使在很早期的文獻，債務所隱含的意義也比內在受苦更廣泛，所以人類會懇求神祇——尤其是印度火神阿格尼（Agni）赦免其罪孽。梵書的注釋者開始嘗試將這些內容編織成更包羅萬象的哲學。結論是：人類的存在本身就是某種債務的形式。

> 人出生於世，本身就是一種負債；他已將自己抵押給死神，唯有奉獻祭品，才能把自己從死神那裡贖回來。（注33）

獻祭被稱為「獻給死神的貢品」（這些早期的注釋者本身就是獻祭的祭司）。事實上，這些祭司比任何人都清楚，貢品是直接獻給所有神祇，並非只針對死神的，死神只是中間者。不過，這種說法往往都會引起一個麻煩，每次碰到這種句子就會讓人聯想到人類生命的問題。如果我們的生命是借來的，那麼有誰會真的想償還這筆債呢？負債而活是有罪的、不圓滿的，但圓滿卻代表毀滅。如此一來，獻祭的「貢品」可以被當作一種利息，人類用動物的生命暫時取代他們真正虧欠神祇的自己的生命。然而這樣也只是延緩無可避免的命運。（注34）

不同的注釋者會提出不同的說法來解決這樣的困境。一些野心較大的梵書注釋者便開始告訴他們的客戶，祭禮如果做得正確的話，保證能完全解決人類負債的處境，達到永生（因為在永恆的面前，所有的債務都毫無意義）。（注35）另一個方式是擴大債務的觀念，所有的社會責任變成人類彼此相互欠債。梵書有兩段著名的文字，堅稱我們的出世不僅是欠諸神一筆債需要以祭祀來償還，同時也虧欠創造吠陀文獻知識的古聖先賢，唯有透過學習吠陀才能還債；對於祖先（眾人之父），我們必須以傳宗接代來還債；最後是虧欠「世人」的債，這裡指的顯然是指全人類，唯有友善款待陌生人才能還債。（注36）那麼任何一個過著正常生活的人，都持續以某種方式償還因自身的存在所欠下的債務。但在此同時，債務的概念回歸到一種簡單的社會責任感後，就變得比較不那麼可怕，也比跟死神借貸生命好多了。（注37）特別是社會責任通常都是雙向的，一個人有了小孩之後，就身兼債主和債務人兩種角色。

原始債務理論學家想要提出的是，吠陀文獻中這種饒富深意的概念，並不是只對研究恆河谷早期鐵器時代儀式的專家有用，對人類天性和人類思想史也很重要。就拿這個論述當作例子，這是摘自法國一位經濟學家泰瑞特一九九九年在《消費者政策期刊》發表的論文，題目不怎麼吸引人〈貨幣的社會文化面：歐元轉換的意義〉：

在金錢起源中，我們把死亡看成是人類和生前死後、無形世界之間一種「代表性關係」——這象徵性的關係得以解釋人類物種，假設生命的誕生是一種所有人類都得承擔的原始債務，這筆債從人類無始劫來便已虧欠宇宙力量。

在這個世間我們永遠無法還清這筆債，因為無法償清這筆全額的賠償費，因此以奉獻祭禮的方式來增加生命的信用額度，期許能藉此延長壽命，甚至在某些例子當中，藉著加入諸神的世界以達到永生。但這個最初的信仰主張也跟君權力量的出現有關，君權的合法性在於他們擁有代表整個原始宇宙的能力。就是這種力量創造了把金錢當成還債的方式——這種方式是為了要有效解決祭祀上自相矛盾的抽象概念，即是把殺死生命變成保護生命的永久方式。透過這個機構，信仰轉變成鑄上君王肖像的貨幣——使其成為流通的貨幣，但這個機構要求大眾的回報是，納稅／償還生命的債務。所以貨幣的功能也是還債的一種方式。（注38）

若不提別的，這篇論文至少提供了一個簡潔的描述，表示在歐洲的標準辯論跟現在的英裔美國人的辯論有多麼不同。我們無法想像美國的經濟學家會寫出這種東西，然而這位作者提出的論述其實是滿聰明的作法，混合不同觀念。人類的本性並未將我們引向「換貨交易和以物易物」，反而確保我們永遠都在創造象徵物，例如貨幣。我們就是藉此看出自己是處在一個四周充滿無形力量的宇宙中，因此我們受了宇宙的恩惠。

這個巧妙的對策當然會把議題導回國家貨幣原理，因為談到「君權力量」泰瑞特的意思其實是指「國家」。早期的那些國王，不是神化國王的地位，說他們是行使應有權利的天神，不然就是介於人類和主宰宇宙終極力量之間擁有特權的中間人。這將我們引向一條逐漸領悟的道路，了解到我們虧欠眾神的債務，其實都是指虧欠栽培我們的社會。

「這個原始債務，」英國社會學家傑弗里．英格拉姆（Geoffrey Ingham）寫道：「是人類虧欠這個永恆持久的社會的債務，因為這個社會保護個體生存的安全。」（注39）以這個道理來說，不只是罪犯虧欠「社會債務」——就某種意義而言，我們大家都有罪，甚至都是罪犯。

比方說，英格拉姆強調，雖然沒有確切的證據能證明，貨幣是以這種方式出現的，「但有很多詞源學的間接證據」：

在所有印歐語系中，與「債務」有關的同義詞是「原罪」或「罪惡」，說明了宗教、付款和祭祀與俗世世界靠「金錢」來調解事務的關係。舉例來說，金錢的德文 Geld、赦免或祭祀的古英文是 Geild，以及稅金的哥德語 Gild，都跟罪惡 guilt 這個字源有關。（注40）

或者，再提另一個更奇特的關聯：為什麼以前的牛經常被當成貨幣？德國歷史學家巴納德．勞姆（Bernard Laum）很久以前就指出，在荷馬史詩中每當有人要估算船隻或盔甲的價值時，經常是以公牛來計算的——即使他們真正交易物品時，從不曾以公牛來支付任何費用。要不得出這樣的結論也很難，因為牛是人們獻給諸神的祭品。因此牛代表絕對的價值。從蘇美人到古希臘人，金銀器物都是獻給神廟的供品；每個地方的貨幣似乎都是從適合獻給諸神的物品演變而來。（注41）

如果國王只是單純地取代了我們虧欠社會原始債務的監護人角色，這便提供了一個非常簡潔的解釋，說明為什麼他們認為政府有權利要求我們納稅。稅金只是一種估算我們虧欠社會多少債務的方式，但這卻不能真的解釋這種絕對的人命債是如何轉換成**金錢**的，金錢被定義為一種估算和比較**不同**物品價值的方法。這個問題對信用理論學家和新古典派經濟學者一樣重要，只是他們用不同的方式來表達同一個問題。如果從以物易物的貨幣原理開始推論，就得解決這個問題，還有為什麼你會選擇一種物品來估算你到底有多想要別人的東西。如果從信用原理為起點來推論，又會碰到我在第一章裡所描述的問題：如何將道德責任變成特定數目的金錢？欠某人一個人情的觀念，又如何轉變成會計帳目，讓人能明確的估算出欠多少隻羊、多少條魚或多少塊銀子才能還清這筆債？或者，在這個例子當中，要如何將我們欠上帝的絕對債務轉變成我們欠表兄弟或酒保的債呢？

這個巧妙的答案也是原始債務理論學家提供的。如果稅金代表我們虧欠社會栽培我們的絕對債務，那麼邁向創造實體金錢的第一步，源自我們開始計算個人虧欠社會的確切金額，以及罰金、酬金和賠款制度。甚至因某種原因錯待了某個人，因此對那人存有「罪惡感」或「愧疚感」，這都是我們欠的債。

事實上，這沒有乍聽之下那樣讓人難以置信。有一個令人費解的事情是，截至目前為止我們看到的所有關於貨幣起源的理論，幾乎完全忽視人類學的證據。人類學家知道很多有關經濟社會在沒有政府的情形下是如何運作——有些地方的政府和市場沒辦法完全脫離現有的做事方式，他們如何繼續使用這類的方法。比方說，有無數的研究資料顯示，非洲東部和南部用牛隻當作貨幣；美洲的貝殼貨幣（貝殼串就是最顯著的例子）或巴布亞紐幾內亞的珠子貨幣、羽毛貨幣或啄木鳥頭皮貨幣。（注42）這些文獻被經濟學家忽視的原因很簡單：很少人用這類的「原始貨幣」來交易，即使真的在買賣交易中使用，也不會用來買像雞、蛋、鞋子或馬鈴薯這類的日常用品。這些原始貨幣大多不是用來取得物品，主要是用來重新調整人與人之間的關係。最主要是用在安排婚姻、解決紛爭上，尤其是因謀殺或傷害罪所引發的衝突。

我們有理由相信，貨幣也是為了調整人與人之間關係而誕生的——就連英文中的「支付（to pay）」原本也是源自「使安寧、平息（to pacify, appease）」這些字詞。譬如送某人貴重物品，表達你在酒後爭吵中殺死了他的兄弟心裡有多難過，你真的很希望能避免此事成為雙方將來冤冤相報的血仇。（注43）

債務理論學家特別關注後者的可能性。他們傾向略過人類學的文獻，直接看早期的律法，由此取得靈感。這點可以從二十世紀其中一個最偉大的貨幣學者菲利普．格里爾遜開創性的作品中看出，他在七〇年代首先提倡貨幣起源可能是從早期的律法慣例而來。格里爾遜是研究歐洲黑暗時期的專家，對後來我們稱為「蠻族法典」的主題非常著迷，這個法典是日耳曼民族在羅馬帝國滅亡之後西元六百年到七百年間所建立的，適用對象包含哥德人、弗利然人和法蘭克人。不久之後，從俄羅斯到愛爾蘭各地也出版了類似的法典，當然這些都是很令人著迷的資料。一方面來說，他們充份明確地顯示出，有關歐洲在這段時期「回復到以物易物」的傳統這段話錯得有多離譜。幾乎所有日耳曼民族的法典都使用羅馬貨幣來估價；比方說，竊賊的罰金，法律通常都會要求這個竊賊不僅歸還偷走的財物，還要付出高額的租金（如果偷的是錢，就要付利息），並以持有贓物的時間來計算租金或利息。從另一方面來說，一些從不曾居住在羅馬統治領土的人，也很快發展出他們的律法，像是愛爾蘭、威爾斯、北歐諸國、俄羅斯，這些地方法典甚至透露出更多的訊息。規定可說是極具創意，不管是付款方式或是如何精確算出不同程度傷害和羞辱的賠償金：

在威爾斯的律法中，賠償金起先是以牛來計算，愛爾蘭則是以牛或女奴隸來計算，兩國都大量使用貴重金屬買賣計價。日耳曼法典則以貴重金屬為主，俄羅斯法典是用銀子和毛皮，依次從貂皮到松鼠皮不等。這些法典鉅細靡遺到令人嘆為觀止，不僅詳細描述了人身傷害的各個等級——明確地列出失去一條胳臂、一隻手、一根手指、一片指甲，傷到頭部導致頭殼裡面的腦組織外露，或骨頭突出等等的賠償金。有些還囊括了個人家中的財物細目，撒利族的二號律法專門處理偷竊豬隻，三號律法處理牛畜，四號處理綿羊，五號處理山羊，六號處理狗，每種律法都會詳細區分各種動物不同年紀和性別上的差異。（注44）

在心理層面上，這樣做的確很有道理。我先前已經強調過，要構思出一個精確的對等換算系統有多麼困難像是一頭青壯健康的乳牛等於三十六隻雞，大部份類似換算系統極可能是從交換禮物的形式衍生而來。亨利給約書亞一隻豬，覺得他換到的禮物不夠平衡，他可能會笑約書亞是小氣鬼，但要他自己想出一套數學公式來計算他認為約書亞有多小氣的機會並不大。從另一方面來說，如果約書亞的豬破壞了亨利的花園，尤其他們又為了此事而大打出手，導致亨利失去一根腳趾頭，亨利的家人就會把約書亞拖到村子的集會場所。這時他們可能變得心胸狹窄，要求訴諸法律，如果他們受到一丁點不公正的待遇，就會激烈的表達心中的憤怒和不滿。這表示用數學公式把對等價值明確計算出來的需求確實存在：比如說，要能精確地算出兩歲又懷孕母豬的價值。而且，徵收賠償金一定經常出現需要等值換算的情況。比方說，罰款若是貂皮，但罪犯並沒有貂皮，那要多少隻松鼠皮才能抵一塊貂皮呢？或幾件銀器珠寶？這種問題一定經常出現，他們至少會有一些可以隨時翻閱的簡略規則表當作參考資料，各種貴重物品與其他物品的等值換算表。這就能解釋為什麼，中古世紀的威爾斯法典內有如此詳細的分類，不僅明確列出乳牛依不同年紀和健康狀況的不同價值，以及每樣東西的貨幣價值又能轉換成一般家庭日用品項目的價值，一直換算到每根木柴的費用——儘管我們似乎沒有理由相信，人們在當時的市場上能買得到大部份這裡所羅列的物品。（注45）

死亡和稅

凡此種種不得不讓人信服，首先，這些假定很多都是靠直覺判斷。畢竟，我們所有的一切都是向別人借來的，這是個簡單明瞭的事實。我們說的話，甚至用來思考的語言，我們的習慣和觀念，我們喜歡吃的食物種類，讓我們能開燈和沖馬桶的知識，甚至我們挑戰反抗社會傳統的各種動作形式——這一切種種都是我們跟別人學來的，但這些人很久以前就死了。如果要我們想像自己欠他們多少恩情債，那就算不清了。問題是：把這些當成債務有道理嗎？畢竟，債務的定義是指我們能償還的東西。想跟父母把帳算清楚已經夠奇怪了，這表示此人再也不把他們當成父母了。我們真的想要跟全人類把帳算清楚嗎？這究竟是什麼意思？這個欲望真的是所有人類思考的基本特色嗎？

另一個問題在於，這些原始債務理論學家**形容的**是一種神話嗎？他們真的發現了深奧的真理嗎？難道這就是存在於所有社會中人類的處境，還是只是古印度某些文獻的一種表達方式？或者他們只是自己又**創造**了一個新的神話？

答案顯然是後者，他們自己創造了一個神話。

選擇吠陀文獻的資料很重要，事實上我們對寫這些文獻的人幾乎一無所知，對創造他們的社會也所知不多。（注46）我們甚至不知道吠陀時代的印度計息貸款的情形是否真的存在，但顯然氣候祭司真的把祭品當成欠死神債務的利息。（注47）因此，可以把這些資料當成一種空白的帆布，或是以我們不知道的語言寫滿象形文字的帆布，在這樣的帆布上，我們幾乎可以隨心所欲投射出心中想像的任何東西。且看我們已經熟知的其他古文明，就會發現沒有任何證據顯示他們把祭品當作償債的方式。（注48）綜觀古代神學家的作品，我們也會發現，大部份人很熟悉把祭品當成是人類跟諸神發展商業關係的觀念，但他們也公然表示這樣的觀念很荒謬：如果諸神已經擁有他們所需要的一切，人類又能拿什麼東西去跟他們交易呢？（注49）我們在上一章裡已能看出，要送禮給國王有多困難。跟諸神交易（更別提上帝了）的困難度就無限加倍了。交易意味著彼此的地位相等，如果跟宇宙終極力量交易的話，很顯然一開始就是不可能的事情。

虧欠諸神債務的觀念被國家挪用，轉而將這個觀念變成徵稅體制的基礎，其實也不說不太通。問題在於古代世界的自由市民通常不繳直接稅。一般而言，只有被征服和被統治地區的人民才需要繳納貢金。這在古代的美索不達米亞已是不爭的事實，自治城市的居民通常是完全不用繳稅的。同樣的，如同芬利所言：「古希臘人把直接稅看做暴政，只要有機會就會極力避免。（注50）雅典市民不用付任何形式的直接稅，而且市政府有時候還會發放財物給市民，成了一種反向的稅金——有時候是直接發放，例如勞瑞姆銀礦場採礦期間發配的福利金，有時也間接發放，透過擔任陪審員和參與集會的理由發給市民豐厚的酬金。然而，古希臘藩屬國的城市的確需要繳納貢金。即使是波斯帝國的國民也不需要付貢金給大王，但被征服的藩屬地居民就得繳納貢金。（注51）在羅馬的情形也同樣如此，有很長一段時間，羅馬市民不但不用繳稅，還可分到從別的城市徵收到的貢金，以福利金的形式發放——這就是著名的「麵

包與競技場」*中的「麵包」。(注52)

富蘭克林說，在這個世界上除了死神和稅金之外，沒有任何事情是可以肯定的，這句話其實是有問題的。這顯然會使「這個債務只是另一種債務的變種」這個想法更難維持下去。

然而，這些沒有一樣能處理國家貨幣原理遭到致命打擊的問題。即使是那些不課稅的國家也會把從別處索得的稅金、罰款、關稅等分享給國內的市民，但以宣稱國家早先被認為是某種宇宙和原始債務的守護者，這類的理論實在很牽強。

奇怪的是，儘管美索不達米亞人首先創造並實施計息貸款的制度，很可能在吠陀文獻寫作時期的兩千多年前就這麼做了，可是原始債務理論學家對蘇美人或巴比倫人的事情卻著墨不多——而且那些地區還是全世界國家政府最古早的發源地。不過，假如我們來看看美索不達米亞人的歷史，就比較不會那麼驚訝了。我們從那些地區所發現的事情，在許多方面也同樣跟那些理論家料想的完全相反。

讀者應該還記得，美索不達米亞的市政府是由許多大神廟管理。巨大、龐雜的工業機構通常有成千上萬個員工——從牧羊人、大型平底船縴夫、紡紗工人、織工、舞女到神職行政官員都有。到了大約西元前兩千七百年時，野心較大的統治者開始仿效他們，創造出由類似條件組織而成的宮廷——唯一的例外是，原本的神廟是由眾多擺滿天神和女神的聖殿為中心，代表神聖的形象，僧侶徒眾為這些神像穿衣吃飯，甚至提供娛樂，當神像是活人一般服侍，但宮殿中住的卻是活生生的國王。蘇美人很少自稱為神，但也很接近了。然而，當他們真的介入臣民的生活，行使統治者的權力時，卻不是強迫平民百姓還債，反而是把平民的私人債務一筆勾消。(注53)

我們不清楚計息貸款是從何時何地開始的，因為這顯然是發生在有歷史紀錄之前。這個概念很可能

*譯注：泛指統治者為了籠絡人心所施展的小恩小惠。

是神廟的行政官員發明的，當作是商隊貿易理財的一種方式。這種貿易很重要，因為古代美索不達米亞的河谷異常肥沃，五穀雜糧和其他農作物都生產過剩還能豢養眾多的家禽牲畜，因此能發展羊毛和皮革工業，但其他的物品卻都很匱乏。如石材、木料和金屬，甚至被用來充當金錢的銀礦全都仰賴外地進口。因此，神廟的行政官員從很早以前，就已經發展出一套預先把貨物賣給當地商人的習慣——有的商家是私營的，有的則是神廟自營的——這些貿易商會將貨品賣到海外，利息只是這些神廟分享所得利潤的一種方式。（注54）然而，這種系統一旦建立之後，同樣的原則似乎開始迅速擴展。不久之後，我們就發現不僅出現了商業性貸款，還有消費性貸款，也就是古代人所稱的高利貸。到了西元前兩千四百年，這種慣例似乎已經很普遍了；當地的官員或富有的商人會拿抵押品做擔保，貸款給有財務困難的農夫，若他們還不出錢來就名正言順地侵佔農夫的財產。通常都是從抵押穀物、綿羊、山羊、傢俱開始，進而到土地、房屋，最後抵押家人。如果有僕人的話，會先抵押僕人，接著是小孩、妻子，在某些極端的例子當中，借貸者甚至還會抵押自己。這些人會被貶為債務工人，不算奴隸，但相去不遠，他們被迫在債主家永久服勞役，或者，有時候是在神廟或宮殿裡工作還債。

當然，理論上來說，欠債的人還清債務後就能贖身。但無法贖身的理由很明顯，農夫的資源被剝奪得越來越少時，要還清債務也越來越困難了。

這個問題嚴重到幾乎讓整個社會瓦解。若由於任何一種原因收成不佳，很多農民就會陷入以勞役償債的困境，親人也會被拆散。不久之後，許多農地遭到棄置荒蕪，因為欠債的農民不敢收回土地，只好逃離家園，加入文明城市邊緣的荒野中那些半流浪族群。面對這種社會可能會徹底癱瘓的景況，蘇美人和後來的巴比倫國王偶爾會宣布全面特赦。經濟史學家麥可．哈德森（Michael Hudson）稱這些特赦為「清除石板瓦上的帳目」。這種赦令通常是宣布所有大筆的消費性債務清空歸零（商業性貸款則不受影響），把所有的土地歸還原主，允許所有的債務工人回到家人身邊。不久之後，這樣的特赦幾乎成為慣例，每個國王登基後所頒布的第一件事就是全國大赦，有許多國王在位期間，還被迫定期重複頒布大赦。

在蘇美人的國家裡，這些大赦被稱為「自由宣言」。在蘇美文字中「amargi」這個字很重要，這是已知的所有人類語言中，最早出現和「自由」概念有關的語文，字面上的意思是「回歸母親」，這些債務工人獲得自由後才能回到母親身邊。（注55）

哈德森辯稱，這些美索不達米亞的國王會這麼做的原因，只是想行使至高無上的權利：獲得權力之後，他們自認為可以重新改造社會，所以想一筆勾銷過去所有的道德責任。但我們從原始債務理論學家心中所想的理論中去臆測，頂多只能想像到這裡而已。（注56）

這個理論的內容，最大的問題很可能出在最初的假設：從我們虧欠於「社會」無限債務開始談起。我們把這種虧欠社會的債務投射到諸神身上，後來國王和國家政府又承繼了這種債務。

社會的概念之所以讓人如此費解的原因是，我們假定這個世界是由一系列名為「社群」的緊密相連的模組單位組合而成，並且假定所有人都知道自己是屬於哪個社群。歷史上卻鮮少有這種情況。想像假如我是活在成吉思汗亞統治下的美尼亞使徒教會的商人，對我來說「社會」是什麼？是我成長的城市，或是國際商人的社會組織（他們自有一套複雜的行為準則），因為他們的準則是我每天行為處事的依據，還是基督教國家其他亞美尼亞使徒教會*的人民（也許只是其他的東正教徒），又或是從地中海延伸到韓國的蒙古帝國住民？在歷史上，王國和帝國對人民的生活通常不是最重要的參考依據。王國起起落落，時強時弱；政府對人民的生活也許偶有影響，歷史上卻有很多人不是很清楚他們自己究竟是活在誰的統治下。即使到了最近的現代，世界上仍有很多居民始終都搞不清楚，他們住的地方到底屬於哪

*譯注：亞美尼亞使徒教會 Christian Armenian 是一個獨立基督教會，信奉單一屬性說，獨立於基督教主流派以外，他們認為基督的人性完全溶入神性，因此只有一個真正的屬性——神性。

個國家，也不知道這件事為什麼重要。我媽媽是出生在波蘭的猶太人，她曾告訴我，她小時候聽到的笑話：

有一個位在俄羅斯和波蘭邊境的小鎮，鎮上沒有一個人搞得清楚他們到底是屬於哪個國家的人。有一天兩國簽訂了官方條約，不久之後，勘測員就來這裡畫邊界。有些村民走到勘測員在附近山丘上架設儀器的地方。

「那我們到底是屬於俄羅斯還是波蘭？」

「根據我們的計算結果，你們的村子現在開始進入波蘭境內，離邊境三十七公尺整。」

村民們立刻開心的手足舞蹈。

「你們為什麼這麼開心？」勘測員問道：「這有什麼差別？」

「你不了解嗎？」他們答道：「這表示我們今後再也不用忍受惡劣的俄羅斯寒冬了！」

然而，如果我們一出生就欠那些讓我們得以存在的人們，但卻沒有一個稱為「社會」的自然單位——那我們到底欠誰，又欠他們什麼東西？欠每個人？欠每樣東西？欠某些人，或欠某些東西比其他更多？那我們到底要怎樣償還對象這麼廣闊的債務？或者，也許說得更確切一點，到底誰有權利告訴我們，我們該如何還債，他們又有什麼樣的理由這麼說？

如果我們以那樣的方式表達這個問題，梵書的作者便提供了一個關於道德問題的複雜想法，不論過去或未來，都沒有人能比梵書作者答得更妙。如我所說，我們不知道這個文獻是在什麼樣的情況下寫成的，但有證據顯示我們可以猜測這個重要文獻的寫作時間大約在西元前四百年到五百年間，也就是說，約略是蘇格拉底的時代——印度就在這個時期出現商業經濟，像錢幣和計息貸款這樣的制度開始在日常生活中逐漸成形。當時印度的知識份子跟希臘和中國差不多，也在努力了解這些事物的涵意。他們探究：把我們的責任想像成債務是什麼意思？讓我們得以生存的這筆債，究竟是欠誰的？

重點是，他們的答案完全沒提到「社會」或國家（儘管早期的古印度肯定也有國王和政府）。他們反而把這筆債的對象放在諸神、聖賢、父親和「全人類」上。要把他們的想法翻譯成現代語言一點都不困難，我們可以這麼說，我們的存在是欠了上述所有人和諸神：

- 欠整個宇宙，宇宙中的力量，我們現代人的說法是欠大自然，欠讓我們存在的大地。要透過某種儀式來還債，儀式是一種尊重和報答所有人事物的行為，除了這些之外，我們都很渺小。（注57）
- 欠那些創造了我們最珍視的知識和文化素養的人；這些知識和文化讓我們的生活方式產生了形式、意義和輪廓。我們在這裡談到的不只是那些創造了智識傳統的哲學家和科學家，而是包括莎士比亞和中東某個地方那個創造了麵包加酵母技術卻早已被人遺忘的女人。我們回報他們的方式就是努力學習，再把學習所得的知識和文化回饋給全人類。
- 欠我們的父母和他們的父母，也就是我們的祖先。我們回報他們的方式就是自己也變成子孫的祖先。
- 欠全人類。我們回報他們的方式是對陌生人慷慨大方，維持建立人類關係的社會基本共識，由此我們才可能擁有人生。

不過，若以這種方式來說的話，這個論點就會破壞其假定的基礎。這些絕不是商業的債務，畢竟人或許可以藉生小孩來報答父母之恩，但把錢借給別人並無法償還自己欠債主的債。（注58）我自己也很好奇，難道這真的就是重點？也許梵書的作者要表達的就是這個意思，在最後的分析中，我們跟宇宙的關係終究不是商業交易，也不可能是。這是因為商業交易意味著雙方地位平等，是不同的個體。這些例子都是在講如何克服分裂的問題：當你成為祖先時，就不再欠祖先的債了；當你自己成為聖賢時，就不欠其他聖賢的債了；當你表現人道關懷時，就不欠全人類債了。當人談到跟宇宙的關係時，情況更是如此。如果你沒辦法跟諸神交易是因為他們已經擁有一切，那你當然更不可能跟宇宙交易了，因為宇宙**就是**一切——一切當然也包括你自己。事實上，人可以把這種種例子當成一種巧妙的說法。讓「自己從債務中解放出來」的唯一方式不是去還債，而是說明這些債務根本不存在，事實上，人從一開始就沒有跟大自然分離過，因此解決債務，達成一種單獨各別的存在，這個想法本身就很荒謬。就算假設有人想跟全人類、全宇宙脫離關係，甚至進展到一對一的交易，這個行為也是一種罪惡，終究只會得到死亡這個答案。我們的罪過不是因為無法償還虧欠宇宙的債務，而是來自於假設自己跟其他的一切——現存的或過去曾經存在過的一切處於平等的地位，所以當初才會產生欠下這種債務的想法。（注59）

那麼讓我們來看看不平等代表什麼，也就是說儘管想像自己有可能處在虧欠宇宙或全人類終極債務的地位，接下來又會產生這些問題：到底誰有權利代表宇宙或全人類說話，誰有權利告訴我們應該如何償還這筆債？再也沒有比聲稱能站在跟全宇宙對等的地位能跟宇宙談判更荒謬可笑的事了。

如果有人想尋找像我們這種獨立個體社會的特質，其中一種方式可能是，我們所有人都欠全人類、社會、大自然或宇宙無限的債務（不管想要怎麼形容都可以），但沒有人能告訴我們該怎麼償還這筆債。至少在理智上得前後一致才行，果真如此的話，我們就有可能看到幾乎所有已成立的官方體系——宗教、道德、政治、經濟和刑事司法體系，用許多不同的欺騙手段計算出無法計算的東西，宣稱官方有權力告訴我們這些無限的債務需要償還的觀念。人類的自由權讓我們有能力為自己決定，我們想要怎麼做。

就我所知沒有人會這麼做。結果生存債務理論反而為官方組織找到正當的藉口。印度學術傳統的例子告訴我們，虧欠全人類的債務只出現在早期的文獻中，但很快就被人淡忘了。幾乎所有後期的印度注釋者都忽略這點，轉而強調人們欠他父親和祖先的債。（注60）

社會債務

原始債務理論學家還有其他要做的事情，他們對宇宙不大感興趣，真正感興趣的其實是「社會」。讓我再回到「社會」這個詞語。這個觀念看似如此簡單又不證自明的原因，是因為我們大部份人都是把社會當作「國家」的同義詞。畢竟，當美國人說他們要償還欠社會的債務時，他們心中所想的並不是對瑞典居民的責任。只是現代的國家有複雜的邊境管制和社會政策，讓我們把「社會」想像成一個單獨的、有界限的實體。這就是為什麼我們把這種想法逆向投射到吠陀或中古世紀的時代，總會像騙人的把戲，即使我們真的沒有另一個字眼可以形容這樣的實體。

我覺得這似乎就是原始債務理論學家所做的事：逆向投射這種觀點。

真的，他們講的這套複雜的觀念中有個叫「社會」的東西，我們欠它一筆債，政府能代替它說話，我們也能把它當作一種俗世神祉。這種概念大約與法國大革命同時出現，或者說是從法國大革命後開始活躍。換句話說，這個概念是跟現代國家政府一起誕生的。

我們能在法國十九世紀初期，孔德（Auguste Comte）的作品中清楚地看到這概念與現代政府同時出現。孔德是一位哲學家和政治時事評論者，他的這些概念在現代有個更響亮的名稱叫做「社會學」。他晚年時甚至還提出社會宗教的概念，他稱它為實證主義，這個概念大部份的雛型來自中古世紀的天主教義，當時天主教法衣祭袍的鈕扣都在背後（所以沒有別人的幫忙，無法自己穿上）。他認為他最後一部作品是一部「實證哲學家的天主教義問答」，同時也是第一個寫出詳細社會債務理論的作品。在這本書中，有人問一位幻想出來的實證主義神父，他對人類權利的這個概念有何看法。這位神父嘲笑這種觀念，他說這是無稽之談，是個人主義衍生出來的一種錯誤思想。實證主義者只知道義務，畢竟：

我們一出生就欠下一堆各式各樣的債務和責任，我們虧欠先祖，虧欠後人，也欠同時代的人。我們出生之後，這些責任會持續增加或累積，直到我們有能力服務他人為止。那麼，人類又要把「權利」這個觀念建立在什麼樣的根基上？（注61）

雖然孔德沒有使用「債務」這樣的字眼，但他的意思很明顯。我們已經欠下無盡的債務，等到我們達到一定的年齡時，就會想到要還這筆債的問題。這時候我們沒辦法計算出，這筆債我們究竟是欠誰，唯一能替自己贖身的方式就是，奉獻自己為全人類服務。

孔德終其一生都被當成狂想家，但後來事實證明他的概念極具影響力。他對人虧欠社會無限義務的想法，最後體現在「社會債務」這樣的概念上。社會改革者又借用這個概念，後來很多歐洲地區和海外國家的社會主義政治家也相繼引用這個觀念。（注62）「我們生來就是虧欠社會的負債者」，這個社會債務的觀念在法國很快就變成某種標語、口號，最後變成陳腔濫調。（注63）根據這個觀念的理論，國家只是生存債務的管理者，我們所有人對創造我們、栽培我們的社會都有所虧欠，這個概念體現在我們一直都是完全依賴彼此而生活這個事實，即使我們不清楚為何如此也一樣。

也有一些知識份子和政治圈內人士將現代社會學科之父埃米爾．涂爾幹（Emile Durkheim）思想概念加以體現，涂爾幹的論點比孔德更好，他辯稱所有宗教中的諸神都是社會投射出來的影像——所以確立一個社會宗教其實是不必要的。對涂爾幹來說，所有的宗教都是一種形式，讓我們更能簡單認清彼此相互依存，儘管我們從來不曾徹底的察覺到這些依存關係如何以數百萬種方式影響我們。「上帝」與「社會」最終都是一樣的東西。

問題是，幾百年來大家一直認為國家政府必定是我們欠的這一切債務的守護者，國家政府是這些難以歸類的社會總和的合法代表。幾乎所有的社會主義者或社會主義國家，最後都以這類的論點為訴求。

就拿最惡名昭彰的例子來說，前蘇聯就是拿這個理由禁止其國家的人民移民國外，他們的論點永遠是：蘇聯政府創造了這些人民，撫養、教育、栽培人民成為現在這樣的人物。他們有什麼權利把我們投資的產物，轉移到別的國家去，當作他們什麼都不欠我們呢？這種邏輯論點不只限於共產主義國家，國家主義者也以同樣的論點為訴求，尤其是在戰爭時期。而且現代所有的政府在某種程度上，或多或少都是國家主義者。

以原始債務的觀念來看，有人甚至會說，我們真正擁有的是最根本的國家主義者神話。過去我們欠創造我們的諸神這個生命，以動物祭品的方式支付利息，最後用我們的生命償還本金。如今我們欠國家培育我們的恩情，以納稅的形式支付利息，遇到必須抵禦外敵捍衛國家的時候，就得獻出生命，以報答國家的培育之恩。

這是二十世紀最大的陷阱：一邊是市場理論，在此我們樂於想像，我們一開始就是個體，不欠任何人任何東西。另一邊則是國家主義的邏輯，我們一出生就欠了一筆永遠還不清的債。我們不停的被告知它們是相反的理念，這兩者只有一種含有真正能讓人類發展的可能性。但這是虛假的二分法，國家創造市場，市場需要國家，兩者始終缺一不可，至少，以今日我們能認同的事物來看，確實是如此。

第四章

殘酷與救贖

好用銀子買貧寒人、用一雙鞋換窮乏人。

——舊約聖經阿摩司書2: 6

讀者可能已經注意到，有個關於把金錢看作商品和看作借條的爭論尚未解決。到底哪個才是對的？寫到這裡答案應該很明顯：兩者皆是。哈特（Keith Hart）可能是當前研究這個題目最知名的人類學家權威，他多年前便指出這點。他觀察到，任何錢幣都有兩面：

請看你口袋中的硬幣，一面是「頭像」，象徵鑄造這枚硬幣的政治當局；另一面「背面」，清楚標示使用硬幣付費交易時的數目價值。正面是在提醒我們有國家替這個錢幣背書，金錢原本就代表個人與社會之間的關係，也許是一種憑證象徵。另一面表示這個硬幣是一種物品，有能力跟其他物品產生無限的關係。（注1）

顯然貨幣不是為了方便鄰居與鄰居之間買賣交易的物品——因為鄰居本來就沒有理由互相交易物品。然而，純粹的信用貨幣體系也會造成嚴重的不便。信用貨幣是建立在信賴上，在競爭激烈的市場，信賴本身已經成為稀有的商品了。陌生人之間的交易更是如此。在羅馬帝國境內，印了皇帝提比略（Tiberius）人像的銀幣流通所創造的價值都比銀幣本身的價值高出很多，古代錢幣流通的價值向來都比金屬本身的價值高。（注2）這主要是因為提比略政府願意接受錢幣上的面額。然而，波斯政府很可能就不會接受，印度孔雀王朝帝國和中國的皇帝當然也不會接受。羅馬為數眾多的金幣和銀幣的確有流傳到印度，甚至中國。而這很可能就是因為這些錢幣是用金銀鑄成的。

對於像羅馬或中國這種大帝國是如此，顯然對蘇美人或古希臘市政府更是如此，更何況是在地理形勢破碎的王國、城鎮和小公國這種地方交易的人，這些錢幣在大部份的中古世紀歐洲國家或印度都很盛行。如我先前指出，什麼是裡面，什麼是外面通常都不是很明確。在一個社群裡——小鎮、城市、公會或宗教團體，幾乎任何東西都能當作金錢來使用，只要每個人都知道，**有人**願意接受它，願意還這筆債即可。就拿最驚人的例子來說，在十九世紀泰國的某些城市裡，他們使用的零錢大都是由中國的陶瓷遊戲籌碼代幣組成，這些代幣由當地賭場發行，基本上等同樸克牌遊戲的籌碼。如果這些賭場生意倒閉或失去執照，賭場主人就會雇人到大街上去，敲鑼打鼓的通知大家，持有這些代幣的人，請三日內即刻去兌換。（注3）當然大筆金額的交易，一般都使用在這個社區以外也能被接受的貨幣（通常是用銀幣或金幣）。

類似的情形也發生在英國的店面和很多國家，他們都會發行自己的木製、鉛製或皮革製的貨幣。理論上，這些代幣通常都是不合法的，但仍被繼續使用到近代。這裡有個十七世紀的一個例子，這些是由白金漢郡史東尼史特拉福鎮一家名叫亨利的老闆發行的代幣，如圖一。

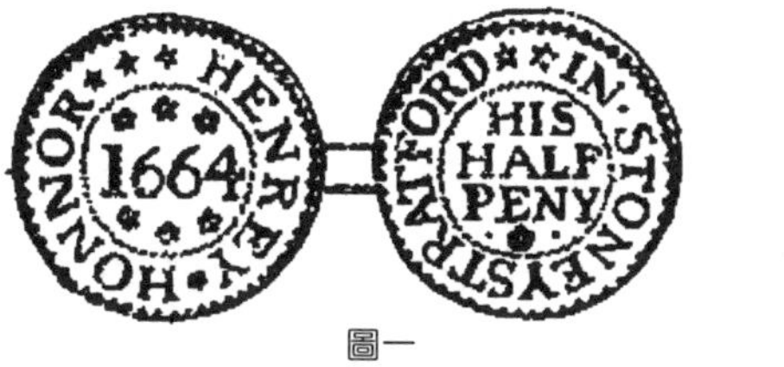

圖一

這顯然是同樣原理的例子：亨利提供能在他店內換取物品的小面額借據，這種方式可能廣泛流通，至少在經常光顧這間店的顧客間流通。但這些代幣不大可能離開史東尼史特拉福鎮太遠——事實上，大部份的代幣從不曾離開鄉鎮四周的幾條街。大筆金額的交易，包括亨利本身也會使用各地都能接受的貨幣，包括義大利或法國也能通行的貨幣。（注4）

綜觀大部份的歷史，即使我們真的找到了精細的市場，也會發現一大堆不同種類的貨幣。有的貨幣可能源自與外國人的換貨交易：最常被舉為例子的是美索不達米亞人的可可錢幣，或衣索比亞的鹽幣。（注5）其他的例子來自信用系統，或來自納稅和還債應接受哪種貨品的爭論。這些問題經常引起毫無休止的爭吵。我們經常能從特定的時間和地區，什麼樣的東西能被當成貨幣，學到許多關於政治勢力平衡的事情。比方說：殖民地時代維吉尼亞州大農場主人就有辦法要求政府通過一條法律，強迫當地店家接受他們的菸草為貨幣；中古世紀波美拉尼亞的農人，在某個時期似乎說服了他們的統治者通融各項民稅、酬金和關稅的貨幣，雖然當時公定使用的是羅馬貨幣，事實上也可以用葡萄酒、起司、辣椒、雞隻、雞蛋，甚至鯡魚當作貨幣——旅行的商人對此很不滿，他們若不帶著這些東西支付通行費的話，就得到當地的店面去購買，讓專賣這些物品的店家佔盡便宜。（注6）這是在一個不是農奴，而是自由農民的地區才有的現象，他們的政治地位相對比較強勢。在其他的時代和地區，則是地主和商人占優勢。

因此，貨幣的角色幾乎永遠在商品和債務代幣之間徘徊。這可能是為什麼錢幣，也就是銀幣或金幣本身就是有價值的商品，但那些蓋了當地官印的錢幣，甚至變得更有價值。這是它們在我們腦中仍是典型貨幣形式的原因，完美的跨過當初定義貨幣的分歧。而且，商品和債務代幣兩者之間的關係始終是政治鬥爭的主題。

換句話說，這是國家和市場，政府和商人之間的戰爭，並不是人類環境本有的東西。

尼采眼中的債務和道德

以物易物的神話和原始債務的神話，這兩個故事看起來似乎迴然不同，但它們就像一個硬幣的兩面，故事間彼此互有關聯。只要我們把人類的生活想像成一系列的商品交易，那我們就能夠了解我們跟宇宙的債務關係。

為了說明這點，讓我叫一個或許會令人驚訝的證人尼采（Friedrich Nietzsche）來作證，他能以非比尋常的清晰頭腦洞察到，當我們試著以商業術語來想像這個世界時會發生什麼事。

尼采在一八八七年出版的《道德系譜學》（*On the Genealogy of Morals*）中，他以一個可能是直接取自亞當斯密書中的論點開始敘述，但他比亞當斯密更勇敢的往前跨了一步。他堅稱不只是以物易物的交易，甚至買賣本身都勝於人類其他形式的關係。他觀察到：

> 個人的責任感源自最古老、最原始的私人關係，就是買方與賣方、債主和債務人之間的關係。人類在這裡初次爬到另一個人之上，也在此藉著另一個人來衡量自己。我們找不到任何一個文明，仍處在尚

未覺察到這種關係的低層次中。設定價格、評估價值，想出各種等值的東西交換物品——這些事情佔據了人類最初的想法，以某種特定的意義來說，這傾向已經強烈到儼然變成人類思想**本身**。最古老、最狡詐的形式在交換中孕育而生；我們可以假設它們是人類最初驕傲感的出現，自覺比其他動物更優秀。或許我們文字中「人類（manas）」這字直接表達出這種自覺：人類形容自己是能評估價值的生物，自稱是一種「天生會算術的動物」。買賣的行為和比較心理，這些甚至比任何形式的社會組織和群體的起源更古老；交易、合約、愧疚、法律、義務和賠償的萌芽，來自最早期個人合法權利的形式，而不是最粗糙、最初期的社會架構（它們的關係類似的社會架構），此外，還要加上權力比較、評估和計算的習慣。（注7）

我們應該還記得，亞當斯密也看到了語言的起源建立在我們喜歡「交換物品的習性」，而我們也是從語言衍生出人類的思想，亞當斯密也在此看到了市場的起源。（注8）想要交易、想要比較物品價值的欲望，使我們成為與動物不同有智慧生物。社會是後來才出現的，這表示我們自覺對他人負有責任的想法，是經由商業名詞而形成的。

然而，尼采跟亞當斯密不同，他從不曾想過我們能有一個世界，裡面所有的交易都能立即一筆勾消。他假定任何的商業會計系統都會產生債主和債務人。事實上，他相信人類的道德感就是由此產生的。他指出，德文的 schuld 同時包括「債務」和「罪惡」兩種含意。首先，欠債本身就是一種罪惡，債主都喜歡處罰那些還不出貸款的人（對債務人施以各式各樣的羞辱和身體上的折磨。比如說，切掉跟所欠的債務似乎等值的肉）。（注9）事實上，尼采甚至還堅稱，原始的蠻族法典列表中還寫明了，毀掉一隻眼睛賠多少錢，切斷手指賠多少，原本的意思並不是評估損失眼睛和手指需要賠償多少錢，而是欠了多少錢債主就有權從債務人身上割掉多少肉！不用說，他當然沒有提供半點佐證的資料（因為這種例子根本不存在）（注10）但若要求證據，就會遺漏重點，我們在這裡引用這個例子，並不是為了找真實的歷史辯證，而是純粹想像的練習。

尼采說，當人類開始形成社群時，他們必然會以這些條件想像自己跟社群之間的關係。部落族群提供和諧和保障，因此也會虧欠族人恩情債。遵守律法就是一種還債的方式（這裡又談到「償還欠社會的債務」），他說這種債務也得用祭品來償還：

> 在原始部落的共體社會中——我們在這裡講的是遠古時代——現存一代的族人對前一代的人都負有法律責任，尤其是當初創立部落的第一代祖先（……）這裡主要的信念是，部落之所以能**存在**都是因為過去祖先奉獻祭品和努力的成果——所以他們也得用奉獻祭品和努力達到某種成就來**回報**祖先。人們認為這種債務一直持續穩定的增長，因為他們的祖先一直以強大靈魂的模式存活著，他們永遠不會停止保佑部落，也會把力量借給部落子民。他們這麼做是免費付出嗎？但在這種原始和「精神貧乏」的時代沒有「免費」的道理。那人們要怎樣回報他們呢？祭品（起先粗陋的想法是食物），慶典、祠堂、榮譽標誌、更重要的是服從——因為所有的習俗慣例都是祖先立下的結果，這些習俗都是祖先的雕像和指令。人們回饋給他們的夠多嗎？這樣的疑惑始終在增長。（注11）

換句話說，對尼采而言，從亞當斯密對人性的假設開始，都表示我們必定會得到跟原始債務相仿的理論。一方面來說，因為感覺虧欠祖先所以遵守祖先的律法：因此我們覺得，如果我們不遵守這個律法的話，社會群體有權表現得「像憤怒的債主般」來處罰我們犯下的罪過。廣義來說，我們發展出一種詭異的感覺，永遠無法償還祖先的債，任何祭品都不能（甚至犧牲我們的長子也不能）真正償還我們所欠的債。我們越懼怕祖先，社會的力量就越強大，他們變得越來越強大，最後，祖先的形象自然就變成了神祉。社群變成王國，王國變成宇宙的帝國，這些神祇似乎變得更普遍，越來越偉大，越有宇宙強大的力量，他們能統治各方的天國，還能發出霹靂閃電——最後變得像基督教的上帝那樣強大，那樣至高無上的神祉必定成為「地球最高的施恩者」。連亞當都不再擁有債主的形象，反而成了罪人、欠債者，還把他的原罪遺留給我們：

> 最後，人們認清永遠不可能還清這筆債，永遠不可能贖罪，而這永遠無法還債的想法成了「**永恆的懲罰**」……直到有天人們突然想到一種矛盾又駭人的權宜之計，讓自覺受難的人類能得到暫時的解脫，這是**基督教天才**努力思索的結果：上帝為了人類的罪犧牲自己，上帝以自己回報自己，上帝是唯一能替不可能贖罪的人類還債的神——然而債主出於愛，為欠債者犧牲自己（有人能相信嗎？），對欠他債的人存有慈愛之心才犧牲自我！（注12）

如果你從尼采的假設來看，就會覺得這樣很有道理。問題是，這個假設很瘋狂。

但也有各種理由讓我們相信，尼采自己也知道這個假設很瘋狂；事實上，這正是整個理論的重點。尼采在此要表達的是，他那個時代的大眾對人性的普遍看法認為（廣義來說，現在依然盛行）我們是以理性計算的機器，商業的私利在社會之前出現，「社會」的概念只是在商業產生的衝突中，臨時拿一個蓋子遮住這些衝突。也就是說，他是從一般世俗中產階級的假設開始思考，再把這些假設帶到一個只能嚇到中產階級觀眾的地方。

這是一個很有價值的遊戲，沒有人玩得比他更好；但這是一個完全在中產階級思維範圍內才能玩的遊戲，超過那個範圍假設就不成立了。對任何一個想要認真研究尼采有關野蠻獵人無法還債就砍掉彼此肢體的幻想作品的人，最好的答案來自一位真正的狩獵採集者，他記錄下不少文字資料。有一位來自格林蘭島的因紐特人在丹麥作家彼得．弗洛全（Peter Freuchen）的《愛斯基摩人之書》中成名。佛洛全在書中提到，有一天他從獵海象的探險之旅中飢餓地空手而歸時，發現一位豐收的獵人留下幾百磅重的肉給他。他感激的連聲道謝，這位獵人卻憤慨地抗議：「在我們的國家裡，大家都是人！」這位獵人說：「因為我們都是人，所以互相幫助是應該的，我們不喜歡聽到別人為此言謝。我今天得到的東西，可能你明天也會得到。我們在這裡有句諺語常說，送禮使人為奴，鞭打使人為狗。」（注13）

最後那句話在人類學的經典中也能看到類似的描述，在人類學文獻中常提到有關平等主義的獵人社會，他們拒絕去計算信用和債務這種事。這些獵人不以自己有經濟學計算的能力而自許為人類，反而堅稱身為真正的人類，就要拒絕做這類的計算，也不該記得誰給了誰什麼東西，因為這麼做的話，我們無可避免就會創造出一個「拿權力去比較權力、評估、計算」的世界，透過債務關係，把彼此貶低成奴隸或狗。

他也不是不知道人類有愛計算的傾向，歷史上不知道有幾百萬個類似平等主義的精神。如果他根本不知道這件事的話，就不可能這麼說了。我們當然有愛計算的傾向和習性，有各式各樣的偏好傾向。在現實生活的任何情況中，我們都可能同時擁有好幾種不同且相互矛盾的傾向。沒有一種傾向能比另一種傾向更能解釋人類行為，真正的問題是我們到底要選哪一種為人性的根基，並將這個根基作為我們文化的基礎。如果尼采對債務的分析對我們有幫助的話，那是因為他的理論顯示我們起先假設人類思想的主要起源是商業的計算，假設買賣是人類社會的基礎。如此說來，一旦我們開始想到自己跟宇宙的關係時，必然會產生這種債務關係的想法。

債務和人類宗教觀

我認為尼采在另一方面也幫了我們，他幫我們了解贖罪的觀念。尼采描述的「遠古時代」或許很荒謬，但他對基督教教義的形容，談到債務的觀念如何轉化成永久的罪惡感、自我厭惡的罪惡感，以及從自我厭惡到自我折磨——這些都說得很貼切。

譬如說，我們為什麼要把耶穌基督當成「救世主」？「贖回」原本的意義是把某樣東西買回來，或是取回某樣為了借款拿去抵押的東西，或是因還清債務而重新獲得的東西。他們把基督教義旨的核心用金融交易的語言來形容實在有點異乎尋常，即救贖本身是上帝犧牲自己的兒子拯救全人類免於永恆的毀滅。

尼采或許採用跟亞當斯密同樣的假設為起點，但顯然早期的基督教並非如此。這個想法的根源比亞當斯密和他故事中那個店主的國度更深遠，梵書的作者並非唯一借用市場語言來思考人類處境的人。以某種程度來說，世界上所有大宗教都這麼做。

理由是所有的大宗教，從拜火教到伊斯蘭教，都是從人類生活中也就是從對貨幣和市場角色的激烈爭辯中興起的，尤其是爭辯這些習俗制度的意義，討論人類究竟虧欠彼此什麼這類根本問題。債務的問題以及關於債務的爭論，源自於當時政治生活中的觀點。這些論點從起義、請願、改革主義的運動之中興起。這類的運動，有些得到了神殿和宮廷的支持，有些則被殘酷鎮壓。不過，大部份的術語、口號和辯論的議題，都已經遺失在歷史洪流之中了。我們實在難以得知，西元前七百五十年前，敘利亞酒館內的政治辯論到底在講些什麼。因此，我們花了幾千年的時間，思索這些宗教文獻中的政治暗示，那些活在這些文獻寫作時代的任何讀者都能立刻理解，但我們現在卻只能揣測箇中的含意。（注14）

聖經不凡之處，部分在於它保存了當時更廣大的社會背景。為了回應救贖這個想法：希伯來文中的padah和goal這兩個字都可翻譯成「救贖」，也可用來形容買回任何已經賣給別人的東西，尤其是贖回祖先的土地，或贖回債主拿去抵押的東西。（注15）先知和神學家最初想到的例子，似乎成了最後的例子：贖回抵押品，尤其是贖回負債時拿去抵押的家人。到了先知傳達神旨的時代，希伯來王國的經濟已經開始出現問題，發生與美索不達米亞一樣長久普遍存在的債務危機：尤其幾年農作物收成不佳之後，窮人開始欠有錢鄰居或鎮上富有的放貸者債務，他們失去田產的所有權，後來成為自己農地的佃戶，他們的子女被帶到債主家去當奴僕，或者，甚至還被賣到海外去當奴隸。（注16）早期的先知曾間接提到這類的危機，但以波斯帝國時代寫作的約《聖經》〈尼希米記〉*中描述最詳盡：（注17）

有些人說：「我們和兒女人口眾多，給我們五穀餬口，可以存活。」

有些人說：「我們抵押了自己的田地、葡萄園和房屋，為要在饑荒中買到五穀。」

有些人說：「我們為了要借錢向王納稅，只好抵押了我們的田地和葡萄園。」

雖然我們的身體與我們同胞的身體一樣，我們的兒女與他們的兒女也相同，可是我們卻要強迫自己的兒女去作僕婢，而且我們的女兒有些已經作了奴婢，我們卻無能為力，因為我們的田地和葡萄園已經屬於別人了。」

我聽見他們的哀叫和所講的這些事，十分忿怒。

我心中籌算一番以後，譴責貴族和官長說：「你們各人向自己的同胞貸款，竟然索取高利！」於是我召開大會攻擊他們。（注18）

尼米亞是在巴比倫出生的猶太人，過去曾是波斯皇帝的斟酒人。在西元前四四四年時，他成功說服大王，任命他為猶太族的總督。他也得到了許可，在耶路撒冷重建兩百多年前被古巴比倫王尼布甲尼撒摧毀的聖殿。他在重建聖殿期間，發現了宗教文獻並保存下來；我們可以推測，猶太教就是當時創造創造出來的。

問題是，尼米亞很快發現自己碰到了一個社會問題。他身邊到處都是無法納稅的貧窮農夫；債主帶走了窮人的兒女。他第一個反應是，頒布標準的巴比倫式「清除債務」赦令——他自己也是在巴比倫出生的，所以對這些原則很清楚。所有非商業的債務都一律赦免，也設定了利息最高上限。不過，尼米亞同時也找到更古老的猶太律法，並將其修改重新頒布，如今被保存在舊約聖經中的出埃及記、申命記和利未記，這些章節中都有更深入的討論如何以特定的方式使這個原則制度化。（注19）最著名的是大赦年律法：這個法律規定在「安息年」，所有的債務都應一筆勾銷（也就是說，七年後得以撤銷），所有積欠這類債務且受困於以役償債契約的人都得以解放。（注20）

跟美索不達米亞一樣，《聖經》中的「自由」也是引自從債務效力中獲得解放之意。經過一段時間之後，猶太人的歷史也藉此得到啟發和詮釋：埃及的奴隸解放是上帝第一次示範救贖的行動，歷史上猶太人的苦難（被打敗、征服、放逐）都被視為等到彌賽亞到來之後，不幸的苦難終有一天會得到最後的救贖——不過，像耶利米這樣的先知警告他們，只有猶太人真心懺悔自己的罪惡（將彼此導入債務奴隸身份，服伺偽神，違背戒律這些罪），（注21）才可能得到救贖。藉由這樣的啟示，基督教徒會採納這樣的詞語也不令人驚訝了。救贖是指從一個人的罪惡和內疚感的負擔中得到解放。在歷史上，當所有的石板帳目紀錄都被清除掉，所有的債務都被解除的那一刻，天使般的喇叭會高聲吹奏，宣布最終的大赦年。

---

*譯注：摘自舊約《聖經》新譯本，〈尼希米記〉第五章

果真如此的話，「救贖」就不再是買回某樣東西了，反而比較像是摧毀整個帳務系統。在許多中東的城市，這可算是事實：清償債務其中一個普遍的動作就是，以某種儀式般的方式摧毀保存財務的石板紀錄，這種行為以較不正式的方式不斷重複，歷史上幾乎每次大規模的農民革命都會這麼做。（注22）

這又導向另一個問題：在最後的救贖到來之前，這段期間可能發生什麼事？在他提出的另一個更令人不安的寓言中，講到某個不肯寬恕別人的僕人，耶穌似乎清楚地演出了這個問題：

> 天國好像一個國王，要和他的僕人算賬。才算的時候，有人帶了一個欠國王一萬塔冷通金子的人來。因為他沒有什麼償還之物，主人吩咐把他和他妻子兒女，把所有的一切都賣掉還債。那僕人就俯伏拜他說，主人啊，寬容我，將來我都會還清。那僕人的主人，就動了一念慈心，把他釋放了，並且免了他的債。
>
> 那僕人出來，遇見他的一個同伴，欠他一百個銀錢，便揪著他，掐住他的喉嚨說：「你快把所欠的還我。」
>
> 他的同伴就俯伏央求他說，寬容我吧，將來我必還清。
>
> 他不肯，竟把他關到監獄裡，等他還了所欠的債。眾同伴看見他所作的事，甚是憂愁，便去把這事都告訴了主人。
>
> 於是主人叫了他來，對他說，你這惡奴才，你央求我，我就把你所欠的都免了。你不應當憐恤你的同伴像我憐恤你麼？主人就大怒，把他交給掌刑的，等他還清了所欠的債。（注23）

這是段很奇特的經文，以某種角度來說就像個笑話，但以另外一個角度來說，這個故事再嚴肅不過了。

我們起先講到國王想要跟他的僕人「算帳」，這個假設很荒謬，國王就像天神一樣，不可能跟他們有這種交易關係，因為雙方沒有對等的可能性，這位國王顯然就是上帝，當然不可能跟人算最後的總帳。

所以我們頂多只能異想天開，幻想跟國王交易。這個故事的荒謬在於，第一個被帶到國王面前的人所欠下的債務總額。在古代的猶太地區，說某人欠債主「一千萬元」就像現在說欠某人「一千億美元」一樣，這個天文數字是個笑話，這代表「一個人一輩子永遠不可能還清的金額」。（注24）

面對這種無限的生存債務，這個僕人顯然在說謊：「一千億元？我當然會還的！只要多給我一點時間就好。」然後，顯然上帝只是武斷下了決定，突然免了他的債。

然而，他不知道這個特赦有個情況，他有責任並應該願意以相同的方式對待其他同胞——在這個獨特的例子當中，另一個僕人欠他（翻譯成現代的數字）也許是一千塊。這個人沒有通過試驗，就被丟到地獄裡永遠受苦，或者說「直到他還清所欠的債務為止」。

這個寓言對神學家來說一直是個挑戰，通常被解讀為上帝賜予人類無盡恩典，相形之下，祂對我們的要求極少——藉此暗喻將我們打入地獄永久受苦並不如表面那麼無理。當然，這個不肯饒恕的僕人也是可惡至極，然而更讓我震驚的是，這故事不言而喻地暗示寬恕在這個世界上是不可能的事情。基督徒幾乎每次讀誦禱文時，都會請上帝「免我們的債，如同我們免了別人的債」。（注25）這幾乎完全重複寓言中的故事，而這個暗示也同樣可怕。畢竟，大部份唸禱文的基督徒都知道，他們通常不會赦免別人的債，那上帝為什麼要赦免他們的罪呢？」（注26）

而且，有個徘迴不去的暗示，不管我們多努力嘗試，還是無法達到這些標準。耶穌告訴我們的事情始終都不是很明確，讓新約聖經中的耶穌成為可望不可及的人物。每件事情似乎都有兩種解讀方式。他呼籲追隨者赦免所有的債，拒絕對罪人丟第一塊石頭，把另一邊的臉頰轉過去讓人打，愛他們的敵人，把自己的東西送給窮人——耶穌真的期望大家這麼做嗎？或者這種要求只是要他們認真看待此事的方式？因為我們顯然並不準備真的這麼做，大家都是罪人，只有到另一個世界才能得到救贖——這個態度幾乎能夠（過去也一直都是如此）為所有的事情開罪？這是把人類生活的憧憬看作天性貪婪，用商業性的詞語形容充滿靈性的事物：以計算罪惡、贖罪和赦免罪惡的方式來說，惡魔和聖彼得都拿著互相較勁的帳本，這一切就像猜謎遊戲，讓人毛骨悚然，我們則淪落在罪惡列表計算的遊戲，顯示出我們根本不配得到原諒。

我們也看到世界上的各種宗教都充滿這類的矛盾。他們一面高聲吶喊抗議市場機制，另一方面又使用商業術語來描述他們的抗議——彷彿在辯論把人類的生活變成一系列的買賣不是很好的交易。不過，我覺得甚至這幾個例子都顯示，在傳統的金錢史起源描述中不知道掩藏了多少實情。關於鄰居用馬鈴薯換一雙鞋子的故事，動人又天真。然而當這些古人想到錢的時候，他們心中所想的第一件事絕不是友善的交換物品。

殘忍的債務關係

的確，想到錢時有人可能會想到他們在當地啤酒屋的帳款。或者，如果你是商人或管理官，可能會想到倉庫、帳本、進口奇特商品。但大部份的人心中所想的，很可能是販賣奴隸和犯人的贖金、貪汙的農民包稅商和征服者軍隊的掠奪行為、貸款和利息、盜賊和敲詐、報復和懲罰。還有最重要的是，人們需要錢結婚成家，有錢才可娶妻生子。同樣的金錢也用來摧毀家庭——因為負債，這些妻子和小孩都會被帶走。「我們的女兒有些已經作了奴婢，卻無力贖回。」我們只能想像這些情感豐富的寓言，代表父權社會中的父親有沒有能力保護家人。然而，這正是人類史上金錢對大多數人的意義：想到自己的兒女被帶到可憎的陌生人家中，替他們清潔鍋具，偶爾提供性服務，成為各種暴力虐待的對象。時間很可能長達多年之久，他們的父母只能無奈地等待，可想而知這感覺就像永遠，他們不敢迎視鄰人的目光，誰知道該受保護的家人究竟出了什麼事。（注27）對任何人而言，這顯然都是最悲慘的事情。因此，在這個寓言中我們似乎也可理解成把女兒「交給獄卒折磨」一輩子。這是從父親的觀點來看，一般人也只能靠想像才能知道這個女兒心裡的感受如何。然而在人類的歷史當中，不知道有幾百萬個女兒深知（事實上，至今仍有很多人）這種感受。

有人可能會抗議說，這種是理所當然的事情：就像征服者對被征服的屬國人民徵收貢金，雖然可能會遭人怨恨，但這並不是道德問題，不是對與錯的問題。有些事情就是發生了，這是人類歷史上大部份農夫對這種現象的普遍態度。歷史記載中最讓人驚異的是，在債務危機的例子中許多人的反應**不是**如此。很多人其實非常憤慨，事實上，我們現代絕大多數指涉社會公義的語言，說到人類受奴役和解放，持續反映出古人對債務的爭論。

這件事情特別讓人覺得不可思議，因為很多事似乎都被當作理所當然，一般人看不到抗議種性制度的吶喊，比方說，就拿奴隸制度這個問題來比喻。（注28）當然，奴隸和印度賤民都體驗過相同的恐懼，無疑有很多人不滿他們的身份處境。為何債戶的抗議在道德上顯得更有份量？為何債戶的聲音更能有效贏得修士、先知、官員和社會改革者的聆聽？為什麼像尼希米這樣的官員會願意對他們的抱怨付予同情？並召開大型集會，痛斥這種行為？

有些人提出了較務實的理由：債務危機摧毀了自由農民，而古代軍隊被徵召入伍打仗的人就是自由農民。（注29）這無疑是事實，但顯然不是唯一的事實。比方說，我們沒有理由相信，尼希米對高利貸者的憤怒，並非純粹出自他有沒有能力為波斯國王募集到士兵的問題，而是源自於更根本的理由。

讓債務有所不同的是，它是建立在假設雙方都平等的前提下。

做為一個奴隸，或是較低級的種姓，本質上就比別人低下，我們這裡討論的是真正的階級制度，在債務的例子當中，我們討論的是，兩個原本平等的個人建立了一份合約。就法律上而言，至少合約上顯示他們的身份是相同的。

我們可以補充這點，在古代的世界裡，當社會地位差不多相等的人們彼此借貸的話，一般來說，條件都是很寬鬆的，通常都是不收利息，就算有的話利息也很低。西元前一二〇〇年，一位富有的迦南人在一塊刻寫板中寫道：「別收我利息，畢竟我們同樣都是紳士。」（注30）在親族之間，許多「貸款」跟現代一樣，很可能只是禮物，沒有人會當真要回來。富人和窮人之間的借貸又是另外一回事了。

問題是，他們不像奴隸或種性制度那樣有明顯的身份差別，富人和窮人之間的界線永遠都沒有清楚劃分。可以想像一位農夫如果到有錢的堂兄弟家借錢，以為「人都會互相幫助」，結果一兩年後卻眼睜睜的看著自己的葡萄園和子女被奪走。這種行為在法律術語將之合理化，貸方堅稱這個借款並不是互助，而是商業關係──合約就是合約。（這也需要某種可靠的優勢力量）但借方感覺卻像可怕的背叛，而且，若把這件事以違反合約來形容，反而更顯示出這其實是一種道德問題：雙方**必須**地位平等，但其中一方若無法履行合約，以心理上來說，這只會讓債務人的屈辱感更加痛苦，因為這會讓人有權利說，是他自己墮落，才造成他女兒悲慘的命運。但這只會更讓人認為，這個動機應該回歸到道德問題：「我們的身體與我們同胞的身體是一樣的，我們的兒女與他們的兒女也相同。」我們同樣都是人，有責任為其他人的需要和福利著想，那我的兄弟同胞怎能這樣對我呢？

在《舊約聖經》裡的例子中，負債者無法提出特別有力的道德論證──如同《舊約聖經》〈申命記〉的作者不停地提醒他們的讀者，在埃及為奴的都是猶太人，難道上帝沒有救贖他們嗎？當他們得到應許之地，別人卻把他們的土地奪走，這樣對嗎？獲得解放的奴隸卻去奴役別人的孩子，這樣對嗎？（注31）但古代社會幾乎每個地方都有類似的情況，也會發生類似的爭論像是在雅典、羅馬，還有中國──傳說中國的貨幣就是一位古代的皇帝，為了贖回因水患被迫賣出去的兒女而創造的。

大部份的歷史中，當兩個階級的人產生政治衝突時，就需要以請求赦免債務的方式來解決──讓這些人從奴役合約中解放，通常會更公平的重新分配土地。我們在《聖經》和其他宗教傳統中看到的道德爭論的紀錄，由這些聲稱符合公益的，通常歷經各種想像中的曲折轉變，但達到某種程度之後，無可避免地跟市場語言結合在一起了。

第五章

經濟關係中的道德基礎

要闡述債務史，就必須重塑市場語言是如何滲透進人類各層面生活的演變過程——縱使道德和宗教的術語表達仍會與它相矛盾。我們已經看出吠陀文獻和基督教的教義，是如何衍生出同樣難以理解的情勢：先是把所有的道德形容成債務，然後又用同樣的態度和做法，顯示不能真的將道德貶低成債務，勢必要將它放到別的事物之上。（注1）

但我們要將它置於什麼樣的基礎上呢？宗教傳統喜歡寬廣、具宇宙觀的答案：債務道德觀的另一個選項是建立在認同我們和宇宙有密切的關連，或者生活在預期宇宙可能即將滅亡的情況下，或認為人絕對比諸神更低下，或退縮到另一個世界。但我的目標沒那麼遠大，所以我就從相反的角度切入。如果我們真的想要了解經濟生活，甚至廣義來說，了解人類生活的道德基礎，我覺得一定得從小事情開始觀察起：從社會生活中的日常細節，我們對待朋友、敵人和小孩的方式，像是平常非常細微的動作（遞鹽巴，要一根香菸等等），而我們通常完全不會停下來思索這些動作。人類學研究告訴我們，人類已經知道無數種不同的方式組織自己，研究也透露人類歷史出現一些重要的公民團體。在這之中，道德原則的基礎似乎無所不在，無論什麼地方的人民買賣物品，或爭論別人欠他們什麼東西時，始終傾向訴諸法律。

因此，人類生活之所以如此複雜的其中一個原因，是因為許多原則都相互牴觸。我們將會看到這些矛盾持續將我們拉往不同的方向。交易的道德邏輯以及因此產生的債務，只是其中一個例子。在任一不同的人類處境，很可能都會產生完全不同的原則。以這個觀念來說，第一章內討論的道德混淆問題就不算新鮮事了；以某種意義而言，道德思想就出現在這種緊張的局勢中。

那麼，若要真正了解債務是什麼，就得了解債務跟人類彼此間產生的其他義務有何不同——因此，這樣就得說明其他的義務到底是什麼。然而，這麼做的話，就會造成極大的挑戰。現代的社會理論，包括經濟人類學在內，在這個問題上所能提供的協助出奇的小。比如說，有極多的人類學文獻談到禮物的問題，先從法國的人類學家馬塞爾・莫斯（Marcel Mauss）一九二五年寫的論文談起，即使「禮物經濟」跟市場經濟的運作原理完全不同——但幾乎所有這類的文獻都集中在交換禮物上，認為每次送禮時，都會形成一筆債務，收禮的人遲早都得回禮。禮物經濟的例子，很像在各大宗教中市場的邏輯迂迴地滲入那些明顯最反對市場的宗教觀念中。因此，我在這裡幾乎得從最根本的地方，重頭開始創造出一個新的理論。

部份的問題出在經濟學目前被歸類於社會科學這個不尋常的地方，而經濟學在許多領域都被當成主要的原則。大家似乎期望任何一個在美國管理重要事務的人，都應該要接受一點經濟學理論的訓練，或者至少得熟悉它的基本原則。因此這些原則變成公認的智慧，基本上是不容置疑的（人人都知道經濟學是現在公認的智慧，如果有人敢挑戰它的話，大家第一個反應就是把這人當成無知的人）。「你顯然沒聽過拉弗曲線（Laffer Curve）」；「你顯然需要上一堂經濟學基礎課」這些理論被認為是理所當然的事實，了解它的人都不能不贊同。而且，這些社會理論的分支在「科學的地位」中形成了最偉大的主張——比方說，「理性選擇理論」。跟經濟學家一樣，人類心理學以同樣的假設開始：假設人類是利己的行動者，會算計如何在各種情況下獲得最好的價格，或以最少的犧牲和投資獲得最高的利益、愉悅或幸福——奇怪的是，實驗心理學家一再展示，這種假設根本不是事實。（注2）

早期有一些人期望能以更廣大的觀點來看待人性的根本，創造出一種人際互動的理論——堅稱道德生活來自比雙方利益更深層的東西，動機最主要來自正義感。這個關鍵的詞語後來變成了「對等互惠」，平等、平衡、公正和對等的觀念，用一組天平來象徵我們對公正的印象。經濟買賣只是平衡交換原理中的一種變體——這種變體還有個容易扭曲變形的惡名。但如果我們靠近檢視這些東西的話，就會發現所有的人類關係都是建立在某種不同程度的互惠基礎上。

一九五〇年代、六〇年代和七〇年代期間，這類的事情變得有點瘋狂，在號稱「交易理論」的偽裝下發展出無限個變體，從美國喬治・霍曼斯（George Homans）的《社會交換理論》（*Social exchange theory*），到法國李維史托（Claude Levi-Strauss）的結構主義。李維史托儼然成了人類學的知識之神，創造出不凡的論點，想像人類生活由三個領域組成：語言（由語言文字交換構成），親屬關係（由交換女人構成），和經濟（由交換物品構成）。他堅稱這三個領域都由同樣的互惠基本原理所主宰。（注3）

李維史托這位學術明星如今殞落了，回顧他的理論，我們會覺得這種極端的說法似乎有點荒謬。然而，並不是因為有別人提出更大膽新穎的理論取代了他的理論，他這個假設只是退居到幕後罷了。幾乎每個人都認為以它自然的基礎，人際生活是建立在互惠的原則上，因此所有的人際互動都可被視為一種交易。果真如此的話，那債務就真的存在於所有道德基礎上，因為債務就是因為在尚未得到平衡的情況下產生的。

但所有的公平正義是否真能簡化為互惠關係？要舉出一個不怎麼公平的互惠形式，好像滿容易的。「己所不欲勿施於人」似乎就是最理想的道德體制，可是對大部份的人來說，「以眼還眼」並不能喚起同樣的正義感，反而讓人聯想到殘忍的報復。（注4）「善有善報」是個令人歡喜的觀點，但「你幫我，我也幫你」卻讓人想起政治貪污。相反的，有些關係看似合乎道德，卻跟對等互惠毫無關係。母子關係就是經常被引用的例子，我們大部份的人最初都是先跟父母學習到正義感和道德觀的。然而卻很難看到父母與子女之間的關係得到公平互惠。我們真的想跟父母子女算清總帳，解除倫理關係嗎？這是否跟公平無關？

加拿大一位小說家瑪格麗特・愛特伍（Margaret Atwood）在她最近的小說開頭中，表達了對債務類似的矛盾：

> 自然主義作家歐尼斯特・湯普森・西頓（Ernest Thompson Seton）二十一歲生日時，收到一張奇怪的帳單。他父親在帳單上記錄了歐尼斯特從小到大所有的開支，還包括他出生時醫生的接生費。更奇怪的是，歐尼斯特說他還付了這筆帳款。我以前認為西頓老先生真是個怪人，現在卻更迷惑了。（注5）

大部份的人對這種事情都不會想太多，因為這種行為顯然荒謬至極，毫無人性。當然西頓也許是這麼想的：他付清了帳單，從此以後就再也不跟他父親說話了。（注6）某種程度而言，這正是為什麼拿出這樣的帳單，會讓人覺得很可惡的原因。結清總帳表示雙方從此以後可以斷絕關係。他的父親拿出這張帳單表示，只要把帳算清楚之後，往後他們就毫無關係了。

換句話說，我們大部份的人能想像欠父母的是一種債，可是很少人能想像真的還清這筆債——或者很少人認為**應該**要還清。然而，若無法償還的話，為什麼又說它是一種「債」呢？如果不是債的話，那又是什麼？

要尋找另類的想法最明顯的地方就是這個例子，人類互動時都會期待平等互惠的這個理論，似乎碰到了一堵高牆。比方說，十九世紀的旅行者，就常碰到這類的問題。在非洲某個地區工作的傳教士，提供醫療協助之後所得到的反應經常讓他們震驚無比。這裡有個英國傳教士在剛果遇到的典型例子：

我們來到剛果的瓦納一兩天之後，發現一位原住民得了嚴重的肺病。康柏細心的治療他，又用肉湯協助他存活下來。因為那個人的家就在營區隔壁，所以康柏經常去探訪他，盡心盡力照顧他。當我們準備要離開那裡繼續上路時，那個人的病也好了。讓我們感到驚訝的是，他竟然跑過來向我們要禮物，我們拒絕給他禮物時，他跟我們一樣既震驚又輕蔑。我們暗示說，應該是他送我們禮物表示他的感激之情才對。他對我們說道：「哼，你們這些白人真是不知羞恥！」（注7）

二十一世紀初期，一位法國哲學家路先．列維-布留爾（Lucien Levy-Bruhl）企圖證明，「原始人」的邏輯思維模式與我們完全不同，並收集了一串類似的故事：比方說，有個差點溺斃的人被救之後，還要求救他的人給他好衣服穿。另一個故事是，受到老虎殘暴攻擊的人，在別人細心照料下恢復健康，他反而要求救他的人送他一把刀子。一位在中非工作的法國傳教士堅稱，這種事情也經常發生在他的身上：

> 你救了某人一命之後，就該預期那人不久就會來找你；這時你對他負有責任，若不給他禮物的話，就別想擺脫他。（注8）

當然，我們總覺得救人一命是很了不起的事情，任何跟生死有關的事情都會讓人不由自主地想得無盡深遠，因此就把平常的道德算計拋到一旁了。這可能就是為什麼，在我成長期間這類的故事在美洲變成陳腔濫調的關係。記得我小時候有好幾次聽說，在因紐特人的社群裡（或者有時候是佛教徒或中國人，但奇怪的是，從不曾聽說非洲人這樣）——如果有人救了他人的命，這個救人者就得照顧那個人一輩子。這跟我們對公平互惠的觀念有所牴觸，不過不知道為什麼，這個歪理倒還蠻合乎邏輯的。

我們無法得知這些故事中的病人心裡到底是怎麼想的，因為我們不知道他們是誰，也不知道他們怎麼會有這種期望（比方說，他們平常是怎麼跟醫生互動的）。但可想而知大概會是什麼狀況。我們來做個思維的實驗，想像我們得在這種地方處理類似問題，如果某個人救了別人一命，兩人就變成宛如兄弟的關係。其中一方會期望對方與他分享一切，有需要時對方就得滿足他的需求。果真如此的話，病人一定會發現，他這位新大哥顯然超級富有，不大需要任何東西，但這個病人卻缺很多傳教士可以給他的東西。

另外（很可能是這樣），想像我們處理的關係不是平等的而是正好相反。在非洲許多地區，成功的治療師同時也是重要的政治人物，擁有廣泛的病患客群。想追隨他的人就會對他的政治立場宣示效忠。這例子會讓事情更加複雜，非洲這個地區偉大人物的跟隨者本身也擁有蠻強大的勢力。優良忠實的追隨者不易獲得，大家都認為重要的人物對追隨者都要慷慨大方，免得他們加入對手的陣營。如果這樣的話，那病人要求一件襯衫或一把刀子，就是想確認這位傳教士是否願意接受自己為追隨者。相形之下，若是還清他的恩情，就像西頓對他的父親那樣是一種侮辱：這表示傳教士救了他一命，卻只想盡快跟他斷絕關係。

這是一種思維的實驗——因為我們不知道那位非洲的病患心裡在想什麼。重點是，這個世界上確實存在極端平等和極端不平等的形式，每種形式都有它本身的道德觀，有它自己的一套思維模式來論斷對錯。這種道德觀跟一報還一報的交易完全不同。在這個章節的下半段，我會以簡略的方式描繪主要的可能性，並提出在經濟關係中找到的三種主要的道德原則，這些都可能出現在人類任何一個社會中，我稱它為共產原則、階級制度和交易原則。

共產原則

我在這裡將共產主義定義為「各盡所能、各取所需」，並以這原則運作各種人類關係。

我承認這裡的用法會有點讓人情緒激動。「共產主義」是一個能激起人們強烈情緒反應的字詞——當然，主要是因為我們容易把它定義為共產主義政權。這是很諷刺的事情，因為統治蘇聯的共產黨和它的附庸國家，以及統治中國和古巴這些國家的政權，從不曾形容他們自己的體制為「共產主義」。他們自稱為「社會主義者」，「共產主義」始終是一種遙遠模糊的烏托邦理想，通常伴隨國家的衰敗，像是在遙遠的未來不知何時會發生的事。

我們對共產主義的想法受到一種神話的主宰。很久以前，在黃金時代伊甸園中的類仍生活於舊石器狩獵採集的聚落，人類共同擁有一切。後來人類開始墮落，因此現在的我們受到力量分裂和私有財產的詛咒。我們有個夢想是將來有一天，科技進步和普遍繁榮時，在社會改革或是政黨的引導下，最終會矯正一切，恢復共有制度，共同管理大眾的資源。共產主義者和反共產主義者過去兩個世紀以來，彼此辯駁這種看似合理的景象到底是一種祝福還是一場惡夢。不過雙方都同意這個基本的架構：共產主義是財產共有，「原始的共產主義」很久以前確實存在過，這樣的共有社會將來有一天也可能會再回來。

我們可以稱這個為「神話般的共產主義」，或者甚至是「史詩般的共產主義」，這是我們喜歡告訴自己的故事。法國大革命的時代，這個觀念激勵了成數百萬人，但也對全人類造成無比的損害。我認為該是把所有的爭論拋到一旁的時候了。事實上，「共產主義」不再是某種充滿魔幻的烏托邦，也跟生產工具的所有權無關。共產概念此時仍存在——以某種程度來說，它存在於任何人類社會中，卻沒有一個社會以這種方式組織所有的事情，也很難想像會有這種社會。大家都表現得像共產主義者是當前這個時代最好的交易。沒有人表現得像一個始終如一的共產主義者。「共產主義社會」——以單一原則組織的社會而言——永遠不可能存在。但所有的社會體制，連像資本主義這種經濟體制，都是建立在現存的共產主義根基上。

如我在本章開頭所說的，從「各盡所能、各取所需」這些樣的原則中，我們可以想到個人或私人所有權的問題（總之通常比正式的合法權更多一點），也遠比誰在什麼情況下能取得什麼東西，這些問題更直接、更實際（注9）。不管是以什麼樣的原則運作，即使只是兩個人互動，我們也能說我們處在一種共產主義生活中。

如果人們要合作完成某個共同的方案，幾乎每個人都得遵守這個原則。（注10）如果有人正在修一根破水管時說：「幫我把那個板手拿過來。」他的同事通常不會說：「幫忙你那我能得到什麼好處？」——不管他們同在艾克森美孚石油公司、漢堡王或高勝集團一起上班都一樣。理由純粹是為了效率。（譏諷刺的，對舊傳統的學術來說，「共產主義並不可行」）。如果想要把事情做好的話，最有效的方式，顯然就是依能力分配工作，給人們做這些事情分別所需要的東西。（注11）有人可能會說，資本主義其中一個醜聞是大部份的資本主義公司內部都是以共產方式在運作。確實，他們並不想用民主方式辦事，經常是以軍事組織作風、由上到下的指揮鏈模式運作。公司內部經常出現有趣的緊張局勢，因為由上到下的指揮鏈模式並不是很有效率：運作情況似乎傾向由愚蠢的在上者發起，在下者心懷怨恨又不情願地聽命執行。越需要隨機應變的工作，就越能以民主方式合作。發明家最了解這點，新興企業資本家也經常發覺到這點，電腦工程師最近也發現了這個原理：不僅是大家談論的免費軟體這種東西，即使是在他們公司組織內也是如此。蘋果電腦就是一個著名的例子：這間公司是由（大部份是共和黨人）電腦工程師離開矽谷的ＩＢＭ後，在一九八〇年代，由一個二十到四十人的民主小團體在各自的車庫裡創立的。

這很可能也是為什麼，一旦重大的災難結束之後，像是一場洪水、停電、一場經濟崩潰之後，人們都會回到粗略的共產主義。不管為時多短暫，階級制度和市場機制此時成了無人能負擔的奢侈品。任何一個經歷過災難時刻的人都能說出這種獨特的性質，陌生人變成兄弟姊妹，新的人類社會於焉誕生。這點很重要，因為我們不僅是在說合作關係，事實上，**共產主義是所有人類社會的基礎**，有了這個基礎社會才可能存在。世上一直有個假設，任何不是敵人的人都適用於「各盡所能」這個原理，至少到某種程度。比方說，有人需要想辦法到某個地方，而另一個人知道路。

事實上，我們一直將這個視為理所當然，除非他們自己表示例外。人類學家伊凡斯．普里查德（E.E. Evans-Pritchard）一九二〇年代曾在蘇丹南部的尼羅河牧民努爾人群中做研究，他在文章中描述，當他發現有人故意指引他錯誤的道路時，感到異常的挫敗和困惑：

有一次我在某個地方問路，卻被蓄意欺騙。我懊惱地回到營地，問營地的人說，那些人為什麼要告訴我錯誤的路徑。其中一個人答道：「你是外國人，我們為什麼要告訴你正確的道路？即使是一個陌生的努爾人向我們問路，我們也會跟他說，『你沿著這條路直走就對了。』但我們不會告訴他說，那條路上有叉路。我們為什麼要告訴他呢？不過，既然你現在是我們營地的一份子，你對我們的孩子也很友善，我們以後會告訴你正確的路。」（注12）

努爾人經常吵架結仇，任何一個陌生人都可能是敵人，他們去那裡可能是為了突擊仇人，告訴陌生人有用的資訊是很不智的。而且，伊凡斯．普里查德顯然就是個陌生外來者，他是英國政府的特工——這個政府在當時的前幾年曾派出皇家空軍部隊砲轟這批殖民，然後強迫他們搬遷到此地。在這種情況下，這批殖民對伊凡斯．普里查德已經算相當寬容了。但重點是，要達到敵對程度需要一些條件——例如，對人身有立即的威脅，或是恐怖炸彈攻擊——人們自然而然就不會想告訴陌生人正確的道路。（注13）

不只是道路指引，連談話也傾向以共產主義為原則。謊言、侮辱、輕蔑和其他言語上的敵意是很重要的例子——他們是從集體共有的假設中知道一般人通常不會這麼做：言語侮辱通常傷不了人，除非這個人認為對方通常會考慮到自己的感受；你騙不了一個認為你不會說實話的人；我們真的想跟某人斷絕友善關係時，我們便完全不跟此人說話。

要一點火或要一根菸這種微小的禮貌也是同樣的道理。開口跟陌生人要一根菸，似乎比跟對方要同等價值的現金或食物要來得正當些；事實上，如果把對方視為菸友的話，要拒絕這種要求是很困難的。在這類的例子還包含：一根火柴、一點資訊、幫忙按住電梯。一般人可能會說，這種「小事」微不足道，我們根本想都不想就會應允。相反的，另一個人，即使是一個陌生人，提出太重要或太極端的要求也會得到同樣的結果：比方說，有人溺水了。如果有小孩掉到地下鐵的軌道上，我們會認為任何一個有能力救她的人都會去拉她上來。

我稱這個為「底線共產主義」。除非人們自認彼此是敵人，否則只是需求夠大或代價夠合理，「各盡所能、各取所需」這個原理就適用。當然，不同的社群會採用極為不同的標準。在大規模的、人情冷漠的都會社群中，可能頂多只能要個火或問個路而已。看起來或許並不多，但足以形成較大的社會關係。在規模較小的、人情比較不冷漠的社群中，尤其是那些沒有區分社會階級的社群，同樣的原理很可能會擴展得更為廣大：比方說，別人，有時甚至是陌生人，不只是要求菸而是要求食物時，通常也讓人幾乎無法拒絕。當然，他們也無法拒絕跟自己同個社群中任何一個人的要求。伊凡斯．普里查德描述了一整頁他問路時所遭遇到的困難，又強調這群努爾人面對自己營區的一份子時，幾乎無法拒絕對方要求的任何一樣日常用品，所以若有人的庫存裡有多餘的穀糧、菸草、工具或農耕器具讓人知道了，可想而知這些東西很快就會被一掃而空。（注14）然而這種有福同享的慷慨底線並不包括所有的東西。事實上，由於這個理由，能大方分享的東西通常都被視為不重要的小東西。努爾人真正視為財富的是牛隻。事實上，沒有人會大方地跟人分享他們的牛；事實上，年輕的努爾人知道他們應該拼命保護牛群，因此牛是不能買賣的。

分享食物和其他日用品的義務被視為基本要素，在一個彼此把對方當成平等同伴的社群中，儼然成為日常生活的基本準則。另一位女性人類學家奧德麗．理查茲（Audrey Richards）有一次描寫一位本巴人母親碰到孩子「沒規矩的態度」時的反應。假如她的孩子收到一顆橘子或其他的點心後，沒有立即跟朋友分享的話，她便會怒斥她的孩子。（注15）如果我們仔細想想的話，在這種社會中，分享也是人生一大樂趣。因此分享的需要在最美好的時刻和最糟糕的時候都特別強烈：比方說，不光是碰到饑荒時會這樣，在富足時也是如此。早期的傳教士描寫到北美的原住民面對饑荒時，即使對全然陌生的人也一樣慷慨，對此他們感到極為震驚。（注16）

他們出去釣魚、狩獵或交易回來後，會互相交換很多禮物；如果得到甚至是花錢買到稀奇又極好的東西時，他們就會大開宴席，邀請全村的人來一起分享。他們熱心款待所有的陌生人，這也令人嘖嘖稱奇。（注17）

越精心策畫的宴會越能看出免費分享物品的搭配巧思（例如食物和飲料）和其他細心分配的物品：比如說肉類獎品，不管是遊戲或祭品，大家都會拆開來，依複雜的禮節或同樣複雜的禮物交換方式跟別人分享。送禮和收禮經常會以遊戲般的形式進行，通常以持續的現場遊戲、比賽、慶典，還有在大眾節慶中廣受歡迎的表演中也會經常出現。至於大型的社群，分享宴飲的交際活動可被視為一種共產主義的基礎，其他的一切都是建立在這個基礎的架構中。它也協助強調分享不僅是道德問題，也是一種喜悅。孤獨的喜悅雖然永遠存在，但對大部份的人來說，最快樂的活動幾乎總是跟分享有關：分享音樂、食物、酒品、毒品、八卦、戲劇、床鋪。我們認為絕大部份有趣好玩的事，肯定都和共產共享的原理有關。

要想知道一個人是否處在共產關係中，最好的判定方式就是這種關係中不僅沒有人會去記帳，而且記帳反而被認為是一種冒犯，或者認為會考慮這麼做是很奇怪的事。比方說，在北美印第安易洛魁部族中長屋聯盟的任何一個村子、宗親或氏族都被劃分成兩半。（注18）這是一般的標準模式：世界上其他地區（亞馬遜、美拉尼西亞）也一樣，他們有個協議是其中一邊的成員只能跟另一邊的人通婚，或者只能吃另一邊人栽種的食物，這種精心設計的規則是為了讓其中一方必須倚賴另一方提供基本民生用品。在印地安第六部族裡，其中一邊的人必須讓另一邊的人埋葬死者。再也沒有比抱怨說：「去年我們埋葬了你們六位死者，你們卻只埋了我們這邊兩位死者。」這種事情更荒謬了。

底線共產主義或許被視為社會的雛形，我們認知到彼此基本上是相互依賴，這就是維持社會和諧最重要的真義。但在大部份的情況下，最低的底線並不夠，人往往跟某些人比跟其他人更有團結精神，某些機構特別注重團結與互助的基本原則。在我們所愛的人當中，最有互助精神的是母親，母親是充滿無私之愛的典範。其他包括近親、妻子和丈夫、情人、密友等。我們會跟這些人分享一切，或者起碼我們知道有需要時會去找這些人，無論在哪裡，這就是真實友好的定義。這種友誼或許會用「義結金蘭」或

「拜把兄弟」的儀式以示鄭重，這樣彼此就得為對方赴湯蹈火在所不辭了。因此任何一個社群都可被視為有「個別共產」的交互關係，一對一的關係，他們會將「各盡所能，各取所需」的原理發揮到不同的強度和程度。

同樣的邏輯能在團體內延伸：不僅是一起工作的團體，幾乎任何一個團體都能建立一套自己的底線共產主義。某些東西可以分享，或者在這個團體中可以自由取用，對這個團體成員的要求也會答允，這些他們是不可能跟外人分享的：幫漁民協會的成員修補漁網、辦公室內的文具共用、某些資訊只在商品交易商彼此內部互通，諸如此類。而且在某些情況下，我們永遠可以要求某類型的人幫忙採收農作物或搬家。（注20）從這裡可以延伸出各式各樣的分享和聯營的形式：搬家或採收農作物該找誰幫忙，甚至碰到困難時誰會無息借款給你。最後，團體有不同類型的「共有物」，集體管理共有的資源。

日常生活的共產主義社會學是一塊極有潛力又廣大的領域，但由於我們被奇怪的意識形態侷限住，所以無法寫出這類的東西。我們大部份時候都看不見它，與其試著更深入描述，不如我自己限定只提出三個最後的重點。

第一點，我們處理的並不是真正的公平互惠——或者，頂多只是最廣義的公平互惠。（注21）真正的平等是雙方都知道別人**願意**用同樣的態度對待你，而不是他們**必需**這樣對待你。北美印第安易洛魁部族的例子清楚顯示這種建立在假設永恆之上的關係是可行的。社會將會永遠存在，因此，永遠會有北邊和南邊的村子，這就是為什麼不需要記帳的緣故。同樣的道理，人們會以堅信母親和好友將會遵循某種永遠存在的方式對待他們，但他們也知道事實不是如此。

第二點跟著名的「熱情款待法則」有關，所謂標準典型的「原始社會」（缺乏國家和市場的人群）看起來異常劍拔弩張，任何一個不屬於這個社群的人都被視為敵人，而且早期的歐洲旅人經常描述說，這些真正的「野蠻人」對他們異常慷慨大方，讓他們大為驚異。就算兩邊的觀點都陳述某種程度的事實，不管陌生人是否是危險的潛在敵人，一般克服危險的方式是以特別慷慨熱情的態度款待他們，以這種美妙的方式與他們交際，這是維持和諧社會關係的基礎。確實，人們完全不知道對方底細為何時，往往會先採取一些測試的步驟。哥倫布對西印度群島中的海地島，以及庫克船長對中太平洋的玻里尼西亞島也描述了類似的故事情節，島民們會選擇逃跑、攻擊，或者把各種東西都當禮物送給對方——但是之後他們也會跑到船上去，把喜歡的東西自行搬走，因此激怒船員以武力威脅島民，後來他們才盡力建立出一套規則，要求雙方的陌生人必須用「正常」的方式進行商業交易。

碰到有潛在敵意的陌生人時，用一套「全部或全不」的邏輯來處理是可以理解的。甚至在英文的詞源學中，「host 主人」、「hostile 懷有敵意的」、「hostage 人質」這些字眼仍保留著那種緊張的氣氛，而且「敵意」這個字確實和這一組字來自同一個拉丁文字根。（注22）我在這裡要強調的是，這類的動作只是誇大展示「底線共產主義」，我先前也已經證明這是所有人類社交生活的基礎。比方說，這就是為什麼朋友和敵人之間經常以食物來表達雙方的關係——通常是以最普通、最簡陋的家常菜招待：如同最廣為人知的原理，不論在歐洲或中東都是如此，一起分享麵包和鹽巴的人絕不會傷害彼此。事實上，這些食物重要到後來變成**不能**跟敵人分享。在努爾人的社會中，大家都免費分享食物和日用品，倘若有人謀殺了另一人的話，就會因此結下深仇大恨。鄰近地區的每個人都得選邊站，嚴格禁止敵對那邊的人跟這邊的任何人共同進餐，甚至不能使用新敵人曾經用過的杯子或大碗喝飲料，否則會引起恐怖的後果。（注23）這種極大的不便，總會刺激大家設法研討出一套解決方案。據說共同分享食物，或分享某種特定食物的人，就不准傷害彼此，不管他們多想傷害對方都不能這麼做。有時候這種原理會在極為荒唐可笑的情況下發生。在阿拉伯的故事中，傳說有個小偷去洗劫某人的家時，把手指伸進一個罐子裡，想看看裡面是不是裝了糖，結果卻發現裡面裝的是鹽巴。他發覺自己吃了屋主桌上的鹽巴之後，便乖乖地把他偷的所有東西放回去。

最後，我們一旦開始把共產主義看成一種道德原則，而不只是財產所有權的問題時，事情就會變得很清楚，這類的道德觀在任何交易中幾乎都佔有某種程度的份量——連商業也一樣。如果有人跟某人有社會關係，他很難完全不理會別人的處境。商人會經常對窮人減價，這也是為什麼貧窮社區的商店對他們的顧客幾乎從來不用同樣的倫理為標準；一個在從小到大居住的社區中開店的商人幾乎不可能賺到錢，因為他們經常受到賒帳的壓力，或者至少會給他們的窮親戚和同窗好友特別優待價。反之亦同。一位曾在爪哇鄉下地區住過一段時間的人類學家跟我說，她以她有多擅長在商店街殺價來衡量自己的語文能力，讓她深感挫敗的是，不管她怎麼殺價，永遠都沒辦法殺到跟當地人付的價格一樣低。「喔，」一位爪哇朋友後來對她解釋道：「他們對有錢的爪哇人也要求同樣的價格。」

我們再次回到這個原理，假如需求（比方說，非常貧窮的人）或能力（比方說，難以想像的富有）的差別相當大的話，除非社會人際關係不存在，否則人們幾乎無可避免會將某種程度的共產道德觀列入考量。（注34）土耳其一個民間故事談到中古世紀蘇菲派神祕主義者，納斯瑞丁．霍加（Nasruddin Hodja）說明因這種道德觀衍生出的供需概念其複雜性：

有一天當納斯爾丁獨自管理當地的茶屋時，國王和他的隨從正好到附近打獵，於是走進來吃早餐。

「你們有鵪鶉蛋嗎？」國王問道。

「我應該可以找到一些。」納斯瑞丁答道。

國王點了一道由一打鵪鶉蛋做成的煎蛋，然後納斯瑞丁就趕忙去找這些蛋。等國王這群人吃完之後，他跟他們收取一百個金幣。

國王大惑不解。「鵪鶉蛋在這個地方真的這麼稀有嗎？」

「不是鵪鶉蛋稀有，」納斯瑞丁答道：「而是這裡很少有國王會來。」

交易原則

共產主義既不是根據交易，也不是根據公平互惠為基礎——據我的觀察，是跟雙方的期待與責任有關。在這裡似乎用另一個形容詞會比較貼切（「相互關係？」）藉此強調交易是以全然不同的原理在運作。基本上，這是一個完全不同類型的道德邏輯。

交易都是要求等值。這種來來回回的過程跟雙方都想取得最有利的交易有關。因此有人談到交易時用的語言（若是碰是爭議時）常像攻擊，甚至是砲火。（注25）在這些例子當中，並不是說確實有等值的交易——即使有某種方式能徹底評量等值——而是交易時努力趨向等值的過程。事實上，這裡有個矛盾：每一方在每次交易中都想戰勝對方，但除非一方被徹底打垮，否則雙方都認為交易結果差不多平等，反而最容易讓整個交易事件中止。當我們談到交換物品時，也發現類似的緊張情勢。通常這裡頭都有競爭的成份，就算沒別的也大都會有這種可能性。但在此同時，雙方心裡都有個價碼，不像共產主義通常都有某種恆久的觀念，這種交易關係可以中斷，雙方隨時都可以結束彼此的關係。

這種競爭的元素也能以迴然不同的方式進行，在以物易物或商業交易的案例中，交易雙方感興趣的是物品價值的轉手，他們可能會——經濟學家堅持他們一定會——想得到對自己最有利的價值。從另一方面來說，如同人類學家長久以來持續指明的，當交換的東西是禮物時，互相交換物品主要是因為做這個交易的人們想要結交和重組彼此之間的關係，然後在這個範圍內再引進一些競爭的因素，很可能是以完全相反的方式運作——變成競爭誰比較大方，人們想炫耀自己能比別人給得更多。

再來討論一個例子。

強調商業交易的因素是「無人情味的」：賣東西給我們的人，或跟我們買東西的人，原則上是跟我們毫無關係的人。我們只是單純的比較物品的價值，或那兩樣東西如何。原則上是事實，實務上卻不完全是事實。至少得有最低限度的信任感，否則根本無法完成交易，除非是人跟販賣機交易，所以交易過程通常都需要展現一點社交手段。即使在最無人情味的購物中心或超級市場，大家都期望店員至少得假裝有點人情味、有耐心和其他讓人安心的特質；在中東的市場上和商店街，我們可能會經歷一系列假裝是朋友的複雜步驟，分享茶點、食物或菸草，然後才會進入同樣複雜的討價還價程序——這種有趣的儀式會透過底線共產主義，以建立社交關係——然後雙方經常會刻意拉長討價還價爭論的過程。這種情況都是假設買賣雙方，至少在當時是朋友的情況下進行的（因此每一方都有權利對另一方不合理的要求感到憤慨或受到侮辱），但這些都是在作戲。等到物品轉手之後，也沒人會期望將來彼此會再跟對方有任何瓜葛。（注26）

這類的討價還價通常是提供樂趣的泉源——在馬達加斯加，這種術語的意思是「打銷售戰」（miady varotra）。

我初次去馬達加斯加首都的成衣大市場安塔那那利佛時，我跟一位想買毛線衣的馬拉加斯加朋友同去。整個交易過程花了約四個小時，情況差不多像這樣：我的朋友看到某個攤位掛著一件她喜歡的毛線衣，問了價錢，然後就跟店老闆展開漫長的討價還價爭論戰，過程通常都會出現誇張的辱罵和憤慨的戲碼，顧客假裝氣呼呼地離去。通常百分之九十的爭論似乎都是在爭那些微小差異的幾毛錢——真的是幾毛錢——這點小錢似乎成了保持雙方立場最重要的事，因為商家若不肯妥協的話，很可能交易就會吹了。

我第二次去安塔那那利佛是跟另一個朋友去，也是一位年輕的女人，她手上有一張她妹妹要買的衣服清單。她在每個攤位都進行同樣的步驟：走進去問價錢。

男老闆報價給她。

「好吧！」然後她接著問：「那你真正的底價是多少？」

他告訴她後，她就把錢交給老闆。

「等等！」我問道：「你們可以這樣做嗎？」

「那當然，」她說：「為什麼不行？」

我跟她解釋上個朋友的事情。

「喔，是啊！」她說：「有些人喜歡那樣。」

交易能讓我們免去負債，給我們一種打平的方式，終止彼此的關係。跟小販交易時，通常大家都是假裝彼此有關係。跟鄰居，我們可能為了這個理由，寧願**不要**還清債務。蘿拉·柏翰納（Laura Bohannan）寫到關於她剛到奈及利亞鄉下的提夫族（Tiv）社區時，鄰居們紛紛送小禮物過來：「兩根玉米、一個葫蘆瓜、一隻雞、五顆番茄、一把花生。」（注27）她不知道該怎麼辦，謝過鄰居之後，把他們的名字和送來的東西寫在筆記上。後來有兩個女人接納她為社區的一份子之後，對她解釋說，收這些禮物都是要回禮的。收了鄰居三顆蛋，卻從不拿任何東西回禮是很不禮貌的。不一定要拿同樣的蛋回禮，但應該拿大約等值的東西回禮。甚至可以送錢過去——這樣沒有什麼不對——只要稍微等一段合理的時間，最重要的是不要拿跟那些蛋完全相等的費用去即可。務必要多一點或少一點，不拿任何東西回禮會讓人覺得這個人愛佔人便宜，或像白吃的寄生蟲。拿完全等值的東西回禮，表示這人再也不想跟這個鄰居有任何往來。她發現提夫族的女人會花大半天的時間，走好幾里路去送一把秋葵，或拿一點小零錢去回禮，「無止境的禮尚往來，每個人都不會拿跟上次收到的東西完全等值的東西回禮」——這樣一來，他們就能讓人際關係恆久持續。這裡當然有一點共產主義的軌跡可循——大家相信關係良好的鄰居在他們有難時會伸出援手——但這並不像共產社會那樣永久不變，這種鄰居關係必須靠經常的建立和維護，因為任何一種關係都有可能隨時中斷。

這類的一報還一報，或幾乎像一報還一報的禮物交換有無限種形式，大家最熟悉的是交換禮物：我請人喝一瓶啤酒，下一杯換別人請我。完美的等值表示平等，但我們來思考一下稍微複雜點的例子：我請一位朋友去高級餐廳吃晚餐，隔一段時間之後，他們也同樣回請我。如同人類學家們長久以來時常指出的，這種習俗的存在——尤其是人們覺得**必須**回禮的這種感覺——不能以標準的經濟學理論來解釋，這種理論總是假設人類的互動最終都是一種商業交易，我們大家都是為了自身利益著想的個體，想用最少的代價或最低的精力為自己謀求最高的利益。（注28）但這種感覺卻很真實，有時對那些能力有限，卻想顧及面子的人會產生真正的壓力。那麼為什麼？假如我請一位自由市場經濟學理論家去吃一頓昂貴的晚餐，這位經濟學家在還我人情之前——很不幸地欠了我的人情債——會覺得有失面子嗎？如果他想跟我競爭的話，是否會帶我去更昂貴的地方吃飯？

我們回想一下先前提到的盛宴和節慶。這裡的情況也是一樣，在宴飲交際和戲鬧（有時候不是那麼戲鬧）中存在競爭。一方面來說，它加強了每個人的愉悅感——畢竟，有幾個人會獨自一人到法國餐廳去吃超級昂貴的餐點呢？從另一方面來說，情況很容易會演變成想勝人一籌的遊戲競賽——進而產生偏執、羞辱、憤怒……或者，如我們即將看到的那樣，演變成更糟糕的情況。在某些社會中，這種競賽變得形式化，但最重要的是這種競賽只能用在自認身份地位大約相等的人或團體中。（注29）我們回到那位想像中的經濟學家：這裡寫得不是很清楚，不知道他收到禮物或讓任何人請客沒回禮是否都會覺得有失面子。如果送禮或請他吃飯的人跟他身份地位約略相等，他比較有可能會有這種感覺：比方說是一位同事。如果比爾．蓋茲或喬治．索羅斯（George Soros）請他吃飯的話，他可能會認為吃這一頓是不需要回請的，吃吃就算了。如果是想巴結他的新進同事，或渴望畢業的學生這樣做，他可能會認為接受對方的邀請是給對方面子和人情——就算他真的接受了，很可能也不會回請。

無論在什麼情況下，似乎都是如此，我們會發現社會是以身份地位詳細畫分的。皮耶．布迪厄（Pierre Bourdieu）描述這種「挑戰和應答的辯證法」主宰了阿爾及利亞卡比勒柏柏爾人（Kabyle Berber）所有的榮譽競賽，他們會互相辱罵、攻擊（在爭吵或戰鬥時），偷竊或威脅都被視為遵循交換禮物同樣的邏輯來進行。（注30）送禮同時具有榮譽和挑釁的意味。要回禮需要無窮的藝術技巧，時機非常重要，回應的禮物需要有足夠的差異性，但價值又要稍微高一點。大家默認最重要的道德原則是，每個人都只能挑跟自己旗鼓相當的人比賽。挑戰一個明顯比自己更年長、更有錢，地位更高的人就可能被拒絕而丟臉；送禮物給一個貧窮但可敬的人，對方卻根本無法回敬等值的禮物則太殘酷，同樣也會損害個人的名譽。印尼有個故事就是形容這種情況：一位有錢人為了讓一個窮困的對手難堪，拿一頭壯碩的公牛祭祀，這位窮人平靜地用一隻雞祭祀，富人成功的羞辱了窮人，並贏得競賽。（注31）

跟地位比自己好高幾級的人比時，這種競賽會變得格外複雜。地位差異太明顯時，送禮本身就會引起一些麻煩。送禮給國王向來都是非常棘手又複雜的事情。這裡的問題是，一般人沒辦法送適合國王的禮物（除非是另一個國王），因為通常國王已經擁有了一切。從一方面來說，人們還是得做合理的努力：

納斯瑞丁有一次得到國王的召見，鄰居看到他扛著一袋蕪菁，匆忙地走在路上。

「那些東西是要幹麼的？」他問道。

「國王要召見我，我想最好是帶點禮物過去比較好。」

「你要送他蕪菁？可是蕪菁是農人的食物呀！他可是國王耶！你應該送他像葡萄這種東西比較適合吧！」

納斯瑞丁贊同鄰人的說法，改帶一堆葡萄送國王。國王收到禮物並不高興。「你竟然送我葡萄？我是國王耶！這實在是太誇張了，把這個白癡拖出去，教他一點規矩！拿葡萄一顆顆地丟他，再把他丟出皇宮。」

國王的侍衛把他拉到一邊的房間，開始拿葡萄丟他。侍衛丟完之後，他哭著跪在地上說道：「謝謝您，謝謝您，上帝，感謝您寬大的仁慈！」

「你為什麼要感謝上帝？」他們問道：「你被徹底羞辱了一番哪！」

納爾瑞丁答道：「啊，我只是在想『感謝上帝，我沒有拿蕪菁來！』」

從另一方面來說，送國王自己沒有的東西給他，有可能會陷入更大的麻煩。早期的羅馬帝國流傳一個故事，有個發明家喜歡炫耀，拿一個大玻璃杯當禮物送給羅馬皇帝提比略。皇帝很不解，一片玻璃有什麼了不起的。那個人把玻璃杯丟到地上，結果玻璃杯沒碎只出現一點凹痕。他撿起杯子，把凹痕壓回去，又恢復了原狀。

「你有告訴別人你是怎麼製作出這種東西的嗎？」震驚的提比略這樣問他。

發明家向他保證並未告訴任何人。於是皇帝就命人殺了他，因為如果製作打不破的玻璃這種消息傳出去的話，他寶庫裡的那些金銀財寶很快就會一文不值了。（注32）送國王禮物，儘管努力遵循遊戲規則，但注定還是會失敗。十四世紀的阿拉伯旅行者伊本・巴圖泰（Ibn Battuta）談到辛德國王的習俗，他是一位特別喜歡展示專制霸權的君主。（注33）按照慣例，國外來的知名人士來訪都要送國王特別的禮物：不管禮物是什麼，他都會拿比對方的禮物多好幾倍價值的東西回禮，因此，發展出大量的商業往來，當地的銀行業者會借錢給這類的訪客，讓他們買特別貴重的禮物，知道得到皇家更勝一籌的回禮後，訪客肯定能還錢。國王一定也知道此事，他並未反對——因為重點是要展現他比任何人都要富有——如果他有需要時，隨時都能沒收那些銀行業者的財產。他們了解這個遊戲最重要的不是經濟而是地位，國王的地位是至高無上的。

在交易中買賣的物品被當作是等值的，因此這表示人也是平等的：起碼在他的禮物和對方的禮物交換的當下，或金錢易手並沒有欠下後續的債務或責任，雙方都能自由離去，因而有自主權。這兩種原則跟君權不大相容，因此國王通常都不喜歡這類的交易。（注34）但在期望可能撤銷債務和終極平等的範圍內，我們發現有無數種方式和無數種遊戲規則讓人們操弄。我們可以跟別人要求某種東西，這麼做的話別人也有權利要求等值的東西作為回報。在某些社會背景中，即使讚美別人的所有物也可能被詮釋成這類的要求。在十八世紀的紐西蘭，英國的殖民很快就發現讚賞別人的東西不是個好主意，比方說，讚美掛在毛利人戰士脖子上特別漂亮的玉墜子。無可避免戰士會堅持要送給你玉墜子，不容你拒絕。隔一段時間之後，他們會讚美殖民者的外套或槍。唯一能避免這種情形發生的方式就是，在對方要求之前，趕快送一個禮物給他。有時候送禮是為了讓送禮的人能提出要求：如果對方接受了禮物，那就表示默許送禮的人要求他認為等值的東西。（注35）

因此，這一切就可能逐漸演變成類似以物易物的交易，直接拿一樣東西換另一樣東西——我們看到了莫斯的「禮物經濟」在此誕生，不過大部份都發生在陌生人跟陌生人之間。（注36）在許多社區內，例如提夫族的例子正好貼切的說明，他們幾乎不願意徹底結清總帳——其中一個理由是，如果金錢普遍使用的話，人們通常會拒絕跟親友（在小村落的社會中，幾乎包含每一個人）做金錢交易，或像第三章談到的馬達加斯加村民，把金錢花到完全不同的用途上。

階級制度

交易暗指正式的平等——或者，至少是有平等的可能。這正是國王難以接受此事的緣故。這與明確的階級制度正好形成對比，階級制度中兩人以上的關係裡，定有其中一方比別人的階級更高。他們一點都不會想做公平互惠的交易。這點很難看出來，因為這種關係通常都以公平互惠的術語做正當的藉口（「農夫提供食物，貴族領主提供保護」），原則上雖然是如此，但他們的行為卻完全相反。實際上，階級制度傾向以慣例原理的方式運作。

為了闡述我這句話的涵義，讓我們來想像一種持續不變的單邊社會關係，範圍從最剝削到最慈善的社會關係。最極端的情況是偷竊或搶劫；另一極端的例子是無私的慈善。（注37）只有在這兩種極端的情況下，兩個沒有任何社會關係的人才有可能產生物質上的互動。只有瘋子才會去搶隔壁鄰居的東西。

一群殺人的軍人或流浪的騎士隨機在某個農村強姦和搶劫，顯然也無意跟倖存者建立長久的關係。但以類似的方式來說，宗教傳統經常堅稱不為人知的行善才是真正的善行——換句話說，不想讓受惠者虧欠恩情債。最極端的一個形態是，在世界各地都有各式各樣的記載偷偷送禮是一種反向的竊盜：意思就是說，夜裡偷偷潛入某人的家中留下禮物，這樣一來，就沒有人能知道到底是誰送的。聖誕老公公或聖尼古拉（大家一定記得，他不僅是孩童的守護者，同時也是竊賊的守護者）似乎就是這個原理下產生的神話人物：一個有善心的小偷，跟任何人都沒有社會關係，因此也沒有人會虧欠他任何東西，但重點是這種人根本就不存在。

然而，倘若從兩個極端的方向稍微挪移一下看看會怎麼樣。我聽說（我懷疑這不是事實），在白俄羅斯的某些地區，強盜幫派對火車和公車上的旅人下手作案時，規畫非常有系統，甚至還發展出一種在受害者身上留下一個小代幣的慣例，以便標示此人已經被搶過了，這顯然已經朝創造國家制度邁向一步了。事實上，針對國家的起源其中一個廣為人知的理論至少得回溯到十四世紀，北非的歷史學家伊本．赫勒敦（Ibn Khaldun）這麼說：游擊強盜後來跟當地定居的村民建立出一套制度化的關係；搶劫變成進貢，強暴變成「享用初夜的權利」，或像皇帝後宮選秀女般強行帶走可能適合的人選。那些征服者將武力制度化，因此雙方不是掠奪關係，反而存在道義關係領主提供保護，村民則提供民生用品。各自認為共用同一個道義法則，連國王都無法為所欲為，必須遵守一些規則的限制，允許農人們爭辯，國王的侍從有權拿走多少農穫收成，爭論這種數量到底是對是錯，這些國王不大可能計算出他們所提供的保護品質和數量，只能根據習俗和慣例來收稅：去年我們付了多少？我們的祖先都繳多少？另一種情況也是如此，如果慈善捐獻變成某種社會關係的準則，自然也不會以公平互惠為基礎。如果你給一個乞丐幾個銅板，這個乞丐不久之後認出了你，他也不大可能會還你錢——他很可能還會認為你會再給他錢。如果有人捐錢給慈善機構，也是這種情況。（有一次我捐錢給聯合農場工人協會，到現在還沒聽說結果如何）這種單方面的捐獻行為被當成一種先例，之後人家也會期望你再度捐款。（注38）這跟拿糖果給小孩幾乎是一樣的。

所以我說階級制度操作的原則跟公平互惠完全相反就是這個意思。一旦居上位者和下位者的界線清楚劃分，各方都接受這種關係的架構之後，這種關係就有充份的理由持續下去，不再只是單純地應付專制的武力，這種關係會被視為一套慣例或習俗的管理規章。有時候這種情況被假定為最初征服時已經奠定好的基礎架構。或者可能被視為祖先訂下的規矩不需要任何解釋。但送禮物給國王也會造成同樣的後遺症——或送給任何階級更高的人都會如此：這樣總會有被視為先例的危險，被添加到習俗慣例中，從此以後被當成一種義務。色諾芬（Xenophon）聲稱早期的波斯帝國，每個省市都競相送大國王當地最獨特最有價值的禮物。這個送禮行為後來成了進貢制度的基礎：後來每個省市每年都要送「禮物」。（注39）同樣的，根據偉大的中古世紀歷史學家馬克・布洛克（Marc Bloch）的記載：

> 九世紀時，有一天皇家位在維爾鎮的酒窖短缺葡萄酒，他們便要求聖丹尼斯的僧侶提供兩百大桶。從此以後，皇家聲稱有權要求他們每年供應葡萄酒，後來還需要一張皇家的特許狀才有辦法廢除這種進貢。我聽說以前在法國阿德爾當地領主的土地上有一頭大熊，居民們喜歡看牠跟狗打鬥，就開始餵養牠。後來這頭野獸死了，領主仍持續供應同樣多的麵包。（注40）

換句話說，送禮物給封建制度中的位居高位者，「尤其是重複四次以上，」很可能就會被當成前例，進而變成一套慣例。因此，那些送禮給位高者的人經常堅持要收到一封「無偏見的信函」，依法約定以後不需要再送這類的禮物。雖然這種事情變得如此制式化很不尋常，任何從一開始就不平等的社會關係無可避免地就會以類比的邏輯開始運作——一旦這種關係被當成「慣例」的基礎時，就能顯示這個人有義務或責任做某件事情，通常是這個人以前曾經做過同樣的事情。

這可能演變成一種種姓制度：某些氏族負責織布和製作儀式用的服裝，或負責為皇家宴會提供魚肉，或替國王剪髮。這些人因此被認為是裁縫師、漁夫或理髮師。（注41）最後這個論點不算過份強調，因為這引出經常被忽略的另一個真相：無論在哪裡，身份地位的邏輯永遠都跟階級制度糾結在一起。當某些人的地位被置於其他人之上，或每個人依其跟國王的關係來分等級，或高等祭司，或是建立動工偉業的始祖，這些人開始提出要人民依其重要的天性各司其職：提出人類根本上的不同點。種性制度或種族的概念只是極端的例子。每當有一群人提升他們的身份地位，或自願屈尊於他人，在這種情況下一般公平交易的標準就不再適用於他們了。（注42）

事實上，像這種事情即使在我們最親近的人際關係中也出現小幅度的影響。當我們認定某人是不同類型的人時，不管那人是在我們之上或之下，一般通用的公平互惠原則就會更改，或被拋到一旁。如果有個朋友某次特別慷慨大方，我們就會把她當成一個大方的人，從此以後就比較不會平等對待她了。

在此我們可以用一個簡單的公式來形容：一個特定的行為重複多次以後就會變成慣例；因此就可定義為是這個人不可或缺的天性。相對的，一個人可能會因別人過去如何對待他，就被定義成某種人。作為一名貴族主要是堅持過去別人都是把他**當成**貴族看待（因為貴族通常什麼事都不用做，大部份的貴族只是因某種假定自己的地位優人一等才得以存在），因此應該繼續這樣生活。當這種人的藝術大多是維持這種態度對待自己，表達期望別人這樣對待你：以國王的例子來說，穿戴金飾裝扮自己，暗示別人也要這樣對待我。在這個階級的另一端，這也是使虐待合法化的原因。正如我以前的一位學生莎拉．史迪曼（Sarah Stillman）所指出的：在美國，如果一個中產階級十三歲的女生遭到綁架、強暴和殺害，會被當成令人難過的全國大新聞，家有電視機的每一個人都會持續追蹤這個報導好幾個星期。如果一個十三歲的雛妓被強暴好幾年，最後被殺，這一切會被認為沒什麼特別的——人們認為像她這種人本來遲早就會遇到這種事。（注43）

當地位高和地位低的人把物品和財富當成禮物來回贈送時，最重要的原則似乎是其中一方送的東西，品質被認為根本是不同的，不可能量化它們相對的價值——結果這筆帳根本不可能扯平。即使中古世紀的作家堅稱，在想像中的階級制度社會，神父為每個人禱告，貴族為每個人戰鬥，農夫餵養每個人，從來沒有人想到要建立一套原則，計算一噸的小麥等於多少次禱告，或多少的武力保護，也沒有人想過要做這種計算。沒有人提出諸如身份「低下」的人應該給他們低等的東西此類的事情，但有時候情況卻正好相反。直到近代以前，幾乎每個著名的哲學家、藝術家、詩人或音樂家都需要找一個富有的贊助者供養他們。著名的詩集或哲學論述經常會有一段前言，以現代人的眼光來看，會覺得很怪異。在前言中，藝術家會裝腔作勢的奉承讚美某個早被世人遺忘的公爵或伯爵的智慧和美德，因為這些人資助他們微薄的生活費。事實上，這些貴族資助者只不過提供藝術家住所或金錢，受委託的人便繪畫蒙娜麗莎，或創作一首D小調觸技曲與賦格曲表達他們的感恩之情，這樣並不能被當成他們接受這個貴族本質上比他們優越。

這個原則只有一個例外，就是階級制度重新分配的現象。不過，這裡不是互相贈送同樣類型的東西，而是他們來回贈送**一模一樣**的東西：比方說，某個奈及利亞流行樂歌星的歌迷在演唱會中，把錢丟到舞台上，這位有問題的歌星偶爾到那些歌迷居住的鄰近地區巡迴演唱時，又把同一筆錢從他們的禮車上丟出去。如果只有發生這種事情，我們或許可以說，這絕對是階級制度最少的地方。巴布亞紐幾內亞獨立國大部份的社交生活都以「大人物」為中心，有獨特魅力的人會花很多時間勸誘、拐騙、操縱市場只為獲得大筆的財富，然後再大肆宴客散財。在實務上，或許有人能藉此提升身份地位，比方說，成為亞馬遜人或北美原住民的酋長。不像那些大人物的角色比較制式化；但實際上，這類的酋長沒有權力強迫任何人做他們不願做的事情（因此北美印地安人的酋長都很擅長演講和勸服的技巧）。由於這種原因，他們通常付出的都比得到的還多。觀察家常說，就個人財產而言，酋長通常都是村內最貧窮的人，因為他有壓力需要不斷大方的送禮。

確實，要判斷一個社會是否真的平等就看這幾點：看這些表面上有權力的人是否只重新分配金錢物資，或者有辦法以他們的地位累積更多的財富。在貴族的社會中，後者似乎又添加了另一個元素：戰爭和掠奪。畢竟，幾乎每一個獲得大筆財富的人最後免不了都得至少分一部份出去——通常是以既誇張又壯觀的方式散發給一大群人。一個人的財富越是從掠奪或勒索而來，就越會大張旗鼓以吹捧自我的方式散財。（注44）貴族戰士如此，古代的國家更是如此，統治者幾乎總以保護弱者、支持孤兒寡母和窮人的英雄勇士自居。現代國家重新分配的系統，是出了名的偏向培養政治地位的野心——我們不僅能從這類的「原始共產主義」中尋找蛛絲馬跡，最終還能回溯到暴力和戰爭。

兼具不同原則的經濟社會

我應該再次強調，我們在此並不是討論不同類型的社會（就我們所見，若說曾經組織成個別分離的「社會」是令人懷疑的），而是要討論在每個地方都與道德規範共存的形態。我們跟最親近的朋友相處時都是共產主義者，跟小孩相處時又像封建時代的領主。要想像一個沒有這兩者兼具的社會是很困難的。

這裡有個明顯的問題是：如果我們平常都是在完全不同的道德統計系統之間來回擺動，為什麼沒有人注意到這點？我們為什麼反而覺得需要把所有的事情都放在公平互惠的框架內呢？

在此我們必須回到公平互惠其實只是我們想像的公平。尤其我們以抽象的方式思考時都會回到這問題，特別是我們想要創造一個理想的社會時。我已經提供了許多這類事情的例子，易洛魁部族的社群是每個人都要照顧好幾種人的需求，以這種社會特質為基礎：要照顧他們的朋友、家人和姻親，在艱難時刻甚至還要照顧友善的陌生人。當他們以抽象思維想到社會觀念時，就強調村子內劃分成兩邊的人，一邊必須埋葬另一邊的死者。這是透過公平互惠的方式來想像共產主義。同樣的，封建制度是出了名的混亂和複雜，但中古世紀的思想家卻把所有的等級和階層籠統的歸納成簡單的公式，每個階級的人都要各自貢獻一份力量：「有人禱告，有人打仗，其他人則負責工作。」（注45）即使階級制度被視為終極的公平互惠，儘管這種公式跟祭司、騎士、國王和種田的農人實際上毫無關連。人類學家很熟悉這種現象：只有那些從不曾有機會仔細思考，把社會或文化當成一個整體來看待的人，他們很可能根本沒發覺自己活在別人認為是一個「社會」或「文化」之中，人家叫他們解釋所有的事情如何運作時，才會說出像「這是我們報答母親含辛茹苦的生養我們的方式」這種話來，才會想出這種令人迷惑的概念式圖表；A氏族把他們的女人嫁給B氏族，B氏族把他們的女人嫁給C氏族，C氏族又把他們的女人嫁給A氏族，可是這些似乎從來不曾跟人們的實際行為相呼應。（注46）每當我們想像一個公平的社會時，很難不想到這種平衡與對等，每件事都像優美平衡的幾何圖形。

有個名叫「市場」的東西，這種觀念並沒有什麼不一樣。如果你以正確的方式詢問經濟學家的話，他們也經常會承認這點。市場並不是真實的，只是數學上的模型，透過想像創造出一個自我約束的世界，在這個世界中的每個人都有同樣的動機和同樣的知識，同樣從事對自己最有利的交易。經濟學家也知道現實世界總是比這個更複雜：但他們也知道要想出一個符合數學公式的模型，總是得把這個世界描繪得更像諷刺漫畫一點。這樣也沒什麼不對，當它讓一些（通常是同一群經濟學家）能宣稱任何忽視市場規則的人都會受到懲罰——或者因為我們住在市場的機制中，所有的一切（除非政府干預）都是根據公平原則辦事的，這下問題就來了：我們的經濟體制是龐大的公平互惠關係的網路，最後所有的帳目都要結清，所有的債務都要還完。

這些規則彼此糾結，因此通常出現問題時很難判斷到底是哪個規則在支配。假裝我們能把人類行為、經濟學或其他的東西簡化成一種數學公式實在很荒謬。這表示在任何情況下，我們仍能發現其中潛藏著某種程度的公平互惠；所以一些意志堅決的觀察者總是能找到藉口，說原則確實存在。而且某些原則顯然本身就擁有容易掉入其他原則中的性質。比方說，很多極端的階級制度關係能夠（至少在某些時候）在共產主義原則下運作。如果你有一個有錢的贊助人，有需要的時候可以去找他，也預期他會幫助

你。但他只能幫到一定的程度，沒有人指望這位贊助人會幫助人到可能侵害到潛在的不平等地位。（注47）

同樣的，共產主義的關係很容易掉入階級不平等的關係中——通常都是在人們不知不覺中發生的，我們不難看出為什麼會發生這種事。有時候不同人的「能力」和「需要」比例非常不均。真正平等主義的社會應該會敏銳的注意到這點，針對會危及到任何人的事情，他們會發展出精密的安全措施——譬如說，在狩獵者社群中能力卓越的獵人，能力遠遠凌駕於其他人之上。他們也難免會懷疑，這會讓社會中的某人由衷感覺虧欠別人恩情債。一個想拿個人成就引人注目的人，會發現自己成了眾人嘲弄的對象。通常如果有人完成了某件很了不起的事情時，唯一合乎禮儀的方式就是自我解嘲。丹麥作家彼得・弗洛全在他的《愛斯基摩人之書》中，描述在格林蘭島上，只要聽對方事前謙虛的程度，就能看出這個人招待客人的會是什麼樣的美味佳餚：

> 這位老人笑道：「有些人不大清楚我是個多糟糕的獵人，我內人是個什麼菜都煮不好的廚子。我能招待得不多，不過，我想外面可能還有一塊肉，現在或許還在那裡，因為那些狗好幾回都拒吃了。」
>
> 這種愛斯基摩式反向吹噓的謙辭介紹會讓每個人都開始流口水……

讀者應該會記得上一章提到的海象獵人送他一份肉，當那位作者向他道謝時，對方反而感到深受冒犯——畢竟人類本該互相幫助，一旦我們把某樣東西當成禮物，我們就變成比人類更低級的動物：「在這裡我們常說，送禮使人為奴，鞭打使人為狗。」（注48）

這裡所說的禮物並**不是**指平白奉送的東西，不是我們平常期望人類彼此相互提供的協助。向某人道謝暗指他或她的行為並不是出於誠心互相幫助，因此對方選擇這麼做就會產生一種義務，一種負債的感覺，因此變得卑下。住在美國的社區居民，或平等主義者的集團經常面對類似這樣的兩難，他們必須想出各自的安全措施來遏止蔓延的階級制度。共產主義流向階級制度並非無法避免，因紐特人的社會數千年來就有效避免了這個問題，只是我們必須時時刻刻提防它。

相形之下，從假設共享的關係變成公平交易的關係，是出了名的困難，通常根本不可能。我們常常從朋友之間的關係觀察到這點：如果有人看似利用你的慷慨大方佔你便宜，通常這種朋友關係，比要求他們想辦法回禮的友誼更容易破裂。有個惡名昭彰毛利人老饕的故事，就是一個極端的例子。他經常到住家附近的沿岸騷擾漁民，要求漁民把最好的漁獲分一些給他。因為大家沒辦法拒絕他直接的要求，只好乖乖地交給他：直到有一天，大家實在是受夠了，最後就殺了他。（注49）

我們已經見識到陌生人之間要建立一套人際關係，經常需要藉著一系列複雜的步驟，私自拿取對方的財物，以便測試對方的底線。同樣的事情也可能會發生在調停是非或建立生意夥伴的關係上。（注50）有人告訴我，在馬達加斯加，兩個考慮要合夥做生意的人通常都會變成滴血盟誓的結拜兄弟，結義兄弟必須承諾無條件、無限制的互相幫助，雙方會鄭重其事的發誓決不會拒絕對方的任何要求。實際上，有這種約定的夥伴，對他們真正提出的要求通常都會很慎重。但我們的朋友們堅稱，當有人剛開始做這種約定時，有時候他們會測試對方。有人會要求對方的房子，身上的衣服，或者（每個人最喜歡的例子）享有跟對方妻子共度良宵的權利。唯一的界線是，得知道他能開口要求任何東西，對方也能任意提出要求。（注51）我們在此要討論的也是如何建立最初的信任感。一旦確定彼此的承諾是真心誠意的，就奠定了這個信任的基礎，此後兩人便可以開始委託買賣貨物，提高資金，分享利潤，從此以後，就能信任對方會照顧自己的商業利益。然而，最著名和最引人注目的時刻是，交易的關係頻臨崩潰時，就可能陷入階級制度：也就是說，雙方表現得像地位平等的人，交換禮物、商品或其他東西，但其中一方做了某些事情完全打翻了天平。

我之前已經提過交換禮物可能會變成想略勝一籌的競賽，在某些社會中，這種事情可能會演變成公開的大競賽。「英雄的社會」就是典型的例子：在政府軟弱，或無政府的情況下，會以貴族戰士為中心組織成社會，各自都有忠誠的家臣和隨從，因不斷變化的盟友和敵對關係結合在一起。大部份的史詩——從《伊利亞德》、《摩訶婆羅達》到《貝奧武夫》——都能追溯到這類的世界，人類學家在紐西蘭的毛利人，瓜基烏圖族、特領吉語和北美沿岸的海達族都有發現到類似的協定。在英雄的社會中，這種大肆宴客的行為會演變成誰最慷慨的比賽，也經常被當成戰爭的延伸：「以財富戰鬥」或「以食物戰鬥」。這些舉辦盛宴的人，經常會大肆發表有聲有色的演說，說他們用慷慨大方又輝煌無比的盛宴瞄準敵人，把敵人壓垮毀滅（瓜基烏圖族的酋長喜歡自稱是高山峻嶺，並說從山上滾下來的禮物大得像巨石），自豪吹噓他們如何打敗敵手，以很像因紐特人的隱喻將對方貶為奴隸。

不能照字面上的涵義去詮釋這類的聲明——這類社會的另一個特色就是人人有高度吹噓的本領。（注52）英雄般的酋長和戰士喜歡靠吹噓膨脹自己，正如那些平等主義者喜歡故作謙虛地貶低自己。這並不是說，在送禮競賽中輸了的人真的會被貶為奴隸，但他可能感覺像個奴隸。而且後果可能會是大災難。有個古希臘的文獻中描述說，在凱爾特的節慶中，敵對的貴族會選擇馬上長槍比武，或是競爭誰比較慷慨，拿出金銀財寶送他們的敵人。有時這類的比賽還可能會變成一局死棋；有人可能會碰到輝煌無比的大禮，他無論如何也比不上。在這種情況下，唯一具有尊嚴的回應就是割喉自殺，以便讓他的財富能分給他的同伴。（注53）六百年後，我們從一位名叫伊葛亞（Egil）老維京人的冰島傳奇故事中找到一個案例，他跟一位名叫艾納（Einar）、經常四處打劫的年輕人為友，兩人喜歡一起作詩。有一天艾納得到一個「刻了古老傳說，字裡行間還有閃亮鍍金和寶石」的華貴盾甲。從沒有人見過這種東西，他帶著這個盾牌去拜訪伊葛亞，但伊葛亞不在家，於是艾納依照慣例等了三天之後，把盾牌當成禮物，掛在他的客廳內就騎馬離開了。

伊葛亞回家後看到這個盾牌，問說這個寶物是誰的，有人告訴他說，那是艾納來訪時送給他的，然後伊葛亞說：「去他的！他以為我會熬夜為他這個盾牌做一首詩嗎？快把我的馬牽過來，我要追過去殺

了他。」幸好艾納離開得夠早，在他和伊葛亞之間拉開了一大段距離，於是伊葛亞只好投降，為艾納的禮物做一首詩。（注54）

競爭性的禮物交換並不是真的會把人貶為奴隸；這只是一種榮譽感的問題。然而對這些人來說，榮譽就是一切。無法還債尤其無法償還榮譽的債，之所以會成為重大危機的主要原因是貴族就是靠榮譽感來聚集追隨者的。比方說，古代世界中的好客法則堅持遇到任何客人都要提供食物、住所，並把他們當成貴賓來招待——但只招待一段時間。如果這位客人不走的話，最後就會淪為附屬的次級人物。這種依附的食客角色大部份都被人類歷史學的學生所忽視。從羅馬帝國到中古世紀的中國——這種贊助行為很可能是最重要的人際關係，至少在城鎮中是如此。任何一個富有和有權勢的人物身邊都會圍繞一些馬屁精、諂媚者、長住的食客，和其他願意依附於他的人；各時代的戲劇和詩詞裡都充滿這類型的人物。（注55）同樣的，在人類大部份的歷史中，身為高尚的中產階級早上都得去向當地重要的富貴人家請安。時至今日，非正式的資助體制仍會突然出現，像是每當相對有錢有勢的人覺得需要聚集一些支持者，地中海岸、中東和拉丁美洲地區許多地區都有關於這類事蹟的詳細記載。這種關係似乎恰好包含了我在這章中所描述的三個原則；然而，那些觀察到這些事蹟的人卻堅持要把這些編入交易和債務的語言中。

最後一個例子：在一九七一年出版的一本名叫《禮物和掠奪物》文集中，我們發現人類學家蘿瑞安．布萊斯特（Lorraine Blaxter）的短篇論文，寫到法國庇里牛斯山一個鄉下的省份，那裡大部份的居民都是農人。每個人都強調守望相助的重要性，當地詞語的意思是「提供服務」（Rendre Service）。住在同一個社區的人應該要互相幫助，對有困難的鄰居伸出援手。這是社區倫理的精華，事實上，人就是靠這點得知是否有任何社區的存在。截自目前為止都很順利，不過她強調當有人幫了特別大的忙時，互助就會變成其他的情況：

假如有人去跟老闆要一份工廠的工作，那個老闆也幫他找到了工作，這就是某人提供服務的一個例子。那個得到工作的人永遠都無法回報這個老闆的恩德，但他可以表現出敬重之意，或許送給他自家種的蔬菜當作象徵性的禮物。如果一個禮物需要得到回報的話，不可能以有形的東西做為回報，必須通過支持或敬意才能報恩。（注56）

互助就變成不平等，因此就形成贊助者和受惠者的關係，我們已經觀察到這點。我選這段文字的理由是因為作者的句子很奇怪，本身互相矛盾。這位老闆幫了這個男人一個忙，這個人無以回報這個恩情，因此這個人就偶爾帶一籃番茄去老闆家藉此表示敬意，以便回報他的恩德。那究竟是怎麼樣？他到底能不能回報他的恩情？

弗洛全的海象獵人無疑會認為他很清楚這是怎麼一回事。送一籃番茄等同於「道謝」，一種感恩的表示，但那個禮物事實上就像送禮使人為奴，鞭打使人為狗那樣。這位老闆和這名雇工如今根本上成了不同類型的人，問題是以其他各角度來看，他們基本上並非不一樣的人。他們倆很可能同樣都是中年的法國人，家中的父親甚至對音樂、運動和食物都有著類似品味，他們應該是平等的。因此，即使只是番茄，也是一種代幣表示虧欠那個永遠無法回報的恩情，被當作是一種回報的象徵——像貸款的利息，每個人都同意假裝有朝一日可以回報這個恩情，並讓雙方恢復平等的地位。（注57）

（文章的意思是說，這個大忙是幫這位客戶找到一個工廠的工作，因為找個工廠的工作本來就不是很困難，薪資工人的合約顯然是地位平等的雙方建立的自由合約——但地位平等的雙方同意一個協議，一旦其中一方打了卡鐘，他們就不再平等了。（注58）法律承認這點有些問題，因此法律規定不能永久出賣平等〔你沒有將自己賣身為奴的權力〕。只有這個老闆沒有絕對的權力，合約才能成立，如果只有工作時間受限，你有權合法終止合約，隨時恢復自己完全平等的地位。）

我覺得讓平等的雙方變成不平等的協議（至少一段時間）至關緊要，這是我們稱為「債務」的精華點。

那什麼是債務？

債務是非常特定的東西，只有在特定的情況下才會產生。首先，它的條件是這兩個人自認基本上並非不同類的人，至少很有可能是地位平等的人，他們的地位平等很重要，就算這些人當下並非處在平等的情況中，但他們將有辦法修正這個問題。

在餽贈禮物的案例中，如我們所見雙方必得有一定程度的平等地位，因此請我們那位經濟學教授吃飯的人，如果是地位高很多或低很多的人，教授就不覺得有回禮的義務或者說是還債的榮譽感。借錢的話，雙方法律上必須是地位平等的人（你不能借錢給小孩子或瘋子。呃，你是可以這麼做，但法院不會幫你把錢要回來）。法律上而不是道德上的債務有其他的特質。比方說，法律上的債務可以撤銷，但道德上的人情債卻永遠無法撤銷。

這表示沒有無法償還的債，如果沒有想像得出的方式可以挽救這種情況，我們就不會稱它為「債務」。即使這位法國的村民能夠救他贊助者的命，或贏得彩券並買下工廠。即使我們提到一個罪犯「償還他虧欠社會的債」，意思是說他做了那麼可惡的事情而被褫奪法定全國人民均享有的平等公權；然而，我們稱之為「債務」是因為債務**能**被清償，平等的地位也**能**恢復，即使代價是替犯人注入致命的毒藥而死。

債務尚未還清這段期間，階級制度的概念便會繼續存在，沒有公平可言。去過監獄的人都知道，獄卒傳達的第一件事情便是在監獄中發生的任何事情都跟公正無關。同樣的，欠債者和債主迎面相對時，情況就像封建時代的農人站在領主面前那樣，受到慣例原則的控制，假如你把菜園內摘的番茄送給債主，你絕不會認為他會回送你什麼東西。他很可能還會指望你以後再送他東西，但要假設這個情況不是很正常，因為債務真的必須還清才行。

就是這點才會讓未有效償還的債務情況變得這麼困難又痛苦，因為債主和債務人終究是平等的人，如果債務人無法達到讓自己恢復平等的要求，她顯然有那裡不對勁，這必然是她自己的錯。

我們且看歐洲語言中一般文字與「債務」有關的詞源學，就會發現這個聯想非常顯明清楚。「債務」常是「罪惡」或「有罪」的同義詞，彷彿罪犯欠社會一筆債，欠債的人永遠都是某種罪犯。（注59）根據普魯塔克（Plutarch）的敘述，古代的克里特島，依照慣例是給那些假藉貸款名義從借貸者荷包內搶錢的人住的地方。他很納悶為什麼會這樣，「是不是這樣一來，如果他們還不出錢來，就會受暴力嚴懲重罰。」（注60）這就是為什麼歷史上有許多時期，無力償還貸款的人可能會入獄，或者甚至被處死如早期的羅馬共和國。

債務其實是一筆未完成的交易。

債務是一種絕對公平的東西，與其他種類的道德無關（共產主義的各取所需，各盡所能；階級制度的慣例和身份）。沒錯，如果我們真的很堅決的話，可以辯駁（有些人會這樣）共產主義是一種永遠互相欠債的狀態，或者說，階級制度是從尚未清償的債務中架構而成的。但這難道不是老生常談嗎？依照他們的定義，假設所有人類的互動一定是從某種交易的形式開始，然後不知道需要表演哪些腦筋急轉彎的特技才能證明它？

不，不是所有的人類互動都是交易的形態，只有某些部份是。交易是助長人類人際關係的一種特定方式，這是因為交易暗示著平等，但也暗示分手。當金錢轉手的同時，這筆債也得以撤銷，平等的地位得以恢復，雙方可以轉身離去，從此不再與對方有任何瓜葛。

債務是發生在這兩種情況之間：當雙方仍無法離開對方，因為他們的地位尚未平等，但是在遲早會平等的陰影下執行。然而，達到平等之後會破壞彼此現有人際關係，由於這個理由，幾乎所有有趣的事情都發生在這兩種情況之間。（注61）事實上，幾乎所有人類的事情都發生在這兩種情況之間——即使這表示所有這種人類的關係都至少帶有一丁點犯罪、罪惡或羞辱的成份。

我先前在這個章節中提到過的提夫族女人，這不會產生多大的問題。藉著確定彼此都或多或少的互相欠債，反而能創造出人類的社會，如果是一種非常脆弱的社會，需要靠不斷更新和重建來維繫關係，由回禮送三顆蛋或一袋秋葵這種義務產生易碎的人際網路，他們之中的任何一人隨時都能清償債務。

我們的禮貌和習俗和這原則並沒有多大不同，仔細想想在美國的社會中常說「請」和「謝謝你」。這種禮貌常被視為基本的道德：我們經常責罵孩子忘了禮貌，就像社會中的道德守護者——比方說，教師和神職人員對其他人那樣。我們經常假設這種習慣是舉世皆同的，但因紐特獵人清楚表示事實並不是如此。（注62）我們日常生活中的許多禮儀，其實是過去封建時代表達敬意的習慣被民主化的一種現象：堅持以過去只對領主或封建社會中地位較高者的方式同樣對待每一個人。

也許不是每一個例子都是這樣，想像我們在擁擠的公車裡尋找一個座位。某位乘客把放在旁邊的袋子拿走，以便清出一個座位來；我們微笑或點頭，或做出感謝的手勢，或許真的開口說「謝謝你」。這種行為只是一種對一般人的認同：我們認同那個佔據座位的女人不是一個阻礙物而是人類，我們真心感謝那個很可能將來永遠不會再見面的人。這些都不是真的，當有人要對桌的某個人「幫忙把鹽巴遞過來，」或當你簽收郵件時郵差向你道謝。我們同時把這種行為當成無意義的客套話和社會上的基本禮儀。這些事情顯然不重要，我們可以由此看出，原則上幾乎在任何情況下都沒有人會拒絕說「請」或「謝謝你」——即使是那些或許不可能開口說「我很抱歉」或「我道歉」的人也一樣。

事實上，英文裡的「請（Please）」是「如果你高興的話（if you please），」以及「如果你這麼做會高興的話」的縮短語。在絕大多數的歐洲語言中都是這樣，像是法文si il vous plait，西班牙文 par favor，字面上的意思是「你沒有義務這麼做」。「把鹽遞給我，我不是說你非這麼做不可！」話這麼說但事實卻不是如此，這是一種社會責任，我們幾乎無法不遵從。但禮節大都包含交換客氣的虛言（用比較不客氣的話來說，就是謊言）。當你叫某人遞鹽巴時，你是給他們一個命令；加上一個「請」字，你雖說這不是命令但實際上卻是。

英文中「謝謝你」的「謝謝」原始意義是「我將會記得你為我所做的事情」——這通常也不是事實。但在其他語言中（葡萄牙語的 Obrigado 就是一個很好的例子）這個標準的術語是跟隨英語表達形式中的「非常感激」，其實意思是「我欠你恩情」。法文的 Merci 甚至更傳神：它是取自 mercy 意同乞求憐憫。這麼說的意思，象徵著把你自己放在恩人的手上，任憑發落，因為負債者就是罪犯。（注63）說「不客氣／你很受歡迎」或「這沒什麼」（法文 de rien、西班牙文 de nada）是在安慰那個遞鹽巴的人，說自己並不是真的在想像中的道德帳冊中記下這筆帳。所以說：「我的榮幸」意思是說：「不，其實，這是給我機會做功德，不是欠債。」你幫了我一個忙，因為叫我遞鹽巴，你是給我機會做一件本身就能給我獎賞的事情！（注64）

解讀這種未言明的債務計算法（「我欠你一個人情，」「不，你沒欠我任何東西。」「事實上，若有的話，應該是我欠你才對。」如同在無窮的總帳本中寫下又劃掉許許多多微細的項目），讓我們比較容易了解為什麼這種事情經常不被視為道德上的精華，而被視為**中產階級**的道德精華。沒錯，現在中產階級的感覺在支配社會，但還是有人覺得這種行為很怪異。那些處在社會高等地位的人，仍然覺得這種敬意，主要應該是對階級比較高的人使用，看到郵差和麵包師傅彼此假裝把對方當作封建時代的小領主看待，他們覺得這是很愚蠢的事情。另一個極端的例子，那些在歐洲所謂「受歡迎」的環境像是小鎮、貧窮的社區中長大的人，任何一個只要仍假定對方不是敵人的地方，通常都會彼此互相照應——如果有人經常告訴他們，說他們可能沒有做好服務生或計程車司機份內的工作，或主人沒有請來訪的客人喝茶，客人就會覺得對方很沒禮貌。換句話說，中產階級的禮節堅持人人都是平等的，但卻是以某種特定的方式運作。一方面，禮貌上假裝沒有人對任何人下命令（想像購物中心裡有人走進禁區時，魁梧的保全人員走上前去問說：「您需要幫忙嗎？」）；另一方面，這是把我稱為「底線共產主義」的每個動作當成一種交易的形式。因此，像提夫族人的社區或中產階級的社會必須無止境地重建關係，如同一種始終閃爍不定的陰影遊戲，一種無止境的、短暫債務關係的互相交錯，而每筆債幾乎立即就撤銷。

隨時隨地說「請」和「謝謝」的習慣，算是滿現代的新形態，起先是從十六和十七世紀的商業革命期間開始的，就是在那群標準的中產階級間養成的習慣。這是那些政府機構事務處，以及店面和辦公室的習慣用語，並在過去五百年間，隨著他們散布到世界各地。這也只是象徵一種廣泛散播的哲學，一套假設人類彼此互相虧欠的想法，如今根深柢固深植人心以至於我們無法看清。

有時候在歷史上新時代將來臨時，有些較有先見之明的人能看出完整的箇中含意，知道即將發生的事情但有時那些後人卻無法洞察這樣的意義。在此我用這類人的一段文字做結語。大約在一五四〇年間，法國巴黎有一個名叫弗朗索瓦·拉伯雷（François Rabelais）的一位還俗的修道士，同時他也是醫生和法律學者，寫了一本著名的諷刺頌文，他把這篇文章放進他個人第三本偉大的著作《卡岡都亞和潘達固亞》（*Gargantua and Pantagruel*）中，這本書被後人當成「讚頌債務」的諷刺作品。

拉伯雷藉一位名叫潘奴吉（Panurge）、極端古典派的流浪學者口中說出這段讚頌詞，他說出個人的觀察結果，「已知有六十三種賺錢的方式——最高尚和最平凡的方式就是竊盜。」（注65）一位天性善良的巨人潘達固亞採納潘奴吉建議的方法，甚至給潘奴吉一筆可觀的收入，但讓他困擾的是潘奴吉花錢如流水，總是債台高築。潘達固亞建議他說，有能力償還債主的錢不是更好嗎？

潘奴吉驚駭的答道：「上帝禁止我還清債務呀！」事實上，負債就是他哲學的根本。

> 永遠要欠他人某些東西，這樣那人就會永遠向上帝祈禱，給你美好、長壽又幸福的人生。因為擔心失去你欠他的債，這人遇到各種同伴都會說你的好話；他會不斷地找新的貸款人給你，這樣你就能借錢來還他，拿別人的錢來填補他的黑洞。（注66）

除此之外，他們會永遠祈禱你有錢進帳。就像古代那些奴隸注定要為主人陪葬一樣，他們總是期望主人能長命百歲、身體健康，他們可是真心這樣想的！而且債務可以讓你變得跟神一樣，有辦法憑空變出東西來（變出金錢和誠心的債主）。

更糟糕的是，如果我一生都沒想到債務是天堂和地面的關係和聯繫（若沒有這種獨特的方式保存了人類的後裔，人類很快就會滅絕），我就得把自己獻給聖巴比林了；也許如那些學者所說，變成偉大的世界靈魂，把生命獻給萬物。

果真如此，你的心底會暗自想起一個世界的觀念和形態——如果你想拿梅特羅多勒斯（Metrodorus）想像的第三十個世界來假設也可以——那裡完全沒有欠債之人和債主。一個沒有債務的宇宙哪！天上那些人完全沒有每日固定行走的路線：所有人都一團混亂。宇宙之神朱比特（木星）認為他沒欠農業之神（土星）債務，就會奪取他的星球，用他的荷馬鎖鍊把所有的智識、天神、天堂、魔鬼、精靈、英雄、惡魔、地球、海洋和其他的元素通通懸掛起來……月亮會一直陰暗血腥；太陽為什麼要跟月亮分享光芒呢？他完全沒這個義務。陽光永遠不會照在地球上，天體也不會對地球灌注良好的影響力。

各種元素之間不會彼此作用，沒有交集，也完全不會有變化，每個元素不認為自己對其他元素有義務，什麼也不肯借對方。土不會生水，水不會生風，風不會生火，火也不會溫暖土泥。地球上生不出半點東西來，只會冒出怪物、巨物、巨人來。雨不下，光不照，風不吹，沒有夏天也沒有秋天，魔王會掙脫束縛，跟復仇女神一起從地獄深處衝出來，復仇女神和頭上長角的魔鬼會想方設法把天上諸國的大小天神都趕走。

而且人類如果誰都不欠誰的話，生活會變成「一場混戰」，充滿難以控制的爭吵和鬥毆。沒有人會救別人，就算大喊：「救命！失火了！我快淹死了！謀殺！」也沒有用，沒有人會來幫他。為什麼？因為他沒有跟人借任何東西：也沒有人欠他任何東西。就算他死於火災、船難或摔跤而已都不會造成任何人的損失。他沒有借任何東西，而且以後也不會借任何東西。

簡而言之，信仰、希望和施捨都會從這個世界徹底消失。

潘奴吉沒有親人，孤身一人，一生的天職就是獲取大量的金錢，然後花掉。他的預言正好貼切地描述出即將誕生的世界。他對人生的看法是當一個**富有的**債務人，不是那種付不出錢就可能被關進可怕地牢的人。然而，他所形容的卻是符合邏輯的結論，拉伯雷總是喜歡用充滿趣味又隨意任性的方式來佈局，用**歸謬法**假設交易都在靜止狀態，這個世界遠遠落後於令人愉快的中產階級禮節（拉伯雷自己也不經意對這種禮節表示厭惡——這本書基本上是古典知識和荒謬笑話的複合體）。

而且他說的也是事實。如果我們堅持將人類所有的互動定義為人們彼此交換物品，那麼任何現有的人類關係都只能以債務的形式存在。沒有了這些，每個人都不欠別人任何東西，沒有債務的世界會回到原始的混亂中，處在每個人都彼此敵對的戰鬥中，沒有人感到對他人有一丁點的責任，人類的存在毫無重要性；我們大家都會變成孤獨的星球，無法保持正常運行的軌道。

這些東西潘達固亞都不要。他說他個人對這件事情的看法，可以用使徒保羅的一句話來做總結：「不欠任何人東西，就省卻了相互的關愛和感情。」（注67）隨後他做出符合《聖經》的動作，宣稱：「我將赦免你過去的債，讓你重獲自由。」

「那我該怎麼答謝您呢？」潘奴吉答道。

第六章

性與死亡的遊戲

當我們回去檢視傳統經濟學史時，便能發現有很多東西因人為因素消失了。經濟學史把人類所有的生活簡化成交易，表示經濟學家不僅把其他類型的經濟經驗都推到旁邊（階級制度和共產主義），更把絕大多數非成年男性人類的經驗也都拋到一旁，使其逐漸消失在歷史背景之中。但人類日常生活，相對來說，難以簡化成只是為了利益而交換物品。

在傳統經濟學中，我們最後得到的卻是一個實際交易行為被淨化後的觀點。實際上，在店面和購物中心整齊有序的世界，就是典型的中產階級環境，不管是在這個體制頂端或底端，不管是金融家的世界或流氓幫派的世界，他們交易的方式跟剛文古人或南比克拉瓦人並無多大區別——至少性、毒品、音樂、大開筵席和暗藏暴力的這些事經常都扮演著重要的角色。

我們且看尼爾．布希（喬治．布希的兄弟）的例子，他跟妻子辦理離婚案期間，坦承曾與多位女子有染，他聲稱在泰國和香港開完重要的生意會議之後，經常會有女人神祕地出現在他的飯店房間門口。

「你不得不承認，這實在是很驚人，」他妻子的其中一位律師說道：「一個住在飯店的男子走到房門口，打開門後，發現有個女人站在門外，然後不問青紅皂白就跟她發生性行為。」

「這的確很不尋常。」布希答道，不管這種事情在他身上發生多少次，他也承認這種事情不尋常。

「她們是妓女嗎？」

「我不知道。」（注1）

事實上，每當交易涉及大筆金錢時，這種事情幾乎可算是常態。

以這個觀點來說，經濟學家認為經濟生活始於以物易物，單純的以箭矢換取帳篷支架，沒有人會在交易過程中強取豪奪、羞辱或折磨他人，堅稱人類歷來都是這樣以物易物。這樣的世界一直是個迷人的烏托邦。

不過，由於我們述說的歷史充滿許多空白之處，歷史上那些女人彷彿憑空出現沒有合理的解釋，就像那個出現在布希飯店房門口的泰國女人一樣。回顧在第三章裡，我們引用貨幣學者菲利普·格里爾遜談到《蠻族法典》中關於金錢的段落：

> 在威爾斯的律法中，賠償金起先是以牛來計算，愛爾蘭是則是以牛或女奴隸來計算，兩國都大量使用貴重金屬買賣計價。日耳曼法典則以貴重金屬為主……（注2）

讀到這段文字時，怎麼可能不讓人立刻在第一段的結尾停頓下來？「女奴隸」？那不是指「奴隸」嗎？（確實是）在古代的愛爾蘭，女性奴隸如此之多，如此重要，以至於被當成貨幣使用。這種事情到底是如何形成的？如果我們想要了解金錢的起源，這個就是。難道人們把**別人**當成貨幣的事實一點都不有趣，也不重要嗎？（注3）然而，所有關於金錢的文獻中，沒有一篇對此事多加著墨。看樣子在那個蠻族法典的時代，女奴隸似乎並未真的被用來交易，只是計價時被當成貨幣的單位。但在某個時期，她們一定曾經被拿來交易過。她們到底是誰？怎麼會成為奴隸？她們是在戰爭中被俘虜，或被父母販賣，又或是因為負債被貶為奴？她們曾是主要的交易項目嗎？這些問題的答案似乎都是肯定的；但我們很難多加詳述，因為這部份的內容歷史大多沒有記載。（注4）

或者，我們再回去看那個不知好歹的惡僕的寓言故事。「既然他沒辦法還錢，這位主人就下令把他本人和妻子兒女，以及所有的財產都變賣掉抵債。」怎麼會發生這種事？請注意，我們這裡講的不是以勞動服務抵債（因為他已經是這位債主的僕人了），而是徹底的成為奴隸。一個男人的妻子兒女怎麼會被當成跟羊群和陶器一樣的東西看待，還不出債務，就被當成資產變賣？在西元一世紀的巴勒斯坦，男人可以賣掉他的妻子，這樣正常嗎？（不正常）（注5）如果他對妻子並無所有權，那為什麼他還不出債務時，別人會允許他賣掉妻子呢？對尼希米記故事，我們也可以詢問同樣的問題。很難不去強調，當一個父親眼睜睜地看著女兒被陌生人帶走的悲痛。另一方面，有人可能會問：他們為什麼不帶走**他**呢？他的女兒又沒有借錢。在傳統的社會中，父親販賣兒女也不是尋常普遍的現象。這是在某段特定的歷史時期才實施的慣例：這種情形出現在農業文化裡，從蘇美到羅馬，還有中國。就在這段時期，我們也能看到金錢、市場和放貸收取利息的證據，後來，這些現象開始逐漸出現在周圍的內陸地區，這些內陸地區會提供奴隸給那些文明地區。（注6）而且，如果我們仔細檢視歷史證據，似乎有充足的理由相信，在中東和地中海地區，這種被定義為「傳統」的、對父權榮譽感的執迷，是與父親有權轉讓兒女的習俗同起興起的——這種反應被視為市場的道德風險。這一切卻不知為何被歸於經濟學歷史範圍之外。

把這一切排除在外是一種欺騙行為，不僅是因為它排除了過去使用金錢的主要目的，也因為它使我們無法看清現況。畢竟，那些神祕地出現在布希飯店房間門口的泰國女人是什麼人？我們幾乎可以確定，她們是負債者的兒女，可能是她們的父母，也可能是她們自己簽下賣身契的。（注7）不過，把焦點放在性工作者上也是一種誤導。如今大多數負債賣身的女人，主要的時間都花在縫補衣物、燒飯做菜和擦洗廁所上。即使在《聖經》十誡中勸告人們不要「垂涎鄰人的妻子」，顯然是指心中不要產生這種淫慾（通姦在十誡中排名第七），但卻可以把她當成抵押品來償債，換句話說，讓她擔任奴婢替主人打掃庭院，洗晾衣服便可以。（注8）在大多數的情況裡，性剝削充其量只是連帶發生的事件（通常是違法的，但有人還是照犯不誤，這點具有象徵性的重要意義）。一旦我們拿掉蒙蔽我們視野的眼罩，就能看清過去五千年來，這種事情的改變程度遠比我們想像的還要少。

當我們讀到人類學文獻，讀到在過去那種沒有政府和市場的地區內「原始貨幣」的敘述，就會發覺那些蒙蔽我們的眼罩尤其諷刺。不管是易洛魁部族的貝殼串、非洲人的布料貨幣，或是所羅門島的羽毛貨幣。這些貨幣幾乎清一色都是用在經濟學家不願意談論的交易種類中。

事實上，正是因為這個原因，「原始貨幣」這個詞語才更加誤導人，因為這個詞語意味著我們面對的是現今人們所使用的貨幣其原始版本。但這正是我們找不到的部分。通常這種貨幣從來都不是用來買賣任何東西，（注9）而是用來建立、維持，不然就是重組人與人之間的關係：用來安排婚姻、確認孩子的生父、防止仇恨、在葬禮中慰問死者家屬、犯罪後尋求原諒、協商和談、贏得追隨者等等——除了交易蕃薯、鏟子、豬隻或珠寶之外，幾乎任何情況都能使用。

通常這種貨幣極度重要，重要到可以說社交生活都是圍繞在獲得和處理這些東西中打轉。但他們顯然對金錢或經濟到底是什麼東西有全然不同的概念。因此，我決定要把它名為「社交貨幣（Social Currencies）」，把使用這些貨幣的經濟稱為「人性經濟（human economic）」。我這麼說並不是指這種社會就一定更人性化（有的確實很人性化，有的則非常野蠻），但這些經濟體制主要的考量，本來就不是累積財富，而是著重在創造、摧毀和重新安排人際關係。

在歷史上，商業經濟——我們現在喜歡稱它為市場經濟——相對來說，算是滿新的東西。因為大部份的人類歷史都是以人性經濟為主導。若要開始寫一部真正的債務史，那我們首先就要問：在人性經濟中，人們累積的是哪種債務？用哪種借貸方式？當人性經濟開始轉移為商業經濟，或被商業經濟取代時會發生什麼事？這個問題的另一種詢問方式是：「單純的義務是如何轉變成債務的？」但我們不只是要問抽象的問題，還要檢視歷史上的紀錄，以便重現過去實際發生的情形。

我在接下來的兩個章節，就是要根據這個路線來討論。首先，在下一章裡，我將探討金錢在人性經濟中的角色，接著詳述當人性經濟突然被更大型的商業經濟體勢力合併時究竟會發生什麼事。非洲的奴隸買賣便是一個典型的悲慘實例。然後，在後面的一個章節裡，我會回去探討商業經濟在早期歐洲和中東文明地區首次出現的時期。

金錢是不完全的替代品

關於金錢起源最有趣的理論，是最近一位從經濟學家轉為人類學家的法國人菲利浦・羅斯帕比（Philippe Rospabe）提出的。雖然英語系國家大多數的人都沒聽過他的作品，但他的見解卻非常精妙獨到，他一針見血地談到我們所面對的難題。羅斯帕比辯駁說「原始貨幣」原本就不是一種還債的方式，它是一種承認「生存性債務」不可能還清的方式，他的論點值得詳加研究。

在大部份的人性經濟中，金錢最初也最重要的用途是安排婚姻。最簡單很可能也是最普遍的模式，就是以過去稱為「娶妻金」的方式送出去：男方的家屬會送一定數量的犬牙、瑪瑙貝、紅銅指環，或任何當地的社交貨幣給女方的家人，女方則會把女兒嫁出去成為對方的新娘。不難看出，為什麼這樣可能會被解讀成買女人，而在二十世紀初期，許多非洲和大洋洲的殖民官員確實得出這個結論。這種習俗導致某種醜聞發生，到了一九二六年，國家聯盟（League of Nations）開始爭論是否要把這種習俗當成奴隸制度加以廢止。人類學家反對，他們解釋說這種事情其實跟購買公牛是完全不同的——更不可能會像買草鞋那樣。畢竟，如果你買的是一隻公牛，你不用對這隻牛負責任。你買的是隨意處置這頭公牛的權利。婚姻是完全不同的，因為通常丈夫對妻子應負的責任，跟妻子對丈夫應負的責任是一樣多的。這是重新安排人與人關係的一種方式。其次，如果你真的買了一個妻子，那你就有權力賣掉她。最後，付款真正的重要性在於這個女人生下孩子的地位：如果男方有買任何東西的話，那他買的是把女人生下的孩子稱為自己後代的權利。（注10）

人類學家後來贏得了這場爭論，「娶妻金」以更忠於現實情況的方式改名為「聘金」。但他們從未真正回答這個問題：婚姻實際的狀況究竟是如何？當斐濟的一名追求者的家人拿一顆鯨魚牙齒，向一名女子求婚時，這是預付這名女子將來在她未來夫婿家做園藝工作時的報酬嗎？或是購買她子宮未來的生育能力？或者只是一種單純的形式，跟簽訂合約一樣，與用美元等值轉手物品是同樣的情況？根據羅斯帕比的看法，以上皆非。儘管鯨魚牙非常有價值，卻不是付款的形式。這其實是承認一個人想要的東西如此獨特又珍貴，任何一種付款形式都買不到。想得到一個女人唯一最適當的方式，就是奉上另一個女人；在此同時，一個人所能做的只是承認這筆債尚未還清。

有些地方的男方追求者對這點表達得非常明確。以我們在上一章中簡略提到的奈及利亞中部的提夫族為例。我們對提夫族的資訊都來自二十世紀中期，當時的奈及利亞仍是英國統治下的殖民地。（注11）那個時代的每個提夫族人都堅持認為，一個合適的婚姻，應該是以交換姊妹的方式為宜。一個男人把自己的姊妹嫁給另一個人，然後那個男人又把他自己的姊妹嫁給這個新聯姻的小舅。這是最完美的婚姻，因為真正能拿來交換女人的唯一物品，就是另一個女人。

很明顯，即使每個家庭都有數量相同的兄弟姊妹，事情不可能永遠都這種井然有序。比方說，我想娶你的姊妹，但你不想娶我的（因為，你不喜歡她，或者她才五歲大）。在這種情況下，你就變成她的「監護人」這表示你有權利把她嫁給別人——比如說，有人的姊妹正好是你想娶的對象。這個體制很快就變得非常龐雜，大部份有權有勢的男人都變成好幾個女人的監護人，這些女人往往遍布各個地區；有權有勢的男人會將這些女人拿去交換，藉此交易過程為自己累積無數的妻妾，而比較不幸的男人只能晚婚或終身不娶。

還有另外一種權宜之計。那個時代的提夫族人，會將成捆的紅銅棒當做最尊貴的貨幣形式。只有男人才能持有紅銅棒，但從不曾用紅銅棒在市場上買東西（市場由女人主導）；男人只會拿紅銅棒來交易他們認為比較重要的東西：比如牛、馬、象牙、儀式、頭銜、醫療照護、具魔力的護身符等。一位提夫族的人種學家阿奇亞．塞（Akiga Sai）解釋說，紅銅棒或許可以用來娶妻，但是需要很多紅銅棒。你得交給女方父母兩到三捆的紅銅棒，才能向女方求婚；等你真的跟她私奔後（他們的婚姻有先假裝私奔的模式），等她的母親氣沖沖地跑過來責問這究竟是怎麼一回事時，你還得送上幾綑紅銅棒平息她的怒火。接下來通常還要送五捆給她的監護人，起碼讓監護人暫時接受這情況，等她生下孩子之後，如果你想要她的父母允許你宣稱是孩子的父親，還得付出更多的紅銅棒。這樣你或許能擺脫掉她的父母，但你還是得還清欠監護人的債，因為你永遠無法以金錢得到擁有女人的權利。每個人都知道，你唯一能合法獲得女人的方式，只有用另一個女人來交換。以這個情況來說，每個人都得忍受總有一天他會有女人來跟監護人交換這樣的藉口。在此同時，正如一位人種學家貼切地指出，「這筆債務永遠不可能還清。」（注13）

根據羅斯帕比的說法，提夫族人只是把聘金隱含的邏輯明確的體現出來。求婚者送聘金並不是要買女人，甚至不是為了宣稱自己是孩子父親的權利而付錢。因為如果事情是那樣的話，就表示紅銅棒、鯨魚牙齒、貝殼甚至牛都可能跟人的價值一樣；按照人性經濟的邏輯，這顯然很荒謬。只有人才能與另一個人相等。在婚姻的情況中，更是如此，因為我們所談論的是比人命更有價值的東西：我們談論的是一個能夠孕育新生命的人類。

當然，那些送聘金的人，如提夫族人，也都對這一切表示得很明確。送聘金不是為了解決債務，而是承認他們之間存在一筆永遠**無法**用金錢來解決的債。一般來說，雙方至少會禮貌上的表示，將來有一天會得到某種補償：這位求婚者的親族遲早有一天會有女人可以出嫁，甚至可能是這個女人自己生的女兒或孫女，以後能嫁給這位妻子娘家親族的男子。或者，也許他們會提出如何安排她未出生女兒的婚配協議；或許她娘家的人會自己留下一個孩子，這些可能性是無窮無盡的。

如同羅斯帕比所說的，金錢從此成了「生命的代替品」。（注14）有人可能會把它稱為對生命債的一種認知。因此，這也能解釋為什麼他們總是用安排婚姻的同樣貨幣，去支付殺人後的補償金（有時也稱為「賠償金」），他們拿錢給受害者家屬，防止未來結下世仇血債，或解決一場血恨仇殺。文獻中關於這點的描述甚至更清楚。一方面來說，他們送鯨魚牙齒或紅銅棒是因為兇手的家族承認，他們欠受害者家屬一條命，並不是（也永遠不會是）對受害人家屬所遭受損失的補償。從另一方面來說，鯨魚牙齒或紅銅棒無法（也永遠不可能）補償受害者家屬所蒙受的損失。當然，付這種賠償金的人不會笨到暗示任何金錢數字「等於」某人父親、姊妹或小孩的價值。

所以這裡也是一樣，金錢是最先也是最重要的一種認可，表示某人欠了遠比金錢更有價值的東西。在血腥仇恨的案例中，雙方也知道即使以一命抵一命的原則報仇，也無法真正補償受害者的悲傷和痛苦。唯有認知這點才可能讓他們不以武力解決此事。但即使是這樣，通常也跟婚姻的情況一樣，只是暫時把**真正能**解決這個問題的辦法往後延罷了。

有個解釋應該很有幫助，在努爾人的社會中有個特別的階級類似祭司的人物，專門調解仇恨糾紛，在文獻中被稱為「豹皮酋長」。如果有人殺了人，兇手會立刻找其中一個豹皮酋長住所，因為這種住所被當成不可侵犯的庇護所。即使是因榮譽心所使，極想報仇的死者家屬也知道，他們不能隨便闖進那裡，否則會引起可怕的後果。根據人類學家普里查德的說明，這名酋長會立刻展開協商，為兇手和受害者家屬雙方研討出一個解決之道，這是很複雜棘手的事情，因為受害者的家屬起先都會拒絕協商：

> 酋長會先查出兇手的家人擁有多少頭牛，他們準備要付多少賠償金……然後再請死者的家屬過來，問他們是否願意接受牛來補償死者的性命。他們通常會拒絕，因為這是難以計算的榮譽問題，但他們拒

絕並不表示不願意接受賠償金。酋長了解這點，會堅持要他們接受，如果他們不肯妥協的話，酋長甚至威脅說要詛咒他們……（注15）

受害者的遠親也會幫忙勸告，提醒每個人對這個更大的社區負有責任，要為大局著想，這種未了結的冤仇將會帶給社區許多麻煩，還會連累無辜的親戚。經過一場竭力推辭的戲碼之後，受害人會堅稱那些提議幾頭牛就能換取一個兒子或兄弟的命是一種侮辱，但他們最後通常都會接受賠償金。（注16）事實上，即使理論上事情已經和解，其實並非如此——通常得花好幾年才能收集到這些牛，即使債務已經還清了，雙方還是會盡量迴避對方，「尤其是在舞會中，受到舞會興奮情緒的刺激，光是無意撞見曾殺害自己親戚的人，就會造成一場鬥毆。因為受害者的親戚從未原諒兇手犯下的殺人罪，唯有拿對方親族的命來抵才能了結這場宿怨。」（注17）

所以這跟聘金的情況很像，金錢不能抵銷這筆債。人命只能以另一條命來換，那些付血債金的人，頂多只能承認有這筆債的存在，並堅持他們也希望自己能夠償還這筆債，即使他們明知道這是不可能的，仍允許將這件事無限期的推遲。

半個地球之外，有人發現摩爾根描述了北美印第安易洛魁六部族設計的精密結構，有效防止了這類事情的情況。在某個事件中，有人殺了人：

兇手會立刻提出請託，這件事會交給雙方所屬的部族處理，他們會竭心盡力調解這場糾紛，唯恐受害者私自尋仇會引起災難般的可怕後果。

調解糾紛第一件要商討的事便是確認兇手是否願意坦承他的罪行，並願意補償贖罪金。如果他願意的話，協調會的人會立刻以兇手的名字，送一串白貝殼到對方的協調會那裡，這樣就帶有協調作用的訊息。後者會竭力安撫死者家屬，平息他們的怨怒，勸導他們接受白貝殼串，以表示願意寬恕對方。（注18）

跟努爾人的例子差不多，他們有複雜的程序清楚表明要付多少串貝殼，這得依受害者的地位和犯罪的性質而定。跟努爾人一樣，每個人都會堅稱這**不是**付錢買人命，貝殼串的價值不可能代表死者生命的價值：

> 白貝殼不能算是賠償死者的生命，而是代表兇手願意坦承罪行請求寬恕。這是一個請求和平解決的提議，雙方共同的朋友也會施壓要求他們接受⋯⋯（注19）

事實上，在許多例子當中也有一些方式可以操弄這個體制，把這筆付款變成用創造新生命的方式來減輕對方的怒火和悲痛，以某種涵義來說，算是取代對方失去的親人。在努爾人的社會中，他們訂定四十頭牛為血債金的標準數目，但這同時也是聘金的標準價格。他們的邏輯是這樣的：如果一個男人在結婚生子之前被殺了，他的靈魂自然會發怒，因為他獲得永生的機會被剝奪了，最好的解決辦法就是用兇手賠償的那些牛，幫他娶一個所謂的「鬼妻」：名義上會有個女人嫁給這名死者，實際上是許配給死者的兄弟，但這不是很重要；讓她懷孕的人是誰並不重要，因為死者不可能成為她孩子的父親。她生下的孩子會被當成這位死者鬼魂的孩子，因此任何一個男孩生來就負有將來要為死者報仇的使命。（注20）

後者比較不尋常，但努爾人顯然對這種仇恨異常固執。羅斯帕比提供其他地區的例子更為生動。比如說，北非貝都因人。在當地有時候唯一能解決這種仇恨的方式就是凶手的家人交出一個女兒，嫁給死者的近親，比方說，他的兄弟。如果她生了一個男孩，就幫他取一個跟他死去的叔叔或伯伯同樣的名字，以廣義來說，這孩子算是他的替代品。（注21）後代延續母系的易洛魁部族，不用這種方式交易女人。然而，他們有另一種更直接的方式。如果有個男人死了，即使是自然死亡，他妻子的親戚可能會「把他的名字擺在墊子上」，用一些貝殼串去雇用游擊隊，他們會去攻擊敵人的村子抓一個俘虜。這個俘虜可能會被殺，如果死者的親屬突然大發慈悲的話（這事永遠說不準，悲痛家屬的心思很難理解），可能會收留他：他們會象徵性地把一串貝殼掛在他的肩膀上，賦予他死者的名字，要他娶受害者的妻子，從此以後，把他當成這名死者，死者的個人財產也歸他所有，以各方面來說，將他跟死者視為同一個人。（注22）

這些只是更加凸顯了羅斯帕比的基本論點，也就是說金錢被視為人性經濟中，有一筆永遠**無法**還清的債，這是金錢最初、也是最重要的功能。

以某種程度來說，這一切都會讓人聯想到原始債務的理論：金錢的出現是源自於承認有這筆賦予人生命的絕對債務。兩者的不同點是，人性經濟並不是把它想像成個人和社會，或個人和宇宙之間的債，而是把它想像成一種二聯體關係的網路：幾乎在這種社會中的每個人都跟別人負有絕對債務的關係。這不是指我們虧欠「社會」。倘若這裡真有「社會」這個想法的話，不清楚到底有沒有，這裡說的社會就是我們的債。

血債（萊利人）

這顯然又會帶給我們那個同樣熟悉的問題：代表他們體認到人類無法還這筆債的象徵物，怎麼會變成一種能還債的付款形式？若真有這個形式的話，問題似乎比以前更嚴重。

事實並非如此，在非洲發現的證據清楚的顯示，這種事情究竟是如何發生的——不過，答案會讓人覺得有點不舒服。為了說明這點，我們來拉近焦點，仔細觀察一、兩個非洲的社會形態是有必要的。

我將從萊利人開始講起。瑪麗．道格拉斯（Mary Douglas）在一九五〇年代對萊利人的研究中，發現他們成功地把血債的原則轉變成整個社會組織的原則。

當時住在比利時屬地剛果（Belgian Congo）卡塞河（Kasai）周遭一片連綿起伏鄉野的萊利人，族群可能有一萬人左右，他們的鄰居庫巴人（Kuba）和布尚人（Bushong）比萊利人更有錢，且更了解世界各地的風俗民情，故把萊利人視為粗俗的鄉巴佬。萊利族的女人都種植玉米和木薯，男人雖自認為是勇猛的獵人，但實際上大部份的時間都拉菲亞棕櫚葉纖維織布。當地就是以這種布料而聞名的，布料不僅用來製作各式各樣的衣服，還出口到國外：萊利人自稱是那個地區的布商，也用這種布料跟周圍鄰近的人們交易換取奢侈品。在萊利人的社會，這種布料還負有某種貨幣的功能。但在市場中卻不使用它（既使那裡不存在市場）；而且道格拉斯也發現，這種貨幣造成她極大的不便，即使在村莊裡一個人也不能用布料來購買食物、工具、餐具等，或者說幾乎不能用它購買任何東西。（注23）它是一種典型的社會貨幣。

用拉菲亞葉布料做成的非正式的禮物，能讓所有的社會關係融洽：丈夫對妻子、兒子對母親、兒子對父親。這些禮物能當成求和示好的表示，解決各種緊繃的關係；能夠充當離別時的禮物，或表達祝賀之意。拉菲亞葉布料也能做成正式的禮物，只有在社會關係可能瀕臨破裂的危險時才會使用。一名男子即將成年時，應該送二十塊布給他的父親，否則他會羞於啟齒，不敢要求父親幫他籌結婚要用的款項。男人的妻子每生一個小孩，他就要送她二十塊布……（注24）

布料也用來支付各種罰金和費用以及給治療師的報酬。比方說，有個男人的妻子告訴先生說有人勾引她，按照慣例丈夫須給她二十塊布獎勵她的忠貞（這並非必須，但不那麼做的話，會被認為很不明智）；若是通姦被抓，姦夫需付女子的丈夫五十或一百塊布：如果這名女子的丈夫和情人在這件事情解決之前打了起來，擾亂了村子的寧靜，雙方都得付兩塊布當作賠償，依此類推。

禮物傾向往長輩的方向流動，年輕人通常會以布料作為小禮物送給父母、叔叔伯伯之類的。這些禮物本來就具有階級性：也就是說，那些收禮的人從不認為應該公平的回禮。因此，長輩們，尤其是年長的男子，身邊通常都會有好幾塊額外的布料；而年輕人永遠沒辦法編織出足夠的布料滿足他們的需求，每次需要支付大筆的款項時，他們都得向長輩要些布料：比方說，如果他們需要付一筆龐大的罰金，或想找醫生幫他的妻子助產接生，或是想要加入某個教派團體之類的。因此他們總是會因此欠長輩一點小債，或受他們一些恩惠。但每個人都曾幫助過一群親戚朋友，因此，有需要時也能向他們伸出援手。（注25）

結婚的費用尤其昂貴，因為安排一樁婚事，通常需要取得好幾條紫檀木。如果拉菲亞葉布料是社交生活的零錢，那麼用來製作化妝品的稀有進口木材紫檀木——就是大面額的貨幣。一百塊拉菲亞葉布料等於三到五塊紫檀木。很少人擁有這麼多的紫檀木，通常大家只有一丁點能磨成粉末自用的木塊。大部份都存在村子裡的公共寶庫裡。

這並不表示紫檀木能被用來充當聘金，應該說它是用來協商婚事的；在協商期間，雙方都會來回互送各種禮物。事實上，根本沒有聘金，男人無法用金錢得到女人，也不能用錢取得對孩子的任何權利。萊利人是母系社會，孩子不是屬於男方家族而是屬於女方。

男人若要獲得對女人的控制權，還有另一種方法，（注26）然而，那是屬於血債的體制。許多傳統的非洲人都有一種普遍的共識，就是人不會無緣無故死去。若是有人死了，一定是有人殺了他。比方說，萊利族若有女人死於難產，別人會認為是因為她與人通姦之故。因此這名姦夫就得為她的死負責。有時候她會在臨死前坦承通姦，否則通奸的事就要透過占卜來確定。若是嬰兒死了也是一樣。如果有人病了，或爬樹時手滑摔了下來，那麼別人就會追究他是否曾捲入某種是非，才會發生這個不幸事件。如果沒有其他的原因，就會採取魔法的手段來找出那個施法害他的巫師。一旦整個村莊都認定了元凶的身份後，那個人就欠下一筆血債：也就是說，他欠受害人的近親一條人命。因此，這名元凶就得讓家族中的一名年輕女性（他的妹妹或是外甥女）變成受害者的被監護人，或稱「抵押人」。

跟提夫族人的情況一樣，這種系統很快就變得複雜無比。抵押人的身份可由後代繼承，假如一個女人是某人的抵押品，那她的小孩也一樣，連她女兒的孩子也是，這表示大部份的男性本身都是別人的抵押人。然而，沒有人會接受男性抵押人來償還血債：這種體制的重點是要獲得掌控年輕女性的權利，女人會繼續生出能當抵押人的小孩。提供道格拉斯資料的萊利族線民強調說，任何男人自然都會想要擁有越多的抵押人越好：

你若問他說：「你們為什麼想要擁有更多的抵押人？」他們總會說：「擁有抵押人的好處就是，萬一意外惹來一筆血債，就能拿其中一名抵押人來還債，這樣我的親姊妹還能保持自由之身。」又問：「你為什麼希望自己的親姊妹保持自由之身？」他們會回答說：「啊！萬一我自己欠了一筆血債，我就能把其中一個姊妹拿去抵押還債……」

每個男人都很清楚，他們隨時隨地都可能招惹血債。如果他誘惑過的任何一個女人難產時招供出他的名字來，後來女人死了，或者她的小孩死了，又或是跟他有過口角爭端的人病死，或意外而死，他可能就得負責……甚至連有女人逃離丈夫，因她之故和人鬥毆致人於死，死者會被送到她家門前，她的兄弟，或她母親的兄弟就得償還血債。由於血債賠償只接受女人，不論男女，所有人的死亡都要找人賠償，很明顯的，女性抵押人永遠不夠用。男人都因抵押人的債務纏身，女孩尚未出生——甚至連她母親都未達適婚年齡就已被抵押了。（注27）

換句話說，整件事情變成一局複雜無止境的棋戲——道格拉斯評論道，「抵押人」這個詞語為什麼異常貼切的原因是，幾乎每個萊利族的成年男子都身兼別人的抵押人，同時又持續獲取、交換或贖回抵押人。村民生活中發生任何重大的事件或悲劇，都會導致女性抵押人所有權轉手。往後這些女人幾乎全部又會被人再次交換。

在此要強調幾個重點。首先，這裡被交易的非常明確指的是人命。道格拉斯把這稱為「血債」，但是稱為「命債」應該更洽當。比方說，有個男人快要淹死了，另一個男人救了他；或者有人快病死了，但有位醫生治好了他。這兩種情況，人們可能會說這個人欠另一個人「一條命」。萊利人也會這麼說，但他們卻按字面上的解釋來辦事。救人一命，那人就欠你一條命，欠人命債就得償還。通常的解決之道是，被救的人要把他的其中一個姊妹交出去當抵押人——如果交不出親姊妹的話，也要交出其他女人，就是他從別人那裡取得的抵押人也可以。

第二點就是，沒有任何東西能夠取代人命。補償的原則是根據等值來算，一命換一命，一人換一人來進行。因為人命的價值是絕對的，不論再多的拉菲亞葉布料、紫檀木棒、山羊、電晶體收音機，或任何東西都不可能取代人命。

第三點，也是最重要的一點是，在實務上「人命」其實是指「女人的命」——或者，更確切的來說，是「年輕女人的命」。很明顯的，這是為了讓男人擁有最多的抵押人：最重要的是，他們想要會懷孕生子的女人，因為這些小孩將來也會成為抵押人。儘管道格拉斯不是一名女權主義者，她也不得不承認，這整件事情的安排運作看起來確實像是為了確保讓男人能控制女人的龐雜制度。確實，因為女人自己不能擁有抵押人，（注28）她們只能當抵押人。換句話說，只有男人能成為債主或債戶。因此年輕的女人只能是被借貸的抵押品成了在棋盤上被移來移去的棋子，而控制棋子的那雙手始終是男人。（注29）

當然，因為幾乎每個人都是抵押人，或者在生命中的某段時期曾是抵押人，所以成為抵押人本身並不算是什麼大悲劇。對男性抵押人而言，在某種程度上甚至還有好處，因為男性抵押人的「主人」必須替這個人支付大部份的費用和罰金，甚至償還血債。因此，正如道格拉斯的線民們一致堅持認為的那樣，抵押人所有權跟奴隸制度毫無相似之處。萊利人確實也有養奴隸，但是數量絕對不會很多。那些奴隸都是戰爭的俘虜，通常是外族人。這種人沒有親人，沒有人能保護他們。另一方面來說，成為抵押人表示不只一個而是有兩個家族會照顧你：你有自己的母親和母親的兄弟，但你同時還有你的「主人」。

對於女人來說，她們是所有男人遊戲中的籌碼，這個事實使她們能得到各式各樣的機會來對付這個制度。原則上，一個女孩可能生來就是抵押人，被許配給某個男人以後就得嫁給他。然而，實際上：

萊利族的小女孩長大可能成為愛賣弄風騷的女人。從嬰兒時期開始，她就是眾人喜愛、挑逗和調情的焦點。與她有婚約的丈夫反而只能得到極有限的控制……因為男人會為了女人相互競爭，所以女人就有使用計謀和操縱男人的餘地。她的身邊從不缺少懷抱希望的追求者，而且沒有任何一個女人會懷疑自己能否得到另一個更適合自己的丈夫。（注30）

此外，年輕的萊利族女性有張獨特又強大的王牌。每個女人都很清楚這點，如果她拒絕接受自己現有的處境，她總還有個成為「村民之妻」的選擇。（注31）

村民之妻是萊利人一種奇特的制度。最好的形容方式可能得用一個假設的案例來解釋。我們來假設有個很有地位的老男人，經由一筆血債獲得一個年輕的女性為抵押人。他打算娶這名年輕女子為妻，理論上來說他是有權利這麼做，可是年輕女人嫁給老男人，成為他第三或第四任妻子沒什麼樂趣可言。或者，比方說，他打算把她嫁給他的一名男性抵押人，但這名男子居住的村莊卻離她母親和故鄉很遙遠。她抗議不從，監護人卻不理會她的抗議。那麼她可以等待一個好時機，趁夜裡偷溜到敵對的村莊裡尋求庇護。這種事情是有可能的，因為所有的村莊都有自己的宿敵，沒有一個敵對的村莊會拒絕在這種情況下前來投靠他們的女人。他們會立刻宣布她是「村民之妻」，因此，那個村子的所有男人都有義務保護她。

我們要了解這裡跟非洲許多地區一樣，大部份年長的男人都有好幾名妻妾。這表示能嫁給年輕男子的女人數量就大幅減少了。正如我們人種學家所解釋的那樣，這種供需不平衡是使性關係局勢緊張的重要根源：

每個人都看得出來，未婚的年輕男性都覬覦他們長輩的妻子。確實，他們年輕人的消遣活動之一就是計畫怎麼勾引她們，而那些自稱從未引誘過長輩妻子的男人還會被人嘲笑。因為這些老男人仍想保有一夫多妻制，擁有兩到三個妻子，而且由於通姦會被視為擾亂村子安寧，所以萊利人不得不想個辦法，達成某種協議來平息年輕未婚男子的不滿。

因此，每當有一定數量的男子即將要年滿十八歲時，長老們就會允許他們買一個共有的妻子。（注32）以拉菲亞葉布料繳一筆適當的費用給村子的公共寶庫之後，他們就得到許可，能建一間共用的房屋，指定一名妻子住進去，或者允許他們組織一支隊伍，到敵對的村莊裡去偷一個回來（或者，如果正好有個難民來投靠的話，他們會要求其他村民接納她：這種要求通常都會獲准）。這名共有的妻子就被稱為「村民之妻」。村民之妻的地位深受敬重，事實上，新婚的村民之妻幾乎都會得到宛如公主般的待遇。她不必到田裡種菜或拔草，也不必砍柴、挑水，甚至不用下廚煮菜燒飯；所有的家務都由那些急於討好她的年輕丈夫們包辦，他們會給她最好的一切，花很多時間在森林裡打獵，競相帶回最頂級的美味給她享受，或不斷送她棕櫚酒。她可以自行取用這些丈夫的財產，在丈夫們對她的縱容與寵愛下，可以隨意做出各種調皮的事情。大家也期望她得隨時滿足那個年齡層的、所有丈夫的性需求——可能有十到十二個不等的男人——剛開始時，每次他們想要她時，村民之妻幾乎都要答應。（注33）

經過一段時間之後，村民之妻通常會跟三到四名丈夫安頓下來，最後只剩下一個。他們內部的安排是有彈性的，縱然如此，原則上她是嫁給整個村子的人。如果她生了小孩的話，那整個村子就會被當成孩子的父親，所有的村民都要扶養孩子長大成人，給他們所需的一切資源，最後為他們安排合適的婚姻——這就是為什麼當初村子需要擁有裝滿拉菲亞葉布料和紫檀木棒的公共寶庫的原因。因為無論何時，村子都可能保有好幾位村民之妻，她們也會有各自的小孩和孫子女，由於同時處在需要獲取和支付血債的情況中，因此也需要累積抵押人。

結果，這些村子就成了聯合的法人，是一個共生的團體，就像現代的公司行號一般，為了達成法律目的，必須把他們當成個體來看待。然而，這裡有個關鍵上的差別，與一般個體不同的是，這些村子有武力為後盾以支持他們的要求。

道格拉斯強調這一點至關緊要，因為一般的萊利族男子彼此不能動武。（注34）在日常事務中，他們幾乎完全沒有任何體制化的強制手段。她指出，這就是擁有抵押人如此無害的主要原因。雖然有各種規定，但沒有政府、法院、法官來做權威性的決定。沒有一群武裝的男人願意，也沒有武力後盾支持和強制執行判決，那些規定都是可以調整做不同的解讀。無論如何，到最後都得顧及每個人的感受。對日常事務的處理，萊利人非常重視溫和有禮和能讓人樂於接受的行為態度。男人們或許經常因嫉妒生起想出拳毆打對方的衝動（通常想打人都有很好的理由），但他們很少這麼做。如果真的爆發了暴力衝突，每個人都會立刻衝過去阻攔，然後把這件事情交給公共調解會去處理（Public mediation）。（注35）相形之下，這些村子其實是很強大的，依年齡層所組成的村民可以當成軍事單位來調動。這裡，也只有在這個地方才會出現有組織的暴力。確實，村子跟村子之間開戰，大都是為了女人的事情（跟道格拉斯談過的每個人都表示，他們很懷疑有任何一個地方的成年男子會為了女人以外的事情打起來）。但以這些村子的例子來說，很可能會演變成真正的戰爭。如果另一個村莊的長者無視某人索取抵押人的權利，那些年輕男子可能會組織一支游擊隊去綁架她，或者帶走另一個適當的年輕女人回去當他們的共有妻子。這種事情可能會造成村民死亡，進而要求賠償。「既然有武力後援」，道格拉斯觀察到這點，「這個村子就有充足的條件，不用太在乎抵押人自己的願望。」（注36）

也正因為這點，潛藏的暴力因素才會出現，唯有如此，建築在生命與金錢之間的這堵高牆才會突然間倒塌。

有時候兩個家族在血債賠償的事上產生了爭執，索賠者可能看出要從對方那裡得到滿意的補償已經毫無希望，官方的體制又無法為個人（或家族）提供直接的協助，用激烈的強制手段，或交給更高層的官方去強迫對方賠償。在這種例子當中，要是可以的話，與其完全放棄對那個抵押人的所有權，他也願意接受等值的財富。常見的程序是他會把自己和被告的這個案子賣給有能力以武力強索抵押人的唯一團體，也就是賣給某一個村莊。

這名想把他的案子賣給村莊的男子，會要求一百塊拉菲亞葉布料，或五根紫檀木棒作為補償。這個村子可能會從財庫裡取得，或是跟村民們籌借這筆款項，從而繼承索取這名抵押人的權利。（注37）一旦他拿到錢之後，他的事情就算了結了，而買下這個權力的村子就會組織一支游擊隊，去奪取這個處在爭端焦點中的女人。

換句話說，只有在這種情況下，暴力才會被引進這個視同為買賣人口的問題中。動用武力的能力，必須穿過強調真正的人類關係的偏好、義務、期望和責任所構成的無盡迷宮，因此才能克服所有萊利人經濟關係中原本名列為首的規定：只有人命才能換取另一個人的命，不能用其他物品取代的原則。值得注意的是，這筆款項或是一百塊布，或與其等值的紫檀木棒，也是一個奴隸的價碼。（注38）如果先前所說的，奴隸是戰俘，數量似乎始終都沒有很多；道格拉斯在一九五〇年代只能找到當時的奴隸遺留下來的兩個後代子孫做此研究的當時，大約是奴隸制度廢除掉的二十五年後。（注39）然而，數量多少並不重要，有奴隸存在的事實創下了先例。有時人命的價值可以被量化；但如果這個原則可以從A＝A（一命抵一命）變成A＝B（一命等於一百塊布），那只是因為在武器矛頭威脅之下，不得不建立的方程式。

人肉債（提夫族人）

我這麼詳盡地逐一描述萊利人的事情，原因在於我想解釋為什麼要使用「人性經濟」這個詞語。人類處在這種經濟環境中是如何生活；人們的日常生活中充滿什麼樣的事件；在這些事件當中，金錢通常是如何運作的。如我所說，萊利人的貨幣是典型的社交貨幣，用來記錄每一次的拜訪、每一個承諾，和男人女人生活中每一個重要時刻。什麼樣的物品能充當貨幣，在這裡當然也很重要。因為拉菲亞葉布料能用來製作衣物，道格拉斯在那裡研究期間發現，拉菲亞葉是做壽衣的主要布料；紫檀木棒是製作化妝品中紅色顏料的來源，也是化妝品的主要材料，不論男人和女人每天都用它來美化自己。那麼，這些是用來裝扮人們外表的東西，能使他們在同伴面前看起來更成熟、更體面、更有吸引力，也更莊嚴。就是因為這些東西，才把人類從純粹的裸體變成得體的社會生物。

這不是巧合。事實上，在我所謂的人性經濟中，這是極為普遍的現象。金錢幾乎都是先從人們用來裝飾自己的物品中誕生；串珠項鍊、貝殼、羽毛、犬牙或鯨魚牙齒、金、銀等，都是能說明這點的著名例子。這些東西除了讓人看起來更有趣，因而顯得更美觀之外一無用處。乍看之下，提夫族人使用的紅銅棒也許是個例外，實際上卻不是：紅銅棒是製作珠寶首飾的主要原料，或者簡單地彎成環狀，在跳舞時佩戴。雖然有些東西例外（例如牛），但是一般的原則是只有當政府以及後來的市場開始出現時，我們才會看到像大麥、起司、煙草或鹽等成為貨幣的情形。（注40）

這也說明了經常用來記錄人性經濟的奇特概念發展。另一方面，人命擁有絕對的價值，不可能有對等的物品。不管生命的誕生或逝去，這筆債是絕對的。在某些地方，這一原則確實是神聖不可侵犯的。更加常見的是，提夫族人（對待生命的誕生）和萊利人（對待生命的逝去）精心策畫的遊戲，使他們對這個原則妥協讓步，創造了一種只有透過生出另一個人類才能償還的債務。在每個例子當中也是如此，這種習俗後來變成異常複雜的遊戲，結果有權勢的男人在交換女人，或者至少在交換讓女人生育的權利。

但這已經是一種開始，一旦有這種遊戲存在，一旦人類可被其他的物品所取代的原則開始之後，接著這原則就很可能加以延伸。以創造人類為前提所形成的債務體系，在這裡突然變成摧毀人類的方式。

我們再回到提夫族人的情況來舉例說明。讀者應該還記得，如果某個男人沒有姊妹，也沒有被監護人來換取妻子，他是有可能用錢當聘金送給女方的父母或監護人來安撫他們，但這樣娶來的妻子永遠不會被承認真正屬於他。這裡也有個極為戲劇化的例外。男人可以買一個從遠方國家擄來的奴隸。（注41）畢竟奴隸沒有父母，或者可被視為無父無母；他們被人從存有互助義務和債務的人際網路中強行帶走，一般人就是透過這種人際網路獲得外在的身份，這就是奴隸可以被買賣的原因。

然而一旦結婚之後，買來的妻子很快就會發展出新的人際關係。她不再是奴隸，她生的小孩也完全合法——事實上，這種小孩還比那些純粹用紅銅棒換來的妻子生的小孩更合法。

我們可能擁有一項通用的原則：在人性經濟上，要想使某種東西得以出售，就得先把它從所處的環境中抽離出來。奴隸就是這種情形，被外人從造就他們的社會環境中偷出來。奴隸在全新的社會環境中和陌生人一樣，沒有母親、父親和任何親屬。因此他們才能被買賣甚至被殺：因為唯一跟他們有關係的人，只有他們的主人。萊利人的村莊有能力組織游擊隊到外族人的社會中去劫持女人，這似乎就是他們開始用女人來換錢的關鍵所在——即使是這樣的例子，他們也只能做到一定的程度。畢竟，她的親人住的地方並不是太遠，對方一定會跑過來要求他們給一個合理的解釋。最後，一定會有人提出一個大家都能接受的協議。（注42）

然而，我仍然堅持事情一定不僅限於此。在大部份的文獻中，我們都能明顯的感覺出來，許多非洲人的社會都因此事感到困擾，他們也意識到，要是事情出了一丁點差錯的話，這些複雜的債務網路就會演變成極為恐怖的後果。提夫族人的情形就是強調這點的戲劇化例子。

提夫族人主要是以他們的經濟生活而著稱，在人類學界的學者當中，知名的人種誌學者保羅和蘿拉．柏翰納，將它區分成三個不同的「交易領域」。每天的經濟活動通常大部份都跟女人的事務有關。市場上擠滿了女人，也正是這些女人會走大老遠的路，帶一點秋葵、堅果、或魚肉等小禮物去回禮。男人們關心的是他們自認為更高級的事情：就是那種會用到提夫族人的貨幣來完成的交易。跟萊利人的情況類似，這種交易由兩種面值組成，一種是本地生產的布料，稱為**土古度**（tugudu），這種布料被大量出口；另一種就是在重要的交易中使用的進口的成綑紅銅棒。（注43）紅銅棒可以用來取得某些光鮮、奢侈的東西（如母牛、購買外族的妻子等），但是它們最主要的用途是在政治事件中交換利益、雇用醫生、取得法力、加入宗教團體等。在政治的事務上，提夫族人甚至比萊利人更堅持平等主義：成功又有權勢、擁有多位妻子的年長男子，在自家宅院的範圍內，以及在子孫和依附者面前可能得到像領主般的敬重，但除此之外，並沒有任何正式的政治組織。最後，還有監護人的體制，完全以男人對女人的權利所構成。「領域」的概念由此產生。原則上來說有三個等級——普通消費品、代表男性威望的商品和對女人的權利，這三項是完全獨立的。不論多少秋葵都不可能幫你換來一根紅銅棒，正如不論多少根紅銅棒也不能為你換來完全擁有某個女人的所有權一樣。

但在實務上，仍有一些方式可以操控這個體制。比方說，有個鄰居想要舉辦宴會，但缺少補給品。可能有人會先幫助他，後來就慎重其事地索取一兩捆紅銅棒當作報酬。正如俗語所說，只要會精明的討價還價，就能「把母雞變成母牛」，最後以自己的財富和聲望變成獲取妻子的手段，這需要有「強有力的心」——也就是說，要有一種有魄力和魅力的性格。（注44）但「強有力的心」還有另一種涵意。提夫族人相信，在人類的心臟裡有某種真實的生物質，叫做**薩夫**（tsav）。這種生物質會賦予某些人魅力、活力和說服他人的力量。因此，**薩夫**既是一種肉體的物質，同時也有一種無形的力量，使某些人能讓別人聽命於他們。（注45）

問題是當時絕大多數提夫族人似乎相信，**這就是**他們的社會問題所在——人們相信，透過人為的手段也能增強一個人的薩夫力量，但唯有吃人肉才能達到這樣的人為效果。

我必須在這裡特別強調，我們沒有理由認為提夫族人真有吃人肉的行為。提夫族人顯然跟大部份的美國人一樣，覺得吃人肉這種觀念駭人又噁心。但幾個世紀以來，大多數的提夫族人似乎極為執迷疑心他們的某些鄰居——尤其是那些實際成為政治領袖的傑出男子——其實私底下都在偷吃人肉。據說，靠這種方式增強薩夫的男人會獲得超乎尋常的力量：他們有能力飛翔，而且刀槍不入；能在夜裡派出自己的靈魂去殺人，而受害人甚至都不知道自己已經死亡，只會茫然無緒地四處遊走，不知道已被別人做成人肉大餐。簡而言之，他們變成了恐怖的巫師。

姆巴薩夫（mbatsav），或稱巫師社群，一直都在尋找新的成員，達到這個目的就是誘騙別人吃人肉。巫師會謀殺自己的至親，然後把一塊人肉混入目標人選的食物裡。如果那個人愚蠢地吃下食物，他就簽下了一筆「人肉債」的契約，巫師社群將會確保這個人償還人肉債。

> 或許你的朋友或某些年長的人，已經注意到你有許多子女或兄弟姊妹，然後就使計騙你和他簽下人肉債契約。他會邀請你到他家跟他單獨用餐。當你開始用餐時，他會在你面前放兩盤醬料，其中一盤裡就含有煮熟的人肉……
>
> 如果你吃錯了盤，又沒有「強有力的心」，即成為巫師的潛力，你會覺得噁心，驚恐地逃出那棟屋子。但如果你身上隱藏著那種潛力，人肉就會在你體內起作用。當天晚上，你會發現自己住家被一群尖聲喊叫的貓和貓頭鷹所包圍，空中充滿奇怪的噪聲。你的新債主會出現在你面前，背後站了一群他的邪惡同黨。他會告訴你，他是如何殺死自己的兄弟，好讓你們兩個能一起用餐；看到你坐在豐滿健康的親戚之中，他會假裝想到自己失去至親而飽受折磨的樣子。其他的巫師也會齊聲助陣，裝作這一切都是你

的錯。「你自找麻煩，麻煩就找上你。快過來躺到地上去，讓我們割斷你的喉嚨。」（注47）

只有一個方式能脫身，那就是保證交出一個家人當替代品。這是有可能的。因為你會發現自己擁有可怕的新力量，但必須聽其他巫師的命令來使用這些力量。你必須一個接一個地殺掉自己的兄弟姊妹和小孩；那些巫師會把他們的屍體從墳墓偷走，然後讓他們起死回生一段時間，以便把牠們養肥，百般折磨，再次殺死，而後割下他們的肉，烤熟成為另一頓人肉大餐。

這種人肉債會一直延續下去，債主會不斷出現，除非債戶背後有薩夫力量強大的人支持，否則無法自己從這筆人肉債中脫身，他會一直殺到所有的家人都被殺光，整個家都消失為止。最後他會自己躺到地上，任人宰殺，這樣這筆人肉債才算清償完畢。（注48）

奴隸貿易

這究竟是怎麼一回事，道理可說顯而易見，有「強有力的心」的男人擁有力量和魅力，只要使用這種力量，他們就能操控債務，把額外的食物變成財寶，再把財寶變成妻子、被監護人和女兒，因此成為不斷擴大的大家庭中的家長。但是讓他們能達到這種境界的力量和魅力，也會使他們持續面臨危險，使整個過程又猛然退回到一種內部崩潰的駭人狀態，不斷製造人肉債，藉此把自己的家人變成食物。

如果有人想像世上最糟糕的事情會是什麼，那麼被迫吃從自己小孩屍體上割下來的肉，這點不論在哪裡應該都會是名列前茅的糟。然而，人類學家已經了解，這麼多年來，每個社會都被略有不同的夢魘所苦，這些差別很重要。恐怖的故事，不管是關於吸血鬼、食屍鬼或吃人肉的殭屍，似乎總能反映出說故事者自己社會生活中的觀點潛藏著一些恐怖駭人的特質，他們已經習慣彼此這樣互動，他們不想知道也不想面對，但又忍不住想談論它。（注49）

以提夫族人的例子來說，顯然提夫族人對威權懷有很大的心結。他們住在宅院零星分布的園林中，每個宅院內都有一個年長的男子，以及他眾多的妻子、小孩和各類隨從。在每個宅院內，這個年長的男子擁有幾乎絕對的權威。在各個大家庭外，並沒有正式的官方結構，而且提夫族人非常注重公平。換句話說，所有的男人都渴望成為一個大家庭的一家之主，但他們對任何形式的掌控又極度懷疑。那麼提夫族的男人對於權力的本質懷有如此矛盾的心結，以至於他們開始相信，能夠讓一個人合理地變成傑出人物的特質，如果稍微過頭的話也能把他自己變成怪物，這一點也不足為奇。（注50）事實上，多數的提夫族人似乎都認定大部份年長的男性**都是**巫師，如果有個年輕人死了，很可能是被拿去還一筆人肉債。

但是這仍然沒有回答一個顯而易見的問題：為什麼所有這一切都要用債務的詞語來表示呢？

這裡需要提一點歷史來做輔助說明。看樣子提夫族人的祖先，大約是在一七五〇年左右抵達達本尼河谷和鄰近的土地的——當時的那個地區，就是現今的奈及利亞，後來因大西洋奴隸貿易而四分五裂。早期的故事跟提夫族人在大遷徙期間所發生的事情有關，故事中描述他們過去把妻子和小孩的身體塗抹彷彿天花一般的疤痕，所以那些游擊隊的人就不敢抓走他們。（注51）他們建立的國家是出了名的難以親近，他們勇猛的對抗來自北方和西方定期來犯的鄰近國家——後來他們逐漸跟這些國家在政治上達成協議，成為友好的邦交國。（注52）

當時的提夫族人也很清楚他們身邊發生的事情。比方說，看他們如此小心地限制紅銅棒的使用，以便避免這些成為所有用途的貨幣形式就知道了。

這時，紅銅棒在非洲這個地區作為錢幣使用已經好幾百年了，至少在某些地區，對日常的商業交易也是如此。紅銅棒算是滿簡單使用的貨幣：只要把它折成小塊狀，或搓成細銅絲，把銅絲編在一起，捲成環狀，就成了市場日常交易用最適當的零錢。（注53）十八世紀末以來，這種零錢便開始在提夫族人居住的地區流通，另一方面，也在伯明罕市的工廠中大量生產，並由利物浦和布里斯托的奴隸商人，透過位於克洛斯河（Cross River）河口的舊卡拉巴爾港口進口。（注54）在鄰近克洛斯河的所有國家，也就是位於提夫族人領土正南方的區域，紅銅棒被當成日常使用的貨幣。這很可能就是紅銅棒進入提夫族人領土的過程；若不是由經過克洛斯河的小販攜帶進來，不然就是由提夫族的商人到海外地區經商時獲得。但是，這一切更使提夫族人拒絕把銅棒當作日常貨幣使用的事實顯得格外重要。

單單是在一七六〇年代，可能就有十萬個非洲人透過船運，沿著克洛斯河順流而下，被運到卡拉巴爾和鄰近的港口。在那裡，非洲人被戴上鎖鏈，分別送到前往英國、法國或歐洲其他國家的船上，然後橫越大西洋——這可能是在整個大西洋奴隸貿易時期，經由比夫拉灣（Bight of Biafra）船運出口的、一百五十萬非洲人中的一部份。（注55）有些人是在戰爭或襲擊中被俘，或是純粹被人綁架，但是絕大多數都是因為負債才被帶走的。

不過，我必須在此解釋一些奴隸貿易組織的事情。

大西洋奴隸貿易是一整個信貸合約的巨大網路。位於利物浦或者布里斯托的船主們，能夠以簡易的賒購條件從本地的批發商那裡得到貨物，並期望能把奴隸（同樣以賒帳的方式）賣給安地列斯群島（Antilles）和美洲的農場地主，賺取可觀的利潤。倫敦市的佣金代理人則透過由糖和煙草交易所得的利潤，資助這些船主做奴隸貿易。（注56）船主們會把貨物運送到舊卡拉巴爾這類的非洲港口。卡拉巴爾本身就是典型的貿易城邦，由身穿歐洲服飾、住歐式房屋的非洲富商主導支配，有些富裕商人還會把自己的孩子送到英國去接受教育。

貨船進港以後，歐洲的貿易商會以當時港口所使用的貨幣，紅銅棒來商談貨物的價碼。一六九八年，「巨龍」號上的一名商人，記錄他談妥的商品價格如下：

一根鐵條，四根紅銅棒
一串珠子，四根紅銅棒
五顆大珠子（注57），**四根紅銅棒**

一個一號盆，四根紅銅棒
一個啤酒杯，三根紅銅棒
一碼亞麻布，一根紅銅棒
六把小刀，一根紅銅棒
一個一號銅鐘，三根紅銅棒（注58）

五十年後，這種交易達到了巔峰，英國船帶來大量的布料（都是來自曼徹斯特新成立的工廠和印度印花布廠的產品），還有鐵器和銅器製品，連同珠子項鍊等附帶商品；而且為了顯而易見的理由，英國也帶來大量的軍火。（注59）隨後這些商品同樣以賒帳的方式轉手給非洲商人，他們再把商品分發給自己的代理人，到上游地區去銷售。

最明顯的問題是，要如何確保債務安全無虞，這種交易是極度狡詐又殘酷的，冒險賒帳給奴隸劫掠者也不大可靠——尤其面對的是他們可能一輩子不會再見到的外國商人更是如此。（注60）因此，他們很快就發展出一套系統，歐洲的船長會要求他們以交出抵押人的方式，確保交易安全。

我們在這裡談到的「抵押人」，顯然跟萊利人社會中的那種抵押人迴然不同。在西非的許多國家和貿易城鎮，當一五〇〇年間歐洲人出現的時候，抵押人所有權的性質似乎已經發生了重大的變化——實際上已經成了一種勞役償債的形式。債戶會以家人作為債款的擔保；這些抵押人就會成為債主家的僕役，在債主的土地上種田，處理債主家中的日常家務——他們人留在那裡擔任抵押品，所做的勞役其實就是利息的替代品。（注61）抵押人並不是奴隸，他們不像奴隸那樣跟家人切斷了關係；但是他們也不自由。（注62）在卡拉巴爾和其他港口，奴隸船的船主把自己的貨物交給非洲商人的時候，很快就發展出要求以抵押人充當擔保的慣例。例如，每三名應運送的奴隸，就要非洲商人以兩名侍從抵押擔保，最好至少包括一個商人自己的親人。（注63）實際上，這跟要求交出人質沒什麼兩樣。當船長不耐久候遲到的貨物時，有時會決定帶走一船的抵押人代替奴隸，當時這種事情還引來嚴重的政治危機。

在上游地區，債務抵押人也在奴隸貿易中扮演了極重要的角色。一方面來說，這個地區有點不尋常。在西非大部份地區，這種交易藉製造戰爭和施予嚴厲的刑罰，橫行遍布於達荷美（Dahomey）或阿撒蒂（Asante）這類大王國——對統治者來說，一般最有利的權宜之計就是操縱法律制度，這樣一來，幾乎所有的罪犯都可能遭到淪為奴隸的刑罰，他們或許自己被處以死刑，妻子和孩子則淪為奴隸；又或者被判繳交天文數字的罰款，如果繳不出來就會因違約使全家人都被賣為奴隸。另一方面，這種事情也不常被揭露，由於缺乏大型政府機構的協助，人們也不容易看清究竟發生了什麼事。暴力充斥的環境，導致當時人性經濟的所有機構都被有系統的顛覆，轉變成滅絕人性和毀滅性的龐大組織。

在克洛斯河流域，這種奴隸貿易似乎分成兩個階段。第一個階段是極度恐慌和徹底混亂時期，此時打劫搶人的事情頻繁發生，任何獨自外出的人都有可能被四處襲擊的歹徒綁架，然後賣到卡拉巴。不久之後，人們紛紛棄村而逃；有很多人逃到森林裡去；男人們必須組一支武裝的團隊才有辦法耕耘田地。（注64）這段時期相對較短。當本地商會的代表開始在該地區各個社群奠定地位，自告奮勇說要協助恢復秩序時，第二個階段便開始了。這些代表中最著名的就是阿羅聯盟（Aro Confederacy），他們自稱是「上帝之子」，（注65）有全副武裝的僱佣兵和阿羅楚庫（Arochukwu）著名的先知為後盾，因而建立了一個全新的、惡名昭彰的嚴酷司法體系。（注66）綁架他人者被追捕到案後，也被賣去當奴隸。農場和街道的安全秩序恢復了。同時，阿羅聯盟也和本地的長老們合作，編出一套無所不包又嚴酷至極的律法，結果每個人無時不刻都有觸法的可能。（注67）任何人觸犯了律法中的一項，就會被交給阿羅聯盟處置，接著被送到海岸邊，告發者則會得到紅銅棒的獎賞。（注68）根據當時的一些紀錄，若有男人純粹只是不喜歡他的妻子，且需要一點紅銅棒來花用，他都可以隨便找個理由賣掉她，而村子裡的長者們也會分到一筆利潤，因此幾乎都會認可男人的告發。（注69）

但是，商會最精巧的把戲是協助一個名叫艾克比（Ekpe）的祕密組織做宣傳。艾克比以主辦盛大的化妝舞會和透過神祕的儀式招收新成員而聞名，但它也扮演強制執行債務清償的祕密角色。（注70）例如，光是在卡拉巴這裡，艾克比組織就擁有一系列法律制裁的權力，從聯合抵制（禁止所有成員跟違約的債戶進行交易）、判定罰款、沒收財產、逮捕，還有處死犯人的權力——最倒霉的受害者會被吊死在樹上，下巴被切除，藉此警告其他人。（注71）這樣的組織設計極為精巧複雜，因為它容許人們繳錢入會，如果他們能付得起費用，還可以經過九個等級層層向上攀升。當然，這些費用也是要求以商人們自己提供的銅棒來支付。在卡拉巴，每個等級的收費表看起來像這樣：（注72）

一、尼亞皮
二、歐庫．阿卡納
三、紅銅
四、馬坎達

三百箱銅棒，每根銅棒二十九英鎊。前面四個等級的費用七百三十五英鎊。

五、馬卡拉
六、柏克柏克
七、邦克邦克
八、柏克尼伊伯
九、艾克比

每個較低的等級收五十箱銅棒。

換句話說，費用非常昂貴。但會員制度很快就成了象徵榮譽的重要標誌。在偏遠的小型社區，入會費無疑比較沒那麼高，但作用還是一樣的：成千上萬的人因此欠下這些商人一大筆債，不管是因為入會費，或是購買他們提供的產品（大部份是為了製作艾克比表演的服裝和道具需要用到的衣服和金屬——因為這種情況產生的債務，他們卻得負責強制要求自己還債。這些債務依照慣例也是以人頭來支付，顯然也產生跟抵押人同樣的效果）。

這種事情實際上到底是怎麼運作的？不同的地區顯然大不相同。例如，在克洛斯河上游的一個偏遠地區阿非坡（Afikpo），我們看到日常事務，比方說，取得食物，其運作的方式跟提夫族人類似，「不用交易方式，也不使用貨幣」。商會提供的紅銅是用來買賣奴隸，否則大部份只做為社會貨幣，「用來買禮物和支付葬禮、頭銜和其他的儀式費用」。（注73）大部份要繳交的費用、頭銜和儀式都跟商人引進這個地區的祕密組織有關。乍看之下，這一切似乎很像是提夫族人的安排，但商人的存在卻使結果與提夫族人的方式迥然不同：

從前，在克洛斯河上游地區，如果有人因為惹了麻煩或欠債需要用到現金，他通常會把一個或多個子女、親屬，或家中的其他成員「抵押」給定期造訪他村莊的阿庫納庫納（Akunakuna）。或者襲擊鄰近的其他村莊，抓走一個孩子，把他或她賣給同一個願意出錢的買家。（注74）

唯有看清欠祕密組織入會費的債戶，本身也是收取債款的人，才能了解這段文字。抓走一個孩子是參照當地「強押擔保品」（panyarring）的慣例，這種方式在西非地區非常普遍，當債主對收回債款覺得渺無希望時，就會帶一群攜帶武器的大漢，衝到債戶的社區強取任何容易帶走的東西，像是人、貨物或牲畜，把這些東西當作抵押的人質或擔保品。（注75）不管這個物品是不是債戶的財產都一樣，甚至屬於他親戚的也照樣被帶走。鄰居的羊或小孩也可以，重點是給這個欠錢的人帶來社會壓力。正如威廉．波斯曼（William Bosman）所說：「如果債戶是一個誠實正直的人，所欠下的債務又很合理，那麼他會立刻照債主的要求去做，以便釋放他的同胞。」（注76）在一個沒有中央集權的環境下，人們對自己社區內的成員懷有強烈的責任感，對社區外其他人的責任則很少，所以這其實是很合理的權宜之計。以上面所提到的祕密組織為例，債戶很可能會要求收回那些組織外的人欠他的債務，不管是真的或是捏造出來的，以避免自己的家人被帶走。（注77）

這種權宜之計並不是每次都管用，通常債戶會被迫一個接一個地抵押自己的小孩或僕從，直到最後，無人可抵押時只好抵押自己。（注78）當然，在奴隸貿易的巔峰時期，「抵押」成了一種委婉的託辭。抵押人和奴隸之間的區別，已經大幅度消失。債戶自己和之前抵押的家人下場一樣，結果都會被交給阿羅聯盟運到英國去。債戶最後被戴上腳銬和鎖鏈，擠在狹小的奴隸船裡，被賣到海洋另一端的大農場。（注79）

那麼，如果提夫族人深受這種陰險狡詐的祕密組織所害，專門吸引許多不疑有他的受害者陷入債務陷阱中，他們自己怎麼會成為強制還債的執行者，還以自己親生的孩子拿去抵債，最後連自己也賠進去——原因之一是，這些事情確實是發生在幾百里外人的身上。用「人肉債」這種詞語來形容並無不妥。奴隸商人或許沒把受害者變成人肉大餐，但確實把他們貶低成與屍體相差無幾的東西。成為奴隸表示會被人從家人和親友之中強行帶走，名字、身份和尊嚴都被剝奪；這些東西是人之所以為人，而不是只懂得聽命令行事的機器的原因，這一切特質都被剝奪了。大部份的奴隸也沒多少機會發展長久的人際關係，而且大部份被賣到加勒比海或美洲農場的奴隸，基本上一生都是工作到死為止。

最值得注意的是，但這一切都是透過人性經濟的機制完成，擷取其主要的精華，以人類生命為終極價值，沒有任何東西能取代的原則為前提。所有與人性經濟同樣的制度，像是入會費、評估罪行和賠償的方式、社交貨幣、債務抵押所有權，反而成為與人性經濟本身對立的東西；這種機制的目的被扭曲了，提夫族人也察覺到，為了延綿子孫而設計的工具和機制已經自行瓦解，反而成了摧毀自身的殺手。

我並不想給讀者留下這樣的印象，認為我在這裡描述的是非洲獨有的情況。不論人性經濟跟商業經濟（尤其是有先進軍事科技和需求大量人力的商業經濟）在哪裡接觸，我們都會看到同樣的事情一再發生。

在整個東南亞地區，也能看到極其類似的情況，尤其是在大國邊境的山地或島嶼居民身上更加明顯。正如研究這些地區最重要的歷史學家安東尼・瑞德（Anthony Reid）所指出的那樣，整個東南亞的勞動力，很早以前主要都是透過與勞役償債有關的方式組織而成。

即使在只有些許金錢滲透，相對較為單純的社會，也有一些儀式需要基本的開銷——比如結婚時要付的聘金，還有家裡有人過世時，需要宰殺水牛的費用。有大量的報導指出，這種儀式的需求是窮人之所以欠下富人債款最常見的原因……（注80）

舉例來說，從泰國到蘇拉威西島（Sulawesi）有這樣一個習俗，一群貧苦的兄弟請一位有錢人資助他們某個兄弟的婚禮費用。從此以後，他們就稱這位富人為「主人」。這比較像是贊助者與受助人的關係：這些兄弟可能有義務偶爾去做一些額外的工作，或者在贊助者需要人去充場面時，便得去充當他的隨從。此外，沒有其他更多的要求。然而，就理論上來說，他們的孩子歸富人所有，而且，「假如保證人沒有履行義務的話，富人也能收回這位窮人娶的妻子。」（注81）

在別的地區，我們也聽說有跟非洲相似的故事——農夫抵押自己或他的家人，甚至因賭博使自己身陷勞役償債的契約；或有人身在一律以高額罰款為刑罰的公國領地。「當然，他們通常都付不出罰金，因此這些被判要繳罰金的人，加上他扶養的所有親屬，都淪為這位管理者，甚或任何能為他付罰金的人家中的奴僕。（注82）瑞德堅稱，這些方式大部份都是比較無害的——事實上，有些窮人可能故意跟人借錢，目的只是為了成為某些富人的債戶，這位贊助者能在艱難時期，提供窮人飲食、住所，並協助他娶妻。這顯然不是一般人觀念中的「奴隸制度」。除非贊助人決定把一些僕役侍從送到他自己的債主那邊，而那些債主又住在瑪哈帕夷（Majapahit）或特奈特（Ternate）這種遙遠的都市；那些僕役可能會發現自己和其他的奴隸一樣，被迫在某些貴族的廚房或辣椒田中做苦工。

指出這點很重要，因為奴隸貿易其中一個影響力就是，它讓沒有真正住過非洲的人有個印象，認為非洲大陸是個無可救藥的殘暴又蠻荒的地區——這種印象對實際在那裡生活的人卻會產生災難性的後果。基於一個地方的歷史所代表的往往是完全相反的情況，那麼這樣想或許還適合：譬如巴里島是著名的「萬廟之島」——這個島的照片經常出現在人類學的文獻和旅遊宣傳手冊上，彷彿住在那裡的人都是性情溫和、愛做夢的藝術家，整天都是以插花和練習舞蹈消遣度日。

在十七和十八世紀，峇里島還沒有這種名聲。當時，那裡仍分割成十幾個、幾乎戰事不斷的小王國。事實上，峇里島在荷蘭商人和居住在附近爪哇島上的官員心目中，它的名聲幾乎與現今完全相反。他們認為峇里島的居民是粗魯的野蠻人，由吸食鴉片成癮的墮落貴族統治，而那些貴族的財富純粹是靠把自己的臣民賣給外國人當奴隸而來。等到荷蘭人完全統治爪哇島時，峇里島儼然成為販賣人口的大倉庫，該地區城市對峇里島年輕女子的需求特別大，不是做妓女就是嫁做小妾。（注83）當這個島被捲入奴隸貿易之後，幾乎整個島的社會和政治體制都變成一個強制徵收女人的機構。即使是在村莊裡，通常結婚也都是採取「搶婚」的形式——有時候是假裝私奔的方式，有時候是真的綁架搶人，事後搶婚者會付錢給女方的家人，以便息事寧人。（注84）不過，如果這個女人是被一個有權勢的人搶去的話，對方便不會付賠償金。即使是在一九六〇年代，長者們回憶過去時，說以前漂亮的女人都會被父母藏起來，

> 禁止她們拿供品去廟會慶典拜拜，否則若被貴族的探子看見，就會被抓到警備森嚴的後宮，在後宮裡，男性訪客的目光不准看到女子腳以上的高度。因為這個女孩有一丁點機會，將來可能成為王公最低等級的合法妻子……更大的可能性是被王公玩幾年，膩了之後就被貶為與奴隸並無二致的女僕。（注85）

或者，就算她真的晉升到一定的地位，那些最高等級的嬪妃也會將她視為情敵，可能會毒死她，或

把她送到中國人在爪哇南部日惹市開的妓院服侍軍人，或者在印度洋留尼旺島（Reunion）上某個法國人的大農場地主家中，當個換洗便盆的奴婢。（注86）在此同時，皇家法典被改寫之後，所有的規範都很正常，唯有女人的法條例外，法典中所有的條目都清楚寫明不利於女人的法律。不僅是罪犯和債戶會被貶為奴隸，驅逐出境，而且任何一個已婚的男子都有權力休妻，休妻之後，她就自動變成地方官的財產，隨他任意處置。就連在丈夫死前未生出兒子的女人，也會被交給皇宮賣到海外去。（注87）

阿德里安・維克斯（Adrian Vickers）解釋道，連峇里島著名的鬥雞（每個一年級的人類學學生對此都很熟悉），原本也是皇家宮庭為了招募人口商品的一種手法：

那些國王甚至透過在首都舉辦盛大的鬥雞活動，導致人們身負重債，以協助人口販賣。這種刺激的活動更助長人民如痴如狂的激情和毫無節制的揮霍，導致許多農民押上自己負擔不起的賭注。與任何賭博一樣，想得到鉅額財富的期望和比賽的戲劇性，激起了很少人能夠抗拒的野心；到了最終，最後一隻公雞的胸口被敵方最後一擊的雞爪刺中倒地之後，許多農民已經無家可歸，傾家蕩產，他們自己和妻子兒女也會被賣到爪哇去。（注88）

反思暴力

我在本書的開頭提出了一個問題：人與人之間的道德義務怎麼會被視為債務，還因為如此致使原本極不道德的行為被正當化？

我在本章的開頭，也提供了一個答案：藉著闡述商業經濟和我所稱的「人性經濟」兩者之間的差異，提出解答——「人性經濟」就是指貨幣功能主要是充當社交貨幣，用來創造、維持或切斷人與人之間的關係，而不是用來購買商品。羅斯帕比非常中肯地說明，這種社交貨幣的獨特性質，就是它們永遠不會與人類相等。社交貨幣不斷地提醒大家，人類永遠不可能與任何東西等價——甚至也不可能與另一個人相等。這就是世仇的深刻真相。沒有人能真正原諒殺死自己兄弟的兇手，因為每個兄弟都是獨一無二的。沒有任何東西能取代——即使別人被賦予跟你的兄弟同樣的名字和社會地位，或是一個小妾生下兒子後，以你兄弟的名字命名，或一個鬼妻生下將來能為你兄弟報仇的孩子，也不能替代他。

在人性經濟中，每個人都是獨一無二的，都是無價之寶，因為每個人跟其他人的關係都是獨一無二的。對不同的人，以不同的角度來看，一個女人可以是某人的女兒、姊妹、情人、敵手、同伴、母親、同齡夥伴或導師。每種關係都是獨特的，即使是在透過不停地互贈像拉菲亞布料或成捆的銅線，這種平凡的小東西才能維持人際關係的社會中，他們的關係也是獨特的。就某種意義來說，那些東西使一個人成為他這個人——那些被當成貨幣的東西，原本是用來做衣服或裝飾人體的，這些東西使他在別人眼中成為獨特的自我，這個事實便足以說明這些貨幣的關係。然而，正如我們的衣服並不是我們之所以成為自己的真正原因，透過贈予和接受拉菲亞葉布料而維持的關係並不僅於此。（注89）因此，這表示拉菲亞葉布料的價值總是較小的。這就是我認同羅斯帕比觀點的原因。他強調在這樣的經濟中，貨幣永遠無法取代一個人：貨幣只是承認這一事實的方式，意即這筆債務是不可能還清的。但是即使是這個人不能取代另一個人，一個人的姊妹不能與另一個人相等的這個想法，也絕不是不證自明的道理。以這個意義來說，「人性經濟」這個詞語也有雙重的涵義。畢竟，這些都是**經濟**：也就是說，它們都是一種把質簡化為量的體系，容許統計得與失的體系——即使那些計算只是簡單的（例如在姊妹交換的例子中）一等於一，或是（例如在世仇的例子中）一減一等於零。

這種計算是如何實施的？它怎麼會容許不同人被視為完全相同的個體？萊利人的例子給了我們一個提示：要把人變成一個能夠交易的物品，例如讓一個女人與另一個女人等價，首先必須把她從生活環境中抽離出來；也就是說，把她從人際關係網中抽出來，就是這種獨特的人際關係網使她能成為獨特的自我，這樣一來，她就變成了一個能被加減的有價物品，還能當成衡量債務的方法。這需要某種程度的暴力支援。若要讓她和一根紫木棒等價，甚至需要更多的暴力，要把她完全從她的生活環境中抽離出來，變成奴隸則需要持續大量和有系統的暴力才能完成。

我在這裡應該說得更明白些，我使用「暴力」這個字詞，並不是用它的象徵喻意。我說的不僅是觀念上的暴力，而是骨頭斷裂、皮肉瘀傷、拳打腳踢這種真正的人身威脅；這跟古代的希伯來人說他們的女兒被「奴役」的情形很類似，他們並不是為了表現詩意，而是在談論真正的繩索和鎖鏈禁錮下的奴役。

我們大部份的人對暴力都不願意想太多，那些夠幸運的人活在相對舒適安全的現代都市裡，若不是假裝暴力不存在，就是每當有人提醒他們時，便把廣大世界說成「外面那裡」是個恐怖野蠻的地方，他們也無力改變。不管是不是因為直覺讓我們不必去細想，連我們自己日常生活中的存在，都是以暴力的程度來定義的，或者至少受到暴力的威脅（如我經常強調的，想像一下，如果你沒有合適有效的證件，又堅持自己有權利進入大學的圖書館會怎麼樣），還有刻意誇大了或至少經常誇大像戰爭、恐怖主義和暴力犯罪這種事情的重要性。暴力在人際關係中所扮演的角色，遠比我們所謂的「傳統社會」角色要來得明顯多了——即使在許多傳統社會中，一個人對別人造成的實際人身傷害，通常比我們對自己造成的傷害要來得少。這裡有個來自東非班約如（Bunyoro）王國的故事：

> 從前有一個人剛搬到新的村子時，他想查出他的新鄰居是什麼樣的人，於是半夜假裝痛打他的妻子，看看這些鄰居會不會跑過來勸阻他。但他並未真的打她，而是在打一塊羊皮，他的妻子則尖聲喊叫，哀叫說丈夫想打死她。結果沒有人來勸阻他，於是隔天他和妻子便打包行李，立刻離開那個村子，再尋找別的地方居住。（注90）

這個故事的重點很明顯，在一個良好的村莊裡，鄰居們聽到喊叫聲，應該會立刻衝進來攔阻他，要求他告訴他們，這個女人究竟做了什麼事情，才會被他這樣毒打。這場爭執照理說應該會得到大家的關注，最後以某種大眾認同的方式和解。人們的生活本就應該要這樣，任何有理性的的男人或女人都不會想住在一個鄰居們都互不關心的地方。

這個故事以它獨特的方式，格外發人深省，甚至很吸引人。但有人一定還是會問：一個社區的人，即使是在故事中這個男人認為良好的社區到底會怎麼反應，如果他們以為是**她**在毒打**他**呢？（注91）我想我們大家都知道答案。第一個例子會引來關注；第二個例子會引來譏笑。在十六和十七世紀的歐洲，年輕的村民常會張貼挖苦人的諷刺文章，嘲笑被妻子毆打的丈夫，甚至還把他後背朝前方地反綁在驢子上，帶他在村鎮裏遊行示眾讓大家嘲笑他。（注92）就我所知，沒有一個非洲社會會做得這麼過份（也沒有任何一個非洲社會曾燒死這麼多女巫——那個時代的西歐是個格外野蠻的地方）。然而，在世界上絕大多數的地方，假設某種形式的野蠻行為至少有合法的可能，而其他的則是非法的，兩性之間的關係就是立足在這種假設下的架構之內。（注93）

我想要強調的是，上面提到的事實與一命換一命之間的可能性，含有直接的關係。人類學家喜歡製作圖表來顯示優先的婚姻模式。有時候，這些圖表還蠻漂亮的，如圖一。（注94）

有時候，圖表具有優美的簡潔性，如下面提夫族人交換姊妹的例子，如圖二。（注95）

人類只會隨順自己的慾望行事，很少會按照這種整齊對稱的模式通婚。這種對稱性很可能是以人命的慘痛代價換來的。在提夫族人的例子中，阿奇亞情願這樣形容它：

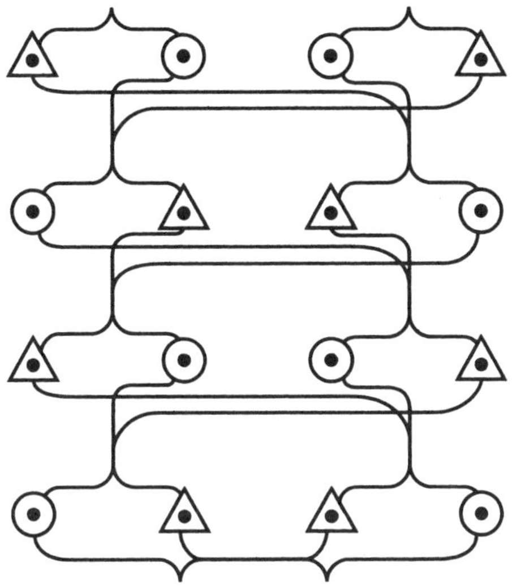

圖一：雙方交換表親結婚的理想模式

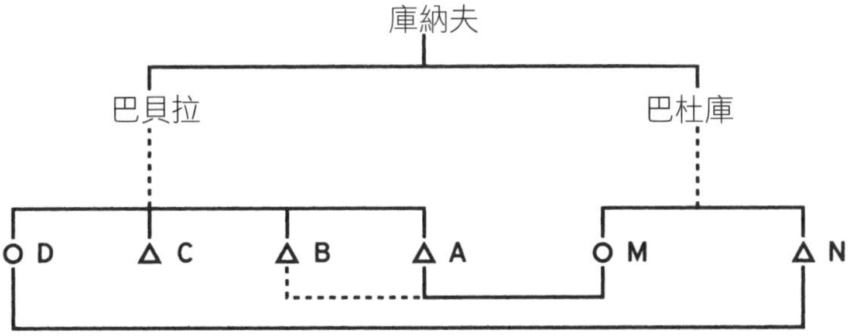

圖二：提夫族人

在舊制度底下，一個擁有被監護人的年長者，總是能娶到年輕女子為妻，不管他年紀多大，即使他是一個沒手沒腳的痲瘋病患照樣能娶她，沒有一個女孩膽敢拒絕他。如果有另一個男人受到老人的被監護人吸引，就得把自己的被監護人強行送給老人以便交換。這個女孩只能悲哀的背著他的山羊皮袋，跟著那個老人回家。假使她逃回自己家去，她的主人就會去抓她，毒打她一頓之後，再把她綁回那個老人家。這個老人會很高興，笑嘻嘻地露出發黑的臼齒。「不管妳逃到哪裡去，」他對她說：「妳都會被抓回來我這裡；所以不要再憂心忡忡了，乖乖留下來當我老婆吧！」女孩苦惱不堪，恨不得大地裂開直接吞食了她。有些女人被迫嫁給老男人，甚至會拿刀自盡，但儘管如此，提夫族人還是不在乎。」（注96）

最後一段話說明了一切。引用這段話似乎有欠公允（提夫族人顯然還是夠在乎，才會選阿奇亞為第一任國會代表，因為知道他會支持立法禁止這種習俗），但這段話正好能清楚地表明這個論點：某些暴力行為，**過去**在道德層面被認為是可以接受的。（注97）如果有監護人毆打逃跑的被監護人，沒有鄰居會衝進來干涉。就算鄰居真的出面干涉了，他們也只會建議監護人採取較溫和的手段，把她送還給她的合法丈夫。正因為女人們深知，她們的鄰居，甚至父母對此事的態度，所以才會容許「交換婚姻」這種事情發生。

這就是我說的，人們「從生活背景中被人強行抽離出來」的意思。

萊利人還算幸運，大部份人都逃過了奴隸貿易的摧殘；提夫族人幾乎是坐在鯊魚的利齒上，他們必須竭盡全力才能阻止這個威脅氾濫成災。不管怎麼樣，在這兩個例子中，都有強制將女人從她家中抽離的機制，正因為如此，她們才能夠被人拿來交易——不過在每個例子中都有同樣的規定，那就是只能拿女人去換另一個女人。少數的例外情況，就是直接從戰爭和奴隸貿易興起的，只有這時才能拿女人跟其他物品交易——也就是說，當暴力的等級嚴重提升的時候，女人就能被買賣了。

當然，奴隸貿易所代表的暴力程度和範圍與此截然不同。我們在此談論的是種族滅絕程度的大災難，以世界歷史的術語來說，只能拿新世界文明的大毀滅，或猶太人大屠殺這種歷史事件與之比擬。我絕不是要責備受害者的意思：我們只要想像一下，如果有一群武裝的外星人帶著無人能敵的軍事武器，無盡的財富和我們完全不懂的道德原則，突然出現在我們的社會中對大家宣布說：他們願意無條件為每個人類工人付一百萬美元，果真如此，將會發生什麼事？肯定至少會有一小群無恥之徒想利用這種局勢謀取私利。而只要一小群人就足以造成大災難了。

像阿羅聯盟這樣的團體代表了一項人人熟悉至極的策略，這是法西斯份子、黑手黨和各處的右翼匪徒所採用的策略：首先，釋放一個不受限制的市場犯罪暴力，在這個市場中什麼都能賣，人命變得毫不值錢；然後，他們再出面說，要協助大家恢復某種程度的秩序——不過卻是一種極其粗糙的秩序，仍讓所有先前在混亂中最能圖利的生意保持完整，暴力依舊保存在司法結構之內。黑手黨也是這樣，最後幾乎都會強制執行嚴厲的榮譽法則，這種道德規範會將還債的事情置於一切之上。

如果這本書寫的是另一種不同的主題，那我可能會在這裡回顧重述，克洛斯河社會和峇里島人之間奇妙的相似點，在這兩個社會中，我們都能看到一個重要的藝術創造力量爆發（克洛斯河的艾克比面具對畢卡索產生了重大的影響），最重要的是，這種藝術創造採取戲劇表演發展的形式，充滿複雜精緻的音樂、精采絕倫的舞台服裝和極具格調的舞蹈，以幻想的壯觀場景代替政治秩序。就在此時，平凡的生活變成一場持續冒險的遊戲，只要走錯任何一步，都可能會有被賣掉的危險。這兩者之間有何關聯？這是個很有趣的問題，卻不是我們要在這裡回答的問題。現前要討論的議題，最重要的應該是：這種事情有多普遍？如我先前所說，非洲的奴隸貿易是前所未有的大災難，然而，商業經濟已經從人性經濟中榨取奴隸數千年了，這種習俗就跟文明一樣悠久。我想要提出的問題是：這種習俗在文明本身的構成部份，究竟佔有多大的份量？

我在這裡並非單指奴隸制度，而是將人從相互承諾、共同經歷和集體責任的人際網路中帶走，使他們脫離這些形成獨特自我的人際網，以便讓他們成為可以被買賣的奴隸——也就是說，讓他們成為被債務邏輯所支配的物品。奴隸制度就是這種邏輯的終點，解開這些糾結的人際關係最極端的方式。但基於這個理由，它提供我們一個窗口，讓我們能看清整個過程的全貌。而且，由於它在歷史上所扮演的角色，奴隸制度已經形成了我們對各方面基本的假定和制度，我們不再能察覺，而且就算我們能察覺到，很可能也不願意承認它的影響力。如果我們變成一種債務社會，那是因為戰爭、征服和奴隸制度遺留下來的問題從來不曾完全消失。它依然存在，深深地嵌在我們對榮譽、財產，甚至對自由最私密的觀念中，只是我們無法看清它仍留存在那裡。

在下一章裡，我會開始描述這種事情是如何發生的。

第七章

榮譽與受辱——當代文明的基礎

ur_5 [HAR]
名詞，肝臟；脾臟；心臟；靈魂；身軀；身體的主要部位；基礎；貸款；義務；利息；補給；利潤；附加利息的債務；償還；奴隸女。

——蘇美語字典(Early Sumerian Dictionary)[注1]

正義就是每個人都應該有借有還。

——西莫尼德斯(Simonides)[譯注]

〔譯注〕
西莫尼德斯是古希臘詩人，本句則引述於柏拉圖《理想國》中，蘇格拉底與眾人討論何謂正義的篇章(331e)。

在第六章中，我大略探討了人類原有的經濟體制與貨幣機制如何轉變為另外一種完全不同的東西——原本，這些貨幣的功能是用來評估、衡量與維繫人與人之間的關係，也許是在非常偶爾的情況下，才會成為交易物質財貨的工具。在這樣的探討中，我們發現如果要清楚的理解這個議題，就必須考慮到純粹的肢體暴力。非洲的奴隸交易就牽涉到從外部施加暴力的情況。但是，由於非洲議題的突發性與殘酷性，讓我們宛如觀看非常清晰的定格畫面，所以可以非常仔細地思考這些事情。這種暴力過程也一定會發生在其他時間與地點，只是速度更為緩慢，事態更為混亂。奴隸制度的獨特意義在於將「人類」抽離原有的生活脈絡，並且轉化為一種抽象的貨物。有非常多的理由讓我們相信，奴隸制度在世界各地的新興市場制度中，一定扮演著相當關鍵的角色。

如果同樣的暴力過程變得更為緩慢時會發生什麼事情呢？乍看之下，我們似乎永久找不到這些歷史文件。無論是在古代中東地區還是地中海地區，關鍵的歷史事件幾乎都發生在成文歷史之前。不過，我們仍然可以試著重新勾勒出大略的重點。我相信最好的方法是從一個非常奇特也備受爭議的概念開始，那就是榮譽。榮譽是特殊的人為發明，也是難以準確理解的概念。我們甚至可以說榮譽是從歷史洪流中出現的小碎片，還成為了一種特殊的萬用答案，用來回應人類想要理解的每一件問題。但是，從另一個角度來說，榮譽也牽涉到暴力。所有以暴力為生的人，無論軍人還是黑幫份子，幾乎全部都非常沈迷於榮譽的概念。任何以榮譽為名而發起的攻擊行為，都會將榮譽視為暴力的終極辯護理由。再從另一個角度而言，榮譽跟債務之間也有特殊的關係。我們經常同時談到「為了榮譽而應該去做的事情」，或者「為了榮譽而償還自己的債務」。事實上，在這些概念的轉換之中，我們就能夠清楚的看見「榮譽義務」如何衍生出債務的概念。但是，榮譽的概念似乎也同時發展出了一種輕視，認為財務上的債務不是最重要的債務類型。我們也能夠在《吠陀》與《聖經》中看到這種說法，並且一路追尋到市場機制誕生之初。除此之外，榮譽必須建立在「污辱」之上，這也是一件相當令人坐立難安的事實。藉由重新回顧這樣的概念史，我們更為清楚的看見一件事情：某些曾經出現在歷史上、卻已經消失的制度，雖然已經沒有仔細探討相關議題的必要，但是自由與道德這種基本概念，往往就是建立在這些特殊的制度中——在這些制度當中，如果奴隸制不是唯一的關鍵，至少也是相當重要的例子。

◆

為了更進一步強調上述這些概念彼此之間的矛盾，並且把真正重要的議題帶入討論之中，讓我們從曾經親身經歷過三角航線（Middle Passage）*的奧羅達・艾奎亞諾（Olaudah Equiano）開始談起。大約在一七四五年左右，他出生在貝寧王國（Kingdom of Benin）之中的某個鄉下地方。十一歲的時候，艾奎亞諾遭到綁架，最後由邦尼灣（Bight of Biafra）的英國奴隸商人買下他。隨後，艾奎亞諾先被送到巴貝多（Barbados），再被運到英屬維吉尼亞的大農場裡工作。

在他一七八九年出版的自傳《奧羅達・艾奎亞諾的有趣人生：他的非洲名字是古斯塔維司・瓦薩》（*The Interesting Narrative of the Life of Olaudah Equiano: or Gustavus Vassa, the Afraican*）中，艾奎亞諾描述了相當多的人生經歷。首先，他曾經在一艘英國護衛艦上負責運送槍砲彈藥長達七年。他經常聽見主人承諾要讓他自由，卻又把他賣給其他人——這些新的主人也經常說謊，不斷違背要讓艾奎亞諾自由的承諾。直到有一天，一名住在賓州、信奉貴格教派的商人買下了艾奎亞諾，也真正的同意讓艾奎亞諾可以買回自己的自由。從此以後，艾奎亞諾努力的讓自己成為一名非常成功的商人、暢銷作家、北極探險家。最重要的是，艾奎亞諾也成為了非常重要的英國廢奴運動領袖。在這場廢奴運動中，艾奎亞諾的雄辯口才與人生故事變成了極為重要的武器。最後，他們也成功了讓英國在一八〇七年時廢除了奴隸制

*譯註：三角航線是指非洲奴隸在三角貿易中所經歷的貿易路線，牽涉到歐洲、西非與南美洲。在十八世紀時，這三個地區彼此以原物料、白銀、食品、奴隸、紡織品為單位進行貿易，這種貿易即是「三角貿易」，而其所形成的三角形貿易路線，就是三角航線。

度。

許多人在閱讀艾奎亞諾自傳時，經常會因為某件事情感到困擾。在泰半的人生之中，艾奎亞諾從未反對過奴隸制度。事實上，當他積極存錢贖回自己的自由時，甚至選擇從事各種與購買西非奴隸有關的工作。直到改宗信奉衛理教派並且開始與宗教人士接觸之後，艾奎亞諾才開始反對奴隸制度。許多人或許會問這個問題：為什麼他花了這麼久的時間才開始反對奴隸？因為，只要任何人瞭解奴隸制度的邪惡之處，就必然會極力反對。

奇怪的是，答案似乎就藏在艾奎亞諾的正直性格之中。在自傳中，我們可以看出艾奎亞諾的生活環境相當好，個性堅決，並且堅守榮譽的概念。這點除了非常令人感到驚訝之外，也創造出另外一個極為可怕的難題。成為奴隸代表失去所有的榮譽，所以艾奎亞諾非常希望能夠取回被奴隸主奪走的一切。但是，問題在於榮譽的定義取決於其他人看待你的眼光。對於奴隸而言，想要取回榮譽，就必須遵守這個社會加諸在他身上的規則與標準。這代表了艾奎亞諾在實踐行為中不能反對這個奪走他一切的邪惡制度，否則就是反抗社會習俗。

儘管這種社會制度非常的邪惡，帶給他極大的創傷，但是為了找回失去的榮譽，並且讓自己能夠用非常正直的方法，取得自己失去的東西，奴隸甚至必須向社會的習俗低頭——這樣的經驗讓我非常驚訝，這幾乎是奴隸制度當中最為深層的暴力行徑。這種思維或許是回應奴隸主的最佳武器，卻成為艾奎亞諾身上最可怕的潛在威脅。

所有曾經實施奴隸制度的社會，都曾經出現過這種令人痛苦萬分的雙重意識：一個人想要追求的崇高事物（榮譽），竟然是萬分錯誤的概念。同時，這種感覺又幾乎是制度所創造出的自然現象。這也許有助於解釋為什麼歷史上的奴隸反抗都針對奴隸主，而不是奴隸制度本身。但是，從另外一個角度來看奴隸制度，我們也發現許多奴隸主也覺得這種制度似乎違背了人類的自然原則。例如，大學一年級的學生在學習羅馬法的時候，都必須背誦如下的定義：

奴隸

一種衍生於萬國法的制度，指某個人成為另外一個人的財產，但這卻是違反自然的事情。（注2）

不管怎麼說，奴隸制度本身的確惡名昭彰且極為醜陋。任何人想要支持奴隸制，都只會讓自己染上不名譽的道德印記，奴隸商人更會受到抨擊，淪為毫無人性的殘暴之徒。在整個歷史中，就算是支持奴隸制度的人，也不會認為自己的辯護擁有任何值得嚴肅思考的道德立場。許多人認為奴隸制度就跟戰爭一樣糟糕。確實，奴隸制度是一件非常俗氣的事情。但是，如果任何人以為這個制度會輕而易舉的從人類世界中消失的話，那實在是太天真了。

榮譽是過剩的自尊

奴隸究竟是什麼？在上一章中，我曾經提出過一個答案：「奴隸」是一種非常特別的身份型態，讓一個人徹底失去自己原有的生活環境，並且奪走他所有的社會關係。但是，社會關係就是成為「人」的條件。如果一個人失去了所有社會關係，他就無法成為真正的人。換句話說，奴隸真正的意義就是一個「死人」。

埃及社會學家阿里阿布．艾爾華希德．瓦菲（Ali'abd al-Wahid Wafi）是第一個針對奴隸制度進行廣泛歷史研究的學者。一九三一年（注3），他在巴黎發表了自己的研究成果，指出從古代世界到當時的南美洲，一個人只要在如下的情況下，就可能會成為奴隸：

一、因為法律或者強制力

1. 在戰爭中投降或者遭到俘虜

2. 成為襲擊或者綁架的受害者

二、因為犯罪而受到法律的懲罰與制裁（包括積欠債務）

三、因為父親的權威（例如父親將兒子賣出去）

四、出於自己的意願而把自己販賣為奴隸（注4）

在這些情況中，只有在戰爭中投降或者遭到俘虜而成為奴隸是唯一看似合法的事情，其他的情況幾乎都會引起各種道德爭議。綁架是非常明顯的犯罪，父母親也絕對不應該將自己小孩當作商品販賣，除非是在某種非常極端的可怕環境下。（注5）在中國歷史上的幾次大飢荒中，成千上萬的男人可能會選擇割除自己的生殖器官，希望自己可以進入宮廷擔任太監——但是，這種情況幾乎只會出現在整個社會功能已經無法正常運作的時候。（注7）除此之外，司法審判程序也很有可能受到污染，特別是涉及到將某個人判處為他人的奴隸時。這種情況就算是古代人也非常清楚。

從某個角度來說，艾爾華希德．瓦菲的說法只是為伊斯蘭世界的奴隸制度提出道歉與批判——就算在中東世界的大多數地區已經不再實施奴隸制度，伊斯蘭法也從來沒有正式的廢除奴隸制度。艾爾華希德．瓦菲認為，穆罕默德（Mohammed）確實沒有禁止人民實施奴隸制度，但是哈里發（Caliphate）是人類歷史上第一個成功消除這種千年社會問題的政府，包括阻止各種實踐奴隸制度的行為（法律判決、綁架與販賣子嗣），並且將奴隸的定義縮限於戰爭俘虜。

艾爾華希德．瓦菲著作的最大貢獻就在於提出這個問題：造成奴隸制度的環境彼此有什麼共同性？他的答案非常簡單，甚至令人感到驚訝：在某種會讓人失去生命的情況，就很有可能讓他／她成為奴隸。若以戰爭為例，就能清楚討論這種說法。在古代世界中，勝者擁有一切處置敗者的權力，包括後者的女人與小孩。這些戰敗者可能全都會遭到處決而死，或者成為奴隸。同樣的，艾爾華希德．瓦菲指出，被法院判處為奴隸的人，可能是因為犯下了死刑罪。至於那些把自己賣為奴隸的人，通常都面臨可怕的飢荒。（注7）

就算一個人在某個情況下會失去生命，當他成為奴隸時，也不代表他的生命完全屬於奴隸主。（注8）在他變成奴隸的瞬間或許如此，但是從任何角度來說，既然奴隸是社會上的死人，也就無法欠下任何的債務。羅馬法非常清楚的解釋了這件事情。如果一位羅馬軍人被敵軍抓走，並且失去自由，他的家人就可以隨時宣讀遺囑，並且處理遺產。假設這個人後來重獲自由，就必須重新開始自己的人生。倘若他想要回到妻子身邊，也還要再辦理一次結婚手續。因為，當他成為奴隸的時候，妻子也依法變成了寡婦。（注9）

根據一位法國人類學家所言，西非也適用於一樣的法則：

當某個人被他人從自己熟悉的生活環境中抓走並且變成俘虜時，從社會角度而言，這個人已經死了，就像在戰爭中遭到擊殺與消滅。過去，馬丁哥人（Mande）曾經流行一種習俗，征服者會被戰敗者帶回家，替他們準備小米粥。因為馬丁哥人相信，一個人不應該在死掉的時候還餓著肚子。同時，征服者也會準備槍枝，讓這些戰犯可以結束自己的生命。任何拒絕這麼做的人，都會被打巴掌，並且成為俘虜。這代表他要接受所有人的輕視，並且被奪走所有的人格特質。（注10）

在西菲的蒂夫族（Tiv）所流傳的恐怖傳說之中，有些主題是那些不知道自己已經死掉的人，或者是那些遭到謀殺之後，還被加害人從墳墓中帶走，並且成為奴隸的人。海地的僵屍故事也有類似的情節。這一切都呈現出對於奴隸制度的恐懼：成為一名奴隸，就是變成活死人。

奧蘭多・派特森（Orlando Patterson）在迄今對奴隸制度最深刻的比較研究《奴隸與社會死亡》（*Slavery and Social Death*）準確的提出了什麼是完全且徹底的抽離一個人，讓他失去自己的生活環境。（注11）首先，派特森強調，奴隸制度不像任何人際關係，因為其中沒有任何的道德價值可言。奴隸主也許會用任何的法律語言或封建概念來掩飾自己的行為，但奴隸制度的本質就是一種暴力行為。一個奴隸必須完全遵守主人的指令，否則就會遭到毆打、虐待或者失去生命，每個人都知道這個事實。第二，成為「社會死人」的意思是指這個奴隸再也不跟任何人擁有固定的道德關係。換句話說，這個奴隸已經跟自己的祖先、社群、家庭、氏族完全分離，不能簽署任何合約或者做出任何有意義的承諾，除非是經過主人的同意。因此，奴隸與其主人之間的權力結構，是他唯一擁有的重要人際關係。只要他還是奴隸，就算他成立了家庭，這種家庭關係也可能會隨時瓦解。這也帶出第三種重要的元素，這位奴隸的生活就是最嚴重的一種沈淪。馬丁哥人戰士臉上的那巴掌代表著他已經成為了奴隸、俘虜，並且拒絕最後一次保存自己尊嚴的機會。換句話說，這無異於自殺。同時，他也同時承認自己將會永遠遭到鄙視。（注12）

對於奴隸主而言，這種剝奪他人尊嚴的能力，也變成建構榮耀的基礎。派特森就曾經提到，在某些地方，特別是在伊斯蘭世界，奴隸甚至根本不需要工作來替奴隸主賺錢；相反的，那些有錢人讓這群奴隸圍繞在自己身邊，看起來就像一群軍隊，只是為了要證明自己的地位。對他們來說，這些奴隸就像是自己偉大的象徵，除此之外什麼也不是。

從這個角度來說，這件事情讓榮譽得到了最容易破碎也最惡名昭彰的特質。信奉榮譽的人，傾向混淆自信與舒適的概念，最後就會習慣命令別人，隨後，藉由一種非常糟糕的邏輯跳躍，就會加強了輕視與污辱他人的習性。因此，當一個人無法「充滿榮譽的償還債務時」，這個男人（幾乎永遠都是男人會遇到這種處境）就很容易遭到羞辱、貶抑。因此，我們可以說榮譽是一種過剩的尊嚴。它加強了一個人對於權力的渴望及其危險性。當一個人正在剝奪他人的權力與尊嚴時，就會發生這種事情。甚至，當他知道自己可以這麼做的時候，也容易淪落這樣的傾向。在最單純的情況下，榮譽都是一種過剩的尊嚴，甚至必須用刀劍作為防衛（正如我們所知知道的，暴力的人通常非常著迷於榮譽的概念）。所謂的戰士精神是一種挑戰，或者是回應各種不名譽的對待。因此，戰士們幾乎將所有的事情視為不尊重的行為——無論是不恰當的字詞還是不適合的眼神。當使用暴力不再是問題，榮譽又是最為重要的事情時，只要人們覺得可能會失去自己的尊嚴，就很容易做出各種防衛行為。

這種邏輯發展至今，讓「榮譽」這個字眼擁有了兩種截然不同的意義。從一方面來書，我們可以說榮譽就是正直，例如行為得宜的人會信守承諾。對於艾奎亞諾來說，成為一個擁有榮譽的人，意味著必需說出真相、遵守法律、信守承諾，在做生意的時候公平而且盡責。（注13）因此，艾奎亞諾的問題就是，他想要遵守的榮譽來自於奴隸制度，並且牽涉到將人類變成商品的暴力行為。

讀者也許會問這些事情到底與金錢的起源有什麼關係？答案非常令人驚訝，這全部都有關係。因為古代所使用的某些金錢形式就採取了榮譽與污辱的形式。換句話說，在那種形式下，金錢的價值就是權力的價值，一種將他人轉化成「金錢」的權力。中世紀愛爾蘭採取以女童奴隸作為金錢的制度，也就是「女性奴隸」，在此變成一個極具戲劇性的例子。

中世紀早期的愛爾蘭：榮譽金

愛爾蘭早期的社會發展情況與我們在上一章討論的非洲相當類似。愛爾蘭當時的經濟發展情況非常快，卻很不穩定。在某些時期，愛爾蘭也面臨非常嚴重的奴隸交易問題。一位歷史學家曾說：「愛爾蘭國王主要的收入來源是販賣牛與人民，用來購買國內沒有生產的礦石與高級的舶來品。」（注14）從這段話不難推論愛爾蘭社會將牛與人視為兩種主要的貨幣單位。但是，根據歷史文件記載，在西元六〇〇年之後，愛爾蘭幾乎就再也沒有進行過奴隸交易，甚至連奴隸制度本身都幾乎正在衰退中。造成這種現象的原因，可能是教會的嚴格反對。（注15）既然如此，為什麼女性奴隸仍然是愛爾蘭社會常見的貨幣單位，用來償還債務，地位幾乎等同於乳牛、銀製器皿還有小型交易中常見的大麥？另外一個更重要的問題，為什麼這種奴隸貨幣的性別都是女性？早期的愛爾蘭社會之中有相當多的男性奴隸，但是幾乎都沒有成為償還債務的貨幣工具，為什麼？

目前，我們對愛爾蘭經濟發展的瞭解幾乎都來自於各種法律文件——這是由一群大權在握的法官所撰寫的法典，其有效時間大約從七世紀橫跨至九世紀。這些文件本身蘊含非常豐厚的詮釋內容。那個時期的愛爾蘭經濟仍然十分仰賴「人力」。同時，他們的社會也維持相當原始的生活，但不像西非的蒂夫族那麼落後。愛爾蘭人民的居住環境通常都不太好，以種植小麥與牧牛作為主要收入來源。幾個主要城市的中心建築都是修道院，幾乎沒有市場可言。只有少數的臨海市場，因為地利之便，會吸引外國船隻停留，但主要也都是以奴隸與牛隻交易為主。（注16）

這種經濟發展的結果，讓金錢只剩下社會功能，例如用來贈禮，或者是支付工人、醫生、詩人、法官、娛樂人員的費用，有時也會成為封建體制中的付款方式（封建主會將牛隻作為禮物送給佃農，佃農則必須定期的提供食物）。這種情況也讓愛爾蘭法典的作者甚至不曉得如何對於日常用品做出適當的定價，包括罐子、枕頭、鑿子、甚至是培根塊等等東西。當時，沒有任何愛爾蘭人會用實際的貨幣金錢購買這些東西。（注17）至於食物，則是藉由家庭之間彼此分享，或者一併交給封建主，再由封建主舉行豪華的餐宴，讓所有朋友、競爭對手與侍從一起享用。如果任何人需要使用各類工具、家具或衣服，就去找善於製作這些東西的族人，或者乾脆付錢請人製作這些東西。換句話說，你沒有辦法在市場上買到這些東西。當時的國王會要求每個氏族負責不同的工作，有的氏族製作皮衣，另一族必須寫出供人欣賞的詩，也有氏族必須提供軍隊用的盾牌等等。正是因為愛爾蘭的經濟生產非常緩慢，才會讓加速後來的市場發展。（注18）

但是，愛爾蘭社會中仍然有借貸金錢的行為，也出現了一種非常複雜的質押與保證系統，讓債權人可以順利取回相關款項。在大多數的情況下，愛爾蘭的借貸系統也使用了罰款機制作為積欠帳款的懲罰。法典對於賠償金的規定相當繁瑣且一絲不苟，但是，真正讓現代觀察家覺得驚訝的則是「階級」的影響力。當然，幾乎所有野蠻時代的法典幾乎都採取同樣的原則——決定各種懲罰時，必須考慮到受害人的社會地位或者是其階級特質——但是，只有愛爾蘭人將這種原則做了相當清楚的規定。

這種階級系統的關鍵建立在與榮譽相關的概念之上，簡單來說，就是「面子」（注19）。榮譽就是一個人在他人眼中的尊嚴，例如這個人是否擁有誠實、正直以及其他人格特質，而他是否能夠保護自己、家人、隨從免於各種污辱與傷害等等，也是定義這個人擁有多少權力與榮譽的關鍵。在這種制度下，擁有最高榮譽的人幾乎就是真正的神聖存在。他們的人馬與財產是絕對不可以侵犯的。凱爾特人（Celtic）系統的特色是精準的評估一個人擁有多少榮譽，愛爾蘭人則更為發揚光大了這種評估系統。每個自由人都有自己的「榮譽金」，只要任何人污辱他的尊嚴，就必須支付相對的金額。當然，每個人的榮譽金都不一樣。舉例來說，國王的榮譽金是七個女奴，或者是七個女童奴隸——這也是所有上流人物的榮譽金，包括主教與大詩人等等。幾乎所有的資料來源都指出，不是每個人都有辦法以女童奴隸為單位來支付賠償，如果是這樣，這個人就必須用二十一頭乳牛或者二十一盎司的白銀作為賠償。（注20）富農的榮譽金是兩頭半的牛。如果對象是小領主，除了兩頭半的牛之外，假設他還擁有一個佃農，污辱他的人就必須額外支付半頭牛的賠償。從這個角度來類推的話，一個領主必須擁有五個佃農，因此，他的榮譽金就是五頭牛。（注21）

榮譽金與殺人賠償金是不同的事情。殺人賠償金是指一個人（無論男女）的生命值多少錢。如果某甲殺了某乙，則某甲必須因為謀殺而先支付七個女奴的殺人賠償金，並且針對某乙的榮譽金標準另外支付一筆榮譽賠償（因為殺人也是一種污辱尊嚴的行為）。有趣的是，如果遭到謀殺的是國王，那麼這個人就必須同時因為殺人與污辱尊嚴而血債血還。

愛爾蘭的法治系統也同樣規定了特殊的傷害賠償條款。如果某甲弄傷了某乙的臉頰，那麼某甲必須同時賠償傷害與榮譽金（打臉的話，當然要付出巨大的賠償）。至於各種傷害的賠償原則，則因其傷害範圍與被傷害人的地位而有所不同。愛爾蘭法官針對各種情況設計出一套非常複雜的評估制度，其基準單位是各種不同的穀作物：弄傷國王的臉頰，必須賠償大麥；弄傷富農的臉頰，賠償燕麥；弄傷小農的臉頰，只要賠償青豆。（注22）除此之外，但是不管對方是誰，傷害人都必須支付一頭牛作為基本賠償。除此之外，如果某甲偷了某乙的胸針或者豬仔，就必須賠償三個胸針或者三頭豬——也必須因為侵犯某乙的家強暴某個人的妻子或者女兒時也額外侵犯了那名領主的榮譽。園而賠償榮譽金。如果某甲攻擊一名農夫，而這名農夫已經是另外一位領主的保護對象，這種罪行視同強暴某個人的妻子或者女兒時也額外侵犯了那名領主的榮譽。

如果某甲用任何一種方式污辱了某乙認為相當重要的事情，也必須賠償榮譽金。舉例來說，某甲將某乙從宴會上支開，替某乙取了相當難聽的綽號（並且被某乙知道了），或者藉由各種嘲諷而污辱某乙的人格，就必須賠償榮譽金（注23）。在中世紀的愛爾蘭，嘲諷是一門相當精緻的藝術，詩人也因此成了宛如魔術師般的神奇職業。才華洋溢的嘲諷專家可以將老鼠唱成老虎，或者，至少讓那些遭到嘲諷的人感到臉上無光。任何遭到公開嘲諷的人幾乎都沒有別種選擇，只能夠站出來捍衛自己的榮譽。在中世紀的愛爾蘭，人們也的確藉由這種社會制度，準確的捍衛了自己的榮譽。

特別提出一點討論，賠償國王的二十一頭牛的代價看起來非常多。但是，在某一段時間之內，愛爾蘭境內一共有一百五十名國王（注24），這才是真正可怕的數字。幾乎大多數的國王都只有幾千名臣民，但其中也不乏地位比較高的國王，他們的榮譽金則是一般國王的兩倍。（注25）除此之外，由於愛爾蘭的司法系統不受政治系統的影響，因此只要一個人做出了不名譽的行為，法官就可以自由的決定是否要降低某個人的階級與地位，包括國王在內。如果一位貴族不能在自己家中或者宴會上維持高貴的身份、包庇逃犯、或者是吃下了偷來的牛所製成的食物，甚至讓自己遭受嘲諷而沒有在法庭上提出反擊與辯護，就很有可能遭到降低榮譽金的處分。同樣的，如果一名國王在戰鬥時逃走，或者濫用權力，甚至被人看見他居然親自在田裡工作，或者從事一些相當低階的事務，也會遭到一樣的處罰。舉例來說，如果一位國王謀殺了自己的親戚，這種令人極端厭惡的行為，甚至會讓他失去所有的榮譽金。雖然，這不代表任何人都可以大搖大擺的污辱這位謀殺犯國王而無需付出任何代價。但是，這名國王確實再也無法擔任法庭的擔保人與證人，因為要擔任這兩個身份必須擁有基本的榮譽金資格。國王失去所有榮譽的事情雖然不常發生，但是確實存在，睿智的法律也會確實的提醒人民這件事情。「七個失去自己榮譽金的國王」是愛爾蘭法律中非常著名的清單，就是要讓所有人都記得，無論你曾經多麼崇高而大權在握，都很有可能變得一文不值。

愛爾蘭法律體系的特別之處，在於它相當清楚的規定了每件事情。部份原因是愛爾蘭的法律條文出自於一群專家的手筆。他們似乎將這份工作當成娛樂，花費了無數的時間探究了各種可能性，以致於有些條文實在太過匪夷所思，幾乎讓人以為他們是在寫笑話。（例如：「如果某甲遭到某乙的蜜蜂所螫，某甲必須測量受傷的面積以進行求償，但若某甲在遭到蜜蜂攻擊的過程不慎將它打死，賠償金就必須減去蜜蜂的價格。」）在這些法律條文的背後，我們仍然可以清楚看見其中蘊藏一種非常精雕細琢的道德理念，流露出愛爾蘭人非常驚人的誠實與榮譽心。關於女性的相關規定又是如何呢？一位自由女性的榮譽金取決於她最親近的男性家人（如果未婚的話，就是父親；已婚的話，則是丈夫）。如果這位女性遭到污辱，犯人必須將榮譽金賠償給這位男性家人，除非這位女性是一名擁有獨立地位的地主。在這種情況下，她就可以跟同等地位的男性得到相同的榮譽金賠償。女性也可能因為行為不檢的關係，失去所有榮譽的地位，因此無法進行任何榮譽金索賠。至於婚姻，如果某甲（男性）追求某乙（女性），就必須將某乙的榮譽金支付給某乙的父親，才能夠在法律上正式成為某乙的守護人（丈夫）。農奴也適用於同樣的原則。當一名地主得到農奴時，地主就已經將農奴的榮譽金全數收入自己的口袋中。在這種情況下，農奴視同於牛隻都是地主本人的擁有物。從此之後，如果任何人污辱或攻擊了該名農奴，就等同於攻擊那名地主的榮譽，地主可以決定是否要控告那個人，要求賠償榮譽金。除此之外，由於地主將這位農奴納為己有，也因此提升了自己的榮譽金價格；換句話說，當地主得到這名農奴時，就已經將這位農奴的榮譽金，轉化為自己的榮譽金了。

愛爾蘭的相關法律規定可以讓人瞭解何謂榮譽的本質。此外，雖然已經沒有人在販賣、轉手任何奴隸女童（毫無疑問，這是因為教會的影響），但這種法律也解釋了為什麼女奴會持續成為計算榮譽的單位。人們一開始會有點難以理解奴隸如何影響了貴族或國王的榮譽地位。如果奴隸已經是毫無任何榮譽的人，又怎麼能夠發揮相關影響力？但是一個人的榮譽，取決於其奪取他人榮譽的能力，所以這一切又

變得非常理所當然了。一個奴隸的價值，就來自於主人能夠從其身上取走多少榮譽。（注26）

有時候讀者會在歷史文件中讀到一條細節相當混亂的法律條文，幾乎讓人失去了閱讀的樂趣。在這種情況下，這種條文通常不是愛爾蘭本身的法律，而是引述於威爾斯的迪米遜法（Dimetian Code）。迪米遜法成書較晚，也跟愛爾蘭的習俗法律採用同樣的應用原則。這部法典列出了帝費王國（Kingdom of Dyfed）的七名聖座（Holy Seats）之後，就確立主教與修道院院長乃是該國境內最崇高與神聖的人物。法典文件明確寫道：

> 任何攻擊修道院院長或者上述聖座之人，都必須付出七磅的賠償金；同時，也要交出一名女性親戚成為洗衣僕，作為一種懲罰性的污辱賠償。這名洗衣僕必須一直服務遭到傷害的神聖人物，用來證明該名罪犯已經支付了榮譽金。（注27）

洗衣婦是地位最低的奴隸，在這種情況，甚至必須終生為奴。事實上，這名婦人將會因此成為真正的奴隸。她所遭受到的永恆污辱，就是用來補償修道院院長的榮譽。雖然，我們無法確定威爾斯是否與愛爾蘭採用了相同的「神聖人物」榮譽賠償制度，但原則確實一模一樣。榮譽是一種零合遊戲，只有全有或全無。某甲保護家族中女性的能力，就是必要的榮譽條件。因此，逼迫某甲交出家族中的某位女性並且讓她變成奴隸，在某乙的家裡從事僕人做的下等工作，就是對某甲榮譽的最大打擊。同時，這也是對某乙榮譽所做的最大補償。

中世紀的愛爾蘭法律看起來如此特別的原因，在於這種法律的支持者可以輕而易舉的在各種攸關人性尊嚴的事情上，規定出相當明確的金錢價格。對我們來說，教士的神聖性或者國王的威嚴居然能夠等同於一百萬顆蛋或者十萬次理髮，這簡直是匪夷所思的事情。畢竟，這種事情應該是無法用任何數字測量的。如果中世紀愛爾蘭的司法人員跟我們的想法不同，那就是因為那個社會從來不需要使用金錢購買雞蛋或者剪頭髮。（注28）當時的愛爾蘭社會仍然採用人性經濟，金錢只擁有社交意義，如此才能夠創造出這麼複雜的系統，進而可以準確的測量、評估、縮減各種人類尊嚴的「數量」，也讓我們看清楚當時的「尊嚴」究竟是什麼樣的概念。

當人們開始把原本用來測量人類尊嚴的金錢，用來購買雞蛋跟剪頭髮的時候，會發生什麼事情呢？在古美索不達米亞與地中海世界中就發生了這樣的轉變，造成了人類歷史上相當長久的道德危機。

美索不達米亞：家父長制的起源

在古希臘的時候，「榮譽」這個字的寫法是 *τιμε*。在荷馬的時代，這個字的意思相當近似愛爾蘭人所謂的「榮譽金」。希臘的榮譽同時指涉了戰士的光榮以及對於傷患、受污辱者本身的賠償。幾個世紀之後，市場機制興起，*τιμε* 這個字的意思也發生了轉變。一方面，這個字用來指「價錢」（price）——也就是某甲在市場上購買某個東西時所必須付出的金額。另一方面，這個字也用來指涉一種徹底輕視市場機制的態度。

實際上，這個字到今天都還有這種意思：

> 希臘字 timi 就是指榮譽，這是希臘鄉村生活當中最重要的價值。榮譽，通常是指一種非常大方的慷慨，並且極為鄙視那種過於看重金錢的態度。但是，這個字卻也同時指「價錢」的意思，例如一袋蕃茄的價錢等等。

至於希臘對於「危機」這個字的定義，則是指十字路口，意即「事態的發展可能衍生出兩種不同的方向」。榮譽概念所引起的危機相當難以處理。榮譽難道是指願意支付某個人的債務而已嗎？還是指某人對於金錢這種事情看的非常淡泊，甚至有些鄙視呢？顯然的，對於希臘人來說，這兩種意思都說得通。

因此，一個充滿榮譽的人心中懷抱著什麼樣的想法，就變成相當重要的問題了。當我們談論地中海的鄉下居民如何看待榮耀時，他們對於金錢的態度其實比不上對於婚前性行為貞操的執著。相對於保護女性同胞人身安全的能力，他們的男性榮耀概念更重視自己是不是能夠保護這些女性的「性名譽」。換句話說，榮譽就是當某甲想要污辱某乙的母親、妻子、姊妹與女兒貞操時，某乙的回應與反擊能力，因為這種抨擊就像是直接攻擊他本人。這也許只是一種族群刻板印象，卻不是毫無理由的胡謅。一位歷史學家曾經檢視過十九世紀愛奧尼亞（Ionia）地區警方對於械鬥所做的調查報告，相關文件的紀錄時間前後長達五十年，發現每一件械鬥都是起因於某甲公開嘲諷某乙的妻子或姊妹是妓女。（注30）

為什麼這個地方的人們會突然對性的問題如此敏感呢？在威爾斯或者愛爾蘭，這似乎不是太大的問題。在愛奧尼亞地區，最大的恥辱就是讓自己的姊妹或女兒成為其他人的家務奴隸。為什麼貨幣金錢與市場機制的興起，會讓這麼多人對於性議題感到不安？（注31）

這是一個相當困難的議題，但是我們至少可以想像從人性經濟轉換到商業經濟的過程中，一定會造成某些道德上的難題。舉例來說，以前的金錢只是用來安排婚姻關係或者處理榮譽金的賠償問題，但現在卻可以用來購買性服務。這就是問題的起源。

因此，我們也有理由相信這種道德困境不只是當代榮譽概念的起源，也是家父長制的前身。如果我們回歸到《聖經》來看「家父長制」的原始定義，就能更清楚的看見這個事實。在《聖經》中，家父長制就是父親的統治，我們可以據此想像出一種典型的父親形象：穿著長袍、蓄著鬍子、表情嚴肅而凝重的望著自己的妻子與女兒。這些嚴肅父親所養育出的孩子，也會用同樣的方式「管理」自己的牲畜，一切就像〈創世紀〉當中的描述。（注32）聖經的讀者會因而認為這就是人類最原生、自然的生活方式。所以，中東人（地中海與美索不達米亞）的道德困境將會讓人拋棄自己的家人。這就是為什麼蘇美歷史在二十世紀上半葉逐漸出土問世時，曾經在西方世界造成一股衝擊的原因。

根據非常早期的蘇美人文獻，在西元前三〇〇〇年至二五〇〇年左右的時間，蘇美社會當中的女性擁有非常高的地位。早期的歷史文件不只清楚的記載了許多女性統治者的名字，也同時證明了女性也同樣可以擔任醫生、商人、經文抄寫人與公共官員等等重要職務。除此之外，女性可以非常自由的參與各種公共生活。這不代表蘇美社會奉行相當完美的性別平等，因為男性仍然在許多領域中扮演著壓倒性的多數。但是，蘇美社會的女性權益幾乎跟現代已開發國家沒有什麼不同。在一千多年之後，這些事情都改變了。女性的公共生活地位受損，我們所熟悉的家父長習俗逐漸成形，讓整個社會更為強調女性的貞操與不得進行婚前性行為。女性也失去了執政的資格，慢慢離開了各種自由的職業。最後，她們終於不再擁有獨立的法律地位，只能變成丈夫的財產。大約在西元前一二〇〇年左右，也就是黃銅時代即將結束時，我們也開始看見大量的蘇美女性只能待閨房裡當妻子，也戴上了象徵臣服的面紗（至少在某些地方如此）。

事實上，這件事情也反應了更廣泛的世界趨勢。對於某些喜歡進步，喜歡看見科技進展、知識累積與經濟成長的人來說，這些現象都是讓人類更為自由的偉大歷史。但是，女性議題卻是不折不扣的醜聞。對於女性來說，這些偉大的事件從來沒有讓她們更自由。這種說法至少能適用於近代世界。我們也可以在印度與中國歷史之中看到女性自由逐漸萎縮。當然，我們必須追問為什麼會造成這種現象？從蘇美人的例子來說，一般的標準解釋指出，由於蘇美社會遭到周遭遊牧民族的融合影響，而遊牧民族更傾向採取家父長統治，所以造成女性角色日漸低落。這種解釋的根據，在於底格里斯河（Tigris）與幼發拉底河（Euphrates）沿岸只有一條非常狹窄的土地可以進行灌溉作業。因此，只有這裡能夠建構出較為便利的都市生活。當地的人類文明通常都會受到沙漠周遭的遊牧民族影響，他們奉行著如同〈創世紀〉當中的家父長統治，嘴裡也都說著閃族語言（猶太、阿拉伯語）。當然，在經歷時代的發展之後，蘇美語確實逐漸遭到其他民族語言的融合與取代，例如阿卡德語（Akkadian）、亞摩利語（Amorite）、亞拉姆語（Aramaic）以及阿拉伯語。沙漠中的遊牧民族就是讓美索不達米亞與黎凡特（Levant）地區盛行阿拉伯語的主因。這種說法確實提出了合理的解釋，但還不夠令人滿意。（注33）因為遊牧民族有許多發展可能，不見得在轉向都市生活時，一定會採用家父長統治。為什麼事情的發展會變成這樣，而不是朝向別種方向呢？除此之外，就算這種解釋是對的，但也只能適用於蘇美，而不能解釋更為廣泛的世界趨勢。女性主義學者提出了更有說服力的說法，認為社會日趨重視「戰爭」以及國家的日趨中央集權化，兩者共同導致了女性地位低落的發展趨勢。（注34）這種說法確實比較全面一點，因為當國家變得更為重視軍事能力時，就可能會更粗魯地對待女性。我還想加上另一個補充說明。正如我所強調的，在歷史上，戰爭、國家與市場機制的關係非常密切。戰爭與征服使稅收的需求增加。稅收需求則容易造就市場機制，這樣才能夠讓士兵與行政官員更容易滿足自己的需求。從美索不達米亞的例子來說，這些現象共同延伸了債務的概念，使債務成為一種威脅，讓所有類型的人際關係，特別是女性身體，都可能變成潛在的財貨。同時，這也讓經濟遊戲中的「勝利者」（男性）地位變得更加可怕。因為這些人必須用更多的心力來確保「自己的」女人不會遭到販賣，或者被他人買走。

從現有美索不達米亞的婚姻關係文獻中，我們更能夠清楚看見這種趨勢的發生過程。

人類學界認為，當某個社會的人口較少，使得土地不是稀少、珍貴的資源時，聘金就是婚姻關係之間相當重要的元素（而該社會的政治元素也泰半聚焦於勞工人口的控制上）。當人口變多，土地當然就會變成珍貴的資源，女方的嫁妝就會取代男方的聘金。對於男方來說，家中多了一名人口，反而增加了家計營運的負擔。所以女方的父親再也不會收到聘金，反而必須付出各種嫁妝（土地、財富、金錢等），才能夠協助女兒的家庭維繫生計（注35）。在蘇美時代，新郎的父親必須準備非常多的食物給女方的父親，也就是婚禮時的盛大宴會。（注36）除此之外，男方還必須支付另外兩筆聘金給女方，一筆是為了婚禮，另外一筆則是給新娘父親，通常以白銀作為計價單位。（注37）如果想要迎娶富有的女性，男方有時還必須以現金作為支付單位；富有的女性會穿戴上白銀製作的手環、腳環做為身份地位的象徵。

但是，這個時代過去之後，所謂的「德哈頓」（*terhatum*），也就是聘金制度也開始變成了單純的購買行為。德哈頓就是指「購買處女的價錢」——這不只是一種比喻而已，因為任何男性若與未婚女性發生性行為，就是違法損害了女性父親的尊嚴（注38）。婚姻也成為一種「擁有」女性的行為，跟購買財貨的意義相同。（注39）原則上，一個女人一旦成為男人的合法妻子，就必須嚴格服從他的指示，就算男方出現家庭暴力，也不得尋求離婚。

如果女方家庭非常有錢或者相當具有權勢，大多數的婚姻原則仍然不會改變，但將稍微修正實踐時的細節。舉例來說，富商的女兒會收到相當豐厚的現金聘禮。她們可以用這筆錢發展自己的事業，或者成為丈夫的生意合作伙伴。但是，對窮人，也就是大多數的人來說，婚姻更像是一筆單純的現金交易。

這些社會制度對奴隸制確實產生了影響。當整個社會的奴隸數量相當稀少，如果某個階級的成員幾乎沒有氏族可言，又幾乎被當成別人的財富時，就很可能讓社會產生不同的轉變。舉例來說，在紐茲（Nuzi）城，「聘金通常包含了幾頭家畜以及四十個以色列銀幣。」但是這名作者又冷冷的補充說：「相關文獻也證明了這個價錢等同於購買一名奴隸女童。」（注40）這個歷史文獻點出了相當令人不悅的事實。同樣的，還有關於紐茲城的另外一些文獻指出，某些富人甚至會支付較為低價的「聘金」讓貧困的家庭想辦法認養一名女兒。但是，這個女孩實際上將會成為富商的情婦，或者是嫁給富商家中的其中一名奴隸。（注41）

在這種社會風俗之中，債務仍然是相當重要的因子。正如我在前一章所言，人類學家長期都在強調支付聘金不等同於購買妻子。因為，如果一個男人將妻子視為財貨購買，又為什麼鮮少聽到「賣妻」的事情呢？在一九三〇年代的國家聯盟辯論中，這也是相當具有爭議性的老問題。非洲人與美拉尼西亞（Melanesian）人確實不能將妻子賣給任何人，但可以把妻子送回家，並且要求女方家人退還聘金。（注42）

同樣的，美索不達米亞的男性也不能夠賣妻。或者說，在一般的情況下，他確實不能這麼做。但是，如果他在外積欠債務，情況就不太一樣了。如果他背負合法的債務——正如我們在歷史文件中所見——就可以用老婆與小孩作為擔保品。當這個男人無法順利履行債務時，他的老婆與小孩就會被債權人帶回家，從事各種債務工人要做的事情。簡單來說，這就像是這個積欠債務的男人輸掉自己的奴隸、綿羊或山羊一樣。這讓榮譽與信用變成了同一件事情。對於一個窮人來說，他的信用就是控制家庭成員，並且維繫自己在家中的權威（如果做不到的話，就失去了自己的信用）。家庭關係的意義原本是指照顧與保護自己家庭，卻在這種情況下，變成了一種可以用來買賣的財產。

對於窮人來說，這就代表了家庭成員可以變成租賃或販賣的財貨。一個人不只可以把自己的女兒當成「新娘」一樣，賣到另外一個有錢人家中，紐茲城的法典還指出，一個人在積欠債務的情況下，也可以將自己的家庭成員視為出租工人一樣使用。根據文獻記載，有些人確實將自己的兒子、老婆視為償還貸款的傭工，將他們派去債務人的農場或成衣廠工作以清償自己的債務。（注43）

娼妓是當時最具戲劇性與歷時最久的道德危機。從最早期的文獻中，我們仍然不清楚當時是否已經出現了現代這種性交易。蘇美人的神殿通常會舉行各種不同的性活動。舉例來說，女祭司如果沒有結婚的話，就必須將自己奉獻給神明。但是，這種原則還可以衍生出不同的實踐方法。以印度的神殿舞者（*devadasis*; temple dancer）為例，有些人未結婚，另外一些人可以結婚，但不能生下小孩；還有另外一些神殿舞者受到了富有的信徒欣賞，進而成為這些菁英人士的高級娼妓。另外一些神殿舞者會留在神殿裡面，在某些祭祀場合時，背負與信徒做愛的責任。（注44）早期的文獻確實證明了女性地位的重要性。從某個角度來說，女性就是文明的具體象徵。蘇美人的整體經濟發展收入，都是用來維繫神殿的運作，因為那裡就是神明的家。這些女人就是用來精進文明發展的工具，其範圍包括了音樂、舞蹈、藝術、烹飪與生活舒適等等。神殿女祭司與神的配偶也因此成為了最崇高的宗教寄託。

另外一個相當重要的事實，則是蘇美男人不介意自己的姊妹為了金錢而與其他男子進行性行為。至少，在蘇美歷史的早期確實如此。相反的，蘇美宗教文獻認為性行為是人類文明的基本特徵，也是神開天闢地以來就賜予人類的天賦。（讀者也必須知道一件事情，蘇美的性交易並非冷冰冰的金錢關係而已，所以不是刻板印象中的賣淫行徑）因此，任何為了繁衍的性行為都是非常自然的舉動（即使是一般的禽獸也會如此）；至於純粹以享樂為目的的性，也是神聖的行為。（注45）

在美索不達米亞的《吉爾伽美什》（*Gilgamesh*）史詩中，我們可以從恩奇杜（Enkidu）的故事看出文明與娼妓之間的關係。在這個故事的開頭，恩奇杜是無異於野獸的存在——全身赤裸，脾氣兇殘的「野人」。他與羚羊一起吃草，跟野牛飲用同樣的水，城市裡的群眾都感到萬分害怕。由於無法打敗恩奇杜，市民決定派出一名高級娼妓，同時也是伊絲塔（Ishtar）女神的祭司出面。她在恩奇杜面前寬衣解帶，兩人性交了長達了六天七夜的時間。最後，恩奇杜身邊的走獸全都離開了。她讓恩奇杜學會了智慧並且成為神明一般的存在（因為這名女人是神聖的存在，所以與她發生性行為的恩奇杜，也變成了神明）。於是，恩奇杜同意穿上衣服，並且回到城市裡，成為一個行為非常適宜的文明人。（注46）

恩奇杜故事的最後呈現出一種非常難解的矛盾情緒。在故事晚期，恩奇杜遭到諸神的審判，必須處以死刑。恩奇杜因此責怪當初那名女子將他從野蠻世界帶回城市之中。因此，他詛咒她將會變成街上的風塵女子或者青樓妓女，永遠跟嘔吐的醉漢住在一起，還會遭到恩客的性虐待與毆打。但是，恩奇杜隨即後悔說出這番話，並且祝福了這位女子。然而，從一開始，我們就能夠讀到恩奇杜的矛盾情緒，隨著故事進行越久，就越覺得這股矛盾非常強烈。在早期，蘇美與巴比倫神殿的周遭確實充斥著性交易——而且一點都沒有令人感到歡愉的感覺。在現存文獻較為豐碩的年代，我們也能夠確定那些地區就像現代的紅燈區一樣盡是各種青樓、舞女以及所謂的「男公關」（有些人是奴隸，有些則是亡命之徒）。那個年代曾經盛行過無數種名詞用來指出這些人身上的多重娛樂功能，但我們已經無法找到詳細的資料。例如，青樓女子可能也是音樂家，男妓不只善於唱歌跳舞，甚至還會耍刀子把戲。這些人大多數受到主人的指示從事這份工作，也或許是為了履行宗教上的責任，甚至根本就是奴隸（無論男女）。在一些特殊的情況下，這些女性可能是正在逃債的人，所以根本無處可去。在一段時間之後，這些社會地位低落的性工作女子或許會受到青睞，被有錢人家買下，變成一般的奴隸或者勞工。然而，我們難以區分進行情色宗教行為的女祭司以及神殿本身所擁有的妓女（她們原則上的主人就是神明）。因為，妓女也住在神殿裡，而其性工作所帶來的報酬，自然也會成為神殿本身的財富。（注47）既然美索不達米亞的交易單元並非現金貨幣，我們也可能推測那裡的性交易並非用現金作為工具——以青樓女子為例，她們以前也可能是一般的妓女，直到與恩客發展出良好關係後，才開始擁有自己的房子——因此，這種性交易不像刻板印象中的街頭風流，更像是高級娼妓。（注48）因此，藉由探討神聖的宗教行為（或者曾經具備神聖特質）、商業行為、奴隸制度與債務中，我們可以看清楚人類歷史中商業性交易的起源。

◆

家父長制起源於對都市文明的反對，訴諸於一種純粹的精神，強調再次確立以父親為核心的控制概念，來批判許多歷史中的重要城市，例如烏魯克（Uruk）、拉格什（Lagash）與巴比倫。因為，這些城市代表著官僚、貿易與妓女。積欠債務的農民，往往會遷徙到已無人煙的遊牧地區、沙漠與乾糙的大草原。在遠古時期的中東，舉族搬遷的政治意義永遠大過於起義反抗，因為舉族搬遷涉及到一群人或一個家族的完全消失——通常，就在這群人或這個家族遭到他人消滅之前，就會發生這樣的事情。（注49）因此，某些部落的人總是會停留在各種不適合人類長居的地點。在時機比較好的情況下，他們會試著移動到城市裡面生活；但是，如果時機較差，那些地方就會因為難民數量增加而人滿為患——所謂的難民，其實就是那些在自己的社會中變成了恩奇杜的農夫。有時候，這些難民能夠創造出一個龐大的戰略聯盟，並且以征服者的姿態，重返城市裡面。我們難以準確的得知他們如何看待這種情況，只有在《舊約聖經》中，我們才能夠看見這些遊牧起義者的觀點。但是，從當時的歷史氛圍來看，家父長制的統治精神長存在這些遊牧起義者的心中。對他們而言，「父親」的絕對權威是絕對不可以侵犯的事情，除了用來保護家族裡心思善變的女性之外，也同時是一種反抗的武器，藉此抵抗城市裡那種將人類視為商品的風氣。

在許多重要的宗教文本中，例如《舊約聖經》、《新約聖經》、《可蘭經》以及中世紀迄今的種種文獻，我們都看得見這種類型的起義反抗事件，其中包含了對腐敗都市生活的鄙視，質疑商業生活，並且強烈的厭惡女性。我們只需要想一想巴比倫代表的形象，就能夠明白箇中道理。巴比倫同時是文明的搖籃，卻也是充滿妓女的宮殿。當希羅多德（Herodotus）宣稱每一個巴比倫女性都有義務為了神殿賣淫，並且替自己賺得一些未來作為嫁妝的積蓄時，其實也點出希臘文化對巴比倫的普遍看法。（注50）在《新約聖經》中，聖彼得（Saint Peter）經常用巴比倫來比喻羅馬，〈啟示錄〉則是更為鮮明的指出了為什麼羅馬和巴比倫非常相似。因為羅馬就像「一個身軀龐大的妓女」，坐在「一頭腥紅的野獸身上，身上全是褻瀆上帝的名字」。

【17.4】那女人穿著紫色和朱紅色的衣服，用金子、寶石、珍珠為妝飾；手拿金杯，杯中盛滿了可憎之物，就是她淫亂的污穢。

【17.5】在她額上有名寫著說：「奧秘哉！大巴比倫，作世上的淫婦和一切可憎之物的母。」（注51）

這樣的聲音反應了家父長統治對羅馬城的憎恨，也同時是遠古時期的窮人們內心所吶喊的千年之憤。

因此，我們目前所探討的家父長制度，似乎就是存在於新興貴族與窮人們之間的戰爭。我個人對家父長制度的觀點，大多受到傑出的女性主義研究者葛達・樂娜（Gerda Lerner）所啟發。她在一篇探討賣淫的文章中指出：

商業賣淫行為的另外一個起源，就是來自於農夫逐漸貧窮。為了能夠撐過飢荒時期，農夫開始依賴借款行為。這種欠債情況也孕生了奴隸制度，讓男童與女孩變成借貸抵押品或者遭到變賣式的「撫養」。在這種現象中，也發展出女性成員為了替家族領袖償還債務而賣淫的情況。女性的父母或丈夫可能因為過於貧窮，而將她們變賣為奴隸，最後導致了她們必須被迫賣淫。除此之外，女性也很有可能自願賣淫，藉此逃過淪為奴隸。如果她們幸運的話，也許會成為高級娼妓，得到提升地位的機會。

在西元前二〇〇〇年中期，賣淫已經變成了大多數的窮人「處置」自己女兒的方式。除此之外，由於富有階級的女性遭到了非常嚴格的性管制，所以「值得尊重的女人」的貞操也變成了相當重要的家族商業資產。因此，坊間的商業賣淫行為也轉換成一種社會需求，用來滿足男性的生理需要。但是，如何區分「值得尊重的女人」與一般女性仍然是需要處理的問題。

最後一點是相當重要的問題。樂娜指出，我們可以從在西元前一四〇〇年至一一〇〇年之間的亞述（Assyrian）法律中，看見極為激進的區分方法——也讓我們想起了中東歷史如何回應這個問題。這是人類歷史上首次以政策作為手段，清楚劃分了社會階級界線與國家責任。（注52）當然，我們也無須驚訝這個法令首次問世的地點，就是在整個遠古中東歷史裡最惡名昭彰的軍事帝國。

這種法令區分了五種不同的女性階級。值得尊重的女人（已婚女子或者高級娼妓）、寡婦、自由人的女兒，這三種女性必須在外出時蒙面。至於妓女與奴隸（妓女包括在神殿從事性服務的未婚女子以及一般娼妓）則不准蒙面。這個法令的特點是不懲罰任何忘記蒙面的人，而是針對那些未受到蒙面許可，卻擅自戴上面罩的女人。任何犯錯的妓女都會在公眾場合遭到五十次棒擊，並且從頭淋上瀝青；如果是一般的奴隸女童，則會被割掉耳朵。任何男人如果教唆其他女人冒名頂罪的話，也會遭到公開毆打處刑，並且被迫進行一個月的勞力服務。

對於「值得尊重的女人」，法律採取了一種極為獨特的管制觀點，認為她們必定會非常嚴格的進行自我管理。因為，任何「值得尊重的女人」都不會讓自己外出時看起來像是妓女一樣。

所謂的「值得尊重」的女人，就是指無論在任何情況下，身體都絕對不會成為交易商品的女性。她們的身體將會永遠的被藏在某個男性的家中，並且受到相當嚴格的管制；然而，當她們出門在外時，雖然必須帶上面紗，卻可以穿著非常雍容華貴的浮誇衣物。（注53）另一方面，任何能夠以金錢「取得」的女性，都會被視為一般的女性。

亞述法律是一個相當特別的例子。在西元前一三〇〇年之後，女性就已經沒有配戴面罩的義務了。但是，這個法律仍然讓我們看見了古代女性觀點的發展過程。雖然，不同的地區發展出不同的想法，但是都同樣受到了商業、階級、男性對女性的輕視、窮人反抗等等趨勢的影響。在這個過程中，國家必須扮演複雜的雙重角色，一邊促進商業發展，也同時需要改善後續的各種效果，例如嚴格執行各種與債務攸關的法律、強化父親的法定權利、定期的針對債務人提供特赦。但是，這樣的發展過程在歷經了千年時光之後，也發展出了對於「性」本身的系統性貶抑，讓「性」從原本的神聖恩賜與文明行為，變成了我們更為熟悉的概念：羞恥、腐敗與罪惡。

◆

從前面幾段的討論中，我們從歷史裡看見女性自由如何遭受極為普遍的輕視與詆毀。儘管每個不同的歷史、文明、社會中都出現了不同的細節與流程，但都導向了非常相似的結果。

舉例而言，在中國歷史中，我們可以看見政府持續推動各種政策，希望能夠同時降低社會中的聘金風氣與勞務奴隸的現象，但幾乎都無法成功。除此之外，各種「販賣女兒的黑市」醜聞也層出不窮，包括公然的將女童販賣給某人作為女兒、妻子、高級娼妓或是妓女（端看買方的決定）。迄今，這樣的黑市仍然存在於中國社會之中。（注54）在印度，種姓制度讓貧富之間的不平等變得更為顯著，還具備了一定程度的法定效力。婆羅門（brahmins）階級與其他上流社會的成員可以完全將自己的女兒封閉在某個不流動的社會領域中，無需支付任何昂貴的聘金，就可以迎娶彼此的女兒。但是，下層階級卻必須支付嫁妝，讓那些上流社會（再生族，Twice-Born）嘲笑他們就像在「販賣」自己的女兒。這些再生族的成員受到非常好的保護，因此不會陷入債務困擾中。但是，由於印度社會已經建立了制度化的債務機制，那些居住在鄉村的窮人，只能眼睜睜的看著自己的女兒注定要淪落到妓院賣淫，或者到有錢人家中的廚房或洗衣房中做奴隸。（注55）無論是商業化的推進讓各種不同社會階級的女兒遭受了不同的命運，還是訴諸於父親對於家中女性免於遭受「商品化」對待的立場，這兩種不同的立場最後都讓女性的自由逐漸遭到限制與消滅。因此，這種現象也改變了榮譽的概念，讓它開始轉化為抵抗商業風潮的一種理念，也非常矛盾地滲透在各種層面中，同時回應了市場（對待女性）邏輯。我們也能夠在各種橫跨全球的宗教中看見這種發展趨勢。

希臘保存目前內容最為豐富的歷史文獻，因為當地發展出商業模式的時間非常後期，幾乎是蘇美時代之後的三千年左右，已經有各種成文資料的記載。從各種經典的希臘文獻中，我們都能夠觀察到這重要趨勢的變化。

古希臘：榮譽與債務

在荷馬史詩的世界中，位居統治地位的英雄豪傑總是非常厭惡各種商業與貿易，簡直就像中世紀的愛爾蘭一樣。荷馬史詩中的社會確實擁有自己的金錢貨幣，卻不用來購買任何東西。因為，真正地位崇高的男人，將會以追求榮譽作為自己的人生目的，榮譽的具體象徵就是手下人數的多寡以及自己贏得的寶藏，也就是禮物、獎賞與戰利品。（注56）因此，在希臘世界中，榮譽這個字同時也代表著價錢，我們完全不會覺得這其中有任何矛盾。（注57）

在荷馬史詩時代過後兩百年，希臘也終於發展出自己的商業模式。一開始，希臘的貨幣制度用來支付士兵的軍餉，繳交各種罰緩與行政支出有關的款項。但是，到了西元前六〇〇年左右，幾乎每一個希臘的城邦國家都已經開始製造專屬自己的貨幣，以作為公民獨立的象徵。就在這個現象普遍流行過後沒多久，貨幣就已經成為日常生活的交易工具了。到了西元前五世紀，原本用來進行公開辯護與進行會議的「公眾集會地」（*agora*），也開始擁有了「市場」的功能。

就像美索不達米亞與以色列一樣，商業經濟的興起讓希臘第一次感受到債務危機的困擾。「窮人」，正如亞里斯多德（Aristotle）在《雅典政體》（*Constitution in Athenians*）非常直接的描述：「與自己的老婆、小孩，都變成了有錢人的奴隸。」（注58）於是各種改革團體興起，要求赦免債務。大多數的希臘城市都曾經被操弄民粹的政治強人所控制，政治強人訴諸的就是減輕人民債務的激烈手段。但是，許多希臘城邦最後發現的解決方法，則與遙遠的東方國家完全不同。希臘城邦國家並未採取制度化的定期債務赦免措施，而是傾向立法限制或廢除各種勞務抵債的方式。為了預防債務可能引起的進一步危機，希臘各城邦國家也採取了更進一步的政策：將窮人的孩子送往海外殖民地，建立駐紮當地的軍隊。從克里米亞（Crimea）到馬賽（Marseille），這些地方幾乎都是當時的希臘城邦國家，在這個政策執行後不久，這條海岸線卻意外地變成了販賣奴隸的貿易路線。（注59）隨著可以販賣的奴隸人數增加，也完全改變了希臘社會的本質，其中最重要的影響，莫過於讓原本地位非常普通的公民，都能夠參與城邦國家的政治與文化生活運作，並且開始覺得自己像是一名真正的公民。但是，這也讓原本的貴族階級開始發展出各種細緻的生活方式，好讓自己可以過著有別於一般公民那種浮濫的奢華生活，更可以迴避掉新興民主中的道德敗壞風氣。

在西元前五世紀之初，我們就可以看見所有的希臘人都在為了錢而汲汲營營。對於原本主掌城邦知識發展的貴族人士來說，金錢是道德敗壞的象徵。貴族人士非常討厭商業市場。在他們的理想中，一個充滿榮譽的男人應該能夠用自己手上的一切資源得到所有東西，根本不需要去爭取現金。（注60）儘管，他們都知道這種事情實際上根本不可能發生，卻仍然處心積慮讓自己不要與一般的市民大眾過著一樣的生活。在當時的希臘社會，人民會在婚喪喜慶時交換各種金銀製成的杯子、餐具，而不是一條香腸或者木炭；原本應當崇尚競技精神的運動員，也開始為了贏得賭注而奮力作戰；行為舉止非常得體且能閱讀各種書籍的高級娼妓，必須為了賺錢而參與平民所舉行的宴會。一般的妓女（*porne*）仍然居住在公眾集會地附近的妓院。希臘的民主城邦政體將會補助這些妓院，讓妓院成為滿足男性公民性需求的公共服務。希臘貴族在這一切的商業行為上，都添加了額外的贈禮、慷慨與榮譽等等特殊精神。（注61）

希臘社會最後發展出與美索不達米亞相當類似的結果。一方面，我們看見了貴族文化試著抵抗所謂的平民商業精神；在另一方面，平民就像精神分裂般試圖限制、禁止各種貴族文化，卻又忍不住想要模仿貴族生活裡面的各種細節。男性之間的性行為就是說明這個現象的最佳例子。男性之間的性行為是希臘貴族的典型行為——事實上，這也是年輕的希臘貴族擠身於特權階級的必經儀式。但是，在當時的社會發展之下，希臘的民主政體一方面認為這種行徑具有政治上的破壞性，因此立法禁止。然而，每個希臘人卻又在私底下開始學習這種行為。

在現存的文獻中，我們可以從希臘的一般生活習俗中看見他們究竟多麼迷戀男性榮譽這個概念。然而，希臘貴族真正重視的不是荷馬史詩時代的榮譽，而是他們對於市場價值的厭惡讓他們創造了自己獨特的價值觀。（注62）這也讓希臘社會對於女性的觀點比中東地區更為嚴苛。早在蘇格拉底時代，男性榮譽的概念就已經與鄙視商業、投身公共生活有關，但女性的榮譽卻仍然侷限於「性」方面，例如堅守自己的貞操、行為端莊、性忠誠等等。因此，希臘社會裡的「值得尊重的女性」，是指那些會待在家中並且恬靜扮演好女性角色的人物。任何想要參與公共生活的女性，都會因此被視為如同妓女般低賤，或者她們往往就是妓女。（注63）亞述人沒有完全奉行法典裡女性蒙面的規定，但是希臘人卻全盤採用了這種觀點。當我們一直將希臘視為所謂西方自由的起源時，居住在民主聖地的希臘女人，卻必須在外出時蒙面——波斯或敘利亞的女人卻不必如此。（注64）

金錢已經從過去用來衡量榮譽的用途，變成一個與榮譽完全沒有關係的衡量工具。如果你認為可以用錢來衡量某個人的榮譽，就構成一種非常嚴重的污辱。因此，當男性在戰爭中遭到俘虜，甚至是被山賊或者海盜綁架，山賊或海盜要求該名男性的國家、家屬支付贖金時，就會發生非常戲劇性的過程——甚至連中東女性都不會遭受到這樣的對待。在收到贖金之後，這些綁匪會「從頭開始污辱」該名男性——這裡指的是名符其實的「從頭」——綁匪會在俘虜額頭上烙印金錢的符號以後，才會放他回去。舉例而言，如果某位美國男性遭到外國惡徒綁架，綁匪收到贖金之後，就會在這名被害人額頭烙印上美元符號，然後才釋放他。（注65）為什麼這些綁匪要這麼做？為什麼金錢變成一種污辱的工具？奴隸制度就是這一切的原因嗎？也許讀者可能會有這種想法：或許就是因為古希臘社會突然出現幾萬名受到污辱的奴隸，才會讓那些因為金錢失去自由的男性（先不提女性）淪為遭到污辱的下場。但是，這並不是造成這種現象的原因。本章前半段對於愛爾蘭奴隸金的討論絕對不是對於英雄榮譽的污辱——從某個角度來說，這甚至是榮譽的本質。在公認西方最偉大的文學作品荷馬史詩《伊利亞德》（*Iliad*）的開端，兩個英雄戰士阿加曼儂（Agamemnon）與阿基里斯（Achilles）之間為了如何處置一名女性奴隸而起了爭執。（注66）這兩名英雄戰士都知道，只要自己在戰場上稍微不慎，甚至是遇到一次船難，都很有可能讓自己變成奴隸。在另外一部荷馬史詩《奧德賽》（*Odyssey*）之中，主角奧德修斯（Odysseus）也幾度驚險擺脫淪為奴隸的下場。就算是在西元三世紀時，羅馬皇帝華肋良（Valerian, 253-260）在埃德沙大戰（Battle of Edessa）中敗北而遭到俘虜之後，成為蘇美皇帝沙普爾一世（Shapur I）蹬上馬匹時的腳凳承受屈辱。這就是戰爭的風險，但卻也是戰爭榮譽的本質。戰士的榮譽就是願意參加這場可怕遊戲的勇氣，儘管這件事情很有可能讓他失去一切，但其偉大就建築在戰場上的成就。

那麼，究竟是不是因為金錢的商業作用使得傳統的社會封建價值變得混亂不堪呢？希臘的貴族人士經常提出這種說法，但這只不過是他們非常虛偽的抱怨之詞。如果沒有金錢，希臘就不可能創造出這種華麗的社會。（注67）除此之外，真正讓這些貴族困擾的其實是他們想要得到更多的錢。由於金錢可以買到所有東西，所以每個人都要錢。這個道理很簡單：因為沒有任何東西是錢買不到的，所以每個人都想要錢。因此，我們可以瞭解「妓女」這個名詞背後蘊含著多少非常妥當的比喻。正如詩人阿爾基羅庫斯（Archilochos）所說希臘文中的妓女，就是指「所有人共有的女人」，換句話說，每個人都能夠一親她的芳澤。在原則上，我們不應該受到這種女人的吸引，因為在她眼中每個人都一樣，沒有任何獨特性。但是，從事實的角度來說，我們當然喜歡她。（注68）沒有任何東西跟妓女還有金錢一樣讓人如此充滿慾望。希臘的貴族人士當然會堅持自己不會受到這種「人盡可夫的女人」的誘惑，因為在他們那些豪華酒會上出現的高級娼妓、吹長笛的女孩以及漂亮的男童都不是妓女（雖然，貴族人士有時會承認這個事實）。這些貴族人士經常會因為自己崇高的心智狀態而感到困擾，因為進行陸上戰車競速、海軍滑艇比賽與贊助悲劇上映的錢，也可以用來購買廉價的香水或者是把一名漁夫的老婆買回自己家裡——唯一的差別是貴族的活動需要支付更多金錢。（注69）

因此，我們或許可以說金錢創造出「金錢的民主化」。只要每個人都想要錢，無論地位高低，他們就像是在追求性濫交一樣。但是，一切不只如此而已。他們不只「想要錢」，更「需要錢」。這是一種非常徹底的心態轉變。在荷馬的史詩世界中，大部分的社會都還停留在人類經濟的階段，所以我們不會看到他們需要額外討論任何維繫生命所需要的東西（食物、居住地與衣物），因為每個人都應該擁有這些東西。就算沒有任何財產的人，至少也會因為變成富人的奴隸，而無須擔心沒有食物可以吃。（注70）同樣的，妓女的概念也象徵了社會的變遷。在妓院中，有些妓女是奴隸，另外一些可能只是因為窮所以必須賣淫為生。當這些女性無法理所當然的滿足自己的生命基本需求時，就會讓她們被迫屈服於其他人的慾望。當希臘以其自給自足的家庭型態聞名於世界歷史之中，其實這種心態裡面蘊藏著一種極為深層的恐懼，害怕自己有朝一日必須仰賴他人。

這一切都讓希臘的男性公民必須非常辛苦的——宛如羅馬時代晚期的人一樣——把自己的老婆與女兒隔離起來，同時遠離市場所帶來的危險與自由。不像同時代的中東人，希臘人不想把自己的女性家庭成員視為一種借貸的籌碼。至少在雅典，公民也不能夠將自己的女兒視為妓女，逼迫她從事賣淫行為。（注71）因此，我們不會在希臘社會裡面看見所謂「值得尊敬的女人」，她們已經從經濟與政治生活裡面消失了。如果任何人因為積欠債務而成為奴隸，也不會影響到他的家庭成員。（注72）這種社會氛圍更帶來了一種極具戲劇效果的現象：在希臘，控告賣淫的案件通常是由一名男性控告另外一名男性。古希臘的政治人物經常指控自己的對手在年輕時，為了收到各種禮物或金錢，與自己的追求者（男性）發生性行為。因此，他們主張這些賣淫的男人應該失去自己的公民權。（注73）

◆

如果我們在此略微回顧一下第五章所討論的某些原則，將會有助於後續的討論。我們目前討論的主題圍繞著舊權力體系的崩解（即荷馬時代的偉大人物與其隨從），人際之間相互援助的舊型態也逐漸消失，並且開始受限於家庭單位之中。

在西元前六〇〇年左右，也就是希臘開始逐漸盛行商業市場時，許多城邦國家便開始面對所謂的「債務危機」，而其中的關鍵就是舊權力體系的瓦解。（注74）當亞里斯多德說雅典的窮人變成有錢人的奴隸時，就是在說許多農夫因為農業產量不佳而積欠債務，最後失去自己土地的擁有權，變成佃農，並且依賴他人維生。有些人甚至還會被賣到國外為奴。這種情況導致了各種不安與動亂，也讓人民開始要求釋放那些遭到奴役的人，並且重新分配農業土地。在某些情況下，更進一步導致了直接的革命。在墨伽拉（Megara），一群非常激進的人士取得政權之後，不僅立法禁止各種要求利息的借款行為，更同時制訂了一組溯及以往的法條，規定所有的債權人都必須償還過去所收到的利息。（注75）在其他城市的各種僭主則承諾將會廢除農業貸款。

從表面上來看，這些現象本身並不是什麼值得驚訝的事情。當商業市場興起之後，希臘的許多城邦國家也開始面對了那些纏繞於中東世界一千多年的社會問題：債務危機、債務反抗與政治動亂。但是，這些事情的本質仍然值得我們進一步的釐清。舉例來說，亞里斯多德所謂的窮人「遭到有錢人的奴役」是一種非常廣義的說法，卻不是當時出現的新問題。甚至在荷馬時代中，有錢人身邊就已經圍繞著各種必須仰賴他維生的手下與侍從。這些人也全部都來自於社會下層的窮苦人家。雖然，荷馬時代的主從關係建立在主人與侍從之間的相互責任之上，因此與後來的奴隸關係有所不同。一名高貴的戰士與其謙遜的主人在本質上確實是完全不同的角色，但是都有義務滿足他們手下與侍從不同性質的需求。將這種傳統的主客關係轉換成債務關係，舉例來說，將預支穀物種子的行為視為貸款，就是徹底改變舊有社會的關鍵（更別提任何牽涉到利息的借貸關係）。（注76）更重要的是這種現象牽涉到兩種彼此完全矛盾的層面。借貸關係意味著債權人沒有任何進一步的義務。另一方面，正如我持續強調的，借貸也假設了立約人與受契約規範者之間確實存在著一種正式的、受法律規定的平等關係。至少，這種關係假定了契約雙方在某些層面上是完全平等的人。對於希臘人來說，這種平等形式蘊藏著一種前所未有的暴力性質並且毫不留情的改變了舊有的社會結構。這種新的平等人際關係，讓希臘人難以忍受。（注77）

傳統的農耕社會非常講求給允、借用彼此物品的分享精神——包括篩子、鐮刀、木炭、食用油、穀物種子與犁田用的牛等等。就算如此，我們也能夠在兩個鄰居之中看見各種緊張關係。一方面，這種給予與借貸關係是農耕社會中的人際關係基本架構，在另一方面，任何喜歡過度要求鄰居付出的人，都會被大家看做是非常惱人的傢伙——特別是在所有人都知道購買或實際租賃這些東西其實根本花不了多少錢的時候。從地中海所盛行的笑話中，我們就能夠看見這些農夫的日常生活當中究竟會發生什麼樣的矛盾難題。這種笑話也能夠在土耳其的愛琴海民俗故事中找到迴響：

有一天，那斯魯迪（Nasruddin）的鄰居登門拜訪，希望能夠借用他的驢子去辦點事情。那斯魯迪同意了。隔天，鄰居又來了——這次則是要借一些種子。不久之後，這位鄰居幾乎天天來，連藉口都懶得編了。最後，那斯魯迪終於受夠了，就在某一天早上跟這位鄰居說自己的哥哥已經把驢子帶走了。

就在鄰居離開家門之後，那斯魯迪聽到他在農田裡大吼大叫。

「喂！你不是說驢子已經不在這裡了嗎？」

「欸！你要相信誰？」那斯魯迪回答道：「我還是驢子？」

當金錢介入社會關係之後，人們就很難分辨什麼是贈禮，什麼又是借貸。就算是贈禮，人們也會期待自己可以略微回禮，以表達自己的心意。(注78)但是，朋友之間絕對不會另外加收利息，更不會進行任何可能讓彼此有所怨懟的舉動。那麼，慷慨的回禮與償還利息之間到底有什麼不同呢？以下是另外一個來自於那斯魯迪的故事，讓我們可以看見地中海與其鄰近地區的居民如何度過了非常愉快的幾個世紀。（我必須先提醒各位讀者，在許多地中海地區的語言中，包括希臘語在內，「利息」這個字同時也是「小孩」、「後代」或者「衍生物」的意思。）

有一天，一位討人厭的鄰居來拜訪那斯魯迪，宣布自己即將替朋友舉辦派對，希望能夠跟那斯魯迪借用幾個瓶罐。那斯魯迪自己沒有太多瓶罐，卻表示自己非常樂意幫忙。隔天，這位鄰居回來了，手上帶著那斯魯迪出借的三個罐子，還有另外一個額外的小罐子。

「那是什麼？」那斯魯迪說。

「哦，這是罐子們生的小孩。這些罐子們在我家的時候，就自己變出了這個小罐子。」

那斯魯迪難以置信地聳聳肩膀，卻也欣然接受了這個東西。這位鄰居則因為自己建立了一種利息原則，而非常快樂的回家了。一個月以後，輪到那斯魯迪想要舉辦派對，他也去那位鄰居家裡借了十幾個非常豪華的陶器。鄰居當然也同意了。只不過，鄰居隔天等不到那斯魯迪，一天之後，也還是沒見到那斯魯迪拿東西來還。

第三天，鄰居只好自己去那斯魯迪的家裡，問問看到底發生什麼事情了。

「哦，那些陶器啊」那斯魯迪非常憂傷的說：「發生了一件非常糟糕的悲劇。那些陶器死掉了。」（注79）

英雄式的社會原則就是「以牙還牙、以眼還眼」，所以只會出現一種帶有榮譽感的債務概念——我們必須回禮、復仇、或者拯救任何遭到俘虜與綁架的朋友及親人。榮譽就像一個人的信用與履行承諾的能力；然而，如果是在比較糟糕的情況下，也是指那個人報仇的能力。我們可以從這裡看見一種金錢「有借有還」的概念。金錢與其引起的人際關係都必須嚴格遵守這種概念。因此，當金錢（貨幣）制度開始盛行於社會之後，某些事情正在逐漸發生細微轉變，讓人際關係當中的道德關係逐漸變成各種不誠實的欺瞞手段，人們卻沒有發現這件事情。

我們也可以從現存的許多審判紀錄稿裡面看見一些端倪。以下我將引述一篇來自於西元四世紀（大約是西元三六五年）左右的紀錄。阿波羅德魯斯（Apollodorus）是一名出身卑微但家境非常良好的雅典公民。他的父親曾經是奴隸，最後成為了錢莊老闆。阿波羅德魯斯像其他貴族仕紳一樣賺得了不少財富，並且跟自己的鄰居尼可史達瑞圖斯（Nicostratus）結為好友。尼可史達瑞圖斯出身於貴族階級，卻家道中落，因此生活環境非常普通。這兩個好友兼鄰居彼此之間的互動一直都非常正常，彼此經常會送一些禮物並相互幫忙。除了一般的小額借貸之外，這兩個人也會相互出借彼此的家禽、奴隸，甚至在對方外出時負起看家的責任。有一天，尼可史達瑞圖斯實在運氣太差了。當他試著去把某些逃跑的奴隸找回來時，卻被海盜抓住了。海盜要求他支付贖金，否則就要把他賣到愛琴海的奴隸市場。但是，尼可史達瑞圖斯的親戚沒有能力支付全部的贖金，所以他只好被迫向其他人借錢。在商業市場上，某些錢莊確實願意借款，卻提出非常嚴格的償還條件：如果尼可史達瑞圖斯在三十天內無法償還的話，應付帳款就會提高為兩倍；如果他真的完全還不出錢，債權人就可以把尼可史達瑞圖斯變成自己的奴隸。

於是尼可史達瑞圖斯淚眼汪汪的向阿波羅德魯斯求助。尼可史達瑞圖斯自己已經抵押了自己所有的財產，也知道阿波羅德魯斯可能沒有這麼多現金。究竟，尼可史達瑞圖斯的好朋友會不會為了救他，也去抵押自己的財產呢？阿波羅德魯斯動搖了。他當然願意不去追究尼可史達瑞圖斯以前欠下的債務，但是，如果要他再多做點什麼就會有點困難。然而，阿波羅德魯斯還是決定傾囊相助。他跑去找自己的好朋友亞爾西賽斯（Arcesas），以房子作為抵押，取得了一份年利率百分之十六的貸款，用來營救尼可史達瑞圖斯。不久之後，阿波羅德魯斯突然察覺到自己遭到陷害了。尼可史達瑞圖斯這名貧窮的貴族，居然打算設局侵佔自己好友的財產；他跟亞爾西賽斯以及其他討厭阿波羅德魯斯的人共謀，打算將阿波羅德魯變成一名「公共債務人」——也就是無法支付積欠公共債務的人。換句話說，阿波羅德魯斯將會因此無法控告任何人（所以無法取回自己的錢）。除此之外，還讓尼可史達瑞圖斯等人找到藉口去沒收阿波羅德魯斯的家具與其他財產。我們可以想像，尼可史達瑞圖斯向阿波羅德魯斯借錢的時候一直都覺得不舒服，因為他的社會地位這麼低。這就像是維京人艾吉爾（Egil）與其好友艾納爾（Einar）的故事一樣。艾吉爾收到好友所贈送的大禮之後，就決定要殺了他，因為這樣比較省事，更不用撰寫一首表達感謝心意的歌曲。尼可史達瑞圖斯也認為從這個低級朋友身上榨出一點錢是更容易讓自己接受的作法，或者說，也是一件更光榮的事情。如此一來，他就無須終身懷抱著感謝與愧疚的心情。在阿波羅德魯斯想清楚整件事情之後，一切也都開始變質成暴力事件，最後終於告上法院了。（注80）

我們幾乎可以從這個故事中看見所有值得討論的元素，例如相互援助：朋友之間互通有無，也會期待對方在價格與條件合理的情況下，協助彼此度過難關。（注81）實際上，許多人也會一起募款協助朋友解決經濟難題，例如舉行婚禮、撐過飢荒或者支付贖金。我們也在這個故事中看見將人視為商品時所可能引發的暴力行為，更導引了經濟社會中最可怕的行徑——這不光是指那些海盜的擄人勒贖行徑，也包含指潛伏在商業市場周圍的高利貸，隨時準備以嚴苛的貸款條件來壓榨任何想要替自己親人籌措贖金的人。他們甚至會在債務人無法償還款項時，要求國家允許他們使用武力來強迫這些人履行債務。我們也可以看到一種英雄式的驕傲特質，將朋友的慷慨行徑視為帶有輕視的污辱（就是尼可史達瑞圖斯對阿波羅德魯斯的想法）。除了尼可史達瑞圖斯那種不知感恩的性格之外，這個故事之中的所有環節幾乎都是日常生活裡隨處可見的場景。優秀的雅典人會到處借錢，用來實現自己的政治職涯發展；平庸的雅典人則是一直在花時間擔心自己無法履行債務，或者根本不知道怎麼樣回收自己借出去的錢。（注82）最後，我們還要討論另外一個非常細微的元素。當希臘與地中海地區的市級與攤販都還在用個人信用作為交易單位的時候，這個地區的商業模式也就繼續維持純粹的信用交易機制，因此，我們還無法看見藉由大規模生產貨幣而衍生出的匿名交易機制。（注83）海盜與綁匪確實採取現金交易，而愛琴海的高利貸也必須仰賴現金做生意。這種非法的現金交易與信用交易都與暴力脫離不了關係，也全部都是藉由無數的地下犯罪行為而建構出的特殊商業機制。

◆

在雅典，這樣的結果導致了極端的道德混亂。金錢、債務與財務等觀念帶來了非常強烈的道德思考——同時，它們也造就了無可回溯的改變。古印度的人民認為生命就是人類積欠眾神的債務，因此債務變成了一種義務，用來追求榮耀；同時，債務也是一種罪行，討債就變成了復仇。（注84）但是，如果債務是攸關道德的行為——至少對於債權人來說肯定如此，因為他們幾乎沒有任何法律途徑可以強迫債權人償還，所以只能堅持這種立場——我們要怎麼面對金錢（貨幣）是唯一能夠讓道德變得具體、並且可以加以測量的工具，但債務卻同時刺激了人類進行各種無良行徑呢？

這種矛盾也同時是現代倫理學與道德哲學的起點。柏拉圖的《理想國》成書於西元前四世紀的雅典。在這本鉅作的第一章中，蘇格拉底前往比雷埃夫斯（Piraeus）拜訪一位從事軍火生意的富裕朋友，開始討論起何謂正義。蘇格拉底的老朋友主張金錢不是一件壞事，進而認為正義包含兩件事情：說真話與永遠都要支付自己所積欠的債務。（注85）這種說法很快的就遭到攻擊。蘇格拉底反問道，如果某個人曾經借給你一把劍，但是當他發瘋的時候，卻要求你把這把劍還給他，這樣算是正義的舉動嗎？（換句話說，這個人可能會用劍來攻擊別人）。顯然無論在什麼情況下，我們都不應該把這把劍還給發瘋的人。（注86）這位老朋友非常愉快的對此不置可否，並且打算起身離開，外出參加當地的某些祭典活動，讓自己的兒子繼續與蘇格拉底討論正義的問題。

波勒馬庫斯（Polemarchus）是商人的兒子，他採取了另外一種不同的論述策略指出，自己的父親在提出「償還債務」的時候，不單是指歸還積欠他人的金錢或財貨，而是採取廣義的說法：將自己所虧欠於人的事情全部還回去。換句話說，就是有恩報恩、有仇報仇；幫助朋友、攻擊敵人。蘇格拉底必須花更多時間來拆解這種說法（「難道正義無法協助我們決定誰才是朋友，誰又是敵人嗎？如果是這樣的話，當一個人宣稱自己沒有朋友的時候，是否就能夠隨意傷害別人，並且主張自己是在做正義的事情呢？就算你能夠說某個敵人是一個貨真價實的壞人並且罪有應得，難道攻擊他不會讓他變得更糟糕嗎？如果我們把一個壞人變得更糟糕，這樣能夠成為真正的正義嗎？」），但仍然順利地讓波勒馬庫斯站不住腳。就在這個時候，懷疑論者泰許馬科斯（Thrasymachos）也加入了這場討論，並且譴責目前所有的辯論意見都是天真的理想主義。相反的，泰許馬科斯認為，所謂的「正義」只不過是一種政治藉口，用來捍衛強者的各種利益。因為，正義的存在就是用來捍衛強者的利益。這些擁有權力的統治者就像牧羊人一樣。我們總是喜歡讓自己以為統治者會照顧人群（羊群），但是他們的心裡到底想要什麼呢？很簡單，這些牧羊人只不過是想殺了這些羊、吃掉它們或者拿去賣錢。蘇格拉底對此的回應則是指出泰許馬科斯混淆了「照顧羊群的藝術」以及「從羊群身上獲利的手段」。這就像是醫術的使命就是用來提升人類的健康，這一點與醫生賺取多少金錢沒有關係。因此，牧羊的藝術應該確保羊群的妥善生活，就算牧羊人（或者是擁有這座牧場的老闆）只是一個生意人，並且瞭解怎樣才能得到最大的利潤，也無法改變這個事實。同樣的道理也能夠適用於政府統治之中。如果這種藝術確實存在，就必定擁有其內在的目的，讓所有人都能夠從中獲得裨益，這也就是建立社會正義的唯一方法。因此，蘇格拉底認為，唯有金錢才能夠讓我們可以開始把「權力」與「利益」這種概念應用在現實生活裡面。儘管這些概念可能只是某些不肖之徒用來營私的手段，但都仍然改變不了其中所蘊藏著正當目標。（注87）蘇格拉底進一步主張，真正的問題就是確保那些擁有政治權力的人不會因為私利而受到迷惑，並且堅持走在充滿榮譽的道路之上。

我對於柏拉圖（蘇格拉底）的討論就到此為止。正如我們所有人所熟知的那樣，蘇格拉底最後提出了自己的政治想像，其中涉及到哲學家君王，廢除婚姻制度、家庭與私人財產制，並且規畫出不同的人類品行（顯然的，這本書的目的就是讓所有讀者感到不悅。在它問世超過兩千年以來，也確實非常聰穎的完成了這個目標。）我想要強調的是，在當代的道德與政治理論之中，真正的核心永遠起源於這個問題：清償債務到底是什麼意思？柏拉圖先讓我們看見了最單純的商人觀點。隨著這種觀點受到質疑而崩解之後，他又回到了英雄式的概念之中。也許所有的債務都是攸關榮譽的事情。（注88）在一個充滿商業、階級與利潤的世界之中，一切的概念都已經變得非常混亂，讓人再也看不清楚彼此內心的動機，英雄概念早已無法適用於這種世界，這也就是阿波羅德魯斯的親身經歷。換句話說，我們又怎麼可能知道誰才是真正的敵人？最後，柏拉圖只好讓我們親眼目睹一種非常憤世嫉俗的現實政治況觀點。也許，沒有誰真正的虧欠任何人。也許，那些追求私利的人也會讓世界變得更好。但是，這種立場仍然無法完美的解釋一切。我們只好生活在這個道德標準既不完整又彼此矛盾的世界裡，甚至需要進行某些激進的舉動，才能夠創造一個真正具有道德邏輯的新世界。但是，任何人只要認真思考過採用柏拉圖式的激進舉動的可能性，就會知道那可能會帶來比道德不完整更糟糕的結果。自此之後，人類就只能夠活在一種無法解決的矛盾難題之中。

◆

從某個角度來說，柏拉圖會一直糾結著這個問題並不是一件令人意外的事情。在寫這本書的七年前，他曾經參與過一次非常倒楣的海上旅行，並且跟尼可史達瑞圖斯一樣遭到綁架，對方要把他帶去愛琴海的市場拍賣。但是，柏拉圖的運氣比較好。一位伊比鳩魯學派的利比亞哲學家亞尼克瑞斯（Annikeris）*碰巧就在那裡的市場。他立刻認出柏拉圖，並且替他支付了贖金。柏拉圖覺得自己在名譽上虧欠後者甚多，想要償還這筆債務。柏拉圖在雅典的朋友也立刻募集到了二十邁奈（mina）銀幣。但是，亞尼克瑞斯不願意收下這筆錢，堅持能夠替柏拉圖解圍是自己的榮譽，因為柏拉圖也是一個深深熱愛智慧的男人。（注89）事實證明，亞尼克瑞斯也確實因為如此替自己贏得了無上的光榮，後人將會永遠記住、慶賀他的慷慨。只不過，柏拉圖繼續踏上自己的人生旅途，並且用二十邁奈買了一塊土地，成立了一間學校，就是後人所熟知的雅典學院（Academy）。雖然，柏拉圖不像尼可史達瑞圖斯一樣忘恩負義，但他也知道如果沒有亞尼克瑞斯的恩情，往後這些人生發展都是不可能的事情——但亞尼克瑞斯根本不是什麼重要的人物，只不過是一個乏人問津的小哲學家而已，這傢伙甚至還不是希臘人！想到這件事情，柏拉圖就一點也高興不起來。因此，這件事情至少也讓我們瞭解為什麼柏拉圖這個非常在意自己名譽的傢伙，從來沒有正式提過亞尼克瑞斯。後人只能夠在傳記作家的作品中，看見亞尼克瑞斯的名字。（注90）

古羅馬：財產與自由

柏拉圖的作品見證了債務所引起的道德混亂如何影響人類的思想傳統，而羅馬法則讓我們瞭解了這件事情又是怎麼形成了當代的各種制度。

德國法學家魯道夫・馮・傑何靈（Rudolf von Jhering）曾經針對古羅馬的歷史提出一個非常著名的觀點，那就是「羅馬三次征服世界」之說。傑何靈認為，羅馬人靠著軍隊第一次征服世界，第二次是宗

*譯註：Annikeris的常見英文寫法是Anniceris。

教，第三次則是法律。（注91）羅馬每一次征服世界，羅馬影響世界的範圍都變得越來越大。從全球版圖而言，羅馬帝國所佔的面積只不過是一小部分而已，羅馬天主教卻可以延伸到更多地方，羅馬法更是幾乎影響了全世界對於法律與政體秩序的重要觀念、語言與論點。所有的法律系學生，無論他是在南美洲還是祕魯，都必須花費相當大量的時間用拉丁文背誦法學專有名詞。除此之外，羅馬法更是現代人理解合約、義務、民事侵權行為、財產權與司法審查制度的基礎——從更廣義的角度來說，羅馬法也影響了我們看待公民權、人權、自由的觀點，而這一切都跟我們的政治生活密不可分。

傑何靈也認為，由於羅馬人的關係，人類才會將法學視為一種科學——儘管如此，在羅馬法之中，仍然有許多令人瞠目結舌的奇怪特色，甚至讓中世紀的義大利學者復興羅馬法研究的時候，感到非常不可思議。羅馬法當中最奇特的概念可能就是對於財產的定義。在羅馬法中，財產（*dominium*）乃是指人與物之間的關係。當一個人對於某個物品擁有絕對的權力時，就代表這個物品是他的財產。這種定義引起了無數個概念上的問題。首先，我們無法釐清人究竟在什麼情況下才跟某個物品擁有「關係」，因為物品是沒有生命的存在。人與人之間可以建立關係，但人要如何與某個物品建立關係呢？如果某個人真的可以與某個物品建立關係，又要怎麼用法律條文說明這樣的關係呢？只要用一個非常簡單的例子，就可以指出羅馬法財產定義的問題。假設某甲被困在一座龐大的沙漠裡。他可能會跟那裡的棕櫚樹建立起一種特殊的關係。如果他待的夠久，甚至會幫所有的樹取名字，還會花費相當大量的時間跟樹聊天。難道這些樹全部都是某甲的財產嗎？但是，這種假設性的問題其實沒有太大的意義。因為如果那座沙漠裡面沒有任何其他人的話，也無須擔心財產權的問題。

因此，財產權顯然不是用人與物品之間的關係就能夠清楚說明的事情，而是人們如何安排其與物品之間的關連與制度。人們有時會忽略這一點，那是因為在許多情況下，當我們談到財產權的時候，將會採取英國法的說法，進而主張那是我們用來「排除他人使用我們自己財產的權利」——特別是在我們討論自己的鞋子、車子或者任何工具的時候。這種觀點主張任何人都不可以干涉我們使用自己財產的權利，也讓我們能夠按照自己的意志，自由處理各種財產。從這個角度來說，人與人之間的關係絕對不像是人與物品之間的關係。但是人與物品之間的關係就可以套用這樣的說法。但是，在實務上我們幾乎不可能隨心所欲而毫無限制的使用自己的財產。舉例來說，如果我擁有一台電鋸，這代表我對這台電鋸擁有「絕對的權力」，但我仍然不能隨便使用它。在戶外隨意使用電鋸的行為，幾乎都是違法的；就算是在室內，我也必須按照法律所限制的範圍而使用這台電鋸。因此，我對於這台電鋸的絕對權利，只是用來阻止任何人隨意使用它而已。（注92）

但是，羅馬法確實堅持財產權的基礎形式就是私人財產，也就是擁有人可以隨意使用這個物品的絕對權力。十二世紀時的中世紀法學家將這種絕對權力限定在三種不同的層次之上：使用權（*usus*）、收穫權（*fructus*；也就是享受這個物品所帶來的收穫）以及處置權（*abusus*；使用人可以自由的摧毀這個物品）。但是在羅馬法學家的眼中，他們沒有興趣做出這麼細微的區分，因為這已經超過了法律的領域。事實上，法學專家花了相當多時間爭論羅馬人是否真的將私有財產視為一種權利（*ius*）（注93），因為權利是用來處理人與人之間的關係，但人處置自己財產的「權力」卻不在這個範疇之中。後者就是指一個人可以在不受社會干預的情況下，隨意使用自己擁有物的能力。（注94）

如果我們仔細思考這件事情，就會發現這種財產權理論是一種非常奇特的想法。因為，無論在這個世界上的任何地方，還是在歷史上的任何時代，無論某甲住在日本，還是古代的馬丘比丘（Machu Picchu），當他擁有一條繩子，只要他想就絕對可以自由自在的扭曲這條繩子、打結、甚至是丟到火裡去燒。但是，幾乎沒有法學家認為這個事實值得討論，也沒有任何一種法學傳統將這件事情視為重要的財產權基礎概念——因為，如果他們這麼做的話，就無法設計出普遍適用的財產法原則，只能夠列出一條又一條的特殊條文。

究竟是什麼樣的原因導致這個現象呢？又為什麼會造成這個原因呢？我認為奧蘭多·派特森提出的觀點最有說服力。派特森指出，古羅馬之所以會將財產權定位為絕對的擁有，乃是受到奴隸制度的影響。我們都會同意財產權不是一種人際關係，而是牽涉到人與物品之間的連結。但是，如果人其實也是一種物品的話，他與另外一個人之間的關係，就能夠適用於這種財產權的觀念。羅馬法確實也是如此定義奴隸的：所謂的奴隸，同時也是一種物品（*res*）。（注95）從這個角度來說，強調財產權當中的絕對擁有特質，就變成一件非常合理的事情。（注96）

所謂的財產，（*dominium*），意指擁有絕對性質的私人財產，而這種概念的起源不算太古老。（注97）一直要到羅馬帝國的晚期，當成千上萬的奴隸被運送到義大利，羅馬社會開始正式看待奴隸議題時拉丁文中才出現了「財產」這個詞彙。（注98）在西元五〇年左右，羅馬法學家開始假設所有的勞工——無論是在農場上收割，運送農穫到市場，還是負責在商店販賣這些農產品的人——全部都是別人的財產。因此，當羅馬帝國境內有幾百萬個人同時是物品的時候，就創造出了非常多的法律問題。羅馬法為了解決這些問題所設想出來的各種概念，也引起了無數的意見分歧。我們只需要隨意翻閱一本羅馬法學著作，就能夠窺知一二。以下文字引述於西元二世紀時期的羅馬法學家尤皮恩（Ulpian）：

> 米拉（Mela）提出了一個問題。如果一群人正在玩球，其中一個人把球打得很遠，敲到了某個理髮師的手。假設那個理髮師正在替一名奴隸刮鬍子，卻因為被球打中手，而不小心讓手上的剃刀割破了那名奴隸的喉嚨，根據《市民賠償法》（*the Lex Aquilia; the law of civil damages*），誰才是這個案件中的有罪人士？普羅柯魯斯（Proclus）認為理髮師有罪。的確，如果理髮師選擇在球場旁邊工作，或者他在任何交通繁忙的地方工作進而造成這起意外，我們就有非常充分的理由認為理髮師必須為了這次意外負責。但是，如果某個人信任理髮師，並且無視於理髮位置周遭的險峻環境，就必須自己負起責任。（注99）

換句話說，這名奴隸的主人只能自認倒楣，不能要求打球的人或者理髮師賠償他的財產損失，因為是他自己買了一名非常愚笨的奴隸。羅馬時期的許多法學爭議會讓我們覺得非常難以理解（例如，如果你叫一名奴隸拿了東西就快點跑，別人可以告你偷竊嗎？如果某個人殺了一個奴隸，但那個奴隸就是你兒子，當你要求他賠償的時候，究竟是要根據奴隸的市場價格還是必須考慮到人情義理呢？），但是當代的法學確實就是建立在這種爭議之上。（注100）

財產的拉丁文 *dominium* 起源於 *dominus*，意為「主人」或者「擁有奴隸的人」；除此之外，這個字根則來自於 *domus*，就是「房子」（house）或「家庭」（household）。當然，這個字根與英文的 domestic 有關。domestic 這個字在現代都仍然可以用來指涉「與私人生活有關的」或者是替他人處理家務的傭人。*Domus* 在某些層面上與 *familia*（即 family，家庭）的意思重疊——但是，任何強調「家庭價值」的人或許會想要知道 *familia* 來自於 *famulus*，也就是「奴隸」。「家庭」最原本的意義就是指所有受限家長父親權威限制的人，而早期羅馬法認為這是一種絕對的權威。（注101）但是，由於女性在結婚之後仍然受到自己父親的保護，所以男性對妻子的權力必須受到這個限制。除此之外，小孩、奴隸與其他任何仰賴於這位男性生活的人，都必須聽從他的所有指令。因此，根據早期的羅馬法規定，這名男性可以隨意鞭打、虐待或者販賣除了妻子以外的所有家庭成員。如果一位父親可以證明自己的小孩犯罪，甚至可以自行處決他（注102）；如果是奴隸，甚至無須花費時間證明有罪，就可以隨意殺害。

為了順利創造出財產的概念，並且建構因應當時生活的絕對財產權原則，羅馬法學家所做的第一件事情，就是讓家長權威變得極為絕對崇高而沒有限制，並且讓奴隸變成一種物品，就能夠將奴隸歸類於諸如鵝、胡蘿蔔、穀物、珠寶盒等等貨品——換句話說，所有能夠適用於物品的法律，現在也能夠用在奴隸身上。

就算是在古代世界，一名父親居然擁有自由處決奴隸的權力，怎麼說都是一件非常特殊的事情。但是，沒有人可以百分之百肯定為什麼早期羅馬法學家會在這件事情採取如此極端的立場。有些人認為，最早的羅馬債務法非常可怕，因為它允許了債權人可以殺掉無力償還的債務人。（注103）就像希臘，羅馬早期的歷史也充滿了債務人與債權人的政治鬥爭，一直到羅馬的政治菁英想出了一套解決方法為止——這點也與當初的地中海菁英非常類似。他們認為，如果國家擁有一大群自由的農民，也就代表他們得到了非常有效率的軍隊。這群農民軍隊將協助國家進行征服大業，在戰爭中得到數量更多的俘虜。最後，這些俘虜便可以替補原本要進行勞務抵債的奴隸。因此，羅馬政治菁英也立刻做出了符合這種利益的社會妥協——限制了原本的奴隸人口、禁止任何人以債務脅迫他人為奴、導入了一部分的社會福利機制。也就是在這個時候，父親的權威發展到最高點，就像其他地區的歷史發展一樣。債務的束縛讓家庭關係變成一種財產關係。羅馬的社會改革仍然保留了父親的權力地位。同時，由於大批奴隸湧入羅馬境內，就算家境沒有這麼富裕的人，也能夠開始擁有自己的奴隸。這就意味著原本只能用於戰場的征服邏輯，現在也滲透到了人民的日常生活之中。被征服、俘虜的人必須替別人放洗澡水、梳頭髮。被俘虜來的家庭教師則必須讓別人的小孩學會怎麼讀詩。除此之外，既然主人與其家人都可以隨意處置這些奴隸，也就能夠自由的與他（她）們進行性行為，甚至連主人的朋友與晚宴賓客都可以如此。許多羅馬人的初次性經驗對象，都是那些遭到征服而成為奴隸的男童或女童。（注104）

隨著時代的發展，這種現象也開始越來越像是法律所正式規定的制度，奴隸實際上也變成遭到父母親變賣的窮小孩、遭到山賊及海盜所綁架的倒楣鬼、在羅馬帝國的偏僻地區遭到野蠻對待的戰爭俘虜、不公法律審判下的受害者、甚至也很有可能只是其他奴隸所生下的小孩。（注105）然而，羅馬法律所規定的一切畸形制度卻仍然完好無缺的維繫了下來。

從歷史的角度來說，讓羅馬時期的奴隸變得這麼奇特的原因有兩個。第一個就是這種制度背後的任意性。讓我們用一種非常具有戲劇性的對比關係來思考這件事情，當美洲還盛行讓奴隸在農場工作時，沒有人覺得某些人天生就是比較低劣，所以命中注定要當奴隸。相反的，他們認為變成奴隸是一種很有可能隨時發生在你我身上的厄運。（注106）因此，美洲人反而相信奴隸可能會在某些層面上比他們的主人更為優秀，也許是更聰明，更為道德謹慎，品味更好，或者更能夠瞭解艱澀的哲學。美洲的農奴主人也更為傾向於承認這件事情。因為，就算他們承認這件事情，也從來不會影響到自己的權力，又有什麼理由需要否認呢。

第二種原因，則是奴隸主身上所帶有的絕對權力。在許多地方，奴隸基本上都是戰爭的俘虜，身為征服者的奴隸主，也自然擁有決定他們生死的絕對權力——但是，這只不過是一種非常抽象的原則。幾乎每個地方的政府都會很快的限制奴隸主所擁有的各種權利。皇帝與君王都會堅持自己才是擁有這種生殺大權的人。（注107）但是，在羅馬的共和時期，他們沒有皇帝，只有主權；換句話說，那些奴隸主所構成的集合體，就是最高權力的擁有者。只有在羅馬帝國非常早期的時候，我們才會看見他們正式立法限制奴隸主處理自己財產的方式（包括奴隸在內）。羅馬歷史上的第一個相關法律條文誕生於第二任皇帝提貝里烏斯（Tiberius，西元十六年），規定奴隸主必須在地方長官同意之後，才能夠在公開場合將奴隸五馬分屍。（注108）但是，由於奴隸主人擁有絕對的權力——事實上，既然國家是由人民所構成的，所以這些奴隸主也就是國家本身——他們也能夠自由自在的決定解放這些奴隸。換句話說，奴隸主可以自由決定是否要解放奴隸，甚至是領養他們，在這種情況下，奴隸就會變成羅馬公民，一但他受到羅馬奴隸主人的解放，就會得到羅馬社會的自由身份。這種情況也導致了一種特殊現象。在西元一世紀的時候，許多受過教育的希臘人會把自己賣給相當富有的羅馬人，因為羅馬人需要一位祕書。這名希臘人會把買賣得來的錢交給親密的好友或者家人，過一陣子之後，就將這筆錢用來替自己贖身，立刻獲得羅馬公民的身份。但是，這種方法仍然有其風險。由於這名希臘人是名符其實的奴隸，如果奴隸主決定要砍掉他的腿，他當然無法阻止這件事情。（注109）

因此，財產與奴隸制度演伸出一種極為特殊的征服關係，並且將政治權力帶入了羅馬的家庭之中（甚至變成了家庭制度的本質）。我必須強調在這種奴隸制度當中的雙方都沒有任何的道德關係可言。羅馬律師昆圖斯．哈特瑞斯（Quintus Haterius）曾經在某次訴訟時提出了相當重要的法律原則。根據法律規定，無論在羅馬還是雅典，任何一名進行同性性行為的男性奴隸，都無法成為公民。當時，哈特瑞斯的當事人遭到控告，指出他過去還是奴隸的時候，持續為主人提供性服務。對此，哈特瑞斯提出了一段名言。這段名言後來甚至變成了流傳於坊間的低級笑話：對於生而自由的人來說，同性性行為是一種罪；對於奴隸來說，卻是一種需求；對於重獲自由的人呢？那卻變成了一種責任。（注110）換句話說，任何想要重獲自由的人都必須將這種同性性行為視為職責。這就是因為羅馬的奴隸制度根本沒有道德可言，奴隸主可以做出任何自己喜歡的事情，奴隸完全無法反抗。

◆

羅馬的奴隸制度真正讓人感到不舒服的地方，則是它完全扭曲了我們對於人類自由的認知。在羅馬文中，自由（*libertas*）這個字的意思也隨著時代而產生了劇烈的改變。在古代，幾乎世界各地的「自由」都代表著一件最重要的事情：不會變成任何人的奴隸。如果奴隸狀態就是指自己失去了所有社會連結，以及形成這種社會連結的能力，那麼自由就是指自己可以創造、維繫與其他人所共同擁有的道德關係。例如，英語的「自由」（free）的字根來自於德語的「朋友」，因為自由的意思就是能夠跟其他人作朋友、信守承諾並且以平等的姿態活在人類社群之中。這也就是為什麼在羅馬受到解放的奴隸，就會成為公民。因為，自由的定義就是活在某個公民社群之中，並且擁有所有相關的權利與責任。（注111）

但是，在西元二世紀之後，這種觀念產生了巨大的改變。羅馬法學家開始逐漸改變了自由的意義，到最後幾乎與奴隸主的權力脫離不了關係。自由，因此也變成了一個人可以隨心所欲的做任何事情的權利，只要符合法律所明文規定的範圍。事實上，在《羅馬法大全》中，自由與奴隸的定義幾乎可以說是唇齒相連：

> 自由是一種非常自然的能力，可以讓一個人做自己想做的任何事情，只要這件事情符合法律。根據萬國法的規定，奴隸則是指一個人變成他人私有財產的情況，而這是一件違反自然的事情。（注112）

中世紀的法學家立刻注意到這種概念當中的問題了。（注113）根據這種說法，幾乎每個人都是自由的人。因為，就算是奴隸也可以做自己想做的事情。但是，如果說一個奴隸是自由的（但他明明不是），就像是說地球是平的（但地球明明是圓的），或者說太陽是藍的（但太陽明明就是黃的），也有一點像是在說我們可以自由自在的使用家裡的電鋸（但我們明明很多事情都不能做）。

事實上，這種自由的定義也導入了更多複雜的討論。如果自由是一種屬於自然的狀態，那麼奴隸一定是不自然的產物。可是，如果自由與奴隸可以用來判斷自然與否，從邏輯上來說，任何限制自由的事情難道都是不自然的產物嗎？這不就是在暗示社會本身與各種制度，甚至所有關於財產權的觀念，也都是不自然的東西嗎？當羅馬法學家開始探討這種抽象的概念時，經常會得到這種結論（儘管這種例子非常少）。原本人類應該是活在某種自然狀態之中，並且共同擁有世界上所有的一切。隨著世界上出現了戰爭，也開始造成各種改變，更帶來了所謂的「萬國法」（law of nations）——也就是人類用來探討何謂征服、奴隸、協約與國家的共同語言。但是，也就是從這個時候開始，人類就開始擁有了彼此不平等的財產。（注114）

這種概念上的轉變也讓私人財產與政治權力之間沒有任何實質的差距——只要權力牽涉到暴力的話，就不會改變這種關係。隨著時間發展，羅馬皇帝也開始宣稱自己擁有近似「財產」的東西，堅持自己在領土之內擁有絕對的自由——事實上，這就是指他們不受法律的限制。（注115）就在這個時候，羅馬社會也從原本那種「奴隸主所共同形成的國家」轉變成傳統的封建制度，但是所謂的權貴人士仍然身邊仍然充滿了許多佃農、積欠債務的僕人以及無數個奴隸——基本上，只要這些權貴人士喜歡，也能夠對這些奴隸做任何事情。野蠻人的入侵雖然瓦解了舊的羅馬帝國，並且改變了原本的奴隸制度，但是，這也讓後來的貴族階級變成了日耳曼征服者的後代。這種發展結果，也意味著所謂的「平民老百姓」就是那些遭到征服的人，隨時可以抓來做為奴隸。

但是，就算是在這個新興的中世紀時代，陳舊的羅馬自由概念仍然一體適用。自由還是權力，一點都沒有改變。當中世紀的政治理論家談到自由的時候，他們通常都是在說領主隨心所欲處置自己領土的權利。但是這種權利並非來自於任何政治同意或創建，而是屬於單純的征服結果。我們可以用一個非常知名的英國傳奇故事來說明這件事情。大約在一二九〇年時，英王愛德華一世要求旗下領主提出文件證明他們自己為什麼可以擁有這樣的特權（或者說，這種「自由」），結果華倫伯爵（Earl Warenne）就用自己手上那把生鏽的劍當作證明。（注116）就像羅馬人說的「財產」，英國所說的統治權更像是一種「權力」而不是「權利」，而它最重要的行使對象就是人民。這就是為什麼中世紀的人喜歡說「刑架上的自由」。因為，對於一位領主來說，維護、使用刑場，就是專屬於他的私人權利。

當十二世紀的人開始重新探索羅馬法，並且讓它變得更為當代化之後，財產這個觀念也出現了新的問題。按照當時的教會所通行的拉丁文，財產這個概念同時可以用在「領主權利」與「私有財產」這兩種領域。因此，中世紀的法學家花費了相當多的時間探討這兩者之間是否有其差距。這是一個相當棘手的問題，如果財產的概念嚴格遵守著《羅馬法大全》的定義，就會變成一種絕對的權力，換言之，只有君王可以擁有這種權利——對於某些法學家而言，甚至只有上帝才配得上這個權利。（注117）

雖然，我不想在這本書裡面花費太多篇幅引述相關的辯論，但仍然必須在這裡替這個爭議做出結論。因為，從某個角度來說，這個議題將會讓我們準確的理解為什麼諸如亞當斯密等自由主義者會得到那種世界觀。這種財產權的理念孕生出了一種傳統，相信自由就是一個人可以隨心所欲的使用自己財產的權利。事實上，這種觀念不只讓財產變成一種權利，更使得各種權利都變成了一種特殊的財產形式。這就是最重要的矛盾之處。我們都已經非常習慣所謂「擁有」權利的說法——換句話說，權利是一個人可以「擁有」的東西——但是卻很少思考這種說法背後到底蘊含著什麼樣的意義。事實上（正如中世紀的法學家所熟知的），一個人的權利代表另外一個人的義務。當我擁有言論自由的權利時，就代表其他人有義務不可阻止在我發表任何言論；當我擁有成為陪審團的權利時，就代表政府有義務維繫司法體系的良好運作。但是，當這種想法套用在財產權身上的時候，也會引起同樣的問題：當我擁有自己的私有財產時，就代表全世界的所有人都必須行使另外一份義務（也就是不可以侵犯我的財產）。但是這種想法確實有些不切實際。因此，一個人「擁有」權利與自由會是比較單純而簡單的說法。只不過，如果自由就是我們擁有、處置某個物品的權利時，那麼擁有自由這種說法到底是什麼意思——不就是在說我們擁有財產這件事情本身，就是一種財產的形式嗎？這似乎讓整個思維邏輯陷入了無限的循環。一個人到底能夠用什麼樣的思維才能夠捍衛這種想法呢？（注118）

我們可以從歷史中找到一個非常單純的答案，儘管這答案會有點令人感到沮喪。主張人類生而擁有權利與自由的人，都會傾向宣稱我們也能夠自由的放棄、甚至是變賣這些東西。

現代的權利與財產觀念則可以追溯到西元一四〇〇年左右的巴黎大學校長尚．葛森（Jean Gerson）。葛森採用了羅馬法學的概念建立了新的概念，也就是後人所熟知的「自然權利理論」。知名歷史學家理查．塔克（Richard Tuck）很早以前就主張過，這可能是最具備諷刺色彩的其中一種理論，不但當時的前衛派學者認同，連保守派學者也都欣然接受這種觀點。「對葛森主義者而言，自由是一種財產，並且可以跟其他財物採用一模一樣的方式與條件進行交換。」——也就是販賣、交換、借出、或者自願讓予。（注119）如此一來，我們幾乎無法指出以勞務抵債或者奴隸制度本身有任何內在的錯誤，而這也就是自然權利理論家們經常得到的結論。事實上，在往後的幾個世紀之間，這種概念也廣泛的流傳於比利時的安特衛普（Antwerp）與葡萄牙的里斯本（Lisbon），因為這兩個地方就是新興的奴隸交易市場。這些人認為，既然我們不知道到底在奈及利亞的卡拉巴爾（Calabar）發生了什麼事情，就沒有理由假設任何運送至歐洲的人力財物（即奴隸）不是自願賣身、遭到法律判決為奴或者在其他任何合法的情況下失去自由。這種說法本身確實沒有什麼問題，但我們都知道當時各地仍然盛行恣意將人當成奴隸的行為。這種說法最重要的特點，就是讓買賣自由的理念本身再也沒有任何內在的邏輯問題，或者陷入了過去那種「不自然」的指控。（注120）

不久之後，同樣的概念甚至能夠用來證成國家的絕對權力。十七世紀的霍布斯（Hobbes）就是第一個發展相關概念的理論家，而這種概念也立刻變成了一種常識。人民將一部份的自由交給主權，也就是國家，雙方進而形成了一種非常近似於商業條款的契約。最後，在當代的經濟生活之中，我們甚至可以從最基礎、最重要的制度設計中，看到了同樣的理念：受薪勞工事實上就是將自己的部分自由租賃給雇主，就像奴隸自由的販賣自己的身體。（注121）

同樣的邏輯不只能夠應用在人類的自由，也可以適用在人類的身體。換言之，人類的身體就跟房子、汽車、家具是一樣的存在。我們確實擁有自己的身體，所以外人沒有隨意侵犯的權利。（注122）乍看之下，這種想法非常穩當，甚至很積極。但是，只要我們稍微從這種想法的基礎也就是羅馬法學中的財產權理論來思考這個問題，一切又會變得完全不同。宣稱我們擁有自己的身體是一種非常奇怪的立場，讓人類同時成為了擁有者與奴隸。擁有，就是指處置財產的絕對權力，但這也讓我們的身體變成了「可以被別人擁有」的物品，進而受到絕對權力的控制。從這個角度來說，古羅馬時代的家庭生活所造成的影響，不但沒有隨著時間發展而消失在歷史的洪流之中，反而深深的存在於當代人的自我認識之中——光是以羅馬的財產權理論來說，只要一個人想要瞭解這種理論究竟如何實際運作，就可能會陷入無數種矛盾。就像律師們花了一千年的時間想要讓羅馬財產理論變得更有說服力，哲學家也用了好幾百年試著瞭解，究竟在什麼樣的情況下人才可以完全的擁有自己。時至今日，最受到普遍歡迎的答案是「心智與身體的不同」。所謂的心智是一種完全不同於身體的存在，以一種非常自然的方式，完全統治、擁有了身體。但是，這種答案之所受到歡迎，也符合了當代認知心理學的基礎假設。這種說法明明就無法解決問題，但是我們卻選擇繼續相信這件事情，因為，如果我們不這麼做，當代所有關於財產、法律與自由的觀念，就會全部站不住腳了。（注123）

結論

本書在前四章描述了一種困境，也就是我們不曉得如何思考債務。或者，更精確的說，我們似乎困在了亞當斯密式的社會想像之中。在那裡，人與自己的財產就是唯一重要的關係，我們非常愉悅的進行以物易物，只為了讓彼此的生活更加便利，卻完全看不到任何債務。可是，我們都知道債務就是一切，甚至成為了所有人際關係之間的核心架構。然而，這種社會觀卻讓我們每個人都覺得不太自在，因為這似乎就是在說人際關係只是一種浮華的買賣，而我們對於彼此的責任也只建立在原罪與犯罪之上。更可悲的是，我們幾乎沒有任何更好的選擇了。

在後面的三章中，我則試著展現出另外一種觀看事物的方法，並且勾勒出我們如何得到這種想法的過程。這也為什麼我必須在這些部分發展出各種人類經濟型態的觀念。在某些經濟形式中，「人類」這種物品就是維繫人際關係的樞紐，所以「每個人」都是不同的存在，沒有人會跟另外一個人完全平等，甚至也不會跟另外一種物品完全平等。在人類經濟中，金錢不是用來購買或交易「人類財貨」的單位，而是用來規定一個人不能做哪些事情。

隨後，我也開始討論這種概念如何開始解體，人類又是怎麼樣變成一種交易的貨品。一開始也許人類只會交易用來締結婚姻關係的女子，後來就交易在戰爭中俘虜到的奴隸。在這些交易關係之中，唯一不變的要素就是暴力。蒂夫族的女孩想要從丈夫的身邊逃走，就會被綁起來痛打；某些男性則會被綁上奴隸船，最後死在遙遠的農場。因此，我們也看到了同樣的暴力原則：只有在棍棒、繩索、槍與鎗的恐嚇下，我們才有辦法強迫另外一個人切斷原本複雜的人際關係（像是姊妹、朋友、競爭等等），變成一種獨特的人類財貨，最後淪為可以交易的物品。

我必須強調這一切也能夠發生在最原始的人類市場。換句話說，就算當時的市場還沒有流通各種日常生活的用品，像是衣服、工具與食物，也很有可能會進行人口販賣。事實上，在多數的人性經濟社會中，人無法單純以金錢購買或販賣自己最重要的擁有品。因為這些東西都非常獨特，並也與人際關係的網絡形成了非常複雜的關係。（注124）

我的老教授約翰．柯馬洛夫（John Camaroff）常常提起他在南非納塔爾（Natal）時所發生的田野故事。當時，他花了將近一個星期的時間，開著吉普車穿過一個又一個村落，車上載著一大箱的問卷，還有一名祖魯（Zulu）語翻譯。他們所到之處全是牛隻，簡直就像那裡豢養著無數頭牛一樣。六天之後，他的翻譯突然開始指著一群牛大叫：「看啊！」他說：「那是我們之前看過那頭牛欸！就是那頭牛啊，背上有紅點的那頭！三天前，我們大概在十英里遠之外的地方看過牠。這是怎麼一回事？有人結婚了嗎？還是這邊的居民剛剛處理好某個問題，現在送禮過來了？」

一旦某個人開始擁有了將別人從既有社會脈絡中抽離的可怕能力之後，人性經濟的原始結構也就即將瓦解了。我們可以從剛果的利利族（Lele）當中看見一些線索。地位崇高的利利族男性有時會從遠方抓到戰俘，這些人最後也一定會變成陪葬的祭品。（注125）這種完全摧毀他人個體的行為，已經變成了另外一個人得以提升聲望與社會地位的方法。（注126）在我所謂的英雄社會裡，這種榮譽與恥辱的增減方式也不再是少見的社會行為，而變成是人際政治當中的主要現象。從無盡的史詩、英雄傳說與詩作裡，英雄之所以可以成為英雄，都是因為他讓別人變得渺小。在愛爾蘭與威爾斯，我們也可以看見這種污辱他人，將某個人從家庭抽出，並且將其轉化一種特殊的會計單位，也就是愛爾蘭的奴隸女童貨幣以及威爾斯的女工奴隸的能力，究竟如何轉變成最高級的榮譽形式。

在英雄社會中，暴力就是顯而易見的存在，甚至受到了光榮的推崇。通常，暴力甚至可以用來建構一個人最為親密的關係。在《伊利亞德》中，阿基里斯從來不恥於承認自己跟奴隸女子布里賽絲（Briseis）的關係。阿基里斯是殺害布里賽絲丈夫與兄弟的兇手，並且大方的將這名女子視為自己「榮譽的獎勵」。阿基里斯甚至用同樣的口氣堅持，所有行為得宜的男人都應該愛護家中的弱者，「所以，

我發自內心的愛著布里賽絲，就算她是我用武器贏回來的戰利品。」（注127）

在歷史上，我們也可以看見榮耀的男人與那些遭到剝奪尊嚴的奴隸如何發展出親密的關係。但是，只要雙方之間沒有任何平等可言，就不會有任何的債務關係。他們之間只有單純的權力結構而已，這是非常清楚的事情。同樣的，這就是為什麼每一個皇帝、君王都極為渴望讓自己的身邊充斥著無數的奴隸與太監。

然而，在皇帝、君王的例子中，我們還可以看見更多訊息。如果我們仔細檢閱歷史，就會發現那些得到最高推崇與最飽恥辱的人之間似乎有一種奇特的相似性，在皇帝（君王）與奴隸之間更是如此。許多君王會在自己身邊安排很多奴隸，甚至會讓他們擔任要職——因此，歷史上也出現過埃及的馬木留克（Mamluk）王朝，當時就是奴隸進行實質統治的年代。君王在身邊安排奴隸的理由跟安排太監的理由一模一樣，就是因為奴隸與太監都完全沒有自己的家庭與朋友，也不可能效忠於其他人——至少，在原則上，他們確實不應該懷抱著二心。但是，從另外一個角度來說，君王本身也是如此。正如某個古老的印度箴言所指出：一個真正的君王沒有親人，或者，他必須讓自己像是完全沒有親人。（注128）換句話說，君王與奴隸彼此就像鏡中的自己——他們都不是普通的人類，因為人類的定義就是與他人之間的人際關係。真正能夠定義君王與奴隸的東西，就是權力。同樣的，君王與奴隸都非常接近於完全的孤立，甚至趨近於人類最為疏離的存在形式。

從這一點就可以知道當我們同時將自己定義成主人與奴隸時，這種概念之中最重要的東西就是權力。藉由這種非常普遍的自我認識，人類複製了古代家庭概念之中最殘忍的元素——我們同時擁有「自由」與「奴隸」這兩種性質的傾向。因為，只有這種方式才會讓我們覺得自己就像是君王那樣的孤立存有。換句話說，從羅馬的自由概念——但那不是指與其他人締結相互關係的能力，而是一種征服帶來的權力，讓我們可以把那些曾經在羅馬建立過良好家庭的人，變成我們的奴隸，隨意使喚他們、甚至侵犯他們——到後代的自由主義哲學家如霍布斯、約翰．洛克（John Locke）與亞當斯密，我們可以看見這些事情之間已經產生了一種非常直接的連結。因為這些哲學家一致認為人類社會的起源就是一群大約三十、四十歲的男人突然出現在地球上（並且發育的非常良好，沒有任何問題），然後他們開始思考究竟是要開始互相殘殺，還是要交換禮物，進而締結良好的友誼關係。（注129）

在過去的兩百年來，歐洲與美國的知識份子非常努力的想要擺脫潛藏在這種思想傳統之中的可怕元素。例如，擁有許多奴隸的湯瑪斯．傑佛遜（Thomas Jefferson）選擇在《獨立宣言》（*Declaration of Independence*）的開頭直接挑戰奴隸制度的道德基礎，宣稱「我們相信以下的理想乃是不證自明的真理：人生而平等，造物者也賦予了他們各種無可剝奪的權利……」這種理想徹底否定了將非洲人視為低劣種族的論點，也反對他們的祖先是在合法、公正的情況下失去了自由。但是，傑佛遜並沒有針對權利與自由提出更為激進的新論點。當然，後代的政治哲學家也沒有。現代人幾乎保存了舊有的觀念，只不過是加上了各種「不得」來限制可怕的行為。因此，我們擁有的許多珍貴的權利與自由，其實都來自於本章所探討的那種道德與法律結構。但是，這種結構其實根本就不同意讓人們擁有權力與自由。我們之所可以擁有這些東西，只不過是一連串的例外情況所造就的結果而已。

奴隸制度也許已經消失了，但是任何一個朝九晚五的上班族都會知道我們仍然會失去自己的自由，儘管那只是暫時的而已。事實上，就是因為某些人仍然可以奪走他人的自由，我們才會知道自己在清醒的時候必須做什麼工作（除了週末之外）。同樣的，也許暴力已經不是非常顯著的問題。（注130）但是，那也只不過是因為我們再也無法忍受自己活在沒有防身槍枝與監視器的社會裡面，才會讓暴力變得沒有這麼猖狂。

第八章

信用制度與金錢貨幣——歷史周期的循環

金塊是戰爭時的飾品，不是和平時的貿易工具。

——喬佛瑞‧賈德納（Geoffrey W. Gardiner）

我們或許會想到一個問題：如果現代的政治與法律概念真的承襲自奴隸制度，人類怎麼還有辦法廢除奴隸制度呢？當然，也許憤世嫉俗的人會說我們根本就還沒有廢除奴隸制度，只不過是換個名字繼續使用而已。從某個角度來說，這種說法確實有點道理。早在古希臘的時候，人們就能夠非常明確的區分奴隸與以勞務抵債的工人。（注1）廢除奴隸制度仍然是一件非常了不起的成就，也值得我們仔細思考整個過程，特別是因為人類廢除奴隸制度只不過是不久以前的事情。因此，如果我們仔細翻閱歷史紀錄，就會發現一件非常重要的事情：人類消滅了非常多次的奴隸制度——或者說，多次實質停止蓄奴行為。

舉例而言，在羅馬帝國解體之後的幾個世紀之內，歐洲的奴隸制度就開始大量解體——但是，由於人們通常會將那段歲月稱做「黑暗時代」（注2），因此很少人注意到這個偉大的成就，也不清楚這段過程的具體細節。許多人相信基督教的興起或許與奴隸制度的瓦解有關。但是，既然基督教從來沒有公開反對過奴隸制度，還在許多場合替它辯護，所以基督教的興起也不太可能成為當時廢除奴隸制度的直接因素。除此之外，就算當時的知識份子與政治權威的態度傾向支持奴隸制度，但它仍然無可避免的解體，並且對後代造成了極為深遠的影響。在一千年後，一般民眾仍然非常討厭奴隸制度，以致於當歐洲商人想要重新販賣人口時，發現自己的同胞一點都不支持這件事情——但是經營工廠的人還是必須去非洲去取得奴隸，再到新開發世界設立工廠。（注3）正是因為歐洲人不相信知識份子與法學家的說法，也不願意相信世上曾有任何「完整與平等」的人其實曾經受到名正言順的奴役。所以，他們必須發明一個新的名詞，來指涉這兩百年來最邪惡的種族主義。

另外一件同樣重要的事情，則是古代的廢奴行動不只發生在歐洲。大約在西元六〇〇年左右，印度與中國也出現了廢奴運動。這兩個地區都經歷了好幾個世紀以來的政治動盪與混亂，也仍然能夠消除奴隸制度。這種現象讓我們看見所謂「歷史的契機」，也就是可能發生重大變化的時刻，人類歷史將會呈現一種特殊的循環模式，其所影響與整合的地理空間甚至超過我們的想像。換句話說，當歷史已經形成一種圖像時，唯有仔細瞭解其中所展現出來的歷史契機，才能夠看見當下的機會。

◆

最容易看清楚這種歷史循環的方法，就是重新檢視我們在這本書裡面看到的各種歷史現象，即金錢、債務與信用的發展歷史。當我們開始從歐亞大陸過去五千年的歷史中，描繪出金錢的發展歷史之後，就可以看見一種非常驚人的圖像。從金錢這個例子而言，貨幣的發明是最重要的事情。在歷史上，貨幣分別在三個地區以各自獨立的方式出現於人類歷史中：中國大陸北部的黃土高原、印度東北方的恆河流域以及愛琴海周遭的土地。這三個地區發明貨幣的時間大約都在西元前六〇〇至五〇〇年之間。但是，貨幣的發明跟科技的進展沒有直接的關係，因為三個地區製造貨幣的技術都不太一樣。（注4）貨幣的發明是一種社會轉型。但是，為什麼會發生這種轉型則是歷史上的謎題。我們唯一能夠掌握的真相，就是利底亞（Lydia）、印度與中國的統治者都覺得自己國內長期以來的信用制度系統已經不敷使用，必須用發行一種小型的珍貴金屬碎片——這種金屬在國際交易市場上大受歡迎，並且以碎塊或鍛造的形式流通——並且鼓勵國內臣民在日常交易中都使用這種貨幣。

從此以後，這種發明就開始廣為流傳。一千年之後，世界各地的國家都已經發行了自己的貨幣。但是，差不多在西元六〇〇年之後，也就是奴隸制度已經開始瓦解的時候，整個發展趨勢似乎又走上了回頭路。金錢貨幣開始變得死氣沈沈，每一個地方又開始採用了信用制度。

如果我們回頭檢視歐亞大陸過去五千年來的發展，就會看見信用制度與金銀貨幣制度之間，出現了非常大幅度的擺盪——後者讓日常交易市場中流動各種珍貴的金屬貨幣。

為什麼會造成這種現象呢？戰爭就是最重要的原因。在暴力橫行的時刻，貨幣制度就會變成主流。這是因為以金銀製成的貨幣擁有一個非常重要的特質：人們可以偷走。至於債務，從定義來說，只是一種紀錄，換句話說，那就是信任關係。用貨幣作為交易單位的時候，我們只需要相信三件事情：磅秤的準確度、貴重金屬的品質以及其他人也會接受同樣的貨幣。當戰爭與暴力威脅橫行的時候——像是中國的戰國時代、希臘的鐵器時代以及印度的孔雀王朝（Mauryan），相較信用（債務），貨幣就會擁有更好的流通優勢。對於士兵來說，使用貨幣也是更好的選擇。首先，士兵非常希望可以擁有更多戰利品，其中當然包括黃金或白銀。這些東西可以用來交易，取得更好的生活用品與居住環境。其次，穿著厚重鎧甲並且四處奔波的士兵根本沒辦法擁有良好的信用。經濟學家提出的理想議價模型無法應用在小型的鄉村社群之中，但是，如果我們開始討論某個社群與旅行商人之間的關係時，這種模型就能夠發揮良好的作用。

在人類歷史上的大多數時期，金銀製成的貨幣（無論是否搗碎）所扮演的角色，都相當近似於毒販裝滿包包裡的那些沒有做記號的鈔票。這種貨幣本身沒有任何可以追溯的歷史，而且由於我們可以在任何地方用它購買東西，不會有人問任何問題，因此這種貨幣具備了非常珍貴的價值。貨幣與信用兩種制度的特質讓社會趨於和平、穩定，並且擁有良好的信任關係時，就會流行信用制度——無論創造出這種信任關係的是國家，還是各種商業公會或者信仰團體——在歷史上，大多數都是由後者負責這個工作。但是，如果那個時代充滿戰爭以及各種擄掠行為時，人們就會更為傾向採用各種實質有形的金屬貨幣。這種發展趨勢帶出一個更重要的現象：由於放高利貸的惡徒存在於人類歷史上的每一個時代，當「金錢」非常容易轉換成具體有形的現金（也就是貨幣）時，債務危機就會造成更嚴重的傷害。

我將從歐亞歷史中找出幾個不同的時間點，用來區分出採用信用制度與貨幣制度的時代，藉此探索歷史的發展節奏，並且定義現代究竟應該屬於哪一種趨勢。這種特殊的金錢發展循環開始於歷史上第一波的農業帝國（西元前三五〇〇年至八〇〇年之間）採用信用制度。隨後就是軸心時代（Axial Ages；西元前八〇〇年至西元六〇〇年），這也是下一章即將討論的範圍。軸心時代使用貨幣制度，並且大量採用了黃金與白銀。在第十章，我們則會開始討論中世紀（西元六〇〇年至一四五〇年），這個時代則又開始採用信用制度。第十一章的主題是資本主義帝國的時代，大量採用了金銀製成的貨幣，直到一九七一年，當美國總統尼克森（Richard Nixon）宣布黃金已經不能用來贖回美元的時候，才結束了這個時期。尼克森這個舉動也標示出另外一個採取信用制度的時代。這個時代才剛剛開始沒多久，我們也尚未能夠看出它的終極發展輪廓。第十二章，也就是本書的最後一章，則會專注於理解這些歷史事件的意義，並且討論這一切將會開創什麼樣的機會。

美索不達米亞：西元前三五〇〇年至八〇〇年

美索不達米亞是我們已知的最早都市文明，當時已經開始採用信用制度的早期運作方式。在巨大的寺廟與其周遭的市集之中，金錢是一種衡量單位，而不是買賣的工具。同時，商人與整個市場也發展出自己獨特的信用制度。美索不達米亞人會在泥土石板上面寫下債務人的義務，並且將這個石板放在同樣由泥土製成的巨大信封中，最後由債務人親自彌封。債權人可以把這個泥土信封作為擔保品，直到債務人還清款項之後，才能夠打破這個東西。在某些地方，這種「布萊伊」（*bullae*）很像是我們現代人所說「淨資產」，因為這塊石板不只記錄了債務人的義務，但也可以同時轉讓給其他人——換句話說，如果某一個石板上面記載著某甲積欠五個銀幣（並且按照現行利率計算利息），債權人就可以將這個石板視為本票，換句話說，本票就是所謂的「金錢」。（注5）

當然，我們無法確實得知這種轉讓行為發生的頻率，也無法弄清楚在什麼情況下，美索不達米亞人會轉讓這些石板，又有多少人按照這種信用機制進行交易，或者他們使用碎銀塊交易貨品的情況。但是，我們可以肯定這些市場機制必定經常發生變化。然而在這些商人與同行之間，本票確實是一種經常流通的工具。同時，在相對富裕的都市生活區裡，當人們彼此熟識且具備一定程度的信任但還不到可以隨意提供無條件的經濟協助時，也會使用本票這種工具。（注6）除了那些使用信用制度的旅行商人與市場攤販之外，我們對美索不達米亞人的日常交易市場也所知無多。（注7）

由於利息這種概念起源於人類發明文字之前，因此我們仍然難以準確瞭解它的起源何在。在大多數的古代語言之中，利息這個字來自於「後裔」，也就是指債務本身所衍生出來的相關金額，但是這兩個字確實有點令人混淆。人類歷史上最早出現利息，很有可能就是為了商業用途，例如，寺廟將各種貨物借給各種中盤、小盤商，商人會去遙遠山上的王國裡做生意，或者乾脆出海前往遙遠的異鄉賣東西。（注8）

利息具有相當強烈的實踐意義，因為這代表人際之間缺乏基礎的信任。畢竟，為什麼寺廟與商人不採取彼此分享利潤的合夥制度就好了呢？這種制度看起來似乎公平一點（如果商人經營失敗，導致破產，就沒有辦法償還了），稍晚的中東世界也非常盛行這種商業模式。（注9）美索不達米亞的商人之間確實經常採用合夥制度，或者任何彼此背景相似並且經常聯絡的朋友之間也會如此。但是，寺廟的工作人員與環遊世界的旅行商人之間沒有任何共同背景，寺廟僧侶甚至認為自己不應該隨意信任這些商人，因為商人從遠方回來之後，不見得會誠實的說出自己旅行獲得的成果。所以採用固定的利潤，將有助於維護寺廟工作人員本身的權利。無論那些商人究竟可以編造出多少華麗的故事，例如遇到搶劫、船難，或者遇到長翅膀的蛇、大象攻擊等等，都必需支付寺廟工作人員固定的貨物利息。

因此，借貸與說謊兩者之間的關連，就意外的變成觀察美索不達米亞歷史的重要面向。希羅多德評論波斯人時表示：「對他們來說，說謊是非常糟糕的行為，其次就是積欠債務……特別是因為他們相信一個欠債的人一定說謊成性。」（注10）（希羅多德也說了一個自己聽來的故事，某個波斯人曾經說黃金的起源就是他造訪印度時，從巨大螞蟻的巢穴當中偷來的）（注11）關於耶穌的某個預言也談到，一個令人無法原諒的僕人嘴上總是掛著這句話：「一萬塊嗎？沒問題，只要多給我一點時間就可以了。」我們可以從這些事情當中看見當整個世界將債務視為一種道德關係時，就容易出現無止盡的虛偽與謊言。同時，這樣的世界也會充斥著各種腐敗、罪行與原罪，因此經常出現令人覺得娛樂性十足的小故事。

從最早期的蘇美歷史文件中，我們還沒看見這樣的情況。不過，當時已經非常盛行在借貸行為中引入利息制度，甚至是複利制度。舉例而言，在西元前二四〇二年，拉格什的奈美泰納王（King Enmetena of Lagash）下達了皇家諭令，這是我們能夠看見最古老的利息政策，指責他的競爭對手，即烏瑪王（King of Umma）侵佔了原本屬於拉格什的農地長達數十年的時間。因此，奈美泰納王宣布，如果仔細計算一下那一大片農地的租金，並且採用複利制度的話，烏瑪王已經積欠了四百五十萬兆。當然，這種金額就是為了刻意營造出一種誇張的荒謬感（注12），也是奈美泰納王用來發動戰爭的藉口。然而，奈美泰納王仍然想告訴別人，他自己非常精於算數。

以利息作為營利手段的貸款行業，也就是高利貸，出現在奈美泰納王的年代。當這位國王發動戰爭並且取得勝利的兩年之後，為了炫耀自己的勝利，他決定發出另外一份皇家諭令，赦免全國人民的債務：「他（指國王本身）即將讓拉格什王國里充滿自由（*amargi*），將全國的孩子還給他們的母親，將全國的母親還給他們的孩子。他赦免了全國人民的利息。」（注13）事實上，這也是人類有史以來的第一份債務特赦文件——同時，這也是官方政治文件首次出現「自由」這個字眼。

奈美泰納王的文件本身沒有什麼具體的細節，但一百五十年後，他的繼任者烏魯尼吉納（Uruinimgina）在西元前二三五〇年的元旦發佈了另外一份赦免債務的宣言，更詳細的舉出了細節，也確立了這種特赦文件的基本模型：不僅取消所有債務，還包括各種因債務而起的勞務義務，以及因無法支付罰緩而產生的債務，但唯一的例外就是商業貸款。

我們可以在隨後的歷史中發現一次又一次的特赦命令，不只是在蘇美人的時代，也包括了巴比倫與亞述人的時代。這些命令總是提倡同樣的主題：「正義與平等」、保護世界的寡婦與孤兒、確保漢摩拉比（Hammurabi）在西元前一七六一年廢除債務時說「強者不得欺凌弱者」的原則能夠實踐。（注14）正如麥可・哈德森（Michael Hudson）所說：

巴比倫的統治者會在元旦發佈赦免債務的命令，並且俯瞰著底下的人民進行「打破債務石板」的祭典，象徵清除債務、重建經濟平衡，並且將整個社會帶回了大自然所運行的規律裡。整個活動就是元旦時的重建行動。漢摩拉比與其隨後的統治者將會舉起火把，代表他們已經簽署了這份文件，也許他們在效法正義的太陽神夏馬許（Shamash），因為祂的原則就是領導充滿睿智與公義精神的統治者。所有的債務人都可以取消原本的抵押，取回耕種自己農地的權利。（注15）

在隨後的幾千年之內，取消債務、摧毀相關證明、重新分配土地的文獻，已經變成農民革命當中常見的訴求。在美索不達米亞，統治者也開始傾向用赦免債務來平息即將發生的政治動亂，並且將這種行動視為恢復宇宙秩序、重建社會穩定的舉動。在巴比倫，國王也會藉此表示自己正在效法馬杜克（Marduk）神創造宇宙的偉大行動。人類的債務與原罪將會一掃而空，並且讓一切回歸到最初的狀態。但是我們也能清楚看見這些人心中的可怕想像：如果不赦免一切的債務，人類世界就會陷入混沌之中，農民將會變成流浪的遊牧民族，如果無法停止這種局勢，這些人就會吞食城市，並且摧毀了既有的經濟秩序。

埃及：西元前二六五〇年至西元前七一六年

相對於美索不達米亞，埃及是一個相對有趣的對比，因為這個地方一直在避免發展出帶有利息的債務制度。

按照古代的標準而言，埃及跟美索不達米亞一樣，都是相當富庶的社會。埃及仰賴一條穿越沙漠的河流，進而得以培育出自給自足的社會。但是，比起美索不達米亞，埃及的政治體制更為中央集權。埃及的法老王就像神一樣，國家與寺廟也控制著一切。埃及發展出一套非常驚人的稅收系統，可以持續取得稅收，並且有效率的進行土地、工資與國家資金的管理。在這裡，金錢最早也只是扮演會計度量的工作而已，基礎單位稱做「迪班」（*deben*），也就是我們所謂的「測量標準」，用來評估穀物、銅礦、銀礦。我們可以在一些文獻紀錄中，看見埃及人必須用非常複雜的方式來進行日常生活交易：

在拉姆西斯二世（Ramses II）統治的第十五年（西元前一二七五年），一名商人向埃及女士愛倫諾菲雷（Erenofre）兜售一名敘利亞女奴隸。兩人協商之後，同意價錢為四迪班與一凱特（*kite*）（大約等於三百七十三克）的銀。愛倫諾菲雷用衣服與毛毯湊到了等同於二迪班與二又三分之一凱特的價格，並且跟鄰居借來了一堆東西，包括黃銅製成的器皿、一壺蜂蜜、十件衣服、十迪班的銅塊，終於可以買下這個女奴隸了。這些細節就在交易紀錄中。（注16）

當時，無論是外國商人，還是有大筆資產的埃及本國商人，都必須遊走各地經商買賣。但是我們沒有太多文獻資料可以用來探討當時盛行的信用制度為何。埃及人之間通行的借貸關係，更像是鄰居之間的相互幫忙。（注17）

在埃及法律的規定下，貸款行為可以導致債務人失去土地與家族成員，還必須登記在案。但是，這種情況發生的機會不多。除此之外，既然貸款本身不會產生利息，相對應的危險也就比較少了。同樣的，埃及也很少出現因為積欠債務而委身為奴的情況，就算有人因債務而被迫成為奴隸，也會變成一件非常罕見的社會現象，更不至於成為像是在美索不達米亞與黎凡特等地區常見的危機現象。（注18）

事實上，在隨後的幾千年，我們也開始看見了不同的發展趨勢，債務開始變成一種「罪」，並且被視為社會上不可饒恕的犯罪行為：

當債務人無法在期限之內償還債務時，債權人就可以在法院提出控告。法院將會要求債務人答覆一個明確的償還日期，並且立誓作為證明。如果債務人又再度無法在期限之內還清的話，就必須忍受一百

次的毆打，並且／或者支付兩倍的金額。（注19）

「並且／或者」是相當重要的概念，讓人無法區分出兩倍罰金與毆打之間的正式差別。事實上，讓債務人立誓的動作，讓整個處罰行為變得相當正當，就像克里特島（Cretan）上抓到扒手想要偷錢時的習俗一樣。總之，埃及的法律讓債務人可能會被當成小偷或者是立下偽誓言的人。（注20）

當埃及建立新的王國之後（西元前一五五〇年至一〇七〇年），整個商業市場似乎更加有了規模，但唯有在鐵器時代左右，也就是埃及遭到波斯帝國的吞併之前，我們才可以看見埃及境內出現了美索不達米亞式的債務危機。舉例來說，根據希臘的文獻記載，法老王巴克蘭夫（Pharaoh Bakenranef）（統治期間為西元前七二〇年至七一五年）發佈了一份命令，取消了所有人的債務情況，因為「國王認為如果一個士兵在即將前往戰場的前夕，因為積欠債務而被抓入大牢裡，這是一件非常荒謬的事情。」如果這件事情是真的，這也是我們第一次看到人類歷史上出現因欠債而坐牢的情況。（注21）在托勒密王國（Ptolemies）時代，也就是希臘人接替亞歷山大統治埃及的時候，他們也正式將廢除債務的命令視為制度化的政策。後來出土的羅賽塔石（Rosetta Stone）上面同時記載希臘文與埃及文，除了讓我們可以藉由希臘文來翻譯埃及的象形文字之外，也清楚了記載了與債務有關的社會現象。當然，很少人可以準確的讀出羅賽塔石上所記載的訊息。但我們可以確定在西元前一九六年，托勒密五世（Prolemy V）發佈了這些石碑，用來赦免債務，範圍同時涉及債務人與囚犯。（注22）

中國：西元前二二〇〇年至七七一年

由於黃銅時代的印度文字相當難以辨識，所以我們無法深入理解這個時代的發展情況，中國也不例外。然而，我們可以從後來的文字記載中稍微推知，中國歷史上最早期的幾個國家幾乎都沒有採取西方國家式的官僚統治。（注23）舉例來說，中國沒有任何中央集權管理的巨大寺廟，讓祭司與行政人員管理各種商店、記載支出等等，所以更沒有動力創造出統一的會計單位。除此之外，文獻顯示中國採取了非常不同的發展路徑。在早期，中國境內流動著不同的貨幣，就算是陌生人，也能夠用這些貨幣來進行商業買賣行為。

後來的文獻也證明中國早期的統治者「以珠寶作為最高級的賞賜手段，黃金則是中級獎勵，武器則是最低等的禮物。」（注24）這個文獻的作者時而談及中國的獎勵制度，有時也會提到中國的封建體系。當時，即使國王或權貴的手下做了一件理應屬於義務的事情，也很有可能得到賞賜。在世界各地的早期歷史中，許多地方都相當盛行以貝殼作為貨幣單位。在中國，我們雖然也能讀到關於「早期中國貝殼貨幣」的種種說法，還能夠從文獻中確定中國人也會用貝殼衡量禮物的價值。但是，我們仍然不能確定早期的中國人是不是都會隨身攜帶貝殼作為日常生活交易的貨幣。（注25）

早期的中國人非常有可能隨身攜帶這些貝殼貨幣，但是這些貨幣在市場上的重要性不高，只能用來作為處理社會關係時的工具，例如婚姻、罰緩、費用以及關於榮譽的種種機制。（注26）無論如何，所有的文獻來源都指出中國市場中仍然流通著非常多元類型的貨幣。正如當代其中一位非常重要的貨幣學家大衛．史戴爾（David Scheidel）所說：

> 在進入帝國時代之前，中國採取了貝殼形式的貨幣。這種貨幣擁有非常多的類型，除了原版的貝殼材質之外，其他材質也逐漸開始盛行，例如黃銅、龜殼、具有相當重量的黃金與白銀（較少），最重要的是，在西元前一〇〇〇年之後，各種器具形狀的貨幣也逐漸興盛，像是鏟形的刀子以及黃銅做成的小刀。（注27）

許多彼此不相識的人之間也會流通這些貨幣。但是為了能夠釐清彼此之間的債務關係，人民必須規定出各種不同的信用標準，才能夠因應鄰居之間的借貸關係與商家的交易關係，或者是任何與政府相關的金錢往來。研究中國晚期歷史的學者指出，中國早期採用繩索打結的方式處理這種信用問題，非常像是印加時期的「嗑希普」（*khipu*）。後來，中國人也會在木頭或竹子上刻痕，來計算彼此之間的債務關係。（注28）正如美索不達米亞地區的發展一樣，中國在成書文字出現之前，就是採用這種方式來記錄人民之間的信用與債務往來。

但是，我們仍然不能清楚中國究竟是在什麼時代才開始採取利息制度，也無法確定它是否跟美索不達米亞地區一樣，在黃銅時代就已經陷入了債務危機。不過，我們確實可以在稍後的文獻資料中看見一些令人非常興奮的線索。（注29）舉例而言，晚期的中國傳說指出，某些中國皇帝為了平息天災，就會想要鑄造各種貨幣。根據一部西漢早期的作品指出：

> 在大禹治水與商湯的乾旱時期，人民為了取得食物與衣服，經常把自己弄得精疲力盡。大禹從驪山找來黃金，替自己的人民鍛造金錢；商湯則從燕山取得銅礦，替自己的人民製作貨幣。因此，這個世界將會保佑他們。（注30）

其他的傳說故事則更為周詳。《管子》是中國在帝國時代早期的標準政治經濟學作品，其中指出「許多人非常貧窮，甚至沒有辦法吃飯，還有一些人被迫賣掉自己的小孩。為了拯救他們，商湯創造了金錢。」（注31）

這個故事當然充滿了許多幻想情節（因為中國貨幣的真正起源是在一千年之後），此外，我們也無法得知這些故事背後的涵意。或許，這是一個由於父母欠債而被迫帶走的小孩，因為悲傷的回憶所寫下的故事？從表面上來看，中國其實有非常多的人因為飢荒而賣掉自己的小孩——在中國後來的許多時期，這種情況也非常普遍。（注32）但是，將「欠債」與「賣小孩」這兩件事情放在一起只是一種推論。當我們考慮到亞洲地區在同一段歷史時期的發展之後，就特別容易引起各種推論。《管子》也繼續解釋當時的統治者如何把百分之三十的農穫放在公共糧倉中，用來面對飢荒等危機，確保人民不需要賣小孩求生存。換句話說，中國人也開始建立起各種官方的存糧，正如埃及與美索不達米亞等地區一樣，並且開始將金錢視為一種會計制度的單位。

第九章

軸心時代

（西元前八〇〇年至西元六〇〇年）

我們可以把這個時代稱為「軸心時代」。許多特別的歷史事件都發生在這段期間。在中國，我們看見了孔子與老子，以及百家爭鳴的各種哲學信念……在印度，奧義書（*Upanishads*）與佛教則是最重要的時代象徵；至於中國，所有的哲學信念都得到了充分的發展，也包含了懷疑論與物質論，辯士學派與虛無主義等等。

——卡爾・賈斯培（Karl Jasper），《邁向智慧之路》（*Way to Wisdom*）

德國存在主義哲學家卡爾・賈斯培是「軸心時代」（Axial Ages）一詞的發明者。（注1）在寫作一本關於哲學史的作品時，賈斯培非常驚訝自己發現畢達哥拉斯（Pythagoras, 570-495BC）、釋迦牟尼（西元前五六三年至四八三年）與孔子（西元前五五一年至四七九年）三者都生活在同一個時代；除此之外，在這段期間，希臘、印度與中國全都出現各種知識學派百花齊開、大相競爭的情況，他們甚至不知道知識競爭對手的存在。這種情況就像前面所提到的貨幣發明史一樣，我們無法確切知道為什麼會有這種歷史現象。賈斯培自己也無法釐清頭緒。他推測，也許這是因為相同的歷史條件導致了相似發展狀況。當時許多偉大的城市文明，正處於鐵器時代的早期，也就是帝國相繼統治之中的間歇期，政治局勢就像各種小型國家與城邦國家林立的棋盤，外有戰爭之憂，內有政爭之慮。每個國家都見證了一種類似反社會的文化，苦行僧與聖人避走荒野，或者在城市之間遊走，只為了尋求真正的智慧。然而，他們最後都會走入一種嶄新的政治秩序裡面，成為新的知識階級與精神領袖，例如希臘辯士、猶太先知、中國的聖人或印度的聖徒。

賈斯培認為，這是人類有史以來第一次開始探索存在的問題，儘管他們各自採用了不同的思考途徑，得到不同的結果。從世界上幾個重要的文明起源地，例如中國、印度與地中海地區，賈斯培觀察到幾種極為相似的重要哲學趨勢，其包含的範圍從懷疑論一路延伸至觀念論。事實上，當時所出現的宇宙、人類心靈、行動與存在目的等等本質性的哲學理念，都仍然是今日哲學的重要主題。正如一位師承賈斯培的學者所說，「從那個時代之後，人類就沒有什麼新的發現了。」（注2）這句話並未過份誇大事實。

賈斯培所說的「那段時代」，大致上是從波斯先知瑣羅亞斯德（Zoraster）所在的西元前八〇〇年開始，至西元前兩〇〇年左右，隨後就是由耶穌基督與穆罕默德為首的精神時代（Spiritual Age）。對於我的寫作主旨來說，將所謂的軸心時代跟精神時代結合在一起探討會更好一點。所以，我們在這本書裡面所討論的軸心時代，是指西元前八〇〇年至西元六〇〇年左右的時代。（注

3）因此，這個版本的軸心時代將會見證世界偉大哲學趨勢的誕生，還有各種重要的宗教，包括瑣羅亞斯德教（Zorastrianism）、先知猶太教（Prophetic Judaism）、佛教、耆那教（Jainism）、印度教（Hinduism）、儒教（Confucianism）、道教（Taoism）、基督教與伊斯蘭教。（注4）

細心的讀者將會察覺賈斯培所說的軸心時代，也就是畢達哥拉斯、孔子與釋迦牟尼所生活的時代幾乎完全對應了人類發明貨幣的時間。更重要的是，人類史上首次發明、使用貨幣的三個地區也是這三個聖人所居住的地區。除此之外，這些地方也是軸心時代時期的哲學與宗教起源地。因此，中國的黃河流域、北印度的恆河流域以及愛琴海沿岸，就是相當重要的關鍵地區。

這些重要的歷史事實之間是否有什麼關連呢？我們可以從這個問題開始：什麼是貨幣（錢幣）？一般來說，貨幣的定義就是一塊具有價值的金屬，人類將其冶煉成特定的形狀之後，還會在上面打造各種象徵或符號，以作為辨識真偽之用。歷史上的第一枚貨幣出現的時間大約是在西元前六〇〇年左右，地點則是安那托利亞（Anatolia）西部的利底亞王國（大約接近現代的土耳其）。（注5）利底亞王國的貨幣原本只是單純的圓形琥珀金屬，原料取自於佩克特魯斯河（Pactolus River）附近的的金銀合金。利底亞人將這種金屬加熱冶煉之後，用榔頭敲上了特殊的符號。一開始，只有利底亞的珠寶商人使用這些上面帶有一些特殊字母的貨幣，但是，市場上很快就看不見這種貨幣的蹤影，取而代之的是另外一間造幣廠的作品。安那托利亞附近的希臘城邦國家也用非常快的速度發明了自己的貨幣，並且在整個希臘境內都得到了認同，得以在市場中流通。西元前五四七年，當波斯帝國吞併了利底亞王國之後，也開始製造自己的貨幣。

在印度與中國，我們也可以看出相近的歷史發展圖像：公民私底下自行發明貨幣之後，由國家機構接手壟斷了貨幣。印度的第一個貨幣也同樣出現在西元前六世紀，採用裁切至特定重量的銀條所製成，上面還有特殊的官方符號。（注6）考古學家也發現了許多各種不同的民間貨幣，大致上都是印度人民私下作為信用交易或轉帳用途的工具。這個考古發現足以讓我們強烈的假設當時的印度人民可能採用了更無實體的抽象信用交易工具。(注7)中國早期也有許多貨幣直接與社會信用交易制度有關。事實上，有些中國貨幣的外型就是銅製的貝殼，另外一些貨幣則可能採用小刀、盤子或槍的形狀。無論如何，這些地方的政府都非常快開始進行自己的貨幣政策——並且需要一個世代左右的時間完成相關事宜。(注8)但是，這三個地區內都有非常多的小型城邦國家，也代表著好幾種不同的貨幣系統。舉例而言，大約在西元前七〇〇年左右，北印度地區的政治局勢就是我們所熟知的「十六大國」，這種政治單位叫作「國土」(Janapadas；tribal territories)，其中有些國家是君主專政，另外一些國家則是共和制度。到了西元前六世紀，北印度境內至少有十六個國家。在同一時間，中國的周朝即將瓦解，隨之而來的就是許多小國彼此競逐的春秋(西元前七二二年至四八一年)，以及戰爭橫行的戰國(西元前四七五至二二一年)時代。正如希臘的諸多城邦國家，中國當時的國家無論規模再小，也都會發展出自己獨有的官方貨幣。

對於歷史上為什麼會發生這樣的貨幣發展史，學術研究界已經開始有了一份基本的共識。他們認為，用來鍛造貨幣的三種主要原料：金、銀、銅都已經是國際貿易所能接受的東西。但是，在那個年代，有錢人才有辦法大量擁有這些原料。一個非常平凡的蘇美農夫的手上，絕對不可能有這麼多的白銀，除非他即將娶新娘。許多貴重金屬最後都會變成有錢婦女的腳環，以及用來製成象徵國王傳承的聖杯。除此之外，我們只能夠在修道院當中看到大量的貴重金屬，但通常那些金屬也都已經變成碎塊，來源則是商人的擔保品。但是在軸心時代，這些社會現象開始發生了轉變。正如許多經濟史研究者的作品指出，這個時候市面上開始出現了大量的金、銀、銅。所以，這些貴重金屬再也不是有錢人與寺廟的專屬寶貝，就算是家境一般的人也能夠擁有這些東西。金、銀、銅開始變成小片的碎塊，成為日常交易用的工具。

為什麼會這樣呢？以色列的古典研究專家大衛．史哈普斯(David Schaps)提出了最令人信服的解答：因為這些東西被偷了。那個時代戰爭非常普遍，因此，所有的貴重物品幾乎都是搶劫與偷竊的目標。

那些搶奪民宅的士兵可能會先去找女人尋歡，酒足飯飽之後，就開始找尋一些可以隨身攜帶的貴重物品。一支非常傑出且成軍已久的部隊，非常可能會累積相當多珍貴且便於移動的財寶——這些貴重金屬與珠寶當然就是最好的選擇。當這些地區的小型國家之間長期進行戰爭時，就很有可能讓許多人民都得到了貴重金屬，用來滿足日常生活交易的用途……

黑市、毒品與性交易證明了一件事情：只要有人想買，就會有人要賣。……在古希臘城邦國家時代、印度十六大國時代以及中國的戰國時代，戰爭變成了促進市場交易的動力。這種市場必須以小型的貨幣作為交易單位。只要那些士兵還能夠搶到這種貴重金屬，市場上就會立刻讓這種金屬流動於一般平民的手上。（注9）

當然，讀者也許會提出反駁：戰爭與搶劫行為絕對不是這個時代才出現的事件。舉例來說，在荷馬時代，英雄人物幾乎都非常喜歡搶奪各種戰利品。這點絕對沒有錯，但是在軸心時代出現了一個新的變數，那就是嶄新的軍隊類型。當時的軍隊成員再也不是貴族士兵與其子嗣，而是真正訓練有素的專業戰士。當希臘開始使用貨幣的時候，他們也發展出了非常著名的方陣戰術（phalanx tactics）。士兵必須經歷非常持續、嚴格的訓練，才能夠使用這種戰術。這種特殊的軍事發展讓埃及與克里米亞人都希望能夠聘請希臘籍的傭兵。這些傭兵不像是荷馬時代的世襲兵，無法輕易的打發，只能夠採用一些相當具有價值的獎勵方式。聘請他們的人也許可以提供各種生活需求，但那些東西不太能夠隨身攜帶；或者，這些聘請人也能夠提供本票作為獎勵，但是那些傭兵也無法在自己的祖國使用這些本票。因此，讓傭兵可以直接從戰利品當中得到一點好處，確實是不錯的選擇。

這種新型態的軍隊受到政府直接或間接的控制，但也反過頭來逼得政府必須將國庫裡面的貴重金屬變成貨幣，理由很簡單，這樣才可以提供足夠的貴重金屬，鍛造出人民可以在日常生活交易裡面使用的貨幣。這種工作絕對不是市面上的小商店或鐵匠就可以輕鬆勝任的事情。（注10）當時的政府之所以必須這麼做，除了讓自己便於聘請傭兵之外，市場帶來的巨大便利性也是主因。唯有堅持讓官方貨幣成為唯一合格的交易單位，並且用來統一各種罰緩、稅金的貨幣，政府也能夠徹底解決國土之內流行多種貨幣的問題，建立出統一的市場。

事實上，有一個理論主張利底亞的錢幣就是用來支付傭兵的軍餉。（注11）這種說法也解釋了為什麼盛產傭兵的希臘會這麼快就以貨幣作為主要交易單位，以及整個希臘世界相當快速的通行各種貨幣的主因。因此，到了西元前四八〇年時，在整個希臘境內大概有一百間左右的造幣工廠，當時地中海地區的貿易大國都還沒有興趣打造自己的貨幣。舉例來說，腓尼基人（Phoenician）是當時相當重要的商業民族。除了經營古代時期的銀行之外（注12），他們也是相當重要的發明家，創造了各種字母系統與算盤。但是，在貨幣誕生之後的幾個世紀之內，他們都還是堅持使用原本的交易系統，只接受各種尚未冶煉的貴重金屬與本票。（注13）腓尼基城市一直到西元前三六五年才開始使用貨幣，只有來自於北非地區、隨後統治整個地中海西岸的迦太基（Carthage）比較早採用貨幣機制。當時，他們「被迫發展出貨幣，用來支付西西里（Sicily）商人各種貨款。這種貨幣上面用迦太基語（Punic）寫著：『為了軍隊裡的人民』」。（注14）

另一方面，在充滿各種暴力戰爭的軸心時代之中，「偉大的貿易民族」不必然就是戰爭的常勝軍（必須像波斯、雅典或羅馬那種極為充滿侵略心的軍隊才行）。腓尼基各座城市的命運就是最好的證明。西元前三五一年，就在一場革命之後，波斯皇帝阿爾塔薛西斯三世（Artaxerxes III）摧毀了最富有的腓尼基城市賽達（Sidon）。據說當時有四千名居民遭到屠殺。十九年後，亞歷山大用圍城戰術毀滅了泰爾城（Tyre），一共殺死了一萬個人，並且將三千個泰瑞人賣去當奴隸。迦太基維持的比較久，但也同樣無法抵抗羅馬軍隊在西元前一四六年的攻擊，讓成千上萬名迦太基人遭到強暴與凌虐致死，五萬名俘虜則被送到奴隸拍賣會場，整座城市被夷為平地、生靈塗炭。

這些歷史事件讓我們更清楚的瞭解那些哲學思想誕生於什麼樣的暴力環境中。（注15）但是，我們仍然要繼續探索在貨幣、軍隊實力與多元思想誕生之間，究竟有什麼樣的關連？

地中海地區

地中海又再度成為最可靠的歷史資料來源，我也已經多次提到這個地區各種特色。只要比較海權實力強大的雅典與羅馬，就可以立刻找到一些驚人的相似性。就算是不同的城市，都逃不過歷史上的債務危機。在雅典，首次的債務危機高峰出現在梭倫（Solon）於西元前五九四年所推行的改革。那時代遠遠早於貨幣的誕生，因此貨幣不是當時雅典債務危機的主因。羅馬的情況也非常相似，其債務危機與貨幣沒有什麼關係。相反的，貨幣都成為這兩個地方解決債務危機的答案。簡單的說，當時的債務危機只會有兩種可能的結果。第一，貴族贏了，窮人只好繼續受迫成為「有錢人的奴隸」——從實際的角度來說，這代表幾乎所有人都要成為少數有錢人的手下或僕人。但是這種國家發展情況完全不利培養軍事實力。（注16）第二，多數平民贏了，要求國家推行各種公共政策，重新分配土地，並且保護積欠債務的人，不要讓他們因為債務而變成奴隸，進而創造出自由的農民階級。這些農民的小孩，將會投入相當大量的時間接受戰鬥訓練，成為非常有戰力的士兵。（注17）

貨幣是維持自由農民階級相當重要的工具——用來保護他們的土地權，而無須積欠任何土地主。事實上，許多希臘城邦國家採用的新財務政策，就是發展出一套相當複雜的戰利品分配系統。我必須強調，幾乎沒有古希臘城邦國家會將各種高利貸視為違法行為，更別提債務人可能會因此變成勞役奴隸。相反的，希臘城邦國家用錢來處理這件事情。藉由戰爭、或者讓戰爭時抓到的俘虜去挖礦，希臘人取得了更多黃金以及白銀，白銀的數量特別的多。他們在寺廟裡面安置鑄造貨幣的工具（這也是傳統上用來儲存戰利品的地方），並且發展出無數種流通、分配這些貨幣的方法。不只士兵、水手，任何生產軍火與船艦的工廠都可以得到這些貨幣，同時，這些貨幣也融入了平民百姓的生活，例如用來繳交司法罰緩，參與公共集會的費用，或者乾脆進行公共配款——最有名的例子，就是雅典人在西元前四八三年於羅瑞恩（Laurium）發現新銀礦之後，乾脆將貨幣發給社會大眾。同時，由於希臘城邦國家的政府堅持將這些貨幣視為用來繳交任何公共費用的法定貨幣，當然必須確保這些貨幣的充足供應，也同時可以用來促進市場加速發展。

古希臘許多城邦的政治危機都起源於戰利品的分配問題。亞里斯多德留下的記載讓我們可以從較為保守的角度觀看西元前三九一年時，在羅德斯城（City of Rhodes）發生的政變（這裡的「煽動家」就是指民主運動的領袖）：

> 煽動家需要用錢來要求人民參與公共集會並且服從司法義務；因為，如果人民不參與這些事情，煽動家就會失去自己的影響力。為了弄到自己所需要的錢，這些煽動家攔截了一筆本來要用來支付海軍艦艇指揮官的金額。這些指揮官與羅德斯城定下了契約，替他們打造適合當地海軍的軍艦。但是，由於這些指揮官沒有拿到錢，當然也沒辦法支付自己的供應商與工人，所以後者決定控告他們。為了擺脫這次法律糾紛，軍艦的指揮官們彼此團結，推翻了民主政體。（注18）

> 我們必須注意，只有在實施奴隸制度的地方，才有可能出現這種事情。我們可以從前面所提到的關於賽達、泰爾城與迦太基的歷史事件中察覺，許多人民都因為這些戰亂與衝突而成為奴隸，當然，許多奴隸此後的一生都只好在礦坑裡工作，生產出更多的黃金、白銀與黃銅（羅瑞恩的礦坑大約使用了一萬至兩萬民奴隸）。（注19）

喬佛瑞・英格漢（Geoffrey Ingham）認為這種制度造成了「軍事——貨幣複合體」（militarycoinage complex）——如果改成「軍事——貨幣——奴隸複合體」可能會更為貼切一些。（注20）無論如何，這個名詞相當準確地描述了這種制度的實際運作情況。當亞歷山大前往征服波斯帝國時，必須借來相當多的金錢以支付軍餉、維繫軍隊運作。除此之外，他還在每一場戰鬥勝利之後，將收刮而來的黃金、白銀鎔鑄成自己的第一份貨幣，用來還給自己的債權人，並且持續作為自己的資金後盾。（注21）但是，亞歷山大的軍隊是一支相大龐大的遠征軍，人數多達十二萬人，光是製成軍餉用的貨幣，每天就需要使用將近半噸的白銀。因此，亞歷山大的征服之旅就代表著必須想辦法將波斯現有的礦坑與製幣廠變成支付自己軍隊的工具。在古代，負責這些工作的人當然就是奴隸。換句話說，許多戰敗的俘虜就必須在礦坑裡工作，也難怪在泰瑞城一戰免於一死的許多生還者最後都會淪落到礦坑之中。我們可以藉此清楚的看見軍事、貨幣、奴隸構成複合體制的運作方式。（注22）

由於腓尼基與地中海地區的心臟地帶當時仍然拒絕採用新式的貨幣制度，因此，亞歷山大的征服也中斷了這些古老信用制度的遺緒。他的軍隊不只摧毀了泰瑞城，也找到了巴比倫人與波斯帝國在寺廟之中所儲存的黃金與白銀。這些貴重金屬原本是舊式信用制度的基礎，卻流到了亞歷山大手上。除此之外，亞歷山大更堅持各個地區甫成立的新政府，必須用他一手打造的貨幣來支付所有賦稅。這種發展結果「讓原本需要一個世紀左右的貨幣流量，在短短幾個月之內，就成功湧入了市場」，數量大約是十八萬塔蘭同（talents），換算成現代金額則將近於兩千八百五十億左右。（注23）

亞歷山大旗下許多將領，也在希臘與印度等地區陸續建立了各種泛希臘式的王國。這些國家大多數都聘請專業傭兵，而不是建立屬於自己的國民兵。然而，羅馬的發展情況則相當近似於雅典。根據諸如李維等官方史學家的記載，羅馬早期充斥著貴族與平民之間的鬥爭，以及持續發生的債務危機。這種社會現象一再引起所謂的「平民的反叛」（secession of the plebs），也就是一般的市民百姓決定棄守農田與工作地點到城外紮營，並且威脅要發起大規模的反叛行動——這是一種相當有意思的行動，結合了希臘式的大眾革命，以及埃及、美索不達米亞地區盛行的「出埃及」式的出走行動。羅馬的貴族也面臨同樣的抉擇。他們可以用農業貸款作為武器，一步步將這些平民轉變為積欠債務的勞動階級，只能在這些貴族所擁有的地產工作；或者，他們只能屈服於平民大眾針對債務所提出的訴求，形成自由的農民階級，並且從這些農民家庭中，得到年輕有力的男孩作為士兵。（注24）正如歷史上所有長期進行的危機、反抗與革命，貴族只能慢慢做出選擇。（注25）羅馬平民終於成功迫使參議院的貴族階級做出重大決定。自此之後，這些平民開始逐漸在重要的社會福利制度之中取得一席之地，至少能夠以士兵、老兵與家屬的身份取得一部份的戰利品分紅。

從這個角度來說，羅馬首次發行官方貨幣的日期——西元前三三八年——就顯得相當重要。幾乎就是在同一個時段，羅馬也終於將勞務抵債視為違法行徑（西元前三二六年）。（注26）從羅馬的案例中，我們又再一次看見貨幣不是造成債務危機的主因；相反的，貨幣解決了債務危機。

事實上，當整個羅馬帝國處於高峰時，它就像是一部非常巨大的機器，不斷提取貴重金屬資源製成貨幣之後，使之流動於軍隊之中。除此之外，羅馬更結合了相關稅務政策，用來鼓勵被征服地區的人民在日常生活之中採用羅馬帝國的貨幣。就算如此，羅馬時代的貨幣使用情況仍然大量集中於兩個地帶：義大利與少數主要城市所構成的核心地帶以及戰爭前線地帶，換言之，也就是許多軍團派駐的地點。在沒有礦產或軍隊的地方，則仍然盛行傳統的信用制度。

我還想額外提出另外一個觀點。無論是在希臘還是羅馬，兩地政府想要藉由擴張軍隊來處理債務危機的方法，都無法徹底解決問題——也只不過讓問題稍微平息一段時間而已。當軍隊擴張的行動結束之後，一切的問題又立刻恢復成過去那種模樣。事實上，我們也無法清楚的確定諸如雅典或羅馬等城市，是否真正的完全消除了所有型式的勞務抵債。至於在那些沒有成功建立龐大軍力的城市裡，由於沒有任何資源得以支持福利政策，也當然完全無法改變當地的債務危機——讓希臘與羅馬時代的某些地區，面臨著比中東時期還要險峻的難題。因為這些地方沒有任何爆發起義、革命的可能，也就無法效法美索不達米亞地區清除債務石板的舉動。因此，即便是在希臘，許多人民最後還是變成了農奴，被迫以勞務抵

債。(注27)

正如我們所見，雅典人似乎認為一個真正的紳士永遠比他的債權人還要高尚一點。羅馬的政治人物也懷抱著相同的立場。當然，這些參議員階級的成員彼此之間經常積欠債務。從某個層面來說，這幾乎就是羅馬富有階級之間常見的共產主義。他們對彼此之間的借貸條件非常寬容，幾乎不可能對其他人也這麼好。但是，在羅馬帝國晚期，歷史也記載了許多走投無路的債務人所策劃的詭計與陰謀。通常，這些兇手都是一些貴族，卻被無情兇殘的債務人逼得走得無路，甚至陷入與貧窮人士一樣的下場。(注28)如果在羅馬帝國時期較少出現這種案件，或許只是因為當時人民幾乎沒有什麼抗議的機會。從目前可以取得的歷史文獻看來，這些問題的發展只是越來越糟糕而已。(注29)大約在西元一百年左右，普魯塔克(Plutarch)將祖國羅馬的情況描繪得像是遭受到了外國入侵一樣：

大流士王(Darius)把自己的軍事將領達堤斯(Datis)與亞爾塔菲尼斯(Artaphernes)送到雅典，用枷鎖跟繩索綁住了許多犯人。至於那些放高利貸的人，也帶著好幾箱的帳單與債務文件到了希臘，隨行的還有那些可憐的罪犯。

當這些錢送達以後，這些高利貸就想要立刻拿回來。可是當他們真的拿到錢之後，又立刻送出去了，因為他們想要賺利息，這就是他們用來營利的方法。

所以，他們會嘲笑自然哲學家，因為後者認為人可以透過無形、不存在的東西創造出另外一些東西。但是，對於放高利貸這件事情來說，從來都不是這樣。(注30)

在早期的基督教神父所寫下的作品中，也充滿著對於弱勢者的同情，因為他們遭受有錢人所迫害，進而飽嚐苦痛與絕望。這種現象也讓我們知道羅馬平民所創造出來的自由一點都不完整，還讓自由農民階級遭到消滅。到羅馬帝國即將瓦解之際，住在鄉下的人們，如果不是奴隸，也會在實際上變成有錢地主的佃農。這種情況甚至還因為羅馬帝國的法律制度，讓農民的生命正式的綑綁在這些土地之上。（注31）沒有自由農民作為軍隊的基礎，整個羅馬帝國只能被迫聘請更多來自於日耳曼的武裝傭兵——這些日耳曼人跨越羅馬帝國國界之後的故事，也無須我再多說了。

印度

從很多角度而言，古印度跟古地中海是兩個非常不同的地區——但是，在某一個非常重要的層面，這兩個地方所發生的歷史圖像卻非常類似。

印度河流域文明的青銅時期大約在西元前一六〇〇年左右崩解，必須等到一千年之後，印度地區才出現了下一個都市文明，地點集中在恆河遠東的沃土之上。我們也可以從這個時候看見印度開始出現不同政府形式的轉捩點。最早的「剎帝利共和國」（Katriya Republics）推行全民武裝，並且在都市實行議會民主制，變成了隨後在拘薩羅（Kosala）與摩揭陀（Magadha）等地區所出現的民選獨裁及中央集權式的帝國政府。（注32）釋迦牟尼（未來的佛陀）與馱摩那（Mahavira；耆那教的創建者）都出生在印度的早期國家，當他們開始教授人生道理時印度已經走入了巨大的帝國時代——統治者們也通常是流浪苦行僧與哲學家們的恩主。

印度的各種王國與共和國都會製造專屬自己的貨幣，但共和國在某些貨幣政策上則採取了更為保守的立場。因為這些共和國採取「全民皆兵」的政策，換句話說，所有傳統的剎帝利（軍事貴族）與戰士階級都會讓奴隸來進行農耕。（注33）另一方面，印度歷史上的各個王國採取了不同的基本原則，以飽經訓練、專業的軍隊作為基礎，接納來自於各種不同背景的年輕人，並且由中央政府統一提供軍事裝備（士兵則有義務在回到城市休息時，檢查、維護自己的裝備）以及非常優渥的薪酬。

在印度，貨幣與市場機制同樣都是為了豢養這些戰爭工具而存在的東西——無論他們各自的起源是什麼。摩揭陀能夠成為一大強國的原因，就在於它控制了大部分的礦產，進而可以維繫軍隊的實力。考底利耶（Kautilya）是孔雀王朝時期的一名主要官員，後來統治了印度。他的政治著作《實利論》（*Arthasastra*）則清楚的表明了上述原則：「財寶建立在礦產之上，軍隊則仰賴於財寶。任何擁有軍隊與財寶的人，都能夠征服這片大地。」（注34）印度政府從擁有土地的階級中聘請各種工作人員，範圍包括各種訓練有素的行政官員，但最重要的是軍隊的士兵。所有行政人員與士兵的薪酬都經過了非常縝密的計算。印度的軍隊人數非常浩大。根據希臘的歷史文件記載，摩揭陀可以在戰場上擺出二十二萬名步兵、兩萬匹馬以及四千頭大象的陣容——甚至讓亞歷山大的軍隊害怕到只好投降。無論在營地或者堡壘中，這些軍隊都伴隨著相當複雜的隨從，如小販、妓女以及傭人。從這個角度來說，這些士兵身上似乎體現了最原始的印度現金經濟。（注35）幾百年之後，等到考底利耶統治的時候，印度的國家也開始介入了所有的經濟領域。考底利耶主張讓士兵得到相當優渥的薪酬，然後悄悄的讓國家所掌控的商人取代了一般的小販，並且用更高的價錢與士兵進行交易。除此之外，國家單位也會祕密訓練各種妓女成為間諜，用來探測士兵的忠誠度。

這就是印度的市場經濟，從戰爭中誕生，隨後逐漸受到政府的控制。但是這種過程不但沒有阻止貨幣的流動，反而以兩倍、三倍的速度促進了整個過程。印度國家治軍的邏輯也延伸到了經濟統治之上，政府以系統化的方法建立了各種糧倉、工廠、交易所、大商店與監獄，並且讓政府官員負責營運這些地方。當士兵與其他官員在市場上購買東西的時候，就可以回收原本從國庫發出去的金、銀貨幣。（注36）這種結果讓印度生活變得越來越貨幣化，而這是印度千餘年來首次出現的現象。（注37）

在印度開始出現巨大軍隊的時候，奴隸制度也發生了相當類似的發展——這也是印度歷史上前所未有的現象——也同時逐漸受到政府的管制。（注38）在考底利耶的時代，幾乎所有的俘虜都不會被送到市場上販賣為奴，而是由政府統一進行發配，前往各地的鄉村或者甫征服得來的土地。這些俘虜沒有機會離開那裡，只能一直呆在印度的鄉下地方。根據印度政府的管制，當地的生活相當平淡無趣，只能待在各種的勞動營，並且不得在豐收的時候進行任何的慶祝祭典。這些奴隸工人幾乎都是罪犯，雖然名義上是受到政府的聘請與租用，但一切都是政府說了算。

由於軍隊、間諜與行政體制幾乎掌控了生活所有環節，新的印度君王因此對於老舊的教儀與吠陀祭典沒有任何興趣。同時，許多君王反而非常關注當時突如其來湧現的各種哲學與宗教理念。但是，巨大的戰爭軍隊也開始吸引了他們的注意力。我們無法確定為什麼會出現這樣的發展。在阿育王（Ashoka）的時代（西元前二七三年至二三二年），孔雀王朝幾乎控制了現在的印度與巴基斯坦，但印度境內的軍事——貨幣——奴隸複合體也開始浮現了衰敗的徵兆，其中最顯著者莫過於貨幣在兩百多年來後出現了貶值現象，其材質從純銀變成了百分之五十的黃銅。（注39）

阿育王在西元前二六五年開始了自己留名青史的征服之旅，摧毀了僅存的印度共和國卡林加（Kalinga）。根據他自己的說法，這場戰爭讓幾十萬人遭到殺害或者淪為奴隸。在這之後，阿育王對於這場大屠殺感到非常困擾與猶豫，終於宣布自己再也不願從事戰爭，並且改宗佛教，將非暴力原則視為自己的統治信念。「在我的王國之中，」阿育王在首都巴特那（Patna）的花崗岩石柱上刻下了這些命令，讓希臘使節麥加斯梯尼（Megasthenes）感到驚訝不已：「沒有任何生靈會遭到屠殺與犧牲。」（注40）當然，我們不能只從字面上理解這句話。阿育王也許讓宴會的餐點變成素食，但是絕對不會完全解散軍隊，廢除死刑，或者立法禁止奴隸。但是，阿育王的統治讓印度的民族精神獲得了革命性的轉變。所有激進的戰爭手段都消失了，也再也不會出現複雜的間諜系統與官僚統治，取而代之的是快速發展的新生宗教秩序（佛教、耆那教以及主張棄世的印度教）。印度官方政府也開始資助這些宗教，讓他們在鄉里之間宣揚各種道德信念。阿育王與其繼任者們挹注了相當多的資源讓整個印度在隨後的幾個世紀之內建設了好幾千個舍利塔與寺廟。（注41）

阿育王的改革相當有助於更正我們基本架設之中的錯誤：當金錢等於貨幣的時候，如果貨幣越是流通，就會帶來更多商業發展機會，並且讓私商獲得發展空間。但是在印度歷史中，我們可以看到摩揭陀一方面大力發展市場機制，卻相當顧忌於私商的角色，認為這些人都是國家的潛在競爭者。（注42）一直以來，商人都相當支持印度早期的新興宗教（根據耆那教的教義，信徒絕對不能夠傷害任何生靈。因此，他們不會去當軍人，而是選擇成為從事買賣的商人）。為了維護自己的商業利益，他們當然會全力支持阿育王的改革。儘管商業獲得了發展，貨幣卻沒有成為印度日常生活當中主要的交易工具，整個局勢發展與我們的基本假設完全背道而馳。

早期佛教對於經濟發展的態度一直都是難解的謎題。從一方面來說，僧侶不能夠擁有私產，必須過著相當儉樸的生活，只能擁有一件袍子與化緣用的缽，並且絕對不可以觸碰任何以金、銀鍛造而成的東西。從另一方面而言，無論佛教本身有多麼排斥貴重金屬，卻對各種信用制度採取相當自由的立場。佛教是這個世界上少數沒有正式譴責高利貸的大型宗教。（注43）如果從印度的歷史脈絡來看，這件事情一點也不奇怪。佛教的基本信念是反對暴力與軍國主義，卻不曾反對過商業發展。（注44）正如我們從歷史中所見，當阿育王的帝國即將瓦解，由許多較為孱弱、小型的國家所取代時，佛教也就更深植人心。大型軍隊的瓦解將會導致貨幣的解體，卻也會讓各種複雜的信用制度得到相當巨大的發展空間。

中國

直到西元前四七五年之前，中國仍然都是一座帝國。但是它的皇帝已經逐漸受到架空，成為名不符實的傀儡。許多實質獨立的王國已然出現。從西元前四七五年至二二一年的這段期間，史稱「戰國時代」。過去維持的統一假象也在這個時候灰飛湮滅。到最後，中國終於由秦所統一，建立了下一個王朝，但隨即又被一連串的大眾革命所顛覆，迎來了漢朝（西元前二〇六年至西元二二〇年）。漢朝的創建者是劉邦，原本是秦朝時的地方治安官與農民領袖。除此之外，劉邦也是中國史上第一位全面採取儒家意識型態的統治者。他大興科舉制度，並且建立了中國將近兩千年來的各種行政規範。

在中國，哲學思想的黃金年代也同樣誕生於統一帝國出現之前。這點與其他地區在軸心時代的發展相當雷同。當政治局勢開始發生動亂的時候，訓練有素的專業軍隊將因應而生，為了支付他們的薪酬，國家也會開始鍛造貨幣金錢。（注45）因此，我們看到中國採取與其他國家相似的政策，以鼓勵市場的發展，而奴隸的人數也達到前所未有之多。同時，中國境內也開始出現周遊各地的哲學家，各種宛如宗教般的世界觀以及彼此競爭的知識集團。最後，中國的政治統治者也開始試著將各種新哲學化為國家宗教。（注46）

但是，中國的歷史發展也出現了相當重要的差異，讓我們從貨幣系統開始探討。中國從來沒有鍛造過黃金或白銀製成的貨幣。商人確實會用條狀的貴重金屬作為交易工具，但實際流通的貨幣則像是非常小型的錢幣，以黃銅作為材質，中間還會打洞，方便人們可以將其綑綁成束。這種「錢串」的數量相當多，經常用於大規模的交易。例如，當有錢人希望捐款給寺廟時，就會用牛車來運送這一大筆錢。目前最有說服力的觀點指出，造成這種現象的主因可能就是在一統天下的王朝出現後，中國的軍隊人數相當多——就算是在戰國時期，某些國家的軍隊人數也可能高達一百萬人——但是，這些士兵完全不像西方國家的士兵那樣專業，薪酬也非常少。從秦朝到漢朝，統治者都非常謹慎的維持這種情況，因為他們不想讓軍隊變成一個能夠獨立運作的政治勢力。（注47）

中國的新宗教、哲學發展的起源幾乎都與社會運動有關，這點相當特別。因為在其他地區，這些事情之間只會逐漸的開始產生各種聯繫。在古希臘，哲學的起源是對於宇宙的思考，哲學家更像是一個獨立的聖人，也許身邊會有一些非常熱心的門徒，隨後變成這種理念運動的創建者。（注48）在羅馬帝國時，諸如斯多葛學派（Stoics）、伊比鳩魯（Epicureans）與新柏拉圖主義等哲學逐漸形成一種運動，擁有幾千名曾經受過教育的熱衷追尋者。他們不只在讀書、寫作與辯論中實踐了這種哲學，甚至也會影響飲食與運動。但是，西方世界的哲學運動基本上只影響有教養的貴族，直到基督教與其他宗教運動出現之後，哲學才超越了這種階級限制。（注49）我們也能夠在印度看見同樣的發展。一開始，印度只有孤獨一身的婆羅門棄世思想家、潛居於森林的聖人以及流浪僧侶。他們構思著各種關於物質宇宙、靈魂的想法。隨後印度境內也發生了各種由佛教、耆那教、阿及維卡教派（Ājīvika）與其他各種已然消失的教派所推行的運動，影響了幾千名僧侶以及許多的聖壇、學派與資助者。

在中國，戰國時代興起了「百家學說」。許多學派的創建者都經常往返於列國之間，希望能夠向君王講述各種道理；其他的創建者則從一開始就是某個社會運動的領袖。有些運動本身甚至沒有任何領導者可言，例如希望在各國夾縫中創平等社群的「農家」（School of the Tillers）。（注50）至於提倡平等的理性主義者「墨家」（Mohists），其社會基礎來自於都市的工匠階級。墨家不止反對戰爭與軍國主義，還會親自組成軍隊與軍事工程組織，協助各國抵抗侵略者。雖然儒家隨後就變成相當重要的宮廷哲學，但它一開始的關懷核心則是希望推廣普及化的教育。（注51）

物質主義（一）追求利潤

究竟什麼因素成就了物質主義的出現呢？也許軸心時代時出現的平民教育運動可以提供一些線索。在人類的歷史中，軸心時代是第一個讓寫作能力不再限於教士、行政官員與商人的時代，還成了參與公共生活的必要條件。在雅典，人們理所當然的認為唯有鄉下人才會目不識丁。

如果識字率不普及，就不可能產生大規模的群眾知識運動，軸心時代也無法誕生這麼多種不同的概念。到了軸心時代快要結束的時候，這種理念甚至讓歸降羅馬的野蠻軍隊領導人，覺得自己有義務應該參與三位一體的辯論，或者讓中國僧侶費時辯論、探討古典印度佛教當中十八個學派的優劣之分。

當然，市場的發展絕對也是相當重要的角色，因為它不只讓人民真正的擺脫了階級與社群當中的傳統枷鎖，更鼓舞了一種特殊的理性計算思維。因此，人們開始思考各種投資與產出、方法與目的，反應出當時嶄新的理性探索精神。「理性」（rational）這個字就已經表達了不少訊息。理性起源於 *ratio*，這是一種數學計算概念，計算多少個X可以換取多少個Y，常見於古代的建築與工程的運算中。但是當市場出現之後，每個人都不想被騙，所以必須學習如何計算各種事物。我們在這裡的討論必須更謹慎一點，因為金錢本身不是什麼非常新穎的發明。蘇美的農夫與商人在西元前三五〇〇年時就已經熟知如何進行各種計算。但是，只有在這個時期，我們才會看見各種哲學理念全部都令人驚訝地採用了這種立場，開始以數理方法探討宇宙的本質與天體運動，甚至認為所有事情背後必然能夠以數字作為理解基礎，例如畢達哥拉斯的學說。更重要的是，這些人從來不會形成一種外人無法參與的祕密協會。因此，他們公開的分享各種理解與辯論結果，也不會將別人踢出這個祕密協會。（注52）

為了能夠瞭解到底什麼事情產生了轉變，我們必須再一次探討軸心時代之初究竟形成了什麼樣的市場。這種市場機制生於戰爭之中，無涉於個人身份，甚至會讓人們將鄰居視為陌生人。

在傳統的人性經濟中，行為背後的動機總是非常複雜。當一名領主賞賜某些禮物給自己的侍從時，我們幾乎可以肯定這個舉動背後的「賞賜」目的，就算這只是一種策略，用來確保侍從的忠誠心，或者是領主本人用來表達自己有多偉大、侍從有多渺小的行動，這些動機從來不會彼此矛盾。同樣的，平等的兩個人之間如果相互贈禮，也可能交織各種不同的愛、嫉妒、驕傲、鄙視、相互鞏固忠誠，或者是各種不同的動機。但是，在這些推測中，我們卻疏忽了最自私（自利）的動機，可能才是真正必要的事情。當我們在推測各種人類行為背後的隱藏動機時，就像在假設這個人試著協助朋友或傷害敵人的原因，其實是為了替自己爭取一些好處。（注53）在早期的信用市場興起之後，這種情況也沒有什麼改變，借據的價值來自於簽署者的身份地位與收入。除此之外，所有人也都不可能免於推測各種關於愛、嫉妒、驕傲的動機。

然而，陌生人之間的現金交易則是完全不同的事情。當戰爭開始興起，國家更為重視戰利品的分配與如何支付士兵的薪酬時，整個趨勢發展也開始變得越來越明顯。在這種時候，人們最好不要問這些商品從哪裡來的，也沒有人有興趣在交易過程中經營各種人際關係。因此，交易行為變得非常單純，只需要考慮多少X可以換得多少Y，考慮各種比例，衡量各種品質，並且試著替自己爭取最好的條件。所以，在軸心時代時，這樣的結果帶來另外一種對於人類動機的新思考，讓我們可以對於這些事情做出最為根本的簡化，只需要探討各種「利潤」與「好處」，並且想像這就是人類在生活的各種領域當中真正追求的東西，宛如戰爭的暴力與市場的非人性格，讓我們根本就不需要假裝自己還在乎其他東西。這種想法反過來讓人類的生命變成一種計算目標，我們可以用各種計算方法思考這件事情，好比研究天體的相吸與互斥一般。（注54）如果這種想法與許多當代經濟學家的邏輯相似，這也絕非巧合——唯一的差別在於，當金錢、市場、國家與軍隊之間彼此緊密連結的時候，金錢的目的在於豢養軍隊，進而捕捉奴隸，再用這些奴隸來挖金礦，做出更多錢幣。當我們提到所謂的「割喉戰」時，這個字原本的意思就是指在對手的喉嚨上面割幾刀，也不會有人覺得可以用和平的方式達到這種結果。在歐亞大陸，只要任何貨幣與哲學思想得到蓬勃發展的地方，這種人性圖像也會用令人驚訝的必然性，出現在我們面前。

中國也提供了一個非常適用於這種利益原則的特殊例子。早在孔子的時代，思想家就已經在討論人類生活的驅樂避苦原則。他們所使用的詞彙是「利」。這個字最早是用來描述豐收時期的獲利，或者是人民栽種時所得到的成果（同時，利也是中國的象形文字，在一束稻禾旁邊放著一把刀）。（注55）當這字開始涉及商業利益之後，就與「獲利」及「利息」脫離不了關係。以下的故事主題是戰國時期的商人呂不韋巧遇一名遭到流放的君王時所做出的反應，並且充分展現出人類追求利益的特質：

呂不韋回到家後問自己的父親：「耕田可以得到幾倍利潤？」父親回答：「十倍。」

「經營珠寶呢？」

「百倍」

「樹立一國之君，又是多少倍的利潤？」

「無數。」（注56）

呂不韋隨即開始擁護這名君王，並且設法讓他成為後來的秦王。在秦王生下兒子秦始皇之後，呂不韋也成為了最重要的官員，協助秦國打敗其他國家，順利建立中國史上第一個帝國。從呂不韋獻給新皇帝的文字中，我們也能看見其軍事建議中蘊藏治的政治智慧：

> 敵人若大舉攻來，按照常理而言，他們求的是利益。如果他們發現自己在這裡只會得到死路一條，就會認為逃走才是最符合自己利益的舉動。當全部的敵人都這麼想，就沒有進行戰爭的必要。（注57）

在這種世界觀之中，原本那種追求榮耀的英雄思維、向神明立下誓言的壯闊舉動或者是渴望復仇的決心，都已經非常虛弱，並且極為容易受到操弄。在當時所盛行的數本關於政治術的作品中，每一件事情都變成了利益計算的目標，人們必須小心翼翼的進行平衡，思考統治者與人民的利益究竟在什麼時候會趨於一致，又在何種情況下將會彼此衝突。（注58）各種來自於政治學、經濟學與軍事策略的概念（例如投資回報與戰略優勢等），都開始變得與原本的意義不同並且彼此重疊。

戰國時期最盛行的政治思想就是法家。他們堅持國家治理必須以統治者的利益為基本原則。就算某些統治者太過愚笨，以致於無法看清這一點，也不會改變這個事實。人民是非常容易操弄的對象，因為他們幾乎只有一模一樣的行為動力。根據商鞅的說法，人民追求利益的想法非常容易預測，「就像水往低處流於一」（注59）。商鞅比他的法家同儕更為嚴苛，因為他相信人民如果都變得富裕，就會讓統治者更難以要求他們上戰場。所以恐懼是最有效的治理工具。儘管如此，商鞅也堅持這種有效的統治政體仍然必須穿上法治與正義的外袍。

無論在何時何地，當軍事——貨幣——奴隸複合體開始深植於人類生活之後，政治理論家就會發展出相似的理論，考底利耶的《實利論》也不例外。這本書的名字可以翻譯成《國家治術書》，因為其中包含了各種獻給君王的策略，也可以翻譯成「獲利的科學」。（注60）就像中國的法家，考底利耶強調，治理必須先創造出國家正在追求道德與正義的藉口，但是君王本人「在思考戰爭與和平的時候，必須以利益作為唯一的原則」——這些利潤將會用來累積財富，創造更強大的軍隊；這支軍隊也會反過來控制市場與資源，讓君王累積更多的財富。（注61）在古希臘的歷史中，我們也已經見識過泰許馬科斯的相似想法。古希臘的城邦國家或許沒有君王，如果任何人想要貶抑公民的私人利益、提升國家力量，也普遍會被譴責為暴君。但是在實際的政治運作中，希臘的城邦國家與各個政治黨派，也都像印度或中國一樣採取了同樣冷血的利益計算原則。任何人只要讀過修昔底德的〈彌羅斯人的對話〉（Melian Dialogue），都會非常清楚這種結果。（注62）在這篇作品中，雅典將軍代表著來自於友善都市的一群人民，優雅的解釋自己為什麼認為彌羅斯人必須成為繳納貢金的附庸國家，否則就要發動大規模的屠殺——因為，這不但符合雅典人的利益，也同樣可以讓彌羅斯從中得到好處。

在這種類型的作品中，我們還可以看見另外一種令人非常驚訝的特色：極度的物質主義。女神與神，魔法與奇蹟，獻祭儀式與祭祖，甚至是種姓制度，幾乎都已經完全消失，或者變得毫無重要性，再也不是任何值得追求的目的，而是追求利潤的工具。

耕耘這種理論的知識份子當然會贏得君王的信任。我們也無須意外其他類型的知識份子將會因為這種憤世嫉俗的哲學而感到備受冒犯，開始構思各種可以發起人民起義的理由，也無可避免的與君王發生衝突。但是這些反對派知識份子必須面臨兩種選擇：採用當時通行的政治詞彙進行辯論，或者進行完全顛覆性的辯證批判。墨家的創建者墨子採用了第一種路徑。他重新轉變了「利」這個概念，讓它更為驅近於「社會功利」。除此之外，他也試著證明戰爭本身就是沒有任何好處的行動。例如，戰爭只能在春、秋兩季進行，但同樣會帶來毀滅性的結果：

> 若戰爭發生於春天，人民將會荒廢耕種，若在秋天，則會錯過收割。即使他們只錯過其中之一，也

會讓無數百姓死於挨餓與嚴寒。姑且讓我們計算一下軍隊的裝備吧，弓箭、旗幟與帳棚，盔甲、盾牌與劍柄，這些東西都會損毀而且無法修補……牛隻與馬匹亦是如此……（注63）

墨子因而得到如下結論：如果一個人考慮侵略必須付出的總成本，例如人命、牲畜與財物的損失之後，就一定會知道自己無法拿回相同的利潤——就算獲得勝利也是如此。事實上，墨子非常堅守這種理念，最後甚至認為提升人類益處的唯一方法，就是放棄追求私人利潤，採用所謂的「兼愛」原則，也相信如果一個人仔細思考市場交換的邏輯，就會知道這必然會走向一種特殊的共產主義。

儒家則採取了與墨家不同的方向，反駁了法家的基本假設。最好的例子就是孟子與梁惠王的對話：

「值得敬重的先生，」梁惠王說：「你不遠千里而來，是否將會帶給我們這座國家什麼利處呢？」

孟子回答道：

「梁惠王何必只重利處？我只帶來兩個東西，仁與義。」（注64）

這兩種立場雖然出發點有所不同，但結果十分類似。儒家的「仁」即「裨益人類生活」，其實比墨子的「兼愛」更為顛覆了法家的追求利益原則。儒家與墨家的主要差距在於儒家更為厭惡「計算」本身，並且提倡一種更為「慷慨大度」的藝術。道家學說則更為激進，堅持人類本身的直覺與自發，而徹底排斥了利益計算。這些哲學理念都想要提供與市場邏輯截然不同的立場。但是，這些立場都只不過如鏡中倒影一般，無法發揮太大的作用。因為這些東西的本質全都一樣，只是用不同角度呈現在我們面前而已。不久之後，人類就即將面對無數種兩相對立的思維——利己與利他、利潤與慈善、物質與理念、計算與自發——當我們還沒有徹底的思考過以純粹的算計與自利為基礎的市場交易之前，就不可能想像得到未來將會出現這些對立的觀念。（注65）

物質主義（二）實際物質

當死亡靠近我們的時候，請鄙視這軀腐朽的身體，這只是血與骨構成的殘渣，由神經、靜脈與動脈編織成的網絡與組織而已。

——馬可．奧里略（Marcus Aurelius），《沈思錄》（*Meditation*）

文爽說憐憫那些飢餓的狼，「我不垂涎於那頭腐朽的肉體。我將它讓給你們，也許就能更快得到更強壯的身軀。這種奉獻將會同時有助於你我。」

——《淨土論》，21.12*

我在中國歷史當中看見了一種非常特別的發展，他們的哲學起點是對於倫理的辯論，隨後才會開始思考宇宙的本質。但是，希臘與印度的宇宙論都是最早出現的哲學思考。同時，他們的思考也很快的從宇宙論轉向了心智、真理、良知、意義、語言、圖像、世界精神、秩序知識與人類靈魂的命運。

這些哲學觀念的關係如同鏡中倒影般彼此呼應，卻又錯綜複雜的讓我們非常難以仔細探索他們的起始點。人類學將會有助於我們的討論，因為人類學家能夠看見那些沒有參與這些哲學辯論的人，在接觸了軸心時代的各種知識觀念之後，產生了什麼樣的反應。有時候，歷史也會呈現出相當明確的圖像，證明了真相與我們原本的推論完全相反。

*譯注：本文出自於《宋高僧傳》卷二十一，譯文來自於英文，原文如附：「穢囊無恪施汝一飡。願疾成堅固之身。汝受吾施同歸善會。」

天主教的傳教士馬里瑞斯・李哈特（Marurice Leehardt）曾經在新喀里多尼亞（New Caledonia）傳授了多年的福音。在一九二〇年時，他問自己的學生、一名相當年長的雕刻家貝索烏（Boesoou）如何感受自己正在學習這些精神概念的過程：

> 我正在等待他評論自己接受多年教育之後的心智成長狀態時，卻非常冒險的提出這個問題：「簡單的說，我們確實讓你們這裡的人學會了關於這些精神的概念吧？」
>
> 他反駁了我。「精神？不！你們才沒有給我們什麼精神。我們早就知道精神的存在，用這些精神作為行動的準則。你們帶來的是身體。」（注66）

對於貝索烏來說，人類擁有靈魂本來就是不證自明的事情。真正讓他驚訝的部分是靈魂與身體之間的區別，身體竟然只是神經脈絡與細胞組織的集合體——更別提各種哲學理念，例如「身體是靈魂的監獄」、「禁絕身體的慾望是光耀或解放靈魂的行為」等等。

軸心時代的精神觀念建立在物質主義之上。這就是它的祕密。有人也許會認為我們根本看不清楚這件事情。（注67）但是如果我們仔細的思考希臘與印度兩地的哲學起源，在那個時候，根本沒有現代人所謂的「哲學」與「科學」之間的嚴格區別，我們就會得到這個結論。當時的「理論」，如果我們可以大膽一點使用這個詞彙的話，幾乎都是用這些問題作為出發點：「構成這個世界的物質是什麼？」、「在全世界的有形物體背後，最重要的物質是什麼？」、「所有東西是否都由某些基礎元素的組合所構成？（土地、空氣、水、火、石頭、動力、心智、數字……）還是這些基礎元素的背後也都有更為基礎的物質？（例如印度「正理論」（Nyāya）或德謨克利特（Democritus）所說的原子？）（注68）。在其他理論之中，也會出現諸如神、心智、精神等等概念是讓其他物質擁有形體的動態性構成原則，本身不是實際存在的物質。但是這就像是李哈特口中的神，只浮現於沒有生命的物質之中。（注69）

將這種動能與貨幣的創造連結在一起看似有點過度推論，但是至少在古典世界的研究中，早已出現過這種論點——第一位先鋒就是哈佛大學的文學研究者馬克・雪爾（Marc Shell），最近的作品則是英國古典學家理察・席福特（Richard Seaford）的《金錢與希臘早期的人類心智》（*Money and the Early Greek Mind*），他們都提出了相同的論證目標。（注70）

事實上，某些歷史事實之間的聯繫實在太過於特別，以致於我們非常難以用其他方式來詮釋這種現象。讓我提出一個例子作為說明。在西元前六〇〇年左右，利底亞王國發明了貨幣。這個現象很快的蔓延到了希臘的沿海地區，也就是愛奧尼亞（Ionia）一帶的城市。在這些城市之中，米利都（Miletus）是最強勢的地方，城市周遭全都是高聳的城牆。同時，米利都也是第一個發行自有貨幣的城市。整個愛奧尼亞地區是地中海一代最富盛名的傭兵集散地，並且以米利都作為核心城市。米利都的商業發展也非常順利，甚至可能是全世界第一座使用貨幣作為日常交易工具的城市。（注71）希臘哲學的三大始祖是米利都的泰勒斯（Thales of Miletus 624-546 BC）、米利都的阿那克西曼德（Anaximander of Miletus 610-546 BC）、米利都的阿那克西美尼（Anaximenes of Miletus 585-525 BC）——換句話說，這三位哲學家所生活的年代與地區，正好與希臘地區發明貨幣的時間地點兩相吻合。（注72）這三位哲學家的主要貢獻都是仔細思考了什麼是推動世界生成的物質。泰勒斯認為是水，阿那克西美尼主張是水，阿那克西曼德則提出了「無限」（*apeiron*; the unlimited）這個概念，是一種純粹的抽象實體，本身無法由感官所察覺，卻是其他實存物質的的基礎。這三個人的思想體系全都假設了原始的物質藉由加熱、冷卻、組合、分割、壓縮、延伸或者賦予動力之後，就能夠成為無數的特殊物質，也就是人們在實際生活當中所接觸到的各種東西。同時，當這些東西瓦解之後，也會回到這種特殊的物質形式。

因此，這種物質能夠轉化成任何東西。正如席福特所強調的，金錢也是如此。用來鍛造貨幣的黃金，本身就是一種物質，但也是另外一種形式的抽象概念。黃金是一塊特殊的貴重金屬，有時候則能夠超越金屬本身的意義——它可以成為各種希臘的貨幣，用來交易其他物品（條件是湊齊足夠的數量，在

正確的時間前往正確的地點，找到正確的人進行這筆交易）。（注73）

因此，席福特認為貨幣所帶來的新意義在於其雙面性。它同時是一塊貴重的金屬，也是更為重要的物質。在創造這些貨幣的社群之中，貨幣本身比黃金、白銀或黃銅這種製成原料還要有價值。席福特用「信託價值」這個字眼來解釋這個想法，意指當社會大眾對於自己的貨幣有信心時，就會提高它的價值。（注74）的確，在古典希臘的高峰時期，數百個城邦國家都發行了自己的貨幣，並且採用了各種不同的秤重標準與面額。當時的商人必須隨身攜帶磅秤與協商用的貨幣，特別是外國貨幣例如銀塊等等。這點就像印度商人當時處理羅馬貨幣的方法。但是在一座城市之中，只要他們接受自己的貨幣可以用來支付稅金、公共費用與罰緩，這種貨幣就會擁有非常獨特的地位。這也解釋了為什麼古希臘城市改用較為廉價的金屬製成貨幣時，或許不會立刻造成通貨膨脹的原因。廉價金屬製成的貨幣也許會貶抑其在海外交易的價值。但是，在本國（城市）境內，它用來購買各種執照或進入公共戲院的價值仍然絲毫未受減少。（注75）同樣的，這也就是為什麼當某些古希臘城邦國家面臨危機時，只好將貨幣的製成材質替換成黃銅或者錫，但其公民仍然會將它視為如白銀做成的貨幣，不會貶低相關的價值。（注76）

這一點就是席福特對於物質主義與希臘哲學的重要想法。貨幣是一塊金屬，但是當它開始擁有特別的形狀、文字與符號時，就等於整個公民社群同意它變成了另外一種特別的東西。但這種力量還是有其界線。人們無法永遠的使用由黃銅製成的錢幣，因此如果一座城邦國家用廉價金屬製造貨幣，最後還是必須面對通貨膨脹的危機。這就像是在公民社群與該物質本身之間存在著一股緊張關係。希臘的思想家也必須開始面對這種非常重要的嶄新物質型態，當許多人願意冒著生命危險追求財富時，貨幣的重要性也就不言而喻了。但是貨幣的本質卻仍然像是一團深沈的迷霧。

什麼是「物質主義」？什麼又是「物質主義式」的哲學？什麼是「物質」？通常，我們口中的「物質」就是用來做成其他東西的客體。樹是具有生命的事物。只有人類想要用樹做成別種東西的時候，它才會變成木材。當然我們幾乎可以將木材變成任何東西。同樣的道理也適用於泥土、玻璃或金屬。這些東西都是固體，非常真實而且具有形體，但也同時可以轉化為另外一種抽象概念，因為它們全都擁有化為任何東西的潛力——更精確的說，不是「任何東西」，因為我們無法讓木頭變成獅子或者老鷹，只能雕刻出很像獅子或老鷹的東西。因此，物質幾乎可以轉變成一切人類可以認知的形式。任何物質主義的哲學都會處理形體與內容、外型與實體之間的對立關係。這種衝突存在於如下截然不同的群組之間。第一，在各種觀念、符號、象徵或者造物者心中的模型。第二，各種物質實際受到雕塑、建構、附加而成為實際存在的物體。（注77）當貨幣上的符號不只存在於某個人的腦海，而是受到整個社群的同意之後，它就變成更為抽象的物體了。希臘各種錢幣上的符號（米利都的獅子、雅典的貓頭鷹）都是守護城邦的神明記號，但也同時是一種集體共識。公民彼此承諾讓這個貨幣可以用來支付公共支出，也能夠用來償還個人債務，因此得以成為購買一切的交易工具。

問題是這種集體力量本身有其限制，只能夠適用在單一城邦之中。一旦你離這座城邦越遠，越是深入充滿暴力、奴隸與戰爭的世界，那個地方也就是那些哲學家雲遊四海時，可能會被五花大綁送到奴隸拍賣場的地方。貨幣在此就越是有可能變成一團貴重金屬而已，沒有其他特殊的額外價值。（注78）

在精神與肉體之間；在高貴理想與粗俗現實之間；還有理性知識與肉體動力、慾望之間，和平與社群的理念都不是憑空而來，是需要人民將它打印在各種金屬之上，宛如那就是一種神聖的輝章。這種概念反覆出現在軸心時代的宗教與哲學傳統之中，並且一直讓貝烏索這樣的人感到驚訝，這概念也產生新的金錢形式。

沒有人會愚笨到主張所有的軸心時代哲學都只不過是對於貨幣的沈思而已。但是，我認為席福特的說法非常正確，因為他認為貨幣是一個相當重要的起點。其中一個理由是前蘇格拉底時期的哲學家都用這種類型的問題開始自己的思考什麼是觀念？它們只是一種集體的約定習俗嗎？它們真的就像柏拉圖所說的，存在於某個超越物質的神聖領域之中嗎？或者，它們存在於我們的心智之中？也許，我們的心智本身就分受了這種神聖的非物質領域？如果真的是這樣，這又如何解釋了人與其身體之間的關係？

印度與中國出現了各種型式的哲學爭論，但物質主義永遠是他們的起點。我們只能夠確定從其知識對手的作品中，窺知物質主義思想家的說法。例如印度君王帕亞西（Payasi）的例子。他非常喜歡與佛教徒、耆那教徒爭論，主張靈魂不存在，人體只不過是空氣、水、大地、火焰的組合。至於人類的意識，則來自於各些元素之間的互動。因此，當人類死亡之後，這些元素也會開始分解。（注79）這種概念在當時幾乎可以說是常識。相較於軸心時代前後的時期，軸心時代盛行的各種宗教也非常缺乏對超自然力量的探討。佛教所引起的爭議包括其本身究竟是不是一種宗教，因為它反駁一切超自然事物的存在；至於孔子主張人應當尊敬祖先，究竟是因為這樣可以激勵出人類的孝順美德，還是因為逝去的祖先會繼續存在於世間，這也是爭論中的議題。但是我們所爭論的主題其實就說明了一切。從制度的角度而言，從軸心時代所遺留下來的宗教，就是所謂的「世界宗教」。

因此，我們可以看到各種立場之間的你來我往，相互攻擊與反擊，例如宗教、國家、戰爭、宗教是否應該成為完全獨立的領域，或者彼此建立關連。我試著整理出了如下摘要：

（一）第一種市場機制出現在近東地區，起因是政府行政系統所產生的影響。隨著時間發展，市場邏輯開始與軍事管理有關，甚至開始與傭兵邏輯、軸心時代的戰爭都建立了密不可分的關係。最後，市場邏輯終於超越了單純的政府治理範疇，建立了自己獨特的定義。

（二）上述發展造成的結果，讓我們在當時各地都可以看到軍事——貨幣——奴隸這種特殊的複合體，也迎接了物質主義哲學的誕生。這些東西的本質都是物質主義。他們認為世界由各種物質力量所構成，而不是神聖的力量。因此，人類存在的終極目標就是累積更多的物質財富，而道德與正義只是用來滿足群眾的工具。

（三）我們也看見其他哲學家以探索人性與靈魂的哲學作為回應，希望能夠建立起關於道德與倫理的新基礎。

（四）各地也出現了另外一些哲學家的理論，並且無可避免的推行了社會運動，其中的新興知識份子也變得極端暴力。在人類歷史上，這也是第一次群眾運動與知識運動完全結合在一起。因為運動當中的反對力量往往就是依照著這些理論的信念而生。

（五）有些運動採取了非常堅持的和平立場，拒絕將暴力與侵略戰爭視為政治的基礎。

（六）當時，各地也非常傾向採用各種來自市場的知識工具，以建立嶄新的道德基礎，並且成功完成目標。墨家與其社會功利信念短暫開花結果，但隨即就失去了舞台，遭儒家所取代。儒家立刻駁斥了墨家的觀念。為了因應新的經濟環境，我們也見到了當時攸關債務的道德責任意義已經發生了改變。在希臘與印度，他們都有非常強烈的動機進行相關思考，結果卻都無法令人滿意。（注80）但是，另外一種更為強烈的思考動機，則是想像出另外一個能夠完全消除債務的世界，並且產生了各種對其他世界的思考。在那個世界中，所有社會裙帶關係都是奴役的形式，就像身體是靈魂的監獄一樣。

（七）統治者的態度也隨著時間而有所改變。一開始，大多數的統治者雖然有點困惑，但還是會對新宗教與哲學運動保持寬容的公開態度，私下也可能會非常接納某些較為憤世嫉俗的現實政治論點。但是，當巨大的帝國取代彼此交戰的城邦世界，而且帝國開始面臨自己的拓展極限，讓整個軍事——貨幣——奴隸複合體陷入危機之後，一切也都開始發生劇烈的變化。在印度，阿育王決定用佛教重建自己的王國；在羅馬，君士坦丁（Constantine）則皈依了基督教；至於中國，漢武帝（西元前一五七年到西元前八七年）在面對同樣的軍事、財政危機時，則大力採用了儒家作為國家的主流哲學。在這三個人之中，漢武帝的改革成果最成功。將近兩千年來，中國一直都將儒家視為官方意識型態。至於君士坦丁，西羅馬帝國雖然崩解了，但羅馬教廷仍然活了下來。阿育王可以說是三者之中最不成功的一位。他的印度王國不但毀了，遭到無數弱小、分裂的國家取代，連佛教本身都遠離了印度，卻興盛於遙遠的中國、尼泊爾（Nepal）、圖博（Tibet）、斯里蘭卡（Sri Lanka）、韓國、日本還有許多東南亞地區。

（八）這種發展的最終效果識導致人類必須區分了各種精神活動的範圍。這種分際一直持續至今，也就是市場與宗教之分。簡單的說，如果一個人將「自私的追求物質」視為屬於特定社會領域的事情，那麼，他就會無可避免的將這種價值觀視為最重要的事情，進而拋棄了另外一個社會領域的信念，不再相信物質其實不是最重要的事情，以及自私或自我也只是一種幻覺。軸心時代的宗教非常強調慈善心，這是相當重要的事情。在這之前，人類還沒有太多慈善心的觀念。純粹的貪婪與純粹的慷慨是相互彌補的概念。它們彼此都是對方的存在基礎，也唯有在這種追求純粹自利行為的制度中，才會產生這兩種概念。除此之外，這兩種概念幾乎都出現於與個人信用無關的現金貨幣開始流通於市場之後。

至於宗教運動這個議題，我們可以簡單將它視為逃避現實主義。它承諾所有軸心時代帝國下的受害者，可以在另外一個世界獲得解放並且得到接納。此外，它也說服了有錢人，讓他們認為自己積欠窮人的東西，也只不過是三不五時的捐款而已。激進的思想家幾乎都用這種方式建構自己的信念。當然，採納這種信念的政府體系也會接受這種結論。但是，整個現象其實更為複雜。首先，逃避現實主義本身就非常的複雜。古代世界的農民起義經常只會得到大規模屠殺。正如我所觀察的，身體力行的實際逃脫，例如各種背叛行為或者「出埃及」舉動，永遠都是回應不義壓迫的最好方式。這點自古以來就是如此。但是，當人們不再能夠進行實際的逃脫，受到迫害的農民應該怎麼辦呢？坐下來並且思考自己的悲慘人生嗎？在這個階段，提出「彼世」的宗教就能夠提供另外一種激進的視野。通常這些宗教可以讓人們開始構想出另外一個世界，那可能是各式各樣已經得到解放的自由世界。在古典世界中，當然只有成功廢除奴隸制度的人民能夠組成宗教團體，例如古代的艾賽尼教派（Essenes）。這是一個相當重要的事實。實際上，艾賽尼教派自己也是從相當巨大的社會結構當中出走之後，才能建構屬於自己的烏托邦社群。（注81）另外一個例子的規模較小，但持續的時間更久。印度北方的民主城邦國家雖然仍然逃不過巨大帝國的鎮壓（考底利耶曾經建議過如何顛覆和摧毀民主政體的方法），但釋迦牟尼相當推崇公共議會這種民主機制，並且採行它作為教育信徒的模範。（注82）迄今，佛教的寺廟仍然稱為「僧伽」（*Sangha*）這個古代用來稱呼共和體的名詞。除此之外，佛教寺廟也採取與民主制度相似的共識決議過程，並且保存了一定程度的平等主義式民主思想。

最後，這些宗教和社會運動本身帶來了非常重要的歷史成就。當他們生根而發揮重要作用之後，也開始改變了世界。到了中世紀時，奴隸制度本身瓦解了。在整個歐亞大陸，奴隸制度變成相當罕見的事情，或者根本不存在於某些地區。新的宗教權威也開始在各地處理因為債務危機而引起的各種社會混錯亂現象。

第十章

中世紀

（西元六〇〇年至一四五〇年）

人造的財富所包含的東西，通常用來滿足不自然的需求，例如金錢，那只不過是人為發明的產物而已。

——聖湯瑪斯·阿奎那（St. Thomas Aquinas）

如果我們在軸心時代看見了財貨市場與世界宗教這兩種彼此相互補足的概念，那麼中世紀就是兩者開始相互混合的時代。

巨大的帝國在中世紀之初開始瓦解，新的國家形式也隨之誕生。但是在這些新國家中，過去那種戰爭——貨幣——奴隸所構成的複合體已經毀滅了。征服與獵取再也不是政治生活的全部目的。同時，從國際貿易到國內市場等等經濟生活也逐漸受到了宗教權威的管制。吃人不吐骨頭的高利貸終於遭到管制禁止。另外一個結果，則是信用制度的金錢觀念再一次回到了歐亞大陸。

但是，這些事情其實不是我們對中世紀的傳統想法。對大多數的人而言，「中世紀」這個字等同於迷信、不寬容與壓迫；對於世界上大多數的人來說，中世紀只不過是另外一個用來改善軸心時代等等可怕現象的時刻而已。

我們之所以會對中世紀產生如此扭曲的認知，其中一個原因就是中世紀看起來就像一件發生在西歐地區，也就是羅馬帝國邊陲堡壘的小歷史事件而已。根據傳統觀念，在羅馬帝國瓦解之後，那些城市遭到廢棄，人民開始重返「以物易物」的經濟生活，並且花了五百年左右的時間，才從荒蕪中復原。但是，這些說法建立在一連串未經審慎質問的假設之上，才讓我們從來沒有對此進行過嚴肅的思考與探索。在這些假設之中，最重要的就是「沒有貨幣，就代表沒有金錢觀念」。羅馬軍隊的瓦解確實終止了帝國貨幣的流通，而那些建立在舊帝國瓦楞上的新國家，例如哥德（Gothic）與法蘭克（Frank）王國等，他們所發行的貨幣只不過是一種基於社群認同的信託貨幣而已。（注1）但是，只要稍微瀏覽一下所謂的「野蠻人法律」，就會發現即使在黑暗時代的高峰期，人們在處理利益、合約與抵押問題時，仍然會仔細地以羅馬貨幣作為記帳單位。羅馬的城市確實萎縮，甚至遭到廢棄，但這件事情本身也不見得沒有好處。它確實對識字率造成了相當不好的影響，但我們必須記住，古代城市維繫生機的唯一方法，就是不停的從鄉村地區榨取資源。舉例而言，高盧（Gaul）曾經是各座城市的核心網絡，其四方道路聯繫了羅馬的奴隸農場，而這座城市的擁有者，當然就是諸位權貴大公。（注2）在西元四〇〇年左右，這些城市的人口開始發生劇烈的萎縮，瓦解了各座奴隸農場。在隨後的幾個世紀，許多廢棄的地方開始變成大莊園、教堂，以及後來的城堡——許多領主也在這裡向周遭的農民收取稅金。但是，只要我們仔細做一點數學計算，就可以瞭解其中的詳情——中世紀的農業發展情況絕對不亞於古代（事實上，中世紀的農業能力大勝於古代），而需要用來豢養一小批騎兵與聖職人員的資源，也絕對不會多過於供給一整座城市。無論中世紀的奴隸受到多麼可怕的壓迫，他們的處境也不可能像是軸心時代的奴隸那麼悲慘。

同樣的，考察中世紀的最好方法，就是不要將眼光侷限於歐洲，也要西元四〇〇年至六〇〇年之間的印度與中國，以及橫掃歐亞大陸西半部的伊斯蘭風潮。這些事件的影響力必須在四百年後才會衍生至歐洲。讓我們從印度開始進行討論吧。

中世紀的印度：邁入階層秩序

在前面的討論中，我停留在阿育王採納佛教的時代，並且指出他的計畫徹底失敗了。無論阿育王的帝國還是他的教會，全都無法持續下來。但是這場失敗也確實經歷了一點時間。

孔雀王朝是印度帝國時期的重要標記。在隨後的五百年，印度將會出現一系列的王國，大多數都非常強烈的支持佛教。各地的佛教寺廟如雨後春筍般浮現，但出資協助建造這些寺廟的國家卻日漸虛弱。中央集權管理的軍隊瓦解了，士兵與官員拿不到軍餉，只有購買土地的補助金。這樣的發展結果讓貨幣的流動量越來越少。（注3）中世紀的印度也同樣見證了城市的瓦解，希臘使節麥加斯梯尼曾經說阿育王的首都巴特那是當時全世界最大的城市，但是，中世紀的印度與中國旅客卻說印度是一座充滿無樹小村莊的大陸。

這樣的結果讓多數歷史學家對印度做出了如同歐洲一樣的描述，認為當地的金錢經濟瓦解，並且

「重返以物易物」的交易模式。但是，這種說法同樣也是錯的。真正消失的東西是從農民身上搾取資源的軍事手段。事實上，當時的印度法律越來越重視信用制度的安排，並且非常細緻的討論了擔保、擔保品、質押、本票與複利等等概念。（注4）我們只需要想一想這段時間完成的佛教建設，就能夠看清楚整件事情。最早期的佛教僧侶都還是遊蕩於各地的托缽僧，只能擁有自己的缽，但是中世紀早期的佛寺都是非常宏偉的建築，裡面也富藏著許多珍貴的財寶。儘管如此，佛寺的財務運作仍然以信用制度為主。

中世紀的印度出現一種非常關鍵的產物，稱做「永恆的捐贈」（perpetual）或者「永不乾涸的財寶」（inexhaustible treasuries）。在印度的民間故事中，曾經出現一名女信徒想要捐贈一筆錢給當地的佛寺，但沒有直接提供購買蠟燭或修繕地板的經費。相反的，她拿出一筆金額相當高的經費，並且以佛寺為名進行貸款，還以百分之十五年利率的標準，收取貸款衍生的利息。這些利息將作為佛寺的特定支出。（注5）現今印度的桑吉大佛寺（Great Monastery of Sanci）*就記載了這位哈瑞希瓦彌妮（Harisvamini）女士，在西元四五〇年時捐贈了十二個迪那銳（*dinara*）給「崇高的僧侶社群」（the Noble Community of Monks）。（注6）相關文獻詳細規定了利息的使用分配，其中五個迪那銳所產生的利息將支付五位僧侶的日常飲食，為了紀念哈瑞希瓦彌妮女士的雙親，另外三個迪那銳的利息收入則會用來點燃佛陀的油燈。該文獻最後將這筆捐贈稱為永恆的捐贈，「印刻在石頭之上，與日月一樣恆久。」這些原則永遠無法改變，所以這筆捐贈也將長久的裨益這座佛教大塔。（注7）

在這些貸款當中，有些提供給個人，另外一些則變成了商業貸款，借給「竹子供人、黃銅匠與陶匠」，或者是借給村民集會。（注8）我們必須假設這些金錢本身是計算單位，用來處理諸如各種動物、麥子、絲綢、乃由、水果與其他各種商品。當時的法律也精心考量了各種合適的利率。許多黃金流入了寺廟的金庫之後，就再也沒有見過天日了。即使從前的貨幣已經無法在市場上流通，也不代表那些黃金就會憑空消失。在中世紀的時候，許多黃金流入了各種宗教建築，例如教會、佛寺與一般寺廟，如果不是堆積在地下室，就是改鑄為各種祭壇、聖壇或神聖的器皿。這種情況也盛行在當時的整座歐亞大陸地區。黃金經常被鎔鑄成神的形象，因此，那些想要重新打造軸心時代那種貨幣制度的統治者要集結更有武力的軍隊就必須有自覺的進行各種反宗教政策。最惡名昭彰的例子，莫過於一位名為哈薩（Harsa）的國王。他在西元一〇八九年至一一〇一年期間統治喀什米爾（Kashmir），指派了一位「毀滅神祇計畫官」。根據後世傳說記載，哈薩也聘請了染上瘋痲病的僧侶在神像上面大小便，藉著這種褻瀆動作希望能夠中和其神力，隨後才把這些神像融鑄回黃金。（注9）據說，在哈薩遭到背叛與殺害之前，已經摧毀了四千座佛教建築。他的下場就是讓自己悲慘的命運成為一種範例，讓所有想要走回頭路的人，都知道結果會是如此。

因此，這些黃金大部分都保持著其神聖的型態，靜靜的座落於各種神聖的場所——雖然，在當時的印度，印度教比佛教的聲勢還要大。現代人眼中的傳統印度村莊，其實就是中世紀早期奠下的結果。我們不清楚這種情況的確切發生情形。當印度王國持續的興起與衰敗，這個充滿國王與王子的世界也開始疏離一般人民的生活。在孔雀王朝瓦解之後，整個印度也開始受到外國人的統治。（注10）這種發展，也讓印度的婆羅門階級開始能夠用新的階級秩序原則，創造出新的社會型態。

取得法律控制權就是這些波羅門階級的第一步。在西元前二〇〇年至西元四〇〇間所創造的《法典》（*Dharmaśāstra*），讓我們清楚看見了印度社會的新型態。在《法典》中，各種吠陀時期的概念都得到了復興，例如人類積欠神明、聖人與祖先——唯一不同在於這些法律現在只適用於婆羅門階級。他們的義務與特權就是在這種崇高且掌握全宇宙的力量面前，代表所有的人類。（注11）低等階級的成員絕對不可以參與任何學習過程。根據摩奴法論（Laws of Manu），任何「蘇德拉」（Sudra；最低的

＊譯注：此處應是指位於印度的桑吉大塔（Great Stupa of Sanchi），Sāñcī就是桑吉（Sanchi）的印度轉英文寫法。

種姓階級，只能夠種田或者從事物質生產工作），如果偷偷參與學習法律或經文的課程，就要用熱鉛液灌入他的耳朵；如果這個人屢勸不聽、依然故我，就可以割掉他的舌頭。（注12）但是，無論婆羅門階級如何兇殘地捍衛自己的特權，他也還是採用了來自於佛教與耆那教的理念，例如業障、輪迴與不殺生（*ahimsa*）。除此之外，婆羅門階級禁止使用任何型態的肢體暴力，甚至必須吃素。由於他們與戰士階級站在同一陣線，因此也能夠控制大多數的古代村莊。至於那些逃離殞落城市的工人，則會變成替貴族提供服務的難民，最後歸納為低等的階級。這種發展結果在印度鄉村形成了獨特的新恩庇型態*——也就是我們所熟知的賈吉曼尼制度（*jajmani system*）：難民替地主提供各種服務，貴族則取代了過去國家的角色，提供保護、主持正義、收取勞務費用以及其他工作。除此之外，也讓整個地區免於印度皇室代表的干預。（注13）

最後這種功能相當重要。當外國訪客因為印度傳統村莊如此自給自足而感到敬畏的同時，我們也可以看見這種制度如何縝密的安置土地擁有者、農夫以及各種「服務階級」，例如理髮師、鐵匠、皮革供人、鼓樂師與水力機械操作工人之間的關係。他們全都處在非常良好的階級秩序之中。對於這個小型社會，每個人都有自己獨特且必要的貢獻，無須任何金屬貨幣，就能夠運作的非常良好。然而，這是因為所有下等階級的人都明白，這個小型社會的土地主不會讓自己回到過去待在城市那樣的可怕處境。從前，這些工人必須供養人口多達一百萬人的城市，但是現在卻只需要照顧土地主與這個小型社會的需求。這就是為什麼他們願意讓自己變成下等階級的原因。除此之外，在整個印度國家與其代表身處絕境的時候，這種鄉村社群也是唯一有效的運作方式。

我們或許無法準確弄清楚什麼原因造成這種社會現象，但是，債務絕對是相當重要的角色。幾千座的印度寺廟必定創造了幾十萬、甚至幾百萬筆帶有利息的貸款——因為，婆羅門階級不可以在借款時額外收取利息，但是寺廟可以。正如我們所見，諸如摩奴法論這些法律條文，都想盡辦法在諸如勞務奴隸、一般奴隸這種舊社會習俗，以及讓人人有所歸屬的階級秩序之間，取得巧妙的平衡。摩奴法論非常謹慎的以「成為奴隸的理由」而區分出七種不同的奴隸階級（例如戰爭、債務、賣身等等），並且解釋每一種奴隸階級如何重獲自由的方式——但是，最低下的蘇德拉不在這個範圍之內。因為他們存在的目的就是服務其他階級。（注14）同樣的，早期的法律規定貸款的年利率為百分之十五（除了商業貸款之外）（注15），新法律則以種姓階級作為利率的考量基礎：婆羅門階級的月利率是百分之二，戰士階級（Ksatriya）為百分之三，商人（Vaisya）百分之四，至於蘇德拉則是百分之五。因此，整體貸款的年利率範圍變成百分之二十四至六十不等。（注16）除此之外，新法律也規定了五種不同的利息支付方式，最符合我們討論核心的就是「身體利息」（bodily interest），也就是債務人必須在債權人的家中或田裡工作，直到清償所有本金為止。就算是在身體利息這個項目中，種姓階級仍然影響甚鉅。沒有人會被迫替比自己階級還要低的人工作；除此之外，由於債務範圍影響子孫，因此「直到清償所有本金為止」這句話的可能時限就變得非常非常久——正如印度史學家夏馬（R.S. Sharmar）所說，這種利息制度的設計「讓我們想起某個家庭可能會有好幾個世代的孩子必須成為世襲的農夫，只因為眼前還有一些瑣碎的債務金額尚未完全清償。」（注17）

這種情況讓印度變成一個惡名昭彰的國家，許多勞動人口都是因為積欠債務而必須成為地主或債權人的工人。隨著時代發展，這種機制甚至變得更容易執行。在西元一〇〇〇年左右，印度法當中已經沒有任何規定可以限制上層階級的人放高利貸了。除此之外，這也是一個決心消滅高利貸的宗教伊斯蘭出現在印度的時間。因此，這些事情一直都是爭論的核心焦點。儘管如此，就算是中世紀的印度法律，也比古代世界更為具人道色彩。至少中世紀的債務人不會變成奴隸，當時也未曾出現大規模的販賣女人或嬰兒。事實上，在中世紀時，印度已經沒有公然蓄奴的情況了。勞務抵債的人也不會變成抵押品；根據法律，他們是根據自由簽署的合約，以勞動的方式償還債務而已。就算債務人一直無法清償本金，法律

＊譯注：恩庇型態指在一既存政治社會體制中，兩種立於不平等權力地位的行動者，形成利益交換的非正式特殊關係。

也規定背負債務的家庭在第三代之後就可以重獲自由了。

就在這種關係之中，我們也可以看到一種非常特別的緊張與矛盾。債務與信用制度也許在創造印度鄉村系統時扮演了相當關鍵的角色，但絕對不可能成為足夠仰賴的基礎。正如婆羅門階級天生就虧欠了天上的神仙，每一個下層階級的成員，也都積欠上層所有階級。這是一個相當合理的說法。但是，從另外一個角度而言，這種說法將會完全瓦解種姓制度的核心觀念——宇宙之中存在著一股巨大的階級秩序，每一種不同的階級都擁有不同的本性與特質。每個人的階級都是永遠固定的東西，就算商品與服務可以穿梭於各種階級之間，人也不會依循這種交換原則，而是在所有的階級秩序之中，遵守著習俗與先例。法國人類學家路易斯·杜蒙特（Louis Dumont）曾經提出過一個非常有名的說法，認為我們無法在印度的例子中談論「平等」問題。因為，談論平等議題意味著我們相信人應該、或者能夠彼此平等，對於印度而言，這卻是一個相當遙遠、根本不存在的概念。（注18）如果債務是指兩個平等的人之間——至少，這兩個人要足夠平等到能夠簽署合約的地步——所進行償還與借貸，那麼任何將自己的責任當成債務的想法，就非常有可能顛覆整個婆羅門體系。（注19）

從政治上的角度來說，讓人們以為彼此平等，卻可以隨意污辱與降級，絕對不是一個好想法。從墨西哥的恰帕斯州（Chiapas）到日本，這都是農民起義時主張清除債務的原因——而不是抵抗更為結構性的因素，例如種姓制度與奴隸制度等等。（注20）英國殖民政府也會在偶然的懊悔當中，瞭解自己不應該在種姓制度之上使用勞務抵債作為當時的勞動基礎。一八七五年的德干起義（Deccan Riots）或許就是最具代表性的事件。當時，一群負債的農夫揭竿而起，並且有系統的摧毀了本地錢莊的帳本。相較於本身就宣揚不平等理念的政治系統，勞務抵債更有可能引起憤怒的集體反抗。

中國：佛教與無限債務式的經濟體

按照中世紀的標準，印度能夠拒絕軸心時代所承傳下來的宗教訴求，是一件非常少見的事情，但我們仍然能夠觀察出基本模式：帝國、軍隊與現金經濟的解體，宗教權威的興起，獨立國家藉由管制信用制度而取得了民眾支持。

中國則是與印度完全相反的例子。在這裡，軸心時代晚期希望結合帝國與宗教的計畫獲得了完全的成功。但是，中國也像其他地方一樣經歷了一陣崩解期：西元二二〇年，漢朝解體，中央集權國家制度開始動搖，各大城市都經歷了萎縮，貨幣消失於市場上。但是這些事情在中國只是短暫的現象。正如馬克思·韋伯（Marx Weber）許久以前所提出的說法，只要任何地方成功建立了真正有效的官僚系統，就幾乎不可能擺脫這個體制。中國的官僚體系就是相當有效率的機構。不久之後，漢朝的老舊政治系統回來了，由深受儒家訓練的知識份子重新建構了中央集權的政府。這些知識份子藉由科舉制度獲得青睞，在組織嚴謹的全國和地方機構中工作。整個中國行政體系的金錢系統也受到持續的監視與管制，就像其他經濟事宜一樣。中國的貨幣理論永遠採取國家貨幣主義，部分原因就在於其巨大的領土。這座帝國與其國內市場非常龐大，以致於外國交易根本無法發揮什麼實質的影響力。因此，那些經營國家政府的人知道自己可以把任何東西變成法定貨幣，只要堅持人民必須用這種東西納稅即可。

能夠威脅中國政府的兩大原因一直都是北方的遊牧民族（中國政府經常進行籠絡，卻無法阻止他們週期性的席捲征服中國的城市）以及從不停止的民眾起義。起義叛亂一直持續發生，好像永遠不會結束，其規模更是人類歷史難以見到的龐大。在中國歷史的某些時間之間，每個小時就會發生一·八次的農民起義。（注21）更重要的是，這些起義經常取得成功。許多知名的中國王朝都不是野蠻人入侵的結果（元朝跟清朝則是蠻族入侵後建立的王朝），而來自於農民起義（漢朝、唐朝、宋朝與明朝都是如此）。這個世界上任何地方跟中國一樣。這種結果讓中國的政治治理核心經常會著重在挹注更多資源於城市之中，以維繫都市人口，並且孤立遊牧民族，才不會造成鄉村人口發起惡名昭彰的拒絕服從運動，甚至拾起武器而革命。諸如官方儒家意識型態、平等機會、提倡農業、減輕稅賦與政府小心翼翼管理商人等等特質，幾乎都會變成鄉村家父長主義的訴求（而後者就是很有可能背叛政府的思想）。（注22）在這種情況下，立法限制鄉村高利貸很自然成為中國政府持續關注的議題。因為高利貸幾乎就是傳統鄉村家庭的天敵。我們會在中國歷史裡一再讀到相似的故事：農民因為天災或者父母親的死亡而遭逢不幸，落在高利貸的手裡，他們奪走農夫的田地與房子，逼迫他們想辦法工作或者繳交土地租金。而土地本來屬於那些農夫。但是農民起義的潛在威脅讓中國政府必須設立相當重要的改革計畫。我們得知最早的相關事件就是西元九年時發生於中國的政變，當時，儒家知識份子王莽取得了政權，並且希望能夠處理全國上下的債務危機（至少他這麼宣稱）。根據當時所制訂的政府法令所言，高利貸的興起讓實際有效稅率（也就是一般農民在收割之後必須被他人取走的所得比例），已經從過去的百分之三變成百分之五十。（注23）為了處理這種社會問題，王莽發佈了改革貨幣制度的相關政策，將大批土地收歸國有，提升國營產業，包括公共糧倉，並且禁止私人擁有奴隸。除此之外，王莽也設置了國家貸款機構，提供九十天的無利息葬禮金借貸，好讓那些家中突然有親友過世的人可以應急，並且替商業或農業投資人準備了百分之三月利率、或百分之十年利率的長期貸款。（注24）一位歷史學家寫道：「在這種社會行政措施之下，王莽非常有自信所有商業交易都會經過自己的嚴密檢視，而高利貸氾濫的情況也會徹底消失。」（注25）

無須贅言，王莽這種想法當然完全沒有實現過。在往後的中國歷史裡，幾乎全是相似的故事：四處氾濫的不平等與政治動亂，政府連忙指派官員進行瞭解，實施區域性的債務舒緩政策（完全赦免，或者是取消所有「利息已經超越本金」的貸款紀錄），開放便宜的糧食租借處理飢荒問題，立法禁止販賣嬰兒等等。（注26）這些措施變成中國政府的標準作業程序，但只能取得非常不平均的成功。這種方法當然無法創造出平等的農業烏托邦，卻可以阻止中國回到軸心時代的生活條件。

我們經常認為這種官僚體制的介入，特別是各種寡佔經營與管制，就是國家對於「市場」的限制。這種想法來自於一種偏見，認為市場本身是半自然的自發現象，因此政府只能進行鎮壓或者從中汲取利益。我一再指出這是非常不正確的想法。中國也提供了相當驚人的範例。信奉儒家思想的中國政府可能是全世界最偉大且持久的官僚體制，卻同時能夠積極提倡市場功能。這種現象讓中國的商業發展變得非常細緻，也成就了全球最大的市場。

儘管儒家正統思想非常輕視商人以及利潤這種概念，卻無法改變上一段所提及的事實。合理的商業利潤來自於商人運送貨物時所付出的勞力，而投機所得到的好處從來都不是正當的事情。因此，中國市場的具體實踐風格雖然傾向於支持市場發展，但卻採取了反資本主義的立場。

這聽起來當然有點奇怪，因為我們習慣認同資本主義與市場就是同一件事情。但是，正如偉大的法國歷史學家費南度．布蘭戴爾（Fernand Braudel）所說，資本主義與市場在許多方面是彼此對立的。當市場變成以金錢作為媒介進而交換財貨的場所時，從歷史的角度來說，這就是藉由滿足市場上對穀物的需求，而取得蠟燭的行為（反之亦然；經濟學將這種事情縮寫為C-M-C'，即以財貨——金錢——其他事物等交換關係所構成的財貨），但是資本主義卻是用金錢得到更多金錢的藝術（M-C-M'）。一般來說，最容易完成這種目標的方法，就是打造在形式或事實上取得寡佔地位的企業。為了完成這個目標，資本主義家，包括商業鉅子、財經投資人或者工業大亨都必須試著與政治權威結盟，讓政治權威盡可能的限制市場自由，才能夠讓自己更容易的完成寡佔事業。（注27）從這個觀點來說，中國可能是歷史上最反對資本主義的市場國家。（注28）就像晚近的歐洲君王，中國的統治者也非常有系統的拒絕與任何中國資本家結盟（但這些人永遠都存在這個世界上）。中國人將這些商人視為帶來毀滅的寄生蟲，雖然高利貸也非常自私並且反社會，但這種動機仍然在某些情況下會變得非常有用。按照儒家的觀念，商人就像士兵。那些志願從軍的人，通常熱愛暴力。從人格的角度而言，這些人可能不是好人，卻是用來防守國境的必要人物。同樣的，商人背後的動機是不道德的貪婪，但如果政府可以進行非常謹慎的行政管理，也能夠讓這些人為了公眾利益而付出一份心力。（注29）無論我們怎麼思考各種原則問題，都無法改變這種思維邏輯帶來的結果，那就是中國在大多數時代下的物質生活環境都是全世界最好的。就算是英格蘭，也只能在一八二〇年代（也就是工業革命後的黃金時代）時超過中國。（注30）

嚴格說來，儒家思想不是一種宗教，而更像是一種倫理與哲學的系統。從這個角度來說，中國也跟傳統西方的中世紀模式產生了相異之處。西方的中世紀模式強調商業將會受到宗教的控制。但是，這種相異之處並沒有得到完全的發展。我們只需要考慮佛教在同一個時代的經濟地位就能夠略知一二。佛教從中亞的通商路線傳入了中國，在早期受到商人的大力推廣。但是，就在漢朝於二二〇年瓦解之後的那段混沌期間之內，佛教也開始深植於中國人心中。在梁國（西元五〇二年至五五七年）與唐朝（西元六一八年至九〇七年）的時代，中國境內爆發了相當激烈的宗教熱潮，數千名年輕人放棄了自己的農田、商店與家庭，只為了尋求使命，就像佛教的僧侶與尼姑。許多商人與坐擁土地的權貴都抵押了自己的財富，只為了推廣佛教典籍。許多佛寺建造計畫挖空了整座山，用來建造菩薩像與巨大的佛祖雕像。在某些儀式上，僧侶與有志獻身的信徒會象徵性的在頭上與手上燙下戒疤，但有時也會不小心讓自己著火。在西元五世紀的中期，也發生了好幾次非常壯觀的自殺案件。這種事情，正如一位歷史學家所說：「已經變成了象徵死亡的流行趨勢。」（注31）

歷史學家對於這些事情得到了不同的推論。當然，這種獲得釋放的宗教熱情讓中國人民能夠在嚴肅的儒家正統哲學之外看見另外一種選擇。但我們也非常訝異佛教竟然受到了中國商人階級的全數愛戴。法國亞洲研究學者謝和耐（Jacques Gernet）認為：

這種自殺行為顯然與傳統道德原則完全不同，其目標就在於解放一切存有身上的原罪，並且讓神明與人民在那個時刻結為一體。這種自殺行為甚至發展出精心設計布局的舞台：五世紀時，許多人在山上堆起火柴，帶著豐富的獻祭品，一邊發出哀嘆與悲鳴，看著自殺行為的進行。所有階級的成員都可以參與這場壯觀的祭典。在火燃燒殆盡之後，他們將會收集僧侶的骨灰，並且建造一座佛塔存放這些骨灰，作為新的敬拜地點。（注32）

謝和耐把佛教的儀式描繪成基督殉道般的悲憐壯闊也許有些過於誇示。然而，我們確實無法清楚瞭解中世紀時的佛教自殺儀式究竟代表著什麼——這件事情迄今也仍然是一個極富爭議的問題。許多同時代的人認為這是佛教徒對於「身體」的終極輕視；其他人則強調佛教徒對於「自我」以及所有物質存在的否定。但是，如果從慈悲心的角度來說，一個人能夠替蒼生所犧牲的終極禮讚，就是自己的肉身存有。一位出身於十世紀的傳記作家，就曾經非常感傷的表示：

放棄最難以割捨的事物，
就是最好的施捨。
讓不純粹且充滿罪孽的身體，
變成宛如鑽石般的塊寶。（注33）

換句話說，肉體就是具備永恆價值的事物，這種行為也是唯一能夠贏得永恆之果的方法。我注意到這種想法是因為它優雅的展示了一個問題。這個問題似乎與軸心時代的各大宗教所提倡的慈善心一起來到這個世界上，並且建構出永無止盡的哲學難題。在人性經濟中，沒有人可以完全的自私或者無私。正如我在第五章所說，絕對的無私行為也同時是一種徹底反社會的行為——讓行動者完全失去了人類的本質與特色。換句話說，絕對的無私其實只是竊盜或謀殺這種反社會行為的鏡中倒影而已。因此，自殺當然會變成一種完全無私的奉獻。但是，如果任何人想要發展「利潤」這個概念，就必須探討這種關連，並且思考完全相反的事情會變成什麼。

無私與自私的緊張關係似乎是中國在中世紀盛行佛教時的經濟模式核心。佛教開始討論商業起源時，經常探討各種市場的概念與詞彙，這是一件非常令人驚訝的事情。「人可以購買快樂，並且賣掉自己的罪孽。」一位僧侶說：「一切就像商業買賣。」（注34）這種觀念在三階教（School of Three Stages）等談論「業障」的宗派中，得到了最好的詮釋。每一個人都會在前世與今生中累積「業障」，並且變成一種債務，需要人們儘速解放與處理。印度佛教對業障的討論其實非常含糊，但中國佛教卻把這個概念視為非常強力的詮釋工具。（注35）正如三階教所說，無法清償債務的人將會在投胎轉世時成為動物或奴隸。然而從實際生活的角度來說，人永遠無法完全清償債務——當我們賺錢來清償債務時，一定會在這個過程繼續累積屬於精神性的業障，因為每一種賺取財富的手段，都必然涉及到剝削、傷害並且讓別人蒙受痛苦：

> 某些達官貴人使用自己的力量與權勢扭曲法律、取得財富。另外一些人則在市場中得到了繁華富貴……他們說了很多的謊言，從其他人身上強奪各種利益。然而就算是其他平凡的人也可能如此，例如農人、放火焚燒山脈與沼澤的人、水淹田野的人、耕種土地或挖礦的人，也摧毀了其他動物的棲息之地……
>
> 我們絕對無法逃避自己累積的債務，更難以清楚的計算出自己究竟虧欠多少人。（注36）

正如謝和耐所說，「生命本身就得負擔無限債務」的觀念在中國農民之間產生了共鳴，讓他們覺得這種說法簡直正確無比。但是，尚內也同樣認為中國農民會在政府突然其來的特赦之中得到解放，就像同時代的以色列人。除此之外，中國農民也有方法解放自己的債務，只需要定期的捐獻給寺廟的「永不乾涸的財寶」。當一個人做出這種貢獻之後，就可以立刻清除自己的債務（業障）。那個時代的作家甚至提供了一則非常樂觀的小寓言（一點都不像耶穌基督那位忘恩負義的僕人）。究竟窮人的小小捐獻如何產生這麼巨大的影響呢？

在某則寓言中，一位窮人積欠了一千串的錢幣。他總是對此感到痛苦，並且害怕債主有一天總會找上門來。

他只好前往拜訪那位有錢人，並且承認自己沒有辦法在期限之內還錢，希望有錢人能夠原諒他——因為他不只貧窮，還找不到任何依靠了。他向有錢人承諾自己只要賺到一分錢，就會立刻還錢。聽到這些話之後，有錢人非常高興，並且原諒窮人無法即時還款，更重要的是有錢人也沒有讓窮人被抓去監獄裡面。

捐獻給永不乾涸的財寶庫也就像是這樣。（注37）

我們也許會把這種捐獻視為一種特別的分期付款方式——但這件事情的重點在於一定要「付出」，就像貸款所帶來的利息收入一樣永恆。

其他佛教學派的重點不在業障的虧欠，而是一個人虧欠自己父母的東西。當儒家以父子倫常建立自己的體系時，中國佛教徒更強調「母親」在生育、扶養與教育子女時所付出的辛勞以及承受的痛苦。母親的慈悲無遠弗屆，更具備了絕對的無私。這種精神的最佳寫照就是母乳。母親藉由自己的血與肉創造了母乳來飼養自己的孩子。這種偉大的行為讓母親的愛變成無限的存在。根據統計，每名嬰兒在三歲以前平均會從母親那裡攝取一百八十克的母乳。當他長大成人之後，這件事情就會變成債務。這種想法很快的變成了佛教的教義。然而，一個人不可能完全償還母親用母乳養育自己的債務，更準確的說，他也不可能還清積欠雙親的債務。「就算你將珠寶累積到二十八層天堂這麼高，」一位佛教作家說，這也無法與父母的恩惠「相提並論」。（注38）除此之外，即使「將自己的血肉割下作為母親一天餐次的餐點，並且維持這樣的孝行長達四十億年，」另外一位佛教作家也說，這種行為跟母親的養育之恩相比，「連一天都比不上。」（注39）

這種債務的償還之道也非常相似，就是捐獻給永不乾涸的財寶。如此一來，就能夠在債務與救贖的形式之間，形成一種非常細緻的循環。人生而在世之初，就已經帶著無可償還的母乳債。唯一能夠相比並論的就是佛教法典。因此，我們可以藉由將父母帶入佛教的精神世界之中，來償還偉大的養育之恩。就算在父母親過世之後，也不減這樣的行為所帶來的效力。如果不這麼做，母親甚至可能會變成地獄之中的餓鬼。我們以母親之名捐獻給永不乾涸的財寶，寺廟就會以她的名義覆頌契經（sutra），讓她得到超渡與解救。同時，這筆錢有一部份會變成純粹的捐獻，另外一部分則會轉為貸款的本金，其利息收入將會用來推廣佛教的精神、儀式與寺廟維護，這點就像印度佛寺的運作情況。

中國佛教徒的慈善方式非常多元。祭典活動通常也會帶來相當大筆的捐獻，富人將會在那裡競爭誰才是捐助最多錢的人。有時候富人甚至會願意傾家蕩產，用牛車運送相當多的捐獻金。這種經濟上的自我奉獻，就像過去的集體自殺行為。他們的捐獻金讓永不乾涸的財寶變得更為巨大，一部份的金錢將會用來協助人民度過難關。另外一些則會變成貸款。佛教也會借錢給農民，讓農民不需要去找市面上的高利貸，但是這種行為同時擺盪純粹的慈善與商業行為之間。許多寺廟都會經營自己的當鋪，讓當地的窮人可以用珍貴的東西，例如法袍、長椅與鏡子，換取相當低利息的貸款。（注40）寺廟本身也會在借貸與投資之餘，設立人力勞工出借機制，藉此經營自己的商業利潤。由於僧侶的食物不可以來自寺廟自己擁有的土地，因此相關的農穫必須放到市場上用來增加寺廟的收入。這種現象讓許多寺廟的周圍不僅只是商業用的農地，也出現了相當複雜的市集，裡面將具備油販、麵粉商人、一般商店與旅館，更會提供數千名背負債務的工人。（注41）同時，正如謝和耐所說，永不乾涸的財寶也成為了全世界第一種集體投資的金融資本管理方式。畢竟，這個相當巨大的財務單元，就是各個寺廟用來尋找投資與獲利機會的資本。他們甚至也具備了典型的資本主義特質：追求持續獲利。根據大乘佛教（Mahayana）的原則，

永不乾涸的財寶必須不斷的追求擴張機會，才能夠讓整個世界接受佛教法典中的教義。（注42）

但是，佛教的這種累積大量的資本之後開始追求利潤的想法，其實也是儒家經濟政策最大力反對的東西。中國歷代的政府花了相當長的一段時間才看出其中蘊藏的危險，並且前後拿捏不定自己的立場。一開始，特別是在中世紀早期的那一段混亂時光裡，中國非常歡迎僧侶——甚至給予他們相當多的土地保障並且讓佛教寺廟可以使喚罪犯作為清掃森林與沼澤的勞工。除此之外，更讓佛寺可以免於繳交稅賦。（注43）中國甚至出現過幾位皈依佛教的皇帝，還讓在自己身邊安排了好幾名僧侶。中國的宮廷女子、太監與富有人家的子弟也都非常喜歡佛教。隨著時間經過，中國甚至將拜訪重要僧侶的行動，視為可以平息民間社會騷動的方式。在西元五一一年，中國則開始出現各種對於僧侶的前則，例如將原本應該用來作為慈善用途的收入挪用為營利；或者修改債務合約。因此，中國社會也開始出現要求政府成立相關單位，審閱借貸合約是否不合理，出現了利息超越本金的情事。西元七一三年時，中國頒佈法令徵收兩個屬於三階教的財寶庫，其成員也遭到引誘與詐欺等等指控。（注44）不久之後，中國政府開始發起大規模的鎮壓與掃蕩，一開始的行為只有特定幾個地區，後來則在全國境內嚴格執行。西元八四五年是最險峻的時刻，當時中國政府一共掃蕩了四千六百間寺廟與其相關商店，要求二十六萬名僧侶與尼姑還俗。根據官方歷史文獻，當時的行動也解放了十五萬名債奴。

無論中國政府進行鎮壓的真正理由是什麼（毫無疑問的，中國政府一定有相當多的理由），官方的說法永遠都會是「恢復金錢供應的穩定秩序」。當時佛教寺廟的規模非常大、極度富有，中國的官員認為政府就快要用完所有的貴重金屬了：

> 周武帝時期進行的大規模佛教鎮壓行動發生在西元五七四年至五七七年，唐武宗的鎮壓則位於西元八四二年至八四五年，最後一波鎮壓高峰則出現於西元九五五年。這三波鎮壓行動的主因都是為了恢復經濟秩序，讓帝國政府可以得到製造新貨幣所需要的貴重金屬材料。（注45）

造成這種現象的其中一個原因就是僧侶有系統地將貨幣熔化為貴重金屬，用來製作巨大的銅像或者鍍金的佛像，一次處理的貨幣量甚至高達數十萬枚——有時候，僧侶也會用這些金屬製造鈴鐺或大型的鐘，甚至是非常奢華的鏡面大廳或者鍍金的佛寺屋頂。根據中國官方機構的調查，這種現象造成了相當嚴重的經濟危機，黃金價格上漲，貨幣數量減少，民間市場開始停止運轉，一般民眾的小孩如果沒有成為僧侶，也很有可能積欠佛寺相當多的債務。

◆

中國佛教如此深植民間，也非常容易產生如下趨勢：思考關於債務的新神學，採行了絕對奉獻的實踐方式，放棄一個人的所有（無論是財產或是生命）。這一切終究造成了財務資本的大量累積。但是造成這種現象的原因非常奇特、充滿矛盾。因為當時的中國佛教試著將「交換的邏輯」應用在「攸關永恆的問題」之上。

我在前面的章節曾經提過，交易將會創造債務，除非雙方都採用現金交易。債務會隨著時間而累積。如果我們將所有的人際關係視為交易，只要人們持續進行交易，就會讓這些關係充滿債務與罪惡。唯一的解決方法就是消除債務，但這種方法也會同時解除所有社會關係。這種說法相當符合佛教的最終目標，就是讓所有人得到「空」，也就是絕對的解放和消除所有人類與物質之間的羈絆，因為這些東西就是俗世苦痛的來源。對於大乘佛教而言，任何「與他者有關連」的東西都無法完成絕對的解放，因為它本身的解放都必須仰賴於其他東西。因此，就算是在時空的盡頭，也無法處理這樣的弔詭難題。

同時，交易也是最重要的事情：「一個人可以購買歡愉，販賣罪孽，正如同一切的商業行為。」就算是慈善與犧牲之舉，也不是純粹無私的慷慨，而是一個人希望從菩薩那裡購買「恩惠」的舉動。（注46）當這種想法嚴重的打擊了絕對解放的觀念，或者是任何鄙視交易邏輯的思維時，無限債務就走入了人類的腦海中。因為這就是人類要做的事情。舉例而言，這就解釋了為什麼人類想要衡量母乳的價值，然後相信子女無法償還這種恩情。交易代表兩個平等存有之間的互動關係。但是，你的母親跟你不是兩相平等的人物。她用自己的血肉創造了你。這就是吠陀文明時期的作家在討論「人虧欠於神明」時的精微立場。你絕對沒有辦法「償還自己積欠於宇宙的債務」，因為這樣就會讓你跟一切存在的物體都變成平等的關係，而這種想法本身非常荒謬。只要我們越是認為自己可以還清這些債務，就越是承認了所有東西都是平等存在的這個事實。但是，前面所提到的犧牲與奉獻，其真意也就建立在承認這個事實身上。羅斯帕比（Rospabé）所說的錢是一種奉獻，而不是償還債務的方式。除此之外，犧牲也代表著承認人無法償還這些債務：

> 特定的神話傳統從來沒有混淆過這些事實。根據一個非常有名的印度神話，兩個兄弟神明：室建陀（Kartikeya）與象頭神（Ganesha）為了誰能夠先娶老婆而起了爭執。他們的母親雪山神女（Parvati）要求兩人競爭，只要誰能夠用最快的速度環繞整個宇宙就可以先娶老婆。室建陀騎著一支巨大的孔雀，花了三年的時間穿越了宇宙的邊界之後回來了。與此同時，象頭神卻悠閒的等待，最後終於在母親身邊走了一圈，並且說：「您就是我的宇宙。」

我也曾經強調過所有的交易系統都建立在其他東西之上，這些東西的社會意義也具備了非常高度的共產主義色彩。對於永恆的東西，也就是那些永遠不會消失的東西，例如母親的愛、真正的友誼、社會、人性、歸屬感、宇宙的存在等等都是無需計算的，甚至也不可能計算。只要人類之間有施與受，就會有完全不同的原則。那麼當我們認為交易是構成這個世界的基本機制時，這種絕對且毫無限制的特質會發生什麼樣的改變呢？簡單的說，就是如下兩種可能：忽略或否定（生母與養母就是兩個非常經典的例子）。我們也很有可能同時忽略與否定這種現象。原本人際之間的永恆關係將會消失，並且重現為抽象而絕對的存在。（注47）在佛教的世界中，這種想法就是菩薩所給允的無限恩惠（因為祂存在於時間之外），也是「永不乾涸的財寶」的概念及實踐原則的模型：我們只能夠藉由學習這種無止盡的救贖，才能夠償還自己所背負的無限債務或母親的養育之恩。這種想法又變成了佛寺物質運作的基礎，並且同樣成為永恆運作的機制。既然那些財富由佛寺成員所共同擁有且管理，因此具備了共產主義的實質運作方式。換句話說這種法人化的經營變成一種永恆的方針。尚內對這件事情的看法確實很正確。他主張這種共產主義與資本主義其實非常相近，因為兩者都強調持續不停的擴張。一切事物，甚至包括慈善心都是用來勸人信奉佛教的資源與機會；佛教法典也必須持續擴張，才能夠接納更多眾生與萬物，並且讓所有生靈都得到解放。

◆

中世紀的特質就是邁向抽象的概念。真正的黃金與白銀都留在教堂、佛寺與一般寺廟。金錢再一次變成彷彿存在卻又沒有實體的東西，世界各地也興起了一股風潮，希望建立能夠影響所有人的道德機制，藉此管制和保護債務人。

從這個角度來說中國非常特別，因為它仍然完整保留了軸心時代的特質。儘管在中世紀之初，這種特質還沒獲得太多發揮機會。中國政府在大多數時間裡都保持貨幣的良好流動率。小面額且以黃銅製成的貨幣讓整件事情變得稍微簡單一點，但仍然讓中國政府大費周章。

當然，我們對於中國庶民的日常生活交易行為所知不多，但可以合理的推測貨幣仍然是陌生人之間進行小金額交易時的工具。本地的商家與商人則盡可能發展出特別的信用制度。大多數的信用帳戶則以記債符的方式作處理，與英格蘭所使用的方式相同；但中國人在竹子上面作記號，英國人則用木頭。中國的債權人與債務人會各自取走一半的信物，在償還日當天見面，完成清償之後就折斷竹子作為象徵。（注48）但我們無法確定中國人之間的交易程度如何。我們能夠取得的文獻都像是軼事集、笑話或詩，所以無法確定相關資料。偉大的道家作品《列子》可能成書於漢朝，其中就有這樣的文字記載：

宋國人在街上散步的時候，撿到了某個人遺落的記債符。他把這個東西帶回家，並且悄悄計算上面用來計算債務數量的刀痕。隨後，他告訴鄰居說：「我即將變得非常有錢。」（注49）

這就像是西方小故事中，某個人撿到了鑰匙並且滿心想著：「只要我能發現那扇門背後的寶藏……」（注50）另外一個故事則是攸關於漢朝的開國皇帝劉邦，他在秦國只是一個地方官，並且非常喜歡喝酒，因此欠下不少債務。有一天晚上，他喝醉倒在酒店的地板上，老闆看見劉邦頭上有龍盤旋，代表這個人日後必定成就不凡，就立刻大喊：「快點折斷劉邦的記債符」，讓劉邦再也不用還酒錢了。（注51）

記債符不只應用於債務，也是一種合約形式。這就是為什麼簽訂合約的雙方會把紙本合約一撕為二，彼此保有一半的原因。（注52）債權人可以把自己手上的一半信物視為借據，也可以轉讓給其他人。西元八〇六年，也就是佛教在中國發展的最高峰時，從南方出發且長途運送茶葉的商人以及運送官方稅賦的官員，都非常擔心自己的錢可能會在旅途中遭到搶匪洗劫，因此把自己的錢放在首都的銀行，並且設計出了類似本票的系統。這種票據稱為飛錢，也採取近似記債符的形式，由銀行與存款人各自持有一半，可以在全國各地進行兌換。飛錢很快地盛行於中國民間社會之中，並且擁有了類似貨幣的特質。中國政府一開始也禁止飛錢流通。但是在一、二年之後，他們就體認到自己不能完全消滅飛錢，也隨即採取了我們所熟知的中國政策方針——用官方的力量推行正式的飛錢。（注53）

在宋朝時（西元九六〇年至一二七九年），中國各地的銀行都採取相同的經營模式，接受紙錢與貨幣作為存款單位，也允許存款人將收據視為本票，還能夠用來換取政府官方的鹽票或茶葉票。這些本票立刻變成實際上的流動貨幣。（注54）當然，中國政府一開始雖然想要禁止這種貨幣，卻隨後發行了官方唯一許可的本票形式——在一〇二三年，中國更正式成立了官方的貨幣管制局。不久之後，隨著印刷術的興起，許多重要城市開始設立擁有數千名工人的工場，專門用來製造數以百萬的本票。（注55）一開始，這種紙錢的用途只是作為特定時間的流動貨幣（本票會在兩、三年或七年之後失效），也同時可以換回黃金。隨著時間發展，特別是在宋朝面臨許多軍事危機之後，政府開始大量印刷紙錢，並且只接受這種紙錢作為支付稅賦的工具。考慮到這種紙錢在中國境外完全沒有價值，這種系統能夠如此成功，確實是一件令人相當驚訝的事情。當然中國境內馬上發生了通貨膨脹，只好回收紙錢並且重新發行。有時候中國的貨幣體系會完全崩解，但人民也會立刻找出對應的權宜之計，「私下發行各種茶券、麵券，並且採取竹子記債法或酒瓶記債法等等」。（注56）在一二七一年至一三六八年間統治中國的蒙古人也選擇了維護貨幣體制，讓它一路存活到十七世紀為止。

傳統的詮釋觀念認為中國的紙鈔政策相當失敗。對於金本位主義者而言，中國這個例子甚至證明了以國家權力推行的法定貨幣體系必定走向解體。（注57）但是中國許多經濟活動頻繁的年代都採用紙錢制度，證明了這種說法相當奇怪。當然，如果美國政府被迫在西元二四〇〇年時放棄聯邦貨幣制度，我們就同意這種說法。但是我想強調所謂的「法定貨幣」其實是一種相當容易令人產生混淆的概念。幾乎所有的紙鈔一開始都不是由政府官方所發行，而是從庶民生活的日常交易行為中誕生的信用工具。中國之所以能夠在中世紀時繼續使用紙鈔貨幣，原因就在於其政府規模相當巨大，具有一定程度的實力，並且非常猜忌商人階級，才會迫使他們必須掌控市場上的紙鈔貨幣流動情況。

西方伊斯蘭：資本作為信用制度

價錢取決於阿拉的意願，只有祂能夠改變這些事情。

——先知穆罕默德

每一位合夥人的利潤都必須符合他的投資比例。

——伊斯蘭法律訓誡

在中世紀的泰半時代中，世界的經濟核心與主要的財務概念發明地點不是中國或印度而是西方。如果從全世界的角度來說，這個地方就是指伊斯蘭地區。當時的基督教王國寄居在拜占庭帝國以及歐洲其他半野蠻的都市之中，幾乎沒有什麼重要性可言。

許多住在歐洲的人經常把伊斯蘭視為「東方」的一部份，卻忘了從世界其他文明的角度來看，基督教與伊斯蘭世界之間幾乎沒有任何差異。我們只要隨意拿起一本討論中世紀伊斯蘭哲學的書籍，就會發現其中的爭議都來自於巴格達的亞里斯多德主義者、巴士拉（Basra）的新畢達哥拉斯主義者以及波斯的新柏拉圖主義者——爭議主題也能歸類於從亞伯拉罕到摩西的宗教以及希臘哲學的命題範圍。除此之外，那些討論幾乎都建立在商業資本主義、普世宗教、科學理性主義、詩與浪漫愛情、對東方神祕主義的熱愛等等脈絡之中。

從世界歷史的角度來說，我們應該把猶太主義、基督教與伊斯蘭視為西方知識傳統當中的三個宗派。這種起源於美索不達米亞與黎凡特的知識文明，一路拓展至歐洲、希臘、非洲與埃及，有時甚至跨越了地中海影響尼羅河地區。從經濟上的角度來說，許多歐洲人在中世紀高峰之前，都與非洲人過著一樣的生活。大多數的人都被迫參加大型的世界經濟體系，有的人被迫成為奴隸，另外一些人則交易各種原物料、異國珍品（琥珀、象牙）或者引進各種加工商品（中國絲綢、瓷器、印度棉花印布與阿拉伯鋼鐵等等）。以下這張表格可以呈現出當時的經濟發展情況（有些例子因為年代的關係較為難以考證）：（注58）

	人口數	稅收	每人平均稅收
	百萬元	頓（白銀）	公克（白銀）
波斯（西元前三五〇年）	17	697	41
埃及（西元前二〇〇年）	7	384	55
羅馬（西元一年）	50	825	17
羅馬（西元一五〇年）	50	1050	21
拜占庭（西元八五〇年）	10	150	15
阿拔斯王國（Abbasids，西元八五〇年）	26	1260	48
唐朝（西元八五〇年）	50	2145	43
法蘭西（西元一二二一年）	8.5	20.3	2.4
英格蘭（西元一二〇三年）	2.5	11.5	4.6

在中世紀的大多數時期，伊斯蘭不只是西方文明的核心而已，也讓西方文明深入非洲與歐洲的邊境基地，讓傳教士與船隊能夠深入印度洋之中。

伊斯蘭文明看待法律、政府與經濟的態度，正好與中國政府完全相反。儒家非常懷疑政府的法律制度，情願仰賴深植學者心中的正義觀念，這些儒家學者也應該理所當然的成為政府官員。相反的，中世紀的伊斯蘭文明熱烈擁護法律，因為這是從先知那裡傳承下來的宗教體系。但是伊斯蘭文明也認為政府是不得已的必需品，任何真正虔誠的信徒都會盡可能的避免與政府發生關連。（注59）

造成這種觀念的部分原因，來自於伊斯蘭政府的本質。穆罕默德於西元六三二年死後，阿拉伯軍隊的領導者征服了薩珊帝國（Sassanian），建立了阿拔斯王國，將自己視為這群沙漠民族的領導者，而不是都市文明（被征服者）的一部份。阿拉伯人從來沒有克服過這種不自在感——但是都市人也不覺得自己屬於阿拉伯文化。要到好幾個世紀之後，征服者才成功讓這一大群人改宗伊斯蘭教。政府是一種軍事權力——或許也是必要存在的力量，用來保衛信仰——並且完全獨立於社會之外。

從某個角度來說，這是因為商人跟平民結盟抵抗軍隊所造成的結果。在阿卜杜拉．馬蒙（al-Ma'mum）於八三二年嘗試建立神權政體失敗之後，伊斯蘭政府就無法干預民間的宗教行動。各種伊斯蘭法學派都可以自由自在的創造教育制度，並且維繫自己的宗教政治觀點。這群法學專家（*ulema*）必須讓美索不達米亞、敘利亞、埃及與北非等地區的人民改宗伊斯蘭教。（注60）但是，他們也想盡辦法跟政府與軍隊保持適當的距離——這點就像負責管理商會、公民協會、宗教兄弟會的長老一樣。（注61）「最好的國王會去拜訪宗教導師，」伊斯蘭諺語說道：「最差的宗教導師則讓國王踏入自己家門。」（注62）中世紀的土耳其故事更明確的指出：

國王曾經把那斯魯迪召到宮廷裡來。

「告訴我，」國王說：「你是一個神祕主義者、哲學家，還擁有與其他人完全不同的思維。我對於價值非常有興趣。這是一個非常有趣的哲學問題。我們如何建立自己的人格或物品價值？向我舉個例子。如果我想要你評估我的價值，你會說什麼？」

「哦，」那斯魯迪說：「兩百迪納（dinar）。」

國王大吃一驚。「什麼？我身上穿的腰帶就兩百納迪了啊！」

「我知道，」那斯魯迪說：「實際上，我已經把腰帶的價值列入考慮。」

這種政教分離對經濟體系產生了非常深沈的影響。阿拉伯帝國與後來的穆斯林帝國都非常像是軸心時代的帝國，創造專業軍隊、發動征服戰爭、抓奴隸、熔化戰利品重新將貨幣分配給士兵與官員，讓這些貨幣成為繳交稅賦的單位。但是政教分離沒有對庶民生活產生相同的影響。

在戰爭頻仍的年代，大量的黃金與白銀成為戰利品送到宮殿與寺廟之中，鑄成了各種貨幣，讓阿拉伯帝國可以發行質量相當純粹的金幣與銀幣。因此，這種貨幣沒有任何信託和法定的特質，價值完全取決於貴重金屬的含量。（注63）阿拉伯帝國也因此可以非常順利的支付軍隊薪水。舉例來說，一名阿拉伯帝國士兵的薪水比羅馬士兵多出了四倍。（注64）當然，阿拉伯的情況也非常像是軍隊——貨幣奴隸複合體，但是它的基礎建立在對於戰爭的幻覺之上。同時，阿拉伯與歐洲、非洲等地的交易，也創造出非常可觀的奴隸人口流動。如果與古代相比，很少奴隸會在農田或工場裡終老一生。許多奴隸都是替有錢人家處理家務，或者變成士兵（隨著時代發展，變成士兵的人數也提高了）。在阿拔斯時代（西元七五〇年到一二五八年），整個帝國非常仰賴於軍事武力，特別是馬木留克。這些軍隊的人才來源就是訓練俘虜或者從土耳其大平原買來的奴隸。伊斯蘭國家的統治者繼承了同樣的奴隸士兵訓練原則，包括蒙兀兒帝國（Mughals）；當馬木留克實質統治埃及之後，這種風氣也達到了高峰。（注65）在大多數的時代與國家，奴隸不太可能取得武器，這點當然不太需要解釋理由。但是，阿拉伯人卻有系統的讓奴隸可以獲得武力訓練。如果奴隸的定義就是「與社會隔離的人」，那麼在伊斯蘭這個主張社會與軍隊分離的地方，這點就非常合理了。（注66）

宗教導師竭盡所能建築軍隊與社會之間的高牆，阻止虔誠的信徒擔任士兵（因為戰爭可能會讓信徒彼此攻擊）。阿拉伯的法律制度也讓穆斯林，或者身為阿拉伯公民的基督徒與猶太人不會變成奴隸。在這一點上，艾爾華希德的說法相當正確。伊斯蘭法律的處理目標，就是軸心時代非常惡名昭彰的濫權行為。任何藉由綁架、司法審判、債務或販賣小孩成為奴逆的人都會重獲自由，範圍包括自願販賣自己成為奴隸的人。（注67）這種法律也適用於各種可能襲擊中東貧窮農夫的奴隸情況。最後，伊斯蘭法律嚴格禁止任何情況下的高利貸，無論這筆借貸關係涉及到金錢或者財貨。（注68）

從某個角度而言，我們可以將伊斯蘭法院視為千年之前的家父長革命所帶來的勝利——無論這種來自於沙漠與草原的民族精神究竟是真實的還是想像的，即便是虔誠的信徒也會竭盡所能的讓武裝士兵與其子賜只能留在軍營與宮殿裡。當然這種情況建立在階級的相互結盟之上。中東的巨大都市文明一直受到官員與商人的聯合統治，兩者都持續讓大多數的人都背負了債務，或者隨時可能陷入這種危機。當商業階級同意皈依伊斯蘭教的時候（在一般農民或鄉村居民的眼中，這種人就是長年以來的惡棍），也同意支持另外一邊，成為社會的領導人對抗邪惡的國家。

伊斯蘭從一開始就對商業抱持著非常正面的觀念。穆罕默德本人成年之後就開始從商，也沒有任何伊斯蘭思想家認為追求利益本身就是一種不道德或者褻瀆的行為。當然，伊斯蘭教也從來沒有禁止過高利貸。在大多數的情況下，伊斯蘭人都會小心翼翼執行這個機構，即便是在商業貸款的情況下，更不會阻礙商業發展，或者禁止設立任何複雜的信用工具。（注69）相反的，阿拉伯帝國時期更讓這些事情的發展達到了頂點。

伊斯蘭法學家謹慎的同意人民可以收取特定的服務費用，因此讓他們可以追求利潤——最著名的例子就是用信用制度購買東西的價錢會比較高。這種情況讓銀行家與商人都可以得到繼續提供信用服務的動機。（注70）當然，這些動機不足以讓一個人想要成為全職的銀行家。相反的，幾乎所有商人都可以提供相當程度的金融方案。對於那些想要將儲蓄財富的人或者希望從事日常生活交易的人，信用工具就變得非常重要。他們不需要反覆數錢，而是拿出紙筆進行計算。阿拉伯式的本票叫作 *sakk*（check）或 *ruq'a*（note），也同樣會出現跳票的情況。一位德國歷史學家曾經在回顧相當老舊的阿拉伯文獻後指出：

> 在西元九〇〇年時，一位重要人士曾經給了詩人一張支票，但銀行家拒絕兌換這張支票。那位詩人相當沮喪，因此作了一首自己願意付出一百萬的作品。在另外一場音樂會上（西元九三六年），這名詩人的另外一位恩主開出另外一張價值五百元的支票。銀行家在詩人兌換支票時表示必須收取百分之十的手續費，但是如果後者願意陪他一個下午的話，就不必收取這筆費用。
>
> 到了西元一〇〇〇年左右，銀行家已經變成巴士拉的重要階級。每個商人都有自己的銀行照護，並且只在市場上用銀行的支票付款……（注71）

阿拉伯的支票同時可以背書與轉讓，而信用狀（*suftaja*）更可以橫跨印度洋或者撒哈拉沙漠。（注72）但是，這種票據仍然無法成為實際上的紙鈔，因為這些東西的運作完全獨立於國家之外（不能用來支付稅金），因此其價值完全仰賴於信賴與個人聲望。（注73）如果發生爭議的時候，阿拉伯人可以訴諸伊斯蘭法庭或者由商業公會、公民協會進行調節。在這種情況下，你絕對不會想要看到一位非常有名的詩人對於跳票行為作了一首極具嘲諷效果的詩。

至於阿拉伯的財務經營情況，通常都會採取合夥制度。換句話說，一方會提供資本，另一方則負責經營，而不是採取投資人向經營者收取利息的方式。投資人不會收到固定的回報，而是抽取特定百分比的利潤。一般的勞務合約也會採取相同的利潤分配原則。（注74）在這些事情之中，信譽是相當重要的因素——在早期，伊斯蘭法律就曾經為了是否要將信譽視為如同土地、勞力、金錢或其他資源一樣的資本。有時候，商人可以在手中沒有任何資本，但信譽良好的情況，仍然成功與其他人締結合夥關係。這就是「優良信譽的結盟」。一位伊斯蘭法學家指出：

> 對於信用合夥制度來說，這種關係也能稱為「不必花錢的合夥關係」（partnership of penniless;

sharika al-mafalis）。換句話說，他們無須先進行買賣，就可以締結彼此的合夥關係。這種合夥關係來自於兩人的地位與優良信譽。唯有信譽良好的人，才能夠在商場上拓展自己的信用。（注75）

一些法學家認為這種合約沒有法律的束縛力，因為它沒有任何的物質資本基礎；但是另外一些法學家則承認它的合法地位，並且合夥人可以平等的收取利潤——因為我們無法準確的測量誰的信譽地位比較高。在採取信用制度的經濟體系當中，我們不會看到任何來自於國家的強制手段（警察不會逮捕詐欺犯，也沒有任何人會被強制徵收財產），因此個人的良好信譽就是影響本票、支票價值的重要因素。正如法國學者布迪厄（Bourdieu）在討論當代阿爾及利亞（Algeria）的信用經濟體系時所說：榮譽可以變成錢，但錢不可能變回榮譽。（注76）

中東世界的信任交易網絡也成功了讓伊斯蘭教可以穿過中亞以及撒哈拉沙漠，甚至能夠橫跨當時全球貿易的重要渠道印度洋。在中世紀的那段時間，印度洋幾乎變成專屬穆斯林的湖泊。穆斯林商人建立了一個原則，讓當時的國王與軍隊只能在陸地上進行征服，海洋則是屬於商業的和平地帶。從亞丁（Aden）到摩鹿加群島（Moluccas），伊斯蘭商人也在貿易市場中取得了一些立足之地，因為伊斯蘭法院所提供的功能完全適用那些商港事宜，例如建立合約、取得債務、建立贖回與轉讓票據等等銀行功能。（注77）伊斯蘭商人與馬六甲（Malacca）——通往香料之都印尼的入口——建立了非常傳奇的商業往來關係。整個城市包括了斯瓦希里人（Swahili）、阿拉伯人、埃及人、衣索比亞人（Ethiopian）與亞美尼亞的市場，連印度人、中國人與南亞人都可以在這裡找到居住地。當然，這些商人盡可能的避免簽署具備強制執行效力的合約，更喜歡「握手一言為定之後，我們就在天堂見面吧」的作風。（注78）在伊斯蘭社會中，商人不只備受尊重，甚至跟戰士一樣變成了模範。戰士講究榮譽，在遙遠的地方追求冒險。商人的冒險則不會傷害任何人。法國歷史學家毛來斯．倫巴德（Maurice Lombard）曾經對商人做出非常驚人的描述，甚至有點理想化：「他坐在自己富麗堂皇的屋子裡面，身旁全都是奴隸與馬屁精。

他的家裡充滿各種書籍、旅遊紀念品還有非常稀少的裝飾品。」這個商人保存著各式帳本、信件與信用狀，自己也能夠使用複式簿記法記錄訊息，並且加上特殊的密碼與解碼提示。他會向窮人提供救濟品，支持伊斯蘭教的宗教崇拜，甚至還會自己寫詩。只要他提到自己的家庭或父母親，就能夠把累積得到的信用價值化為非常巨大的資本。（注79）倫巴德對商人的想像深受《一千零一夜》主角辛巴達的影響。後者將青春歲月投資在遙遠且危險的遠行後變得非常富有，退休後一直在自己的花園中與漂亮女子跳舞、暢談自己冒險的經歷。一位謙卑的僕人（恰好也叫作辛巴達）在第一次見到辛巴達本人後：

> 發現這裡是一間非常優美的大房子，不僅光芒四射，也充滿了神祕感。當他被帶到一間巨大的起居室時，發現許多貴族、公王都坐在一張桌子旁邊。桌上用美麗的鮮花與充滿香味的草作為裝飾，並且擺滿新鮮的水果、糖果以及最好的酒。除此之外，這個快樂的房間還充滿了音樂，可愛的女奴隸正在唱歌與嬉鬧。所有客人按照階級排列座位，地位最高的那個人看起來非常令人尊敬，鬍子也開始泛白。他的身材非常高大，全身散發著一股香氣，讓人覺得他非常有尊嚴、充滿神祕感。眼前的這一切都讓搬運工辛巴達覺得困惑，他告訴自己說：「阿拉啊，這若不是某個國王的宮殿，就一定是天堂了吧！」（注80）

這段文字值得我們引用的原因，不只是因為它呈現出完美理想的生活，也是因為基督教完全沒有與之相似的描述。舉例而言，我們就無法在中世紀的法國浪漫故事中看到這種敘述。

伊斯蘭世界尊敬商人的現象，可能會讓我們覺得這就是世界上第一個如此欣然接受自由市場的意識型態。但是我們仍然不能夠混淆理想與現實之間的差距。伊斯蘭的市場確實獨立於政府之外。通常，伊斯蘭政府會盡可能的使用各種操弄稅賦政策的手段，藉此促進市場成長，並且週期性的干預商業法的修訂。（注81）但是，民眾仍然強烈的認為政府不應該做這些事情。當伊斯蘭當地的市集擺脫了債務與奴隸制度的痛苦之後，就再也不是造成道德危機的場所。相反的，市集變成人類自由與共同團結的最高殿堂，因此更需要勤勉的防止國家干預。

伊斯蘭世界也非常排斥任何想要固定市場價格的手段。根據民間傳頌的故事指出，先知穆罕默德本人就曾經拒絕逼迫商人在麥地那（Medina）發生物資短缺時必須降低商品售價。因為，這種作法褻瀆了神明的旨意。在自由的市場中「價格取決於神明的意志」。（注82）許多伊斯蘭法學派認為，穆罕默德的決定代表了任何政府對市場的干預，都帶有相同的褻瀆性質，因為神明想要讓市場能夠自己管自己。（注83）

亞當斯密所謂的「看不見的手」（也就是神聖意志的手）與上述說法之間出現了非常令人驚訝的相似性。這一點可能不是完全的巧合。事實上，亞當斯密所使用的特殊論證與例子，大部分都能夠直接追溯到中世紀波斯時所遺留下來的小冊子。例如，亞當斯密主張交易是人類理性與語言能力所必然帶來的結果，安薩里（西元一〇五八年到一一一一年）與突西（Tusi；西元一二〇一年到一二七四年）也都提過了這種說法。除此之外，他們所使用的例子也非常相似：沒有人曾經看過兩隻狗交換骨頭。（注84）亞當斯密指出十八個步驟才能完成一根針，藉此說明勞務分工，而安薩里早就在《復甦》（*Ihya*）這本書提到了相似的例子，也就是一條麵需要二十五個不同的製作步驟。（注85）

但是亞當斯密與這些伊斯蘭思想之間的差異也非常重要。一個相當重要的例子就是對勞務分工的看法。突西也用勞動分工作為經濟理論的起點。但是亞當斯密認為勞動分工是人類「喜歡以物易物的傾向」必然帶來的結果，因為我們都想要追求個人的利益。但是，對於突西來說，勞動分工卻來自於彼此協助的心意：

> 讓我們假設每個人都需要食物、衣服、居住場所與武器，所以他們必須先取得各種從事木工活動的工具並且鐵匠進行交易，準備能夠用來耕種、收割、研磨、捏製、迴轉、紡織的諸多器材。顯然他應該沒有辦法善用所有的工具。但是只要人願意彼此協助，每個人負責一件重要的工作，發揮自己的潛能，

並且在這種付出勞動與他人交換成果的過程中，觀察到正義的法則，就能夠實現共同生活的方法，延續自己的生命，並且確保了人類物種的存活。（注86）

因此，突西認為神聖的旨意讓我們擁有不同的能力、慾望與習性。市場更為清楚的展現了相互協助的普遍原則，好讓我們能夠匹配彼此的能力（供給）與需要（需求）——根據我在先前的說法，展現這種基本想法的社會，最終都會走向共產主義。

但是，突西絕對不會是一位激進的平等主義者。他的立場正好與此相反。「如果人人平等，」他說：「就會走上滅絕。」突西認為窮人與富人之間的差異就像農夫與木工之間的不同。從伊斯蘭的角度而言，市場的基礎預設是合作而不是競爭。穆斯林思想家承認並接受「競爭」這個概念，卻從來不認為它就是市場的本質。（注87）因為合作與競爭的道德意義完全不同。那斯魯迪與鵪鶉蛋的故事也許只是一個笑話，但這也讓我們看見伊斯蘭倫理學家經常要求商人必須強硬的與富人打交道，因為這樣就可以讓商人在面對窮人的時候，收取更低廉的費用，或者付出更高的購買金額。（注88）

安薩里對勞務分工的想法同樣相似於突西與亞當斯密，而他對金錢起源的看法則更具啟發性。就像大多數的中東作家，安薩里的討論起點也是人類以物易物的神話故事，但這些故事不是發生在某個想像中的原始村落，而是在想像的市場中：

有時候，某個人可能會需要自己沒有的東西，卻擁有自己用不到的東西。舉例來說，一個手上拿著番紅花的人可能會需要一頭駱駝，另外一個不需要駱駝的人則想要番紅花。因此，他們兩個人就有進行交易的需求了。但是，對於這筆交易來說，他們一定要找到測量兩種貨品的方法，否則駱駝的主人總不能為了一點點番紅花，就把整隻駱駝賣出去吧。既然駱駝與番紅花之間沒有什麼相似性可言，我們就需要制訂出一套體系，才能進行平等的測量。這種情況也像是某個擁有奴隸的人想要買下一棟房子，想要奴隸的人只擁有襪子，或者是想要麵粉的人卻牽著一頭騾子。由於這些東西之間無法直接進行比較，因此我們無法知道多少個番紅花就可以等同於駱駝的價值。因此，以物易物交易就會變得非常困難。（注89）

當然，我們或許根本一點都不想要別人提供的東西，安薩里也注意到了這個問題，但這不是他的主要關懷。對安薩里來說，真正的問題就是兩者如何比較的概念。我們如何比較兩個沒有共同特質的物品呢？他的答案就是用沒有特質的第三種物品作為基準。神明就是為了解決這個問題，才創造以黃金與白銀製成的迪那與迪漢，否則這些金屬本身一點意義都沒有：

> 迪那與迪漢沒有其他的目的，也沒有任何用途可言，就像石頭一樣。它們唯一的用途就是流動在人與人知間，用來管理並且協助進行交易。它們是用來確認價格與貨物品質的符號。（注90）

就是因為迪那與迪漢缺乏用途，除了本身的金屬價值之外，也沒有任何特質，才能夠用來當成符號以及測量單位：

> 如果一個東西本身沒有任何特定的形式或特質，就能夠用來準確的與其他東西產生連結——例如，沒有顏色的鏡子可以反射出所有的顏色。金錢也是如此——本身沒有任何目的，才能夠成為交易貨品時的媒介。（注91）

從這個角度來說，如果任何貸款產生了利息，就一定不是合法的事情，因為這代表金錢本身可以擁有別的目的。「金錢不能用來創造金錢。」事實上，安薩里還說：「迪那、迪漢與其他貨品之間的關係就像介詞與整個句子。」根據文法學家的說法，名詞就是用來給予事物意義的詞彙；因此，金錢就是用來評估貨品價值的方法，但必須一直保持持續的流通，才能夠行使這種功能。但是如果一個人為了得到更多的金錢，而採取現金交易，即使他採用了金錢購買商品、轉手販賣得到金錢的方法（更別提直接用金錢賺取金錢），在安薩里的眼中都跟綁架郵差沒什麼兩樣。（注92）

安薩里描述黃金與白銀的方法，還有他的其他看法，他認為金錢是一種符號，只具備了抽象的評估功能，本身沒有任何特質，只能夠靠流動來維繫這種用途，但這只能夠適用於這個時代。因為這個時代的金錢能夠非常正常的維繫這種形式。對於任何來自於其他年代的人來說，都不會產生安薩里這種想法。

許多現代的自由市場原則，似乎都是一點一滴的擷取自過去的社會與道德思維。（注93）中世紀的中東商人更在其中扮演了相當重要的角色。伊斯蘭商人放棄了實行貸款利息之後，讓過去好幾個世紀憎恨他們的鄰居大為改觀。除此之外，他們也能夠擠身於宗教導師身旁，變成了整個社群的領導者，而伊斯蘭社群幾乎就是以清真寺與市集作為運作的兩個核心。（注94）伊斯蘭傳遞到世界各地之後，也讓市場變成一種全球現象，不僅大規模的獨立於政府管制之外，也能夠用自己內部的法則進行運作。伊斯蘭世界中的自由市場，絕對不會來自於政府的手筆，背後也沒有任何政策支持，不採用任何犯人作為人力基礎，以握手作為簽署合約的象徵，並且以簽署人的信譽作為票據的基礎。儘管許多人都在稍晚的年代採用了相同的說法與原則，但他們心中想像的東西絕對不是伊斯蘭的市場。相反的，他們心中的自由市場由純粹自利的人所構成，並且無所不用其極追求好處。

西歐基督教王國：商業、借款與戰爭

如果戰爭裡面有任何一點正義可言的話，高利貸也有。

——聖安波羅修（Saint Ambrose）

正如我在先前的章節所說，中世紀時期的西歐發展得較晚，並且呈現出一種類似「內陸」的型態。就像其他地區的發展過程一樣，西歐的傳統貨幣也消失了，金錢又開始回到最原始的型態。一開始每個人都還在用羅馬時期的貨幣計算相金額，到了卡洛林王朝（Carolingian）的時候，各種「想像中的金錢形式」就出現人民的生活之中了——這種貨幣概念也就是十七世紀開始盛行於歐洲的英鎊、仙令與便士等等金錢系統的前身。

西歐當地的造幣廠慢慢開始回到了工作狀態，製造出各種不同重量、純度與面額的貨幣。當然，政治上的操作手段仍然是這些貨幣盛行於泛歐洲地區的關鍵。許多國王都會定期的頒佈法令，影響貨幣與金錢之間的關係。他們可能會將埃居（*ecu*）或埃斯庫多（escudo）的價值從十二分之一個仙令提升到八分之一個仙令（進而提升了稅收），或者反其道而行（因此解緩了債務）。（注95）除此之外，中世紀的國王也不斷的回收貨幣，重新鎔鑄以調整其中的黃金、白銀含量。日常交易已經不再使用鈔票作為媒介，而是各種記債方法、象徵物、帳簿或交易紀錄。這種結果讓經院哲學家在十三世紀想要處理相關議題時採用了亞里斯多德的觀點，主張金錢只是一種社會發明。換言之，人決定金錢到底是什麼。（注96）

西歐的發展現象也符合了中世紀的趨勢。真正的黃金與白銀雖然還存在於市場上，但多數都存放在神聖的場所（教堂或修道院）；隨著中央國家的消失，教會對於市場的控制也越趨嚴謹。

天主教對於高利貸的態度極度嚴苛，非常相似於伊斯蘭教；至於商人，天主教則採取了更為強硬的立場。這是因為天主教廷沒有太多選擇，許多經文對此的立場也相當明確，例如〈出埃及記〉22:25：

> 我民中有貧窮人與你同住，你若借錢給他，不可如放債的向他取利。

同樣的，〈詩篇〉（Psalms 15:5, 54:12）以及〈耶利米書〉（Jeremiah, 9.6）與〈尼希米記〉

（Nehmiah, 5:11）都清楚的指責放高利貸的人應該下地獄接受烈焰懲罰。早期的基督教神父在羅馬帝國的衰亡年代建立了教會對社會議題的立場，他們正生處在古典世界世界的最後一波債務危機。就是這場危機摧毀了帝國僅有的自由農民階級。（注97）當時沒有人會譴責奴隸制度，他們關懷的重點就是高利貸。

高利貸是對基督教慈善精神的嚴重打擊，也詆毀了耶穌基督的曉喻：人們理當照顧窮人，如同照顧耶穌基督本人。因此，任何人都不應該要求窮人必須回報這種恩情，並且要讓貸款人自行決定如何答謝提供協助的人（〈路加福音〉（Luke）6:34-35））。西元三六五年，聖巴西流（Saint Basil）在卡帕多細亞（Cappadocia）佈道時也替這些事情設下了相當重要的道德準則：

> 主在這段話中清楚表達了祂的信念：「有求於你的，就給他；有向你借貸的，不可推辭。」（注98）但是那些熱愛金錢的人會怎麼做呢？他們看著眼前這個人迫於壓力，跪地乞求協助，卻猶豫不決，沒有做出行動，也沒有說任何話。這就是一種污辱。他們看著這個人蒙受了不幸的折磨，卻毫無仁慈心可言，從來不覺得眼前這個人也是自己的同胞，也不答應他的請求，就這麼生硬的站在那裡。這種熱愛金錢的人不受祈禱所影響，任何眼淚也無法改變他的決定，更拒絕妥協……（注99）

這就是這位祈求者在說出「利息」這個字出現之前會發生的事情。

巴西流非常不喜歡當時放款人的卑鄙手法，認為他們玷污了耶穌信徒的美譽。當有需求的人登門拜訪時，有錢人會先假裝是他們的朋友。事實上，這個有錢人是敵人，他所說的一切也都是謊言。巴西流要所有人看清楚，有錢人總是會先發下非常壯烈的誓言，說自己身上已經沒有任何錢了：

> 然後這個祈求者就會提到利息，小心翼翼的選擇各種安全的詞彙。一切都不一樣了。他臉上那個愁

眉苦臉的表情開始放鬆，變成一種親切的微笑。他也會開始提到兩個家庭的陳年往事。現在，這個人就會變成「他的朋友」了。

「我知道了，」他說：「如果我有錢在身上的話，一定會借給你的。喔，等等，我想起自己手頭上還有一筆錢，但那是別人放在我這邊，希望能夠投資賺點利潤的。當然，我應該可以取消一些事情，然後用更好的條件把這筆錢先借給你。」各種和善的表情與言詞，就是用來討好這名無辜的受害者，讓他一步步的掉入陷阱之中。有錢人隨後就會拿出一張借據要求他簽下，承諾如果無法還錢的話，就要失去自己的自由。於是，這個可憐的窮人即將為了自己付不出來的利息，成為一輩子的奴隸。（注100）

一開始，這名貸款人會歡天喜地的回到家裡。但是這些錢很快就不見了，只剩下不斷累積的利息，他只好變賣家中財產。巴西流對於貸款人的處境作了相當詩意的描述，那就像是連時間都與貸款人為敵。白晝與黑夜也連手對付他，因為他們就是利息的父母親。他的生活陷入了「無法入眠的焦慮與未知」，還會在公開場合遭到羞辱。就算在家裡，只要有人敲門，他就會快點躲在椅子底下。他根本沒有辦法入睡，因為太過於害怕債主會在睡夢中來到他的枕頭旁邊。（注101）

聖安波羅修的《托比亞》（*De Tobia*）可能是古代最有名的高利貸曉喻，發表於西元前三八〇年左右。聖安波羅修就像巴西流一樣善於描繪生動的細節：許多父親被迫賣掉自己的小孩，欠債的人因為羞愧而上吊自殺。在聖安波羅修的眼中，高利貸就是一種暴力搶劫，甚至也算得上謀殺。（注102）但是他對此加上了一個影響相當深遠的但書。他的訓誡是有史以來第一個徹底檢視過《聖經》看待貸款行為的箴言。因此，聖安波羅修當然也必須處理後世作家都非常爭執的問題。事實上，舊約聖經並沒有禁止所有的貸款行為。關鍵的經文來自於〈申命記〉（*Deuteronomy*）：

你借給你弟兄的，或是錢財或是糧食，無論什麼可生利的物，都不可取利。借給陌生人的可以取利，只是借給你弟兄不可取利。

究竟誰才是陌生人呢？（或者，用更精確的翻譯來說，誰才是「異邦人」？）這種說法也同樣可以適用於搶劫與謀殺行為。畢竟，古代的猶太人生活在諸如亞瑪力人（Amalekites）等族群之中，後者的神明要求他們必須持續發動戰爭。如果收取利息就像是不需要用劍的戰鬥，那麼唯一能夠合法收取利息的對象，一定就是「那些不將殺戮視為犯罪的人」。（注103）對於生活在米蘭的安波羅修來說，這件事情非常棘手。他將所有基督徒與臣服於羅馬法的人都視為「兄弟」；當然，當時他的周遭沒有太多的亞瑪力人。（注104）但是隨著時代的進展，「安波羅修的例外」就變成非常重要的原則。

這些關於借貸行為的曉喻，除了我引述的部分之外，還有非常多的相關討論，但都沒有回答一個非常重要的問題。如果鄰居登門拜訪，希望有錢人提供協助的時候，有錢人究竟應該怎麼辦？當然，耶穌基督說過必須無條件的提供協助，並且不要求對方償還。但是期待大多數的基督徒都願意如此的心情，實在是太過於不切實際了。就算他們真的遵守基督的曉喻，又會創造出什麼樣的人際關係呢？聖巴西流對這件事情採取了非常激進的立場。上帝給了我們一切，也特別要求有錢人必須將財產分給窮人。使徒之間採用了共產主義——他們放棄自己的財產，讓所有人可以取得自己需要的東西——也因此成為了真正的基督教社會所應該採行的模型。（注105）但是願意採用這種立場的基督教神父非常少。共產主義是一種理想，但太過於不現實，無法應用在這個墮落與短暫的世界之中。教廷必須接受既有的財產制度，但也一定要想出鼓勵有錢人服從基督教慈善精神的方法。許多思想家都提出了非常特別的商業比喻，甚至是巴西流本人也不例外：

當你以主為名提供窮人金錢時，這同時是一份禮物與貸款。禮物，是因為你從來都不會期待可以收回這筆錢；貸款，則是因為主將會以他的方式，非常慷慨的償還你的善行。當你替窮人付出一點心意，

主將會回報你更多。「因為憐憫窮人者更靠近主」。（注106）

既然耶穌基督站在窮人的那一邊，借款本身就是獻給耶穌的慈善禮物，其所帶來的利息與補償，當然就不會是塵世能夠看見的東西。

但是，所謂的慈善完全不會改變社會的封建秩序，而是維持這種秩序的工具。巴西流的立場其實與債務無關，並且小心翼翼的用各種隱喻來強調一個事實：有錢人，其實不虧欠窮人任何東西，就像上帝也不曾虧欠於人，也無需用任何非法的方式來拯救這些發出請求的人。因此，「債務」在這個時代變成了一種純然的階級秩序（例如說以「主」為最高核心的秩序），所有的存有在這個秩序當中，提供給彼此各種不同的好處。正如阿奎那所說，既然人類都活在有限的時間之中，原罪就是我們積欠上帝的債務。晚期的神學家也清楚認同了阿奎那的想法。但是上帝位於這個時空之外，他的恩賜只能夠成為「不帶有任何回報義務的禮物。」（注107）

這種想法也回應了如下問題：有錢人應該做什麼？教廷反對高利貸，卻沒有對封建體制發出任何不滿。有錢人在封建體系當中進行非常具備慈善精神的行為，貧窮的祈求者則用另外一種方式表現出自己的感激。當這種制度大舉出現在基督教王國的西半部時，教廷從來沒有發表過任何反對。（注108）因為欠債而成為苦工的人，將會逐漸變成農奴或者一般的奴隸。從某些角度來說，這些人際關係沒有太大的不同。因為奴隸制度是一種來自契約的關係。正如一個基督徒必須出自於自己的自由選擇而獻身於上帝，奴隸也當然是經過同意之後才成為某個人的奴隸。這一切都符合基督教的內在邏輯。

但是，商業仍然是一個較為難以處理的問題。在譴責「收取高過本金甚多利息」的高利貸，以及譴責賺取利潤的行業之間，並沒有太大的差距。這也讓許多人，包括聖安波羅修在內都將兩者視為同樣的東西。穆罕默德認為阿拉會在天堂裡替誠實的商人保留一個座位，但是聖安波羅修一行人則非常質疑「誠實的商人」的存在。他們認為，一個人沒有辦法同時身兼商人與基督教徒兩種身份。（注109）在中世紀的早期，這個議題沒有這麼重要——因為許多商人都是外國人。但是，這種概念性的衝突則仍然未獲得解決。什麼是借錢給「異邦人」，這究竟只是一般的高利貸，還是商業戰爭？

◆

中世紀人們對於貸款的認知差異造成最惡名昭彰的災難，就是這破壞了猶太人與基督徒之間的關係。在尼希米時代，猶太人對於貸款的態度改變了整個民族。當奧古斯都統治時，猶太拉比希勒爾（Hillel）允許了借貸兩方可以在任何貸款中加入附加條款，因此讓所謂的安息年變成形同虛設的制度。《摩西五經》（*Torah*）和《塔木德》（*Talmud*）都反對任何的借貸利息，但唯一的例外就是與外邦人進行交易時——這種情況特別盛行於十一、十二世紀時，當時的歐洲排斥猶太人從事任何其他工作。（注110）但是，實際的貸款行為卻非常難以受到控制，正如我們能夠從各種民間笑話當中所見，猶太人彼此之間也仍然盛行高利貸制度。在〈申命記〉23:20中，我們也還記得這樣的句子：「借給外邦人可以取利，只是借給你弟兄不可取利。」（注111）

至於基督教，「聖安波羅修的例外條件」融入了格拉提安所定下的《法令》（*Decretum*），後者則是公認的教儀法準則。當時的經濟生活受到教廷的嚴格掌控。從當時的局勢看來，把猶太人安置在主要經濟生活之外是非常好的決定，但實際的情況卻非常複雜。因為猶太人與外邦人都會援引例外條例，認為經濟限制的有限範圍，只限於阿拉伯人或者任何與基督教王國發生戰爭的民族。畢竟，基督徒與猶太人活在同一個鄉村中。如果任何人同意猶太人與基督徒之間可以在彼此發生借貸關係時收取利息，也就是同意他們擁有殺害彼此的權利。（注112）但是沒有人膽敢明目張膽的說這種話。然而，猶太人與基督徒之間的關係也確實悄悄的來到了這種危險的邊緣，儘管多數的實際謀殺（與經濟商業事件無關的事件）則是另外一回事。

造成這種現象的部分原因，就在於基督教的國王經常為了自己的目的，進而過度消費猶太人略微身處於整個社會系統之外的事實。許多國王鼓勵猶太人從事放款工作，並且承諾提供保護措施，但他們心中的如意算盤就是自己可以隨時撤銷這些保護。英格蘭的國王在這些事情上面最為差勁。他們堅持商人與工業商會必須排除猶太人，但又承諾讓猶太人能夠針對貸款收取相當高額的利息，並且判定這些貸款行為全數屬於法律保障範圍之內。（注113）中世紀英格蘭地區的債務人經常會被丟到大牢裡面，直到家人找到了方法與債權人和解為止。（注114）舉例而言，英王約翰在西元一二一〇年時下令緊急徵稅，希望能夠籌措經費支持對法國與愛爾蘭所發動的戰爭。根據當時一位編年史家的記載，「整個英格蘭地區的猶太人，不分男女都遭到逮捕、壓入監獄並且遭到了非常殘忍的虐待，只因為英王想要他們口袋裡的錢。」大多數遭到虐待的猶太人都交出了自己的身家財產，但是英王特別要求一名富有的商人「布里斯托的亞伯拉罕（Abraham of Bristol）」必須交出一萬馬克的白銀（這個數字相當於英王每年稅收的六分之一）。亞伯拉罕一直頑強的抵抗，不願屈服。英王因此下令每天拔掉亞伯拉罕一顆臼齒，才讓後者放棄了抵抗。（注115）

約翰的繼任者就是亨利八世（西元一二一六年到一二七二年）。亨利八世經常與自己的兄弟「康瓦爾公爵（Earl of Cornwall）」交換猶太受害者。根據另外一位編年史家的說法，「當其中一個國王已經將這個猶太人割腸之後，另外一個還可以想辦法剖他的腹。」（注116）這些將猶太人從牙齒、皮膚與全身骨肉都扒遍一次的歷史，都是我們閱讀沙翁描述威尼斯商人渴望著「血肉之價」時，所必須銘記在心的故事。（注117）《威尼斯商人》也許是一種帶有罪惡感的恐懼投射，因為猶太人從來沒有傷害過基督徒。但這種罪惡感卻往最糟糕的方向發展了。

這些國王所感受到的恐懼感，導致了一種特殊的認知。當國王認為積欠猶太人的資產就是積欠自己的資產時，就會導致出必然的邏輯推演結果：壓迫與侵佔猶太人的財產，甚至讓他們在國庫裡面設立了用來管理猶太人的單位：「猶太人的國庫」（Exchequer of Jews）。（注118）這一點當然強化了大眾心中對於英王的刻板印象，如同一群來自於諾曼的貪婪者。但是，這也讓國王有機會可以不定期的打出民粹牌，以充滿戲劇手法的方式斥退或羞辱自己的猶太金主，忽略群眾對於猶太人所進行的屠殺行動，甚至鼓勵他們做出這些事情。群眾以片面的字義解讀「聖安波羅修的例外條件」，並且將這些放款人視為基督的大敵，必須冷血的加以殺害。最可怕的屠殺行為發生在西元一一四四年的諾里奇（Norwich）以及一一七一年的法國布盧瓦（Blois）。不久之後，正如諾曼·孔恩（Norman Cohn）所說：「曾經擁有繁華猶太文化的地方，都變成了恐怖的社會，持續的戰爭封閉了這座社會，周遭也圍繞著規模更大的其他社會。」（注119）

我們絕對不應該過於誇大猶太人在放款行為當中的角色。大多數的猶太人跟這件事情都沒有關係，真正從事放款行為的人也都不算是非常重量級的角色。通常，他們都只會借出一些非常微不足道的穀物、衣服，並且接受一些非常合理的報仇。其它從事放款生意的人根本不是猶太人。一一九〇年代時，基督教的傳教士就已經開始在抱怨領主把基督教放款人稱為「我們的猶太人」，並且安排特殊的保護機制。（注120）到了一二〇〇年時，大多數的猶太貸款人都已經被來自於北義大利的倫巴底人（Lombard）與以及法國的卡奧爾辛人（Cahorsin）所取代，他們在西歐地區建立了自己的勢力，變成非常惡名昭彰的高利貸商人。（注121）

鄉村高利貸的盛行本身就是自由農民階級興起的徵兆（因為借款給農奴完全是沒有意義的事情，他們根本沒有辦法還錢）。除此之外，這個現象也帶來了商業農耕、商會與中世紀高峰的「商業革命」。相較於其他在同一時代經濟表現較為普通的地區，以上這些現象讓西歐的經濟發展情況相當的活躍。教廷很快就感受到了來自群眾的壓力，必須盡快處理這個問題。一開始，教廷試著用緊縮政策處理，用非常系統性的方式消除了貸款議題當中的法律漏洞，特別是針對質押、抵押的部分。這些方法其實都只不過權宜之計而已。如同中世紀的伊斯蘭，想要規避法律的人還是可以用錢買下債務人的房子、田地之後，再把這些地產「租」給債務人，直到後者清償完所有本金為止。這些房子、田地所產生的所有利潤，都歸於債權人。因此，儘管這些房子根本就沒有被「買」下來，但已經發揮了質押、擔保的功效。

在十一世紀時，這種方法已經變成修道院非常使用的手法。一一四八年時，這種方法已經正式變成違法手段；因此，所有的收入都會從本金裡面扣除。一一八七年，教廷甚至禁止商人在處理任何以信用制度作為交易單位時，索取更高額的價格——這也讓基督教廷變得比所有的伊斯蘭法律還要嚴謹。一一七九年，教廷正式宣布高利貸是一種道德上的原罪，而放高利貸的人必須逐出社群，並且不得在死後採行基督教葬禮。（注122）不久之後，諸如方濟會（Franciscan）與道明會（Dominican）的旅行修士組織了非常多場的佈道活動。他們周遊於各個城鎮與鄉村，警告放款人必須補償那些受害者，否則就會失去自己的靈魂。

在當時甫設置的大學裡，這些事件引起了非常頑強的知識辯論議題，但他們爭論的關鍵已經不是高利貸是否違法並且犯下道德上的原則而已，而是為什麼。有些人主張這種行為等同於偷竊別人的道德資產；另外一些則主張這是一種利用時間推演的偷竊行為，因為理因只有上帝能夠擁有時間，這些放高利貸的人卻藉由時間來向別人收取費用。還有另外一派人認為高利貸犯下了懶惰的原罪。就像中國的儒家思想一樣，天主教思想家認為商人的利潤只能夠取自於勞務（舉例來說，將貨物運送到有需要的地方），但收取利息的卻根本沒有付出過任何勞力。當中世紀的人在阿拉伯發現了亞里斯多德的文本（以及諸如安薩里與伊本．西那的著作），復興相關思想之後，也創造出了新的論述：將金錢本身視為自己最原始的目的。換句話說，任何用金錢賺取利益的作法都違反了自然，因為這種事情已經讓金錢從純粹的金屬，提升到能夠飼育或生產的動物地位了。（注123）

但是等到教廷權威發現這些事情的時候，已經難以進行相關限制了。四處很快出現了各種新的群眾宗教運動，其中許多人的訴求宛如古典時代的晚期。他們不只質疑商業，更挑戰了私人財產的合法性。相當多人受指控被視為異端，並且遭到暴力脅迫，但也有許多抱持相同想法的人，選擇成為苦行僧。到了十三世紀，方濟會與道明會的支持者發生了非常巨大的知識爭議，主題就是「使徒的貧窮」——基本上，這個問題就是在探討基督教是否能夠接納任何形式的財產制度。

同時，羅馬法的復興，讓那些希望至少能夠在商業條例中鬆綁高利貸的人，取得了新的知識武器。羅馬法也就是我們在前述章節曾經討論過的絕對私有財產權理念。在這次的知識復興中，最重要的發現就是 *interesse* 這個概念，也就是我們現代人所說的利息：補償任何人因為他人延誤付款而蒙受的損失。（注124）這種說法轉變為主張任何人在借出一筆商業貸款時，就算時間非常短（例如一個月），也能夠合理的收取一定程度的利息，而稱不上是惡意的高利貸行為。因為這是一種對債務人的懲罰機制，而不是因為借用這筆錢而產生的損失。除此之外，利息的正當理由也包括補償這位貸款人的損失——如果他就像其他商人一樣，把這筆錢投資在更為有利的條件中，就能夠獲得相當程度的利潤，因此債務人必須對此進行補償。（注125）

◆

當關於高利貸的法律規定同時往兩個方向做出改變，讀者可能會對此感到困惑。造成這種現象的答案就是政治。當時的西歐局勢非常混亂。許多國王都非常孱弱，手上只擁有非常破碎、不穩定的財產。整個歐洲大陸就像遍佈諸多男爵、行政區、都市商業區、大莊園與教會國家的棋盤格。司法審判權也持續的進行各種談判與協商，通常就是因為戰爭。西歐到了很晚的時候，才建立了與中東穆斯林世界相似的商業資本主義——也就是在那些商業資本主義家在北義大利的獨立城市取得政權之後才發生的事情。最有名的例子就是威尼斯、佛羅倫斯、熱那亞（Genoa）與米蘭。在這些事件發生之後，德意志地區的城市也建立了漢薩同盟（Hanseatic League）。（注126）藉由掌控政府運作，義大利的銀行家終於能夠讓自己免於遭受財產徵收的威脅，並且能夠取得法院的運作（因此得以強迫執行合約）；更重要的是這些商人也開始擁有了屬於自己的軍隊。（注127）當西歐世界與伊斯蘭相比時，財務、貿易與暴力就變成了重要的主題。波斯與阿拉伯思想家認為市場機制來自於人與人之間的戶至，基督徒則從來未曾停止過猜忌商業行為，將它視為高利貸的衍生產物，也是一種詐欺的形式，唯有在對抗敵人時，才能夠成為真正合法的東西。債務，就是一種原罪。對於交易雙方來說都是如此。競爭是市場機制的本質，但它也同時是未帶有暴力行為（通常是如此）的戰爭。正如我的觀察所示，這就是為什麼幾乎所有歐洲語言的「以物易物」都來自於詐欺、迷惑與欺騙。有些人就是因為這樣而極度憎恨商業行為；另外一些人則決定熱烈擁抱商業，幾乎沒有人會否定這些事情之間的關連。

我們只需要仔細思考伊斯蘭信用制度的工具，或者伊斯蘭世界對於理想旅行商人的形象認知，就能夠瞭解前述這些事情之間的親密連結程度。

人們通常認為現代銀行的前身就是軍事修會（Military Order）或者索羅門的聖殿騎士團（Knights of the Temple of Solomon），也就是所謂的聖殿騎士團。這種由僧侶組成的戰鬥組織，在資助十字軍的過程中扮演了相當重要的角色。藉由聖殿騎士團的協助，南法的一位領主可以抵押自己的房屋，換到一張匯票（bill of exchange; 其模式幾乎取自於穆斯林之間通行的 *suftaja*，只是用加密過的文字書寫），並且在耶路撒冷向另外一組聖殿騎士團單位兌換成現金。換句話說，基督教在與伊斯蘭世界進行戰爭之前，還必須先學習伊斯蘭的金融工具。

聖殿騎士團的存在時間大約從一一一八年至一三〇七年，但他們最終也走向了許多伊斯蘭少數商業族群的後路。腓力四世（Phillip IV）積欠了相當多的債務之後，決定背叛他們，指控他們犯下了不可言說的罪行。聖殿騎士團的領導者因而遭到虐待，最後也無法保住自己的性命，連財產也遭到搶奪。（注128）造成這種現象的主要原因，就在於聖殿騎士團沒有自己的強力基地作為後援。義大利的銀行商團，諸如巴爾迪（Bardi）、貝魯茲（Peruzzi）與梅迪奇（Medici）家族在這方面就非常謹慎。在銀行的發展史中，義大利人向來以複雜的合資組織以及帶頭使用伊斯蘭風格的匯票而聞名。（注129）一開始，這些制度設計與交易工具相當單純。基本上，這些匯票也只不過是長距離的金錢交易工具。一名商人可以把佛羅倫斯幣交給義大利的銀行之後，收到一張以國際貨幣（卡洛林王朝幣）作為單位並且標示「經過確認無誤」的匯票。假設這張匯票的期限是三個月，只要在滿足時間條件之後，這名商人的經濟就能夠在法國的香檳省（Champagne）兌換到等值的當地貨幣（香檳省地區不僅是每年的商業活動動正，也是歐洲在中世紀高峰時期的核心地帶）。但是，在匯票制度很快的就成為其中一種新穎且極具創意的交易工具，用來探索錯綜複雜的歐洲貨幣局勢，並且獲取一些利潤。（注130）

這些銀行企業家的資本多半來自於進出口印度香料與東方貴重品時的地中海交易利潤。但是，地中海不是印度洋，前者幾乎永遠都處於戰爭動亂的局勢之下。威尼斯大船同時比商業船隊與軍艦大了兩倍，裡面全都是火砲與精銳士兵。貿易商隊、十字軍與海盜之間的差別，就在於他們如何掌握了各種力量之間的平衡程度。（注131）這點同樣適用於路上單位：亞洲帝國傾向於分化戰士與軍人，但這兩種階級卻在歐洲容易渾合在一起：

> 在整個中歐，從托斯卡尼（Tuscany）到法蘭德斯（Flanders），從巴爾班特（Barbant）到利伏尼亞（Livonia），商人都不只是單純接受補給的士兵而已。這點適用於全歐洲地區。除了坐在發動戰爭的政府單位裡之外，他們也會穿上盔甲，親赴戰場。出現這種現象的地方非常多，不只包括佛羅倫斯、米蘭、威尼斯與熱那亞，奧格斯堡（Augsburg）、紐倫堡（Nuremberg）、史特拉斯堡（Strasbourg）與蘇黎世（Zurich）當然也不例外；呂貝克（Lübeck）、漢堡（Hamburg）、不來梅（Bremen）與但澤（Danzig）這些地方都適用於這個推論，更別提布魯日（Bruges）、根特（Ghent）、萊登（Leiden）與科隆（Cologne）。有些地方——佛羅倫斯、紐倫堡、錫耶納（Siena）、伯恩（Bern）與烏爾姆（Ulm）——更建立了相當可觀的堡壘國家。（注132）

威尼斯人是其中最有名的族群。他們在十一世紀時創造了相當巨大的商業帝國，一舉得到了克里特島（Crete）與賽普勒斯（Cyprus）的控制權，並且也用相當大量的非洲奴隸建立製糖工廠，這種發展模型就像後來在新世界所發生的事情。（注133）熱那亞地區非常快速地跟上了這股潮流，他們獲利最多的生意就是掠劫黑海一帶，並且藉此抓取諸多奴隸賣給埃及的馬木留克，或者讓他們在從土耳其那裡租來的礦坑工作。（注134）熱那亞共和國也發明了相當特別的軍事補助制度，也就是我們所謂的「戰爭捐獻」：即將遠征的人將股份賣給投資人，投資人可以得到特定比例的戰利品。就在前述提到的大型商業艦隊中，旅行商人將會穿過大西洋，沿著海格力斯之柱（Pillars of Hercules），前往法蘭德斯或香檳省地區，帶著一箱箱的肉蔻、辣椒、絲綢與羊毛產品以及許多張匯票，希望能夠得到一些好處。（注135）

◆

我認為應該在此暫停一下，仔細思考什麼叫做「旅行商人」。這個議題將會有助我們的討論。這個字原本的意思是一名在國外經營事業的人。但就在法國香檳省地區與義大利帝國的全盛時期，也就是西元一一六〇至一一七二年左右，「冒險」這個字突然擁有自己的當代意義。要替這些事情負責的人，就是法國詩人克里斯丁．迪．特羅耶斯（Chretien de Troyes）。特羅耶斯寫過許多關於亞瑟王的傳奇故事，最有名的當然是珀西瓦里（Sir Pervical）與聖杯（Holy Grail）聖杯的傳說。這個浪漫故事展示了一種描述新世代英雄的新文學形式，主角就是「周遊各地的騎士」。他是一個遊蕩於世界各地，只為了尋找冒險旅途的戰士，用現代的眼光的來說，這些冒險旅途攸關於各種險峻的挑戰、愛情、財寶與名望。騎士冒險的故事很快就受到了廣泛的歡迎，特羅耶斯也開始擁有了自己的無數追隨者；故事的主角——亞瑟王、桂妮薇兒（Guinevere）、蘭斯洛特（Lancelot）、高文（Gawain）、珀西瓦里與其他人等，也變成了家喻戶曉的人物，迄今仍是如此。這種典雅的騎士精神典範、冒險故事、決鬥、浪漫愛情與冒險，仍然是我們對於中世紀的重要印象。（注136）

但是，這些故事真正令人困惑的地方，就在於它跟當時的現實生活一點關係都沒有。從來沒有任何一個人可以稱得上是「周遊各地的騎士」。騎士這個字起源於自由作戰的戰士，他們可能非常年輕，還是某位小貴族的私生子。由於不能夠繼承貴族的遺產，許多人被迫合作尋找屬於自己的財富。這讓他們變成徘徊各地的強盜或惡棍，從事無數次的掠劫行動──也就是這種人讓商人的生活變成非常危險。在十二世紀時，政府與相關機構曾經試著控制這種危險的情況。因此，除了所謂的騎士精神之外，比武競賽與決鬥都是用來讓這些人不製造麻煩的方法。因此，這些手段一部份的目標在於讓這群騎士彼此抗衡，另外一部份也是將他們的存在轉變為非常令人憧憬的存在。（注137）從這個角度來說，孤獨而流浪、正在追求某些優雅冒險的騎士形象，其實就是是無中生有的東西。

既然騎士精神是我們理解中世紀的核心，這些事情就變得相當重要，我更認為相關的歷史解釋其實已經洩漏出許多機密了。我們必須回想起商人在這段期間也開始取得前所未有的社會地位與政治力量，但若與伊斯蘭教相比，馬上就會浮現一種非常具有戲劇性的差距。在伊斯蘭，諸如辛巴達（Sindbad）這類極為成功的旅行商人探險家，他們足以作為完美生活的典範與商人的理想型態，卻完全不像戰士，更從未成為任何東西的楷模。

特羅耶斯的居住地香檳省會成為西歐商業樞紐地，絕對不是偶然的事情。（注138）當他以恩主、香檳伯爵「自由派的亨利」（Henri the Liberal；西元一一五二到一一八一年）與後者的妻子瑪麗亞（Marie）、阿基坦的埃莉諾（Eleanor of Aquitaine）作為藍本，希望寫下精美奢華的宮廷生活時，真正的宮廷生活其實充滿了下等的旅行商人（commerçant）。他們是香檳地區的中士，讓許多騎士只能夠擔任旁觀者或警衛，或者在武技競賽中成為餘興節目。

比武競技本身也確實變成了新的經濟重要活動，根據一位十二世紀早期的中世紀研究者艾米．凱利（Amy Kelly）指出：

威廉將軍（Guillaume le Marechal）的傳記作家也讓我們看見了這些西歐的宮廷人物如何從決鬥過程中得到娛樂。在旺季的時候，一個月可能會舉辦兩次比武，時間從五旬節（Penetecost）到聖約翰（St. John）祭典這一段期間。比武大會將會吸引相當多的年輕人，有時候甚至多達三千人會在最鄰近的城市參與相關活動。從倫巴底（Lombardy）與西班牙來的馬匹商人，從布列塔尼半島（Brittany）與低地國（Low Countries）前來的朋友，軍人，販賣人畜用品的雜貨商人，高利貸商人、礦工、算命師、雜耍藝人、巫師與其他來自於各種名單、領域與方向的人都會參加這場活動。來自於各行各業的娛樂專家都必須找到自由派的金主……四處都是宴會，鐵匠也必須徹夜進行鍛造工作。無止盡的打賭與擲骰子過程帶來了許多爭吵，並且造成了各種無數的可怕意外後果——有人的頭骨破掉，或者眼睛被挖出來了。擁有美麗名字以及完全沒有名字的女士會在賽場上大喊冠軍的名字。

這些危機、群眾與獎金都讓人感受到了戰爭的號角。獎賞非常豐碩，贏家可以擁有這些獎賞、馬匹、奴隸與贖身金。至於那些用土地作為擔保或者原本就是無助弱勢的受害者，則必須交出自己的身家、手下，甚至可能因為用自己作為抵押品，而失去了自由。財富就在標槍的尖端，出現在許多母親的寶貝兒子再也無法騎馬回家的那一瞬間。（注139）

因此，這些活動不只仰賴商人提供貨物的能力。由於失敗的騎士會把自己的生命賠給勝利者，這些商人作為放款人時的清算能力也就能夠派上用場。除此之外，一些騎士也會向商人借貸大量的財富，好在漂亮女士的心中留下強烈的印象（並且有望得到她背後的豐厚嫁妝）；其他人則是乾脆參與了比武活動周遭永遠不會停止的賣淫與賭博行為。輸家必須變賣自己的馬匹與盔甲，也很有可能因此重操攔路搶劫的就業，煽動群眾發起屠殺（如果他的債主是猶太人），或者，假設他還擁有土地，就會對那些不幸的居民提出新的財務要求。

另外一些則會轉向參與戰爭，並且參與了新興市場的創造過程。（注140）一一九九年十一月，香檳地區的艾克萊（Écry）城堡舉行了一場活動，由自由派亨利的兒子席歐博（Theobald）贊助。這場活動最後變得非常戲劇化，許多騎士染上一股宗教狂熱情懷，放棄比賽，發誓要替教廷取回聖地。這支十字軍立刻聘請威尼斯艦隊，承諾讓他們可以分享百分之五十的利潤。最後，他們沒有前往聖地，而是在一場為時漫長、過程血腥的圍城戰爭之後，洗劫了相當富裕且信奉正統的基督教城市君士坦丁堡（Constantinople）。法蘭德斯人鮑德溫（Baldwin）被扶植為「君士坦丁堡的拉丁皇帝」。但是任何人想要統治已經遭到嚴重破壞並且毫無價值的城市，都會造成自己與身邊的男爵面臨巨大的財務困難。這件事情就像一般比武競賽可能帶來的事件，只是規模相當龐大，這些人最後只好拆掉教會的金屬屋頂，並且賣掉教堂裡的聖器，才能夠支付積欠於威尼斯人的債務。到了一二五九年，鮑德溫已經窮困潦倒到必須抵押自己的兒子，後者被壓回威尼斯，作為一項貸款的抵押品。（注141）

但是，這些故事都還沒有回答以下這個問題：究竟從什麼時候開始，騎士的形象變成獨自漫步在神祕英格蘭大陸上的森林中，挑戰勁敵，正面迎戰食人魔、精靈、巫師與各種神祕野獸？答案應該已經越來越清晰了。實際上，這種形象就是經過理想浪漫化的旅行商人。這些人進行非常長途的獨自旅行，穿過了荒野與森林，只能夠追尋無法肯定的獎賞。（注142）

什麼又是那些騎士們汲汲營營尋找的聖杯呢？奇怪的是華格納的歌劇作品《帕西法爾》（*Parzifal*）第一個提出聖杯可能就是嶄新財寶的象徵。（注143）早期的史詩英雄都在尋找一大堆真實且具體的黃金、白銀，像是尼伯龍（Nibelung）的指環。新的財寶來自於新的商業經濟，由絕對抽象的價值形式所構成。沒有人可以真正的明白聖杯究竟是什麼。就算是當時的許多史詩作品也都對此莫衷一是：它可以是盤子、杯子或者是石頭。沃爾夫拉姆．馮．埃申巴赫（Wolfram von Eschenbach）甚至曾經認為聖杯是從路西法在日出作戰時，從其頭盔上面掉落的一顆珠寶。從某個角度來說，這個問題其實不太重要。關鍵是聖杯是人類無法目睹與理解的東西，但同時具備了無限、永不乾涸的價值，能夠涵蓋世上萬物，甚至讓荒土回春，豢養整個世界，提供精神支持並且治療人類受傷的身軀。馬克．雪爾甚至聖杯就像一張空白支票，也就是最終極的財寶形式。（注144）

中世紀究竟是什麼？

我們每個人都只是一個符號而已，來自於一分為二的結果，就像比目魚一樣。我們每個人都在尋找另外一個對應的符號。

——柏拉圖，《饗宴》

華格納在某件事情的看法有誤：抽象財務工具的出現不是歐洲離開中世紀時代的象徵，相反的，歐洲終於緩慢而正式的踏入了中世紀時代。

華格納不應該為了這件事情而受到責難。幾乎所有人都沒有看清楚這件事情。因為中世紀許多充滿特色的制度與思想，都在非常晚的時間才抵達歐洲，因此讓我們誤以為那些事情或許是現代性的第一波騷動。我們已經看見東方世紀在西元七〇〇年或八〇〇年左右使用了匯票，但歐洲還要在幾個世紀之後才會出現這種財務工具。獨立的大學，也許是最典型的伊斯蘭機構，也是同樣能夠證明這一點的例子。那爛陀寺（Nalanda）設立於西元四二七年，中國與東歐（從開羅到君士坦丁堡）設立獨立高等教育機構的時間，全都比牛津、巴黎與波隆那（Bologna）等地區早了一百多年。

如果軸心時代是屬於物質主義的年代，中世紀則完全攸關超越。在大多數地區，古代帝國的崩解還沒有帶來新的帝國。（注145）相反的，曾經帶有顛覆性力量的群眾宗教運動則開始走入了主宰性的地位。奴隸制度崩解或消失了，全面性的暴力行為也是如此。貿易活動開始變得熱絡，技術發展也走向了同樣的趨勢；更偉大的和平局勢不只讓絲綢與香料變得更容易通行世界各地，人與概念也能夠因而受益。中世紀的中國僧侶能夠致力於翻譯梵文，而中世紀的印度穆斯林學生可以用阿拉伯文爭辯法學議題，都在在見證了這個世紀的普世特質。

我們對於中世紀的印象就是「信仰的世紀」，也就是盲目的屈服於宗教權威。這種印象來自於法國啟蒙運動。當然，如果你認為「中世紀」是一件從歐洲起源的事情，這種說法就顯得相當合理。從世界的標準來看，西歐不僅僅曾經是一個充滿暴力的地方，天主教廷更是極端的不寬容。我們很難在中世紀的中國、印度或伊斯蘭歷史中找到任何焚燒「女巫」或大規模屠殺異端的例子。中國歷史上還有更多典型的例子，某位學者可能在年輕時浸淫於道家思想中，中年時轉投儒家，在退休之際則變成了佛教徒。這一切都非常順理成章。如果中世紀的思想真的有一個本質，也絕對不會是盲目的服從權威，而是非常頑強的信念，堅持任何想要統治我們日常生活事物的價值觀。特別是試圖染指法院與市場的人提出的看法都充滿了混亂、誤導、幻想並且違背常理。真正的價值觀在別的地方，在一個無法直接處及的領域中，唯有藉由閱讀與沈思才能夠一探究竟。但是，這種想法也讓沈思的才能與知識探索變成一個永無止盡的議題。穆斯林、基督徒與猶太哲學家可能會思考如下的巨大難題：人類唯有趨近於上帝才能得到理性思考的能力時，而理性本身又承襲自上帝，這種說法究竟是什麼意思？中國思想家思考同樣問題的思維則是：「究竟是我們閱讀了典籍，還是典籍閱讀了我們？」這個世紀幾乎所有的知識議題都圍繞在這個問題之上，只是每個人採取了不同的方向。究竟是人類的心智創造了世界，還是世界創造了人類心智？

我們也夠從金錢的主流理論中看到相同的緊張辯論。亞里斯多德曾經主張黃金與白銀本身都沒有自己的內在價值，金錢也因而只是社會所共同約定的習俗而已，由人類所發，解此讓交易行為變得更簡單。既然金錢「來自於約定，因此我們的力量就能夠改變它，或者讓它變得毫無用處」，只要我們決定這就是自己想要做的事情。（注146）這種立場在軸心時代的物質主義知識份子界中沒有得到共鳴，但是到了中世紀之後，就變成了相當常見的智慧之言。安薩里是第一批接受這種想法的知識份子，並且將這種想法推得更遠，堅持金幣沒有任何內在價值的基礎，才能夠讓它成為具有價值的金錢交易工具。因為缺乏內在價值的特質，使得它能夠「統一」、測量與約定其他事物的價值。但是安薩里也否認了金錢是

社會的約定習俗，因為它是神所交給人類的工具。（注147）

安薩里是一名神祕主義者與政治保守派，因此我們可以說他確實避免了讓自己的思想走入了激進的詮釋。但是，我們也能夠繼續追問主張金錢是社會約定習俗的說法，是否在中世紀就是非常激進的立場？畢竟，基督徒與儒家都傾向這個立場，幾乎可以說國王或皇帝就能夠片面決定什麼叫做金錢。從這個角度來說，安薩里的立場就符合了伊斯蘭世界希望保護市場機制免於政治干預的傾向，才會主張金錢必須受到宗教權威的保護。

◆

中世紀的錢幣採取如此抽象、若有似無的型態。像是支票、記帳與紙鈔代表著諸如此類的問題（「金錢只是一種符號究竟是什麼意思？」）已經切入了當代的哲學議題核心。再也沒有任何時代比中世紀更適合詮釋「符號」這個字的意義。我們也在這段歷史中看見了許多非常特別的相似性，討論起來會令人感到非常驚訝。

當亞里斯多德主張金錢只不過是社會的約定習俗時，他用的字是 *symbolon*——也就是「符號」這個字的起源。符號來自於希臘文的符木。一種用來折半之後就可以做為合約、約定的物品，也可以在標示或打破之後處理債務問題。因此，「符號」這個字最原本的意思就是某些用來處理各種債務合約的東西。現代中文的「符」也幾乎擁有相同的起源。（注148）

讓我們繼續從希臘的「符號」進行討論。兩個朋友在共進晚餐的時候，可以用某些物品像是戒指、指關節骨或者一塊陶器創造一個符號並且折為兩半。在將來任何一個人都可以拿著這一半信物作為友誼的象徵。考古學家在雅典古蹟裡發現了幾百片這種破碎的友誼信物，通常都是由泥土所製成。稍晚，符號變成了簽署契約的方法，這個物體本身則成為了見證契約的器具。（注149）這個字也能夠指涉各種信物：例如雅典陪審團成員用來證明自己投票資格的象徵，或者走入劇場的門票等等。當然，這個字也能夠用指涉金錢，但前提是金錢本身不能夠擁有任何內在價值：銅幣本身的價值來自於當地人的約定。（注150）當符號用在文件寫作上時，也能夠成為通行證、合約、委任狀或者收據等等。從更為延伸的角度來看，它還可以變成：預兆、跡象、徵候或者現代人廣為熟知的符號。

從希臘的 *symbolon* 變成當代符號之後，出現了雙重發展路徑。亞里斯多德堅持什麼東西都可以成為符號。換言之，成為符號的物體本身不重要，只要能夠折成兩半就可以了。這種說法與「語言」的概念相當類似。文字是一種聲音，由人類所使用，目的就是指稱其他的物品或概念。但是任何文字與概念之間的關係，都是由人類所決定的事情。舉例來說，英美語的使用者認為狗就是 dog，神就是 God，但這些詞彙之間原本沒有任何時定的關係，其他的字也是如此。唯一的理由就是社會約定習俗。這個語言的所有使用者都同意這個字（聲音）能夠用來指涉該物品。從這個角度來說，所有的文字都是人類同意之下的產物。（注151）金錢當然也不例外，對於亞里斯多德來說，任何金錢都是我們約定等值於多少金額的工具，因此，無論是銅幣還是其他所有類型的金錢，甚至包括黃金都只不過是一種符號與社會約定而已。（注152）

亞里斯多德的立場經常出現在十三世紀的聖湯瑪斯．阿奎那的思想體系中。當時的統治者已經能夠藉由頒發命令而改變貨幣的價值。但是中世紀的符號理論受到亞里斯多德的影響較少，而是傾向於接受古典時期的神祕主義宗教論點，強調符號本身就是一種神祕的概念，唯有初始時代的人民才能夠完全理解。（注153）因此，這就代表了任何具體的貨幣只要能夠由人類感官所認知，就代表它背後必然有一股人類所無法察覺的存在。（注154）

中世紀符號學者廣為尊敬與閱讀的對象，就是西元六世紀時的一位希臘基督教神祕主義者，他的名字迄今已不可考，筆名則是亞略巴古的戴奧尼修斯（Dionysius the Areopagite）。（注155）戴奧尼修斯採提出的這個問題變成了整個世紀的巨大知識議題：人類如何學習對於神祇的智慧？如果我們的知識全都受限於感官界，又怎麼能夠瞭解遠遠超乎於感官界存在的神祇呢？「那個無限且超越一切的存有，」正如他所說，「也跨越了一切知識的範疇。」（注156）因此，如果無所不能的神沒有自己的身體放在聖餐之中，讓我們的心智跨越無盡的物質世界，人類就不可能了解這些事情。有趣的是，戴奧尼修斯主張我們必須先捨棄內心對於「神聖之物必然美好萬分」的想法，才能夠真正的開始理解符號的運作方式。因為光亮的天使與教儀戰車的形象只會混亂我們的想法，因為這會讓我們開始設想天堂的模樣。但事實上人類根本無法確定天堂究竟是什麼樣子。除此之外，任何有效的符號都是家中可以隨手拿起的東西——這點就像希臘社會的相關運作方式。通常這些東西的都很不好看，有的東西甚至非常荒謬。這些物品所展現出來的不協調性，都再三讓我們確定它們確實不是神祇；因為神「超越了所有物質」，即便這些東西就是採用了神的外型。（注157）它們其實只是平等的人之間所同意使用的標誌而已，但人們早已沒有這種概念。符號已經變成禮物，不僅僅絕對且自由，也帶有非常濃厚的階級秩序特質；另外一個遠比我們還要崇高的存有帶來了這個禮物，從任何角度來說，都無法清晰的認知我們與這個存有之間的互惠、債務與相互義務等等關係。（注158）

相比上述希臘對於符號的定義，中國字典的定義如下：

符，同意、相符合；某個信物的另一半

- ◆證據；身份或印記的證明
- ◆實現承諾
- ◆協調
- ◆在天上與人間事物之間取得相互同意
- ◆記帳、記錄
- ◆帝國的印記或彌封章
- ◆承諾、保證、憑據

◆在彼此同意的事情之中實現承諾

◆符號、記號（注159）

符在中國的演進幾乎與希臘一模一樣。就像 *symbola* 這個字，中國的「符」也夠當成符木、合約、官方印記、保證、通行證或者憑據。作為承諾時，符用來實現一份承諾、債務合約甚至可以處理封建領地之間的關係——如果某位領主想要成為另外一個人的保護者，兩人之間也必須擁有折斷的信物，好讓受保護者有朝一日可以向領主求助或借貸金錢。這種關係的普遍特質就是兩造之間開始出現平等對應的關係，因為其中一人必須同意臣屬另外一個人。在稍晚一點的時代，由於國家變得更為中央集權，我們也開始看見「符」變成了官方用來傳遞命令的印記。官員會把命令的左半邊留下來，張貼在布告欄上；當皇帝想要傳遞重要的命令時，則會把右半邊交給傳遞訊息的使節，以確官員能夠得知這是來自於帝國最高權威的命令。（注160）

我們也回顧了紙錢如何轉換成撕成兩半再合而為一的債務契約形式。對於中國的理論家來說，亞里斯多德主張金錢只是社會約定習俗的說法一點也不會過於激進。這就是中國理論家的基本假設。金錢就是皇帝所設置的工具。雖然，我們也可以從這種立場當中察覺一種潛在的但書（但十分明確），「符」可以用來指涉「在天上與人間事物之間取得相互同意」。正如官員受到皇帝的指派，皇帝本身也受到另外一個最高權威的任命。為了維持自己的統治地位，他必須遵守這個權威的指令——所謂的吉兆，就是證明皇帝遵守天命的象徵，也是「符」的另外一個意義，證明了上天認可了這個皇帝的權威。同樣的，當天災發生時，就代表這皇帝已經偏離了天命的倫常。（注161）

中國的這種理念其實非常近似於基督教的認知。但是中國對於宇宙秩序的想法確實出現了一個關鍵的差異：由於他們鮮少強調人世與上天之間的絕對差異，人與上天之間的契約關係就變成相當重要的問題。這種情況在中世紀的道家特別顯著，道士必須進行「撕下符紙」的儀式——從他們與上天所簽訂的契約中撕下一半。（注162）這些紙就像帶有魔力的護符一樣，名字就叫做「符」。通常一位正在學習相關知識的學徒，會在師傅的領導下取得這個東西。符的另外一則會由神祇所保管。這種帶有護身功效的符都會採用特殊的圖示，呈現出特定的道教教儀書寫方式，只有神祇能夠其中的意涵。護身符的持有人將另外一半現給神祇之後，就會獲得協助，能夠召喚出擁有神靈庇護的軍隊抵抗惡魔、治癒疾病，或者得到魔法力量。然而，中國的符也成為了一種沈思的對象，一切就像戴奧尼修斯對希臘符號提出的問題：人類的心智究竟如何理解超越於人的無形世界呢？（注163）

中世紀許多令人印象深刻的中國視覺符號都可以追溯到這些護身符，例如「陰陽」就是從這裡發展出來的符號。（注164）只要稍微觀察一下陰陽，就能夠想像到這個符號劃分出左右（有時候也稱做陽極與陰極）。

◆

符號確實消除了進行見證的必要性。只要交易雙方訂立信物，每個人都能夠從符號中確定其中確實存在的同意關係。這就是亞里斯多德認為文字隱喻能夠相當準確的說明「符號」定位的原因。A這個字之所以對應到B概念，純粹只是因為我們所有人都同意應該這麼做。符號原本是友誼與團結的象徵，但是在幾乎所有後期的範例中，交易雙方都會同意創造出一種非常不平等的關係，例如債務、義務或者臣服於另外一個人的管轄之下。這是相當驚人的一件事情，也讓我們能夠使用各種隱喻來理解物質世界以及賦予物質世界力量的另一個崇高世界之間，究竟存在著什麼樣的關係。這兩種世界本來是一樣的事情，但卻創造出完全不同的東西。對於中世紀的基督教神祕主義以及中國的道士來說，符號都是來自於天堂的碎片——基督教對此的詮釋語言，讓人認為這些是自己能夠略微瞭解，但卻不能直接與之互動的東西；中國則是建立了人與這種存在之間的互動方式，卻完全無法瞭解其語言。

從某個角度來說，這就是我們試著思考全世界的債務發展時，一定會遭遇到的矛盾難題——兩個原本平等的人定下了一種特殊的同意之後，就變得不平等，直到某段時間之後才會再度變得彼此平等。當中世紀的經濟發展變得相當「精神化」之後，這個問題也出現了非常有趣的發展。黃金與白銀大量湧入修道院，讓四處的日常交易工具變成了信用制度。因此，關於財富與市場的論題變成了與債務及道德有關的議題；關於債務與道德的問題，也轉變為探討人類在宇宙中的位置。正如我們所見，中世紀所提出的解決方案相當多元。歐洲與印度決定重返封建秩序，祭司、戰士、商人與農民等等階級共同構成了社會（在基督教王國，則是由祭司、戰士與農夫）。各種不同階級之間所積欠的債務變得相當具有威脅力，通常都會導致非常可怕的暴力事件。中國的情況則正好相反，債務的原則通常演化成宇宙的基礎律則，例如業障以及人類積欠母乳的恩情。從統治權威的角度來看，這種觀點經常會導致於過度重視資本的偏差行為，並且進而讓整個社會秩序失去了平衡。政府的責任就是保持市場的持續流暢運作以及並且維繫整個社會的平等，才能夠避免爆發群眾動亂。在伊斯蘭的世界中，神學家認為神在每一個當下都重新創造了宇宙，因此，市場波動也成為神意所帶來的舉動。

但是真正令人驚訝的是當儒家對商人抱持譴責態度，伊斯蘭世界則大舉歡迎的時候，這兩種立場卻導致了完全一致的結果：繁榮的市場帶來富裕社會。但是，這兩種元素卻從來沒有創造出非常巨大的商人階級與產業公司，也因此未曾造就了符合現代意義的資本主義。在伊斯蘭的這種情況令人驚訝無比。伊斯蘭世界當然創造出了許多的「資本家」（*sāhid al-māl*），而法學理論家也能夠自由的談論資本的創造與拓張。在阿拉伯帝國的高峰時代，有些商人坐擁百萬迪納的身價，並且持續尋找投資獲利的機會。為什麼這些事情沒有造成現代資本主義的興起呢？我想提出兩個重要的原因。第一，伊斯蘭商人非常重視自己擁有的自由市場意識型態。市場沒有受到政府的直接管制；個人之間就能夠簽署契約，在理想的狀態下，就是兩個人「握手表意，並且期待在天堂相見」。因此，榮譽與信用變成難以區分的東西。這是無可避免的發展，如果伊斯蘭人真的會用刀子在別人的喉嚨上割一刀，你就不會看到所謂的商業割喉戰。第二，伊斯蘭世界也非常重視「利潤是承擔風險的報酬」這個原則。稍後，這個原則也變成階級經歷理論的重要信念，雖然它的實踐情況沒有這麼理想。商業行為在理論上就是一種冒險，貿易商隨時有可能會遭受暴風雨、船難、野蠻遊牧民族的攻擊，也必須穿越巨大的森林、大草原還有沙漠，習慣各種來自異國且難以預期的習俗，當然，也不能疏忽外國政府的干預。這就是為什麼用來規避風險的財務工具會在伊斯蘭世界變成非常不虔誠的手段。這也是反對高利貸的其中一個理由：如果某個人索取了固定利息，那麼就一定能夠保障自己的利潤。同樣的，商業投資人也必須分擔同樣的風險。因為這些特色的緣故，歐洲晚期發展出來的金融保險工具，就不可能適用在伊斯蘭世界中。（注165）

從這個角度來說，中世紀的中國佛寺則呈現出完全相反的發展發向。永不乾涸的財寶之所永不乾涸，就是因為寺廟持續將這些錢借出去、收取利息，幾乎不會消耗最原始的資本，讓這筆投資幾乎消除了全部的風險。這就是佛寺營運的重點。藉由這種機制，佛教一點也不像伊斯蘭世界，並且創造了非常符合現代意義的「法人」機構——我們將這個營業實體設想為人，它藉由非常迷人的合法措施來從事商業經營。它雖然是「人」，卻得到了不朽的地位，從來不需要經歷人類生活當中的麻煩事情，例如婚姻、繁衍、生老病死等等。用最適當的中世紀詞彙來說，法人幾乎就像天使一樣。

從法律的角度來說，我們對於法人的觀念來自於歐洲中世紀。法人的法律概念是「虛構人」（fictive person; *persona ficta*）——正如偉大的英國法律史學家麥特蘭（Maitland）所說，這個人「是不朽的存在，他控告別人之餘也會遭到控告。他能夠擁有土地與代表自己的印鑑，甚至可以管制身處在這個「法人公司」裡的自然人。」（注166）教宗英諾森四世（Pope Innocent IV）在西元一二五〇年時設立法人，其中一些應用這個概念的單位，就是寺廟，還有大學、教會、行政區與商業公會。（注167）

法人就像天使的概念並非出自於我的原創。偉大的中世紀學者恩尼斯・肯托洛維斯（Ernst Kantorowicz）是我效法的對象。他認為這種發展現象大致上符合聖湯瑪斯・阿奎那將天使視為「柏拉圖理形之人格化」（注168）的時間。「根據阿奎那的教誨，」肯托洛維斯指出，「每一個天使都代表了一個特別的物種。」

沒有人懷疑法官代表的那個地位，也就是在司法上具備不朽特質者，展現了某些屬於天使的特質……法官知道自己與天使之間擁有著某些相似性。從這個角度來說，中世紀晚期的政治與法治思想世界，充滿了許多非物質的、或大或小的天使形體，其身體無法由肉眼所見、永不衰老、從不消失、亦不腐朽，有時甚至無所不在，也在其中同時具備了知識體（*corpus intellectuale*）或神祕體（*corpus mysticum*），能夠與教儀所擁有的「精神體」相提並論。（注169）

這些事情之所以值得強調，是因為我們習慣假設在法人這個概念中，總會有一些事情非常自然，或者甚至到了無可避免的地步。但是從歷史的角度來說，這種概念非常奇特。沒有任何其他的偉大文明傳統產生了相似的概念。（注170）當中世紀的法人實體概念向全世界進行無止盡的擴散時，上述這些想法就像是最特別的歐洲附註，同時也持續發揮效用。

當然，這些概念也隨著時間產生了相當巨大的改變。中世紀的法人擁有自己的財產，也會涉及相當複雜的金融關係，卻從來不屬於符合現代意義的獲利公司。最符合這個定義的單位或許就是各種基督教派，例如熙篤會（Cistercian）。他們的聚會所相當類似於中國的佛寺，周遭全是礦坑與鐵匠，並且用相當理性化的方式經營商業農業，還擁有自己的「俗世兄弟」勞動力，也就是受薪勞工用來經營各種羊毛製造。有些人甚至把這種現象稱為「修道院資本主義」（注171）。然而中世紀的情況其實只符合了基本主義的基礎，讓商人可以彼此形成組織，建立永恆的法人實體作為獲取獨佔機會的工具，並且規避風險。無論其存在擁有合法承認或者只有實際地位。相當有名的例子就是亨利四世在西元一四〇七年於倫敦特許成立的探險商人結社（Society of Merchant Adventure）。雖然這個單位的名字非常具有冒險特質，但其業務主要就是購買英國的羊毛製品並且賣到法蘭德斯地區。他們不是現代的合資公司，而是相當具有中世紀古典意義的商業公會，但其中的運作結構可以更為年長、擁有資產的老商人，可以貸款給年輕商人，也能夠相當有把握的控制羊毛貿易數量，藉此保障自己的利潤。（注172）當這種公司開始在海外運作，並且與武裝軍隊發生關係時，人類歷史的新時代便於焉誕生了。

第十一章

大資本帝國時代

（西元一四五〇年至一九七一年）

「十一比索，好吧，既然你不能付給我十一比索，我只好跟你索取另外十一個比索—— 一共二十二比索。這兩條毛毯十一比索，另外十一比索是因為你付不出來這筆錢，這樣對嗎？克里西耶羅（Crisiero）？」

克里西耶羅對數字毫無概念，但他非常自然而然的回答道：「是的，主人。」

阿爾諾夫（Arnulfo）先生是一個行為得宜，非常值得敬重的人。其他的土地主都對自己的工人非常差勁。

「這件衣服要五比索，對吧？很好。既然你也沒辦法付這筆錢，我也只好再跟你收五比索。除此之外，因為你還欠我錢，那又是另外五比索。我更從來沒有從你那邊拿到一毛錢過，所以再收五比索。五、五、五、五，一共二十比索，你同意嗎？」

「是的，主人，我同意。」

這名工人需要衣服的時候，只能來這個地方而已。除了自己的主人之外，也沒有任何地方可以賒帳。他替這名主人工作。只要他還積欠一毛錢，就永遠無法擺脫他。

——崔文（B. Traven），《牛車》（*The Carreta*）

起、資本主義、人文主義與民族國家等等。因此，把這段時間縮限於另外一次的歷史轉折，好像有點奇怪。但是從這本書的發展脈絡來看，這個時代確實就是如此。

我們習慣稱呼這個時代為「剝削年代」，但這時代帶給我們許多完全嶄新的東西——現代科技的興

這個年代的起點大約是在西元一四五〇年左右，當時世界的貨幣制度再一次回到了以黃金與白銀為主的情況。隨之而來的黃金潮流從美洲開始快速的影響了各地，更在西歐引起了一陣「物價革命」，並且完全顛覆了當地的傳統社會結構。更重要的事情，黃金貨幣的重現也帶來了另外一群原本在中世紀受到壓抑或將近消亡的社會重新興起，例如巨大的帝國與專業軍隊，大規模的掠劫戰爭，不受限制的高利貸與因債務而生的奴隸制度，以及另外一次的物質主義哲學興起，還有科學與哲學創意的激發。甚至是私人奴隸制度。換句話說，這個時代絕對不是重現另外一個時代而已。所有曾經出現在軸心時代的東西都回來了，而且從四方八方蜂擁而至。

◆

從歐洲歷史的角度來看，西元一四〇〇年代是相當特別的一段時間。這個世紀充滿了無數的大災難：許多大城市都因為黑死病而徹底崩解；經濟情況大幅衰退，有些地區甚至完全陷入了經濟崩解的慘境；大多數的城市都已經破產，無法履行自己的債務；騎士階級為了搶奪剩餘資源而大打出手，讓整片土地充斥著宛如傳染病的戰爭而毀滅。從地緣政治學的角度來看，基督教王國也已經搖搖欲墜，鄂圖曼帝國不只已經收下拜占庭帝國的領土，甚至逐漸往中歐擴張，其勢力同時在海陸兩路無盡延伸。

同時，從許多普通農民與都市勞工的角度來看，這都是一個再好不過的時代。鼠疫殺死了將近三分之一的歐洲勞動力之後，劇烈提升了勞工需求。當然，這些效果並沒有即刻反應出來，原因在於政府權威立刻立法凍結工資，甚至嘗試將自由農民再一次綑綁於土地之上。這種效果也引起了非常強烈的抵抗，讓整個歐洲地區掀起了一系列的反抗活動而達到高峰。這些反抗活動最後還是不敵鎮壓，但政府

權威也被迫進行妥協。不久之後，許多財富終於流入了平凡百姓的手中，政府也必須引入新的法律，禁止出身卑微的人穿著絲綢與貂皮，限制舉行慶典的天數。許多城鎮與教區都會在舉行慶典活動時吃下三分之一、甚至一半左右的年食物消費量。事實上，十五世紀就是慶典的全盛時期，龍舟、五朔節花柱（Maypoles）、麥芽啤酒、還有英格蘭與蘇格蘭兩地的聖誕節狂歡會，全都是最好的例證。（注1）

在接下來的幾個世紀裡，這些東西全都被摧毀了。英格蘭的慶典活動受到新教改革者的系統性攻擊；最後四處都是改革者，天主教徒與新教徒變得如出一轍。同時，原本建立在大眾繁華之中的經濟基礎，也開始瓦解了。

造成這種現象的原因一直是幾個世紀以來的歷史爭論。我們所知的答案大約都與通貨膨脹脫離不了關係。在一五〇〇年至一六五〇年之間，英格蘭地區的物價增加了五倍左右，但工資的成長腳步相當緩慢。因此，在五個世代左右的時間之內，實質工資將近下跌了百分之四十。同樣的現象也出現在整個歐洲。

為什麼會變成這樣呢？法國律師尚·布丹（Jean Bodin）在一五六八年提出了一份非常廣為接受的理論，主張「征服新大陸」之後大舉湧入歐洲世界的黃金與白銀就是主因。由於貴重金屬的價格急速下跌，所有東西的價格也都隨之水漲船高，工資再也無法跟上發展腳步。（注2）布丹的說法也得到了一些證據的輔助。一四五〇年左右的人口繁華高峰，確實對應了黃金以及錢幣供應非常短缺的時期。（注3）缺乏現金的情況嚴重打擊了當時的國際貿易。在一四六〇年間，許多商船載著滿滿的貨物，卻在主要的大型商港鎩羽而歸，因為沒有人有足夠的現金可以買下任何東西。一直要到十年之後，這個問題才開始好轉，因為薩克森（Saxony）與蒂羅洛（Tirol）的銀礦產量突然暴增，歐洲也發現了航向西非黃金海岸的新路線。荷南·科爾蒂斯（Hernán Cortés）與法蘭西斯克·皮澤洛（Francisco Pizarro）的征服之旅也隨即來到歷史之中。在一五二〇年至一六四〇年間，許多噸的黃金與白銀從墨西哥與祕地區出發，穿過太平洋、大西洋，由西班牙的尋寶船祕密的運回歐洲。

這個傳統故事的問題是這些黃金、白銀都沒有在歐洲停留太久。許多黃金最後流到了印度的寺廟中，非常大量的白銀則踏上了往中國的旅途。白銀流入中國是相當關鍵的發展。如果我們想要瞭解現代世界經濟的起源，就不應該把歐洲當成起點。真正的故事在於中國如何放棄使用紙鈔。由於沒有什麼人知道這個故事，所以非常值得一談。

◆

西元一二七一年，蒙古人征服中國，自此以後仍然保持中國境內的紙鈔系統，偶爾也會在整個帝國的其他地區試圖導入這個系統（通常都帶來了災難性的結果）。西元一三六八年，蒙古人遭到另外一波巨大的群眾起義推翻，再一次由一位農民領袖取得了大權。

蒙古人在統治期間與外國商人保持非常緊密的合作關係，甚至外國商人還引起一般人的怨恨。這種發展情況也部分造成了後來的明朝對任何形式的商業發展都抱持著猜忌之心，並且提倡了一種相當浪漫的自給自足農業。但這樣的發展方向沒有帶來幸運的結果。舉例來說，這就代表明朝必須維持舊式的蒙古稅務系統，以勞動與服侍作為付款單位。除此之外，由於這種系統的基礎非常近似於種姓、階級制度，所以每個人都要註冊自己的身份（例如農民、工人、士兵等），同時也禁止轉換身份。這種作法相當不受到群眾的喜愛。當政府投資農業、道路鋪設與運河時，確實引燃了一次經濟成長大爆發，但其中許多商業利潤都不太合法，加上農業稅賦非常沉重，甚至讓許多積欠債務的農民必須逃離自己的家鄉。（注4）

一般而言，這些逃離人口都無法從事任何正常的產業工作。在歐洲的情況也是如此，這樣的人都只能從事比較奇怪的職業，例如旅行商人、娛樂產業、海盜或土匪。在中國，許多人只好擔任探礦工。哪裡出現了掏銀熱潮，就會四處湧現非法的礦坑。沒有製成貨幣的銀塊取代了官方的紙鈔與銅幣，變成了非正式經濟中無法簿記的實質交易金錢。一四三〇年至一四四〇年間，中國政府著手關閉這些非法礦坑時，卻激發出民間的反抗行動。這些礦工與流離失所的農民結成聯盟，攻佔了鄰近的城市，有時甚至會威脅到當地的最高行政單位。（注5）

最後，中國政府甚至只能放棄鎮壓非官方經濟。相反的，他們決定採取完全不同的回應方法。首先，中國政府停止紙錢的流通，讓礦坑開採變成合法，允許銀塊成為正式交易貨幣（可用在大型交易中），甚至讓私人製幣廠得到合法授權。（注6）這種發展結果也讓中國政府逐漸放棄了勞力控制，並且讓全國的交易稅制走向以白銀為主的階段。

實際上，中國政府也因為這樣的政策變遷回到了過去的方針：鼓勵市場運作，並且只在資本過度集中的時候出手干預。這種新政策很快就展現驚人的成效，讓中國市場得以開花結果。許多人都認為這是明朝在世界歷史中獨一無二的成就。在這段期間，中國的人口數量大幅上升，還能夠不斷的提升生活水準。（注7）新政策帶給中國政府的問題就是必須提供非常充足的白銀，才能夠壓低物價，減少政治動亂的可能。但是中國境內的白銀一下子就用完了。西元一五三〇年時，日本發現新的銀礦，但卻在十年、二十年左右的時間就用完了所有藏量。不久之後，中國政府也只能將目標轉向歐洲與新世界。

從羅馬時代開始，歐洲就一直把黃金跟白銀出口到東方。問題是歐洲地區的東西從來沒有辦法吸引和滿足亞洲人的目光，所以他們只好被迫用銀幣購買東方人的絲綢、香料、鋼鐵與其他進口商品。在歐洲擴張時期的早期階段，歐洲商人的目標不是取得東方奢侈品，就一定是想辦法取得新的黃金、白銀，才能夠跟亞洲人進口商品。在這段期間，跟穆斯林相比，鄰近大西洋的歐洲人擁有一個非常重要的優勢：活躍且實力堅強的海軍，數百年來與地中海地區征戰的經驗，讓他們非常精鍊。當瓦斯科．達伽馬（Vasco da Gama）於一四九八年踏入印度洋時，「海洋應是和平交易的」原則就立刻消失了。葡萄牙艦隊開始轟炸、掠奪每一個經過的城市，取得戰略上的優勢位置之後，就會向印度洋商人收取保護費，用來交換後者的生意不受任何干擾。

就在這個時代，一位尋找通往中國捷徑的地圖製作家哥倫布，觸摸到了新世界的土地，在這之後，西班牙與葡萄牙帝國找到了人類史上最大的一筆意外之財。新世界充滿深不可測的財寶，當地居民手上拿著都是石器時代水準的武器。這些歐洲人的腳步走到哪裡，新世界的居民就死到哪裡。征服了墨西哥與祕魯之後，歐洲人找到了大量的貴重金屬來源，並且開始採用系統化的方法，殘忍無情的持續擷取這些資源，甚至為了要能夠更快速的達成目標，也不惜將周遭的人口全數消滅。正如彭慕蘭（Kenneth Pomeranz）所說，如果不是因為亞洲地區對貴重金屬的需求，這一切就不會發生：

> 特別是中國，如果他們的經濟發展情況沒有轉變為如此看重金屬，並且在這三十年間吸收了相當大量來自於新世紀的白銀，這些礦坑可能在未來的幾十年內都還不會遭到開採。一五〇〇年至一六四〇〇年間發生於歐洲地區的白銀通貨膨脹現象讓這些金屬的價格大幅下降，即使亞洲人已經在當時不再如此需要白銀時。（注8）

到了一五四〇年，白銀產量過剩的結果導致全歐洲的物價崩跌；在這個時候，如果不是因為來自於中國的貴重金屬需求，美國的礦坑業也可能必須停止營運，包括美洲殖民計畫也可能會徹底崩解。（注9）西班牙的財寶艦隊必須忍住卸貨的念頭，穿過非洲好望角，一路航向廣東。西元一五七一年，西班牙人在馬尼拉建立了新城市之後，就開始直接穿越太平洋了。在十六世紀晚期，中國一年將近進口五十公噸的白銀，佔了全國白銀的百分之九十；在十七世紀初期則進口一一六頓白銀，佔全國白銀的百分之九十七。（注10）大量的絲綢、白瓷與其他中國製品也出口到世界各地，用來支付這些白銀。許多中國製品最後都流入了中南美洲。這種亞洲交易模式變成當時全球經濟當中最重要的因素，至於那些控制財務槓桿的人，如義大利、荷蘭與德國詩人，全都變得非常富有。

但這種新興全球經濟發展模式如何導致歐洲生活水準的崩解呢？我們只知道一件事情：絕對不是因為大量的貴重金屬走入日常生活交易的關係。如果這種現象造成任何影響，也絕對是非常相反的結果。

當歐洲的製幣廠持續製造出大量的里奧（rial）、塔勒（thaler）、杜卡（ducat）與達布隆（duobloon）時——也就是尼加拉瓜到孟加拉貿易路線當中的新媒介——這些貨幣從來沒有流進過歐洲日常生活的口袋中。但是，我們確實可以聽聞當時對於貨幣短缺的抱怨。在英格蘭地區：

> 都鐸王朝的多數時間，市面上流通的貨幣相當少，以致於那些應當繳稅的人民找不到足夠的硬幣來支付各種公益措施、補助與稅金。幾乎每個人都必須放棄家中的各種黃金、白銀製品，因為那就是他們生活周邊最隨手可及的金錢。（注11）

這也是大多數歐洲地區的寫照。儘管從美洲流入了相當大量的金屬，許多家庭還是沒有足夠的現金，只好被迫熔掉家中的白銀，才能夠支付稅金。

這就是因為稅金的支付單位**必須**是金屬。相反的，日常生活當中的各種交易還是維持著中世紀以來的傳統，允許人民使用各種虛擬的信用工具，例如各種記帳信物與本票等等。在較小的社群裡，甚至只要簡單的寫下某甲向某乙借了什麼東西就可以了。真正造成歐洲大通的主因，是那些掌握黃金的人——像是政府、銀行與大商人。他們擁有足以改變市場規則的控制力，只要堅持黃金與白銀「曾經是」金錢的一種，隨後為了自己的目的而引入新的信用交易工具，進而緩慢的傷害、摧毀當地的信用制度。這些被摧毀的地方信用制度，就是小規模的商業社群能夠在整個歐洲大量進行商業操作，而無須使用金屬貨幣的主因。

這其實是一場政治鬥爭，也牽涉到金錢本質究竟為何的哲學論證。新的黃金統治必須建立在無止盡的暴力行為之上。不只在海外如此，就算在歐洲境內也毫不例外。在歐洲的大多數地區，人民對於物價革命與封鎖公用土地的反應，其實跟當時的中國人沒有什麼不同。在中國，成千上萬的農民被迫逃離家園，漂泊各地不知何去何從，這種情況導致了多次起義行動。但是，歐洲政府的反應則與中國政府不同。歐洲的起義抗爭遭到攻擊而瓦解，政府也沒有做出任何讓步。流浪漢會被集中圍捕，全部都送到殖民地成為工人，或者加入殖民地的陸海軍，或者，也可以回到家鄉的工廠。

這些事件幾乎都來自於操弄各種債務工具。債務，也因此再一次成為相當重要的爭論主題。

貪婪、恐懼、憤怒、債務

毫無疑問的，學者從來沒有停止過探討「物價革命」。不過，我們不清楚究竟應該使用什麼樣的分析工具。我們真的能夠使用現代的經濟學途徑，也就是那些理解瞭解當代產業運作的方法來描述創造出這些學派制度本身的政治戰爭嗎？

這當然不只是一個概念問題而已，其中甚至蘊藏著某種道德危機。將某個東西視為「客體」，總體經濟學探索世界經濟起源的途徑，就是將早期的歐洲探險家、商人與征服者們視為「純粹以理性回應機會」的存有而已。宛如任何人在這種情況下都會採取同樣的行動。這就是使用同等式的方法會帶來的結果：讓人非常自然而然的假設如果中國的白銀價格是西班牙賽維亞（Seville）地區的兩倍，而且賽維亞的居民能夠取得大量的白銀並且將之出口到中國，他們就一定會這麼做，即使這樣將會引起西班牙文明的解體。如果英格蘭當地非常需要糖，而奴隸百萬名工人就是最輕鬆的勞動力取得方法，也一定會有人做這件事情。事實上，歷史早就證明這種說法根本就不是真的。許多地區的文明都能夠像是十六、十七世紀的歐洲強權一樣引發大規模的浩劫（中國的明朝就是一個很好的例子），但幾乎都沒有這麼做。（注12）

美洲黃金、白銀的開採過程就是很好的思考範例。當阿茲提克（Aztec）帝國的首都特諾奇提特蘭（Tenochtitlan）在一五二一年沒落之後，採礦工作也隨即開始進行。我們一直假設墨西哥的人口減少是因為歐洲流行病的傳染，但現代觀察家認為，強迫遭到征服的當地人前往礦坑工作，必須負起同樣的責任。（注13）在《征服美洲》（*The Conquest of America*）中，特茲維坦·特多羅夫（Tzvetan Todorov）綜合整理了許多份令人心寒的報告，其中多數來自於西班牙的教士與化緣修士。他們雖然相信處決印地人是上帝的旨意，但眼看著西班牙士兵為了試兵器而隨意切割路人，並且把嬰兒放其母親身上切成肉片餵狗的行徑，修士們仍然無法掩飾自己心中的害怕。我們會許會認為這種行動就是一群重武裝軍隊很容易出現的行徑——因為這是暴力犯罪的常見背景——因此完全免除了他們的道德責任。但是從礦坑所流出的報告，證明了這是非常具有系統性的暴力行動。托里比奧·德貝納文特·莫托里尼亞（Toribio de Benavente Motolini）曾經寫下上帝所降臨在墨西哥人身上的十種瘟疫，包括天花、戰爭、飢荒、勞動徵稅、稅賦（這讓許多人必須把小孩賣給金主，其他人則可能被關在可怕的監獄中，慘招毒打身亡），以及數萬名死在首都的人民。最重要的事情，則是死在礦坑裡的無數名勞工：

第八個災難就是西班牙人所控制的奴隸，他們被迫進入礦坑裡工作。這些人包括：阿茲提克帝國本來的奴隸，不願意服從西班牙的人們，還有那些被西班軍隊俘虜的人。在西班牙征服過的前幾年，奴隸交易日益興盛，甚至經常變換主人。除了西班牙皇家記號之後，這些奴隸主也會在奴隸身上另外製造各種字母，表明自己曾經被誰擁有過，又遭到哪一位主人的變賣與購買。

第九個瘟疫則發生於礦坑之中，並且折磨著身負重任的印地安人。他們可能已經待過六十個以上的軍隊單位，只為了滿足上級設立的目標……當他們的糧食吃完之後，就會在礦坑或者移動到下一個礦坑的路上餓死，因為他們沒有錢買食物，也沒有人願意給他們食物。某些人回到家之後，身體狀況也很差，過了不久就死了。這些印地安人與奴隸死在礦坑裡面，其屍體發出的惡臭甚至引起了傳染病，瓦哈卡市（Oaxana）礦坑的情況更為嚴重。在礦坑附近的軍隊營區以及大多數的主要幹道上，我們幾乎無法避免踩在屍體與骨頭上面走路，附近的鳥類與烏鴉會飛下來吃這些屍體，變得很肥，其數量之多，甚至遮蔽了天日。（注14）

同樣的場景也發生在祕魯。當地因為殖民者強迫進行礦坑工作而銳滅。海地島的情況也是如此，原住民幾乎徹底滅絕了。（注15）

當我們討論到這些來自於西班牙、葡萄牙的征服者時，他們展現出來的已經不是普通的貪婪，而是一種幾近神話的貪婪。畢竟，這就是他們最值得世人回憶的特質。他們從來不覺得自己已經擁有夠多了。甚至在征服特諾奇提特蘭與庫斯科（Cuzco），並且取得以現代眼光來說都相當難以置信的財寶之後，這些征服者幾乎總是立刻重整隊伍，開始搜尋更多的財寶。

那個年代的道德學家一直在嚴厲抨擊人類永不停止的貪婪，正如他們總是批評我們無盡的權力欲望。歷史真正告訴我們的事情，就是當人類能夠名正言順的批評其他人的作為，例如征服者的惡行時，卻幾乎沒有人會這麼做。在我們當中最雄心壯志的人，其理想也更像是辛巴達的夢想：進行探險、取得安身立命的方法，並且活在一個舒適的地方，並且享受生活。馬克斯·韋伯（Max Weber）曾經說過首次出現於新教精神之中資本主義的動力，就是從不停止的無盡擴張。但是，這些征服者都曾經是非常虔誠的中世紀天主教徒，就算是那些最殘忍且毫無道德的人，也都不例外。為什麼會出現這麼堅定的動力，想要追求更多財富呢？

我認為只要稍微回顧一下荷南·科爾蒂斯征服墨西哥時提出的核心議題就能夠有助於理解這個問題。科爾蒂斯最原始的動力是什麼？他已經在一五〇四年時定居在伊斯帕尼奧拉島的殖民地，希望能夠得到相當巨大的財寶。但是，在前十五年左右，科爾蒂斯的主要冒險成就都是誘拐別人的老婆。在一五一八年時，他開始處心積慮的想要成為探險隊的指揮官，而這支部隊的目的乃是在南美洲大陸建立起西班牙的地位。陪伴在科爾蒂斯左右的貝爾納爾·迪亞斯·德爾·卡斯蒂略（Bernal Díaz del Castillo）曾經寫道，在這段期間：

> 科爾蒂斯開始打扮，並且比以前更為注重自己的容貌。他穿起羽毛飾品與黃金大腰帶跟一條黃金鎖鍊，身上還披著紫色滾黃金圈的斗蓬。事實上，他看起來確實就像一位非常勇猛且優雅的隊長。但是，他其實沒有錢支付我所談到的這些開支。那個時候，他還非常窮，而且負債累累，儘管他在印地安有非常多的財產，而且持續的從礦坑中得到黃金。但是，考慮到他付給手下的錢，幫新婚妻子買的美麗衣服，還有聘請那些帶來娛樂活動的嘉賓……
>
> 當某些商人朋友聽見他現在已經變成總指揮官的時候，就借給他四千比索的硬幣，還有價值四千比索的財貨（放在他位於印地安的家中）。他立刻製作了兩面大旗子。這兩面旗子上面有黃金裝飾，圖案則是象徵皇家的手臂，兩側還放上了十字架圖案以及一句刻文：「同志們，讓我們跟隨著聖十字的指揮，並且抓緊信念，才能夠成功完成一切。」（注16）

換句話說，科爾蒂斯的生活環境已經遠遠超過了他的經濟能力，並且讓自己惹上了不少麻煩。但是，他就像一名不顧後果的賭徒，決定下雙倍注碼希望能夠扳回一城。當州長在最後一刻決定取消遠征隊任務時，科爾蒂斯毫不令人意外的忽略這個使命，並且帶著六百個人航向新大陸，承諾這些人都可以分得遠征所得的財寶。在登陸之際，科爾蒂斯燒掉了自己的船，幾乎把一切都賭在這次的勝利之上。

讓我們稍微跳過卡斯蒂略這本著作內容，直接來到故事最後一章。三年之後，科爾蒂斯這位有史以來最聰明、無情、機靈、毫無榮譽心可言的軍事領袖，終於獲得了勝利。在長達八個月的戰爭，並且造成將近十萬阿茲提克人死亡之後，全世界最偉大的城市之一，特諾奇提特蘭終於也逃不了遭到滅絕的命運。阿茲提克帝國所收藏的財寶，也遭到存活士兵的瓜分。

根據卡斯蒂略的說法，這些存活士兵後來變得非常生氣。因為當地的政府官員默許了科爾蒂斯偷藏黃金的行為。除此之外，當科爾蒂斯根據丈本論功行賞時，這群軍人才知道自己只拿到五十到八十比索不等的獎勵。但是，這些獎勵還立刻被西班牙官員以債權人的身份回收了——因為科爾蒂斯一直堅持士兵必須自費任何武器的維修、替補還有戰爭圍城期間的醫療費用。許多人都發現自己甚至還必須付錢處理這筆債務。卡斯蒂略寫道：

我們全都背負了相當深重的債務。一把十字弓的價錢不會低於四十、五十比索，一把毛瑟槍則高於一百比索，一把箭要價五十比索，一匹馬則價值八百到一千比索不等，甚至更高。因此，我們都必須為了每個東西付出非常誇張的代價。有一位自稱為「礦大師」（Mastre Juan）的醫生常常讓傷口變得更糟糕，卻要收取相當高的費用。另外一位叫做穆西亞（Murcia）的傢伙是藥劑師、理髮師，也會治療傷患。除了這些事情之外，整個軍營裡面大概還有三十幾種手段可以跟我們收錢，所以我們一拿到自己的軍餉之後，馬上就會被他們收走。

人們對此發出非常嚴重的抱怨，而科斯蒂斯對此的解決之道則是指派兩位非常有公信力的人，他們熟知物價，並且可以評估我們帶來還債的東西價值多少錢。除此之外，軍隊也須發了一條命令，要求我們服從任何購買東西時的價錢，並且一定要接受那幾位醫師的治療。但如果我們真的沒有錢，債主必須在兩年之後才能開始要求付款。（注17）

西班牙商人也很快的抵達那裡，並且開始以基本生活商品向當地軍人收取相當瘋狂的通貨膨脹價格，更進一步的點燃不滿的情緒：

我們的將軍非常疲倦面對這些指責。人們批評他為了自己偷走所有好處。除此之外，他也不想繼續處理各種貸款與預先支付軍餉的請求。因此，他在各個行政區設立了各種新規定，就是為了達到這個目的。（注18）

有些軍人最後能夠取得某些地區的控制權，另外一些人甚至建立了當地的行政、稅賦、勞工管制單位。這種發展情況也解釋了為什麼許多印度安人奴隸的臉上全都像是遭到背書轉讓處理的支票一樣，滿滿都是字，或者是那些礦坑外面為什麼會有長達好幾英里的腐朽屍體。我們看見的不是過於冷漠的精神狀態，或者是充滿算計精神的貪婪。相反的，這是一種相當複雜的情感，結合了各種羞恥與正義的憤怒，以及非常大筆、採取複利計算的的債務不斷累積（這些債務當然會收取利息）。這些士兵的心裡滿是憤怒，因為他們離開這裡以後，手上根本就沒有任何獎勵品。

至於科爾蒂斯本人，則是完成了世界歷史當中的最大詐欺行為。當然，他本人原本積欠的債務現在已經變得無足輕重了。但他的確有辦法讓自己欠下新的債務。當他於一五二六年領導另外一支遠征隊前往宏都拉斯時，債主也開始著手沒收他家中的財產。在回程時，科爾蒂斯寫信給給當時的皇帝查理五世，表明自己所支出的費用是「用盡一切賺來的獎勵都不足以讓自己免於貧窮與悲哀，因為在我寫信的這個時候，仍然積欠五百盎司黃金，身上卻沒有任何比索可以用來還債。」（注19）毫無疑問，科斯蒂斯這種說法一點也不誠實（在寫信的當下，他仍在家鄉擁有屬於自己的宮殿）。幾年之後，他就被迫要典當妻子的珠寶，才能夠支付自己遠征加州的費用。他希望這次遠征可以扭轉乾坤。但是，當這一切都無法賺取任何利益時，他遭到一群債務人的包圍，只好快點逃回西班牙，私底下向皇帝求助。（注20）

◆

如果這些故事聽起來有點像是第四次十字軍東征，那些積欠債務的騎士掠奪了所有外國都市的財富，卻只能夠在自己的債主面前還清一點點的債務的話，整件事情確實有原因。支持這些遠征的財務基礎大約都來自於同一些地方（在第四次十字軍東征的例子是熱那亞，不是威尼斯）。勇敢的冒險家就像賭徒一樣喜歡承擔任何的風險；相反的，小心翼翼的財務投資人則是小心翼翼的組織自己的營運，希望能夠持續、精確且無可阻擋的提升收入利潤。小心翼翼的投資人就是我們現在所說的資本主義核心。

因此，現代的經濟系統總是擁有兩種特質。在諸如桑坦德（Santander）等大學，學者一直非常喜歡探索西班牙議題所帶來的特殊疑問，印地安人的人性（他們有靈魂嗎？他們擁有合法的權利嗎？強制他們為奴是否違法呢？），同時也會討論征服者的心態（他們對敵人的心態究竟是輕蔑、厭惡還是令人憎恨的尊敬呢？）（注21）在做決定的時候，這些事情卻都不重要了。但這才是真正的重點。那些做決定的人從來不覺得自己能夠掌握這些事情，也不是非常在意整件事情的細節。舉例來說，莫托里尼亞（Motolinia）曾經說過一個故事，在歐洲瘋狂開採黃金與白銀的年代，數百萬名的印地安人曾經遭到圍捕而死亡，但殖民者卻只顧著設立勞務償債的相關政策：常見的徵收重稅、放高利貸、要求他們以勞務工作償還債務。帝國代理人經常試著要禁止這種政策，強調這些印地安人現在都是基督徒，所以不能侵犯他們身為西班牙皇室子民的權利。儘管西班牙皇室再怎麼努力，都無法改變結果。財務支出的重要永遠勝過於一切。當西班牙皇帝查理五世積欠佛羅倫斯、熱那亞與那不勒斯相當大筆的債務時，來自於美洲的黃金白銀收入就佔了年收入的五分之一。因此，儘管外界對於國王的密令發出各種反對的噪音以及（相當誠摯的）道德憤怒，這種法令都還是遭到忽略，或者，它也可能執行了一、兩年之後，就遭到棄之不理的下場。（注22）

◆

西班牙的發展情況也解釋了為什麼教廷對於高利貸採取了如此毫不妥協的立場。因為，這不只是一個哲學問題，更涉及到道德。金錢永遠都有潛力成為一種充滿道德律則的存在。如果放任金錢的發展，它就非常可能成為一種道德規範，而其強度之高，將會讓其他東西在相形之下變成非常瑣碎，毫無重要性可言。對於債務人而言，這個世界將會由潛在的危險、潛在的套利工具、潛在的商業機會所組成。（注23）人際關係也甚至會變成一種攸關於成本利益的算計過程。顯然的，當那些征服者踏上征徒，這也就是他們心中的世界觀。

現代資本主義的特色就是創造出各種社會安排，好讓我們能夠採用這樣的思考方式。企業的結構就是一個顯證。英國與荷蘭共同創立的東印度公司能夠成為世界上第一間大型合資企業也絕非巧合。這些人就是在追求探索、征服與詐取資源，正如當年那些征服者的所作所為。這種結構就是用來消除一切的道德律則，只留下利益這兩個字。那些做決策的行政人員會說，並且通常都一定會這麼說：自己如果能夠掌握這些資金，就絕對不會在某個替公司付出一生心血的員工在退休之前，炒他魷魚，更不會在學校附近傾倒致癌物質。但是，他們卻有義務忽略這些想法，因為自己只不過是別人的員工，必須替公司股東賺取最大的利潤與回報（當然，股東其實根本無法對公司營運發表意見）。

科爾蒂斯則提供了另外一個非常有價值的思考範例。他不是國王，只是西班牙皇室下的子民。生活在西班牙法治結構下的他，相信自己如果不能夠妥善管理金錢就一定會失去一切。但是正如我們所見，在其他情況下，國王的命令也不是非遵守不可。更重要的是，其實國王本人都不見得可以自由自在的行動和做決定。查理五世長年負債，他的兒子腓力二世（Philip II）曾經一口氣發起三場戰事。當腓力二世想要效法中世紀的伎倆而躲避債務時，債主們包括聖喬治銀行（Genoese Bank of St. George）、德國的富格爾家族（Fugger）與韋爾瑟家族（Welser）都堅持如果他不能夠履行先前的承諾，就無法再取得任何貸款。（注24）

因此，資本不是金錢，甚至不只是能夠轉成金錢的「財富」這麼簡單。但是資本也不只是使用政治權力把某個人的錢變成更多錢這樣而已。科斯蒂斯確實想要這麼做。他奉行著古代軸心時代的風格，試著在征服過程中取得更多戰利品與奴隸，並且把奴隸丟到礦坑裡面工作，就能夠得到更多資金，支付自己其下的士兵與供應商，才能夠進行更多次的征服。這種方法確實曾經是屢試不爽的勝利方程式。但是，在當時許多征服者的眼中，這套方法只會帶來可怕的失敗而已。

同樣的，這也強調了這些發展情況當中的不同之處。在軸心時代時，金錢是帝國的工具。統治者能夠非常便利的把金錢散佈到市場當中，讓每個人都把金錢視為交易工具。有時候，統治者也會把整個國家機關視為以獲利為首要目標的營業公司；但是，金錢仍然是一種政治工具。這就是為什麼當帝國崩垮、軍隊解散之後，整個國家機關也會隨之灰飛湮滅。在新的資本主義秩序底下，金錢已經變成擁有自主性的存在，政治與軍事力量必須圍繞在金錢旁邊，逐漸的重建自己的形體。但是，如果國家與軍隊一開始沒有支持這種金融邏輯的話，它也不可能順利的出現在這個世界上。正如我們在中世紀伊斯蘭當中所見到的例子，在真正的自由市場條件下——也就是國家不介入、管制任何重大的市場發展，甚至也不會強迫要求履行合約，就沒有辦法發展出真正的競爭性市場，也沒有辦法實行附帶利息條件的貸款行為。只有禁止高利貸，才讓他們可以創造出真正獨立於國家影響之外的經濟體系。

馬丁．路德（Martin Luther）在一五二四年時已經表達過這一點。差不多就在同一個時間左右，科爾蒂斯也第一次跟自己的債主之間出現了問題。路德認為，如果我們以為全世界的人都是基督徒，並且按照著福音的曉喻而生活，這是一件很好的事情。但事實上，這個世界沒有太多人真的完全服從這種生活方式：

> 這個世界上真正的基督徒相當稀少。因此，我們需要一個實際、嚴格但短暫的政府體制，才能夠強迫、限制邪惡的人不進行掠奪，並且曾經借來的東西還回去。雖然基督徒不應該需要政府，甚至希望它不存在。但這就是為了不要讓世界變成沙漠，讓和平不至於消逝，並且保護貿易與社會免於徹底毀滅。只要我們都按照福音而生活，用法律與力量，不要讓邪惡的人做壞事，而是從事公義所允許的行為，這一切就有可能發生。……不要以為統治這個世界不需要流血，統治者的劍必定充滿了鮮紅的血，這是為了世界的意志與那些必然行惡支人，劍就是上帝的杖，在那劍之上，就是復仇。（注25）

「不是為了那把劍，而是償還自己所借之物。」考慮到經院哲學的說法，這句相當類似的句子讓借錢時索取利息變成一種猶如小偷的行為。

路德「曾經」也談論過帶有利息的借款。至於他為什麼會轉變立場的原因也非常明顯。路德在一五二〇年時以宗教改革者的姿態出道時，就是在反對高利貸。事實上，他反對教會販賣贖罪券的其中一個原因，就是因為他認為贖罪券是精神高利貸的一種形式。這種立場讓他大獲城鎮、鄉村的民眾支持。但是，他很快發現自己創造了一頭可能會顛倒世界的惡魔。許多激進的改革者慢慢出現了，主張窮人沒有任何義務償還貸款所衍生的利息，並且提議恢復許多《舊約聖經》裡的習俗，例如安息年等等。這群改革者身後就是直言不諱的佈道家，他們再度開始質疑貴族特權與私有財產的合法性。西元一五二五年，就在路德那場知名的佈道之後，德國境內開始出現大規模的農民、礦工與窮人起義事件。在大多數的情況下，這些反叛人士以基督徒的身份自居，希望能夠回歸到福音書裡面的純正共產主義。這些事件造成超過十萬人遭到屠殺。在一五二四年，路德已經察覺到事態將會變得不受控制，自己也必須選一邊站。他也確實做到了。路德認為，《舊約聖經》當中的許多律法，例如安息年等等都已經沒有約束力了。福音書只傳達人類的理想行為；人類是有罪的生物，所以法律是必須存在的事物。雖然高利貸是一種原罪，「四出五歸」的貸款利率卻是這個環境下的合法條件。雖然賺取利益是不道德的行為，沒有任何環境可以使之合法，但需要借錢的人有權利可以打破法律的約束。（注26）

瑞士新教改革家慈運理（Zwingli）在這件事情上面表達得更為清楚。他認為，上帝給了人類神聖法：愛鄰如己。如果我們真的能夠遵守這條法律，就會無條件的把任何東西施予其他人，更不會有私有財產制度的出現。但是，就連耶穌基督也知道沒有人可以完全遵守這種純粹共產主義的標準。因此。上帝也賜給人類較為次等的二級法律，由俗世權威所執行。這種次等法律不能讓我們完全從事自己應該做的事情（「行政長官無法逼迫任何人在沒有任何利潤與回報的情況下，還願意出借自己的財產。」——但至少可以讓我們跟上使徒保羅的腳步，因為他曾說：「向所有人清償你們積欠的東西。」（注27）

不久之後，喀爾文（Calvin）打算完全撤除對高利貸的限制。到了一六五〇年，幾乎所有的新教徒都已經同意喀爾文的立場，認為針對貸款收取合理的利息（大約是百分之五左右）不算是一種罪，不只能夠讓借錢出去的人感覺比較好，也不會讓人把放款視為唯一的工作，更沒有剝奪窮人的一律。（注28）（至於天主教則較晚妥協，但終究只是以默許的方式處理這件事情）

如果我們仔細思考高利貸如何變成合法行為的過程，就會立刻跳出兩件事情。第一，新教思想家會重新回到中世紀的利息概念。利息，原本是指補償放款人如果將這筆錢投資在別的事情上面所可能得到的利潤。一開始，這種想法只適用於商業貸款。但是，隨著時間經過，這種原則已經能夠應用在所有貸款行為了。收取利息因此再也不會不自然，相反的，「金錢成長」已經變成完全可以期待的一件事。所有的錢都變成了資本。（注29）第二，中世紀的人假設高利貸是對待敵人的適當方法，因此，所有的商業行為都與戰爭有關。這個假設從來沒有完全消失。舉例來說，喀爾文否定〈申命記〉的說法只適用於亞瑪力人身上，包括敘利亞人、埃及人也符合這個範圍。事實上，所有與猶太人進行貿易的民族都可以應用這個原則。（注30）這條思想之門大開的結果（至少人人心裡有數），就是讓我們可以把任何人，包括鄰居，視為所謂的外邦人。（注31）我們只需要觀察歐洲的冒險商人如何在亞洲、非洲與美洲等地對待外國人，就能夠瞭解這句話的實踐意涵是什麼。

或者，我們也可以更近距離的觀察歐洲。我將用霍亨索倫王朝（Hohenzollern Dynasty）的知名債務人布蘭登堡-安斯巴哈（Brandenburg-Ansbach）的卡希彌爾（Casimir）總督作為例子。

卡希彌爾是布蘭登堡-安斯巴哈前總督老腓特烈（Friedrich）的兒子。後人將腓特烈視為德國文藝復興時期的其中一位瘋狂君王。歷史文獻記載了他不同的瘋狂舉動。某本當代編年史則將他描述為：「因為從事太多賽馬與競技運動而心智不正常，」大多數的文獻則同意他經常展現出難以理解的暴力，喜歡贊助瘋狂、過度誇張的嘉年華慶典，並且常在三杯下肚之後發起可怕的酒瘋。（注32）

然而所有文獻都同意他不是非常善於管理金錢。在一五一五年的開頭，腓特烈就已經身陷嚴重的財務危機，據說他積欠了二十萬荷蘭盾（guilder）。甚至還警告過債主，他可能暫時連利息都還不出來。他的債主大部分都是貴族。這件事情造成了一股信任危機，在幾個星期之內，腓特烈的兒子卡希彌爾就發起了一場宮廷政變。一五一五年二月二十六日的清晨，卡希彌爾帶著士兵奪下了普拉辛堡（Plassenburg）。當時，腓特烈正在沈迷於狂歡節（Carnival）的慶典。卡希彌爾逼迫腓特烈交出王位，並且統一對外說法為「心智狀態問題」。腓特烈的餘生就被困在普拉辛堡，並且拒絕接見任何訪客，也不收信。有一次，腓特烈警衛請卡希彌爾提供一些錢，讓老總督可以跟士兵打牌消磨時間。卡希彌爾的回應是在大庭廣眾之前上演一場拒絕大戲，聲稱（當然是用非常誇張的方法）父親留下了一堆爛攤子，以致於卡希彌爾現在根本沒有經濟能力這麼做。（注33）

卡希彌爾將官職與地位分給了父親的債主，也曾經一度希望可以要回房子，但這件事情卻一直遭到阻礙。他也非常熱情的接納路德在一五二一年所發起的宗教改革。但這件事情背後的原因就是他想要染指教會與修道院的資產，跟宗教熱誠一點關連都沒有。但是，教會財產的處置方式仍然懸而未決，而他自己也因為積欠賭債而越加沈重。據說，卡希彌爾當時欠下了將近五萬荷蘭盾左右。（注34）

卡希彌爾把自己的債主放在公部門的舉動所帶來的結果可想而知，這只會讓他的子民（許多人的身上早就背負了令人感覺不到希望的債務）不斷被詐取錢財。西元一五二五年，位於法蘭克尼亞（Franconia）陶柏谷（Tauber Valley）的卡希彌爾領土就成了暴動中心。武裝的村民聚集在一起，宣稱自己再也不打算遵守除了「神聖上帝之語」之外的法律。一開始，這些遠離塵囂、活在城堡裡的貴族，根本就沒有反抗的能力。反叛軍的領袖當中許多人都是當地的小店主、肉販或者來自於其他鄰近城鎮的優越人士。他們開始大規模的行動，擊垮了那些城堡的防禦工事。如果那個城堡的騎士同意放棄自己的封建特權，並且發誓遵守反叛軍定下的十二法典，就保證能安全。反叛軍真正的不滿對象就是教堂與修道院。這些地方也因此遭到了洗劫、掠奪與摧毀。

卡希彌爾的回應方式就是兩面下注。一開始，他等待時機，聚集了將近兩千名的老練士兵。但是，當反叛軍洗劫鄰近的幾座修道院時，卡希彌爾沒有做出任何回應。事實上，他甚至跟幾支反叛軍隊撕下協商，讓許多人以為這傢伙會以「基督教兄弟」的身份加入他們。（注35）但是，當史瓦比亞聯盟

（Swabian League）的騎士團在五月將基督教聯盟打回南方之後，卡希彌爾的立場立刻大為轉變，立刻將這群反叛軍掃出了自己的領土。卡希彌爾的軍隊就像征服軍一樣，洗劫、燒毀了許多村莊與城鎮，屠殺了女人與小孩。在每一個城鎮，卡希彌爾都設置了相當嚴苛的法庭，並且把戰利品跟手下洗劫而來的東西都放載了教堂裡面，就是要用來支付這筆軍隊的支出。

當時，在所有的德國君王中，卡希彌爾的立場猶豫最久，但手段卻最殘忍。他的軍隊變成非常惡名昭彰，這不只是因為處決反叛人而已，更是因為他還有系統的割下共犯的手指頭。負責行刑的人會把屍體上面用來囚禁雙手的木頭橫板取下來，當作日後要求卡希彌爾付款的證明，簡直就像是以人類肉體做成的帳本證明一樣。這些東西也讓卡希彌爾往後的一生都要面對非常多的麻煩。卡希彌爾甚至在基特辛根（Kitzingen）下令挖出五十八名市民的眼睛，只因為他們「看著卡希彌爾的時候，沒有把他當成領主」。在這件事情過後，卡希彌爾收到一份帳單（注36）：

八十個人砍頭	
六十九個人挖眼珠或砍手指頭	一百一十四又二分之一弗洛林幣
扣除以下帳款	
羅滕堡人（Rothenburgers）支付的帳款	十弗洛林幣
路易・馮・惠登支付的帳款	二弗洛林幣
催繳費用	
每個月八弗洛林幣，一共兩個月	十六弗洛林幣
總計	一百一十八又二分之一二弗洛林幣

【署名】劊子手奧古斯丁，基特辛根人口中的「慘叫大師」

這次的鎮壓事件終於引起卡希彌爾的兄弟喬治（也就是後來的「虔誠的喬治」）注意。他甚至寫了一封信提醒卡希彌爾要冷靜一點。喬治很禮貌的提醒卡希彌爾，如果農民都被殺光了，卡希彌爾要怎麼當封建領主？（注37）

隨著這種事情的發生，我們就不難以想像霍布斯會在後來主張人類社會的自然狀態就是人與人之間的全面戰爭，進而主張唯有絕對的統治者可以解救我們。同時，卡希彌爾結合了最冷血的利益算計與最不可解釋的殘暴行為，就像科爾蒂斯手下的士兵踏入阿茲提克的程式一樣。他們都實現了債務所引起的精神問題。或者，更精確的說，他們的行為更像是一個債務人覺得自己根本什麼都沒有做，卻淪落到今天這種下場時的感觸：發狂的想要把周遭一切東西都變成錢，憤怒與暴行也變成了這些人唯一的行為。

信用的世界與利息的世界

在那些只能夠存在於人類心智世界的事物當中，沒有任何一個東西比信用更為夢幻、美好；你從來無法強制執行信用；它依賴著每個人的意見，取決於我們對於希望的熱情與恐懼；許多時候，信用將會不請自來，但離開時也不會有任何理由。一旦你失去自己的信用，就很難找回來。

——查爾斯．達文南特（Charles Davenant, 1969）

對這個世界來說，一個失去信用的人已經死了。

——英國與德國諺語

農民追求共產兄弟情誼的希望，絕對不是子虛烏有。這種想法早就深植在日常生活的經驗之中，例如維護共同持有的田野或森林，日常生活的合作以及鄰里之間的團結。偉大農村神話的基礎，就是來自於這些家園日常生活之中的共產主義。（注38）當然，這些鄉村社群也是充滿歧見與爭執的地方，這一點就像傳統的共產主義一樣。但只要他們還是社群，就一定建立在相互援助的基礎之上。這一點也可以套用在貴族社群的成員身上。這些貴族可能會因為愛情、土地、榮譽與宗要相互征戰，但在遭遇重大事件的時候（通常就是他們的貴族地位遭到威脅時），也一定會相互合作。彼此爭奪利益的商人、銀行家也會在事關重大的時候站在同一陣線。這就是我所謂的「富人共產主義」。它也是人類歷史上非常強大的一股力量。（注39）

正如我們所見，這套說法也可以套用在信用身上。我們都會用不同的標準看待鄰居與朋友。「利息債務之中的無情特質」以及「奴役他人時所展現出來的野蠻與算計」，乃是最特別的兩種與陌生打交道的手段。卡希彌爾對其領土農民的熟悉度，不太可能勝過於科斯蒂斯對阿茲提克人的熟悉度（事實上，卡希彌爾可能更不熟識自己的農民。因為阿茲提克的戰士至少也是貴族）。從小城鎮與村莊的角度來看，國家就在遙遠的地方，中世紀的生活標準仍然完好無缺，「信用」這個概念也仍然像是過去一樣攸關於榮譽與名望。在我們這個時代，真正偉大卻還沒有人重複傳誦的故事，就是這些古代信用制度如何遭到徹底的毀滅。

近來的歷史研究作品已經修改了我們對當時日常經濟生活的舊有假設，其中值得一提的就是克雷格·穆德魯（Craig Muldrew）。穆德魯爬梳了從十六世紀到十七世紀的英國財產清單與法院紀錄，數量多達上千份。當然，當時從美洲輸出到歐洲的黃金與白銀很少流入平凡農民、綢布商人與雜貨商人的口袋裡面。（注40）最大的那一份財寶如果不是在貴族或倫敦大商人的口袋裡，大概就是收進了英國國庫之中。（注41）正如我所指出，在城市或者城鎮中較窮的地區，經營商店的人還是會發行自己的代幣，材質可能是鉛、皮革或木頭。在十六世紀時，這種現象非常盛行，工匠會製造自己的貨幣來符合交易需求，甚至貧窮的寡婦也會為了經營生活而這麼做。（注42）在別的地方，時常有交易需求的肉販、烘焙師傅與鞋匠都會記錄生意開支。同樣的道理也適用在會去參與每週市集、或者向鄰居販賣牛奶、起司或燭蠟的人。在典型的小鄉村里，唯一喜歡支付官方現金的人就是旅客還有那些賤民。賤民就是指乞丐與遊手好閒的人。由於他們的信用太差，根本沒有人會相信他們的信用。既然每個人都多少涉及到買賣關係，那麼大家都是債務人也是債權人。許多家庭的收入其實就來自於另外一個家庭的付款承諾。每個人都非常清楚自己跟鄰居的債務往來，也會把這些事情計算清楚。每半年或一年，這些社群可能就會舉行公開的計算大會，希望在大家都在場時，能夠把彼此的債務結算清楚。只有當每個人都用完所有貨幣與財務之後，這場大會才會出現仍然無法達成一致意見的情況。（注43）

這種社會現象之所以會顛覆傳統認知，就是因為我們習慣假設資本主義的興起建立在「市場」——這打破了相互援助與團結的舊社會系統，並且創造了一個充滿利益計算的世界，裡面的每個人都有自己的價錢。但事實的真相卻是連英國的鄉下人都覺得這些事情之間沒有衝突。一方面，他們強烈的相信田野、溪流、森林的共同擁有權，並且也知道必須在彼此協助，度過難關。在另外一方面，市場就是前述理念的簡化版，因為其中的原則就是信任。就像蒂夫族的女子如果帶著山藥與秋葵做為禮物時，鄰居就會假設自己稍微欠了這位女人一點恩惠。同時，許多人都對於「買賣」，甚至「市場浮動」都非常自在，甚至不認為這些事情會威脅到誠實的家庭生活。（注44）就算西元一五四五年時利息貸款變得合法，也沒有引起太多爭議，只要這些事情仍然符合一般廣泛的道德規範。舉例而言，對於沒有其他收入的寡婦來說，貸款是一個非常合情合理的職業。同樣的道理也適用於想要投資小型商業活動的鄰居朋友。蘭開夏郡（Lancashire）的貴格教派商人威廉・史都（William Stout）第一次在亨利・柯華（Henry Coward）的店見到他本人時，就非常熱情的推崇這號人物：

> 這位大師經營所有類型的雜貨、五金與其他商品，並且飽受他人的尊敬與信任。這不只限於跟他同樣教派的的人，甚至是來自於其他職業與環境的人也不例外。……他的信用非常好，任何手上有資金可以運用的人，都會想把錢借給他賺得利息，或者請他用這筆錢去投資。（注45）

在這樣的世界中，信任就是一切。大多數的金錢本質都是信任，因為許多信用制度的安排都是以握手作為交易媒介。當人們談到「信用」這兩個字，最重要的就是指一個人的誠實與正直；無論男女，這也涉及到這個人的榮譽、品德、令人尊敬的程度，還有正直、行為適宜與社交生活的好性格等等，全都是決定貸款與否或評估資產時的重要依據。（注46）這樣的結果讓各種金融條件再也無法與道德特質分開，也因此出現了「值得」、「令人尊敬的女人」、「沒價值的男人」這些說法，還有因為相信某個人說詞時的「你的話很有信用」（信用來自於信條、可信度等等字根），或者在某甲相信某乙會還錢時說的：「拓展你的信用額度」等等。

但是，我們也不應該過於理想的看待這種情況。這是一個高度父權主義的世界。妻子、女兒的忠誠與貞操也會影響到一個男人因為仁慈與虔誠所贏得的信用。更重要的是，所有三十歲以下的人，無論男女，都一定會在別人家中當過隨從，像是農田幫手、牛奶幫手與學徒等等，因此「一點價值都沒有」。（注47）至於那些在眾目睽睽之下失去自己信用的人，就會在實際上變成賤民，並且被降級到罪犯、半罪犯的地位，地域等同於沒有固定工作地點的勞工、乞丐、妓女、小偷、小販、算命仙、雜耍藝人，也就是所謂「沒有主人的男人」或者「聲望很差的女人」。（注48）

現金能夠使用在陌生人之間的交易，支付房租與農稅，以及繳交給封建主、封建主管家、教士與其他上級人員。擁有土地的地方仕紳與有錢商人都會避免握手談生意，而是盡可能的用現金進行交易，特別是在處理來自於倫敦市場的匯票時。（注49）最重要的是，政府與犯罪集團都是用黃金與白銀購買武器或支付軍人（手下）的費用。這代表金錢是兩種人的主要工具。第一，經營合法系統的人，地方行政、治安與法院。第二，控制城市非法暴力的人。

◆

隨著時間經過，這種發展情況也造成了道德宇宙的分離。受到這件事情影響最深的，就是那些不想與法律系統有什麼瓜葛，並且極力迴避士兵與罪犯的人，因為債務已經變成社交行為的脈絡了。但是，對於另外一些活在政府世界與碩大商業圈的人來說，卻又發展出另外一種截然不同的觀點。在那裡，現金交易是最正常的事情，債務卻與犯罪一同搖曳出聲。

每一種觀點都變成了對於社會本質的不同理論。對於大多數的英國鄉村居民來說，酒館比教會更像是社會與道德生活的前線與核心——在聖誕節、五月節時期的飲宴交際時，整個社群就體現在慶典的每一個環節。人們一起分享快樂、交流彼此的認識，這一切就被他們稱做是「敦親睦鄰」。社會建立在朋友與親人之間的「愛與親密」，並且表現在日常溝通當中裡的所有型態。幫鄰居協助整理家務，提供牛奶或起司給老寡婦等等行為，也都追隨著這種想法。市場並未抵觸這種相互援助的精神。就像學者突西所說，市場反而是相互援助精神的延伸，因為它完全建立在信任與信用之上。（注50）

英格蘭也許沒有孕育出宛如突西這樣偉大的理論家，但是我們也能夠在許多經院哲學家的作品中發現相同的假設，例如布丹的《論共和國》（*De Republica*）的英文翻譯本就在一六〇五年廣泛流傳於英格蘭。「親密與友誼，」布丹寫道，「就是所有人類與公民社會的基礎。」。它們建立了「真實且自然的正義」；而所有攸關於契約、法院甚至政府原則的理據，都必須建立在這種正義之上。（注51）同樣的，當經濟思想家反思金錢的起源時，也會談到「信任、交換與貿易」。（注52）這些理念都將人際關係擺到最首要的位置。

這種結果讓所有的道德關係都變成債務。「原諒我們的債務」這句話來自於中世紀即將結束的時候。這句來自於主禱文的話獲得了大量民眾的支持。原罪就是積欠於上帝的債務，雖然無法避免但可以妥善處理，因為等到時間走到盡頭時，我們都會在上帝跟前和解一切的債權與債務。就像蒂夫族人和中世紀的鄉下居民有時候也會談到「肉債」，但概念完全不同。中世紀的人所說的肉債是指兩個具有婚姻關係的人在向對方要求發生性行為時，可以在原則上做自己想要的任何事情。「還債」也因此發展出各種不同的意涵，就像羅馬那句「盡責」在數百年前的情況一樣。喬叟（Geoffrey Chaucer）甚至在

《水手故事》（*Shipman's Tale*）用「債」（tally）與「屁股」（tali）表演了雙關語的暗示寫作。這個故事中的某位女性用性來替自己的丈夫還債：「如果公平一點的話，我就是你的妻子，那你就從後面來吧。」（注53）

就算是倫敦的商人也會偶爾訴諸這種社會性語言，主張交易行為的最終本質其實就是建立在信用之上；而信用是相互協助的延伸形式。舉例來說，西元一六九六年時，查爾斯．達文南特寫道，就算信用制度發生了普遍的信心危機，也不會持續太久，因為當人們開始思考這件事情之後，就會體認到信用只是人類社會的延伸機制而已：

> 他們會發現沒有任何貿易國家可以依靠真正的物品（也就是錢幣與商品）而永垂不朽。相反的，信任與彼此的信心，才是聯繫與團結所有人的關鍵，這就像是服從、愛、友誼或者言語交流一樣。當經驗讓一個人知道自己獨身時有多麼脆弱，他就一定會願意協助其他人，並且請託鄰人也協助他。這一切當然又會讓信用制度重生。（注54）

達文南特是一個非常特別的商人（他的父親是詩人）。他所屬於的那個階級，更像是霍布斯這樣的人。後者的《利維坦》出版於一六五一年，並且批判了任何否定共同體團結性的思想概念。

霍布斯也許會是這種新道德視野的前鋒，但同時也具備了非常強大的破壞性。《利維坦》問世之後，我們其實也不能確定究竟是什麼立場更傷害讀者：冷漠無情的物質主義（霍布斯堅持人類的本質就是驅樂避苦的機械），還是複雜的憤世嫉俗批判（霍布斯質疑如果愛、親密與信認真的是這麼強大的力量，為什麼我們甚至在自己家中都還得把貴重品鎖起來？）霍布斯的終極論證──我們絕對不能相信受到自利驅使的人類會發自內心的彼此協助。因此，唯有在人類瞭解放棄一部分自由並且接受絕對的王權，才符合自己的長期利益之後，才有可能建立真正的社會，幾乎與一百年前的馬丁．路德沒有任何差

異。霍布斯只是把路德的聖經語言替換成科學語言而已。(注55)

我希望在這裡多談論一點關於「自利」這個重要的概念。(注56)這個觀念是新興哲學的關鍵，首先出現在霍布斯年代的英國，而且確實就是來自於 *interesse* 這個字，也就是羅馬法學概念中的「支付利息」。當自利首次出現時，大多數的英國作家都認為，這個概念就是指人類的所有生命歷程都可以用追求利益作為解釋，宛如一種憤世嫉俗、外來、馬基維利主義式的觀念幾乎與英國傳統格格不入。到了十八世紀時，幾乎所有受過教育的社會都把這個觀念視為基礎假設。

但是，為什麼是利益、利息(interest)這個字？為什麼討論人類動力的普遍理論時，居然會聚焦在一個起源於「因延遲償還貸款所衍生的懲罰」的字？

這個字有一部份起源簿記法，也就是和數學有關。這讓它顯得客觀，甚至有點科學。認為人類其實都是在追求自利的說法，提供了一種方法可以切斷熱情與情緒所帶來的雜亂無張，進而統一我們的日常存有，並且激發了我們眼中的人類行為(不只是愛與親密，也包括嫉妒、鄙視、奉獻、憐憫、慾望、尷尬、懶散、憤怒與驕傲等等)。除此之外，我們也能夠發現更多重要的行動決策仰賴於純粹的物質利益計算。也就是說，這些行動都相當容易預測。「正如自然世界受到運動法則的統治，」十八世紀的法國哲學家克洛德・阿德里安・愛爾維修(Claude Adrien Helvétius)用一種令人想起中國商鞅的口氣寫道：「道德的宇宙也受到了利益法則的主宰。」(注57)當然，就是在這個基本假設成立的情況下，經濟學才能夠創造出所有的二次方程式。(注58)

但是，問題就是這種概念本身的起源一點也不理性。它來自於神學，而且它的基本假設從來沒有擺脫過神學的範疇。「自利」最早出現的時間是在西元一五一〇年左右，由義大利史學家法蘭西斯科・古恰丁尼(Francesco Guicciadini；他本人就是馬基維利的朋友)進行了嚴格的探索，並且作為奧古斯丁「自愛」觀念的變體。對奧古斯丁而言，「愛神」這個概念讓我們懂得善待自己的同伴；相反的，自愛的觀念則反映了自從人類墮落之後，就受到了無止盡、無法滿足的繁榮慾望所詛咒。這種詛咒的威力太過於強大，以致於如果人類不受到任何管束的話，一定會陷入普遍的競爭，甚至是戰爭。用「利益」取代「愛」的觀念是相當重要的一步。因為傳統上認為愛是最首要的情緒。但這就是古恰丁尼這一類作家所希望掃除的觀念。但是，他們仍然保留了由公正計算所掩飾的「無法滿足的慾望」，才能夠解釋在金錢從來不會停止成長的情況下，什麼叫做利益？同樣的，這個概念也能夠應用在投資領域上——「我從這次投資中得到了百分之十二的利潤」——這就是用來持續追求利益的金錢用途。（注59）人類乃是由「自利」所驅使的概念，隨後就深植在基督教的基本假設中，所以我們才會是無可救藥的罪人。如果讓我們獨當一面，絕對不會追求簡單的舒適與幸福，然後就停下腳步開始享受一切。換句話說，我們絕對不會像是辛巴達一樣就此收手，將籌碼換成現金——姑且不論我們為什麼需要更換籌碼才能參與這場賭局。正如奧古斯丁所預期，無限的慾望出現在有限的世界中，就代表著無止境的競爭。這也是為什麼霍布斯堅持社會和平的唯一希望，就在於採取契約式的社會安排，並且由國家機關嚴格的執行。

◆

資本主義的起源歷程，不等同於傳統社群因為市場不具人格的純粹算計力量而逐漸崩毀的故事，而是信用經濟如何轉變成利息經濟的過程。除此之外，這也涉及到不具人格的國家力量如何逐漸改變傳統的道德網絡，而國家力量通常充滿惡意。在伊利莎白與斯圖亞特王朝的年代，英國鄉村居民不喜歡求助司法體系，就算自己是比較站優勢的地方時也一樣。一部份的原因在於他們相信鄰居之間應該彼此協調好各種事情，但最主要的原因就是因為法律是如此誇張的粗暴。舉例來說，在伊利莎白的時代，對於失業而遊手好閒的首次懲罰就是把耳朵割下來，釘在刑板上，至於累犯則是直接判死刑。（注60）

如果債權人充滿惡意的話，借貸法也能夠把欠債當成是非常嚴重的罪。在西元一六六〇年左右的切爾西時代：

馬格莉特．夏普斯（Margret Shaples）因為偷竊衣服而遭到逮捕。她在理察．班尼特（Richard Bennett）的店裡把「把一件襯裙佔為己有」。她的說詞是自己正在與班尼特的僕人討價還價，「但沒有足夠的錢買下這件衣服，所以才想要先把衣服帶走，等到有錢的時候再來還他。稍後，夏普斯也與班尼特取得了價錢上的共識。」班尼特也證實了夏普斯的說法是真的。就在同意支付班尼特二十二仙令之後，夏普斯寄了來了一堆商品作為抵押，並且附上了三十六便士的現金。但是，就在班尼特「發現自己不喜歡這個協議之後，就把抵押品寄還給夏普斯」並取消這次交易。商業法庭卻判決夏普斯的偷竊罪成立。（注61）

在這之後，夏普斯就被吊死了。

顯然就算顧客再怎麼蠻橫不講理，也很少會有商店主人希望看到他／她在刑台上被活活處死。因此，行為得體的人就會盡可能的迴避法庭。克雷格．穆德魯的相關研究結果最為有趣：隨著時代經過，上述這種情況也越來越少。

就算是在中世紀的大筆借款案件下，債權人也很少會訴請法院提出債務人的付款要求——上法院只是一種製造官方紀錄的方法（別忘了當時仍然有非常多人不識字）。債務人則希望能夠跟著法律程序進行，因為如果債權人被證明在借款行為中收取利息，那麼就確定了這個人也沒有遵守法律程序。真正進入司法審判程序的案子只佔了百分之一。（注62）利息的合法化也改變了交易行為的本質。在一五八〇年代，一般的農民開始盛行在貸款時收取利息，債權人則會要求債務人簽名立下具有法律效用的文件。同時，這種發展情況讓各地因為相關案件告上法院的情況變多，幾乎所有家庭都陷入了一定程度的法律訴訟。但是，只有非常少部分的案件會走到法院裁決的地步。通常，這種訴訟只是為了用法院的懲罰來威脅債務人必須趕緊做出庭外和解。（注63）只不過債務人對坐牢（或者更糟糕的懲罰）的恐懼，也影響了所有人，讓整個社會都沾染了害怕因為債務而背負罪名的色彩。甚至是前述段落所提到的善良店主亨利．柯華先生，也因為這樣而變得非常低調。他的良好信用本身變成了一種問題，特別是當他常常充滿榮譽心的認為自己應該用這些金錢來救助不幸的人：

> 他也經常跟失去父母的商人打交道，並且關心生活環境不好的朋友，因為那種地方根本不可能取得利潤或信用。但是，柯華也因為經常出入環境不佳的地方，而讓自己的妻子非常擔心。她是一個非常懶惰的女人，經常從他那裡私下拿錢去花用。柯華的生活環境變得越來越沈重，也很有可能會入獄變成囚犯。由於害怕失去自己過去的良好名聲，柯華變得絕望與心碎，所以他想辦法保住了自己的房子，在悲傷與恥辱當中離開人世。（注64）

如果我們查閱當代的歷史文獻資料，瞭解當時的監獄究竟是什麼情況之後，就不會驚訝於柯華的反應。這一點更特別適用於不是出身自貴族階級的人。柯華先生當然早就知道，當情況變得最糟糕的時候，這種醜聞就會暴露在國會與各種大眾媒體之上，後者報導著一篇又一篇的故事，主題全是帶著手腳銬的債務人，而他自己可能會被關在弗雷特（Fleet）或者馬爾沙西（Marshalsea）等惡名昭彰的監獄，「全身充滿污垢與寄生蟲，因為飢餓與監獄流行性發燒而死。」但是，位於同一間監獄的貴族享樂人士則住在非常舒適的牢房，不時還有美容師與妓女上門拜訪。（注65）

債務的罪惡化過程就是人類社會的罪惡化。在一個小型的社群中，每個人通常都同時身兼債務人與債權人兩種身份，這一點已經無須過度強調了。因此，我們就能夠想像在那個社群裡面產生的衝突與誘惑。儘管這個社群的基礎是愛；但是，就是因為愛，也容易充滿了恨、競爭與盛怒。由於人們都非常清楚的知道，只要聰明的進行規畫、操弄，甚至是施加一點小小的賄賂，就可以把自己的討厭的人送去坐牢，甚至讓他遭到絞死。為什麼理察．班尼特要這麼對待夏普斯呢？我們不確定背後真正的故事為何，但是確實可以合理的確定一定有什麼隱情。原本存在於傳統社群的共同團結已經慢慢的毀滅了。暴力在一瞬間變得隨手可得，確實讓社會原有的本質轉變成人與人之間的全面戰爭。（注66）因此，我們完全不用驚訝於十八世紀時，個人信用制度變成如此惡名昭彰，無論是債權人或債務人都遭到了相同的質疑。（注67）使用錢幣就必成非常合理的選擇，至少對那些能夠取得錢幣的人來說。

◆

瞭解這種發展情況有助於我們用完全不同的新觀點，探討本書前述章節曾經提到過的幾位歐洲作家。以帕弩吉（Panurge）對債務的讚頌為例，真正的笑點不在於假設債務凝聚了整個社群（任何來自於當時的英國、法國農民都會認為這是真的），或者「唯有」債務才做得到這件事情，而是這句話的情感竟然是從一名非常富有的學者口中所表達出來。按照前述這種債務罪刑的觀點，這名學者甚至就是一名慣犯。換句話說，這個讚頌之詞用群眾的道德觀念為鏡子，來取笑那些宣稱自己否定它的上流社會。

或者，我們也可以思考一下亞當斯密的話：

> 我們的晚餐不是出自於肉販、釀酒師與烘焙師傅的善心，而是他們的利益。我們滿足的不是他們的人性，而是自愛；因此，我們也絕對不需要跟他們提起自己的需求，只要談到他們的好處就可以了。（注68）

奇怪的是在亞當斯密寫下這些話的年代，這種情況都還不是真的。（注69）許多英國商家當時仍然繼續用信用制度做大部分的生意，也就是說客戶一直都在要求他們付出一些善心。亞當斯密不太可能不知道這件事情。相反的，他正在勾勒一幅理想的圖案。他想要表達出一個新世界，裡面所有人都用現金交易。部分原因是他同意當時興起的中產階級觀點，認為如果每個人都這麼做，這個世界就會變得更好，還能夠避免令人混亂並且有可能變得腐敗無比的信用糾纏。我們都應該付錢之後說聲「請」與「謝謝」，隨即就轉身離開商店。更重要的是，他用這種理想圖像表達一個更重要的立場：就算所有企業都像大公司一樣唯自利是從，也沒有關係。甚至是富人「天生的自私與貪婪」，以及「虛榮與無可滿足的慾望」都會在「看不見的手」的帶領下，讓所有人得到裨益。（注70）

換句話說，亞當斯密只是單純的想像當時的消費者信用制度是什麼一回事，正如他詮釋金錢起源的說法一樣。（注71）這讓他可以忽略經濟事務當中的善心與惡意；也無視於互助如何打造了自由市場的基礎（而不是由國家所創造、維持），以及暴力與純粹的惡意如何把這一切變成他拿來當作模範的競爭、自利市場。

尼采採納了亞當斯密的前提，認為生活就是一種交易，但是他把應用範疇拓展到所有事情上面（虐待、謀殺與肢解），而這卻是亞當斯密不願意談論的事情。截至目前為止，我們只看到了一點社會脈絡，所以閱讀尼采那份令人感到迷糊的古代獵人、牧羊人故事時，很難不把這些事情跟卡希彌爾的劊子手聯想在一起。根據尼采的說法，古代的獵人與牧羊人也會記下債務，並且要求對方交出眼睛還債，而卡希彌爾的劊子手則寄了帳單，要求老闆替這些被挖出來的眼珠與割下來的手指頭付錢。

◆

不具人格的信用金錢

歷史學家花了很久的時間才注意到英國在都鐸王朝與斯圖亞特王朝時期的大眾信用制度，是因為當時的知識份子都在談論抽象的金錢概念，卻很少提到這個制度。對於受教育的階級來說，金錢很快的就變成黃金或白銀。許多人寫作的時候，都以為黃金、白銀一定會在人類歷史中成為所有國家採用的金錢制度，並且永遠都是如此。

這種想法不僅僅跟亞里斯多德背道而馳，也與歐洲當時的探險家所見所聞完全不同。後者找到了許多貝殼錢、珍珠錢、羽毛錢、鹽錢，幾乎走到哪裡，就在那裡發現毫無止盡的新錢幣。（注72）這一切都狠狠地刺了那些經濟學家一刀。有些人訴諸於煉金術，主張黃金與白銀的金錢狀態來自於它們的自然基礎特質：黃金（擁有太陽的特質）與白銀（具備了月亮的特質）本身就是完美、永恆的金屬，但其他金屬卻會發生質變。（注73）但是大多數的人根本不覺得這種說法有什麼意義，因為貴重金屬的價值不證自明。因此，當倫敦的時事評論家討論經濟問題時，總是提出了一樣的議題：我們要怎麼樣讓貴重金屬留在國內？我們要怎麼處理貨幣短缺的問題？大多數的問題卻都沒有問過：「我們如何維持本地信用制度的信賴度？」

比起歐陸地區，這種問題在不列顛群島上更為嚴重，當時政府還可以恣意的升降貨幣價值。在都鐸王朝進行過一次帶來災難性的貨幣貶值之後，整個不列顛群島就幾乎放棄了這種權宜之計。因此，用比較廉價的金屬來鎔鑄貨幣就變成一個道德問題了。因為，如果政府用更糟糕的金屬取代了純粹永恆的黃金白銀來製造硬幣，這當然是一件非常錯誤的事情。所以，修剪貨幣的大小（在英格蘭地區來說幾乎非常普遍）就變成一個受歡迎的貨幣貶值方法。因為這只需要偷偷的削減貨幣邊緣的白銀，並且把它們壓得更扁，看起來還是像是原本的模樣。

更重要的是，新時代所出現的新虛擬貨幣也開始深植在同樣的假設當中。這點相當關鍵，因為這樣才能夠合理解釋某個非常不尋常的衝突；為什麼這個極度重視物質年代的，不但出現了紙幣，還有許多新的信用交易工具以及各種財務工具形式，卻能夠成為如此典型的現代資本主義？的確，這個時代出現的許多東西，像是支票、債券、股票、年金等等，都來自於中世紀的形上世界，但是它們都在這個時代經歷了相當巨大的轉變。

如果我們仔細的觀看真正的歷史，就會發現這些新型態的金錢都絲毫沒有違反過「金錢的內在價值是由黃金與白銀所構成的東西」這個概念。真正發生的事情，則是當信用制度從單純的人際關係（無論是商人還是農夫）當中得到解放之後，只要說「這個東西是錢」，就真的能夠生產出有效力的金錢額度；但是，這種發展卻完成在一個沒有道德觀念的純粹競爭市場之中，也將無可避免的導向各種詐財與欺騙遊戲當中。讓這個系統的守護者必須陷入週期性的惶恐之中，必須尋找各種方法，好讓紙幣的價格重新回到黃金與白銀身上。

這個故事通常就會變成「現代銀行業的起源」。從我們的角度來看，這件事情只洩漏了戰爭、金塊與這些新興信用工具之間的連結有多麼緊密而已。我們只需要考慮他們「沒有」選擇的那條發展路徑就可以了。舉例來說，匯票不能移轉給第三方，進而變成可以隨意流通的工具，但這個規定本身沒有任何內在的必要理由——只要同意這件事情，就可以讓匯票變成新的紙幣。這也是中國首次出現紙幣的情況。在中世紀的歐洲，整個局勢曾經有幾度朝著這個方向發展，但因為許多種理由，都沒有走的多遠。（注74）除此之外，銀行其實也可以發行更多的帳面信用工具，而不受現金儲備量的限制。這件事情其實曾經是現代銀行業所思考過的本質議題，也能夠允許私人銀行的票據流通於市面上。（注75）同樣的，這種發展方向也曾經存在於歷史中，特別是在義大利。但是由於儲蓄人經常可能出自於恐慌而產生擠兌現象，而大多數的中世紀政府對於無法支付這一大筆資金的銀行採取了相當嚴苛的懲罰，所以讓這種提議具備了非常高的風險。最好的例子就是西元一三六〇年時，法蘭西斯克・卡斯特羅（Francesch Castello）在自己位於巴塞隆納的銀行前面遭到斬首。（注76）

當銀行家們實際上控制了中世紀政府時，操弄政府本身的財務金融更安全，也可以得到更多利潤。現代財務金融工具的歷史以及紙幣的終極起源，其實就是發行市政公債。首次發生於十二世紀的威尼斯政府。當時，他們需要一筆快速的資金流入，才能夠應對自己的軍事支出。於是威尼斯政府向每一個繳稅的公民強制徵收了一筆貸款，並且承諾他們都會得到年利率百分之五左右的回報。除此之外，這個「債券」可以轉讓，因此創造出政府公債的流通市場。雖然我們不確定到底是威尼斯政府的想法，還是威尼斯商人的堅持，但他們對於利息的支付與計算都經過相當縝密的考慮。但是，由於這些債券沒有特定的期限，所以其市場價值經常受到威尼斯的政治與軍事情況變化而產生波動，也影響了人民心中對於是否真的能夠贖回本金的可能性評估。同樣的方法立刻快速的傳遞到了其他的義大利城市，以及北方的歐洲商業重鎮。舉例來說，荷蘭的聯合聯合政府在與哈布斯堡王國（Hapsburgs；西元一五六八年到一六四八年）進行獨立戰爭時，也大量發行了一系列的強迫公債與自願購買的債券，來支付相關的軍事支出。（注77）

強迫納稅人購買債券這件事情，從某個角度來說，其實就是要求他們提早繳稅。但是當威尼斯政府同意支付利息之後，從法學上的角度來說，這就符合了羅馬法當中的 *interesse*，也就是因為延遲還款而產生的處罰機制，原則上就是政府處罰自己無法即刻償還這筆金錢。我們也能夠非常輕易的想見這種債券機制將會引發人民與政府之間無數的法治與道德問題。在這些身先士卒發行債券的商業國家中，其商人階級很容易將自己視為國家的擁有者，而不覺得自己陷在了整個國家所背負的債務之中。這種效果甚至不只影響了商業階級。到了一六五〇年時，荷蘭的一群地主也開始持有了政府的部分債務。（注78）但是，唯有在人們想要把這筆債務兌現時，才會發生真正的矛盾之處，也就是一方面接受政府將會還款的承諾，另一方面卻又允許這些債券可以作為可流通的貨幣。

早在十六世紀的時候，商人就已經用匯票在處理債務、至於政府的債券則是新時代的信用金錢。在這裡，我們就開始有必要檢視「物價革命」的真正起源。因為這個歷史事件徹底打垮了一度非常獨立的城鎮人士與鄉村居民，讓他們最後只能變成受雇勞工，服務那些可以取用更高階信用工具的人。從新大陸運出來的黃金會送到賽維亞（Seville）這個舊大陸的港口，但就算在這裡，金塊也沒有走入一般市民的日常交易之中。許多金塊直接流入到熱那亞銀行家的辦公室，然後立刻搭上前往東方的船。但是，就在這個過程中人類建立了複雜信用制度的基礎模式。這些黃金的總價會成為國王貸款的金額（用來支付軍事費用），用來交換一張紙，允許持有人得到政府公債的償還權利，這張紙甚至能夠用來交易轉讓，宛如真正的金錢一樣。藉由這種方法，銀行家幾乎可以不斷複製這些黃金白銀的價值。因此，我們也可以得知在西元一五七〇年左右，賽維亞附近的梅迪納德爾坎波（Medina Del Campo）究竟發生什麼事情，才會讓它變成「名符其實的證書工廠」，所有的交易幾乎都是由一張又一張的紙進行。（注79）無論西班牙政府是否真的會償還自己的債務，或者償還的週期為何都不太重要，這些票據還是會在折價過後流通於市面上，當利息開始流通在歐洲其他地區之後，也就造成持續性的通貨膨脹了。（注80）

但是，唯有在一六九四年的英格蘭銀行之後，我們才可會看見真正的紙幣。因為這間銀行所發現的票據並非債券。它確實就像其他的金融工具一樣都深植在國王的軍事費用中，這點已經無須多再強調。但是這些債務再也不是國王的恩賜，而是由國王本人所積欠的費用。這個事實讓整個局勢與過去產生了不同。從許多方面而言，這都開始像是過去的金錢形式了。

讀者可能會想起英格蘭銀行是由四十名倫敦與愛丁堡商人所共同組成的聯合財團，他們幾乎全都是國王的債權人，提供了英王威廉三飾將近一百二十萬英鎊的貸款，用來支援前線的對法戰爭。藉由提供這筆貸款，他們也說服了英王讓他們成立一間擁有獨佔票據發行權的企業。事實上，這些票據就是英王所積欠的債務來源。因此，英格蘭銀行變成了第一間的獨立國家銀行，也是小型銀行交換債務的票據中心。這些票據很快的就變成了歐洲歷史上第一個國家紙鈔。但是當時正在進行一場相當浩大的公開辯論，主題就是金錢的本質，但卻不是著重於紙鈔而是黃金。英國貨幣在一六九〇年代遇到了危機。白銀價格上漲的太多，導致英國貨幣（製幣廠已經發展出近似於現代的製幣技術，讓整個貨幣的白銀含量可以大幅降低）的實際價值甚至低過於其內含的白銀價值，但這也是可以預期的結果。符合傳統定義的銀幣已經消失了。市面上流通的銀幣全都是舊式製幣法的製品，並且變得越來越稀少。他們一定要做什麼事情來處理這個狀況。於是英國境內發生了一場論戰，其開場就是在一六九五年，也就是英格蘭銀行成立之後的那一年。我先前所引用的查爾斯．達文南特討論信用制度的論文，就是這場論戰的一部分。他認為英國應該要以大眾信任為基礎建立真正的信用貨幣，但卻遭到了忽略。英國國庫打算全面收回貨幣之後，降低百分之二十至百分之二十五的重量之後，再重新發行，就能夠讓這些貨幣內含的金屬價值比市價還低。許多人支持這個政策的人，都採取了相當明確的特許主義立場，堅持白銀本身沒有內在價值，而金錢也只是國家所建立的度量單位。（注81）然而，贏得這場論戰的人則是自由主義哲學家洛克。他當時除了是牛頓的顧問之外，也隨後擔任了國家製幣廠的管理者。洛克堅持人不可以在藉由把一塊白銀變小之後，還想把這塊白銀指定為一個仙令來達成變相的增值效果，這就像是我們不能夠說一英尺現在是十五英吋，想要把一個人變得更高。黃金與白銀的價值是地球上的所有人所共同認同的事情；政府的戳記只是用來證明這枚硬幣的重量與純度而已，而政府想要藉由這種權力來獲利的行為，就像縮減貨幣重量、純度一樣，全都是犯罪行為。這些話語當中當然也充滿了名符其實的憤怒：

> 使用官方戳記的目的就是為了保護、保障人民使用的白銀品質；從這個觀點來看，刪減貨幣白銀純量，或者在重量上面魚目混珠的行為，不只傷害了大眾的信念，更是搶劫財寶的行為。（注82）

因此，亞當斯密認為唯一的解決辦法就是召回原本的貨幣，然後把它鍛造回最原本的重量。

當英國政府完成這件事情之後，卻帶來了一場大災難。在隨後的幾年之間，幾乎沒有任何貨幣流通在市面上，物價與工資大幅下跌，四處都是飢荒與動亂。只有富人可以倖免於難，因為他們能夠新的信用工具當中獲利，藉由銀行票據來回的與國王周旋。這些票據的價值一開始也非常浮動，但隨著英國政府同意票據可以兌換貴重金屬之後，相關情況也獲得了改善。至於其他人，就必須等到小面額的紙鈔貨幣變得可以廣泛取得之後，才能夠稍微鬆一口氣。這是一場由英國政府發起，從上而下的改革，過程非常緩慢，但確實有所進展，並且逐漸讓所有非常普遍、日常生活的交易（例如肉販與烘焙師傅）都能夠用這些小面額的貨幣順利進行，過程非常有禮貌，但也完全不具人格。然而，正是因為如此，我們才能把日常生活本身視為完全自利的計算結果。

至於洛克會採取這種立場的原因非常簡單。他是一位科學物質主譯者。對他來說，人民對政府的

「信念」，也就是前述引文當中提到的詞彙，不是人民相信政府會信守承諾這麼積極，而是政府不會說謊而已。他們相信政府就像一個好的科學家，會提供非常準確的資訊，並且將人類行為視為自然律則的結果，正如當時牛頓所提出的定律一樣。這種想法遠比任何治理方式都還要崇高。真正的問題是為什麼英國政府會同意洛克的觀點，並且無視於外界的災難，繼續堅持這種路線呢？事實上，英國政府很快的改以黃金作為標準（一七一七年），而帝國時代的英國也維持這個立場，堅守著黃金與白銀「就是」金錢，直到這種想法走到末日為止。

洛克的物質主義也獲得了廣泛的認同，甚至變成了那個時代的標語。（注83）仰賴於黃金與白銀，似乎提供了檢測新興信用工具所可能引發的危機。這些工具的數量非常快速的增加，特別是在一般的銀行也獲得發行票券的允許之後。當這些金融投資工具再也不受到任何法律或社群的限制時，其發展的結果也非常快速的走向瘋狂的境界。荷蘭共和國是發展股市的先鋒，也在一六三七年時經歷了鬱金香熱潮的危機——這就是人類歷史上第一次的泡沫經濟，由投資人哄抬商品未來價格之後進而徹底崩解的過程。一系列的泡沫危機在一六九〇年時襲擊了倫敦股市，範圍幾乎遍及了所有新興的合資股份公司。這些公司大多都在仿效東印度公司，希望能夠從殖民事業當中賺取利益。最有名的南海泡沫危機（South Sea Bubble）發生在一七二〇年，一間新設利得貿易公司擁有與西班牙殖民地的貿易壟斷權，他們買下了大量的英國國債，並且親眼目睹股價幾乎上漲到天際，卻又立刻跌落地面，但這只是一次泡沫危機的高峰而已。事隔一年，約翰．羅（John Law）的法國皇家銀行（Ranque Royale）也發生了同樣的事情。法國皇家銀行是另外一次著名的中央銀行實驗計畫，非常相似於英格蘭銀行。在它設立之後，就用非常快的速度吸收了所有法國殖民企業以及大多數的王室債務，甚至發行自己的紙鈔。但是，就在一七二一年，這一切都突然化為烏有，法國皇家銀行只好快點把首席執行官送走避難。在這兩個例子中，當地政府都立刻頒佈了新的法律。英國禁止設立新的合資公司（除了公路與運河營建領域），而法國則消滅了所有以政府公債作為發行基礎的紙鈔。

所謂的牛頓經濟學（如果我們可以這麼說的話），假定人類無法單純的創造出金錢，甚至是笨手笨腳的想要改善金錢發展情況會受到幾乎所有人的採納，其實不是一件令人太過於訝異的事情。因為這種金融經濟系統需要一種非常穩固的物質主義基礎，否則就一定會陷入非常瘋狂的發展局勢。經濟學家也確實的花費了好幾個世紀在爭論應該要採取什麼樣的基礎（純金？土地？人類勞動力？功利？或者是人對財富的渴求？），但是都沒有人想要重返回到亞里斯多德的觀點。

◆

另外一種觀看這個時代的方法，也許就是主張新時代越來越不能夠適應金錢本身的政治性格。畢竟政治就是一種勸說的藝術，也是社會生活裡的一種面向。在政治這個領域中，只要足夠多人相信某件事情，就能夠讓它變成真的。問題是為了要有效的進行這場遊戲，我們就不能夠承認以下的事實：如果我有辦法說服所有人相信我是法國國王，那麼我就會變成法國國王。但是，如果我這種說法的一切基礎就是這份主張的話，這件事情根本就不會成功。從這個角度來說，政治非常像是魔術，它們的周遭全都圍繞著閃亮的欺騙光芒。這種猜忌心態在當時廣泛的膨脹。西元一七一一年，諷刺作家喬瑟夫·愛迪森（Joseph Addison）寫了一部小型的幻想記，就是以英格蘭銀行仰賴於群眾對英國政權的信心，當然，英國貨幣制度也是如此（一七〇一年通過的王位繼承法保障了王室的繼承，而海綿則是民間用來表示棄權的象徵）。在一場夢中，他說：

> 我看見帕莉克·崔斯特（Public Trust）*坐在位於葛羅瑟大殿（Grocer's Hall）的王位上，大憲章（the Great Charter）就在她的頭上，王位繼承法則在她的眼前。凡是她手所觸及之物，都變成了黃金。

*譯註：即公共信任的擬人化角色。

在她的王座後面是裝滿貨幣的袋子，已經疊到跟天花板一樣高了。在她右手邊的那扇門突然打開。冒牌貨闖了進來，一隻手拿著海綿，一隻手拿著劍攻擊王位繼承法案。美麗的女王突然變得軟弱無力。她用來把所有東西化為財寶的魔法也消失了。原本那些錢袋也像是被戳破的皮囊一樣開始萎縮。一堆又一堆的黃金則變成破布與木材。（注84）

換句話說，只要人民不相信國王，金錢就會隨之消失。

因此，國王、魔術師、市場與煉金術都在這個年代融入了大眾的想像裡，所以我們時至今日都還會說市場煉金術與金融魔術師這種詞彙。歌德（Goethe）的《浮士德》（*Faust*）出版於一八〇八年。浮士德這個人是歌德創造出的英雄角色，特別是因為他的煉金魔術能力，讓自己能夠受到神聖羅馬帝國皇帝的接見。這名皇帝因為在宮廷裡極盡享樂之事，進而身陷在無止盡的債務之中。歌德與他的助手梅菲斯特（Mephistopheles）說服了國王，讓國王相信只要自己發行紙鈔，就可以打發那些債主。這一幕簡直就是像是魔術師的戲法一樣精彩。「在你的土地之下，蘊藏著足夠的黃金。」浮士德說：「只要向你的債主發出承諾，表示你以後一定會還錢。既然沒有人知道這些黃金到底有多少，你就能夠做出毫無極限的承諾。」（注85）

這種魔術般的語言從來沒有出現在中世紀。（注86）顯然的，在一個奉行絕對物質主義的年代，這種只消三言兩語就能夠創造事物的能力聽起來就非常可怕，甚至有點帶有魔鬼色彩。當然，我們要確定這個時代是否走入了物質主義，就是用這個非常具有說服力的例子。在這個時代的開端，我們也見證了拉伯雷（Rabelias）訴諸了普魯塔克對羅馬帝國的高利貸商人所發出的反抗語言。這些人會「嘲笑自然哲學家，因為自然哲學家認為人可以透過無形、不存在的東西創造出另外一些東西」，並且用手上的帳本要求別人償還一筆錢。但他們其實也沒有真正的擁有過這筆錢。帕弩吉則是採取了完全相反的立場：「不，我就是透過借錢才能夠憑空創造出更多錢，並且變成像是神一樣的存在。」

但是，請讀者仔細思考英格蘭銀行總裁喬賽亞・查爾斯・史坦普（Josiah Charles Stamp）公爵所說的話：

> 現代銀行體系從無當中創造了金錢。這個過程也許是有史以來最巧奪天工的人類發明。人們總是認為銀行非常的邪惡不公，甚至生於原罪之中。銀行家佔據了這個世界，從人民手中奪走了這個世界，只留下了能夠創造信用的權力，讓他們用一枝筆就能夠就能創造出能夠買回這個世界的金錢。……如果你希望繼續擔任銀行家的奴隸，就繼續讓他們創造存款吧。（注87）

雖然，考慮到史坦普公爵的身份，這段話實在不太可能出自於他本人。但是這段話受到無數次的引用，甚至很有可能就是現代銀行系統批判當中最常被引用的訊息。無論它多麼可能是偽造的，但也確實引起了共鳴，理由非常類似：銀行家從無當中創造了某些東西。他們不只是詐欺犯與魔術師，甚至是非常邪惡的存在。因為他們在扮演上帝的角色。

但是，在這種戲法之外，還有深層的可怕醜聞。如果中世紀的道德主義學家沒有提出這種批評，不是因為他們忽略了這種道德議題，而是當時他們還有更多關於市場的基本問題必須處理，也就是貪婪。他們一直認為市場的貪婪動力將會帶來持續的腐敗。當人可以承認貪婪，而毫無限制的利潤本身也變成了完美的目的時，這種宛如魔術一般的政治元素就會變成嚴重的問題，因為這代表了所有的行動者，包含掮客、股票經紀人與貿易商，只要能夠有效的經營這套系統，根本不需要對任何事情懷抱忠誠，甚至對這個系統本身都不用。

霍布斯是第一個將人性本質發展成細緻社會理論的學家，他也非常清楚這種貪婪將會導致的兩面難題。這種想法也構成了霍布斯政治哲學的基礎。他甚至主張，如果我們全都擁有足夠的理性，可以了解生活在平靜與安全中才符合自己的長期利益，而短期利益看起來就是屠殺與掠奪這種可以取得大量利潤的道路，那麼我們就需要少數人暫時放棄自己的良心，致力創造最可怕與混亂的生活環境。這就是為什麼他認為市場只能存在於絕對國家的保護之下，這樣才能夠讓我們信守承諾，並且尊敬別人的財產。但是，我們又要怎麼看待一個以國家公債與國家義務本身作為交易媒介的市場呢？我們已經無法認為國家壟斷了權力，因為那些經營國際市場的人手上掌握著國家債券，而這些債券就代表著國家執行軍事行動的能力。

新市場的主人們發現自己再也沒有維繫共產主義的正當理由，就算在富人之間也是如此——其範圍甚至包括了富人之間的合作，以及用來保持經濟系統運作的團結精神等等。所以，他們對共產主義的遺緒發起了無數場的戰爭，甚至讓傳統的信用制度變成一種犯罪。在無數個缺點與週期性的瓦解之間，這個系統確實堅持了很長一段時間。但是，正如晚近事件的戲劇般的證明，它從來沒有解決過任何問題。

什麼是資本主義？

我們習慣將現代資本主義（與現代民主政府傳統）視為在革命年代，也就是工業革命、美國革命與法國革命之後才出現的產物。這一系列發生在十八世紀晚期的深層歷史突破，也必須等到拿破崙戰爭結束後，才會獲得完全的制度化。我們在這裡也必須面對另外一個矛盾。幾乎所有我們認為與資本主義有關的金融機構，像是中央銀行、債券市場、短期交易、掮客、投資泡沫、資產證券化與年金等等，其實都早於經濟科學之前（這點不太令人驚訝），但也比工廠以及聘僱勞工更早。（注88）這對於我們的刻板印象產生了極大的挑戰。我們認為各種大小工廠就是「真正的經濟體」，其他的事情都是所謂的上層結構。但是，如果真的是這樣，為什麼上層結構會先出現？這個系統的意識創造了自己的身體嗎？

這一切都讓「什麼是資本主義的起點」這個問題無法得到共識。這個字本身是社會主義者所創，他們認為資本主義是一種系統，讓擁有資本的人可以控制沒有資本的勞工。相反的，資本主義的支持者傾向將資本主義視為市場的自由，進而讓那些擁有潛在市場眼光的人，可以聚集資源實現這些理想。但是，幾乎每個人都同意資本主義是一個要求持續、無盡獲利的系統。企業必須為了生存而持續成長。這點也同樣適用於民族國家。在資本主義初來乍到之際，一年百分之五的成長率受到了廣泛的認同，也成為合法的商業貸款利率。換句話說，任何投資人都可以期待自己的錢受到利息原則的保護，進而得到百分之五的增值。所以，百分之五也變成了所有國家追求的GDP年成長率。這種非關人格的機制原本迫使人類將周遭一切東西視為潛在的獲利資源，但現在卻變成了唯一能夠檢查人類社群健康程度的標準。

從我們的基本時間起點西元一七〇〇年開始觀察，就可以發現在現代資本主義之初，就出現了巨大的信用與債務機構用非常有效的方法，淬取了越來越多的勞動力。幾乎所有與它有關係的人都會簽訂勞務契約，整個系統也會生產出從不停止擴張的物質財貨。資本主義不只能夠藉由道德動力進行這樣的作業，更能夠推動純粹的物理力量。每一刻，我們所熟悉的歐洲式戰爭及商業糾結情況又會再度出現，且通常是以更令人驚訝的方式。荷蘭與英國首次推動的股票市場，其主要基礎就是交易東印度公司與西印度東西的股份，而這兩間公司都是軍事與貿易的投資單位。整整一個世紀以來，這間私人、追求利潤的公司統治了整個印度。英國、法國與其他國家所發行的國家公債，不是用來挖掘運河或豎立橋樑，而是購買轟炸其他城市的軍火，建立關閉囚犯、訓練新士兵的軍營。十八世紀的泡沫經濟幾乎都牽涉到這些相當類似的計畫，藉由殖民事業的拓展，以支付歐陸本土戰爭的費用。紙鈔就是債務金錢，債務金錢就是戰爭財，幾乎永遠都是如此。那些金援歐洲戰爭衝突的人，也會聘請政府的警力與犯人，試圖從其餘人口中尋找出更能夠獲利的生產活動。

正如每個人所知，由西班牙、葡萄牙帝國創造的全球市場體系，原本是要搜尋香料。但是，這個系統很快就演變成三種非常龐大的交易系統，也就是軍火交易、奴隸交易與毒品交易。最後一項「毒品交易」指的是軟性毒品，例如咖啡、茶葉、糖與香菸。同時，這也是蒸餾酒首次出現在人類歷史中。除此之外，我們也知道歐洲人從來不曾後悔強勢地將鴉片進口到中國，以終止他們長年來必須出口黃金的需要。服飾貿易較晚才出現，一直要等到東印度公司用軍隊強迫印度人出口自己的棉花之後。我們只需要稍微看一下達文南特在一六九六年發表的論文當中如何探討信用與人際關係，就可以略知當時的情況。這本作品的名稱叫做：《知名作家查爾斯．達文南特的政治、商業著作：關於英格蘭的貿易與利潤，殖民地交易、東印度公司的交易以及非洲的交易》（*The political and commercial works of that celebrated writer Charles D'Avenant: relating to the trade and revenue of England, the Plantation trade, the East-India trade and African trade*）：「服從、愛與友誼」也許可以妥善處理英格蘭同胞之間的關係，但是，在殖民地的話，就只有服從。

正如我曾經談過的，大西洋的奴隸交易就像是巨大的債務——義務鎖鍊，從布里斯托延伸到卡拉巴爾，再到克里斯河（Cross River）的源頭，亞羅（Aro）的商人會在那裡祕密的經營自己的小社會。同樣的，就像在印度洋的貿易中，這種鎖鍊也連結了烏得勒支（Utrecht）、開普敦（Capetown）、雅加達（Jakatar）與蓋格爾王國（Kingdom of Gelgel），巴里島（Bali）的國王會在那裡用鬥雞誘惑自己的子民以自由做為賭注。在兩個例子中，最後的產品都是一樣的：人類將會被徹底拔離自己的社會脈絡，並且徹底失去人格，永遠陷在債務的領域中。

這種債務鎖鍊也聯繫了許多商業中間人，例如倫敦的股票掮客、奈及利亞的亞羅牧師，東印度阿魯群島（Aru Islands）上的珍珠挖採員、巴里島上的茶葉工廠，或者亞馬遜叢林中的橡膠工人。這一切都呈現出一股印象，彷彿他們如此冷靜樸實、精打細算並且毫無想像力。在債務鎖鍊的這一端，整個企業公司似乎都開啟了自己羅織幻想的能力，並且承擔著一種持續的危險，隨實有可能會陷入當代觀察家所說的「幻想式的瘋狂」。在另外一端，則是週期性的泡沫經濟，其背後的動力有一部分來自於謠傳與幻想。另外一部分則是每個在巴黎或倫敦手上握有現金的人，都以為自己可以因為其他人即將聽從謠言與幻想做出錯誤決定，進而藉此大賺一筆。

關於一七二〇年那次非常著名的「南海泡沫事件」，查爾斯．馬凱（Charles MacKay）留給我們相當完美的描述。實際上，南海公司本身（在某個時間點成長的如此龐大，甚至買下了大部分的英格蘭國債）只是一個指標而已。這個公司如此巨大，股價持續的飆高，幾乎可以用現代這句話來形容：「太大了，根本不可能崩壞。」南海公司更快速的成為了數百家新興公司的模範：

到處都是無數間的合資公司。他們很快就得了泡沫這個名字。這大概也是人類想像力當中所能找到的最好描述……某些公司大概可以撐一、二個星期，然後就再也沒人聽過他們。另外一些公司也無法活過一個完整的商業週期。每天白天與晚上，他們都會提出新的計畫與行動方針。這群最高級的菁英人士對於獲利的飢渴程度，就像是柯爾丘（Cornhill）那裡辛勤工作的股票經紀人。（注89）

馬凱也隨意舉出了一張名單，裡面總共有八十六種計畫，從製造肥皂、帆布、馬匹保險到「從木屑中製造合板」的方法。每一個推行這些計畫的合資公司都發行了自己的股票；每一張股票一登場就會有人買單。他們會立刻充滿貪念的在整座城市的小酒館、咖啡廳、巷子裡、男子服飾店來回交易這些股票。每一次，這些股票的價格都會立刻高漲起來。每一個後來才入場的新買家，也都覺得自己可以趕在價格崩盤前，把這些股票全數出清給另外一個更好騙的傻子。有時候，人們甚至會對著某些卡片、小票券出價，只為了能夠得到購入其他股份的機會。好幾千人因此致富，但好幾萬人因此毀了一生。

在這些展現出人類極端瘋狂的事情當中，還有一件是最荒謬可笑的。那是由一個名不見經傳的冒險家，發表了一個計畫，名字是：《一個正在進行偉大投資的公司，但沒有人知道到底是什麼》（*A Company for the carrying on of an undertaking of great advantage, but nobody to know what it is*）

發表這個大膽計畫的天才，成功的吸引了容易受騙的民眾。他只需要宣稱自己的創辦計畫書需要五十萬的資本，總計五千股，每股一百英鎊。每股另外需要繳交二英鎊的保證金。每個繳交保證金的人，都可以得到購買單一股份的權利，每年可以得到一百英鎊的利潤。至於到底要怎麼取得這麼大一筆利潤的方法，他倒是不願意在當時多談，但承諾所有參與者都會在一個月之內知道一切，到時再繳交九十八英鎊的費用即可。隔天早上九點鐘，這個偉大的傢伙在柯爾丘設立了一間辦公室，外頭全是想要報名的群眾。到了下午三點休息時，他發現自己早就已經拿到不只一千股的登記，當然，這些群眾也都付了保證金。

這個人滿足於自己的收穫，堪稱是一位貨真價實的哲學家，隨即在當天晚上前往歐洲大陸，再也沒有人聽說過這個人。（注90）

如果我們相信馬凱的說法，也就是整個倫敦的居民都同時被這個幻覺所騙。金錢就不是「無」中生有的東西，而是從那些笨蛋身上拿來的，因為他們居然相信可以憑空創造金錢。

讓我們把目光轉到債務鎖鍊的另一端，這裡也有浪漫迷人的故事，以及充滿天啟色彩的傳說。從人類學的研究來看，這一端幾乎出現了所有有趣的事情，從阿魯群島珍珠撈工們口中的「海妻」——除非你帶著從當地中國商店買來的禮物，否則她們不會輕易的交出屬於海洋的寶物（注91）；巴里島大地主在黑市裡面「買鬼」，用來恐嚇那些欠債的傢伙；蒂夫族的肉債則是人吃人的傳說；最後，蒂夫族人的夢魘故事偶爾也會變成真實事件。（注92）西元一九〇九年至一九一一年的普圖馬約（Putumayo）大醜聞，就是其中最有名、最令人厭惡的一樁。當時，倫敦人閱讀到相關訊息之後，都非常驚訝於某間英國橡膠公司的代理人，居然在祕魯雨林從事開發時，實現了真正的「黑暗之心」情節，處決了幾萬名的胡托托（Huitoto）印地安人——而這些代理人的口中堅持這些印地安人就只不過是食人族而已——他們所使用的手段包括強暴、虐待、肢解，完全讓人想起四百年前的征服時期當中的可怕場面。（注93）

在隨之引起的辯論當中，第一波攻擊就是責怪這種系統。因為他們讓印地安人被債務所捕獲，進而必須完全依賴於當地公司：

整個邪惡行動的根源就在於所謂的庇護制度，或者「勞務抵債」系統。這種系統的變體，在英國稱之為實物工資制度（truck system）。這些員工被迫在雇主的商店中購買自己的補給品，也因而陷入了毫無希望的債務困境之中。因為法律的限制，他們無法離開這份工作，除非已經清償了所有的債務……因此，這種勞務抵債工往往都會變成事實上的奴隸。既然在遙遠的美洲大陸上沒有任何有效的政府管制，他們的命運也就掌握在自己的主人手上。（注94）

這些「食人族」最後都會被鞭打致死、被釘死、或者綁起來作為練習開槍的靶子，也很有可能因為沒辦法帶回足夠的橡膠數量，所以被大柴刀砍成好幾塊，最後包在一起。他們陷入了終極的債務陷阱當中，受到了當地公司代理人的誘惑，用自己的生命，交換了那些貨品。

稍後，英國國會發表了一份調查報告指出真相並非如此。當地的胡托托族沒有受到欺騙而變成勞務抵債工。相反的，那些被送到海外去工作的代理人才是真正欠債的人，這點就像那些征服者一樣。在這個案子中，委託這些代理人的祕魯開發公司已經在金融市場上大量消耗了自己的信用。這些代理人抵達當地時，滿心期待能夠盡可能的收編印地安人，但卻發現胡托托族對於他們帶去的衣服、柴刀與貨幣一點交易興趣都沒有。這些代理人最後只好放棄原本的計畫，轉而開始獵捕印地安人，用槍逼迫他們簽下借據，然後開始登記這些人到底欠了公司多少橡膠。（注95）許多印地安人遭到屠殺，剩下的人就開始逃跑。

在現實生活中，印地安人確實已經變成了奴隸。但是，在一九〇七年的當時，已經沒有人敢公開承認這件事情。一個合法的公司必須擁有道德的基礎，而這間公司唯一的道德基礎就是債務。當胡托托人很明顯的拒絕接受這些條件時，事情就變得瘋狂了。這間公司也就變得像是卡希彌爾一樣，陷入在憤怒的恐懼螺旋當中，害怕這件事情將徹底毀掉他們的經濟基礎。

資本主義的祕密醜聞就是它從來沒有把自由勞工視為基礎。（注96）征服美洲的行動以大規模的奴役開場，隨後就逐漸轉變為各種行是的勞務抵債、非洲奴隸以及「契約服務」——也就是各種簽訂契約的勞動力。工人會預先拿到現金，然後分為五、七、十年不等的期限以勞務償還。當然，我們也無須多加揣測，所謂的契約服務者當然大多數都是那些已經背負債務的人。在一六〇〇年時，許多白皮膚的債務人跟非洲奴隸一起在南方的農場工作。從法律上的角度來說，這些人的處境應該是一模一樣的，因為歐洲農場模式的法律傳統認為不應該有奴隸的存在，所以即使是在卡羅萊納（Carolina）地區工作的非洲奴隸也具備自己的身份階級，就是契約勞工。（注97）當然，當「種族」的概念走入美洲之後，一切就發生了改變。當非洲的奴隸重獲自由之後，就會被重新安排到巴貝多（Barbados）、模里西斯（Mauritius）等地區的農場，重新變成契約勞工。來自於印度與中國的工人則取代了他們的位置。中國的勞工建立北美的鐵路系統，而印度「苦力」則開拓了南非的礦坑。俄羅斯與波蘭的農民曾經是中世紀的自由地主，但是在資本主義的初期階段卻變成了農奴，因為他們的領主開始將穀物賣到新世界去，才能夠供養向西方學習的工業都市。（注98）非洲與東南亞的殖民政權經常強迫當地的人民從事勞務工作，或者乾脆創造出各種稅務體系，目的就是要藉由債務把這些人口數轉變成勞動力。印度的英國領主一開始與東印度公司合作，後來變成了女王陛下的忠誠子民，也將勞務抵債轉變為制度化的主要手段，才能夠有利於生產各種販賣到外國的商品。

這種發展情況之所以是一種醜聞，不只是因為這個系統經常陷入非常瘋狂的狀態（正如普圖馬約的例子），也在於它毀滅了我們向來珍惜的資本主義基本架設。也就是說，所謂的「資本主義與自由有關」的這種想法。對於資本主義者而言，這種說法代表了市場的自由化。對大多數的工人來說，這代表自由勞力。馬克思主義者已經質疑過顧傭勞工究竟在什麼意義上可以稱做自由（既然一無所有的人只能夠出賣自己的身體勞力，所以一點都稱不上是真正的自由），但他們也傾向假設資本主義的基礎就是自由的顧傭勞工。從歷史的角度來說，資本主義的形象就是英國工人在工業革命年代裡的工廠辛勤的工作著。這種圖像也能夠追溯到矽谷。當然，這兩者之間還是有非常明顯的區隔。總而言之，百萬名的奴隸、農奴、苦力與勞務抵債工都消失了，如果我們非得談論他們不可的話，就把他們當成是這條發展道路上的波動。就像血汗工廠一樣，一切都是工業化國家的必經之路。如果這幾百萬名的勞務抵債工、契約勞工、血汗工廠工人都還存在，通常也沒有離開那裡，他們也一定會假設自己在有生之年可以看到小孩變成一般的顧傭勞工，還可以得到醫療保險跟退休金，至於他們的孫子，可能會成為醫生、律師或是企業家。

但是，當我們仔細觀看歷史上顧傭勞工真相時，就算是在英國這樣的國家，上一段所說的美好圖像也會開始慢慢消逝。在大多數的中世紀北歐地區，顧傭勞工基本只是一種生活格調的發展衍伸出的現象。每個人在十二歲、十四歲至二十八歲、三十歲之間，都可能會在別人家裡擔任僕人。通常雙方會簽訂一年的合約，讓這名僕人可以得到房間、伙食、職業訓練以及一定程度的工資，直到他們賺夠了足夠的資源可以結婚，成立自己的家庭。（注99）所謂的「無產階級化」的第一件事情，就是歐洲地區百萬名男女發現自己困在這種永久的青春期之中。學徒與技工永遠沒辦法變成大師，也不可能真正的長大。到最後，許多人放棄了這件事情，並且早早就結了婚。對於衛道人士來說，這簡直就是最大的醜聞。他們認為新教徒就是那些明明沒有經濟能力，卻還是堅持要結婚的人。（注100）

在顧傭勞工與奴隸之間永遠都存在著一股令人疑惑的關連性。這不僅僅只是因為加勒比海製糖工廠的奴隸提供了快速恢復能量的產品，讓早期的顧傭勞工可以重拾工作的力氣，也不只是工廠裡的大多數科學管理技巧都可以追溯到那些製糖工廠中，還包括了奴隸與主人之間的關係非常像是雇主與顧傭之間的關係一樣，都非關個人，毫無人格特質可言。當你被賣給新主人、或者將自己租給老闆之後，一旦金錢易手，你到底是誰就已經不重要了。重要的是你一定要能夠瞭解命令，並且遵守你應該要做的事情。（注101）

也許就是這個原因，讓人們總是在購買奴隸或聘請勞工時，總是希望採用現金交易，而不是各種信用工具。正如我所說，問題是英國資本主義的大多數發展時期，都沒有任何現金可言。當官方製幣廠開始生產小面額的白銀與黃銅貨幣時，供應非常不集中，數量也不夠。這就是「實物工資」制度的起點。在工業革命期間，工廠老闆通常會用各種票券、保證書來支付工人的薪資，讓他們可以在當地商店取得各種物品。這些商店可能與工廠老闆達成了非正式的協議。在偏遠一點的地方，工廠老闆可能自己就是商店的擁有人。（注102）如果這間商店的營運人實際上就是工廠老闆的代理人，也就讓傳統的信用制度產生了非常複雜的變化。另外一種權宜之計則是用其他物品來支付工人薪資。許多物品其實根本就是工人可以在工作場所中自由使用的物品，例如工廠的廢棄物、過量生產物與副產品，但卻添加了許多各種不同的新詞彙用來形容這些東西，例如甘藍菜、碁片、花絲、清潔、除蟲、拾穗、玩樂、小費、化妝水、飲料、拳擊、調色顏料。（注103）舉例來說，所謂的甘藍菜，其實是指裁縫之後剩下來的衣料，碁片則是碼頭工人可以帶回家的木板（必須短於兩英尺），花絲則是紡織機上面的零件。當然，我們也早就聽說過用「隨後付款」或「抵押」這種方式支付工人薪資的方法。

這些資方老闆還有一個最後方案：等到錢終於到位的時候，卻遲遲不付任何東西，讓這些勞工想辦法用從商店取得的東西活下去，或者是仰賴於他們的家人在外面詐取的東西，甚至是別人仁慈的施捨。這些工人甚至會跟朋友、家人一起把這些東西保存起來。或者，當一切都失敗的時候，這些工人還可以去找可怕的錢莊與當鋪。但是長年以來，這兩種職業都被視為貧苦工人的天敵。到了十九世紀，情況變得更複雜。如果當地發生一場火警毀滅了某間當鋪，就會有許多戶人家的妻子承認很久以前曾經把丈夫週日用的外套拿去典當，無可避免會引起一場家庭暴力。（注104）

◆

時至今日，如果有一間工廠在十八個月內還付不出薪資的話，我們就會認為這間工廠的經濟情況已經跌落谷底了。這種慣例來自於蘇聯時代的經濟大崩潰。但是，由於英國政府的強勢貨幣政策，幾乎時時刻刻都在關注國內的紙鈔不會流入另外一場可怕的泡沫經濟危機，因此，在工業資本主義時代的早期，工廠欠款的情況非常普遍。甚至政府本身也經常沒有辦法籌措出足夠的薪資。在十八世紀的倫敦，皇家海軍經常會積欠迪特佛（Deptford）港口員工將近一年的薪資，這也是為什麼他們允許員工私自挪用木材，更別提是麻繩、帆布、螺絲以及一般繩索。事實上，正如林伯夫（Linebaugh）所說，直到一八〇〇年左右，英國人才開始正視這種情況。當時，政府的財務情況已經趨於穩定，能夠準時支付薪資，也希望能夠廢除我們現在所說的：「監守自盜」，英國政府決定用鞭刑與監禁懲罰這種行為，但也引起部分碼頭工人的極度不滿。邊沁（Samuel Bentham）就是負責改革港口的人。他必須讓這些工人走入警戒狀態，才能夠建立良好的聘僱勞工工作環境。為了這個目的，他提出了在場所正中間的位置建立一座巨大的高塔，就能夠確保持續的監視效果。這個概念後來由他的兄弟傑里米（Jeremy）所借用，發展出著名的「圓形監獄」（Panopticon）。（注105）

◆

亞當斯密與邊沁這樣的人是理想主義者，甚至也是烏托邦主義者。但是，為了了解資本主義的歷史，我們必須從瞭解腦海中的圖像開始：勞工在早上八點準時打卡上班，並且在每個星期五收到薪資。勞資之間的基礎是一張短暫的合約，雙方都能夠隨時片面解約。這種圖像原本是只是一種過於理想的烏托邦想法，只能逐漸實現於英格蘭與北美洲等地區。但是，它從來沒有在任何時間、任何地方成為市場生產的主要方法，從來沒有。

這就是為什麼亞當斯密的作品非常重要。他創造出了一個想像的世界，其中完全沒有債務與信用制度，也因此沒有犯罪行為與原罪的概念。在這個世界當中的所有人都能夠自由自在的計算自己的利益，並且完全瞭解上帝如何預先安排好世間萬物，好讓他們能夠追求更大的善。這種想像的建構當然就是科學家所說的「模型」，其中也沒有任何錯誤的地方。事實上，我甚至認為如果沒有這種模型，就無法進行下一步的思考。然而，這種模型的問題在於我們傾向於把模型當成是絕對的客觀存在，甚至在它們面前跪下，開始將它們奉之為神祇一般，至少在討論所謂的「市場」時是這個樣子。「我們必須遵守市場的指示！」

馬克思相當清楚人類容易崇拜自己一手創造的東西。他在《資本論》當中寫道，如果我們從經濟學家的觀點出發，只要我們允許某些人可以控制生產資本，讓另外一些人只能出賣自己的腦力與勞力，從許多層面來說，這樣的後果都將與奴隸制度非常相似，幾乎沒有什麼分別，整個經濟系統也會走入自我毀滅之中。很多人幾乎都疏忽了馬克思觀點當中的「如果」性質。（注106）馬克思非常清楚，在倫敦的街頭上有非常多的擦鞋童、妓女、男管家、士兵、小販、打掃煙囪的工人，賣花女、街頭音樂家、囚犯、保姆還有計程車司機，其人數絕對多過於工廠工人。換言之，馬克思從沒有說過這種想法符合他自己居住的世界。

但是，如果這幾百年來的歷史表現出任何事情的話，那就是烏托邦的理念確實會吸引人們的目光。這點能夠適用於亞當斯密，還有反對亞當斯密的人身上。從一八二五年開始到一九七五年間，一大群非常有力量的人，想要把這種理想概念化為現實，雖然他們眾多支持者力量。貨幣與紙鈔終於能夠生產出足夠的數量，可以供應一般民眾的日常生活需求，不再需要仰賴各種票券、代幣或信用制度。工資開始能夠準時送到勞工手中。新的商店、拱廊長街、與畫廊紛紛出現在街頭，每一個人都使用現金交易，隨著時代進步，也會開始用另外一些不帶有人格特質的信用工具，例如分期付款等等。這樣的結果，讓過去嚴格主張債務就是罪與墮落的道德觀念，對於那些將自己視為「值得尊重的」勞工階級的人產生了相當深邃的影響。他們好不容易從當鋪與錢莊的魔爪當中掙脫而重獲自由，能夠讓自己不再屬於酒鬼、騙徒、水溝工人這個階級，並且對這件事情深信不已。

如果我們想要討論在勞工階級家庭當中成長的人（我的弟弟死於五十三歲。直到臨走前的那天，都仍然拒絕擁有一張信用卡），我個人就可以證明一件事：對於那些長期把工作時間用來服從命令的人來說，能夠從皮包裡面拿出完全屬於自己的紙鈔，就是極具吸引力的自由形式。許多經濟學家的假設，也都在這本書當中受到我的質疑與批評，相當受到勞工運動領袖的歡迎，甚至影響了我們覺得什麼東西能夠取代資本主義的想法。這點其實不令人意外。正如我在第七章指出，問題在於這些假設當中的人性概念經常建立在錯誤的基礎上，甚至違背了常理。另外一個問題則是這些經濟學假設根本就是不可能的，就像烏托邦思想一樣。我們不可能擁有所謂的普世全球市場，這個系統也不可能讓那些不是資本主義者的人，全部都可以成為一個飽受尊敬、定期收到薪資的聘僱勞工，同時還擁有非常好的牙醫保險。這種世界從來不曾存在過，也不會出現。更重要的是，就算那種美好的前景真的開始一步一步的實現了，現在這個系統也會立刻分崩離析。

◆

啟示錄

最後，讓我們回到最初的起點，也就是科爾蒂斯與阿茲提克的寶藏。讀者也許會想要知道最後究竟發生什麼事情。科爾蒂斯真的把寶藏從自己人的手上偷走了嗎？

答案是這樣：在科爾蒂斯的圍城之戰結束後，已經沒有剩下多少寶藏了。看樣子，科爾蒂斯在圍城戰爭開始的不久之後，就已經把許多寶藏悄悄的納為己有。更準確的來說，他贏了一場賭局。

這個故事同樣記載於卡斯蒂略的作品中，非常詭異、令人困擾，但也同樣值得我們探索。先讓我稍微補充一下故事進展。就在科爾蒂斯焚燒自己的船艦之後，他開始在當地尋找盟軍。考慮到當地人大多數都頗為憎恨阿茲提克人，這件事情變得相當容易。於是科爾蒂斯開始揮軍邁向阿茲提克的首都。當時的阿茲提克國王是孟克特祖馬（Moctezuma）。他一直都非常緊密的關注科爾蒂斯的情況。於是，孟克特祖馬決定要弄清楚眼前這些人究竟是何方神聖，就邀請了整支西班牙部隊到特諾奇提特蘭的宮殿裡作客（人數只有幾百人而已）。就在科爾蒂斯的人馬在被迫離開宮殿之前，一度把國王當成人質，開始複雜的宮廷詭計，直到他們遭到武力驅逐為止。

孟克特祖馬在自己的王宮內被當成俘虜、人質的這段期間，他與科爾蒂斯兩人花費了相當多的時間在玩一種阿茲提克遊戲，叫做「托托洛克」（*totologue*）。他們用黃金作為賭注，而科爾蒂斯當然也作弊了。孟克特祖馬的手下曾經想要提醒國王這件事情，但國王卻一笑置之，甚至拿這件事情來開玩笑，孟克特祖馬當然不關心這種事情。稍後，甚至連科爾蒂斯手下的副官阿瓦拉多都明目張膽的開始作弊，要求國王每輸一分就要交出黃金，自己如果輸了，只要用毫無價值的卵石作為賠償。孟克特祖馬為什麼對此沒太大反應，迄今仍然是歷史上難解的謎題。卡斯蒂略認為這是一種專屬於國王的寬宏氣度，甚至是希望收買心胸狹隘的西班牙佬的手段。（注107）

歷史學家英嘉．克萊尼登（Inga Clenniden）則提出了另外一種詮釋觀點。她指阿茲提克的遊戲都擁有一種很普遍的特色：只要手氣夠好，就能夠一路連贏到底。用阿茲提克的球類運動來說的話，這點確實言之有理。觀察家在討論這種球賽時，總是非常好奇那座球場上的石製「籃框」這麼高，參賽者又要怎麼能夠得分呢？答案是：他們不打算得分。至少不是用這種方式。通常，這個球類遊戲跟籃框沒有關係。兩隻競賽中的隊伍會打扮的像是正在進行戰爭，試著將球來回於前後場：

> 一般的得分方法是緩慢的累積分數。但是整個比賽過程可能隨時會發生戲劇性的提前結束。只要能夠將球送進其中一個小圈圈中。這是一種非常難的技巧，因為球跟小圈圈的尺寸非常相信，難度幾乎高於高爾夫球的一杆進洞，就能夠取得即刻的勝利。勝利者可以得到一切賭注，還有脫掉觀眾上衣的權利。（注108）

換句話說，任何用這種方式得分的人拿走一切，包括觀眾的衣服。

科爾蒂斯與孟克特祖馬所玩的棋盤遊戲也有這種特色。如果某個人好運降臨，能夠把骰子丟到最邊緣的地方，就可以立刻贏得比賽，拿走所有東西。克萊尼登認為，這可能就是孟克特祖馬正在期待的事情。畢竟，這個國王正身處在一種極端特別的狀態之下。陌生的生物降臨在這塊土地上，也不清楚他們究竟從哪裡來的，甚至還帶著前所未聞的武力。關於流行病、鄰國遭到摧毀的傳聞也一定傳到了孟克特祖馬的耳朵裡。如果上天想要表達什麼巨大的天啟預兆，就是現在這個時刻了。

從現存的阿茲提克歷史文獻來看，這種態度也確實符合了當地的文化精神。他們總是認為災難即將發生，也許這是因為星象早已注定的事情，無論如何，這一切都還是可以避免的事情——但或許根本沒辦法避免吧。有些文獻顯示，阿茲提克人大概知道自己正處於一場巨大經濟浩劫的邊緣，另外一些文獻則流露出許多天啟思維，令我們想起遠古時代的西方人。畢竟，我們現今能夠取得的阿茲提克文獻都來自於經歷過該國瓦解的人。在特定的阿茲提克文化實踐中，也能看出一定程度的瘋狂特質。例如，因為大多數的阿茲提克人相信太陽必須用人心作為動力，所以必須現祭成千上萬的人類心臟，否則太陽會帶著整個宇宙一且毀滅，這都解釋了阿茲提克的許多文化行為。

如果克萊尼登是對的，對於孟克特祖馬來說，他跟科爾蒂斯之間賭的不是黃金。黃金只是微不足道的東西。關鍵是整個宇宙。

孟克特祖馬是一名戰士，所有的戰士都是賭徒。但是，不像科爾蒂斯，孟克特組法在每一個層面上來說，都是相當具有榮譽心的人。正如我們所知，戰士榮譽的基本要素就來自於摧毀與污辱他人。這就是孟克特祖馬參與這場遊戲的原因，而他也將自己的毀滅與污辱當作籌碼。除此之外，他選擇了非常優雅的遵守遊戲規則，從來不像科爾蒂斯。（注109）等到適合的時機到了，這就代表了願意用一切做為賭注的決心。

孟克特祖馬也確實這麼做了。但是什麼事情都沒有發生。沒有骰子降落在棋盤邊緣。科爾蒂斯繼續作弊，神明也沒有繼續指示各種天啟，宇宙終於遭到摧毀。

如果我們可以在這裡學到什麼事情，我認為確實有的，那就是在賭博與天啟之間存在著一股非常深層、深刻的連結。資本主義將賭徒視為其運作原則的本質部分，這是其他相同思想所從未擁有過的特質。但是，資本主義卻同時特別無法建構出屬於自己的永恆未來圖像。這兩個事實之間有什麼關係呢？

我應該說的更精準一點。資本主義不是完全沒有辦法建構出屬於自己的永恆未來圖像。一方面，支持者覺得自己有義務要把資本主義呈現為永恆的事物，因為他們堅持這就是唯一可以順利運作的經濟體系。有時候，他們甚至會說：「（資本主義）已經存在了五千年，也會維繫下一個五千年。」在另外一方面，當有越來越多的人開始相信資本主義時，卻也想要著手處理信用制度。他們認為，放任信用制度發展下去，一切都會變得非常瘋狂。請讀者再次回想那些最冷漠嚴謹、充滿警決心且非常負責任的資本主義政體，例如十七世紀的荷蘭、十八世紀的英國，他們都是最小心翼翼處理公共債務的人。但是，也就是這些國家親身見證並體驗了最瘋狂的投資瘋狂，例如鬱金香泡沫與南海泡沫。

這些事情喚起了國家赤字與信用制度的本質。國債其實就是向未來那些世代所借來的錢。這點完全符合政治家在國債這個概念剛問世時提出的批評。國債引起了非常詭異的兩面效果。從一方面來說，國家財務出現赤字之後，將會讓君王、將軍與政治家手上擁有更大的軍事權利；另外一方面，這也暗示著進行統治的政府，其實虧欠於被統治的人民。只要我們的錢就是政府公債的一部分，當我們買一份報紙、一杯咖啡，甚至下注在某匹馬身上時，就像是在用「政府的承諾」作為交易工具。這筆錢代表某些政府將會在未來交給我們的東西，儘管我們不清楚那究竟是什麼。（注110）

伊曼紐．華勒斯坦（Immanuel Wallerstein）向來喜歡談論法國大革命帶來了好幾個相當深邃的政治新觀念。在革命的五十年前，大多數受過教育的歐洲人都將這種概念視為瘋狂；五十年後，幾乎每個人都覺得自己至少要假裝覺得這些觀念是真的。第一個觀念就是社會變革不但無可避免，還是隨人心所欲的事情：歷史的自然前進方向，就是逐漸改善的文明。第二，適合管理這種改革的代理人就是政府。第三，政府必須從所謂的「人民」（注111）群體中取得自己的正當性。我們可以很容易就看出國債的概念，將會持續改善未來的承諾（或者，至少一年百分之五的收入）——如何扮演了激勵這種革命新論點的關鍵角色。但是，我們也同時看見了米拉波（Mirabeau）、伏爾泰（Voltaire）、狄德羅（Diderot），西哀士（Sieyès），也就是這群首先提出「文明」概念的哲學家，他們就在革命前的那些年爭論這件事情。他們認為國債更容易引起各種宛如啟示錄一般的災難，並且相信無法償還國債與經濟崩潰將會毀滅整個文明遠景。

這個問題有一部分相當明顯：第一，國債來自於戰爭；第二，不是每一個人都平等的持有國債，大多數都落入了資本家手裡。在當時的法國，「資本家」這個字就是指「擁有國債的人」。當民主的傾向越來越明顯，整個局勢也就越來越糟糕。「關於債務永不消滅的現代理論」，傑佛遜（Thomas Jefferson）在相近的年代寫道：「讓這塊土地陷入了血水之中，造成其居民身陷重大的負擔；而這些負擔仍然持續在增長。」（注112）許多啟蒙時代的思想家甚至認為這將會帶來更糟糕的結果。這種嶄新的、「現代的」、不涉個人情感的債務觀念，帶來了破產的可能性。（注113）在當時，破產就是一種個人遭遇的啟示錄情節。它代表坐牢、虐待、挨餓與死亡。但是，在歷史上的那個時代，還沒有人能夠瞭解什麼叫做一個國家的破產。這只是因為還沒有先例而已。但是，當國家持續進行規模越來越大、情況越來越血腥的戰爭時，其債務也膨脹的越來越快，無力支付債務似乎已經是免不了的結局。（注114）西哀士首先拓展了自己對於代議政府的偉大計畫，舉例來說，其中就包括改革國家財務情況，阻止災難發生。但是，如果災難真的發生了，一切又會變得如何呢？金錢又會變成毫無價值的東西嗎？軍權是否會再次登上大位，整個歐洲的許多國家是否又會像是骨牌一樣倒下，讓這塊大陸陷入永無止盡的野蠻、黑暗與政爭？在法國大革命不久之後，許多人就已經在預期大恐慌的降臨。（注115）

這是一個非常奇怪的說法，因為我們總是習以為常的把啟蒙運動當成是人類樂觀主義的開端，孕育出科學與人類知識發展的基礎命題，讓往後的生活更為充滿智慧、安全，還使每個人都過著更好的生活。這種天真的想法在一八九〇年代的費邊社會主義達到了高峰，並且消逝在第一次世界大戰的壕溝之中。事實上，就算是維多利亞時代也擺脫不了污辱與衰敗的危機。更重要的是，維多利亞時代的人幾乎都有這種想法：資本主義不會永遠成功。起義與暴動似乎就在眼前了。維多利亞時代的資本家在經營生意的時候，也會發自內心的認為他們可能隨時就會其他人被吊在樹上。舉例來說，我在芝加哥的時候，朋友帶我開車逛逛。我們經過了一條非常漂亮的老街，旁邊全都是一八七〇年代的房子。他說，這裡的街容之所以如此，是因為從前多數的芝加哥富有工業家都認為革命是免不了的事情，只好集體搬到這條路上，這附近就是軍事基地。所有論述資本主義的偉大理論家，無論他們位於政治光譜的何處，從馬克思到韋伯、熊彼得、馮・米賽斯（von Mises），全都不認為資本主義的光景可以延續到下一個世代，最多就是兩個世代左右。

如果更進一步的說，在第二世界大戰結束以後，我們就算已經不再需要擔心社會主義革命，但也隨即必須面對核戰大浩劫的陰影。（注116）當我們已經不覺得核戰是一個危機時，又出現了全球暖化現象。我絕對不是在說這些威脅以前不是、現在也不是真的。但是，資本主義似乎一直感覺到一種動力或需要，來想像、製造出讓自己即刻毀滅的方法。這點實在令人感到詭異。如果拿社會主義政體領導者的行為相比，這兩種意識型態之間簡直充滿了戲劇性的對照關係。從古巴到阿爾巴尼亞，他們的領導人掌權時，其行為舉止之間處處流露出社會主義系統將會永垂不朽的意味，如果考慮到這些人後來變成歷史上的短暫波動，這簡直是諷刺到了極點。

也許，這就是因為在一七一〇年代的真理，直到今天也都還是真理。資本主義，或者說金融資本主義呈現出自己的永恆光景時，也不斷的進行擴張。因為，如果沒有任何目的，就根本沒有需要創造出無限的「信用制度」，也就是屬於未來的金錢。近年來的事件似乎已經確定了這一點。直到二〇〇八年為止，許多人相信這麼一大段的歷史歲月證明了資本主義真的可以長存；至少，沒有人能夠看見取代它的選項。

第十二章

一九七一年至不知何時終止

看看那些乞丐，真想找到方法算算看他們到底欠了多少錢。

——《白爛討債族》(*Repo Man*)

揮開「應得」的想法，摒棄「賺錢」的思維，你就能夠開始思考。

——娥蘇拉·勒瑰恩(Ursula K. Le Guin)，《一無所有》(*Dispossessed*)

一九七一年八月十五日，時任美國總統的尼克森宣布停止境外美元兌換黃金，也因此終結了國際黃金標準的最後一口氣。（注1）除此之外，這項命令也停止了從一九三一年來實施、並且受到布雷頓森林會議認同的政策。當時，美國公民不能用美金兌換黃金，但所有在美國境外流通的黃金，則能夠以一盎司三十五元的價格進行最後一次的贖回。藉由發佈這項法命，尼克森開啟了持續迄今的浮動匯率政策。

歷史學家的共識認為尼克森幾乎沒有什麼選擇。他已經被越戰所帶來的高額支出所束縛，就像所有的資本主義戰爭一樣，越戰的經濟基礎也帶來了國家財政上的赤字。在全球黃金儲量中，美國曾經佔有相當大的比例，全都放置在諾克斯堡（Fort Knox）的金庫之中（但是，在一九六〇年代晚期之後，這個比例也逐漸下降，特別是因為法國總統戴高樂開始強勢的以美元換取黃金之後）；相反的，大多數較為貧窮的國家則必須想辦法儲備美元。尼克森解決美元管制所帶來的即刻效果，就是讓黃金價格飆上天際；在一九八〇年代時，黃金價格甚至一度來到一盎司兌換八百美元。當然，這也讓美國的儲備黃金得到劇烈的升值。美元兌換黃金的能力則是大幅下跌。這種結果讓貧窮國家（缺乏黃金儲備）的財富大量移轉到了諸如美國、英國等富裕國家。在美國，這也引起了持續相當長時間的通貨膨脹。

無論尼克森的理由是什麼，一旦全球信用貨幣完全與黃金脫勾之後，就開啟了人類歷史上的嶄新金融階段。幾乎沒有人可以完全瞭解這個階段。當我在紐約長大時，也會偶爾聽到街頭消息說曼哈頓島的雙子星大樓底下，藏著一座祕密金庫。據說，這座金庫裡面不只放著美國的儲備黃金，也包括其他主要經濟強權國家。那裡的黃金全部都已經變成了金條，一疊疊的放在個別的金庫裡，每個國家都有自己的金庫。每一年，當這些國家計算完彼此的帳務關係時，帶著移動攝影機的工人，就會走到金庫裡面，然後把幾百萬的黃金，從類似「巴西金庫」的地方拿出來，放到「德國金庫」裡面。

許多人都聽過這種故事。至少，就在二〇〇一年的九一一事件之後，紐約客的第一個問題就是：地底下那些錢怎麼辦？安全嗎？金庫是不是被毀了？有人說那些黃金都已經熔化了。底下那些黃金是不是攻擊的目標？各種陰謀論充斥在紐約街頭。有些人甚至說，就在街頭上的救難隊伍辛苦工作時，政府也緊急派出了一支祕密隊伍，穿越好幾英里的過熱管線，拼了命也要把底下好幾公噸的黃金運出來。另外一個特別精彩的陰謀論則說攻擊背後的主謀就是那些想要看到美元貶值、黃金升值的人（就像尼克森一樣）——毀滅儲備黃金可以達到這個目的，或者，他們也很有可能早就立下了嚴密的計畫，想要偷走這些黃金。（注2）

我曾經相信這個故事非常多年，也在九一一事件那陣子被幾位更熟知內情的朋友不斷提醒這一切都只是一個迷思而已。「沒有啦，」一位朋友用非常好的口氣，好像是在對小朋友說，「美國政府把黃金放在諾克斯堡。」。但是，這件事情真正精彩的地方，就在於我做了一點研究之後，發現他們錯了。美國政府在紐約地下真的放了黃金。的確，美國政府國庫的儲備黃金確實放在諾克斯堡，但是聯準會以及其他超過一百間的中央銀行、政府機構與各種組織的黃金，確實都放在曼哈頓的自由街三十三號的聯準會大樓，距離雙子星大廈只有兩個街區的距離。那裡大概儲備了五千公噸左右的黃金（將近兩億六千六百萬盎司）。根據聯準會的網頁，整個地球的黃金，大約有五分之一至四分之一左右就放在他們的地下金庫。

「儲備在聯準會的黃金一直都放在最保險的金庫裡。地點就在曼哈頓島的岩床上——因為這是少數能夠支撐金庫本身重量的地點，也有足夠的空間設計進出的安全系統，並且儲放黃金。具體地點就在街道底下八十英尺，低於海平面五十英尺。……裝滿黃金的平台必須從聯準會的某一座電梯往下五層樓，穿過地表街道高度之後，才能抵達金庫。……如果一切順利的話，這些黃金會被送到一百二十二個隔間的其中一個（或很多個）。每個隔間代表一個儲蓄國家，或者美國官方的國際組織。有的黃金則會被放到架子上面。根據最新的借貸關係，「黃金運送人」會使用液壓系統移動這些黃金，把它們放在各個不同的隔間中。但是，在金庫裡面只會出現各種數字，所以這些工人根本不知道誰付錢給誰。」（注3）

但是，我們沒什麼理由相信九一一事件影響了這些金庫的運作。

從現實生活的角度來看，整件事情變得非常奇怪，以致於我根本無法相信這個迷思當中哪些部分是人們憑空幻想的，哪些部分又是真的。當然，毀滅的金庫、熔化的黃金還有那群在曼哈頓底下開著起重機要拯救世界金融的祕密部隊，可能都不是真的。但是，就算人們有這種想法，又是什麼值得驚訝的事情嗎？（注4）

從傑佛遜的時代開始，美國銀行體系就非常容易引起人民的偏執與幻想，例如共濟會、錫安長老會、光明會的密令、英國女王的毒品資金洗錢行動或者其他數以千計的陰謀論等等。這就是為什麼美國花了很長的時間才建立了自己的中央銀行。因此這種事情一點也不令人驚訝。美國一直都非常盛行市場的民粹主義。在這些煽動家的口中，銀行不只自己有能力憑空創造金錢，還能阻止任何人這麼做。這種說法非常嚇人，因為這直接抵觸了「銀行是民主平等的象徵」的觀念。但是，自從尼克森採用了美元浮動匯率之後，中央銀行很明顯的就是唯一能夠維持整個金融體系可信度的巫師。在自由市場的傳統之下，我們一直都被要求接受「市場」是一個自我管理的系統，因此價格的升降就像自然世界的發展一樣；同時，我們也要忽略從商業上的角度來說，市場的興衰主要取決於人們如何預期或回應葛林斯潘、柏南克以及歷任執掌聯準會主席大位的人是否提升利息。（注5）

◆

就算是在最鮮明生動的陰謀論中，也忽略了一個相當重要的元素：戰爭與軍事力量。銀行這個巫師能夠憑空變出金錢，不是沒有原因的。在他身後，站著一個拿著槍的人。

從某個角度來說，這個拿槍的傢伙自始自終都站在巫師身後。我曾經指出現代金錢的起源來自於政府負債，而政府借錢的目的就是為了要支持戰爭。無論是在腓力二世的年代，還是現在，這一點都同樣沒有改變。創造中央銀行只不過是讓戰士與金融家之間的利益勾結可以成為一種恆久的制度。這種風氣始於文藝復興時代的義大利，並且變成了金融資本主義的基礎。（注6）

尼克森採用浮動美元的原因，就是要支付一九七〇年至一九七二年之間的那場戰爭而已。為了這件事情，他甚至購買了超過四百萬公噸的火藥，只為了轟炸印度支那的城市與鄉村，甚至有一名參議員稱呼尼克森是「有史以來最偉大的轟炸家」。（注7）債務危機其實就是從支付炸彈費用所引起的結果，更精確的說，就是那些發射炸彈的軍事組織引發的。這些事情讓美國的黃金儲備染了一個巨大的污點。許多人相信，藉由採取浮動制度，尼克森讓美元變成了真正的「名義貨幣」，一疊沒有任何內在價值的紙，只是因為美國政府堅持它具有價值所以它就變得有價值。因此，一個人確實有理由認為軍事力量是唯一支持美元價值的因素。從某個角度來說，這種說法確實沒有問題。但是「名義貨幣」這個概念預設了金錢原本「曾經是」黃金。因此，現在我們所討論的這個例子，則是另外一種信用金錢的變形。

相較於一般的傳統論點，美國政府其實不能「印鈔票」。因為發行美金的單位不是政府，而是那些在聯準會系統保護下的私人銀行。儘管名字裡面有「聯邦」兩個字的聯準會其實也不是政府的一部分。聯準會是一個非常特別的單位，由政府與民間共同成立，結合了許多私人銀行。聯準會的主席由總統所任命，但必須經過國會同意。除此之外，這個單位其實沒有接受政府監督的必要。所有在美國境內流通的鈔票，都是「聯準會的票據」，聯準會將其視為本票，並且委託美國製幣局製作，每一大張美金成品支付四分錢的工資。（注8）這種作法其實就是英格蘭銀行過去的計畫。藉由購買政府公債，聯準會把錢借給美國政府，再透過把美國政府所積欠的金額借給各間銀行，完成了美元貨幣化的過程。（注9）聯準會與英格蘭銀行之間的不同在於，後者必須把黃金借給國王，而聯準會只要說「錢在那裡」，錢就出現了。因此，真正有力量印鈔票的單位是聯準會。（注10）接受這筆金額的私人銀行不能夠自己印製鈔票，但卻可以依照聯準會所設定的各種準備率，創造出各種不同的虛擬貨幣。但是，在當前這場債務危機的過程中，包括寫這本書的時候，許多銀行都還是想要廢除聯準會的準備率限制。

這種說法其實有一點點太過於簡化了：貨幣政策永遠都是非常神祕的事情，有時候甚至刻意要這麼神祕（美國工業家亨利．福特甚至說過，如果一般的美國公民都可以弄清楚銀行體系的運作方式，明天就會出現一場革命了）。對於我們討論來說，重點不是銀行創造了美金，而是尼克森的浮動匯率政策讓這些美元取代了黃金，成為全球的準備金（儲備金）單位。因此，美元也就變成了全世界的最終價值單位，讓這個國家取得了相當可觀的經濟優勢。

同時，美債從一七九〇年開始一直都無法沖消。美國政府一直是全球軍事支出最高的國家，甚至比其他國家的總和還要多。這些軍事支出不只是美國工業政策的基礎，也吃下了相當大比例的總預算金額。從許多估計角度來看，如果沒有軍事支出，美國根本就不會負債。

美國軍隊是全球唯一堅守世界強權計畫的地方：在全球大約八百個海外軍事基地中，美軍都應該具備絕對致命的武力，能夠隨時干預任何地方。從某個角度來說，陸軍的重要性較低。因為從二戰之後，美國軍力的關鍵一直都是空軍戰力。美國政府絕對不在失去空軍優勢的情況下打戰，甚至比任何軍隊都更為仰賴系

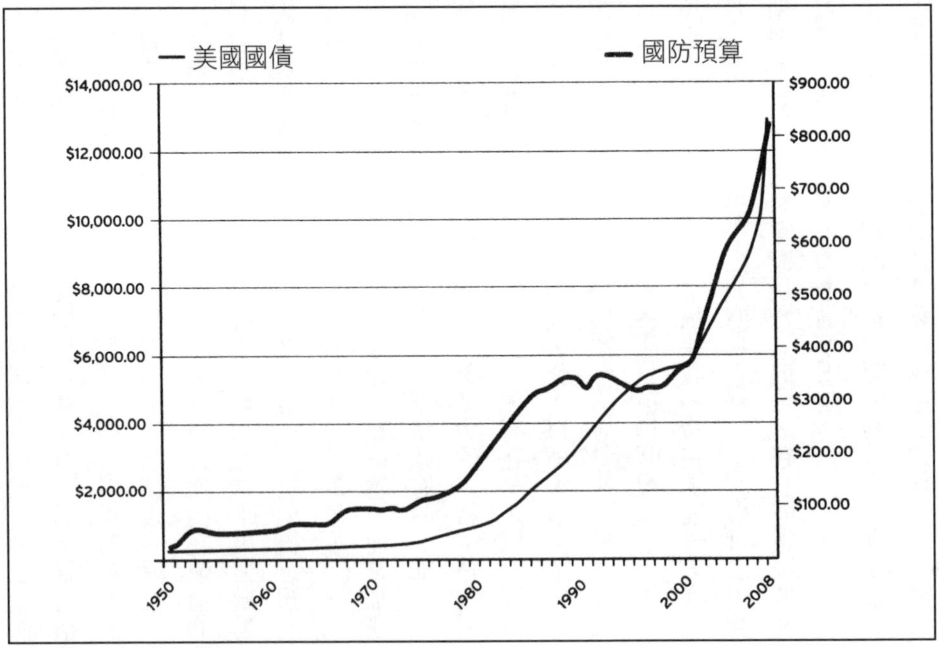

美國國債與國防預算

統性空投作戰的能力。舉例來說，在最近佔領伊拉克的行動中，美軍甚至能夠空襲轟炸表面上看起來接受控制的鄰近住宅城市。因此，美軍在這個世界上的優勢就是能夠在幾個小時之內，轟炸世界上所有地方。（注11）沒有其他政府擁有過能夠與之相提並論的能力。事實上，我們可以舉出一個例子來證明這種力量控制了全世界的貨幣體系，也讓美元變得如此強勢。

由於美國的貿易赤字，大量的美元流到境外國家。但是尼克森的浮動匯率政策讓這些外國中央銀行幾乎沒有什麼選擇，只能購買美國國債。（注12）這就是美金變成全球「儲備貨幣」的意思。這些債券應該要像是其他債券一樣，會在某個時間到期，然後由美國政府付錢贖回。但是，正如在七〇年代首次觀察到這個現象的經濟學家麥可．哈德森所說，事情從來都不是這樣：

> 美國國庫債券變成了世界貨幣之後，從來都不必兌現，而是會無止盡的進行轉手交易。這就是美國自由金融體系的小伎倆，也是向全球其他國家收取的稅金。（注13）

除此之外，隨著時間經過，低利政策與通貨膨脹更讓這些債券發生了實質上的貶值，再加上稅金的影響，或者正如我在第一章所說的「（向強國）的貢獻」。經濟學者則喜歡說這是「君主的特權」。這樣的結果讓美國帝國的強權建立在一個完全不會，且絕對不需要支付的債權上。美國國債變成一種本票，但不是給它自己的人民，而是給整個世界的其他國家，但每個人都知道這張本票絕對不會兌現。

同時，對於那些在經濟上仰賴美國，將他們的債券視為儲備貨幣的國家，美國政策倒是堅持完全相反的方向：採取非常緊縮的貨幣政策，並且嚴格要求這些國家一定要支付債務。

正如我所說，從尼克森時代開始，美國國債最重要的購買單位都是那些遭受美國軍事控制地區的國家銀行。在歐洲，尼克森最忠誠的同伴就是西德，當地派駐超過三十萬名美軍。在最近的這幾十年來，美國債券的主要買家已經移轉到亞洲，特別是日本、臺灣與南韓等國家的中央銀行，這些國家同樣都是美國的軍事保護地區。除此之外，自從一九七一年以來，唯一能夠用來買賣石油的貨幣就是美元；這也協助維繫了美元在國際市場上的地位。任何OPEC的會員國如果想要用其他貨幣進行交易，都會遭到沙烏地阿拉伯與科威特的頑強反對，這兩個國家，當然也是美國的軍事保護地區。二〇〇〇年，海珊勇猛獨斷的將石油交易貨幣改為歐元。結果，二〇〇一年發生什麼事情？美軍快速的轟炸、佔領了伊朗。（注14）究竟海珊決定阻擋美元對於美國出兵伊朗有多少程度的影響，沒有人知道。但是沒有任何想要做出相似決定的國家，膽敢忽視這種可能性。這個戰爭讓南半球的所有政策決定者都陷入恐慌。（注15）

◆

浮動匯率的美元不會改變資本主義的本質，也就是戰士與金融家之間的同盟關係，而是將這件事情推向頂峰。重新使用虛擬貨幣也沒有讓整個世界大舉回到重視榮譽與信任的時代，情況正好相反。一九七一年，改變才剛剛開始。第一張為了大眾使用而設計出來的信用卡美國運通卡，在十三年前問世；一九六八年，隨著Visa卡與MasterCard卡的出現，現代國家的信用卡制度也正式登場。所謂的現金卡則更晚，必須等到一九七〇年代。當前這樣的無現金經濟系統則於一九九〇年才會出現。這些新的信用交易工具不是因為人際關係而出現，相反的，其根源是追求利潤的企業。美國信用卡產業最早也最偉大的一場勝利，則是取消了一切對於「利息」的法律限制。

如果歷史所言為真，在虛擬貨幣的年代，我們就不會看見戰爭、建立帝國、奴隸以及勞務抵債（或者是以勞力換取金錢等等），除此之外，整個國家、社會的局勢發展，也應該趨於建立相當重要的機構（機制），甚至是以全球為單位來進行保護債務人的工作。但是，迄今我們所見的完全朝著反方向發展。新的全球貨幣比古代更為仰賴於軍事力量。勞務抵債持續成為全球招募勞動力的主要原則：在東亞或拉丁美洲的情況就像是「勞務抵債」的字面意義，或者，從更為主觀的角度來說，幾乎所有為了工資、薪水而工作的人，也都覺得自己是在為了支付各種貸款的利息而運轉著。新的運輸、通訊科技讓這一切變得更簡單，讓我們可以收取本地的工人好幾千元的交通費，並且讓他們在遙遠而缺乏法律保障的地方工作，才能夠清償這些債務。（注16）至今，如果有人創造了巨大無比的機構，幾可比擬古代中東的神聖君王或者中世紀的宗教權威，那一定不是為了保護債務人，而是用來增強債權人的權利。國際貨幣基金就是最具戲劇性代表的例子。這個機構站在一個偉大、正在興起的全球官僚體制的高峰——人類歷史上第一個真正的全球管理組織，不但受到聯合國、世界銀行、世界貿易組織的支持，無數個經濟貿易聯盟的會員國與非政府組織也都願意一起串連行動。當然，這個組織也受到了美國的保護（與指揮）。他們全部的原則都一樣：（除了美國國庫之外）「所有人都要清償債務」。因為，任何國家如果無法清償債務，這種可怕的幽靈將會危害全球貨幣體系，威脅愛迪生（Addison）心中的美好世界，讓整個世界的（虛擬）黃金變成一疊沒價值的石頭與廢紙。

這一切都是真的。但是，我們談的事情只發生

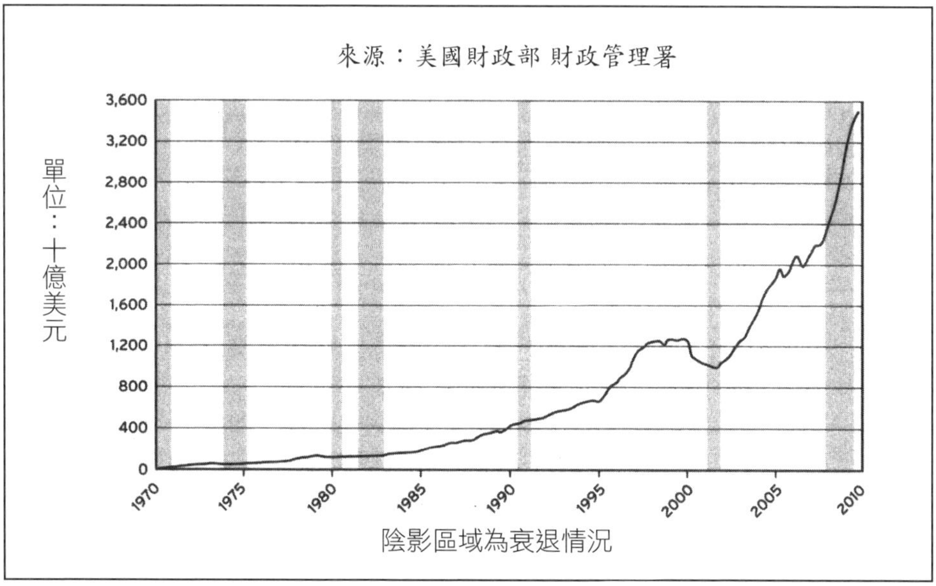

美國政府積欠外國與國際投資人的債務情況

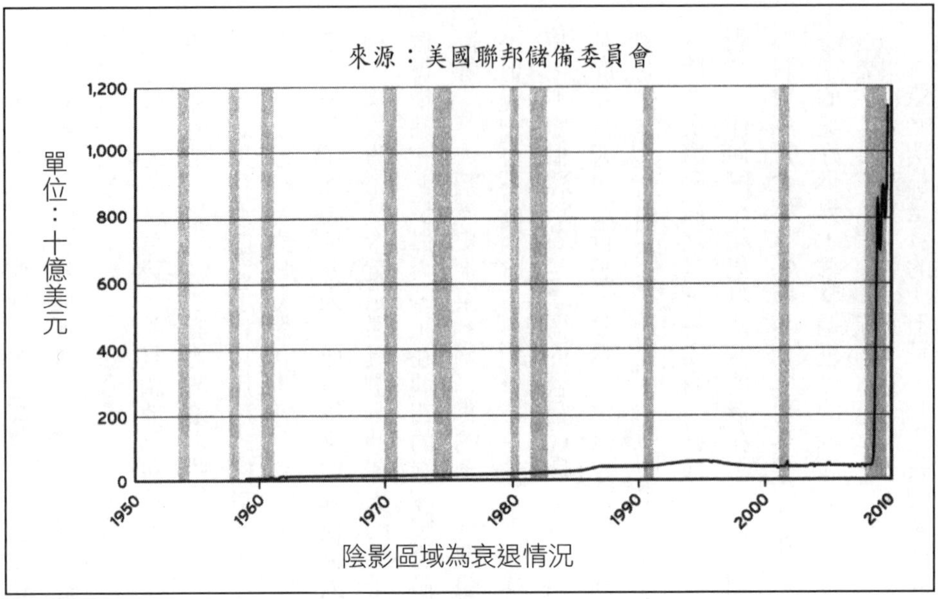

美國聯邦儲備金，已根據儲備金需求調整

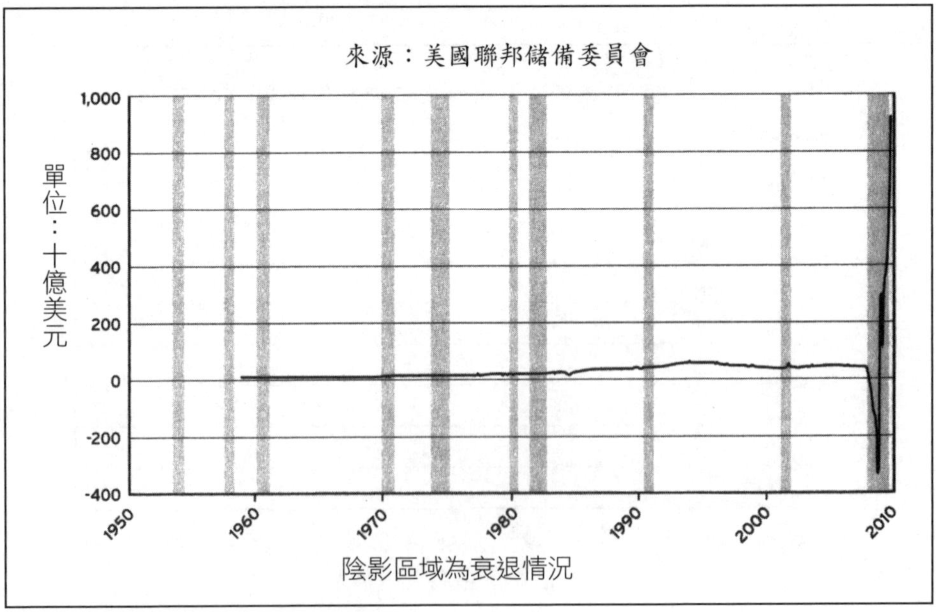

聯邦儲蓄機構儲備金之非貸款比例

在四十年前而已。當時尼克森為了美國優勢而踏出的第一步，也就是哈德森所說的「債務帝國主義」，其實也受到了相當可觀的限制。第一個遭到毀滅的就是用來保護債務人的官僚組織（除了美國政府的債主之外）。國際貨幣基金的政策堅持只有窮人需要清償債務的，遇到了一場名為全球公平運動的社會革命（也就是所謂的反全球化運動——儘管這個名字聽起來實在嚇唬人），而東亞與拉丁美洲也立刻爆發了金融革命。在西元兩千年，東亞各個國家開始抵制國際貨幣基金。到了二〇〇二年，阿根廷犯下滔天大罪：他們無法支付自己的貸款，並且逃過一劫了。隨後，美國政府的軍隊目的非常明確的開始進行恐嚇，希望能夠讓阿根廷人覺得畏懼，但是似乎沒有成功。部分原因在於，如果要資助這次軍事行動，美國政府就必須向自己的那些軍事主顧低頭，其中甚至包括自己的軍事競爭對手中國。就在美國金融體系將近全盤崩解之後，雖然還是保住了能夠按照自己意願創造金錢的能力，但也還是欠下了上百億元，根本無法支付之外，甚至也把世界經濟體系拉到懸崖旁邊，差點毀了債務帝國帶來的穩定情形。

為了讓讀者瞭解我們現在正在討論的金融危機到底是什麼一回事，以下是一些統計圖表，取自於聖路易聯邦準備銀行（位於華盛頓特區）的網站。（注17）

這就是美國在海外的負債情況：

同時，美國的私人銀行對這次金融危機的反應則是放棄假裝自己還堅守市場經濟原則，將所有可動用的資產全數放入聯準會的保險箱裡，也就是購買美國國債。

就在這個時候，某些美國的債務人覺得自己搶得優勢，開始要求美國必須認真看待他們提出的政治要求。

針對債務貨幣化議題，中國向美提出警告

達拉斯聯準會主席理察．費雪（Richard Fisher）在近期訪視中國時，幾乎每個地方都要求他傳話給

美國聯準會主席柏南克：「不要再繼續淘空自己的信用來購買美國國債了。」（注18）

我們永遠不清楚從亞洲「抽」出來、用來支持美國這台戰爭機器的錢，是否應該視作「貸款」或者是「進貢」。無論如何，中國突然成為美國債券的主要持有人，確實改變了整個世界政治的局勢。有些人或許會問，如果這些錢真的是「進貢」，中國（做為美國的主要對手）為什麼要以購買債券作為第一步？姑且不論中國默許過許多次的貨幣政策，只為了讓美國維持美元價值以及消費者購買力（注19）。但是，我認為這就是一個非常好的例子，可以說明為什麼採用長期的歷史觀點將會非常有助於我們的認知。

從較為長期的觀點來說，中國的行為一點都不令人覺得困惑。事實上，這是相當好的決策。至少從漢朝開始，中國帝國的特色就是採取相當特別的進貢制度，用來讓其他地方的人承認中國皇帝就是天子。因此，他們非常喜歡送給臣屬國相當豐厚的禮物，甚至遠比後者的回禮還要多。這種手法已經發展成一個特殊的外交技巧，特別用來對付來自於大草原上的「北方野蠻人」（也就是經常威脅中國邊境的那些族群）。用這種財寶作為壓制手法，讓這些野蠻人變得志得意滿、盡失男子氣概並且一點都不想要戰爭。這種「進貢交易」具體實現在處理對日本、臺灣、韓國以及其他東南亞國家關係的時候。在一四〇五年至一四三三年期間，由太監海軍將領鄭和拓展到了全世界。鄭和領導了七次橫跨印度洋的海上探險。中國的「財寶艦隊」不只帶了數千名的武裝海軍，也有無數的絲綢、瓷器以及其他中國製的奢侈品，用來送給那些願意承認中國君王權威的當地統治者，跟一個世紀之後的西班牙艦隊，形成了非常強烈的對比。（注20）從表面上看來，這種外交政策充滿了極端的沙文主義（「那些野蠻國家怎麼可能會有我們真的需要的東西呢？」），但是，考慮到中國鄰近國家的情況，這確實是相當睿智的手法。這些國家相對規模較小，但確實造成潛在的麻煩。事實上，美國政府在冷戰期間也採取了相當類似的外交政策，向同一批國家如日本、臺灣、南韓與鄰近其他願意親美的國家，提供了相當優惠的貿易條例。這些原本都是歷史上相當親近中國的國家，但美國卻藉此讓他們成為自己的盟友。（注21）

如果我們能夠把中國這種政策手法放在心上，就很容易看清楚眼前的局勢。當美國政府無法掌握世界經濟大權時，卻還是能夠使用中國式的進貢外交手法。因此，在美國軍事能力所能企及的國家，他們都得到了擺脫貧窮、擠身第一世界的機會。（注22）在一九七一年之後，當美國統治全球的權力開始逐漸衰退，他們也只好開始採取更為老派的進貢式手法。但是，中國開始登上全球舞台卻導入了另外一個嶄新的因素。我們有非常充分的理由相信，對於中國來說，這種讓步只是讓美國變成過去那種臣屬國的長期作戰第一步。當然，中國統治者的內心當然不想經營慈善事業，這點跟全球其他統治者一模一樣。各種政治算計行動永遠都會不斷出現，而新聞頭條所標示的東西，就是這些行動背後的成本，在第一時間展露初來的模糊圖像。

◆

迄今我所討論的事情，都試用來強調在這本書裡一再探討的課題：金錢絕對不是最重要的東西。事實上，金錢「真的」什麼東西都不是。因此，金錢的本質一直都是也可能永遠都是政治辯論的主題。在美國歷史的早期某些階段，美國選民確實曾經非常質疑「中央銀行」這個概念，正如在十九世紀時，支持黃金、擁護美元、自由銀行家、雙金本位義者與白銀主義者們之間所發生的爭論一樣。以致於聯準會系統必須等到一戰前夕才能誕生，將近晚了英格蘭銀行三百年左右。就算是美國國債的貨幣化，正如我所說，都是一把雙面刃。正如傑佛遜所見，這就是戰士與金融家之間最具備破壞力的連結型態；但也讓人們可以將政府視為道德上的債務人，自由也就更像是國家所虧欠人民的東西。馬丁．路德．金恩博士的〈我有一個夢想〉演講或許就是最雄辯滔滔的作品。金恩博士在一九六三年的林肯紀念廳前說：

「從某個意義來說，我們來到這個國家的首都，希望兑換一張支票。當這個共和國的巨擘寫下偉大的《憲法》與《獨立宣言》時，就是寫下了一張讓所有美國人民都可以兑現的支票。這張支票承諾，所有的人，是的，無論你是黑人還是白人，都能夠擁有『生命、自由與追求幸福』的『不可剝奪的全力』。顯然的，只要談到膚色的問題，美國政府今天已經無法向自己的公民兌現這張支票。它沒有實現這個神聖的義務，甚至讓黑人得到一張空頭支票，上面寫著『資金不足』」。

我們也可以用同樣的角度來觀看二〇〇八年的金融危機。這就是債權人與債務人、富人與窮人多年來進行政治角力的結果。確實，這就是整個局勢應該會得到的結果：一場騙局。這個偉大無比、精心設計的龐氏騙局帶來這場金融崩潰，而我們都知道這些騙徒甚至能夠強迫被害人替他們繳交出獄的保證金。從另外一個角度來說，這也是金錢與信用制度之定義戰爭的高峰。

在第二次世界大戰結束之後，勞工階級反抗的陰影一直縈繞在歐洲、北美統治階級的心頭。但是，在這之前的幾個世紀，他們其實早就已經沒有這種苦惱了。這主要是因為某個心照不宣的社會安排暫時終止了階級戰爭。粗略來說，北大西洋國家、從美國到西德的白領勞工階級，都得到了一份提議。如果他們同意放棄任何關於徹底改革制度的幻想，就可以繼續保有工會，享受大幅度的社會福利（退休金、假期與健康保險等等），或許，最重要的條件是這個：藉由（國家）慷慨的捐助與持續擴張的教育機構，他們知道自己的孩子將會擁有合理的機會，可以完全跳離勞工階級。在這個協定當中，勞動生產力的提升應該要對應到工資的上升。這個彼此心照不宣的協定，也一直順利運作到一九七〇年代晚期。這個合約讓這段期間的生產力與收入水得都開始劇烈的上升，創造了當代消費者經濟的基礎。

經濟學家將這段期間稱做「凱因斯年代」，因為當時幾乎各地的工業民主政體都採用了凱因斯的經濟模型，羅斯福的新政基礎當然也不例外。因此，凱因斯較為寬鬆看待金錢的立場，也自然成為那個年代盛行的態度。讀者應該都還記得凱因斯完全同意銀行能夠「憑空」變出金錢。基於這個理由，任何財務吃緊的政府都沒有理由拒絕用這種方式促進需求。長久以來，債務人都覺得這是好消息；但卻是對債務人的惡夢。

在那個年代，凱因斯本人的特色就是經常發出非常驚人的言論，例如要求完全消除任何以他人債務為生的階級。按照他本人的說法，就是「食利人士的安樂死」，但是他指的其實是藉由逐漸的減低利率而消除「食利人士」。許多凱因斯學派的理念在問世不久之後，也都逐漸擺脫了激進的色彩。實際上，這就是政治經濟的偉大傳統，一路可以追溯到亞當斯密的無債烏托邦。但是，李嘉圖將地主譴責為寄生蟲的說法，並且有害於經濟成長的說法仍然相當特別。凱因斯只是沿著這個路線發展，將食利人士視為封建時代的剩餘產物，已經完全無法配合資本積累的時代精神。因此，凱因斯根本不認為應該要發起一場革命：

> 我認為，資本主義的食利階段只是一種轉型的過程，終究會再完成自己的使命之後就消失了。等到食利人士消失資後，整個資本主義的其他層面就會產生相當巨大的變化。甚至，可能會對我所提倡的事物秩序產生非常好的影響。食利人士的安樂死與投機客的失能，都不會是瞬間發生的事情……當然也不需要革命。（注23）

在二戰之後，凱因斯學派的經濟方案最後終於順利進行了，但其影響範圍只佔了全球人口相當少的比例。隨著時間經過，越來越多人想要參與凱因斯式的新政。從一九四五年至一九七五年，幾乎所有的群眾運動，甚至是革命運動，都可以看做是要求「納入」。例如，人們要求政治平等，並且主張沒有一定層級的經濟安全，所謂的平等就沒有意義。這種說法不僅能夠試用在未能進入新政的北大西洋國家的少數族群（他們是就是第一批沒有被納入新政的人），也包括金恩博士口中說的那些人。但是，在一九六〇年代晚期至一九七〇年代之間，從阿爾及利亞到智利的「民族解放運動」則是人類歷史首次大規模的女性主義運動（或許也是最重要的）。在七〇年代的某些時間點，許多事情都到達了臨界點。它呈現出資本主義作為一套經濟系統，卻無法照顧所有人的缺點。如果資本主義的工人全都是自由勞工，這個系統甚至相當有可能無法繼續維持下去；當然，這個系統絕對無法讓全世界的人都得到宛如一九六〇年代的密西根或圖寧汽車工人般的生活——這些擁有自己的房子、車庫，還能夠供應小孩念大學。就算這麼多孩子開始要求自己的生活不要如此充滿毫無希望，也仍然無法改變這件事情。這種結果導致了所謂的「納入危機」。到了一九七〇年晚期，整體局勢已經將近崩解，金融混亂、糧食短缺引起的暴動以及石油危機所自動引發的瘟疫，散播出一種世界末日的預兆，彷彿成長即將結束，環境也將陷入危機。最重要的是，這一切讓人民開始注意到，新政承諾的一切都已經沒了。

當我們開始用這種方式來瞭解整個故事時，就可以很輕易的看出，在未來的三十年之內，也就是大約從一九七八年至二〇〇九年間，幾乎都是朝一樣的模式發展，除了當初的勞資承諾與安排確實發生了一些改變之外。當美國的雷根與英國的柴契爾對勞工工會的力量與凱因斯思想的遺緒發起攻擊時，其實已經非常明顯傳遞出一個訊息：當初的承諾已經不算數了。現在，每個人都擁有自己的政治權利。到了一九九〇年，即便是拉美裔與非裔美國人也不例外。但是，這些政治權利在經濟層面上一點意義也沒有。生產力與工資之間的關係已經

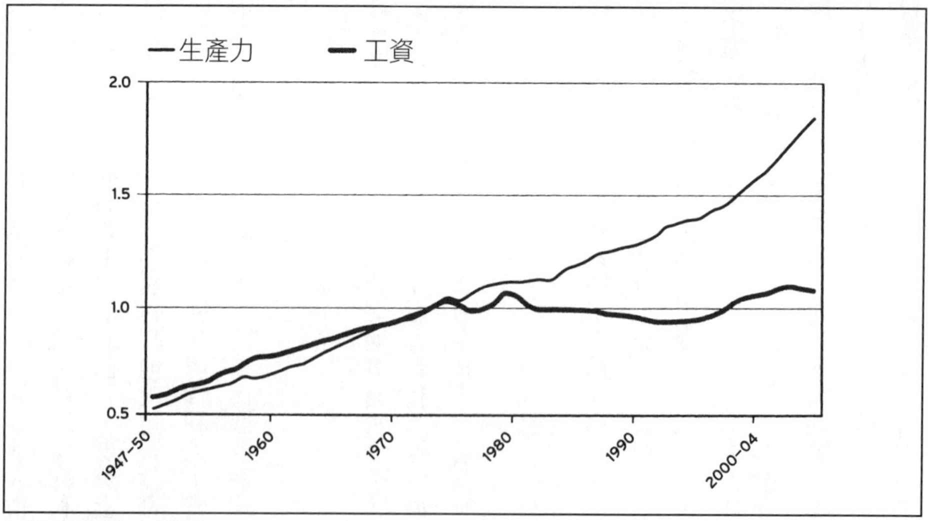

工資與生產力關係

遭到毀滅：生產比例持續上升，但工資卻毫無進展，甚至開始萎縮。（注24）

這種發展現象所帶來的第一個結果，就是重返「貨幣主義」：即使貨幣已經不再是由貴重金屬或其他財物所製成，政府與中央銀行的政策仍然將控制貨幣供應量視為首要目標。因為，他們必須確保貨幣就是相當稀有的財務。就算貨幣的金融化代表許多用來投資於市場中的金錢，都不能與任何商業生產有關；但是，在前述這種政策下，這些金錢也變成了純粹的投機投資。

以上這些事情不代表全世界的人民沒有拿到政府的交易提案：但是，正如我所說，政府修改了相關條件。在新的制度安排中，工資已經不再提升，但政府鼓勵勞工也一起「參與資本主義」。每個人都應該變成食利族，而不是消滅食利族。換句話說，當資本主義嚴苛的剝削這些勞工時，他們也歡迎勞工來分一杯羹。這種分紅的方法相當多，但彼此類似。美國推行了四〇一K退休計畫，還有無數種方法鼓勵公民參與市場運作；除此之外，也歡迎他們借款進行投資。柴契爾主義與雷根主義之間有一個非常相似的主要原則：如果一般勞動階級不願意用自己的房子抵押進行投資，整個經濟改革就不算獲得廣泛的支持。這就解釋了在一九九〇年代與二〇〇〇年代時，為什麼會出現這麼多不動產二次抵押抵押計畫。由於人民預期房價只會上升，因此坊間的流行用語說，房子就像「自動提款機」一樣，但事實證明，它更像信用卡。隨後就是實體信用卡的大幅擴散，每一間銀行甚至都在不斷修改服務內容，相互較勁。對於許多人來說，「參與資本主義」這件事情讓他們不知不覺的陷入了某些局面。這種情況，幾乎與勞動貧窮階級所熟悉的惡夢一模一樣。在過去，美國法令曾經規定借貸所衍生的利息必須限制在百分之七至百分之十之間。但是，在一九八〇年代時，國會法案廢除了這項限制。這個例子非常像是美國政府為了擺脫政治貪污問題，所以立法允許了賄賂議員這種行為；同樣的，高利貸問題也能夠用這種方法解決。因此，我們能夠看見百分之二十五、百分之五十甚至是百分之一二〇（當天清償的貸款歷年）這種年利率都從犯罪變成了合法行為。同樣的，強制收取款項的傢伙已經不是打手了，更不需要在被害人的家門口放幾隻遭到肢解的動物來恐嚇他們。現在負責這項工作的人是法官、律師、執行官與警察。（注25）

當時四處也都開始流行起各種用來形容新生活型態的名詞，例如「金融民主化」、「日常生活的金融化」。（注26）在美國境外，這就是所謂的「新自由主義」。作為一種意識型態，新自由主義認為市場與資本主義（我必須持續提醒讀者，這兩個東西其實不是同一回事）都必須變成（幾乎）所有事情的指導原則。我們都必須把自己看成是一間小型企業，並且依照「投資人與執行長」的精神關係，來打造自己的組織，換句話說，也就是銀行家與戰士。銀行家冷靜且充滿算計，戰士積欠債務，拋下了一切個人榮耀，已經成為了可恥的機械。

在這個世界，如果許多人都無法償還自己的債務，那麼做到這件事情就已經變成道德的標準定義了。舉例來說，美國許多大、小型企業在面對債務的時候，總是會想試試看如果自己不按時償還，究竟會發生什麼事情。這已經變成一種相當常見的特色。唯有在各種提醒、刺激與法律文件寄到公司的時候，他們才會選擇乖乖還錢。因此，當代的市場領域中已經完全失去了道德原則。（注27）這樣的結果或許讓債務周遭開始浮現出宗教的光芒。

事實上，我們甚至可以談論兩種不同的債務神學：債權人的部分是一種，債務人則是另外一種。美國債務帝國的主義興起之後，國內也開始盛行福音右翼，這絕對不是巧合。福音右翼的核心理念就是捍衛基督教神學當中所有的現存原則，並且熱烈的接納「供應經濟學」，主張有效率的替富人創造財富，就是最符合《聖經》當中建立繁華國家的方法。最雄心壯志的新教條導師也許就是喬治．蓋爾德（George Gilder）。他的作品《財富與貧窮》（*Wealth and Poverty*）也成為了一九八一年的暢銷書。當時正是雷根經濟革命的開端。他認為，那些主張不能憑空創造金錢的人，全都陷入了一種過於老古板的、無神論式的物質主義裡面，所以不瞭解上帝可以憑空創造任何東西。因此，上帝給人類最好的禮物就是創造力，人類也正在朝著發揮創造力的方向前進。藉由承擔風險、相信其他人的創造力，投資人確實可以憑空創造出各種價值。蓋爾德完全不認為人類學習上帝「憑空創造」的能力是一種過於傲慢的原罪，相反的，他還主張這就是上帝想要人類去做的事情。因此，金錢的出現是一種祝福、禮讚，並且傳遞了上帝的恩惠。當然，這也是一種支票，但絕對不是無法兌現的那一種。就算債券持續發生轉手，但是信仰（也就是所謂的「我們相信上帝」）仍然能夠體現他們的價值。

不相信資本主義未來的經濟學家，將會忽略機會與信仰帶來的能量可以決定未來。不相信宗教的經濟學家，則無法瞭解人類在崇拜行為中完成了多少成就。機會是改變基礎，也是神聖意志的容器。（注28）

這種概念盛行讓諸如派特．羅伯森（Pat Roberson）等福音教派學家宣稱，供應經濟學是「創造貨幣的理論中，最真實的神聖理論」。（注29）

但是，對於那些不能創造金錢的人來說，神學意涵又是另外一回事了。瑪格麗特．愛特伍（Margaret Atwood）在近年來提出「債務就是新的麻煩」。在她的家鄉多倫多，公車已經放棄了張貼多年用來讓人害怕自己在性上面沒有魅力的廣告。現在的廣告目的在於建議人民如何擺脫那些討債族。這點讓愛特伍飽受打擊：

電視上甚至還有債務節目，看起來就像是要讓那些債務人重新皈依宗教。他們會先解釋什麼是購物強迫症。你不知道自己當時到底怎麼發生了什麼事情，一切都是這麼模糊。讓自己身陷可怕債務的人都在電視上流下了懺悔的眼淚，卻只能依賴說謊、欺騙、偷竊或者遊走在不同銀行帳戶之間來躲避債務。債務的傷害已經摧毀了他們家人與摯親的生活，但債務人的親朋好友仍然會在現場見證一切。節目主持人會提出相當具有同情心，但非常嚴苛的建議，就像牧師或者是宗教復興主義者一樣。到了某個階段，債務人會開始尋找光芒、懺悔並且承諾再也不會這麼做。除此之外，節目也安排了一場精彩的自我懺悔過程，讓債務人拿起剪刀，剪掉一張又一張的信用，隨後就是嚴格控制理財的新生活計畫。如果一切順利的話，債務人會還清債務，他的罪得到了赦免與洗禮。等到隔天日出時，在你眼前的這個人，雖然看起來有點悲傷，但是已經能夠獨自處理自己的債務。（注30）

在這種神學中，投機冒險絕對不符合上帝的旨意。一切正好與前面的福音教派所主張的相反。但是，對於窮人來說，一切都不是這樣。愛特伍所描述的電視節目內容，其實就像是金恩牧師那篇先知演講的相反。在戰後的第一個世代，政府把集體債務施加到最虔誠的公民身上，甚至需要那些做出清償承諾，卻無法遵守的人。可是，現在這些虔誠的公民卻被告知自己是一個罪人，必須尋找另外一種個人的解放，才能擁有與其他人產生道德關係的權利。

同時，新的金融體系也有一些相當欺騙人心的設計。以上所說的道德衝突，其實都建立在同一種假設上：個人債務起因於自我的放縱，也是傷害自己所愛之人的原罪——因此，救贖必須是一種攸關洗淨的事情，也涉及到重新拾回自我的拒絕誘惑與禁慾。這種說法掩飾了一個相當重要的事實：現在每一個人都已經負債累累了（根據估計，平均每個美國家庭的負債數字是收入的百分之一三〇），而且這些債務幾乎不是來自於賭馬或者購買豪華的飾品。只要人民借用這些錢的目的，符合經濟學家所說「可自由支配的開銷」（discretionary spending），通常就是用來花費在小孩身上、與朋友分享、或者是建立、維持與他人之間的關係——當然，這種人際關係也絕對不是唯利是從的計算而已。（注31）換句話說，如果一個人想要過得比「活下來」更好的人生，就必須背負債務。

從資本主義問世之後，幾乎所有的政治都會讓某個單一主題產生多種不同的變形。從最終極的角度來說，資本主義認為自己的社會裡充滿各種暴力、犯罪與邪惡。但是，大多數的美國平民，包括非裔與拉丁美洲裔的美國人、晚近移民與其他曾經被排除在信用制度之外的人，都還是堅持繼續熱愛彼此的同胞。他們從「家庭」得到了自己的房間，在宴會中享受飲料與高級音響，從朋友那裡得到禮物；他們甚至想繼續想要舉行各種婚禮與葬禮，無論這麼做是否會讓自己捉襟見肘或者是破產——顯然的，既然現在每個人都認為自己是小資本家，為什麼不能夠憑空變出一些錢來用呢？

我們當然不應該過於誇大「可自由支配的開銷」的角色。美國境內的破產主因是一種災難性的疾病。大多數的人為了生存而借錢（如果沒有車子，就無法去上班）；逐漸的，許多人也必須為了念大學而貸款。這也讓他們至少必須將一半的職業生涯用來清償債務。（注32）但是，我仍然必須強調，對一個真正的人來說，只是「活下去」而已一點也不夠。生命也不應該只是這樣而已。

在一九九〇年代時，這樣的緊張關係也變得全球化。過去那種為了大型計畫（例如建設阿斯旺水壩）而貸款的行為已經消失了，取而代之的是微型貸款計畫。受到孟加拉鄉村銀行（Grameen Bank in Bangladesh）的刺激，新的運作模型是在貧窮的社群中找到正在萌芽的企業，並且提供相當低利息的貸款。「信用」正如孟加拉鄉村銀行所堅持，「是一種人權。」除此之外，這種微型貸款的觀念也非常仰賴於將「社會資本」，也就是貧窮地區居民在克服艱難生活環境時，所展現出來的知識、網絡、連結與創意轉變為創造更多（延伸性）資本的方法，一年可以帶來百分之五至二〇左右的利息。

正如人類學家茱利葉．艾亞夏（Julia Elyachar）所說，這種發展情況創造了一把雙面刃。在一九九五年的開羅，另外一位非常誠實的NGO顧問曾經向她解釋道：

金錢是一種權力、賦權的工具。因此，這些錢就是用來讓那些人得到力量。你想要當大人物，就要像大人物一樣思考。如果這些來借錢的人不還錢，就會被抓去關，所以根本沒有煩惱的必要啊？

在美國，我們每天逛百貨公司的時候，都會有十個人來推銷信用卡。你為了那些信用額度付出相當驚人的利息，像是百分之四十之類的。但是，那些信用卡就在眼前，所以你還是辦了卡，讓整個皮包裡面都是信用卡，進而自我感覺非常良好。在這裡，整件事情的道理也一樣，那為什麼不想辦法協助這裡的人一起負債呢？只要他們會還錢，難道我真的在意他們用這些錢做什麼嗎？（注33）

這兩段言論讀起來非常沒有條理與邏輯。我們唯一讀到的堅定立場就是：人們應該要負債。這件事情很好！讓你覺得自己很有力量。就算債務變得太過於孔武有力，我們可以把他們抓起來。債務與權力、原罪與救贖，也因而變成彼此難以區分的事情。自由就是奴役、奴役就是自由。在艾亞夏作客開羅的期間，所有人都理所當然的以為每個學生內心都非常腐敗，還把整個系統視為自己的搖錢樹，更別提那些實際參與這個系統的人。從這裡，我們也可以很清楚的看出，過去那種建立在長期信任關係之上的經濟生活，已經藉由信用制度的官僚機構，變成徹底的犯罪。

在下一個十年之內，這種微型貸款計畫開始變得像美國次級房貸一樣危險，就算是在其發源地南亞地區也一樣。沒有良心的貸方開始大量參與，各種欺騙用的財務評估資料都送到了投資人的手上，利息大幅上升，借方則試著集體拒絕清償債務。於是，貸方派出了打手，希望從借方原本就已經少到可憐的財產裡拿點東西回來（例如波浪形狀的鐵皮屋頂）。這種發展帶來的結果就是陷入金融陷阱的農夫大量自殺，其效應如同流行病一樣可怕，也讓他們的家人再也不可能逃離這種可怕的環境。(注34)

這個新的貸款計畫最後也引發了一場納入危機，就像一九四五年至一九七五年的循環。它證明了我們不可能把世界上所有人都納入微型合作裡面，也不能讓所有想要擁有自己房子的家庭都可以參與「民主式的信用制度」（但是，如果你仔細想一下這件事情，就會發現如果我們有方法蓋自己的房子，為什麼他們不行？他們不配擁有一間屬於自己的房子嗎？）這就像是我們也知道根本沒辦法讓所有聘僱勞工都擁有自己的工會、退休金還有健康福利政策等等。資本主義的運作模式根本就不是這樣。它是一個真正的權力競爭與排外系統。當系統遭遇到毀滅關頭時，就會出現反覆一致的病徵，正如一九七〇年代的情況：食物引起暴動、石油危機、金融崩潰，人們突然頓悟到眼前的方法根本無法長久，只好眼巴巴的看著眼前宛如聖經啟示錄一般的場景。

在次級房貸危機的高峰中，美國政府被迫決定誰才是真正能夠憑空創造金錢的人：金融家還是公民？答案很好猜。當然就是那些「用納稅人的錢來交保」的金融家。基本上，這就代表他們用想像力創造出來的金錢，就像真正的錢一樣。至於那些次級房貸貸款人只好把自己的命運交給法院，希望他們能夠仁慈的網開一面，毫無抵抗能力。法院的審判依據則是一年前通過的破產法，完全就是用來針對債權人（你確實可以認為這個法律太過於有遠見，令人心生質疑）沒有任何事情發生改變。所有大型的決議都遭到延置。許多人期待的「偉大對話」並沒有發生。

◆

現在的我們活在歷史的關鍵。信用危機已經向我們提出了一個非常鮮明的證明，也就是上一章的討論重點：資本主義不能夠生存在一個人人相信它會永垂不朽的世界。

對於前幾個世紀的人來說，不可以無限的創造出信用額度。因為，他們假設經濟系統本身一定會崩解。未來也因此可能出現完全不同的光景。但是，不知道為什麼，人們所預期的革命從來沒有發生。金融資本主義的基本結構還是完整無缺。只有在我們越來越清楚自己無法依賴當前的制度時，這種集體的幻想才突然像是一頭撞上牆一樣。

我們有非常好的理由相信資本主義本身無法繼續撐過太多個世代，就像環境學家一直提醒我們，在一個有限的星球上，不可能永遠供養一個持續成長的引擎。這就是最明顯的原因。當前的資本主義也不可能創造出巨大的科技突破，或者提供讓我們開始探索、殖民其他星球的足夠動能。但是，當人們面對資本主義即將瓦解的情況時，最常出現的回應——甚至是對於那些自稱為「前衛主義者」的人來說——就是單純的恐懼。我們之所以會緊緊抓住眼前的東西，就是因為不確定即將出現的替代品是不是會更糟糕。

我們為什麼會走到今天這個地步？我個人傾向仔細檢閱美國資本主義的軍事化帶來的效果。事實上，過去三十年來，這個巨大的官僚機構創造、維持這種毫無希望的氛圍。這台巨大的機械最重要、首要的存在原因，就是消滅任何可能取代資本主義的選項。它的根源就是統治者用偏執來回應一九六〇年、七〇年的動亂，確保所有社會運動都不會成長、茁壯或是提供任何替代方案；所有挑戰既有權力制度的人，無論在任何情況下，都不會得到勝利。（注35）為了完成這個目標，就必須建立巨大的軍隊、監獄、警察、各種私有安全公司、軍警情治單位還有鋪天蓋地的政治宣傳手段。這些單位鮮少直接攻擊各種替代方案，相反的，他們會創造出各種恐懼、侵略與絕望的氛圍，讓一切想要改變世界的念頭，都變成一種無知的妄想。對於「自由市場」的支持者來說，維繫這個系統的存續甚至比保護任何一個經濟市場都還要種要。否則我們如何解釋發生在蘇聯的事情呢？我們原本以為冷戰結束後，蘇聯的軍隊與ＫＧＢ會解體，然後重新開始建造各個工廠。但是真正的情況卻完全相反。這個例子雖然非常極端，但四處都是這樣的情況。從經濟學上的角度來說，這個維持系統非常沈重，槍枝、監視鏡頭、政治宣傳工具都非常昂貴，而且無法生產任何東西。毫無疑問的，這當然就是另外一個拖垮資本主義的原因。另外一個原因則是人類揑造了資本主義將永生的錯覺，也製造出無限個泡沫經濟得以成形的基礎。所謂的財務資本，變成了買賣未來的工具；至於經濟自由，對於大多數的人來說，也限縮為用來購買主從關係的權利。

換句話說，在「將資本主義建立為唯一可以用來管理事物的方法」的政治命令以及「不知必須設定未來界限，否則投機行為將很有可能變得瘋狂」的資本主義特質之間，產生了非常嚴重的矛盾。一旦這個矛盾的衝突真的發生了，而整個資本主義機器也產生內部的爆炸時，我們就只能陷入在這種奇特的狀態之中，完全無法想像任何能夠有效處理這一切的制度安排究竟是什麼。我們唯一能夠想像的事情，就是大災難。

◆

為了能夠解放自己，我們必須做的第一件事情就是再一次把自己想像成歷史中的行動者，換句話說，就是能夠在世界事件中做出不同改變的一群人。這就是歷史上有過的軍隊想要掃除的人類特質。

就算我們現在處在非常長遠的歷史循環關鍵，仍然能夠決定這個世界究竟要走向哪個地方。舉例來說，上一次我們從黃金經濟轉移到虛擬貨幣時代，是軸心時代的末期與中世紀的開端，當時的制度移轉立刻帶來了一系列巨大的災難。這一次也會出現一樣的結果嗎？答案幾乎完全取決於我們如何避免發生這樣的事情。回到虛擬貨幣制度，是否會讓我們遠離巨大的帝國與長存的軍隊，並且創造出大型的結構，用來限制債權人造成的破壞呢？我們則有非常好的理由可以相信這件事情確實會發生。如果人性深處仍然想要生存下去，這或許就是我們必須去做的事情。但是卻無法確定到底需要多久的時間，或者是這一切究竟會變成什麼模樣。資本主義用許多方法將這個世界轉變為再也無法復原的模樣。我在這本書裡面想要傳達的並不是「下一個時代會是什麼模樣」，而是希望拓展讀者的視野，強化我們對於許多可能性的認知；並且提出一些問題，讓我們都開始帶有深度的思考，並且投入相當多的時間。

讓我提出一個例子。我曾經討論過二戰以後的兩個群眾運動循環。第一次（一九四五年至一九七八年）的主題是要求國家公民權利；第二次（一九七八年至二〇〇八年）則更直接的針對資本主義。在第一次群眾運動時，中東地區對於全球局勢挑戰幾乎都受到馬克思主義的啟發；第二次的中東地區則大舉受到了伊斯蘭的激進教義影響。這點對於我們現在的討論非常重要。考慮到伊斯蘭世界總是將債務視為社會原則的核心，當然非常容易就能夠瞭解他們的訴求。但是，為什麼伊斯蘭世界沒有把整個議題拓展的更為廣泛呢？在過去五百年來，至少有兩次巨大、激烈的道德與金融創新來自於現在的伊拉克。第一個就是帶有利息的債務。制度的時間甚至可以追溯到西元前三千年；第二次則在西元八〇〇年左右，當地發展出一套相當精緻複雜的商業系統，並且徹底拒絕了高利貸。我們是否還有可能得益於這個地區的創造力呢？對於大多數的美國人來說，這個問題非常詭異；因為他們總是認為伊拉克人如果不是受害者，就是瘋子（通常，佔領者都是用這種角度來評價被佔領者）。然而，在反抗美國佔領的伊斯蘭勞動運動中，最優秀的團體自稱是沙德主義者。這個名字取自於當代伊斯蘭經濟體系的其中一位創造者：穆罕默德·巴奇·沙德（Muhammad Baqir Sadr）。當然，當今伊斯蘭經濟體系中確實不太令人印象深刻

（注36），也不可能對資本主義造成直接的挑戰。但是我們仍然要思考在這些群眾運動中，各種有趣的對話都是現在進行式，例如對於顧傭勞工的討論等等。或許，我們不應該鄉愿的期待這場來自於老舊父權社會以及純淨道德批判的反抗行動。也許他們最後會得到訴諸女性主義，或者是伊斯蘭女性主義的答案。我們唯一可以確定的是，如果歷史還沒終結，任何令人驚豔的新觀念就一定會誕生。

◆

現在唯一明確的事情，就是我們一定要放棄陳舊的思考習慣。這些東西就算不是那座毫無希望的官僚體制零件，大多數也都已經變成死氣沈沈的東西，只會帶來相當重的負擔。我們要試出新的東西，否則就不可能創造出新的理念。這就是我在這本書裡面不斷討論市場，並且提出就是因為在「國家」與「市場」間做出了錯誤的選擇，才會讓某個政治意識型態壟斷了好幾個世紀以來的一切，以致於我們很難討論其他思想。

真正的市場發展史，絕對不是我們在受教育的過程中所學到的那些東西。我們現在所能觀察到的早期市場，大部分都只是一些外緣發展結果。換句話說，只是古代美索不達米亞那些精心設計的行政體系所推動的衍生效應而已。他們主要的運作單位就是信用制度。現金市場隨著戰爭而興起，並且藉由稅務與進貢制度而大舉流通。當然，這些政策最原始的目的是為了供養士兵。只是現金市場卻在其他各種領域都發揮了自己用處。到了中世紀，隨著當時的人重返信用系統之後，我們才第一次看清楚什麼叫做市場民粹主義：市場可以存在於國家之上，不受國家控制，並且與國家相抗衡。這就是印度洋沿岸的穆斯林世界，也從重現在白銀革命時期的十五世紀中國。一般來說，這種現象起源於商人因為各種原因與一般市民結為聯盟，一起對抗國家巨大的行政機器。但是，市場民粹主義也充滿了各種矛盾，例如它本身的存在需要依賴國家。最重要的是，由於市場民粹主義需要建立建立一種真正的市場關係，換句話說，就是那些不屬於利益計算的東西，例如榮譽、信任、終極的社群與相互協助等等更為典型的人類經濟特質。（注37）這就讓「競爭」變成相對沒這麼重要的元素。從這個角度來說，亞當斯密創造所謂的無債務市場烏托邦時，就是想要結合這種不太可能出現的元素以及基督教西方世界的軍事市場行為。他這種想法確實非常具備先知色彩。但是，就像所有對世界產生巨大影響的作者，亞當斯密也受到了當時的時代精神影響。自此之後，我們就可以看見有人藉由擺盪於兩種民粹主義——國家與市場，藉此獲取政治利益，而沒有人注意到他們在談的其實只是同一個事物的兩面而已。

我們之所以沒有注意到這件事情的原因，也許就是因為暴力已經扭曲了周遭所有的事情。戰爭、征服與奴隸不只是在將人類經濟移轉為市場經濟時扮演了相當重要的角色，社會中幾乎沒有任何機構不受到暴力的影響。第七章結束時所出現的故事，也表現了「自由」這個概念如何經由羅馬奴隸制度產生轉變，從「交朋友的能力」、「與他人建立道德關係」等等，變成完全不合邏輯的追求絕對權力。或許，這個故事是最戲劇性的例子——更危險的是，整個發展情況讓我們非常難以想像有意義的「人類自由」觀念究竟代表什麼事情？（注38）

如果這本書確實表達出一些值得探索的事情，大概就是人類歷史的發展過程中究竟出現多少暴力，才把我們帶到某個情境中，讓我們可以在這裡思考什麼是生命的意義。只要我們想想看自己的日常生活經驗到底出現了多少與不符常理的事情。正如我所強調，共產主義也許就是所有人際關係的基礎——「愛」就是日常生活裡面最顯著的共產主義表達形式——但是我們也永遠都會看見某些交換機制存在於「愛」的內裡，甚至存在著一種階級秩序。這種交換機制可以衍生出無數種的變形，其中大多數都是完全無害的。我們在這裡要討論的當然就是符合利益計算精神的那種交易模式。正如我在一開始的說法：「提供恩惠」跟「借錢」之間的差異，就在於債務（借錢）是可以明確計算的事情。計算需要平等，而這種平等，唯有在人們被迫「抽離」自己的生活脈絡之後，才有可能真正的存在——特別是在涉及到人際關係的時候（但這種事情總是與人類有關，因為人本身就是最終極的價值），甚至會讓「人」變得與「物品」相同，例如：「如果你想要換回被我們俘虜的哥哥，就拿七張燕子皮還有十二個大銀環來換！」，「如果你想借一百五十蒲式耳的穀物，就把三個女兒當中的一個拿來當抵押品。」

以上這些事情變成了一個非常令人尷尬的事實。所有人都把市場視為最高級的自由型態。但是，這種帶有歷史特質、無人格特質的商業市場，其實根本就起源於竊盜。經濟學家用來消滅任何攻擊市場概念的工具，就是不斷重複著以物易物的神話；比起其他東西，這種神話簡直就像一種魔法一樣。誰是第一個看著滿屋東西，就能立刻以市場價格進行評估的人呢？當然就是小偷。闖空門的竊賊、掠奪者、士兵還有收債人。但是，那些從各個城鎮掠奪來的戰利品，一大批的黃金與白銀，只有在戰士的手中，能夠變成最單純、統一的貨幣形式，不帶有任何歷史，並且因此具備了珍貴的價值，因為所有地方都接受這種貨幣，沒有人會問各種問。在大多數的情況下，那些黃金與白銀都是貴重的傳家寶物，例如喀什米爾的神像、阿茲提克的胸甲，或者是巴比倫女性的腳環。這些東西同時是藝術品，也記載了那一小段的歷史。一切就這麼繼續進行下去。所有想將這個世界化為數字計算的系統，都必須仰賴於武器——無論是劍、棍棒或者是無人轟炸機上面的智慧型炸彈。

除此之外，這個系統要繼續運作的條件，也包括把「愛」轉化成「債務」。我知道自己在這裡使用「愛」這個字甚至比「共產主義」還要具備煽動力。但是，它卻可以表達我想說的重點，因此非常重要。正如市場從自由的場所變成暴力的溫床之後，也無可避免轉變為「榮譽」、「信任」以及「人與人之間的相互連結」，維持資本主義這種侵略系統，也一樣要做這種完全相反的變化：人類合作所創造出來的產品、創意、奉獻、愛與信任，當然也再一次變成了純粹的數字。藉由這種方法，他們才可以把世界想像成一系列的冷血計算。甚至，藉由把人類的社會關係轉變為債務，也因此改變了把人類存有的基礎——因為，除了人際關係之外，我們到底又算得了什麼呢？一切變成了錯誤、原罪與犯罪。這個世界變得相當邪惡，只能夠藉由完成某些可以毀滅一切的超大型交易，人類才能夠克服一切。

然而，藉由以下這些問題想要扭轉一切不是正確的解決方法：「我們到底虧欠這個社會什麼？」「我們到底積欠大自然什麼？」或者是任何攸關於整個宇宙的宣言都只是非常絕望的擾亂之舉，以為如此就能夠拯救從天地誕生以來就一直在我們身邊的道德邏輯。事實上，這就好像一種必然將我們帶到精神分裂地步的過程，因為它的基礎假設就是我們可以把所有「他人」以及其他的生物，甚至是整個宇宙當成一團東西丟到之後，再開始與之產生交流。從歷史上的角度來說，這種發展模式讓我們把生命當成是前提錯誤的東西，就像已經逾越繳交期限已久的貸款。這樣的存有，當然也就像是犯罪一樣。這種結果一點也不令人訝異。既然這種事情是犯罪，就絕對是一種欺騙行為。生命的所有前提就是欺騙。到底有什麼事情比「認為人類存在的本質是一件可以探討的事情」來得更為自以為是、荒謬呢？當然沒有。只要生命的本質與任何「絕對」的東西牽扯上了，我們就必須面對一個完全存在於時間（人類時間）之外的原則。因此，這就像中世紀的神學家提出的正確說法，當我們處理「絕對」的時候，就不可能會有債務這種東西。

◆

也許，這個世界欠你真正的人生

當代許多探討債務與銀行的經濟學作品，當他們開始討論到本書所提及的各種較為大型的歷史問題時，對我來說，都只不過像是在狡辯而已。確實，早期的思想家，例如亞當斯密與李嘉圖都非常質疑信用制度，但是，等到十九世紀中期的時候，關心這些事情的經濟學家都開始大費周章的證明銀行系統本身非常符合民主制度，儘管表面上看起來可能不是這樣。其中一個常見的理由指出，銀行系統是一種非常有效的資源運送管道。讓那些沒有想像力，無法妥善投資自己金錢的「笨富人」可以信任其他的「有產力的窮人」，窮人們活力滿滿，也有創造新財富的動力。這就是正當化「銀行」存在的理由，但也同時增強了民粹主義者的力道。他們要求更寬鬆的貨幣政策，保護債權人與其他制度，如果這是一個艱困的時代，為什麼有產力的窮人、農夫、工匠與小商人卻應該成為受苦的族群呢？

這個問題帶出了第二個討論議題：毫無疑問的，富人確實是古代世界的債權人，但是現在的情況已經完全顛倒過來了。因此，就在凱因斯呼籲「讓食利族安樂死」的一九三〇年代，馮・米賽斯寫道：

輿論總是對債權人有偏見，把債權人等同於笨富人，債務人當然就是有生產力的窮人。它把前者視為可惡、無情的剝削者，後者則是值得憐憫的壓迫受害者，非常無辜。除此之外，它將「限制債權人的要求」做為標準，用來裨益社會大眾，卻藉此犧牲了一小群精明幹練的高利貸商人。但是，輿論沒有注意到，十九世紀的資本主義發明已經完全改變了債務人與債權人的階級構成。在雅典梭倫年代、古羅馬的農民法時代以及中世紀時期，債權人的人數較多，而且相當富有，債務人都是窮人。但是，在這個充滿債券的年代、抵押銀行、儲蓄銀行、壽險政策、社會安全福利制度的年代，大多數擁有不錯薪資的一般人，已經變成了真正的債務人。（注39）

反觀大多數的富人，由於大多數的公司都已經放在財務槓桿上，使得他們已經變成實際的債務人。這就是「金融的民主化」論點，而且毫無新意可言：只要有人要求消除任何以收取利息為利的階級，就會有人說這樣會毀滅了寡婦與領退休金人士的生活。

最重要的事情，則是現在的金融系統守護者早就準備好使用兩種不同的論述，根據當下不同的修辭必要，權宜的選擇其中之一。在一方面，諸如傅利曼（Milton Friedman）等博學專家一方面慶祝所有人都擁有艾克森美孚（Exxon）或墨西哥的一部分股票，因此有義務回覆債務人的需求。另一方面，尼爾・弗格森（Niall Ferguson）在二〇〇九年時發表了《貨幣崛起》（*The Ascent of Money*）仍然可以把如下這段文字視為自己的主要發現：

貧窮不是因為貪婪的金融家剝削窮人，而是缺乏財務制度。換句話說，不是因為銀行的關係造成貧窮，而是因為缺乏銀行的關係。只有貸款人可以取得足夠的信用工具網絡，才能夠逃離高利貸商人的魔爪；唯有儲蓄人可以把錢放在可靠的銀行時，錢才會順利完成從「笨富人」流通到「有產力的窮人」。（注40）

這就是主流經濟學世界裡盛行的對話情況。但是，我在這裡的目的不是要直接挑戰這個說法，而是想要表現出它如何持續的誘導我們去問「錯誤的問題」。就讓本書的最後一段用來作為解釋。如果，有生產力的窮人可以從穩定、值得尊敬的銀行那裡取得貸款，而不需要向那些高利貸鯊魚低頭，也不用求助於收取可怕利息的信用卡公司或日償型貸款企業就能夠擺脫貧窮。那麼弗格森關心的就不是「貧窮」，而是那些有生產力而根本不應該貧窮的人。沒有生產力的窮人怎麼辦？大概全都下地獄就好了吧？（根據許多基督教支派的觀點，的確就是這樣）或許，他們搭乘的那艘破船可以因為漲潮逃過一劫也說不定。但那只是意外而已。他們實在不值得我們的關心。因為這些人一點生產力都沒有，所以他們遭遇的處境根本不在我們的討論範圍之內。

對我來說，這就是債務所引起的可怕道德危機：金融世界的律令持續誘惑我們追求平等的掠奪，用最純粹的利益計算來看待世界，唯有那些願意以「掠奪者」眼光看待世界的人，才值得追求生命裡**「除了金錢」**以外的東西。這種想法幾乎引起了所有層面的道德危機。（「取消全部的學生貸款？但這樣對那些長年為了清償貸款而努力工作的人來說，非常不公平阿。」我向讀者保證，當一個人辛苦工作了好幾年，終於把自己的學生貸款還清之後，以下這種說法也會變得非常有道理：要求一個搶劫無辜受害者不去搶劫自己的鄰居，也是不公平的事情。）

只要我們贊同一個相當重要的假設，以上這些論點就會變得非常強而有力：工作就是美德——因為評估「人」是否成功的終極標準，就是他是否可以藉由生產商品與服務，每年至少創造百分之五的成長。但是，如果我們繼續堅守這樣的想法，就很有可能摧毀一切。這是越來越明顯的問題。至少在這五個世紀以來，巨大的債務機械已經讓世界人口增長的問題意義，貶低得就像是征服者在處理社會與經濟限制的情況。在過去五十年來，資本主義深根柢固的自我毀滅想像已經變形，現在則是開始想像會出現哪種威脅的場景，讓整個世界跟資本主義一起毀滅。我們也看不到理由認為這種思考習慣將會消失。現在唯一的問題是如何改變齒輪的運作方向，改變社會的運作，讓人民可以做更少工作，享受更多生活。

我想替所謂「沒有生產力的窮人」說一點好話。（注41）至少，他們不會傷害任何人。當他們下班回到家之後，也只會花時間跟朋友、家人相處，享受彼此之間的愛與關心。他們可能比我們想像的更能夠改變這個世界。或許，我們應該把他們視為新經濟秩序的前鋒，他們沒有任何的自我毀滅傾向。

◆

我在這本書當中盡量避免做出任何具體的提議，卻打算在結尾時提出一個具體的提議。對我來說，人類應該要舉行逾期許久的聖經式狂歡紀念，這能影響國際債務與消費者債務。這件事情相當有益，因為它不只可以舒緩人類所遭受的真實折磨，也能夠提醒我們兩件事情。第一，金錢絕對不是不可談論的禁忌。第二，償還自己的債務也不帶有任何的道德負擔。第三，這一切都只是人類制度的安排。按照這種說法，如果民主代表任何事情，那就是我們全都同意用別種方法來處理各種事情。自從漢摩拉比時代之後，偉大的帝國全都拒絕這樣的政治觀點。我認為這一點非常重要。雅典與羅馬建立了一種典範：就算碰到了持續性負債的情況，他們也在危急邊緣堅持採取立法行動，藉此減輕各種衝擊，消除各種可能濫用與傷害行為，例如勞務奴隸等等。除此之外，他們也藉由帝國所征服而來的戰利品，減緩了貧困公民的負擔（畢竟這些人就是軍隊的主要支柱），才能夠讓他們或多或少可以度過債務難關。但是，這種統治方法從來不允許人民挑戰債務的原則。美國政府也採取了相似的重要策略：消除最可能的債務濫用情況（例如因勞務坐牢），以帝國所賺來的果實向大部分的人民提供各種補助；在這幾年來，美國政府更是操弄貨幣匯率，從中國引進各種便宜商品來供養整個國家，卻從來不允許任何質疑人民必須償還自己債務的神聖原則。

但是，在這個時間點，這個原則只是粗暴謊言的事實已經曝光在所有人面前。「不是每個人」都必須償還自己的債務。只有某些人需要這樣而已。對於每個人來說，沒有什麼事情比打破債務石板與陳舊的道德律則，讓一切重頭開始還要重要。

究竟什麼是債務？債務只是無法履行的承諾而已。這個承諾同時在數學與暴力上受到了損害。如果自由（真正的自由），是結識朋友的能力，那麼也必須是做出真正承諾的能力。真正自由的男女會做出什麼樣的承諾呢？在這個討論的關鍵點上，我們確實無法明確的說出這些承諾究竟是什麼。但是，這個問題更像是我們究竟要達到什麼地步才能夠讓自己探索這些事情。因此，在這個旅程中，第一步就是接受在最重大的事物秩序中，只要沒有人可以恣意論斷別人的價值，也不會有任何人有權力說我們究竟積欠了什麼東西。

注釋

第一章

1 可想而知，他們當初興建這些公路和鐵路，其實並不是為了讓馬達加斯加人民在國內旅行時交通更方便，主要是為了方便農場把產品運到港口，以賺取外匯。

2 舉例來說，美國直到一八六〇年才肯承認海地共和國。法國則頑強地要求海地在一九二五年到一九四六年這段期間，繳交相當於兩百一十億美金的賠款，這段期間海地大部份都在美國軍隊的佔領中。

3 哈倫（Hallam, 1866: 269～70）。由於政府並不認為他們應該支付長期的監獄維護費，因此囚犯得自行負擔在獄中的所有花費，負擔不起的人就只能活活餓死。

4 如果我們把繳稅責任看成一種債務的話，絕大多數的人都負擔不起——稅務和債務兩者關係密切，有史以來，需要籌錢繳稅款一直都是負債最常見的原因。

5 芬利（Finley 1960:63; 1963:24; 1974: 80; 1981: 106; 1983: 80）。這些只是我找得到的部份。他談到希臘和羅馬的事情，似乎也能套用到日本、印度或中國。

6 蓋利（Galey）一九八三。

7 摘自法國的紅衣主教雅克．維特里（Jacques de Vitry）的《勒高夫》（Le Goff 1990: 64）。

8 Kyokai，《日本奇聞事件簿》（Record of Miraculous Events in Japan, 822）第二十六篇故事，引述《拉弗勒》（LaFleur）一九八六年：三六。以及中村（Nakamura 1996: 257-59）。

9 出處同上：三六。

10 出處同上：三七。

11 賽門．強森（Simon Johnson），國際貨幣基金組織（ＩＭＦ）當時的首席經濟學家，在最近的文章〈大西洋〉中簡短地提到：管理者、立法者和學者幾乎全都一致認為，這些銀行的經理很清楚自己在做甚麼，卻在回憶時裝說不知道。比方說，美國國際集團（ＡＩＧ）金融產品部門二〇〇五年未稅前二十五億美元的淨利，大部份都是靠削價賣綜合保險所得，對安全性的了解異常貧乏。這種事情經常被形容為「在蒸汽壓路機前撿銅板」，這種策略在天下太平的時候利潤可觀，但遇到不太平的時期就變成大災難了。美國國際集團上次垮臺時，投資債券的保險金額超過四千億美元。截自目前為止，美國政府仍努力挽救這間公司，並承諾投資一千八百億美元，貸給美國國際集團以彌補他們的損失，據說美國國際集團這種複雜到極點的風險形式，簡直是不可能發生的事情。」（強森，二〇一〇年）強森自然是忽略了這個可能性，美國國際集團很清楚結果會怎麼樣，只是不在乎而已，因為他們知道反正到時候蒸汽壓路機會去壓別人。

12 相形之下，英國在一五七一年就已經建立破產法了。美國嘗試建立聯邦破產法，一八〇〇年成立；一八六七年到一八七八年間曾短暫實施，目的是要解放內戰期間負債的退伍軍人，但後來又因道德上的理由廢除了（請參見曼先生（Mann）二〇〇二年的近代史著作）。美國的破產法改革反而使償債條件變得更嚴苛，而不是更寬鬆，正如二〇〇五年國會在信貸大崩潰之前，在工業企業的資方人員力倡之下所通過的改革。

13 比方說，金融援助之後所設立的抵押貸款救濟金，只能援助極少數比例的申請者，對放寬破產法的限制部份毫無動作，事實上，在金融瓦解的前兩年，也就是二〇〇五年時，迫於金融企業的壓力驅使下，反而變得更加嚴苛。

14 「因負債入獄」引用美國明尼蘇達州的明尼阿波里斯市和聖保羅市的《明星論壇報》（*StarTribune*）的內容，作者克里斯·希爾斯（Chris Serres）和格倫·何瓦特（Glenin Howatt），二〇一〇年六月九日出版。網站：www.startribune.com/local/95692619.html

15 「國際貨幣基金提出警告，第二次金融紓困將會『威脅到民主制度』」作者安琪拉·詹姆森（Angela Jameson）和伊莉莎白·賈姬（Elizabeth Judge）。網站：business.timesonline.co.uk/tol/business/economics/article6928147.ece#cid=OTC-RSS&attr=1185799，請點入二〇〇九年十一月二十五日號。

第二章

1 凱斯（Case）、費爾（Fair）、迦特納（Gärtner）和希瑟（Heather）合著的《經濟學》一九九六年：五六四。在原文著作中強調。

2 出處同上。

3 貝格（Begg）、費雪（Fischer）和多恩布希（Dornbuch 2005: 384）；蒙德（Maunder）、麥爾斯（Myers）、華爾（Wall）和米勒（Miller, 1991: 310）；帕金（Parkin）和金（King, 1995: 65）

4 斯蒂格利茨（Stiglitz）和卓菲爾（Driffill）二〇〇〇年：五二一。在原文著作中再次強調。

5 亞里斯多德（Aristotle）《政治學》（Politics I·9·1257）。

6 兩者都不是很清楚，不知道這裡到底是不是在講以物易物。亞里斯多德使用「Métadosis」這個字眼，在他那個時代的意思通常是說「分享」或「分享出去」。自亞當斯密以後，這個字就經常被翻譯成「以物易物」，但如同卡爾．波蘭尼（1957a: 93）長久以來所強調的，除非亞里斯多德介紹這個字時，賦予它全新的涵義，否則這個譯文可能是不正確的。希臘貨幣起源的理論學家從勞姆（Laum, 1924）到西弗（Seafold, 2004）都強調過，這些發配物資的慣例（比方說，戰利品，祭祀的肉品之類的），很可能在希臘貨幣的發展中扮演了關鍵性的角色。一位亞里斯多德傳統學派的評論家認定，亞里斯多德談的是以物易物，請參見法哈斯曼尼西（Fahazmanesh）二〇〇六年的著作。

7 請參見尚麥克．瑟維特（Jean-Michel Servet, 1994, 2001）的作品，尋找這篇文章。他也寫到在十八世紀時期，這些記載突然消失，被無數的大洋洲、非洲和美洲的「原始的以物易物」記載所取代。

8 《國富論》（*Wealth of Nations* I．2．1-2）。如我們所見，這段話似乎是取自更久以前的資料。

9 「要是我們調查之後，發現人類的心理有這種對以物易物喜好的傾向，那顯然每個人都相信自己有這種天生的傾向。拿出一先令對我們來說，似乎是既平凡又簡單的事情，在現實中卻得費一番口舌，為了他自己的利益才去說服別人這麼做。」《法理學講義》（Lectures on Jurisprudence, 56）我發現到一點很有趣，假設交換物品是我們心理功能的基礎，這個觀念同時在語言上（文字的交換）和經濟上（實體物品的交換）不證自明，一般認為這個假設的根源會回溯到亞當斯密身上。人類學家卻認為這個論點是克勞德．李維史托（Claude Levi-Strauss, 1963: 296）所創。

10 關於遊牧民族的這段參考資料，他說的可能是在世界另一端的地區，但他其他地方的例子，比如說，以鹿換海狸的例子，清楚地顯示他心中所想的地方是北美洲東北地區的林地。

11 《國富論》（Wealth of Nations I．4．2）。

12 《國富論》（Wealth of Nations I．4．3）。

13 《國富論》（Wealth of Nations I．4．7）。

14 歷史上的經濟次序是從以物易物、金錢，再到信貸這樣的看法，首次出現似乎是始於一位名叫伯納多．達文薩提（Bernardo Davanzati, 1529-1606）的義大利金融家的演說，沃斯沃（Waswo）一九九六年也提到過；如德國經濟史學者所提出的詳細理論發展：布諾．希德布蘭（Bruno Hildebrand, 1864）假定成三個時期，史前的以物易物時期，古代錢幣時期，然後是中古世紀又回復到以物易物時期，最後是現代的信貸經濟時期。這點形成他學生卡爾·布區（Karl Brucher, 1907）作品中的標準形式。這樣的次序已成為被廣泛接受的常識，至少在馬克思（Marx）的著作中也再次出現，成為公認默許的通用形式，西美爾（Simmel）也明確表明認同——再次重申，實際上，後來的歷史研究證明，這種次序是錯誤的。

15 然而，他們確實讓許多人得到了深刻的印象，特別是摩根（Morgan）的著作（1851, 1877, 1881）強調公共財產權和女性不尋常的重要性，女性的地方議會控制了大部份的經濟生活，因此讓許多激進的思想家印象深刻——包括馬克思和安格爾斯（Engels）——他們成為某種反神話的基礎，亦即原始共產主義和原始母系社會。

16 安娜·查普曼（Anne Chapman, 1980）做了更深入的研究，她說，如果純粹的以物易物只是以交換物品為定義，而不是重新安排人與人的關係的話，那麼以物易物是否真的存在過並不是很明確。請參見海迪（Heady）二〇〇五年的著作。

17 克勞德·李維史托一九四三年；翻譯取自瑟維特的著作，一九八二年：三三。

18 人們想像尋求多樣化性行為的誘惑一定很強烈，年輕男女幾乎大半的時間，或許都習慣跟大約十幾個其他同年齡的男女在一起。

19 伯特（Berndt）一九五一年：一六一，與古德曼（Gudeman）二〇〇一年：一二四~一二五頁的著作比較。古德曼也提出了跟我的論點相彷彿的分析。

20 伯特一九五一年：一六二。

21 雖然我們後來會注意到，國與國之間的貿易並非跟音樂、舞蹈、食物、毒品、高價妓女或潛藏的暴力毫無關係。隨便舉個例子強調後面兩點，請參見帕金斯（Perkins）二〇〇五年的著作。

22 林霍爾姆（Lindholm, 1982: 116）。

23 瑟維特二〇〇一年：二〇~二一頁，收集了大量這類的詞語。

24 這個重點非常明顯，令人驚訝的是，竟然沒有經常被提及。據我所知，願意考慮延遲付款這個可能性的古典派經濟學家只有一個，這或許會讓以物易物的方式變得不必要，此人便是拉爾夫·霍特里（Ralph Hawtrey, 1928: 2，引述艾西格Einzig, 1949: 375）。其他人只是毫無理由地認定，所有的交易，甚至鄰居之間的交易，必然是像經濟學家所稱的「當場交換」那樣。

25 波漢南（Bohannan, 1955），巴特（Barth, 1969）。與芒恩（Munn, 1986），阿金（Akin）和羅賓斯

（Robbins）一九九八年著作比較。在格里高利（Gregory, 1982: 48-49）的著作中，可以找到關於這個觀點很好的摘要。格里高利提出一個在高地巴布新幾內亞體系中，貴重物品分成六個級別的例子，家禽豬隻和食火雞排在最頂級，「珍珠貝殼墜子、豬肉側肋、石斧、食火雞羽頭飾和瑪瑙貝殼頭帶」排在其次，依此類推。日常的消耗品被排在最末兩項，包括奢華的食品和日常蔬菜食品，分別列出了細目。

26 請參見瑟維特一九九八年的著作；哈佛里斯（Humphries）一九八五年的著作。

27 這裡提到的古典派論文是雷德福（Radford）一九四五年的作品。

28 至少是在一六〇〇年間，其實應稱為舊法國加洛林王朝「想像中的錢幣」單位——每個人仍持續使用鎊、先令和便士（或里弗爾、但尼爾和蘇使）約八百年之久，儘管那個時期大部份的時間，這些與實體錢幣完全不同，或者根本不存在（埃諾迪Einaudi一九三六）。

29 其他與錢幣共存的以物易物例子：歐樂福（Orlove, 1986）；巴尼斯和巴尼斯　1986。

30 你的著作成為經典的其中一個缺點就是，通常人們會真的去查核是否有這類的例子。（其中一個優點是，即使他們發現你犯錯了，還是會把你當成權威，繼續引用你的例子。）

31 伊因斯（Innes, 1913: 378）。他繼續說出他的觀察所得：「稍微深思一下就會發現，日常用品為什麼不能當成貨幣，因為假設交易的媒介必須讓社區內所有的成員都能接受。因此，如果漁夫用他們的鱈魚付款，商人也用鱈魚付款買鱈魚，這樣就顯得太荒謬了。」

32 這些神廟似乎是先出現的；經過一段時間之後，那些宮廷才變得越來越重要，因而取代了他們的管理體系。

33 這並不是史密斯幻想出來的：這些鑄塊現今的用語叫「哈克銀（Hucksilber）」（舉例，巴穆斯Balmuth二〇〇一年）。

34 拿格里爾遜（Grierson, 1977: 17）的著作，與埃及類似的事物做比較。

35 舉例，胡德森（Hudson, 2002: 25; 2004: 114）。

36 伊因斯（1913: 381）。

37 彼得．史帕佛德（Peter Spufford）的巨作《貨幣和它在中世紀歐洲的使用》（一九八八年），這本書有好幾百頁描述開採銀礦、鑄造銀幣和貨幣的貶值，只有兩三處提及不同類型的鉛製和皮製代幣，或一般老百姓每天交易時顯然大量使用的小額信用賒帳約定。針對這些事情，他說：「我們所知的幾近於無。」（1988: 336）。更誇張的例子是符木籤記帳法，這點我們聽到很多：中古世紀時期，廣泛使用符木而不用現金，但針對這個主題，幾乎沒有任何有系統的研究，尤其是英國以外地區更找不到。

第三章

1 海因索恩（Heinsohn）和斯泰格爾（Steiger, 1989）甚至提議說，他的經濟學家同伴尚未放棄這個杜撰故事的主要原因是，人類學家未能提出一個比這更具信服力的故事來取代它。然而，幾乎所有的錢幣史學者至今還是用這個幻想中的以物易物為起源。另一個權宜之計是，回到純粹的環形定義：如果「以物易物」是不需要使用貨幣的經濟交易，那麼任何與錢幣無關的交易，不管它的形式或內容為何，都應該是以物易物才對。因此，格林．戴維斯（Glyn Davis, 1996: 11-13）甚至把誇扣特爾人冬季贈禮節送禮的事情都描述成「以物易物」。

2 我們經常忘記，這一切都有個強烈的宗教因素在裡頭。牛頓本身並非無神論者，事實上，他嘗試以他的數理能力來確認這個世界真的被創造出來的，如阿瑟大主教更早之前所提出的論點，他推算出世界創建日期大約是在公元前四〇〇四年十月二十三日。

3 史密斯在他的作《天文學》（第三章之二）中，首先使用「無形之手」這個詞語，但在《道德情操理論》（The Theory of Moral Sentiments）第四章，一．十，他明確表示，操縱市場的這隻無形手就是「上帝。」史密斯的神學理論可從尼柯爾斯（Nicholls, 2003: 35-43）的著作中查到；可能跟中世紀的伊斯蘭教有關，請看本書後面第十章。

4 山姆森（Samuelson, 1948: 49）。針對這個論點的評論，請參見海因索恩和斯泰格爾一九八九年的著作；以及英格拉姆（Ingham, 2004）的著作。

5 庇古（Pigou）一九四九年。包諾斯基（Boianovsky）一九九三年著作中，有描述到這個詞語的歷史。

6 「我們不知道有哪一種有系統的以物易物經濟，能在沒有錢幣存在的情況下發生」（費亞茲曼尼胥 fayazmanesh, 2006: 87）——他這句話的意思是，就金錢帳目的意義而言。

7 政府扮演培養「自行調節市場」的角色，請參見博蘭尼（Polanyi）一九四九年著作。標準的經濟學正統說法是，如果政府退出不加阻攔，市場自然會出現，不需要事先創造任何適當的法律、警察和政治機構，當自由市場理論學家一九九〇年間，試圖將這個模式運用在前蘇聯國家時，這個論點得到強烈的反證，結果證明不可行。

8 伊因斯一如往常，描述得非常貼切：「眼睛永遠見不到，手也摸不到任何一個一元硬幣。我們能摸到或看到的，只是有人會付款的保證，或對被稱為『一元』的債務得到滿意的結果。他以同樣的方式指出：「我們所有的計量方式都一樣，沒有人能用肉眼見過一盎司、一英尺或一小時。一英尺是兩個定點之間的距離，但不管是距離或定點都沒有一個有形物質的存在。」（1914: 155）。

9 這裡的確有提到，假設有某些方式可以計算這類的價值——也就是說，某種金錢的帳目已經存在。這可能看似明顯，但有為數不少的人類學家似乎忽略了它。

10 提出這個例子，讓大家更能了解這種規模的概念，即使是像香港這樣的商業城市，目前大約都有兩百三十三億元在流通。香港約有七百萬人口，每個居民至少流通三千港元以上。

11 「國家理論或許可以追溯到十九世紀初，〔亞當Adam〕《穆勒的新貨幣理論》（Muller's New Theory of Money），本書企圖解釋，金錢的價值是相互信任和國家意志的表徵，並以〔G・F〕克納普（Knapp）一九〇五年在德國出版的《國家貨幣理論》為顛峰。克納普認為，「不藉助國家的觀念」，而想要了解金錢是很離譜的事情。金錢並非從交易中所產生的媒介，而是記帳和解決債務的方法，最重要的是計算欠了多少稅金的債」（英格拉姆Ingham 二〇〇四年：四七。）英格拉姆的書以令人激賞的表達方式，寫出了查特主義者的立場。我在此處提出的論點，大都能在這本書中找到更詳盡的描述。然而，到了後面就會更加明顯，我在某些觀點上跟他不同。

12 法文是：Livres, sous, deniers.

13 埃諾迪（Einaudi）一九三六。奇波拉（Cipolla,1967）稱它為「鬼錢」。

14 關於符木籤：詹金森（Jenkinson, 1911,1924）；伊因斯 1913；關德爾（Grandell,1977）；巴克斯特（Baxster, 1936）；史東（Stone, 2005）。

15 斯內爾（Snell, 1919: 240）發現，有些國王巡視領地時，有時候會以「先買權」直接拿走牛或其他的物品，隨後再用符木籤付帳，但之後要讓他們的代表人員拿錢出來付帳卻很困難：「臣民們被迫出售物品；最糟糕的是，王室的徵發官都不習慣用現金付帳，而慣用財政部的符木籤付帳，或是以一頓毒打了事……實際上，在這種體制下，要拿回欠款並不容易，所以變成最糟糕的強徵物資，在我們早期的流行詩詞中，有無數抱怨這類事情的題材。」

16 這點也很有趣，在亞當斯的時代，英國銀行仍用符木籤記錄他們自己的內帳，直到一八二六年才放棄這種內帳。

17 請參見恩格斯（Engels, 1978）的書，尋找這類問題的古典派研究。

18 特別是對欠債者來說，似乎很吸引人，他們會被這種觀念吸引可以理解，債務只是社會上的安排，沒理由會永遠不變，由國家政策所創的制度，也能輕易改革——更不用說，通貨膨脹的政策會讓誰受益。

19 關於稅金，請參見雅各（Jacob, 1987）；關於馬達加斯加的巴斯米沙拉加村（Betsimisaraka）的研究，請參見阿撒比（Althabe）一九六八年的著作；類似馬達加斯加案例的研究，請參見福瑞米加奇（Fremigacci）一九七六，瑞尼比（Rainibe, 1982），希勒姆爾（Schlemmer）一九八三，菲利・哈尼克（Feeley-Harnik, 1991）。有關非洲殖民地稅金政策更廣泛的資料，請參見佛斯塔特（Forstater）二〇〇五年和二〇〇六的著作。

20 譬如，海因索恩和斯泰格爾一九八九年：一八八～一八九。

21 銀子是從中西部的礦場取得，並採用複合金，以金和銀等金屬作為錢幣的潛在後盾，被當成一種邁向自由信用貨幣的動作，允許本地銀行自行鑄造錢幣。十九世紀末在美國見到首次創建的現代企業資本主義，美國激烈地抗拒，銀行體制中央集權化，成了爭戰的主要地區，還有互助論——受歡迎的民主化（不是以營利為主）銀行和保險安排——為主要的抵制形式之一。美鈔黨溫和派的繼任者是複本位制論者，他們呼籲讓貨幣和金錢完全脫離關係，正如林肯總統在戰爭時期短暫強制實施的那樣。（迪格Dighe 二〇〇二年版提供了很好的歷史背景概述。）

22 只有在電影中才變成紅寶石拖鞋。

23 有人甚至暗示，桃樂絲自己就代表羅斯福（Teddy Roosevelt），因為桃樂絲（Dorothy）的名字分開音節就是「dor-o-thee」跟「thee-o-dor」一樣，只是次序顛倒而已。

24 請參見利特爾（Littlefield, 1963），洛克夫（Rockoff, 1990）的著作，尋找關於《綠野仙蹤》與「金融貨幣比喻」更詳盡的論述。鮑姆（Baum）從不曾承認這本書中有隱藏政治涵義，但即使那些懷疑他故意隱藏弦外之音的人，（例如，以帕克 Parker 一九九四年著作，與泰勒 Taylor 二〇〇五年的著作做比較。）也很快地把這種含意歸因於它——在一九〇二年的戲劇版中，已經有詳盡的政治意涵參考文獻，時間距這本書原版只隔兩年。

25 雷根可能很容易被認為是極端軍事凱恩斯主義的實行者，用五角大廈的經費創造工作和提升經濟成長；總之，金融貨幣正統派的說法很快就被放棄，連那些實際管理這個系統的辯才也放棄了。

26 請參見英格拉姆二〇〇〇年的著作。

27 請參見凱因斯 1930: 4-5。

28 這個論點被認為是銀行業界的矛盾。在此提供極度簡化的版本方便大家理解：比方說，只有一個銀行。即使銀行借你一萬億美元，無須任何財產抵押，無條件借給你，你最後還是會把錢再存回銀行裡，這表示銀行現在有一百萬億的借款，還有一百萬億可以運用的資產，進出帳都很平衡。如果銀行跟你收的利息比你存款所得的利息還高（銀行向來如此），他們還能賺一筆利潤。就算你把一萬億元花掉了，情形還是一樣——不管得到那筆錢的人是誰，還是會把錢存進銀行。凱恩斯指出，就算有再多家銀行，並不能改變任何事情，因為銀行業者都會互相配合，事實上，他們一向如此。

29 或許我得強調，這個假設是新古典派經濟學理論的邏輯，假設所有定義經濟活動背景的基本機構協議，是過去所有人都同意的某個想像的論點，從此以後，一切就平靜地繼續維持下去。有趣的是，凱恩斯在他的貨幣理論中，明確表示反對這個假設（戴維森Davidson, 2006）。現代的社會契約理論學家正好也提出類似的論點，他們說，不需要假設這件事情是否真的發生過；只要說有可能，以及其產生的作用，彷彿有發生過這件事情的樣子就夠了。

30 阿格利塔（Aglietta）是個馬克思主義者，「調節學派」的創始人之一，奧爾良（Orleans）是「公約經濟學」的擁護者，泰凡諾特（Thevenot）和波坦斯基（Boltanski）也偏愛這個理論。原始債務理論主要是由一群以阿格利塔和奧爾良為中心的研究員推廣，首先出現在《貨幣的力量》（La Violence de la Monnaie, 1992）一書中，使用心理分析法，吉拉爾（Giradian）的理論架構，後來又在一本名叫《主權、合法和貨幣》（Sovereignty, Legitimacy and Money, 1995），以及由十一位學者共同編輯的《主權貨幣論集》（Sovereign Money，譬如阿格利塔一九九八的文章）中出現。後面兩冊放棄了吉拉爾的理論架構，改採用唐蒙提安（Dumontian）的模式。近幾年這個主義的提倡者是另一個調節學派者，布魯諾・泰瑞特（Bruno Théret, 1992, 1995, 2007, 2008）。可惜這些資料都沒有翻譯成英文，不過，在格拉爾（Grahl, 2000）的書中可找到阿格利塔許多著作的概論。

31 例如，美國的蘭德爾・瑞（Randall Wray, 1990, 1998, 2000）和史蒂芬妮・貝爾（Stephanie Bell, 1999, 2000）或是英國的傑佛瑞・英格拉姆（Geoffrey Ingham, 1996, 1999,2004）。麥可・胡德森（Michael Hudson）和其

他人在ＩＳＣＡＮＥＥ團體中取得這個點子的基本元素，但據我所知，他們從不曾全心全意接受它。

32 關於Rna，馬拉穆德（Malamoud, 1983: 22）發現，在早期的文獻中已經具有這兩種含意「收到貨品會保證歸還同樣的東西，或者價值相等的東西」，也有「罪行和過錯」的含意。所以奧立維爾（Olivelle）一九九三年：四八的著作中，也註明＊rna「可以表示過錯、罪行或愧疚之義——通常是同時具有這些含意。」然而，跟「義務」這個字詞卻是不同的。關於早期的禱告者祈求解除債務負擔的典型例子，請參見阿闥婆吠陀（Atharva Veda Book 6）第六冊第一一七、一一八和一一九篇讚美詩。

33 請參見吠陀文獻《百道梵書》（Satapatha Brahmana）3·6·2·16。

34 正如馬塞爾·莫斯（Marcel Mauss）的導師西爾萬·列維（Sylvain Levi）的評論所說，如果有人認真看待梵書教義的話，「唯一真誠的祭祀就是自殺」（1898: 133；另外也可參考阿瑟·荷巴特·基斯Arthur Berriedale Keith, 1925: 459）。當然，沒有人真的這麼做。

35 說得更精確些，這個說詞能提供獻祭者一種脫離這個世界的方式，在這個世界中，所有的一切，包括他自己，都是天神的創造物，形成一種永生和神聖的軀體，升級投生到天界，因此能到「創造他自己的世界中去投胎」（《百道梵書》第六品：二·二·二七）到了那裡，所有的債務都能還清，從天神那裡贖回他那個被放棄的人身（舉例，請參見，列維 1898: 130-32，馬拉穆德 1983: 31-32）。這當然是為了達到祭祀效果、野心最大的主張之一，但約莫同一個時期，中國的祭司也提出類似的宣告（彼特Puett, 2002）。

36 我在本章起首翻譯成「古聖先賢」，由於是引述聖書的作者們的論述，這樣的處理法似乎較為貼切。

37 我在這裡混合了兩種稍微不同的版本：其中一本是在《Tattiriya Sarphita》（六·三·一〇·五），書中說，所有的婆羅門生來就負債，但只列出神祇、祖先和古聖先賢，沒有提到殷勤款待陌生人的義務，另一個版本是在《百道梵書》（一·七·二·一~六）中說，所有人生來**本身**就是一種債，並列出了四種債——但這點似乎是指再生族種姓的男子。欲尋更詳細的論述：請參見馬拉穆德一九八三和奧立維爾一九九三年：四六~五五，也請參見馬拉穆德一九九八年的著作。

38 請參見泰瑞特：一九九九年：六〇~六一。

39 這筆根本債務最好的清償方式，就是把生者獻祭給祖先和宇宙之神，安撫祂們在天之靈，並表達感謝之意。（英格拉姆 2004: 90）。

40 出處同上：關於「愧疚」或「原罪」的詞語，摘自胡德森二〇〇二年：一〇二~三。但我們也看到這個論點可以追溯回格里爾遜（1977: 22-23）的著作。

41 勞姆（Laum）一九二四。他這個關於希臘在神廟分發配給為金錢起源的論點很有趣，在席霍德（Seaford）二〇〇四年的著作中可以找到現代版的闡述，胡德森（2003）也能找到一部份，但這其實是一種貨幣起源的理論。

42 例子為數眾多，遠超出我想引用的範圍。關於「原始貨幣」有兩個標準的調查研究，包括奎金（Quiggin）和艾西格，奇特的是，兩者都在一九四九年發表。雖然這兩篇研究分析都過時了，但有很多有用的資料。

43 英文中的「支付（Pay）」來自法文的付錢者（Payer），原本是從拉丁文的Pacare而來，是「使安寧」，「使平安」之意。Pacare 和Pacere有關，意指「與受傷害的一方取得協議條款」（格里爾遜 1977: 21）。

44 格里爾遜一九七七年：二〇。

45 事實上，正如格里爾遜所述，這些作者本身似乎故意自嘲，如同愛爾蘭文獻中清楚寫明，受害者可以要求對方讓蜜蜂叮咬作為補償，但首先得減掉死蜜蜂的費用（格里爾遜 1977: 26）。

46 比方說，我們也有很多來自古代美索不達米亞的神話和讚美詩——大部份是在古代的圖書館廢墟中發現的，其中也有很多法庭審判、商業合約和個人書信的紀載。在更古老的梵文文獻中，我們只發現宗教的資料。而且這些文獻幾千年來是經由逐字翻譯和師生相授流傳下來，我們甚至無法確切查出究竟是何人和何時所作。

47 美索不達米亞當然也有計息貸款這種事，但只存在於希臘語言文化時代的埃及，以及很久之後的日爾曼世界。這個文獻提到「我欠閻王的貢品，」**可能**是指「利息，」但廣泛檢閱凱恩斯的《古代和中世紀的宗教和民法》（1973: 3: 411-461），關於早期印度律法的資料，還是找不到明顯的結論，不清楚利息最早是從哪裡開始出現的；柯善必（Kosambi, 1994: 148）估計可能是出現在西元前五百年，但他坦承這只是臆測。

48 最先讓人想到的是美索不達米亞、埃及和中國。生命是從神祉那裡借來的這個觀念也出現在別處：這似乎是從古希臘隨機擷取的，大約跟金錢和計息貸款同一時期出現。「我們都是欠死神的債，」詩人西蒙尼特斯大約在西元前五〇〇年間，在他詩中這樣寫道：「生命是需要還給死神的借貸，這種感傷之語成了幾乎人人都知道的諺語」（米勒特Millet,1991a: 6）。據我所知，希臘沒有任何一個作者把這點跟祭祀聯想在一起，不過有人私底下可能會辯駁說，柏拉圖在《共和國》（331b）中的一個角色法羅斯，曾在某頁裡隱約暗示過。

49 休伯特（Hubert）和莫斯（Mauss, 1964）在這件事上，提供了很好的古代文獻的調查資料。

50 芬利（Finley, 1981: 90）。

51 這是一種法家思想的不同點；實務上，它真正的涵義是，在波斯強徵的稅收，理論上被認為是一種「禮物」，但這是在顯示這個原理的力量。（布里昂Briant, 2006: 398-99）。

52 法老制度的埃及和帝王制度的中國，當然會徵收直接稅，徵收金錢、各式各樣的物品或人力，不同的時期有不同的稅收比例。早期的印度，迦納桑加共和國政府似乎沒有向市民徵收稅金的制度，但後來取代共和國政府的君王制度就有收稅（戴維斯 1922: 198-200）。我的重點是，稅金並非不可避免的，而且經常被認為是征服的標記。

53 我所遵循的是，我認為至今仍佔優勢的觀點；不過，至少在某些地方，很早以前的宮廷幾乎包辦一切，神廟則屈居於次（請參見馬卡哇 Maekawa, 1976~1974 的作品）。關於這點有相當活躍的辯論，以及在不同的時期和地方，神廟、宮廷、氏族和個人所有權的平衡這類的辯論，除非跟我的論點有直接的關係，否則不管多有趣，我還是避免涉入這種辯論。

54 我跟隨胡德森（二〇〇二）的翻譯，不過其他的——例如施坦凱勒（Steinkeller）一九八一年，米爾路普（Mieroop）二〇〇二年：六四——建議利息可能是源自租金而來。

55 請參見胡德森一九九三年的著作，尋找一篇良好的概述。「amargi」這個字的涵義，首先出現在法爾肯施泰因（Falkenstein一九五四）的作品中，另外也請看克萊莫（Kramer, 1963: 79）和蘭區（Lemche, 1979: 16N34）。

56 古埃及並沒有計息貸款的情況，我們對其他古代的帝國，知道的相對較少，所以我們不知道這樣有多不尋常，但來自中國的證據，至少會讓人引發這類的聯想。中國的金錢理論都是堅定的查特主義；關於貨幣起源的標準故事版本，至少是從漢朝時代就開始了；當商朝的神話創作者看到飢荒時，許許多多的家庭賣兒賣女，覺得很難過，於是創造出貨幣，好讓政府幫他們贖回子女，讓這些孩子回到家人身邊。（請參見後面第八章。）

57 甚麼是祭祀？畢竟不過是一種對奪走動物生命這種行為的認可而已，即使是為了讓我們生存下去的必要之舉，也不能草率處理，應該在宇宙面前表現出一種人性化的態度。

58 除非債主也欠了這個領受者一筆錢，讓大家形成一個圓環般地，相互解除他們的債務。乍看之下，這個論點似乎毫無關係，但圓環狀的債務抵銷，這種方式在大部份的歷史中，似乎是很常見的習俗：請看後面第十一章對「算帳」的描述為例。

59 我不是非要把這個立場歸因於梵書的作者不可；只是想查出這個論點中的內在邏輯，跟梵書作者交換意見罷了。

60 請參見馬拉穆德一九八三年：三二一。

61 請參見孔德（Comte, 1891: 295）。

62 在法國，尤其是像阿爾弗雷德（Alfred Fouille）和列昂．布爾喬亞（Leon Bourgeois）這樣的政治思想家。後者是一八九〇年代激進派的領導人，把社會債務這個觀念變成「社會連帶主義」哲學概念的基礎——他辯駁說，這種激進派形式的共和主義，能在革命性的馬克思主義和開放市場自由主義兩者之間，提供一種中間地帶的替代方式。這個想法是為了克服在動人的新道德體制中，根據共同分擔社會債務所產生的階級鬥爭暴力——當然，在這裡，國家只是管理者和代理人（海沃德 Hayward, 1959，唐茲拉 Donzelot, 1994，喬伯特 Jobert, 2006）。埃米爾．涂爾幹（Emile Durkheim）在政治上也是個社會連帶主義者。

63 作為口號，這樣的表達方式，一般認為是十九世紀後期的法國合作社運動理論家查爾斯．紀德（Charles Gide）所創，但在社會連帶者的圈內變成極普遍的做法。這在當時土耳其社會主義者圈內成為很重要的原則（阿伊登 Aydan, 2003），而且我聽說在拉丁美洲也一樣，但我無法確定。

第四章

1 哈特（Hart, 1986: 638）。

2 這件事的術語是叫「信用發行」，它的地位不是根據金屬成分，而是根據大眾的信任。欲尋找古代貨幣信用發行更好的論述，請參見席霍德（Seaford, 2004: 139-146）。幾乎所有金屬硬幣的面額都超出其價值。當然，如果政府設的價值比面額低的話，人們就會把它熔掉；如果所設的面額跟硬幣金屬同樣的價值，結果又會造成通貨緊縮。正如泰瑞特（2008: 826-27）所指出的那樣，不過洛克改革過後，由於思想上的激發，把英國舊時的一鎊金幣的價值設定成跟銀幣的重量一樣，結果造成災難般的經濟效果。顯然，如果貨幣跟金屬的關係是貶值，或面額價值設得太高，就會造成通貨膨脹。但傳統的觀點，比方說，羅馬貨幣最後因為貶值被毀，顯然有誤，因為它經過了好幾個世紀之後，才產生通貨膨脹（英格拉姆 2004: 102-3）。

3 艾西格一九四九年：一〇四；類似的賭博遊戲籌碼，在這個例子中，是以竹片所製，曾在戈壁沙漠的中國城使用（出處同上：一〇八）。

4 關於英國的代幣，請參見威廉森（Williamson, 1889）；衛廷（Whiting, 1971）；馬蒂亞斯（Mathias, 1979b）。

5 關於可可錢幣，請參見米倫（Millon, 1955）；關於衣索比亞的鹽幣，請參見艾西格一九四九年：一二三～二六。卡爾．馬克思（1857: 223; 1876: 182）和麥斯．威柏（Weber, 1978: 673-74），這兩人都認為金錢是在從社會與社會之間交換貨物中誕生，而不是在社會裡面。卡爾．布區（Karl Bucher,1904），和卡爾．波蘭尼（Karl Polanyi,1968），他們的看法與這個立場相近，至少在這個範圍內，他們堅稱現代金錢是從**外部**的交易中產生的。無可避免的，交易貨幣和當地的記帳系統必定有某種相互強化的過程。到這個程度，以現代的意義來說，我們談到金錢的「發明」時，假設可以到這個地方去找，不過像美索不達米亞這種地方，一定發生在文字出現以前，因此我們無法查到這段歷史。

6 艾西格（1949: 266），摘自庫里西爾（Kulischer, 1926: 92）和艾沃夫（Ilwof, 1882: 36）的作品。

7 摘錄自《道德系譜學》，2．8。

8 如我先前所說，亞當斯密和尼采因此認為克勞德．李維史托（Claude Levi-Strauss）著名的論點，他說語言是「交易的文字」。這裡最值得注意的是，有很多人說服自己相信這一切，尼采對中產階級的意識形態，甚至交易的邏輯，提出了更激進的替代選擇。最令人窘困的是，德勒茲（Deleuze）和瓜塔里（Guattari）堅稱，「現代人種學最偉大的書，並不像尼采在《道德系譜學》中所說的，是莫斯的那本《禮物》，至少應該是，」因為，他們說，尼采成功地用債務術語解釋「原始社會」時，莫斯仍猶豫不決，無法破解交易的邏輯（1972: 224-25）。莎浩－拉傑絲（Sarhou-Lajus, 1997）從他們的書中得到啟發，寫了債務哲學理論，當作中產階級交易意識形態的另一種想法，她聲稱是採取自治權優先法。當然，尼采提出的根本不是替代的選擇，而是同一件事情的另一種觀點。這一切都在提醒我們，把我們中產階級傳統偏激的形式，當成另類的選擇，犯這種錯誤有多麼容易（巴泰爾 Bataille,1993，德勒茲和瓜塔里盛讚他的理論是跟莫斯同一段的另一項選擇，也是這類事件另一個最惡名遠播的例子）。

9 摘錄自《道德系譜學》，二．五。

10 尼采顯然讀了太多莎士比亞的作品。古代世界中並沒有從債務人身上割肉的紀錄；有很多奴隸遭到截肢致殘，但這些人卻不能被定義為因負債被截肢。雖然中古世紀時期因負債被割肉的事情偶有發生，但如我們所見，猶太人似乎是受害者，因為他們大部份都沒有人權，當然不會是加害者。莎士比亞把故事顛倒過來了。

11 摘錄自《道德系譜學》，二・一九。

12 摘錄自《道德系譜學》，二・二一。

13 弗洛全（Freuchen, 1961: 154）。這個諺語的原始語言是甚麼並不是很清楚，因為因紐特人並沒有奴隸制度。還有一件很有趣的事情是，因為，除非在某個背景環境中，禮物交換的事情**真的**存在，因此產生債務，否則這句話就說不通。這位獵人要強調的是，這個邏輯沒有延伸到人類賴以生存的基本要件，例如食物，這點很重要。

14 舉個例子，在佛陀的時代的恆河谷，關於君權制度和民主制度優點的爭論頗多。釋迦牟尼佛喬達摩悉達多雖然是國王之子，卻站在民主制度這邊，在民主集會時所使用的眾多決策性技巧，至今仍保存在佛教僧院組織（慕藍伯格 muhlenberger和潘恩 Paine, 1997。）要不是有這些資料，我們無從得知這些事，或甚至完全不確定民主政體曾經存在過。

15 例如，買回某人祖先的土地（利未記Leviticus二五：二五，二六）或買回某人給神廟的任何東西（利未記27）。

16 這裡也是一樣，在徹底破產的例子當中，債務人可能也失去他自己的自由。請參見休斯頓（Houston, 2006）查尋良好的當代調查資料文獻，討論先知時代的經濟狀況。我在這裡順應他和麥可・胡德森（一九九三）兩人重建的綜合版。

17 請參見阿摩斯書（Amos 2・6・8・2），和以賽亞書（Isaiah）為例。

18 請參見尼希米記 5: 3-7。

19 關於這些律法是否由尼希米和他的僧侶同伴（尤其是以斯拉 Ezra）所創，還有他們是否在某個時期曾經實施過，學者們一直在激烈爭論：請參見亞歷山大（Alexander, 1938）；諾斯（North, 1954）；芬克斯坦（Finkelstein, 1961, 1965）；威斯特布克（Westbrook, 1971）；林姆克（Lemke, 1976, 1979）；胡德森1933；休斯頓 1996，尋找幾個例子。首先有幾個類似的爭論，關於美索不達米亞是否真的實施過「清除債務」，直到為數眾多的證據出現，我們才確定。這些眾多的證據顯示，申命記中也曾實施過這些律法，不過我們永遠無法確定，效果究竟如何。

20 「每逢七年末一年，你要施行豁免。豁免的定例乃是這樣：凡債主要把所借給鄰舍的豁免了」（申命記十五章：一∼三）。每四十九年（也有的版本說每五十年），你們要當做是聖年，在遍地給一切的居民宣告自由。這年必為你們的禧年，各人要回歸自己的產業，賣身為奴的家人也要各歸本家。（利未記二十五章：九）。

21 這一點也不足為奇，因為需要借錢的原因，通常都是因為需要付外國征服者強徵的稅金。

22 胡德森發現在巴比倫語中，清除債務「叫做hubullum（債務）masa'um（洗清），字面上的意思是『洗清債務紀錄，』也就是說，消除寫在石板瓦上的財務帳款」（1993: 19）。

23 馬太福音第十八章：二十三～三十四。

24 為了讓人多一點概念，以便了解這個數字的價值是多少，一萬塔冷通的金子，大約相當於古羅馬從中東各省份所得的全部稅收。一百個銀錢是一個塔冷通的六十分之一，因此這個人欠他的不到六十萬分之一。

25 希臘原文中的 Opheilema，意思是指「欠下的這筆，」「財務帳款，」而且廣義來說，欠債就是「罪惡」。這顯然是從阿拉姆語中的 Hoyween 翻譯過來的，它同時具有「債務」，以及廣義的「罪惡」之意。這裡的英文「如後面所有聖經的引述」，使用的是詹姆斯國王的聖經版本，這個例子是根據約翰・威克里夫（John Wycliffe）一三八一年翻譯的禱文。大部份的讀者可能比較熟悉一五五九年的《公禱書》版本，以這句「赦免我們的罪，因為我們已經原諒那些得罪我們的人」取代約翰・威克里夫翻譯的版本。然而，原文很明確地表明是「債」。

26 把這些改成「靈性之債」並不能改變這個問題。

27 在這些情況下，預期可能會遭受性虐待的想法，在大眾的想像中顯然份量很重。「我們的女兒有些已經作了奴婢，」這位以色列人向尼希米提出怨言。理論上來說，這些仍是處女、被帶去以勞役償債的女兒，並不是要提供債主性服務的，而且債主並不打算娶她，也不打算讓兒子娶她（出埃及記：第二十一章：七～九；萊特（Wright, 2009: 130-33），不過家奴卻可以提供性服務（請參見海茲瑟（Hazser, 2003），實際上，這兩者的角色經常混淆不清；即使理論上有法律保護她們，通常這些父親能保護她們的方法卻很少，也無力讓法律強制執行。羅馬歷史學家描述，羅馬在西元前三百二十六年廢除以役償債的制度，例如，以一位名叫凱厄斯・普布利柳斯（Caius Publilius）的英俊男子因繼承了他父親的債務，被抓去服勞役，因為拒絕債主的性侵被毒打（李維 8.28）。他在大街上公開自己的遭遇，隨後民眾聚集起來，湧向參議院，要求廢除這項制度。

28 尤其是在戰爭中被俘虜的外國奴隸，我們會看到，一般人認為在古代的世界，對奴隸制度完全沒有道德上的反對理由是假的，其實有很多。除了像艾塞尼派（Essenes）這種激進教派，這個制度已經成為廣為大眾所接受的、必要的不幸。

29 胡德森（二〇〇二年：三七）引述希臘歷史學家狄奧多羅斯・西可勒斯（Diodorus Siculus i・79）的作品，他把這個動機歸因於古埃及的貝肯仁尼夫法老（Bakenranef），不過，他也強調軍事考量不是唯一的理由，但清除債務反應出對公平正義廣泛的感受。

30 奧本海姆（Oppenheim, 1964: 88）。奧本海姆提議，無息借款在地中海梨凡特諸國（Levant）比較普遍，在美索不達米亞社會地位平等的人，比較會跟對方索取利息，但條件很寬鬆，引用一位亞述商人的話，他說：「就像兄弟間借錢的利率」（出處同上）。在古希臘，社會地位相等的朋友之間借貸，是俗稱的易仁諾斯（eranos）借款，通常這些錢都是互助會臨時湊出來的，並無利息介入（瓊斯 Jones, 1965: 171-73；汪德林（Vondeling, 1961）；芬利一九八一年：六七～六八；米勒特一九九一年：一五三～一五五）。貴族們經常像這樣互相借錢，但一群奴隸也經常會籌錢贖回自由身（哈瑞爾（Harrill, 1998: 167）），這點被標示為社會地位最頂層和最底層的傾向，這種模式仍持續至今。

31 因此「你的兄弟」這個詞語持續出現，尤其是在申命記中，例如「只是借給你弟兄的不可取利」（第二十三

第五章

1 我們將會在第七章裡看到，柏拉圖的《理想國》也是用一模一樣的方式起始的。

2 請參見卡納曼（Kahneman）二〇〇三年作品，查詢這篇禮貌又辛辣的評論。

3 請參見霍曼斯（Homans, 1958），以及布勞（Blau, 1964）；李維史托一九六三年：二九六。在人類學家中，首先提議將互惠作為通用原理的人是理查德・圖恩瓦爾德（Richard Thurnwald, 1916），但使這個原理成名的人卻是馬林諾夫斯基（Malinowski, 1922）。

4 已知的法典中沒有一個曾執行過這個原理，有一個原因是，刑罰總是被其他的方式取代。

5 摘自愛特伍（Atwood, 2008: 1）。作者後來繼續探討我們本性中的經濟道德感，拿籠中的人猿和加拿大中產階級的小孩做比較，主張所有的人類關係若不是交易，就是強佔（出處同上：四九）。儘管許多論點很有見地，其結果卻是傷感的證詞，只是證明要這些北大西洋上中產階級的後裔，以他們自己獨特的方式去想像這個世界就像單純的人性有多困難。

6 西頓（Seton）的父親當不成權貴，改做會計師；西頓後來寫道，他的父親非常冷漠，又愛罵人，以至於身為他兒子的西頓，少年時為了躲避他，大部份的時間都在森林裡遊蕩；付清這筆債之後——總額正好是五百三十七元五角，很完整的數字，但在一八八一年時，這個數字不致讓人負擔不起——他改了姓名，後半輩子大部份的時間都花在發展健康的育兒技術上。

7 列維-布留爾（Lucien Levy-Bruhl, 1923: 411），書中的傳教士比利（W.H Beatley）。

8 列維-布留爾一九二三年：四二五，書中的傳教士法蘭克．布里安（Fr. Bulleon）。

9 順帶一提，這句話並不是馬克思所創，但顯然是早期法國勞工運動流行的口號，最早是出現在社會學家路易斯．布朗克（Louis Blanc）一八三九年出版的作品中。馬克思只是在他一八七五年出版的《哥達綱領批判》（Critique of the Gotha Programme）一書中借用了這個句子，即使當時引用這句話，也只是引用它的特性方面：因為他想像的原則可以適用在這個層次，一旦科技達到一定的程度、保證物質供應豐富時，就能把社會當成一個整體看待。對馬克思來說，「共產主義」既是為了達到這樣的未來社會的政治運動，也是指社會本身。我在此提出另外一些革命性理論延伸的替代方式，最著名的證據也許在彼得．克魯泡特金寫的（Peter Kropotkin 一九〇二）《互助》一書中。

10 起碼會遵守這樣的原則，除非有某種特殊的理由才不這麼做——例如，階級性的勞工部門規定，某些人要端咖啡，其他人則不用端。

11 這裡的意思當然是要支配經濟——在國家的領域之內，讓政府官僚負責協調各類生產，以及分配產品和服務——似乎遠比其他可用的方案更沒效率。這顯然是事實，不過，如果它根本「不可行」的話，很難想像蘇聯這樣的政府能存在，更別提還要維持他們當初在世界強權的地位。

12 摘自伊凡斯．普里查德（E.E. Evans-Pritchard, 1940: 182）。

13 同樣地，一個中產階級的路人不大可能會跟一位黑道份子問路，甚至若有黑道人士走過去問他現在幾點了，他可能會嚇得落荒而逃，但再次強調，那是因為他們假設彼此處於未言明的戰爭狀態中。

14 出處同上，第一八三頁。

15 理查茲（Richards）一九三九年：一九七。麥斯．格魯克曼（Max Gluckman）描述這樣的習俗時，推斷在這個範圍內，可稱為「原始共產主義，」它存在於消費，而非生產，生產遠比消費更傾向個別的獨立組織（1971: 52）。

16 一個典型的例子：「如果一群飢餓的人遇到另一群物資尚未完全消耗完的人，不用對方開口，後者就會主動與新來的人分享所剩不多的食物，雖然如此他們也會面臨跟受他們幫助的人一樣餓死的危險……」拉菲托（Lafitau）一七九四年第二冊：六一。

17 《耶穌會的關係》（Jesuit Relations, 1635），引用迪拉吉（Delage, 1993: 54; 8: 127）

18 在世界上的某些地區，這是很普遍的安排（尤其是安地斯山脈、亞馬遜、東南亞島嶼和澳洲東北部群島美拉尼西亞），這些地方總會有一些規則，每一邊都要依賴另一邊的人提供民生必需品。村子這一邊的人只能嫁娶另一邊的人，也許這一邊的人只能吃另一邊的人養的豬，又或許這一邊的人需要另一邊的人贊助他們兒子的成年禮。

19 如我在別本書中所建議的，葛雷伯（Graeber, 2001: 159-160）；跟莫斯的著作一九四七年：104-5頁做比較。

20 我迴避了在葛雷伯 2001: 218 頁中討論的、單邊例子的整個問題。

21 馬塞爾・薩林斯（Marcel Sahlins, 1972）創造出「普遍互惠」的這個詞語，以描述這類的關係，在所有的物品都能免費流傳的原則下，最後，所有的帳款都能抵銷。馬塞爾・莫斯（Marcel Mauss）在一九三〇年代（一九四七）的演講中，已經提出這樣的論點，但他也看出了這個問題：雖然這在易洛魁部族中確實是如此，但在有些關係中，從不曾抵銷掉——比方說，母子之間。他的解決之道是，「另類的互惠」——我們以傳宗接代來報答父母之恩——這顯然是他研究梵書所得到的論點，但它終究展現出，如果有人已經判定所有的關係都是以互惠為基礎，他總是可以將這個詞語的定義下的很寬廣，使其成為事實。

22 關於Hostis：請參見維尼斯特（Benveniste）一九七二年：七二。關於殷勤款待的這個拉丁文專門詞語，強調男性主人擁有絕對的支配權，這是任何殷勤款待行動中的先決條件；德里達（Derrida, 2000, 2001）反駁這個論點是殷勤款待觀念中主要的矛盾，因為這暗示已經存在的現有優勢或權力，可能會被視為採納最剝削人的形式，就像洛特（Lot）交出自己的女兒給一群所多瑪的居民，說服他們不要強姦他的客人。然而，這個殷勤待客的原則也同樣在許多社會中留下紀錄——比如易洛魁部族——這些都是父權社會。

23 摘自伊凡斯・普里查德（Evans-Pritchard, 1940: 154, 158）。

24 這當然是極為富有的人，大都跟地位相當的人往來的原因之一。

25 在比較沒有敵意的情況下，一般人比較可能會談到交換囚犯、紙幣或互相讚美。

26 討價還價的好資料：尤權多（Uchendo）一九六七。

27 波漢南一九六四年：四七。

28 這些甚至不是真正的商業交易，因為它可能經常牽涉到很重要的集體輸贏競賽，吃飯請客和送禮。經濟學教科書中還有很多這類的虛構商業交易。

29 只要看一下大量的人類學文獻中關於「宴客競賽」即知：例如，維樂利（Valeri）二〇〇一年的著作。

30 布迪厄（Bourdieu）一九六五年的著作是重要的資料，但他在布迪厄一九九〇年：九八～一〇一頁中又重複主要的重點。

31 翁維里（Onvlee, 1980: 204）。

32 彼得羅紐斯（Petronius, 51）；普林尼（Pliny）的《自然史》36.195；迪歐（Dio, 57.21: 5-7）。

33 「這位國王是對送禮和流血成癮的人。他的大門前不乏一夜致富的窮人，還有活生生被斬首的人。」

34 即使是最富有的人，比方說，納爾遜．洛克菲勒（Nelson Rockefeller），他曾自豪地說，他從不帶皮夾。因為他不需要帶皮夾，偶爾他工作得晚了，想抽菸的時候，只要跟洛克菲勒中心櫃台前的守衛要一點錢就可以了，這些守衛事後還會自豪得對別人吹噓，說他借錢給洛克菲勒家的人，通常也很少有人會跟他把錢要回來。與之對照的是，「十七世紀的葡萄牙的堂曼努埃爾王（Dom Manuel），剛從東印度群島的貿易中致富時，繼承了「征服者、航海者和衣索比亞、阿拉伯、波斯、印度的貿易霸主」的頭銜，其他人則稱他為「雜貨王」（何二〇〇四年：二二七）。

35 請參見格雷伯 2001: 175-76。

36 即使是在陌生人跟陌生人之間也不常見：如瑟維特（一九八一，一九八二）所強調的，「大部份的原始交易」都是透過商業合夥人和特殊的地方中間人。

37 我用這個方式闡述的原因，是因為我在這裡只對經濟學的部份有興趣。如果我們只是單純地思考人類的關係，我猜有人可能會說，最極端的一邊是殺人，另一邊是給予生命。

38 事實上，這似乎是慈善本質最主要的精華，就像送禮給國王，永遠不可能得到公平互惠的待遇。甚至模樣可憐的乞丐，其實是來凡間遊蕩的天神，或哈倫．拉希德（Harun al-Rashid），你得到的回饋也可能不成比例。或想想那些關於在宴飲中喝醉的百萬富翁的故事，當他們清醒之後，送名車或房子給之前照顧過他的人。要想像一個乞丐給你一筆財富，而不是還你同樣多的錢很容易。

39 色諾芬（Xenophon）的《居魯士的教育》（Cyropedia）第八章．六，希羅多德（Herodotus, 3. 8. 9）；請

參見布里昂 2006: 193-194。394-404，他認為這些句子中提到的有些事情確實曾經發生過，在波斯王塞魯士（Cyrus）和岡比西斯（Cambyses）的統治下有較隨興的禮物制度，在大流士王的統治下更加制度化。

40 馬克・布洛克（Marc Bloch, 1962: 114-15），他補充道：「每個動作，尤其是重複三或四次，很可能就會變成一種慣例——即使第一次發生的場合是例外，或甚至不合法。」

41 這個切入的角度，經常被認為是英國人類學家霍卡特（A.M Hocart, 1936）的途徑。重要的是，這不一定表示，這樣就會變成他們主要或專門的職業：大部份的時候，這些人跟其他人一樣都是普通的農夫。然而，他們幫國王所做的事情，或者後來在儀式的場合中為社區提供的服務，結果就被定義成他們的天職，成為他們這個氏族的身份。

42 事實上，如果她有一次特別小氣，我們可能還會很生氣，換做是別人，我們就不會覺得對方小氣——尤其是我們自己這麼做時。

43 有篇文章已經出版：莎拉・史迪曼（Sarah Stillman）寫的「失蹤的白人女子綜合症：消失的婦女和媒體實踐（The missing white girl syndrome: disappeared women and media activism）」（史迪曼 2007）：publications.oxfam.org.uk/oxfam/disply.asp?K=002J1246&sf_01=cat_class&st_01=620&sort=SORT_DATE/d&m=84&dc=719

44 柄谷（Karatani, 2002: 203-205）使這個論點更令人信服。瓜基烏圖人和其他西北海岸第一民族的原住民是某種中間性的例子——但至少在我們所知的時期，貴族們使用高壓手段來得到資源（寇德烈，一九五〇。）

45 喬治・杜比（Georges Duby, 1980）提供了這個概念的可靠歷史，回溯到更早期印歐人的想法。

46 父子之間想像互惠的典型例子，請參見奧利佛（Oliver, 1955: 230）。喜好人類學理論的人士會發現，針對「循環婚姻」的問題，我在此支持的是愛德蒙・利奇（Edmund Leach）的論點。他後來又對著名的「庫拉圈」（Kula chain）做出同樣的論點（一九八三）。

47 事實上，有個階級性的關係是明顯的自我破壞：例如師生之間的關係，因為，如果這位老師成功地把知識傳授給學生之後，不平等的基礎就不再存在。

48 彼得・弗洛全一九六一年：一五四。這個諺語的原始語言是甚麼並不是很清楚，因為因紐特人並沒有奴隸制度。而且，除非在某個背景環境中，禮物交換的事情真的存在，因此產生債務，否則這句話就說不通。這個獵人要強調的是，這個邏輯沒有延伸到人類賴以生存的基本要件，例如食物，這點很重要。

49 弗斯（Firth, 1959: 411-12）（在格雷伯二〇〇一年：一七五頁中也能見到）。他的名字是泰仁加（Tei

Reinga）。

50 一個著名的例子：查岡（Chagnon, 1996: 170-76）一九九六年：一七〇～七六。

51 同樣的，兩群人也可能簽下「戲鬧關係」的契約而成為盟友，這樣一來，至少在理論上，這群人中的任何一個成員都能對另一群人的成員，提出離譜至極的要求（赫伯特 Hébert, 1958）。

52 馬塞爾．莫斯在他著名的「禮物論文」（一九二四）中，也經常這麼做，結果造成後世好幾代人都對這些辯論困惑不解。

53 莫斯一九二五，希臘的原始資料是帕奧西多尼烏斯。一如以往，我們也不知道這些描述是否正確。莫斯認為蠻正確的，我懷疑這可能只發生過一兩次。

54 如同威廉．伊恩．米勒（William Ian Miller, 1993: 15-16）的轉述。第一段的引述是摘自伊葛亞（Egil）的傳奇故事，原文第七十八章。伊葛亞對這個盾甲一直有矛盾的情緒：後來他帶著盾甲去參加一個婚禮，設法把它丟進一個酸乳桶裡。事後認為盾牌已經毀掉之後，便拆開來，取用其原料。

55 請參見華萊士．海卓爾（Wallace-Hadrill）一九八九為例。

56 布萊斯特（Blaxster, 1971: 127-28）。

57 例如，另一個人類學家判定贊助人和客人的關係是「長期合約關係，以客人的擁護換取贊助者的保護；有種意識型態認為，這是道德上的收費，顯然排除了嚴謹、公開的帳目，但雙方對這筆帳心裡都有個大約的數字；貨品和服務交換並不相同，公平交易或雙方滿意不會留下副作用，因為這裡的客人在權力上明顯較弱，對贊助者的需要，遠比贊助者對他們的需要更甚。」（洛伊佐斯 Loizos, 1977: 115）。再次強調，這兩者是不是交易，在於有沒有帳目的問題。

58 就算這個人得到油炸甜甜圈店的工作，結果也是一樣；在法律上，必定是兩個平等的人之間所建立的自由合約，即使為了能說出這點，我們就得維持這個迷人的合法謊言，他們其中一個是杜撰出來的名叫「香酥脆」甜甜圈店。

59 比如說，這個英文字「應該」（should），原本是取自德文中的「schuld」，意思是「愧疚、犯錯、債務。」埃米爾維尼斯特（Benveniste, 1963: 58）提供了其他印歐語系中取得的例子。東亞語言，如中文和日文就很少有這種將實際文字跟異文合併的例子，但跟罪惡、羞恥、愧疚和犯錯，這些字與債務類似的關聯，很容易就能找到文獻來加以證明（馬拉穆德 1988）。

60 普魯塔克（Plutarch）的《道德》303b，芬利 1981: 152，還有米勒特 1911a: 42 中也有談到。聖湯瑪斯・阿奎那（St. Thomas Aquinas）把它變成天主教教義中的事情，他說，罪惡是虧欠上帝的「懲罰之債」。

61 這就是為什麼把其他種類的關係裝扮成債務會這麼容易的原因之一。比方說，有人想幫助一位缺錢的朋友，但又不想讓她難堪。通常最簡單的方式就是，拿錢給她的時候，堅稱是借給她的（事後雙方都很方便地把這件事情給忘了）。或者想像所有的時間和地點，有錢人靠表面上借錢給對方的方式，藉此獲得僕人。

62 有人會辯駁說，如果堅決要找的話，可以輕易在任何人類語言中找到某些跟「請」和「謝謝你」的同義字，但你找到的這些詞語，經常有不同的使用方式——比如說，只有在儀式的場合中，或在階級制度中的位高者——很難讓它跟事實取得強大的重要性。重要的是，在一個世紀前左右，幾乎每種人類語言都是在辦公室中使用，或在店面中交易必須創造出一些術語，能達到跟「請」，「謝謝你」和「不客氣」同樣功能的詞語。

63 在西班牙語中，有人會先要求你幫一個小忙（por favor），然後說「謝謝gracias」，以便確認你知道，他已經幫你把這件事情辦好了，因為它是源自拉丁文的gratia，意思是「影響力或小忙。」「感謝appreciate」比較接近財務的字詞：如果你說：「我真的很感謝你幫我做這件事。」你使用的這個字是從拉丁文的appretiare來的，意指「設定一個價錢。」

64 「不客氣，」最初的紀錄是在莎士比亞時代，源自古老的英文wilcuma，wil 是「榮幸」之意；cuma是「客人」的意思。這就是為什麼人們仍被「迎」進某個人的家中，因此就像「我的客人，」暗指，不，如果有甚麼義務的話，應該是我的部份才對，如同任何一個主人都有義務對客人慷慨，把這樣的義務當成本身就是愉快的。然而，這還是很重要，道德家很少責罵任何一個沒說「不客氣」的人——這句話可隨個人選擇。

65 第一冊 １２。這段和其他的引述取自企鵝圖書出版的譯文，這句是摘自第八十六頁。

66 跟中世紀阿拉伯的哲學家伊本・米斯克維（Ibn Miskaway）做比較：「債主希望跟他借錢的人健康長壽，是為了能把錢要回來，不是因為真心愛債務人。另一方面，債務人對債主的福祉也不感興趣。」（摘自胡賽尼 Hosseini, 2003: 36）。

67 更確切地說，因為潘奴吉整段談話都是在詮譯馬切羅・菲斯諾（Marcelo Ficino）誇張又複雜的論點，說整個宇宙是由愛的力量驅使而存在。

第六章

1 摘自：《華盛頓郵報》特約撰稿人彼得・卡爾森（Peter Carlson）的文章〈尼爾・布希充滿魅力的人生〉（The Relatively Charmed Life of Neil Bush）二〇〇三年十二月二十八日，週日，頁次D01。

2 格里爾遜一九七七年：二〇。

3 為了對格里爾遜表示公平起見，他後來的確有提出建言，奴隸制度在金錢的起源中扮演了重要的角色——不過，他從不曾思索性別的問題，這點似乎很重要。中古世紀的冰島，女奴隸也是很重要的貨幣單位（威廉斯Williams一九三七），而且在《梨俱吠陀本集》中，大禮和付款經常會指定要「金子、牛和女奴隸」（查克拉瓦帝Chakravarti, 1985: 56-57）。順帶一提，我說「年輕」的意思是因為在別的地方，被用來當作貨幣單位的奴隸應該都是在十八到二十歲左右的年紀。一個女奴隸的價值等於六頭奶牛或六頭小母牛。

4 關於女奴隸的文獻，請參見諾蘭（Nolan, 1926），艾西格一九四九年：二四七～四八。葛瑞特斯（Gerriets, 1978, 1981, 1985），派特森（Patterson, 1982: 168-69），凱利（Kelly, 1998: 112-3）。大部份的資料只是強調，女奴隸只被當成記帳的單位，我們不知道更早期的常規是如何。不過值得注意的是，在法典中有幾個不同的商品被用來當作記帳的單位，（P409）這些商品包括那個國家大部份重要的進口商品和貿易貨幣（因此在俄羅斯的法典中，這些單位是毛皮和銀子）。這意味著，在這個紀錄寫下不久之前，有一段時期，女奴隸曾是個重要的貿易商品。

5 班德（Bender）一九九六。

6 我在這裡詳細描述了阿蘭・塔斯塔德（Alain Testart）的人種誌研究報告（2000, 2001, 2002）。塔斯塔德對綜合這些證據的部份做了極佳的貢獻，但他也一樣——如同我們在下一章中會見到的——在做結論時留下了一些奇怪的盲點。

7 「雖然『賣女為妓』這個誇張的句子廣泛流通……實際上的安排經常是這樣，他們先借一筆錢，或預付這個女孩的服務費（通常都不會明說是甚麼樣的服務，或故意歪曲事實）給這戶人家。這些「借款」的利息通常都是百分之百，本金可能會因別的債務而增加——生活費、醫療費、送給官員的賄絡金——一旦這個女孩開始工作之後，就會累積這類的債務」（主教和羅賓遜Bishop & Robinson, 1998: 105）。

8 麥可・胡德森（在瑞先生一九九九年的著作中引述），但如果有人去詳查原文的話，也能看得很清楚：「你不可覬覦你鄰居的房子，不要垂涎你鄰居的妻子，也不要貪圖他的奴僕和婢女，他的牛或他的驢子，或你鄰居的任何東西。」（出埃及記 20: 17，申命記 5: 21）。

9 貝殼串是極好的例子：印地安人似乎不曾用貝殼串跟同一個社區內的其他人買東西，不過，經常會用這個東西跟殖民者交易（請參見格雷伯 2001: 117-150）。其他的像尤羅克人的貝殼錢幣或巴不亞人的貨幣，在增建社交功能上，被當作貨幣廣泛流通，但前者似乎是從後者而生的。

10 「聘金辯論」最重要的文獻：伊凡斯．普里查德一九三一，瑞葛蘭（Raglan, 1931），葛瑞（Gray, 1968），寇馬洛夫（Comaroff, 1980），維樂利 1994。原本伊凡斯．普里查德提議將這個名稱從「娶妻價」改成「聘金」的原因，是因為國家聯盟在一九二六年把這種習俗當成奴隸的形式，因此宣布這是不合法的（蓋爾 Guyer, 1994）。

11 關於提夫族人的親屬關係和經濟：請參閱杜根 1932；亞伯拉罕（Abraham, 1933）；道尼斯（Downes）一九三三；阿奇亞（Akiga, 1939）；L波漢南（L. Bohannan, 1952）；P波漢南（P. Bohannan, 1955, 1957, 1959）；；P &L波漢南 1953, 1968；提西尤（Tseayo, 1975）；凱爾（Keil, 1979）。

12 請參見阿奇亞．賽（Akiga Tsai, 1936: 106），查詢針對怎麼會發生這種事的分析。關於地區性的觀點較為晚期的比較分析，請參見法登（Fardon）一九八四，一九八五。

13 保羅．波漢南這樣形容：「一個男人和他妻子的監護人之間的kem債務關係永遠不會斷絕，因為kem是永恆的，這筆債永遠無法還清。」（一九五七年：七三。）除此之外，這段敘述是摘自阿奇亞（1939: 126-127。）

14 羅斯帕比（Rospabé, 1993: 35）。

15 伊凡斯．普里查德一九四〇年：一五三。

16 如人種誌學者所說：「他們接受牛只是為了紀念他，而不是因為想拿牛的生命來取代死去的親人。」（一九四〇年：一五三。）

17 出處同上　一五四～一五五。

18 摩根一八五一年：三三二。摩根是個受過專業訓練的律師，在此使用專業術語「寬恕condonation，」在牛津英文字典中的定義是，「願意寬容一個攻擊事件。」

19 摩根一八五一年：三三三。這個底線的款項是，男人五串白貝殼，女人是十串，但其他的因素也可能會影響它（T史密斯一九八三年：二三六；摩根一八五一年：三三一～三四；帕克一九二六。）關於「哀悼戰爭」，請參閱理查特（Richter）一九八三：「把他的名字擺在墊子上」這段描述是摘自芬頓（Fenton）一九七八年：三一五。順帶一提，我猜想死去的應該是男人，因為這些是原始資料中的例子。不清楚他們對自然死亡的女人是否也同樣會這麼做。

20 伊凡斯・普里查德一九四〇年：一五五，一九五一年：一〇九～一一；霍威爾（Howell, 1954: 71-80），戈夫（Gough, 1971），哈欽森（Hutchinson, 1996: 62, 175-76）。

21 羅斯帕比一九九五年：四七～四八，引述彼得斯（Peters, 1947）。

22 關於哀悼戰爭：請參閱理查特一九八三。有趣的是，南比克拉瓦人中也發生過類似的事情。我在第三章中提過，以物易物後的盛宴，可能會導致因誘惑和嫉妒的謀殺事件；李維史托補充說，解決這種謀殺的問題，通常是讓兇手娶被害者的妻子，收養他的小孩，因此有效地變成受害者這個人生前的情況（一九四三年：一二三）。

23 不過人們的確有使用這些貨幣，委託別村的專業人士製作某些精緻的手工藝品（比方說，樂器）（一九六三年：五四～五五）。

24 道格拉斯一九五八年：一一二；以及一九八二年：四三。

25 道格拉斯（一九六三年：五八）估計一個成功的男人，等到他達到完全的社交成熟度時，至少會花三百塊拉菲亞葉布料付款。

26 正如人類學家經常描述的，後代從母系的社會，並不一定表示女性本身有很多權力。是有可能會這樣；在易洛魁部族中，還有南比克拉瓦人中確實是如此，但不一定都是這樣。

27 道格拉斯一九六三年：一四四～四五，內容是採用一九六〇年：三～四。

28 道格拉斯其實是一個保守的天主教徒，嫁給一位托利黨黨員，卻傾向以輕蔑的眼光看待所有開明的事物。

29 彷彿要打擊這個家庭一般，一個男人可能會因為成為女孩的父親，被視為欠下一筆人命債（道格拉斯一九六三年：一一五）——他只好把其中一個外孫女當作抵押人，才能償還這筆人命債。我們唯有假設這個規則是，只有男人才能擁有人命，唯有這樣才能了解這個情況，因此，以女人的例子來說，唯有創造新生命才能獲得自由。如文中所述，男人可能成為抵押人，而且很多男人都是抵押人，但他們卻從不曾被交易。

30 道格拉斯一九六六年：一五〇。

31 關於「村民之妻」的事，請參見道格拉斯一九五一年的著作，還有一九六三年：一二八～四〇。

32 道格拉斯一九六三年：七六；與一九五一年：一一做比較。作者顯然只是重述她的線民對這個習俗所提供的解釋：萊利人並「不一定」會做出這樣的安排；事實上，許多非洲社會並沒有這麼做。

33 有些村民之妻幾乎像公主，因為酋長的女兒大都選擇這種方式，嫁給一組同年齡的男子。村子容許酋長的女兒跟任何她們喜歡的人發生性關係，不論年齡層為何，她們也有權利拒絕對方的性要求，村民之妻通常不能拒絕。這類的公主很少見：因為萊利人的領地裡只有三位酋長。道格拉斯估計，萊利人的女子成為村民之妻的數量，換句話說，只有百分之十（一九五一）。

34 例如：一九六〇年：四，一九六三年：一四五～四六，一六八～七三，一九六四年：三〇三。顯然，男人有時候會對女人施暴，至少，在其他人都同意他們在道德上有權利這麼做的情況下，但即使在這裡，道格拉斯也強調，大部份的女人還是有運用計謀的餘地。

35 特別是關於和平安寧的部份，請參見一九六三年：七〇～七一。

36 一九六三年：一七〇。

37 一九六三年：一七一。

38 奴隸的價碼：一九六三年：三六，一九八二年：四六～四七。

39 不過，只到一定程度，這是因為男性奴隸主要的功用是在重要男子的葬禮中充當祭品。

40 請參見葛雷伯二〇〇一年，第四章。最大的例外可能是努爾人和類似的遊牧民族中的牛畜貨幣。然而，即使是這些牛，也可以被認為是個人使用的一種裝飾品。

41 阿奇亞·賽一九三九年：一二一，一五八～六〇。

42 提夫族人的結婚慣例也是用擄人的方式：阿奇亞·賽（一九三九年：一三七～四一）。

43 我在這裡提出的是保羅·波漢南（一九五五，一九五九）關於「交易領域」的經典分析，由多沃德（Dorward, 1976），以及蓋爾（二〇〇四年：二七～三二）的資料為輔。

44 阿奇亞·賽一九三九年：二四一；P波漢南一九五五年：六六，P&L波漢南一九六八年：二三三，二三五。至於魅力的一般資料：阿奇亞·賽，一九三九年：二三六，道尼斯一九七一年：二九。

45 請參見亞伯拉罕一九三三年：二六；阿奇亞·賽一九三九年：二四六；P波漢南一九五八年：三；道尼斯一九七一年：二七。

46 關於巫師的一般資料：P波漢南一九五七年：一八七～八八，一九五八；道尼斯一九七一年：二三～二五。

47 關於人肉債（或ikipindi）：亞伯拉罕一九三三年：八一～八四；道尼斯一九七一年：三六～四〇。

48 阿奇亞．賽一九三九年：二六〇。

49 這裡引用的是威爾森一九五一的著作。

50 保羅．波漢南（一九五八年：四）也提出類似，但不完全相同的論點。

51 關於提夫族人大遷徙的故事（舉例，亞伯拉罕一九三三年：一七～二六；阿奇亞和波漢南一九五四；P波漢南一九五四）雖然沒有說得很詳細，但可以輕易讀得出這樣的意思。阿奇亞（一九三九年：一三七）談到提夫族人大遷徙的故事時，說他們會在女人身上描繪看似瘡疤的痕跡，所以那些游擊隊才不會抓走她們，這樣的暗示特別明顯。儘管他們缺少政府，但提夫族人有著名的、戰鬥力極佳的戰爭組織，正如亞伯拉罕所述（一九三三年：一九），他們成功地操弄了富拉尼族（Fulani）和喬昆人（Jukun），藉著干預兩族之間的戰爭，讓他們互相殘殺。

52 有些游擊隊並非完全不成功，十八世紀時，有一陣子，鄰近的喬昆國有幾次努力想跟提夫人結為邦交，似乎都未成功，顯然曾把提夫族人的俘虜賣給在沿岸經商的奴隸販子（亞伯拉罕一九三三年：一九；柯亭Curtin一九六五年：二五五，二九八；拉珊Latham 一九七三年：二九；譚保Tambo一九七六年：二〇一～三。）這點肯定很重要，許多提夫族人堅稱，在一九三〇年代，喬昆人是食人族，姆巴薩夫「組織」的起源，他們終於恢復邦交之後，提夫族人從他們那裡獲得的特定的主要頭銜中，便隱藏著這類的訊息（亞伯拉罕一九三三年：三三～三五）。

53 瓊斯（Jones, 1958）；拉珊一九七一；諾斯洛普（Northrup, 1978: 157-64）；赫伯特（Herbert, 2003: 196）。著名的中世紀阿拉伯的旅行者伊本．巴圖泰（Ibn Battuta），我們已經在第二章中，辛德國王的宮廷裡見過他了，一三四〇年間，他見到人們在尼日國不遠的地方，把這個當成金錢使用。

54 赫伯特（2003: 181）估計，一六九九年到一八六五年之間，歐洲人進口大約兩萬噸的英國黃銅和紅銅到非洲。這些銅是在布里斯托、奇德爾和伯明罕，這龐大的數量是用來買賣奴隸的。

55 根據這個實際的數字，那幾年已知總共有十五萬兩千零七十六個奴隸，從比夫拉灣出口（伊提斯Eltis、貝仁特Behrent、理查德森Richardson和克萊恩Klein二〇〇〇）。舊卡拉巴爾的奴隸貿易持續的時間，大約是從一六五年到一八六五年。這段期間，這裡是海灣最大的港口，巔峰時期，從這個海灣出口的奴隸就占了全非洲百分之二十（洛夫喬伊Lovejoy和理查德森一九九九年：三三七）。

56 謝理登（Sheridan）一九五八，普萊斯一九八〇，一九八九，一九九一。

57 形體較大的珠子。

58 塔伯特中的巴伯特（Barbot in Talbot）一九二六年I：一八五～一八六。

59 印寇立（Inkori, 1982）顯示出，在十八世紀末期，停靠在舊卡拉巴爾港的英國船，每艘大約運來四百支毛瑟槍，一七五七年到一八〇六年間，進口到卡拉巴爾喀麥隆地區的數量，總共有兩萬兩千九百八十六支。然而，蘭姆酒和其他的酒類卻進口得非常少。

60 一般的權宜之計，尤其是在早期那幾年，商人會划著裝滿貨物的獨木舟，到村子的市場裡去換奴隸，事後如果他們沒有換到一定的限額，就會等到天黑，直接去突擊河流沿岸的住家，抓走任何他們能找到的人（諾斯洛普中的克拉克森一九七八年：六六，同時也摘自諾亞一九九〇年：九四。）

61 現有的學術文獻對重現歷史沒多大幫助，我們無法得知某個方式是如何轉換到另一個方式的，因為現有的文獻不是把抵押人當成親屬（例如，道格拉斯一九六四，法登一九八五，一九八六），不然就是商業關係（例如，法蘿拉Falola和洛夫喬伊一九九四），但從不曾拿這兩者做比較。因此，許多基本的問題仍未提出來。比方說，法蘿拉和洛夫喬伊提議，抵押人付出的勞力功能等同利息，但這本書完全沒有提供相關資訊，不知道當時實施抵押人的非洲地區，是否有借款計息的情形。

62 這類的抵押人，顯然也必定是從類似萊利人的制度轉化而來。許多規則都是一樣的：比如說，在萊利人族裡，如果有個女孩被抵押了，等她長大之後，債主通常有權利把她嫁出去，因此就能抵銷這筆債。

63 洛夫喬伊和理查德森一九九九年：三四九～五一；二〇〇一。

64 伊奎安諾（Equiano, 1789: 6-13）。

65 其他的組織包括，阿庫納庫納（Akunakuna）和伊菲克（Efik），他們的基地都在卡拉巴爾。阿羅聯盟的人都說伊博語（Igbo），地方上的會員有少數人會說伊博語和伊比比歐語（Ibibio）。

66 關於阿羅聯盟的一般資訊，請參見瓊斯一九三九；奧譚柏格（Ottenberg, 1958）；阿菲柏（Afigbo, 1971）；伊克朱巴（Ekejiuba, 1972）；伊斯采（Isichei, 1976）；諾斯洛普一九七八；迪克（Dike）和伊克朱巴一九九〇；吳沃瓦（Nwauwa, 1991）。

67 迪克和伊克朱巴一九九〇年：一五〇，估計從比夫拉灣出口到歐洲的奴隸，有百分之七都是透過阿羅聯盟而來。別的奴隸大部分都是透過其他的商會。

68 有位二十世紀的長老回憶道：「通姦的女人會被她的丈夫賣掉，丈夫會留下賣她的錢。竊賊被賣掉的話，錢就歸負責做這個決定的長老所有。」（諾斯洛普一九七八年：六九）

69 諾斯洛普一九七八年：七三。

70 艾克比（Ekpe）是在卡拉巴爾的討債組織：瓊斯一九六八，拉珊一九七三年：三五～四一。洛夫喬伊和理查德森一九九九年：三四七～四九。艾克比從阿洛丘庫（Arochukwe）擴展到遍布整個地區：路爾（Ruel, 1969: 250-258），諾斯洛普一九七八年：一〇九～一一〇，吳瓦卡（Nwaka）一九七八，奧譚柏格和克努德森（Knudson）一九八五。吳瓦卡（一九七八年：一八八）寫道：「艾克比商會是克洛斯河地區涵蓋範圍最廣的組織，在當地政府中奠定根基。這個組織在各地區展現出獨有的司法功能，透過這個組織的成員，他們監督犯法的人接受處罰，強制執行關稅，有權威的長老也贊成。艾克比的律法對其成員在社區內的生活有種種的限制，規定要打掃城鎮和街道，討債和其他有關公共福利的事情。」

71 拉珊一九六三年：三八。

72 摘自沃克（Walker）一八七五年：一二〇。

73 奧譚柏格和奧譚柏格一九六二年：一二四。

74 派翠吉（Partridge）一九〇五年：七二。

75 若有人要找抵押人，不能到隔壁村莊，隨便抓一個小孩，因為他或她的父母很快就會找到這個小孩。

76 摘自洛夫喬伊和理查德森二〇〇一年：七四。發生在迦納的類似案例，請參見蓋茨二〇〇三年：八五。

77 值得注意的是，阿奇亞．賽（一九三九年：三七九～八〇）堅稱，在提夫族人中，這就是奴隸制度的起源：當某人拒絕還債時，就抓他家族中的人當人質。他說，如果那人還是不肯付錢的話，他們就會拘留人質一陣子，最後把人質賣到另一個國家，「這就是奴隸制度的起源。」

78 哈里斯（Harris）一九七二年：一二八頁中，寫到克洛斯河的另一個地區伊科姆（Ikom）：其中一個供應奴隸給卡拉巴爾的重要地區。她描述道，當母親和父親那邊的親戚出面干預，不讓他再賣掉其他的親戚時，債戶通常有義務抵押自己，因此，他們最終也被送到卡拉巴爾，成為奴隸。

79 我們不知道實際的比例是多少。國王伊尤二世（King Eyo）告訴英國的傳教士說，奴隸「被販賣有許多不同的理由——有些是戰俘，有些是因為負債，有些是犯了國家的律法，有些則是因為被某個大人物憎恨」（摘自諾亞一九九〇年：九五）。這意味著債務並非不重要，尤其，因為根據皮爾・拉森（Pier Larson）的紀錄，當時留下的所有資料都標示「戰爭」，因為這是最正當的理由。比較諾斯洛普（一九七八年：七六～八〇）。

80 瑞德（Reid）一九八三年：八。

81 出處同上。

82 瑞德一九八三年：一〇。

83 維克斯（Vickers一九九六）在北大西洋的想像中，提供了絕佳的峇里島歷史形象化的描述，將「野蠻的峇里島」變成了人間天堂。

84 吉爾茲（Geertz）和吉爾茲一九七五；布恩（Boon）一九七七年：一二一～二四。貝羅（Belo, 1963: 26）引述一九二〇年間，由本地人提供的資料，堅稱搶婚是新近才有的現象，剛開始出現時，是一些幫派年輕男子到敵方的村子裡偷女人，通常會要求女人的父親付錢把她們贖回去。

85 布恩一九七七年：七四。

86 科瓦魯比亞斯（Covarrubias, 1937: 12）描述，很早以前，在一六一九年時，峇里島的女人在留尼旺島（Reunion）的奴隸市場中需求量很大。

87 布恩一九七七年：二八，范德・克萊恩（van der kraan）一九八三，維納（Wiener）一九九五年：二七。

88 維克斯一九九六年：六一。我只需要提峇里島的人類學文獻，最值得注意的是克利福德・吉爾茲（Clifford Geertz）著名的論文，說峇里島鬥雞是「深玩」（deep play）一九七三，一個能讓峇里島民抒發內在魔鬼和講述自身經歷的地方，他對殖民前的政府的概念是「劇場政府」（一九八〇），他們的政策是以收集資源，以創造更壯觀的儀式為中心，從這個觀點的一切看來，或許需要重新思考。這篇論文有個特別的盲點，即使布恩在上面引述說，男人把他們的女兒藏起來，在下一頁（一九七七年：七五）又說，政府的「臣民」其實只是「為這些儀式納一點小稅金的觀眾，」彷彿可能成為被強暴和謀殺的對象，以及奴役別人的小孩並不重要，或者，反正沒有明確的政治意義。

89 這些應是路易斯・都曼特一部份的論點（一九九二），只有現代的社會才是唯一真正的平等主義社會，即使那些只是有缺陷的社會：因為他們終極的價值是個人主義，因為每一個人都是最有價值的，以某種程度來說，他或她都是獨一無二的，沒有任何一個基礎可以說，有誰本質上比別人更優越。完全不用提出「西方的個人主義」學說，就能達到同樣的效果。「個人主義」的整個概念需要再慎重思考過。

90 比堤（Beattie）一九六〇年：六一。

91 確實，在許多傳統的社會中，過分毒打妻子的人會被懲罰。但話說回來，這類的行為至少得假設是否符合常態標準。

92 關於胡鬧的例子，請參見戴維斯（Davis, 1975），丹頓（Darnton, 1984）。基斯．湯瑪斯（Keith Thomas, 1972: 630）引述當時在英國的村莊裡發生的、這段很奇特的報導，詳述一系列的懲罰，像這類「村民的嘲弄」似乎都是針對施暴的女人，但奇怪的是，他聲稱這種胡鬧要整的對象是**男人**，儘管事實上，所有的資料都是顯示相反的情況。

93 不完全是這樣，再次強調，可以參考同一時期易洛魁族的社會為例：在母系氏族的觀念中，尤其是日常家庭生活的層次，他們是不會拿女人來交易的。

94 摘自崔維克（Trawick）二〇〇〇年：一八五頁的圖表十一。

95 這個圖表是根據P波漢南一九五七年：八七頁中的圖表再製的。

96 阿奇亞．賽一九三九年：一六一。

97 所以萊利人也一樣，根據瑪莉．道格拉斯（Mary Douglas）描述，如果村民之妻拒絕工作或拒絕提供性服務，鞭打他們是被容許的。這並不能反映出她的地位，因為只嫁一個男人的萊利族妻子也一樣會被打。

第七章

1 參考http.sumerianorg/prot-sum.htm中的"Proto-Sumerian dictionary"。

2 參考《查士丁尼法學總論：佛羅倫丁篇》（*Florentius in Justinian's Institutes*, 1.5.4.1）。有趣的是，任何想要捍衛奴隸制度的人都會以亞里斯多德作為論證基礎，但卻不會將焦點放在奴隸制度本身，而是討論這個世界上某些民族天生品質低下，確實應該受到他人的奴隸。

3 Elwahid, 1931。克拉倫斯–史密斯（Clarence-Smith, 2008: 17n56）指出，艾爾華希德．瓦菲的研究本身來自於中東伊斯蘭世界從十九世紀以來對於奴隸制度的激烈爭議。

4 Elwahid, 1931: 101-110與其他篇章。相同的論點也出現在派特森的著作中（Patterson, 1982: 105）

5 販賣小孩的行為一直是社會（國家）的經濟與道德完全崩解時的徵兆。艾爾華希德．瓦菲也特別提出，戴克里先（Diocletian）在統治羅馬帝國時曾經進行多項的援助方案，就是希望貧困的家庭不需要為了生存而被迫販賣小孩（Elwahid, 1931: 89-91）。

6 Mitamura, 1970。

7 古羅馬時期的法律體系就已經會將欠債的人判為奴隸。根據十二銅表法（Twelve tablets），無法償還債務的人必須用生命抵債。在大多數的情況，當債務人無法進行償還時，不會成為完全的奴隸，而是會變成抵押品或者農場工人（更詳細的說法請參閱Testart, 2000, 2002）。

8 艾爾華希德・瓦菲在此引用的案例是古希臘時期，在醫生成功治療病患之後，後者有時會自願成為他的奴隸。

9 尤皮恩（Ulpian）對此的說法相當準確：「按照法律，一個人如果無法從敵人的手裡逃脫，就等同於在遭到捕捉的那一瞬間死了。」（*Digest*, 49.15.18）。科尼來亞法典（Lex Cornelia）中的八四・八一條特別強調了重新迎娶的必要性。

10 Meillassoux, 1996: 106。

11 「奴隸，」派特森如此定義道：「是一種永恆的、暴力的統治情況，讓奴隸成為自然的疏離狀態以及遭到普遍污辱的人。」（Patterson, 1982）

12 派特森也引述了弗雷德里克・道格拉斯（Frederick Douglass）：「失去力量的人，也就失去了人類所必須擁有的尊嚴。人類的本質非常複雜，無法讓一個無助的人獲得榮譽。也許它可以憐憫這個人，但就算是這樣，如果沒有任何力量的支持，也無法長久。」（Patterson, 1982: 13）。

13 女性的榮譽概念也應該是差不多的情況。但是，後面的討論將會指出女性的榮耀概念更為複雜，並且一定會跟忠誠及貞操有關。

14 參閱保羅・胡姆（Paul Houlm）的作品（Duff, MacShamhrain and Moynes, 2005: 431）。但是各種貿易機制的平衡經常會隨著時間改變。在某些時期，愛爾蘭商船會越過英吉利海峽去做生意。在西元八〇〇年之後，維京人帶著數千名奴隸前往都柏林，讓這個地方變成當時歐洲最大的奴隸市場。在那個時候，女性奴隸還沒有成為通行的交易貨幣。這種發展情況也跟非洲相當類似，在貿易情況影響了某些歷史時代與特定地區之後，奴隸才變成了當時計算債務用的單位（Einzig, 1949: 153）。

15 聖派翠克（St. Patrick）是其中一位建立愛爾蘭教會的聖徒，也徹底投身於廢奴運動。

16 Doherty, 1980: 78-83

17 參考葛瑞耶斯的作品（Gerriets, 1978: 128; 1981: 171-172; 1985: 338。令人意外的是，威爾斯在兩、三個世紀之後所制訂的法典，相當一絲不苟的制訂了各種東西的法定價格（Ellis, 1926: 379-381）。文中所提到的物品清單，就是從威爾斯法典當中隨機選出來的。

18 Doherty, 1980: 73-74

19 這種情況適用於愛爾蘭人、威爾斯人以及其他採用凱爾特語的民族。查爾斯-愛德華斯（Charles-Edwards, 1978: 130; 1993: 555）則將「面子的價格」（face value）翻譯成「榮譽金」。

20 早期的教會文件也記載了另外一件例外事件，見Einzig, 1949: 247-248與Gerriets, 1978: 71。

21 愛爾蘭金錢系統的主要資料來源是葛瑞耶斯（Gurriets, 1989）。很遺憾這本博士論文沒有出版。查爾斯-愛德華斯的作品則提供了各種賠償女奴、牛、白銀與其他東西的標準表（Charles-Edwards ,1993: 478-485）。

22 Gurriets, 1978: 53。

23 如果某甲跟你借了馬匹或劍，卻沒有準時在你上戰場前歸還，造成你臉上無光，就可以要求他賠償榮譽金；同樣的，如果某個僧侶把自己的頭罩借給另外一個僧侶，但後者卻沒有準時歸還，讓前者無法穿著體面的參與宗教儀式，也可以要求後者賠償榮譽金（Fergus, 1988: 118）。

24 威爾斯國王的榮譽金更高（Ellis, 1926: 144）。

25 地位更高的地區性國王，其榮譽金是十四個女奴。此外，理論上統治全愛爾蘭的國王地位更高，但這個位置通常不會有現任在位者，或者所有人都還在爭論究竟誰才能繼位（Bryne, 1973）。

26 但是，這種說法確實簡化了一座相當複雜的系統。在某些情況下，特別是考慮到婚姻關係的時候，整個系統就會更為複雜，必須考慮各種不同的聘金與嫁妝之間的組合關係，非常難以釐清。從佃農（或各種封建侍從）的角度來說，領主會在締結婚姻關係前先支付兩筆金錢，其中一筆就是榮譽金。但是，如果這位封建侍從擁有自由人的身份，領主就不必支付榮譽金，但這位侍從也不會陷入奴隸狀態（最詳盡的解釋請參考Kelly, 1988）。

27 Dimetian Code II.24.12（引自Howel, 2006: 559）如果謀殺某些區域的官員也會招致相似的懲罰（Ellis, 1926: 362）。

28 「沒有任何歷史證據證明當時的商品本身具有價格。換句話說，愛爾蘭的金錢單位只用來測量一個人（的榮譽金），而不是商品的價值」（Gerriets, 1985: 338）。

29 Sutton, 2004: 374。

30 Gallant, 2000。我們也許會因此認為「榮譽事務」或「傷害榮譽」這些事情絕對不限於希臘的鄉下地區。

31 我們也可以將這個問題稍微修改一下：為什麼指出某個人的姊妹從事性交易是一種污辱？我認為這也可能是「榮譽」對於人類認知的影響。許多地方的人都可以將「某人的妻子從事性交易」或者「他的妹妹跟許多男人有染」這兩句話當成是幽默的玩笑，也不會引發憤怒的謀殺動機。我們已經在剛溫古族（Gunwinggu）族與利利族的歷史中看到一些例子。

32 顯然的，我在這裡所使用的「家父長統治」的定義，有別於女性主義的立場。後者認為，只要男性可以宰制女性的社會機制，都是廣義的家父長統治。在更早期的地中海與遠東歷史當中，都可以看見這種廣義的家父長統治。

33 我們可以在各種經典資料文獻中，看見關於「閃族入侵」的探討（例如Saggs, 1962）。普遍而言，這種歷史現象似乎是古代都市文明的常見危機，他們必須面對閃族遊牧民族的融入。當相關發展開始瓦解都市文明之後，他們就必須開始尋找復甦原有文明的方法。

34 讀者可參考Rohrlich, 1980。

35 這種說法相當簡化了人類學家傑克・古迪（Jack Goody, 1976, 1983, 1990）所提出的理論。他的基礎理論認為嫁妝不是新娘父親所支付的款項，有時甚至會是婚姻雙方共同出資的項目，而是新家庭可以永久繼承的遺產。但是，古迪對美索不達米亞的討論非常少（1990: 315-317），也幾乎只有聚焦於當地的上流菁英階級。

36 Wilcke, 1985, Westbrook, 1988, Greengus, 1990, Stol, 1995:125-127。關於馬里（Mari）城的歷史文獻，請參考Lafont, 1987；老巴比倫地區的文獻，則請參閱Greengus, 1966, 1969；至於紐茲城，可見Grosz, 1983, 1989。

37 最佳的例子文獻資料來自於西元前一千五百年的紐茲城。雖然，由於受到胡里特人（Hurrians）影響，紐茲城在某些層面上沒有這麼典型。但是當地的婚姻儀式都採取階段式進行，例如在第一個小孩出生之後（Grosz, 1981: 176）——這種行為非常相似於人類學家在美拉尼西亞、非洲與其他地區的發現。

38 Finkelstein, 1966; VerSteeg, 2001: 121, 153n91。如果某甲說某女不是處女，但這件事不是真的，則某女的父親可以向某甲求償。因為這種錯誤的說法，有損於新娘的價值（Cooper, 2002: 101）

39 Bottéro, 1992: 113

40 Stol, 1995: 126

41 參考卡達斯西亞論「婚姻領養」的作品（Cardascia, 1959），也可參考Mendelson, 1949:8-12,以及Greengus, 1975。在飢荒期間，有些人甚至可能會取消聘金。此外，正在挨餓的家庭，可能會把女兒送給有錢人家，只要後者能夠確保她能夠安然活下去。

42 Evans-Prichard, 1931, Raglan, 1931。這種爭論發生在英格蘭地區是一件諷刺的事情，因為這裡曾經是少數可以合法販賣妻子的地方（Menefee, 1981; Stone, 1990:143-148; Pateman, 1988）。史東（Stone）指出，英格蘭地區公眾認定的「賣妻金」會在離婚前就談妥，「至於儀式的細節則會著重於財產的轉換，盡可能仿效於交易牛或者綿羊。妻子的身上將會綁上馬繩，從自己家裡被拉到買方家中，途中還會經過市場」（1990:145）。這種僅限於平民階級的行為最後引起了一場醜聞，記載於哈帝（Hardy）所寫的《嘉德橋市長》（*Mayor of Casterbridge*）一書中，在一九一九年才完全廢除。

43 Finley, 1981:153-155; Stienkeller, 2003; Mieroop, 2005: 27-28。麥爾羅普（Mieroop）指出，這種合約最早記載於西元前二十一世紀的巴比倫。這也是非常有趣的例子，可以用來說明早期的勞工歷史。正如我在其他作品當中（Greaber, 2006:66-69; 2007: 91-94）所寫道，古代世界的勞務合約主要都是關於租賃奴隸——在新巴比倫時代，美索不達米亞則是首次出現這種記錄的地方（Oppenheim, 1964: 178; VerSteeg, 2002: 197則提出了埃及的例子）。

44 希羅多德的說法（I.199）讓整個議題變得更複雜，因為他認為所有的巴比倫女人（除了菁英階級的女兒之外）都要在神廟賣淫，賺取自己的嫁妝。這點絕對是錯的。因為這種說法所引起的爭論，也經常讓人無法釐清真相。一派研究者主張寺廟女奴的重要性，甚至認為所有的妓女都是神聖的存在（例如Kramer, 1969; Lambert, 1992），另外一派則批評這種說法只是東方主義式的幻想（Arnaud, 1973, Westenholz, 1989, Beard & Henderson, 1997, Assante, 2003）。無論如何，奇許與西帕爾（Kish and Sippar）在近年來出版的作品，則非常清楚的指出神廟女子所從事的性儀式絕對存在，至少某些牽涉金錢交易者確實如此（Gallery, 1980; Yoffee, 1998; Stol, 1995: 138-139）。我則是在尤菲的作品中，首次得知「嫁給」印度神廟的女子也有類似的情況（Yoffee, 1998: 336）。讀者可以在Orr, 2000, Jordan, 2003與Vijaisri, 2004的作品中看見更廣泛的討論。

45 Kramer, 1963:116, Bahrani, 2001:59-60。

46 Bottéro, 1992: 96也有類似的討論，但是沒有Lerner（1980:247）所強調的矛盾情節。

47 請參考Lerner, 1980, Van Der Toorn, 1989, Lambert, 1992。

48 同樣的，許多地方經營小型生意的女商人都非常像是妓女，或者經常令人混淆、搞不清楚，因為她們也會持續與沒有關係的男子發生性行為——女商人與妓女的角色也會經常重疊。當代哈薩克的例子，請參考Nazpary, 2001

49 見Diakonoff（1982）。遊牧民族或難民可能也是士兵。他們之間的關係如果變得鬆散，就會變成所謂的「希伯魯」（*hapiru; habiru*）。這種團體同時出現在米索不達米亞與西方世界。這個名詞也可能就是「希伯來」的起源。根據希伯來的歷史，這個民族逃出了奴役狀態，遊蕩在沙漠之中，最後以征服者的姿態降臨在文明城市之中。

50 Herodotus, I.199, 以及 Strabo 16.1.20

51 〈啟示錄〉17.4-5。〈啟示錄〉似乎更傾向於採用彼得派的說法而不是保羅。除此之外，我也在拉斯特法里（Rastafarianism）先知運動中看見他們將巴比倫視為腐敗與壓迫的象徵——但卻減少了性的部分——實際上卻促長了恢復家父長統治的聲浪。

52 1980:249-254; 1989:123-140。主要的文獻來源是Driver & Miles, 1935以及 Cardascia, 1969。

53 在蘇美爾人的婚禮中，新娘的父親會替她戴上頭紗，新郎則是負責掀開頭紗的人——這個動作讓兩人成為夫妻（Stol, 1995: 128）。這種儀式讓頭紗成為男性所有權的象徵。晚近的亞述婚禮儀式也採用了這種方法。

54 我採用了Deng（1999）的非傳統式儒家詮釋，Waston（1980）對中國女性商品化的看法以及Gates（1989）論宋朝時的女性地位衰敗。在明朝時，女性地位似乎又遭受了嚴重的打擊——見Ko, Haboush, and Piggott（2003）。泰斯塔（Testart, 2000, 2001: 148-149, 190）認為，中國的例子已經證明了他所謂的「普遍社會學法則」為真。這個法則認為一個社會如果要求新娘支付嫁妝，就一定會有奴隸（Testart, Lécrivain, Karadimas & Govoroff, 2001），而且政府無法阻止這兩種現象。儒家的另外一種想法則認為男性奴隸比女性奴隸更為可疑（所以只有女性可以當奴隸）。雖然這種想法沒有傳到韓國，但在豐臣秀吉入侵韓國之後，當地也制訂了一套法律，規定只有女性才能成為奴隸。

55 古迪認為這種現象取代了正常時期的嫁妝，而變成了非常間接形式的嫁妝，關於批評這種論點的作品，請參考Tambiah, 1973, 1989。

56 關於荷馬式的榮譽，讀者可參考Finley, 1954:118-119; Adkins, 1972: 14-16; Seaford, 1994:6-7。當時主要的計價

單位是牛跟白銀。古典學家認為牛與白銀也是荷馬時期用來與外邦人交易的工具（Von Reden, 1995: 58-76, Seaford, 2004:26-30, Finley, 1954:67-70）。當然，荷馬時代沒有愛爾蘭社會的榮譽金法律，但是基本原則非常類似，因為榮譽不只是榮譽，也包括責罰與賠償。

57 在《伊利亞德》與《奧德賽》之中，榮譽都不會用來指涉商品的「價值」，全文更鮮少提到商品的價值。但榮譽與「賠償」有關，特別是涉及到「殺人償命」或榮譽金（Seaford, 2004:198n46）。在對得墨忒耳（Demeter）的詠唱中（132），荷馬史詩才首次將榮譽視為一種價格，席福特認為這點相當重要，因為它也同時提到了奴隸。

58 亞里斯多德提到了巨大危急帶來梭倫的改革，也就是西元前五九四年著名的「擺脫負擔」（Aristotle, *Constitution of Athenians* 2.2）

59 由於中東地區的奴隸可以贖清債務，並且在理論上不會受到主人的虐待，擁有相對較好的權利。從這個角度而言，希臘的奴隸待遇遠比任何古代的奴隸更為極端，讀者可參考Westermann, 1955; Finley, 1974, 1981; Wiedemann, 1981; Dandamaev, 1984; Westbrook, 1995）。

60 「自給自足是一種目標，而且是最好的目標。」（Aristotle, *Politics*, 1256-1258; 關於古典學家對這段訊息的討論，請參考Finley, 1974: 109-111與Veyne, 1979）。

61 我在這裡的說法大致採用了庫克（Kurke, 2002）的研究成果。關於當時的公共妓院，請參考Halperin,1990與Kurke, 1996。希臘的神殿裡面確實有妓女，最有名的例子就在柯林斯（Corinth）城。斯特拉波（Strabo）主張愛芙羅黛蒂（Aphrodite）神殿大概擁有一千名妓女。顯然的，她們都是虔誠信徒所提供的奴隸。

62 見David Sutton, 2004。探討當代希臘榮譽觀念的人類學作品，請參考Campbell, 1964, Peristiany, 1965, Schneider, 1971, Herzfelf, 1980, 1985, Just, 2001。

63 關於女性外出工作的不適宜，請參考Brock, 1994。女性的隔離政策，可見Keuls, 1985, Cohen, 1987, Just, 1989, Loraux, 1993。

64 雖然相關的文獻證據非常多，但直到最近才受到重視。李威爾林-瓊斯（Lewellyn-Jones, 2003）指出，這種社會現象起初只限於貴族，但在西元五世紀之後，所有值得尊敬的女人「都在日常生活當中保持蒙面，至少在公開場合或者不熟悉的男人面前如此。」（ibid:14）

65 van Reden, 1997: 174，亦可參考Herodotus, 7.233; Plutarch's Pericles, 26.4

66 阿基里斯將這個女人當成自己的奴隸。布里賽絲來自於特洛伊。在希臘進攻特洛伊時，阿基里斯殺了布里賽絲的丈夫跟三個兄弟，並且將她為自己的戰利品（她的父親得知此事之後，立刻上吊自殺）。在《伊利亞德》中，阿基里斯堅持自己愛上了布里賽絲，但是卻沒有記載布里賽絲的回應。在後代詩人的心中，實在難以接受阿基里斯的英雄愛情居然只是單純的強暴行為，因此編織了另外一個版本的故事，主張布里賽絲長久以來都深愛著阿基里斯，並且推動了後續戰爭的起因。

67 荷馬時代的戰士根本不是貴族，正如科侯恩（Calhoun, 1934:308）所說，這些人只能算是「最廣義的貴族」。大多數荷馬時代的戰士，都是地方領袖或者野心勃勃的戰士而已。

68 見Kurke, 1997:112-113; 1999:197-198對希臘的討論。同樣的，席福特也主張：「荷馬時期的**禮物**經常頒給做出英雄舉動的人。但是**金錢**這種東西，就只跟妓女有關係。對於莎士比亞而言，這種東西就是『屬於全人類的妓女。』」（2002:156；強調部分為原作者所加。不過他的詮釋有點問題，因為莎士比亞的原文主角不是金錢，「屬於全人類的妓女」是大地，其子宮孕育了黃金，也就是金錢，見*Timon of Athens*, 4.3.42-45）

69 席福特評論庫克時指出，希臘本身的文獻資料一直圍繞著這個主題（Seaford, 2002）。

70 在《奧德賽》中（II. 488-491）非常有名的例子就是阿基里斯居然懇求一個非常低賤的人吃東西。這個人甚至不是專屬於某一戶人家的奴隸，而是居無定所的工作者。

71 自由的妓女通常都是外國人或居住於本地的異邦人所生下的女兒，也是貴族的高級情婦。

72 讀者也會發現就算是在歷史故事中，女性也幾乎沒有登場過。我們完全不認識波勒馬庫斯的妻子。

73 男性之間的性行為是完全違反法律的，更精確的說，就算只是在性行為過程中扮演被動的角色，也違法了希臘法律。一個人如果犯下這種罪，很可能就會被褫奪公權。但是，由於大多數的成年人都跟年輕貌美的男童有染，大多份的男童也會跟成年人發生關係，這一切讓他們假裝彼此之間沒有發生性交行為。但是，實際上每個人都可能因為以前的這種性經驗挨告。最有名的例子是埃斯基涅斯（Aeschines）的《控告提馬克斯》（*Against Timarchus*，見van Reden, 2003:120-123以及Dillon, 2003: 117-128）。同樣的困擾也發聲在羅馬，例如西賽羅就控告過自己的對手馬克・安東尼（Marc Antony）曾經以賣淫作為維生的手段（Philippics, 2.44-45）奧古斯都也曾經多次將自己的身體賣給凱薩與其他有權有勢的恩客（Suetonius, *Augustus* 68）。

74 以雅典、柯林斯與墨伽拉為最（Asheri, 1969; St. Croix, 1981; Finley, 1981: 156-157）。

75 這種法律的名字叫作*palintokia*，最有名的來源就是普魯塔克（見《風俗論》（*Moralia*），295D，這本作品可能效法於現已軼失的亞里斯多德作品：《墨伽拉政體》（*Constitution of Megarians*），當中的每個關鍵都是現今學術討論的議題（Asheri, 1969:14-16; Figueria, 1985:149-156; Millett, 1989: 21-22; Hudson, 1992:31; Bryant, 1994:100-144）。哈德森認為，這樣的事情大約發生在西元前五四〇年左右，但當時還沒有出現帶有利息的貸款紀錄，因此整個事情可能是後人編造的。其他學者也相信這種事情發生的時間應該更晚。有趣的是，所有的希臘文獻紀錄都認為這件事情是相當激進的民粹行為，並且充滿了憤怒——但是同樣的事情卻在中世紀的許多歐洲地區成為天主教的標準政策。

76 我們完全無法確定附帶利息的貸款是否出現在這麼早期，因為相關文獻資所顯示的時間大約是西元前四七五年，第一份非常清楚的文獻則大約出現在西元前五世紀的後半葉（Bogaert, 1966, 1968; Finley, 1981; Millett, 1991a: 44-45; Hudson, 1992）。

77 〈利未記〉認為人們可以把一名相當貧窮的「鄉下人」視為客戶或房客，但不可以借他附帶利息的貸款。

78 赫西俄德（Hesiod）在《工作與時日》（*Works and Days*, II 344-363）。赫西俄德也是我們最主要的資料來源。保羅・米雷特（Paul Millett, 1991a: 30-35）則對這段訊息進行了非常縝密的閱讀與詮釋，解釋了禮物與貸款之間的矛盾。米雷特的作品《古雅典的借與貸》（*Lending and Borrowing in Ancient Athens*）就是關於這個主題的基本作品。長期以來，學界對希臘經濟發展的研究都著重在所謂的原生論與現代論之間的爭議（這點有一些歷史錯置）。米雷特採用了相當強烈的原生論立場，也從反對者那裡得到了相當多的批判（例如，Cohen, 1995; Shipley, 1997, 2001）。這場爭論指向了商業貸款的盛行現象，也跟我在這本書的關懷相同。

79 這個故事令人感到驚訝的地方，在於那斯魯迪從來沒有在其他地方做出任何現代讀者會覺得有失公允或者充滿剝削的行為。故事多處強調他與鄰居之間的關係——都讓讀者可以預測這個吝嗇鬼的下場一定不是很好。

80 〈控告尼可史達瑞圖斯〉（"Against Nicostratus"; Demosthenes 53）。我所採用的版本為Millet, 1991a:53-59，也參考了Trevett, 1992; Dillon, 2002:94-100; Harris, 2006: 261-263。對於尼可史達瑞圖斯行為動機的詮釋，則是我自己的想法。Dillon認為，尼可史達瑞圖斯在愛琴海遭到綁架與釋放的故事都是捏造出來的——如果他的想法是真的，那麼阿波羅德魯斯應該會告訴陪審團這件事情。文獻本身沒有明白指出尼可史達瑞圖斯是貴族，但這樣才能解釋為什麼他沒有錢，卻可以住在非常豪華的房子裡面。從其他文獻中，我們可以得知阿波羅德魯斯害怕同胞會瞧不起他的出身背景，所以經常用大方施予來彌補這件事情——甚至到了有些過頭的地步（參考Ballin, 1978; Trevett, 1992）。

81 雅典人經常把公民互相幫助這件事情掛在嘴上，以顯示出自己的高尚，還認為如果借錢給朋友，還要計算利息，這點實在必須加以譴責（Millett, 1991a: 26）。所有討論這個主題的哲學家，從柏拉圖（*Law*, 742c, 921c）到亞里斯多德（*Politics*, 1258c）都譴責利息是不道德的東西。但是，並非不是所有人都贊同這種想法。中東早已盛行借款時的利息習俗（Hudson, 1992）。然而，在商業貸款中收取利息是相當合理的行為，但在一般貸款中，卻很容易淪為濫用。

82 我們無法確定債務引起的奴隸或者勞務抵債是否已經完全消失。債務危機也會以固定的頻率襲擊雅典之外的城市（Asheri, 1969; Croix, 1981）。有些學者認為，就算雅典本身也還沒有完全廢除勞務抵債（Rhodes, 1981: 118-127; Carins, 1991; Harris, 2006: 249-280）。米雷特認為，雅典、羅馬等帝國首都處理債務危機與相關動亂的短期方法，就是禁止現金流入各種社會機制之中。但是，這些社會機制本來可以成為協助窮人的資金來源，進而阻絕了高利貸的商機（Millet,1991a: 76）。在這一點上，米雷特可能是對的。

83 Millett, 1991b:189-192。在羅馬的加利利（Galilee）也有這樣的現象（Goodman, 1983: 55）。羅馬本身可能也是如此（Howgego, 1992: 113）

84 就像奧瑞斯提斯（Orestes）誅殺自己的母親之後，遭到復仇女神的追殺，後者要替他的母親報仇，並且堅持奧瑞斯提斯必須血債血還（Aeschylus, Eumenides, 260, 319）。其他例子可見Millett, 1991a: 6-7。除此之外，也有學者認為禮物與債務之間沒有辦法做出顯著的區隔，因為兩者持續的互相影響，見Korver, 1934，也可參考Millet, 1991: 29-32。

85 這兩者之間可以建立一種特殊的連結，希羅多德就曾經指出波斯人心中最大的罪行就是說謊，因此主張禁止有利息的貸款，因為這會帶來不誠實的行為（I. 138）。

86 柏拉圖，《理想國》331c。

87 請參閱柏拉圖，《理想國》345d。我對柏拉圖的理解受到雪爾的甚多啟發（Marc Shell, 1978）。雪爾的研究論文相當重要，卻遭到學界廣泛的忽略，因為古典學者似乎只喜歡相互引用，特別是在討論古典議題時。

88 波勒馬庫斯對於贈禮與仇恨的觀點，當然帶有非常強烈的英雄風格。如果某個人幫助過你或傷害過你，你就必須完完整整的還回去，甚至加倍奉還。兩種情況最容易符合波勒馬庫斯的信念：戰爭與金錢往來。

89 《理想國》的成書時間是西元前三八Ｏ年，這些事情大約發生在西元前三八八、三八七年左右。關於這些歷史故事的真偽，請參考Thesleff, 1989:5; DuBois, 2003:153-154。我們無法確定柏拉圖是否真的涉入了海盜的攻擊行動，或者是否遭到憤怒的領主拍賣，甚至是淪為戰俘（當時，柏拉圖的出生地愛琴海確實與雅典發生了戰爭），整個歷史事件的軸線都非常模糊。另外一件事情也相當令人好奇。犬儒哲學家第歐根尼（Diogenes）跟柏拉圖生活在同一個時代。他曾經在相近的時間被海盜抓去愛琴海。但是，沒有人前去拯救第歐根尼（考慮到他的人際關係，還有喜歡污辱別人的習性，其實不會讓人覺得太意外）。他只好在柯林斯當一輩子的奴隸（請參閱Diogenes Laertius, 4.9）。柏拉圖、亞里斯多德與第歐根尼是西元前四世紀時三個最有名的哲學家，其中有兩個人都曾經淪落到奴隸拍賣會場中，體驗平民百姓可能會遭遇的人生經驗。

90 柏拉圖在《第七封信》（*Seventh Letter to Dion*）談到了這件事情，卻從來沒有提到亞尼克瑞斯的名字。後者只出現在Diogenes Laertius, 3.19-20。

91 Ihering, 1877

92 以物為載體（*in rem; in the thing*）的權利可以用來「抵抗全世界」，因為「所有人都有不侵犯這個權利的義務」——這點有別於以人為載體的權利（*in personem*）只能用來抵抗特定的個人與團體（Digby & Harrison, 1987: 301）賈西認為普登（Proudhon）的觀點相當正確，後者堅持法國公民法典（French Civil Code）與其他當代法學典範文件之中的財產權「絕對」特質，都可以直接追溯至羅馬法，起源於絕對的私人財產權以及絕對的統治者主權（Garnsey, 2007: 177-178）。

93 認為羅馬的財產觀念不是一種權利的說法，讀者可參考Villey, 1946。這種說法也隨即變成英美學界的主流想法，例如Tuck, 1979:7-13; Tierney, 1997。但是，賈西近來已經非常清楚的證明羅馬法學家將財產視為一種權利，所以羅馬公民才能夠放棄財產，還可以上法院進行辯護（Garnsey（2007:177-195）。這是一場相當有趣的爭辯，並且大量的探討了「權利」的定義，但與本書的問題比較沒有直接的關係。

94 「人與物的實際關係就是擁有權。但是羅馬人本身似乎從來沒有對此進行過探討。對他們來說，這就是一種權力關係——也就是一種權力（*potestas*）的形式——直接運行在實存的物體之上」（Samuel, 2003: 202）。

95 在最早期的羅馬法（例如十二銅表法）中，奴隸仍然是人，只不過被消除了身上的泰半價值，因此他們得到的傷害賠償是一般自由人的一半（Twelve Tablets, VIII. 10）。在羅馬共和國時代的晚期，也就是所有權概念興起之後，奴隸已經變成一種「物品」，傷害他們的法律意義就像是傷害動物一樣（Watson, 1987: 46）。

96 派特森指出：「我們難以瞭解為什麼羅馬人想要在人與物品之間創造出一種關係（這種幾近於行上學式的關係，相當類似於羅馬人思考其他領土的風格）……但是，如果我們能夠知道在他們心中，所謂的「物品」其實就是「奴隸」的話，就能夠完全弄清楚這件事情了。」（Patterson, 1982:31）。

97 這種概念也不存在於十二銅表法或者其他早期法律文件之中。

98 「主人」這個字第一次出現在西元前三年，財產這個字的出現時間更晚（Birks, 1985:26）。基斯・霍普金斯（Keith Hopkins）認為，在羅馬共和國即將瓦解之前，義大利人口中大概有三〇%至四〇%左右的奴隸，或許是有史以來奴隸比例最高的社會（Hopkins, 1978）。

99 *Digest*, 9.2.II Pr., Ulpian in the 18th book on the Edict.

100 這些例子分別來自於*Digest*, 47.2.36 pr., Ulpian in the 41st book on Sabinus, *Digest*, 9.2.33 pr., 以及Paulus's second book to Plautius。

101 *domus*與*familia*之間的對立關係，請參考Saller, 1984。*familia*這個字與其晚近的歐洲衍生詞，例如法文的*famille*，英文的*family*都持續的提到了統治權威。在十八世紀之前，這些詞彙本身不預設任何血緣關係（Stone, 1968; Flandrin, 1979; Duby, 1982: 220-223; Ozment, 1983; Herlihy, 1985）。

102 韋斯布魯克思考了這三種可能會發生的真實例子後，認為父親的權威相當類似國家。如果某位父親違法處決了自己的小孩，也會遭到懲罰（Westbrook, 1990: 207）。

103 除此之外，債權人也可以讓這些債務人變成奴隸。事實上，十二銅表法（III.1）本身可能就是想要改革、調節這種非常粗暴的實踐方法。針對這個議題，讀者可以參閱艾爾華希德・瓦菲的作品（Elwahed, 1931: 81-82）。

104 芬利（Finley）認為主人可以隨意與奴隸性交的權力特質「是希臘羅馬文獻當中，經常可以見到的說法」（Finley, 1980:143; Saller, 1987: 98-99; Glancey, 2006: 50-57）。

105 目前學界仍然在爭論羅馬是否曾經過度進行奴隸繁殖。常見的研究理論認為，這種奴隸制度不會帶來好處，當市場上沒有新的奴隸，舊的奴隸會被轉變成一般的農奴（Meillassoux, 1996; Anderson, 1974）。我們沒有必要在這個問題上花太多時間，相關摘要可參考Bradley, 1987。

106 確實，羅馬公民不會在合法的情況變成彼此的奴隸，但卻可能成為外國人的奴隸。海盜與綁架犯則不在這種範圍之內。

107 中國的皇帝王莽非常堅持這件事情。舉例來說，他曾經下令處死自己的兒子，因為後者隨便殺了一個奴隸（Testart, 1998: 23）。

108 見*lex Petronia*。從實際運作上的角度來說，這種法律禁止奴隸主要求奴隸「與野獸搏鬥」——這是當時盛行的公眾娛樂內容。「搏鬥」只是比較好聽的說法。因為這些奴隸必須手無寸鐵，或者用破銅爛鐵跟飢餓的獅子打鬥。一個世紀之後，在哈德良（Hadrian；西元一一七年至一三八年）統治的時候，才禁止奴隸主恣意殺害奴隸，或者是把他們關在地牢，並且施加殘忍的暴力懲罰。有趣的是，當主奴關係逐漸受到限制的同時，國家權力與公民權也逐漸得到提升，但是也開始出現各種勞務抵債的形式以及相當依賴地主的農民階級（Finley, 1972: 92-93）。

109 李維（Livy, 41,9.11）指出，在西元前一七七年時，羅馬參議院通過一條法律，用來阻止非羅馬公民的義大利人將自己的親戚變賣為奴隸之後，再想辦法讓他們重獲自由，藉此得到公民身份。

110 這段話保留在賽尼卡（Seneca）的作品中（見*Controversias* 4.7），芬利也討論了這件事情（Finley, 1980: 96）。除此之外，讀者也可以參考Butrica, 2006: 210-223。

111 見Wirszubski, 1950。班凡尼斯特則從語言學的角度上討論了這件事情（Benveniste, 1963: 262-272）。除此之外，也有學者強調非洲的自由觀念則是指一個人能夠參與某些親族團體的能力（Kopytoff and Miers ,1977）。從這個角度來說，只有奴隸才能夠「自由的」免於各種社會關係的牽扯。

112 《查士丁尼法學總論：佛羅倫丁篇》1.5.4.1。有些學者認為，第一句當中出現的「自然」是後代人擅自添加的，時間可能就是在西元前第四世紀。但是，亞里斯多德（*Politics*, 1253b20-23）早就清楚的說明了奴隸是法律產物，而不是自然的結果（請參閱Cambiano, 1987）。

113 當時的法學家亞柔（Azo）與布雷頓（Bracton）已經開始提出了類似的問題：如果這件事情為真，是否會讓農奴在邏輯上變成自由人？讀者可另外參考Harding, 1980:424, note6; Buckland, 1908: Watson, 1987。

114 尤皮恩認為：「在自然法之下，每個人都生而自由。」奴隸是萬國法所帶來的結果，也是人類世界中常見的法律習俗。某些後代的法學家補充這種說法，主張財產權的起源也是社會的普遍共識，並且宣稱萬國法就是各種王國與財產權出現的原因（*Digest*, I.1.5）。正如Tuck所說（1979:19）這些概念原本非常瑣碎，直到十二世紀的羅馬法復興時，才由格拉提安（Gratian）等教會思想家進行了整理。

115 尤皮恩首先提出了「主權不受法律的限制」（*Princeps legibus solutus est*）的說法，再由查士丁尼（Justinian）重申（1.3 pr.）。在古典世界中，這種概念相當新穎。舉例而言，希臘人向來堅持男人可以對自己的女人、小孩、奴隸做任何事情，如果有任何君主想要介入這件事情，就會變成暴君。現代的主權原則強調統治者掌握了其子民的生死大權（例如現代國家的領袖擁有免除死刑的特赦權），但這種理論也備受爭議。同樣的，在羅馬共和國的時代，西賽羅就曾經批評過任何想要主張生死大權的統治者都是暴君，「就算他們喜歡自稱為君王」（*De Re Publica* 3.23; Westbrook, 1999: 204）。

116 the Chronicle of Walter of Guisborough（1957: 216）‥Clanchy, 1993:2-5。

117 Aylmer, 1980。

118 古典自由主義者認為，只要以積極自由作為思考基礎，而不是消極自由（或者哲學家口中的「主觀權利」），就會一定會得到這種必然的邏輯結果。換句話說，認為自由不只是「做法律或習俗同意的事情」，而是「任何沒有被禁止的事情」，就會產生巨大的影響。這種說法確實有正確的地方。但是，從歷史的角度而言，這種現象其實是另外一件事情造成的連帶效果，許多理論思想都可以得到這種結論，也不會要求我們必須接受關於財產權的主要假設。

119 Tuck, 1979:49. cf. Tully, 1993: 252; Blackburn, 1997:63-64。

120 這個時期替奴隸制度辯護的理由不是種族優劣——這種說法出現在更晚的時代——而是堅守贊成奴隸制度的非洲法律，並且堅持這種法律至少可以適用在非洲人自己身上。

121 我已經探討過雇傭勞動本身就來自於過去的奴隸制度，見Graeber, 2006。

122 正如C.B. MacPherson（1962）所說，當「侵犯人權」這種字眼出現在報章媒體時，通常都是指政府侵犯了某個人的權利或者財產——例如強暴、折磨或謀殺。世界人權宣言認為食物與居住地也屬於人權的範疇，其他性質相似的文件也採取同樣的立場，但是，當政府取消了基礎食物供給的補助時，從來不會有人認為這件事情侵犯了人權，就算這種政策將會導致普遍的營養不良。同樣的道理也適用於政府將貧民窟移為平地，或者將流浪漢踢出居住的地點。

123 這種觀念可以追溯到西元一世紀的賽尼卡。他認為奴隸可以在心智上獲得自由，因為暴力只會影響「作為靈魂牢籠的身體」（*De beneficiis* 3.20）——這種想法是自由概念的移轉，從「與他人締結道德關係的能力」，變成了「主宰自我內在的能力」。

124 見Roitman, 2003: 224，他非常仔細的說明了這件事情與債務之間的關係。對於人類歷史當中有哪些事情是非常特別的情況，學界已經出版了非常多的研究成果，讀者可以參考Hoskins, 1999; Graeber, 2001。

125 各種文獻來源都相信這些奴隸從來不知道自己的命運，這點也顯示出這種制度的奇特之處。

126 因此，對於奴隸而言，他（對於奴隸主）的社會存在意義，只成立於在於他失去社會關係的時候。我們經常在高盧、蘇美爾、中國或美洲的歷史文獻中，看到君王或貴族葬禮時都會舉行大屠殺。

127 《伊利亞德》9:342-344

128 見Evans-Pritchard, 1948:36; cf., Sahlins, 1981。探討君王與奴隸自我認同的作品，請參閱Feeley-Harnik, 1982。顯然的，我們都知道君王確實擁有自己的家人、朋友、愛人等等——這個事實確實值得討論，因為他應該是所有人的國王（而超越了朋友或其他關係）。

129 羅馬法學家波盧斯（Paulus）可能是最早顯露出羅馬法對於自由主義傳統影響的學者。他曾經勾勒相當類似於亞當斯密式的模型，主張金錢與貨幣都是用來協助商業發展的發明，見*Digest*, 18.1.1。

130 暴力問題從來沒有完全消失（如果有人質疑這個說法，我建議你別管什麼財產權了，就這樣大搖大擺的走進鄰居家中，看看他多久就會拿武器出來打招呼）。

第八章

1 安布羅斯．比爾斯（Ambrose Bierce）在《魔鬼的字典》（*The Devil's Dictionary*, 1911:49）當中說道：「債務（名詞）。一種用來取代枷鎖與皮鞭，可以管束奴隸的聰明工具。」對於那些在尼爾．布希（Neil Bush）門前排隊站好的泰國女人而已，「被自己的父母賣掉以還債」跟「替自己父母積欠的債務而付出勞務」之間的不同之處，只不過是一種簡單的小問題而已，幾乎跟兩千年前沒有什麼不同。

2 皮爾．多克斯（Pierre Dockés, 1979）是我少數知道會正面挑戰這個議題的作家。他的說法非常有說服力，指出這件事情跟國家權力之間的連結關係。至少，奴隸制度是在加洛林王國（Carolingians）時代復甦，但在這之後又立刻消亡了。另外一個有趣的事實，則是從十九世紀迄今，「由封建主義轉向帝國主義」是學界對於當時歷史、社會變遷的常見共識，但卻沒有人處理過從古代奴隸制度至封建主義的改變，即使我們有非常強烈的理由相信，現代發生的轉變與這段過程非常相似。

3 羅賓．布萊克本（Robin Blackburn）在《製造新世界的奴隸》（*The Making of New World Slavery*, 1997）當中表達了更有說服力的說法。義大利的幾個城市是非常特別的例外。整個情況當然比我說的更為複雜。造成這種敵意與不支持的原因，也包括了中世紀的歐洲人經常會在北非與中東的奴隸市場上吃虧，而不是獲利。

4 愛琴海地區的貨幣上面有刻印；印度地區的貨幣則經過了穿孔；至於中國地區的貨幣，則經由鎔鑄過程所製作。這三種地區貨幣的獨特製作方法，代表這些貨幣彼此之間沒有傳遞行為。舉例而言，一位歷史學家談到印度貨幣時強調：「對於印度這種穿孔式的貨幣而言，這代表發明者從來沒有看過希臘貨幣——就算他看過，也沒有留下深刻的印象。穿孔貨幣的製作完全屬於不同的冶金思維。」（Schap, 2006:9）。

5 普魯斯納或許是第一個談論這件事情的人（Pruessner, 1928）。

6 在安那托利亞地區活動的老亞述商人大量的採用這種交易工具（Veenhof, 1997）。

7 鮑威爾針對相關文獻進行了非常好的回顧，強調巴比倫人沒有辦法製作非常精準的磅秤，所以無法測量各種家庭食物、用品如炸魚、繩索或木材燃料等等所需要的白銀價格。白銀只能成為商人之間彼此的交易工具。市場的小販也建立一份信賴清單，上面記載著可以長時間交易的伙伴。這點就像非洲、中亞的小販一樣（Powell, 1978, 1979, 1994:14-18；讀者也可參考 Hart, 1999:201; Nazpary, 20001）。

8 哈德森認為，時間是商人經營時的重要條件，所以他們可能會希望盡可能的進行長期資金佈局（Hudson, 2002: 21-23）。見Renger, 1984, 1994; Meiroop, 2005）。

9 我在這裡說的就是中東的*Qirad*（譯註：類似信託投資）與*Mudaraba*（譯註：類似共同投資）等作法。這兩者也相當近似於中世紀地中海地區的*Commenda*（譯註：投資者出錢購買商品，交給旅行商人至海外販買）（Udovitch, 1970; Ray, 1997）。

10 Herodotus, I.135

11 Herodotus, 3.102-105

12 Mieroop, 2002: 63; Mieroop, 2005:29。他強調奈美泰納王每年的總收入大約是三千七百萬。因此，烏碼王積欠的費用是奈美泰納王一千多年的總收入。

13 Lambert, 1971; Lemche, 1979:16

14 哈德森的作品非常詳盡的討論了這個主題（Hudson, 1993）。

15 Hudson, 1993: 20

16 Grierson, 1977: 17; 引述 Cerny, 1954: 907。

17 Bleiberg, 2002。

18 一名權威專家直接了當的表示：「我找不到任何由法老王所頒佈的廢除債務法令」（Jasnow, 2001:42），並且要到堅持世俗體（Demotic）時代晚期之後，才有埃及的勞務奴隸紀錄。在這個時期，希臘的文獻也開始討論了廢除債務法令與勞務奴隸。

19 VerSteeg, 2002: 199; 見Lorton, 1977:42-44。

20 這種情況非常相似於中世紀基督教時代與伊斯蘭世界的法律漏洞，後兩者也同樣正式禁止了利息制度。

21 Diodorus Siculus, I.79。至於希臘與埃及之間的比較，請參考Westermann, 1955:50-51。

22 學界在近年來才剛開始重建利息債務的相關歷史。西元前二五〇〇年的埃勃拉（Ebla）與邁錫尼（Mycenaean）時期的希臘首次出現了相關記錄，但在黃銅時期的晚期時，黎凡特與西臺時期的安納托利亞（Hittite Anatolia）就已經相普及了。正如我們所知，古典時期的希臘相當晚才出現利息債務的文獻，在德國等地區則更晚。

23 在中國歷史學中，這段時間的名稱是「封建時代」。

24 《管子》（*Guanzi*），轉引自Schaps, 2006: 20。

25 主張否定意見的作品，請見Yung-Ti（2006），但我們無法確認這件事情是否如此。相反的，也有學者認為中國人會這麼做，並且提供了相當多的證據，證明中國人同時將貝殼視為計價單位與付款單位，但無法確實的指出中國人將貝殼作為日常交易的買賣工具（Thierry, 1992: 39-41）。

26 無論如何，中國晚期確實將貝殼視為與貨幣相等的工具，政府也會週期性的阻止人民使用貝殼，或者乾脆重新引入貝殼（Quiggin, 1949; Swann, 1950; Thierry, 1992: 39-41; Peng, 1994）。在中國南方的雲南省，貝殼與記債用的符一直是非常普遍的貨幣，並且盛行至相當晚近的時代（B. Yang, 2002）。在我所知道的範圍內，詳細探討這件事情的文獻都是中文著作。

27 Scheidel, 2004:5。

28 參閱Kan, 1978:92; Martzloff, 2002: 178。我曾偶然閱讀到探討印加（Inca）時期的「嗑希普」的研究作品提出了相當令人驚訝的觀察。該篇作品指出，用來打結的繩索（或弦線）同時代表著人所必須履行的「財務」與「民俗儀式」的義務。除此之外，在諸如克丘亞語（Quechua）等歐亞大陸的語言中，債務與原罪是同一個字（Quitter & Urton, 2002: 270）。

29 L. Yang（1971:5）發現中國的第一份收取利息的債務紀錄出現在西元前四世紀。Peng（1994:98-101）認為，最早期的中國歷史文獻（甲骨文及墓碑銘）沒有提到貸款。除此之外，Peng也收集了相當可靠的參考資料，發現許多早期文獻都有提到貸款的情況，因此認為我們無法得知中國早期是否非常嚴肅看待這個議題。但是，在戰國時期，已經有相當多的歷史資料提到當時的高利貸與相關的犯罪問題。

30 《鹽鐵論》，轉引自 Gale, 1967:12。

31 《管子》73 12；轉引自 Rickett, 1998: 397。

32 大約在西元前一〇〇年左右，「當洪水與乾旱接替發生……人民只能用半價出售農穫，那些沒有東西可以賣的人，只好去借相當可怕的高利貸。因此，當時的父子關係也變成可以易手的物品。小孩與孫子都被賣去還清債務。大商人開始得到大筆鈔票，甚至是經營小本生意的人也開始發展出自己的規模，賺到以前從來沒想過的利潤（Duyvendak, 1928:32）。中國首次記錄利息債務的文獻時間是西元前四世紀，但也許早在這個時間之前，就已經出現了這種貸款機制（Yang, 1971:5）。關於早期印度的售子還債研究，請參考Rhys Davids, 1922: 218。

第九章

1 Japser, 1949

2 Parkes, 1959:71

3 如果採取更為精準的說法，這個時期應該結束於西元六三二年，即先知死亡的年代。

4 雖然吠陀時期的印度教（Vedic Hinduism）是更早的宗教，但我在這裡討論的印度教是指為了回應佛教與耆那教而誕生的一種強調自覺的宗教。

5 西元前六五〇年或七〇〇年是更為早期的說法，但是近來的考古學認為這個年代還有待討論。在大多數的早期貨幣中，利底亞貨幣似乎是最早出現的。

6 Prakash & Singh, 1968; Dhavalikar 1974; Kosambi, 1981; Gupta & Hardaker, 1995。根據放射碳素定年法，印度貨幣的問世時間大約是西元前四百年（Erdosy, 1988; 1995:113）。

7 科山比認為貨幣上的符號跟黃銅時代的哈拉帕文化（Harappan）有直接的關連：「摩亨佐・達羅（Mohenjo Daro）原本是一座非常重要的貿易都市，證據是當地非常精緻的秤砣（以及非常糟糕的武器）。在這座城市瓦解之後，當地的貿易商人還是想辦法存活了下來，繼續使用那些非常精緻的秤鉈」（Kosambi, 1981: 91）。考慮到我們對米索不達米亞的瞭解以及哈拉帕文化仍然保存的相當完整，可以合理假設當地居民仍然繼續使用各種老舊的商業技術，「本票」這種機制當然是各種早期文獻當中常見的事情，也出現在佛教的本生故事（Jakatas; Jakatas Tales）之中（Rhys Davis, 1901:16; Thapar, 1995: 125; Fiser, 2004: 194），儘管這些文獻是在好幾個世紀以後才出土的。當然，在這個討論中，貨幣上的符號應該是用來確定重量的準確度，並且表達這枚貨幣沒有任何偷工減料的問題。科山比因此得到這個結論：「貨幣符號可能相近於現代貨幣的防偽機制，也像是支票上面的確認條碼（Kosambi, 1996: 178-179）。

8 中國最早期的貨幣歷史文獻來自於西元前五二四年，當時正在進行貨幣制度的改革。這件事情代表中國已經擁有一套貨幣制度，並且採行了一段時間（Li, 1985: 372）。

9 Schap, 2006: 34。近來的研究成果，請參閱Schoenberger, 2008。

10 最早期的貨幣採用了非常高的面額，很有可能就是用來支付稅金與各種費用，或者是買房子與牛隻，而不是為了進行各種小金額的日常生活交易（Kraay, 1964; Price, 1983; Schaps, 2004; Vickers, 1985）。舉例而言，希臘的日常交易市場大概出現在西元前五世紀，這個時候的公民會是用小型的銀幣或銅幣進行交易。

11 這種說法首次出現庫克的作品（Cook, 1985），但很快就失去支持（Price, 1983; Kraay, 1965; Wallace, 1987; Schaps, 2004: 96-101; cf. Ingham, 2004:100）。這種說法失去的原因大部分在於，如果某個社會的人民還沒有接受採用貨幣機制的市場時，就無法用這種貨幣支付士兵的軍餉。對我來說，這種批判有一點薄弱，就算該社會沒有貨幣，也不代表這個社會沒有自己的市場或金錢制度。許多學者都已經指出白銀本身作為貨幣的用途，例如Balmuth, 1967, 1971, 1975, 2001; Le Rider, 2001; Seaford, 2004: 318-337，也可以參考 Schaps, 2004: 222-235。史哈普斯認為，當時的白銀數量不足以用來作為可靠的貨幣單位，並且傾向於當時的市場可能採用信用制度。但是，正如我一再強調，國家只要能夠將貨幣設定為唯一的官方支付工具，就可以讓它順利的流通於市場中。

12 大多數希臘早期的知名銀行家都是腓尼基人，很有可能就是他們引入了利息的概念（Hudson, 1992）。

13 Elayi & Elayi, 1992。

14 Starr 1977: 133; Lee, 2000。

15 大型的貿易國家不見得能夠成就出偉大的哲學或藝術，這點是非常有趣的現象。

16 斯巴達則是一個非常值得討論的例外。這個國家拒絕發行自己的貨幣，但卻創造出一種系統讓貴族之間盛行著非常嚴格的軍事生活，並且為了戰爭進行持續性的訓練。

17 亞里斯多德也強調了用軍事體制作為預測希臘國家政治體制的標準，例如，貴族政體會採用騎兵（因為馬匹非常貴），寡頭政體會採用重裝兵（因為鎧甲不是便宜的東西），民主政體則會用輕裝兵或者乾脆以民為兵（因為任何人都可以丟石頭或者划船），見《政治學》4.3.1289b33-44, 13.1297b16-24, 6.7.1321a6-14）。

18 《政治學》，1304b27-31，轉引自Keyt, 1997:103。

19 修昔底德（6.97.7）曾經指出，在西元前四二一年時，兩萬人從礦坑中逃出。這個數字或許有點誇張，但是許多文獻來源都預估當時逃脫的人數至少在一萬人左右，他們通常都必須配戴腳鐐工作，條件十分嚴苛。

20 Ingham, 2004: 99-100。

21 MacDonald, 2006: 43。

22 關於亞歷山大軍隊的經費需求，請參考Davies, 1996: 80, 83；亞歷山大的思考邏輯則見 Engels, 1978。十二萬人這個數字不只包括軍人，也有僕人、隨從以及其他人員。

23 Green, 1993: 366。

24 羅馬的這種制度叫作耐克遜（*nexum*），但我們無法得知其真實的運作情況，這是一種勞務合約嗎？或者是指一個人在特定期限內以勞務抵債？還是一種類似於非洲勞務抵押系統的制度？若是後者，就代表債務人——以及其子孫——的處境跟奴隸差不多，必須等到他獲得解放之後才會改善相關情況。關於這個制度的各種可能情況，請參考Testart, 2002，除此之外，也可參閱Buckler, 1895; Brunt, 1974; Cornell, 1994: 266-267; 330-332。

25 因此，許多點燃革命之火的醜聞，都起源於各種暴力對待與性侵犯。當然，一旦勞務抵債制度遭到廢除，奴隸取代了家庭勞務的工作之後，這種暴力濫用就會變成非常普通而且人人都習以為常的事情。

26 第一筆用來支付士兵軍餉的銅幣出現在西元前四〇〇年左右（Scheidel, 2006），這個時間來自於羅馬歷史學家的記載。

27 我的說法確實與學界的共識不同，後者的代表為芬利所說：「希臘與羅馬的債務人會起義反抗，在中東則不會發生這種事情」——這種改革更像是〈尼米希記〉當中出現的事件，規模較小，也容易變得緩和一些。東方的反叛則是完全不同的事情，除此之外，我也認為希臘與羅馬針對這種反抗的處理方法不但較為受限，而且經常只有暫時性的效果。

28 比較好的例子可以參考Ioannatou, 2006。喀提林（Cataline）在西元前六三年發起的陰謀事件目的在於聯合負債的貴族與絕望的農民。關於羅馬共和時期的持續性債務與土地重分配運動，請參考Mitchell, 1993。

29 豪吉戈（Howgego）指出：「如果在羅馬元首制時期較少出現債務危機的話，那也是因為當時的政治穩定情況減少了反抗情事。這種說法的證據在於，在革命盛行的年代，債務也會成為重要的議題」（Howgego, 1992:13）。

30 普魯塔克，《風俗論》，828f-831a。

31 這種說法當然具備了非常高度的爭議性，最好的文獻來源可能就是巴納吉（Banaji, 2001）。他強調，在羅馬帝國晚期時，「債務就是雇主用來控制勞動力的必要工具，除此之外，也可以分裂勞工之間的團結，並且讓有產階級與雇主之間產生非常個人化的連結關係。」這種社會現象與印度相比起來，相當有趣。

32 Kosambi, 1966; Sharma, 1968; Misra, 1976; Altekar, 1977: 109-138。當代印度史學家認為將這種體制稱為「部族式的議會」（tribal assembles），並且批評這種政體只不過是由一群農奴、奴隸所支持的軍事貴族政體。當然，希臘的城邦國家也符合這種定義。

33 換句話說，他們更像是斯巴達而不是雅典。奴隸也是由整個城市所集體擁有（Chakravarti, 1985: 48-49）。當然，讀者可以質疑這種說法的適用程度，但我個人同意目前的學界主流意見。

34 《實利論》2.12.27，史哈普斯則做了非常好的比較研究（Schaps, 2006: 18）。

35 Thapar, 2002:34; Dikshitar, 1948。

36 稅收則佔了六分之一至四分之一的國庫總收入（Kosambi, 1996: 316; Sihag, 2005），但稅金同時也會用來增加國家市場上流通的貨物。

37 Kosambi, 1966: 157-157。

38 雇傭勞動的情況也相當類似。在古典世界中，這是一種相當普遍的現象，尤其是因為奴隸跟一般勞工具有相當程度的重疊與同質性。舉例而言，用來稱呼這兩種身份的名詞是*dasa-karmakara*（意為奴隸–拿錢工作的人）。這個名詞背後假設了奴隸與勞工經常一起工作，很難區分他們之間的不同（Chakravarti, 1985）。關於奴隸制度的盛行發展，見Sharma, 1958與Rai, 1981。早期的佛教文獻似乎假設有錢人家自然的就會聘請家務奴隸，儘管程度有所不同。但是，這種說法不曾出現於其他時期的佛教文獻之中。

39 在亞歷山大征服印度河流域之後，並且在現今的阿富汗地區建立了希臘式的殖民地之後，當地的貨幣也被愛琴海貨幣所取代，並且造成整個印度貨幣傳統的消失（Kosambi, 1981, Gupta & Hardaker, 1985）。

40 這個法案也被稱為「圓柱法」（Pillar Edict）（Norman, 1975:16）。

41 學者強調真正的佛教寺廟不太可能出現在西元一世紀之前，甚至必須等到西元三世紀之後（Schopen, 1994）。正如我們所見，這件事情也將會影響貨幣的發展情況。

42 「私商是一種惱人的東西（*kantaka*），所以《實利論》4.2批評私商是國家災難的起源，可能會造成稅金與行政費用的短缺與施行不良，但許多人卻將這種事情視為理所當然」（Kosambi, 1996: 243）。

43 想要成為僧侶的人必須證明自己沒有欠債（也同時要承諾自己不是逃跑中的奴隸）；但是，佛教沒有規定僧侶不能借款給別人。在中國，正如我們所見，寺廟的慈善行為也包括貸款給農民。

44 同樣的，佛教僧侶必須盡可能的不能接觸軍隊。

45 Lewis, 1990。

46 Wilbur, 1943; Yates, 2002。戰國時代的秦國同意軍人可以按照階級擁有奴隸，除此之外，商人、工人以及「貧困且愚昧的人」也很有可能被充公為奴（Lewis, 1990: 61-62）。

47 史戴爾用相當長的篇幅討論了中國貨幣採取如此特別形式的原因。第一，歷史的偶然性。使用銅幣的秦國在內戰中打敗使用黃金的趙國，並且隨後採行了保守主義治國。第二，由於當時缺乏高度專業化的軍隊，讓中國的國家可以採用像是羅馬共和國時期的政策，但也限制了自己向農民徵兵的可能性——但是，中國周遭沒有使用其他貨幣的國家（Scheidel, 2006, 2007, 2009）。

48 畢達哥拉斯是第一個採取這種特殊路徑的人，他建立了一個祕密協會，其成員則掌握南義大利地區的希臘政治權力槓桿。

49 Hadot, 1995, 2002。在古典世界中，人們認為基督教是一種哲學，因為它擁有自己獨特的禁慾實踐方式。

50 關於農家，可參考Graham, 1979, 1994:67-110。農家似乎與墨子出現在同一個時代（大約是西元前四七〇至三九一年）。農家最後消失在歷史之中，並且留下了一系列討論農業技術的文獻，但也影響了早期的道家學說。道家則成為後代許多農民革命的主要哲學，例如西元一八四年的漢朝黃巾起義。隨後，佛教的救世特質取代了道家，成為農民革命的主要意識型態。

51 Wei-Ming, 1986; Graham, 1989; Schwartz, 1986。

52 根據希臘傳說，某位畢達哥拉斯派的數學家發線了無理數的存在之後，其他成員把他綁上一艘遊艇，並且丟下海中。關於早期畢達哥拉斯學派（西元前五〇三至四〇〇年）與現金經濟興起之間的關連，見Seaford, 2004: 266-275。

53 我本人在馬達加斯加（Madagascar）經驗也可以說明這件事情。

54 戰爭也是相當類似的事情。每個人就像在參與一場規則與獎金都不明確的比賽，並且精心細緻的進行計算。這些事情的主要差別在於，我們必須在戰場上考量同伴的死活。至於「自利」的起源，請見第十一章。

55 請讀者不要混淆了「利」與「禮」。後者是指「習俗」或「儀式」。利則是利益——不只是指「自利」，也是「利息」（Cartier, 1988: 26-27）。我在這裡的說法相當不遵守學界傳統。薛華茲指出，儒教非常輕視「利潤」這個概念，也認為墨子以非常具備顛覆性的方法，重新詮釋這個詞彙（Schwartz, 1985: 145-151）。在我看來，孔子在當時稱不上是主流思想，在他死後好幾百年之內，其著作都還處於非常邊緣的地位。我認為，當時居於主流地位的是法家——或者是孟子學說。

56 《戰國策》no.109.7.175【譯註】《戰國策》，〈秦策〉：濮陽人呂不韋賈於邯鄲，見秦質子異人，歸而謂父曰：「耕田之利幾倍？」曰：「十倍。」「珠玉之贏幾倍？」曰：「百倍。」「立國家之主贏幾倍？」曰：「無數。」

57 《呂氏春秋》8/5.4。【譯註】《呂氏春秋》〈仲秋紀〉〈愛士〉：凡敵人之來也，以求利也。今來而得死，且以走為利。敵皆以走為利，則刃無與接。

58 關於自利、勢與利民之間的討論，請參考Ames, 1994。

59 《商君書》，947-948，轉引自Duyvendak, 1928: 65。【譯註】《商君書》，〈君臣〉：「民之於利也，若水於下也」。

60 此英譯名取自Kasambi, 1965:142。大英百科全書則採取「利潤手冊」（參考 Cārvāka 詞條），另一種英譯名則是「財富的科學」（取自Altekar, 1977:3）。

61 Nag & Dikshitar, 1927 :15。科山比認為，孔雀王朝的建立原則相當充滿矛盾：「一群相當遵守道德法則的人民，由一個完全不受道德原則限制的君王所統治」（Kosambi, 1996: 237）。但這種矛盾絕對不是第一次出現，也不會是最後一次。

62 修昔底德 5.85-113（cf. 3.36-49）。這個事件發生在西元前四一六年，寫作時間則與中國的商鞅及印度的考底利耶非常接近。更重要的是，修昔底德對這件事情的批評理由不是道德，而是這種做法對於帝國而言，沒有「長期的好處」（Kallet, 2001: 19）。關於修昔底德本人的功利物質主義，請參考 Sahlins, 2004。

63 《墨子》6:7B，轉引自Hansen, 2000:137。【譯註】《墨子》，〈非攻中〉：春則廢民耕稼樹藝，秋則廢民穫斂。今唯毋廢一時，則百姓飢寒凍餒而死者，不可勝數。今嘗計軍上，竹箭羽旄幄幕，甲盾撥劫，往而靡壞腑爛不反者，不可勝數；又與矛戟戈劍乘車，其往則碎折靡壞而不反者，不可勝數；與其牛馬肥而往，瘠而反，往死亡而不反者，不可勝數。

64 《孟子》4.I，轉引自Duyvendak, 1928:76-77。孟子沿用了孔子所說的：「優秀的人知道什麼事情是對的；低劣的人只知道什麼事情有好處。」（《倫語》，7.4.16–）【譯註】原文如附：孟子見梁惠王。王曰：「叟不遠千里而來，亦將有以利吾國乎？」孟子對曰：「王何必曰利？亦有仁義而已矣。」

65 墨子採取理性計算考量的作法，沒有受到當時的社會接納。但是，我們也看到希臘與印度人在無法解決債務問題之後，嘗試著建立各種道德原則，例如吠陀文明宣揚從債務中尋求解放的機會，這種思想也變成以色列的文明議題。

66 Leenhardt, 1979: 164。

67 因為這種詮釋違背了學界的共識。後者傾向於強調軸心世紀的「超越」特質（Schwartz, 1975; Eisenstadt, 1982, 1984, 1986; Roetz, 1993; Bellah, 2005）。

68 希臘的折學系統以火、空氣與水為出發點，並且做了相當細緻的描述。至於中國的元素系統，則是以金、木、水、火、土為主。

69 在基督教世界中，至少奧古斯丁傳統相當堅持物質世界絕對不分受上帝一絲毫的特質。上帝不存在於物質世界之中，祂創造了這個世界（《上帝之城》（*De Civitate dei*, 4.12）——這是一種相當激進的立場，將精神世界獨立於人類的自然世界之外。亨利．法蘭克福認為，這種立場來自於猶太-基督教傳統（Henri Frankfort, 1948:342-344）。不過，奧古斯丁的傳統來自於柏拉圖對人類理性的想法。理性是一種抽象的原則，獨立於所有物質之外，讓人類可以理解所有事情。但是，理性確實分受了某些神聖的事物（關於奧古斯丁思想中的矛盾，參考Hoitenga, 1991:112-114）。

70 我在第八章討論柏拉圖時，已經引述過雪爾的研究作品〈傑吉斯的戒指〉（"The Ring of Gyges"）（Shell, 1978）。此外，也可參考Seaford, 1998, 2004。

71 米利都很有可能是第一個生產小面額貨幣的城市，讓人民可以在日常交易中使用這些貨幣。如果米利都不是第一個這麼做的城市，至少也是其中之一（Kraay, 1964: 67）。

72 赫拉克利特（Heraclitus）來自於愛奧尼亞附近的以弗所（Ephesus）城，畢達哥拉斯則出身在愛奧尼亞地區的薩摩斯島（Samos）。在愛奧尼亞遭到波斯帝國的吞併之後，許多人遷徙到了義大利南部，這個地方也成為了希臘哲學的重鎮。當時，希臘許多城市也正在發生貨幣化的改變。雅典是西元前五世紀時的希臘哲學重鎮，當時也是雅典軍力最為旺盛的時代，其「貓頭鷹」貨幣更是流通於地中海東岸。

73 席福特的說法響應了阿那克西曼德對原始物質的描述，「那是一種獨特、永恆、非人、無所不容、沒有限制、同質、永不停止、抽象、帶有管制能力的存在，也是所有事物的起源與目標」。至少，所謂的「所有事物」，也能夠是指那些可以用錢買來的東西（見Seaford, 2004: 208）。

74 Seaford, 22004: 136-146; 見Picard, 1975; Wallace, 1987; Harris, 2008a:10。所謂的信託貨幣非常像是金本位主義中的法定貨幣（fiat money）或代幣（token money），或者是凱因斯學派所謂的「特許貨幣」。儘管芬利對此的意見不同（Finley, 1980: 141, 196），但是所有的古典貨幣在某種層面上都可以稱得上是特許貨幣。如此一來，我們就很容易理解為什麼這些貨幣本身的面額比其金屬價值還要高，因為後者的價值可能隨著時間而浮動。但是，如果貨幣面額比金屬價格還低，人們也可能會融化這些貨幣，將其轉回貴重金屬。

75 在羅馬或孔雀王朝這種大型帝國，通貨膨脹幾乎是必然的結果，但是通貨膨脹的效果必須花費一個世紀才會浮現出來。見Ingham, 2002: 101-104' Kessler & Temin, 2008; Harris, 2008b則對羅馬帝國做了相當好的討論。

76 Seaford, 2004:138-139。

77 關於實體等等概念，我受到馬瑟・毛斯（Marcel Mauss）的影響甚深（見Allen, 1998）。

78 亞里斯多德認為貨幣只是一種社會創造的機制（見《尼各馬科倫理學》（*Nicomachean Ethics*），1133a29-31。）。但這種觀點在古典世界只是少數，到了中世紀才會成為主流。

79 在佛教經典中，他的名字是帕亞西；在耆那教中，則是帕西（Paesi）關於早期印度物質主義者，請參考Bronkhorst, 2007:143-159。關於考底利耶屬於何者，請參考Chattopadhyaya, 1994。賈斯培討論印度時提出一份相當重要的清單，範圍涉及「所有的印度哲學趨勢，包括懷疑論與物質論，辯士與虛無主義」（Kasper, 1951:135）。但是，這當然不能包括「所有的」印度哲學趨勢，只有大部分重要的物質主義哲學。

80 柏拉圖的《理想國》中駁斥了這種想法。印度傳統則接受了這種觀點，但佛教、耆那教與其他反對立場則完全不使用這種詞彙。

81 亞歷山大的斐洛（Philo of Alexandria）（與耶穌在世的時代相仿）認為艾賽尼教派「之中沒有任何奴隸，所有人都是自由的，彼此交換著各種服務，並且譴責奴隸主，不只是因為這些人不公義的侵犯了公平原則，也是因為這些人毫不虔誠的消滅了人類的自然狀態」（*Quod omnis probus liber sit 79*）。另外一個猶太團體席瑞佩塔（Therapeutae）反對所有的財產權形式，也認為奴隸「是一種絕對抵抗自然的東西，因為自然讓每個人生而平等」（*De Vita Contemplation 70*）羅馬法當中也有相似的說法。猶太團體的文獻記錄通常都非常完整，也許其他團體，諸如色雷斯（Thrace）與努米底亞（Numidia）等等也有類似的想法，但我們無法取得相關文獻。

82 後代的傳說認為釋迦牟尼的父親是國王，他本人則成長於宮殿之中。但是，當時的薩迦（Sakya）「王」其實必需經由選舉而輪流產生（Kosambi, 1965: 96）。

第十章

1 在羅馬帝國之後興起的野蠻國家所發生的貨幣本身，沒有太多的黃金或白銀成分。因此，這些貨幣只會流通於發行國王或男爵所統治的地區，並且大多數無法在貿易中派上用場。

2 多克（Docké, 1979: 62-70）對於這種歷史情況提出了非常好的回顧——對於法國地區的羅馬奴隸農場的理解，幾乎都來自於空照圖。當時，即使是一群自由人所構成的社群，也很有可能變成勞務抵債工，或者變成依賴土地而活的農奴（用拉丁文來說，就是*coloni*）

3 科山比認為摩揭陀是貨幣化的高峰。夏馬則主張貨幣仍然盛行於笈多王朝（Guptas，西元二八〇年至五五〇年），但在此之後就立刻消失了（Sharma, 2001:119-162）。如果夏馬是對的，當時市面上仍然流動著許多貨幣，此外，當時的印度平原總人口數成長了三倍（ibid:143），因此整個貨幣的流動量就會出現顯著了下降。

4 讀者可參考R.S. Sharma, 1965; Kane, 1968 III 411-461; Chatterjee, 1971；除此之外，Schopen（1994）這篇作品特別強調了中世紀時期所誕生的新計數，例如發展出能夠同時計算複利與分期付款的簿記法。

5 管理寺廟規則的文件特別重視相關細節，例如，這些錢會在何時、以何種方式借出，合約的簽署、彌封方法，如何在證人面前取得借貸款項，如何交出比貸款金額貴重兩倍的抵押品，「宣誓效忠的兄弟們」如何協助管理相關投資與其他事項（Schopen, 1994）。

6 這種計算單位來自於阿拉伯的*dinar*，後者則承襲自羅馬的*denarius*。我們不清楚這個單位究竟實際代表多少錢。舉例而言，從一份早期的寺廟文件看來，這種單位可能就是用來管理所謂的「永不乾涸的財寶」，也就是「各種黃金或白銀，無論是已經鑄造過的錢幣還是原始型態，也包括各種數量，包括純金銀或者混合其他金屬，也可以採取各種器具的形式，無論是否經過拋光」（Mahāsāmghika Vinaya, in Gernet, 1956, 1995:165）。

7 Fleet, 1888: 260-262，英譯轉引自Schopen, 1994: 532-533。我們必須注意這段強調「永恆」的句子其實與佛教產生了衝突，因為後者強調世間萬物都是稍縱即逝的。

8 商業貸款的記載文獻來自位於西印度卡爾城（Karle）的佛寺（Levi, 1938:145; Gernet, 1956, 1995:164; Barreau, 1961:444-447）；借貸給鄉里集會的紀錄則取自於後來的坦米爾（Tamil）寺廟（Ayyar, 1982: 40-68; R.S. Sharma, 1965）。我們無法確定某些貸款是否屬於商業類別，或者更像現今圖博、不丹與蒙古等地盛行的佛教*jisa*制度——當某個人、一群人或者家族團體希望資助一個特殊活動時，例如一年必須借出五百盧比以收取利息的教育計畫時，就必須一年貢獻八百盧比，用來組織相關活動。這種捐獻責任可由子孫所繼承，貸款也能夠進行轉讓（Miller, 1961; Murphy, 1961）。

9 Kalhana, *Rajatarangini*, 7.1091-1098（見Basham, 1948; Riepe, 1961: 44n49）。這些僧侶屬於現今仍然存在的阿及維卡教派。

10 Naskar, 1996; R.S. Sharma, 2001:45-66都談到了當時的《往世書》（Purians）中記載的「卡利時代」（Kali Age），也就是後來的婆羅門口中從亞歷山大統治到中世紀早期的年代。在那段時間，整個印度都非常動盪不安，受到外國王朝的統治，整個種姓制度遭到嚴重的挑戰，或者遭到棄置。

11 Manusm ti, 8.5.257。同時，積欠其他人類的債務則完全在這些文本當中消失了。

12 Manusm ti, 8.5.270-272。如果蘇德拉污辱了再生族，也會被割除舌頭。

13 R.S. Sharma, 1958, 1987; Chauhan, 2003

14 「就算蘇德拉得到了主人的解放，也不會解除身上的奴隸狀態。因為他的奴隸身份來自於大自然，又有誰能夠剝奪這種身份呢？」（Manusm ti, Yajñavalkya Sm ti）「無論是否有人購買，蘇德拉都必須成為奴隸，因為神明創造他們的目的，就是替他人服務（8.5.413）。

15 考底利耶允許商業貸款收取六〇%的利息，「對於可能會穿越森林的商業體」則可以收取一二〇%，如果某些商人甚至還要飄揚過海，還可以再提高兩倍的利率（*Arthasastra* 3.11; Yajñavalkya Sm ti 2.38也採用了最後一種法條）。

16 Yājñavalkya Sm ti 2.37; Manusm ti, 8.143; Vi usm ti, 5.6.2，見Kane, 1968 III: 421。

17 R.S. Sharma, 1965: 68；同樣的，早期的法律也特別指出任何無法履行債務的人都應該變成奴隸，或者成為債權人家中的牲畜。在稍晚一點的年代，一名中國佛教徒更明確的指出，只要一個人無法償還八文錢的債務，就必須到債權人家中當一天的牛；如果積欠十一文錢，就必須當一天的馬（Zhuang Chun in Peng, 1994: 244n17）。

18 Dumont, 1966。

19 Gyan Prakash, 2003: 184認為這就是殖民時代的特點。當種姓制度的本質開始由債務所取代，原本應該臣服於其他階級的人，就會開始擁有平等的權利（但仍然會受到暫時性的「禁止」）。

20 我們可以推論因為農民擁有更多資源，所以更能夠組成抗議行動，但對中世紀印度的反抗事件，目前仍然沒有太多資訊（見Guha, 1999; Palat, 1986, 1988: 205-215; Kosambi, 1996: 392-393）。相較於歐洲或中國，印度的反抗事件相當少，但前兩個地區的反抗行動幾乎沒有停止過。

21 「沒有人可以明確知道中國歷史上究竟發生過多少次的叛亂事件。根據官方記載，光是在西元六一三年至六一五年之間，就發生了數千次叛亂，一年平均發生一千次（Wei Z. AD656: ch. "Report of the Imperial Historians"）。根據Parsons的說法，在一六二九年至一六四四年間，中國境內發生了二十三萬四千一百八十五次的暴動事件，平均一天發生四十三次，一小時一．八次。」（Deng, 1999:220）。

22 Deng, 1999

23 Hunag, 1999:231

24 這種貸款的政策與公共糧倉的作法非常類似——有時候為了降低國內糧食的價格，中國政府就會公開販賣糧食；飢荒的時候則會免費供應；有時候則是以非常低的利率出借糧食，讓人民可以不用求助於高利貸。

25 Huang, op cit; Zhuoyun & Dull, 1980: 22-24；關於王莽推行的複雜貨幣改革政策，請參考 Deng, 1994:111-114。

26 一般來說，利息不得高於二〇%，並且禁止採取複利制度。中國歷代政府最後也終於也像印度政府一樣明文規定利息不可大於本金（Cartier, 1988: 28; Yang, 1971; 92-103）。

27 Braudel, 1979; Wallerstein, 1991, 2001

28 這段想法受益於Boy Bin Wong 1997, 2002 的啟發甚多，除此之外，讀者也可以參考Mielants, 2001, 2007。布

勞岱爾學派認為明朝這些晚近時代充分體現了這種原則，但我本人認為這種傾向還能夠在繼續往前追溯。

29 舉例而言，當政府認為市場獲取太多利益時，就可能會干預價格制訂，也可能要求商人不能在價格便宜時囤貨抬價，或者在價格較高時出貨取利。中國歷史上出現過好幾位統治者喜歡介入市場運作，但最後都遭到普遍的反擊（Deng, 1999: 146）。

30 關於各地生活水準的討論，請參考Pommeranz, 1998; Goldstone, 2002。從人類歷史的角度來說，印度的生活水準也一直相當不錯。

31 Zürcher, 1958: 282

32 Gernet, 1956, 1999: 241-242; 關於後續的討論，請參考Gernet, 1960; Jan, 1965; Kieschnick, 1997; Benn, 1998, 2007

33 贊寧（西元九一九年至一〇〇一年），轉引自Jan, 1965: 263。其他佛教徒則將希望寄託在菩薩與其他虔誠的君王。這些君王在飢荒的時候將會把自己的身體當成送給人民的禮物。他在死亡之後，屍體將會變成一座肉山，由數千顆頭、眼睛、嘴唇、牙齒與舌頭所構成。無論多少人與動物吃下這座肉身上的東西，它也只會持續變大而已。

34 Tu Mu轉引自Gernet, 1956, 1995: 245

35 業障這個詞彙非常盛行於西方文化，更成為了新世紀的陳腔濫調。相較於印度，業障更能夠在歐美世界引起共鳴，這可能是相當令人驚訝的事情。雖然，債務與罪孽在印度文明之中的關係非常緊密，但大多數的佛教徒都盡力避免觸及這些概念。因為這些概念暗示了「自我」的持續性，而佛教徒相信這些東西全都只是短暫而虛幻的存在。少數的例外是佛教中的正量部教派（Sammitiya）。這個教派相信「自我」的延續性，因此致力於發展「不失壞」（aviprā aśa）的概念。所謂的「不失壞」，就是指無論結果是好是壞——業障——「都會像是一張記載債務的羊皮紙完好無缺」，並且將我們自己無法洞察的本質從今生傳到來世（Lamotte, 1997: 22-24, 86-90; Lusthaus, 2002: 209-210）。這個概念受到了大乘佛教的龍樹菩薩（Nāgārjuna）的重視，與「不會損壞的本票」作了比較，因此得以傳承至今（Kalupahana, 1991:54-55, 249; PAsadika, 1997）。龍樹菩薩的「中觀學派」（mādhyamaka）後來轉變為中國佛教的「三論宗」流派。業障的概念則繼承到了三階教，其創立者為北齊的信行法師（Hsin-Hsing）

36 英譯本取自於*Commentary on the Dharma of the Inexhaustible Storehouse of the Mahayana Universe*（Hubbard,

2001: 265），部分修改則引用自Gernet, 1956, 1995: 246。

37 Hubbard, 2001: 266

38 Dao Shi轉引自Cole, 1998: 117，此外，該研究作品對於相關議題提供了非常好的詮釋（讀者也可以參考Ahern, 1973; Teiser, 1988; Knapp, 2004: Oxfeld ,2005）。某些中世紀的文獻特別強調母親的角色，其他文獻則將父母視為同樣重要。有趣的是，土耳其也出現過類似的觀念，主張母乳讓我們背負了無限的債務（White, 2004: 75-76）。

39 *Sutra for the Recompense of Gratitude*，轉引自Bakind, 2007:166。「四十億年」翻譯自kalpa，其實是指四十三億兩千萬年。我也將原文中的「他們」改變為「母親」。因為從前後文脈絡而言，即是指一個人將自己的血肉割下來獻給母親。

40 當鋪不是中國佛教徒發明的，但他們確實是人類史上第一個大規模支持當鋪經營的團體。關於典當的起源，請參考Hardaker, 1892; Kuznets, 1933。至於討論中國當鋪的研究作品，請參考Gernet, 1956, 1995: 170-173; Yang, 1971: 71-73; Whelan, 1979。歐洲的第一個當鋪也得到了宗教的協助。十四世紀時，義大利的方濟會基於與佛教徒相似的目的創造了「帶有憐憫心的銀行」（*monti di pieta*; banks that take pity）讀者也可以參考Peng, 1994: 245。

41 Gernet 1956, 1995: 142-186; Ch'en, 1964: 262-265; Collins, 1986: 66-71; Peng, 1994: 243-245。當時開始蓬勃發展的道家寺廟禁止貸款行為（Kohn, 2002: 76），也許部分原因就是為了跟佛教做出區隔。

42 「向永不乾涸的財寶進行捐獻的人，都是佛教寺廟的合夥人，但他們不分享經濟利益，而是宗教成就」（Gernet, 1956, 1995: 142-186）。就我所知，藍道·柯林斯（Randall Collins）非常強調這種宗教經濟模式可以稱得上早期的資本主義型態（1986）。除此之外，柯林斯也把中世紀的歐洲修道院經營歸類於資本主義。中國史學家之間的共識認為，中國的資本主義要在比較晚的年代才開始出現，大約是在宋朝時。相較於其他朝代，宋朝政府對商人的態度較為友善。在宋朝之後，諸如明朝與清朝政府都更能夠接受市場機制，但完全拒絕了資本主義。關鍵的問題在於勞動組織，但是從唐朝開始，我們卻無法取得詳細的資料；就算能夠找到相關的統計資料，我們也無法弄清楚「農奴」、「奴隸」、「顧傭勞工」之間的不同。

43 關於收回土地所有權與寺廟奴隸的討論，請參考Gernet, 1956, 1995: 116-139、Ch'en, 1964: 269-271。

44 「他們都宣稱自己正在進行慷慨行為，目的在於解救窮人與孤兒，但真相卻只是想要詐欺而已，甚至不是合

法經營。」（Gernet, 1956, 1995: 104-105, 211）

45 Gernet, 1956, 1995: 22

46 Adamek, 2005; Walsh, 2007

47 這或許就是「真理」、「正義」、自由」等抽象概念經常以女性形象示人的原因。

48 馬可波羅觀察中國雲南地區的人民生活之後指出：「當他們彼此之間要做生意的時候，就會找來一塊圓形或方形的木板，拆成兩半，一人拿走一半。但是，就在他們拆掉木板之前，會在上面做二、三道記號，或者很多記號。直到某一個人來找另外一個人的時候，就是要還錢或者還其他東西的時候，隨後就會把另外一半拿回來。」（Benedetto, 1931: 193）。讀者也可以參考 Yang, 1971: 92; Kan, 1978; Peng, 1994: 320, 330, 508; Trombert, 1995: 12-15。根據肯恩（Kan）的說法，這種記帳棍符的發明時間比書寫文字還要早；但是，中國傳說認為黃帝的某一名官員同時發明了文字與記帳符（Trombert, 1995: 13）。

49 Graham, 1960: 179

50 中國古代早已提到這些相似的故事。例如老子在《道德經》裡面就提過過某些人：「能夠不用記債符來計算數字，也無須鎖門來維護安全。」。除此之外，他最有名的說法就是強調「當有智慧的人取得了一半的記債信物，也不會逼迫債務人還錢。有德的人則會一直保留這個信物，至於缺乏德行的人，就會一直要求對方還錢。」【譯註】此處譯文取自英譯，原文如附：「是以聖人執左契而不責於人。有德司契，無德司徹。」

51 既然我們已經知道這名酒館老闆最後一定會得到劉邦的獎勵，也就可以將老闆的行為視為將「金錢債務」轉為「道德虧欠」（Peng, 1994: 100）。中國的「符」也能夠指「君王身上出現的特別徵兆，象徵著他與天之間的連結。」（Mathews, 1931: 283）。同樣的，《戰國策》也曾經記載過馮諼替孟嘗君贏得人民愛戴的方法：「馮諼把所有欠債的人聚集在一起，想辦法讓自己手上的記債符能夠與其他人身上的符合起來。隨後，馮諼製造了一道假命令，宣布赦免大家的債務，並且燒掉了所有符咒。」關於圖博地區的相似社會現象，請參考Uebach, 2008。

52 英格蘭地區也有類似的情況。當地的早期合約也都採用折斷契約棍棒的方式，這也是所謂「契約勞工」的由來。這些勞工都受到契約管束，其契約也必須以雙方信物上面的缺口或記號為準（Blackstone, 1827: 218）。

53 L. Yang, 1971:52; Peng, 1994: 329-331。「這種契合信物並且兌換現金的方法，就是貸款行為非常容易衍生的副產品，除非這些貸款人考慮的不是時間，而是空間（Peng, 1994: 330）。

54 處理這種交易的地方稱為「存款店」，另外一位學者則稱之為「銀行的雛形」（L. Yang, 1971: 78-80）。唐朝的商仁與旅客已經開始使用這種機制，但政府仍然嚴格的進行管控，禁止銀行家將這些儲蓄金進行轉投資（Peng, 1994: 323-327）。

55 最早開始的地點是四川。當地推出了獨特的貨幣，製作原料為鐵而非銅，因此更難以運送。

56 Peng, 1994: 508, 513, 833。這種作法非常像是中世紀時期歐洲所通行的代幣。

57 關於這種論點，最重要的作品請參考Glahn, 1994；Peng, 1994也有相同的理念。除此之外，這種立場也相當受到經濟學家的支持。

58 MacDonald, 2003:65。

59 對於早期法學專家與第一王朝統治的時代，伊斯蘭人民的回憶畫面就是政府鑄造了一個非常大的銅鍋，並且在宣讀法律之後，將罪犯丟在鍋子裡活活煮死。

60 關於改宗的過程，請參考Bulliet, 1979以及 Lapidus, 2003:141-146。前者也強調集體改宗的影響效果將會讓政府替各種行動開脫的藉口（例如拓展宗教的官員、行動與宗教保護員等等）變得相當空洞。群眾對於哈里發與其他政治領導者的支持只會以週期性的方式出現，就像十字軍東征或者西班牙的收復失地運動（在這兩個歷史事件中，伊斯蘭世界都是遭到攻擊的一方）。當然，在當代的伊斯蘭世界，人民比過去更為支持政府。

61 「在大多數的時間裡，社會下層階級都按照人數繳納稅賦，並且彼此照顧彼此。政府收到稅賦之後，則會提供一定程度的安全。除此之外，政府只會關注於他們重視的事情，例如對外發動戰爭、贊助教育或藝術、維繫自己奢華的生活等等」（Pearson, 1982: 54）。

62 這些箴言都來自於安薩里的*Ihya', kitab al-'Ilm*。除了正文當中引述的部分之外，也有以下這些箴言可以參考：「撒德．賓．穆沙亞（Sa'id Bin Musaiyab）說：『當如果有一位宗教學者拜訪國王，你就必須遠離這個人，因為他一定是竊賊。』阿爾-奧祖（Al-Auza'i）說：『在真主阿拉面前，沒有什麼事情比一名宗教學者拜訪官員更容易引起爭議』……」這種想法迄今仍然非常強烈，舉例而言，伊朗的什葉派領袖反對伊斯蘭教國家，因為這種制度將會有害於宗教。

63 Lambard, 1947; Grierson, 1960。這也成為了用來拒絕降低貨幣之中金屬含量的睿智政策，同時，我們也應該從這件事情中明白哈里發的簽名不會讓貨幣變得更值錢。巴士拉曾經想在一二九四年時採行中國式的紙錢政策，但人民不願意接受只有國家認同的紙錢。

64 MacDonald, 2003:64。隨著時間的經過，阿拉伯帝國也無法支持這種薪資制度，因此轉而採取了中世紀的*iqta'*系統，也就讓士兵可以從特定區域的稅收之中得到一部份的抽成。

65 除非遇到了非常緊急的例外狀態，否則奴隸也無法變成士兵（在滿族或巴貝多都是如此）

66 （一）阿拔斯王國在西元八三二年時原本想要控制這群法學專家，但最後失敗收場。（二）西元八二五年至八五〇年之間就是阿拉伯帝國的人民改宗伊斯蘭的高峰時期。（三）土耳其奴隸士兵大約在西元八三八年時，土耳其奴隸士兵在阿拔斯王國軍隊之中的地位得到了提升。這些重要的時間點都能夠對應解釋了相關的發展。

67 Elwashed, 1931: 111-135。他也強調：「自由的不可讓渡是伊斯蘭法律當中最基本而無須爭論的原則。」換句話說，父親沒有任何權利可以賣掉自己的兒子；一個人也沒有販賣自己的權利。如果他們真的做了這樣的事情，法院也可以否定買主所宣稱的奴隸擁有權。伊斯蘭法律的這種立場與歐洲所發展的「自然法」原則完全不同。

68 但是這點仍然極具爭議。部分學者（包括反對伊斯蘭經濟運動的當代穆斯林學者）認為，可蘭經中強烈譴責的*riba*不只是利息而已，也是指在阿拉伯地區走入伊斯蘭時代之前，如果債務人延誤還款時機之後，債務人可以加收兩倍的金額。除此之外，這些學者也認為當時的阿拉伯世界並未毫無條件的譴責收取利息的行為（參考Rahman, 1964; Kuran, 1995）。我無意參與這場論戰，但如果這些學者的說法為真，那就代表了伊拉克地區當時禁止高利貸的舉動，其實就是來自於伊斯蘭所發起的民間草根運動——並且強化了我的論點。

69 我們目前最好的歷史文獻來自於十二世紀埃及地區的吉尼沙（Geniza），上面記載了當時猶太商人的相關事宜。根據這份資料，伊斯蘭地區確實曾經禁止過收取利息；在利息制度受到許可的地區，則非常容易出現各種暴力、脅迫事件。通常，這種事件起源於國王、元老與高官向猶太商人、基督教商人（但不限於此）借貸了相當大筆的金錢，用以支付軍隊的費用。因此，服從這種非法貸款的要求是一件相當危險的事情，但是拒絕這些人的請求也同樣的可怕。關於阿拔斯時代的例子，請參考Ray, 1997: 68-70，同時，讀者也可以參考Fischel, 1937。

70 但是債權人如果堅持想要收取利息，也能夠找到執行上的漏洞（*hiyal*），舉例而言，債權人可以用貸款金額買下債務人的房子，並且按月收取房租，最後再由債務人用同樣的價格買回房子；或者要求債務人每個月向債權人購買特定的物品，再由債務人將原本的貨物價格打折之後賣回給債權人。某些伊斯蘭法律學派完全禁止這種事情，另外一些法律學派則不贊同這種作法。但是，一般相信這種手段常見於伊斯蘭民間社會之中，因為利息本身確實就是信用制度的特色。近來的研究成果則主張無法找出具體證據確認伊斯蘭民間社會經常出現這種情況，讀者可參考Khan, 1929（較舊）或Ray, 1997:58-59（較新）。

71 Mez, 1922:448；轉引自Labib, 1969:89。我們必須注意巴士拉在這個時候採用了支票制度。在個世紀之後，當蒙古人想要在這裡引入政府發行的紙鈔時，巴士拉則頑強的抵抗這個政策。*sakk*這個字剛好與英文的「支票」相同。但這個字的起源相當具備爭議性，一位學者認為來自於拜占庭（Ashtor, 1972:555），另外一位則主張起源於波斯（Chosky, 1988）。

72 葛庭（Goitein, 1966, 1967, 1973）相當詳細的解釋了十二世紀的埃及猶太商人如何進行財務活動。幾乎每一筆交易都會涉及到信用制度。當時普遍使用的支票形式，甚至非常相近於現代的這種支票——但是一袋袋的封裝錢幣還是比較常見。

73 但是阿拉伯政府有時候也會以支票作為支付薪水的工具（Tag Eldin, 2007: 69）。我非常強調政府在這些事情之中的角色，舉例而言，阿拉伯人曾經試著建立過中央銀行，並且承諾政府的原則就是支持商業標準與規範。但是這種原則很少發揮實際的效力。

74 Udovitch, 1970: 71-74

75 Udovitch, 1975:11。這篇作品對相關議題的討論非常優秀。除此之外，讀者也可以參考Ray, 1997:56-60。

76 布迪厄在研究了阿爾及利亞的卡拜爾（Kabyle）社會之後，提出了相當這種相當有名的觀點；在採取「符號經濟」的社會中，男人的榮譽價值相當近似於經濟資本，甚至更為重要。這是布迪厄相當知名的論點，也是他廣大學生們的探索重點（Bourdieu, 1977, 1990）。但是，上述文獻其實沒有太過深入的進行討論，因此我們確實可以這種說法有多少來自於布迪厄本人，又有多少可能反應了布迪厄所採用的資料來源當中所蘊藏的觀點。

77 K.N. Chaudhuri, 1985: 197；蘇非派與法學家就是拓展伊斯蘭教的前鋒；許多商人都協助了其中之一，或者同時協助兩者。學界相當關心這個議題，讀者可以參考Chaudhuri, 1985, 1990; Risso, 1995; Subrahmanyam, 1996; Barendtse, 2002; Beaujard, 2005。

78 Goody, 1996: 91

79 M. Lombard, 2003: 177-179

80 英文翻譯取自Burton, 1934 IV: 2013

81 官員甚至會聘請自己的銀行佳，將各種信用工具同時作為轉帳與支付稅賦的方法，並且祕密的處理非法收入（Hodgson, 1974 I: 301; Udovitch, 1975:8; Ray, 1994: 69-71）。

82 「對於穆罕默德來說，市場的自然管制原理就像是宇宙一樣。價格會如同日夜交替一般轉變，也像是潮汐更迭。因此，任何強制定價的行為不但是對商人的不義，也違背了自然秩序。」（Essid, 1995: 153）。

83 只有在非常特別的情況下，例如天災發生的時候，伊斯蘭世界才會贊成政府干預。但是，許多學者相信，政府與其干預市場運作，不如直接提供援助，請參考 Ghazanfar & Ishali, 2003; Ishali, 2004: 31-32。對於穆罕默德本人的價格資訊觀點，請參考Tuma, 1965; Essid, 1988, 1995。

84 Hosseini, 1998: 672, 2003: 37：「兩人都提過狗這種動物不會彼此交換骨頭。」

85 Hosseini, 1998, 2003；亞當斯密說自己曾經親身拜訪過工廠，這點可能是真的。但是，他所說的「十八個步驟」應該是取自於出版於一七五五年的法國《百科全書》第五卷中的「針」（Épingle）。後者比亞當斯密提出的時間還要早了二十年。學者也認為「亞當斯密的個人藏書包括了以拉丁文翻譯的許多中世紀時期的波斯與阿拉伯作品（Hosseini, 1998: 679）。這些東西或許可以協助我們瞭解亞當斯密的概念起源。關於晚近經濟學理論如何受到伊斯蘭世界影響的研究作品，讀者可以參考Rodison, 1978; Islahi, 1985; Essid, 1988; Hosseini, 1995; Ganzanfar, 1991, 2000, 2003; Ganzanfar & Islahi, 1997, 2003。從這個角度來說，啟蒙時代的許多思想可能能夠追溯到伊斯蘭世界。例如，笛卡爾（Decartes）的沈思（*Cogito*）來自於伊本・西那，大衛・休姆（David Hume）提出慣例不能夠證明因果的想法，也出現在安薩里的作品中。我自己曾經注意到康德對於啟蒙的定義，非常相近於十四世紀的波斯詩人魯米（Rumi）。

86 Tusi's *Nasirean Ethics*, 轉引自 Sun, 2008: 409

87 Ghazanfar & Ishali, 2003: 58; Ghazanfar, 2003: 32-33

88 在安薩利的道德原則中，我們也讀到了「買家正在與貧困的賣家協商時，應該盡量仁慈一些。」以及「一個人應該要願意把東西賣給沒有經濟能力的窮人，並且主動寬貸後者的信用條件，也不應該期待後者會償還這些款項。」（Ghazali, *Ihya Ulma al Din* II: 79-82；轉引自Ghazanfar & Islahi, 1997:22）——第二種說法當然非常相似於《路加福音》6:35。

89 Ghazali in Ghazanfar & Islahi, 1997: 27

90 Ibid:32

91 Ibid:32

92 Ibid:35；關於中世紀的郵差，請參考Goitein, 1964。安薩里對這件事情的立場非常趨近於亞里斯多德（見《尼各馬科倫理學》，1121b）。兩人都相信金錢是一種社會創制，用來減輕交易時的困擾，利息也因而違背了金錢的定義。但是，對於金錢可能造成的終極威脅，安薩里的看法比較接近於阿奎那，認為金錢只是一種工具，但受到了高利貸的扭曲；經院哲學家「傑特的亨利（Henry of Ghent）主張：「金錢是交易的媒介，而不是目的。」——這種相似性也不會令人過於意外，因為阿奎那都受到後者影響甚深（Ghazanfar, 2000）。

93 這點絕對不是過度誇示。就算是雷根政府在一九八〇年代提出的拉弗曲線（Laffer Curve）——用來證明減稅可以刺激經濟活動，增加政府稅收——也都應該稱為赫勒敦-拉弗曲線（Khaldun-Laffer curve）。一般認為，赫勒敦早就在一三七七年的著作（*Muqaddimah*）當中提出了這個想法。

94 關於中東資產階級的興起，請參閱Goitein, 1957

95 由於當時的稅收固定採取仙令作為付款單位，當貨幣升值的時候，人民必須用更多埃居才能完全處理同樣的稅賦金額。相反的，當貨幣貶值的時候，就會有助於減輕國王（或其從屬）的個人債務，但也會減少受薪勞工以及其他固定薪資工作者的所得，因此經常引起抗議。

96 Langholm, 1979; Wood, 2002: 73-76

97 關於基督教對高利貸的觀點，請參考Maloney, 1983; Gordon, 1989; Moser, 2000; Holman, 2002:112-126; Jones, 2004:25-30

98 〈馬太福音〉（Matthew）5:42

99 St. Basil of Caesarea, *Homilia II in Psalmum XIV*（PG 29, 268-269）。

100 op. cit.

101 op. cit

102 Ambrose, *De Officiis*, 2.25.89.

103 Ambrose, *De Tobia*, 15:51; 見 Nelson, 1949: 3-5; Gordon, 1989: 114-118

104 但不完全如此。值得一提的是當時羅馬帝國的主要奴隸來源是德意志地區的野蠻人。他們生活於羅馬帝國之外，主要因為戰爭或者債務而成為奴隸。

105 「如果每個人，」他寫道：「在賺得個人財產之後，都只取用自己需要的那一份，留下多餘的東西，就能協助那些生活有所匱乏的人，讓整個世界再也沒有窮人庾父仁之分」（*Illiud Lucae*, 49D）——巴西流本人是貴族，但卻大舉變賣自己的財產來協助窮人過活。

106 *Homilia II in Psalmum XIV*（PG 29, 277C）。此處的引文則取自於〈詩篇〉19.17

107 *Summa* 8.3.1.3「既然恩惠是上帝無償給允的，也就排除了債務……因此，債務這個概念絕對不代表上帝虧欠於其他生靈。」

108 Clavero（1986）認為這就是「契約的本質」與「歐洲歷史之中人類關係的法律概念」的衝突：高利貸以及其所衍生的利潤遭到譴責，但租金（也就是封建制度的基礎）卻從來沒有受到挑戰。

109 Gordon, 1985: 115「除了賣的更貴、買得更便宜之外，」Cassiodours（485-585）寫道：「究竟什麼是商業？」因此，那些從不把上帝之正義當成一回事的商人，讓這些物品充滿了謊言，甚至比其本身的價值還要沈重。主將這些人從聖堂中驅逐之後說：「不要讓神父的屋子裡充滿了盜賊。」（轉引自 Langholm, 1996: 454）。

110 關於猶太法學傳統對高利貸的看法，請參考Stein, 1953, 1955; Kirschenbaum, 1985

111 Poliakov, 1977: 21

112 Nelson（1949）認為這個「例外條件」通常用來處理基督徒與猶太人之間的關係。但是Noonan（1957:101-102）則主張例外條件則僅限於「異教徒，特別是阿拉伯人」，有時候甚至與猶太人毫無關連。

113 最高保障至百分之五十二，超過百分之一二〇則完全沒有保障（Homer, 1987: 91）。

114 專門為債務人而設置的監獄出現在一二六三年之後的英格蘭地區，但是因為債務而入獄的人早就在這之前就已經出現在歷史之中。最重要的是，猶太放款人幾乎成為了將信用制度轉為實際貨幣的工具，因為他們從債務人手中取得了白銀，並且將這些白銀上繳國家製幣廠。猶太人也會因為赦免債務而取得許多土地獎勵，但這些土地最後也會流入當地男爵或修道院的手裡（Singer, 1964; Bowers, 1983; Schofield & Mayhew, 2002）。

115 Roger of Wendower, *Flwoers of History*, 252-253。Roger沒有清楚指出受害者的名字。在後來的版本中，受害者的名字就是亞伯拉罕，在其他版本中則是以薩。

116 Matthew Prior, in Bolles, 1837: 13

117 關於這個議題，尼采在討論殘害行為中的正義起源時，也成為我們相當值得思考的例子。當一個人恐懼猶太人帶來的殘暴行為時，這種恐懼通常就會用來對付猶太人。尼采寫作的年代時逢就是那些「野人」會因為積欠殖民政府稅金而飽受虐待，這些事情也變成比利時利奧波德二世時期的醜聞。

118 Mundill, 2002; Brand, 2003

119 Cohn, 1972: 80

120 Peter Cantor, in Nelso, 1949:10-11

120 猶太人於一二九〇年遭到驅逐之後，卡奧爾辛接受了後者的財產。長久以來，倫巴底人與卡奧爾辛人都相當於仰賴皇室，也不比猶太人擁有更好的地位。在法國，國王會輪流剝削、驅逐猶太人與倫巴底人。

122 Noonan, 1957: 18-19; Le Goff, 1990: 23-27

123 正如我所說，取得財富的方法有兩種：一種來自於家務管理，另外一種則是零售。前者是生活裡的必須工作，並且非常光榮。因此，其中如果發生了任何交易行為，就會受到法律的管制。因為從中獲利不是一件服從自然律則的事情。但是，真正令人痛恨的就是高利貸，它用金錢本身來處造利潤。金錢甚至完全不是自然物品。因為金錢本身的目的只是用來交易，就不應該滋生利息。「利息」（*tokos*）也代表著「錢生錢」，就像是用錢來豢養金錢（如同子女扶養父母一般）。「任何用這種模式來獲利的手段，都是極度不自然的事情。」（亞里斯多德，《政治學》1258b）《尼各馬科倫理學》（1121b）也提出了相同的批判。對於亞里斯多德學派討論高利貸的觀點，請參考Langholm, 1984

124 Noonan, 1957: 105-112; Langholm, 1984: 50

125 「損失收入」的技術性詞彙是*lucrum cessans*，請參考O'Brien, 1920

126 德國商人也在漢薩同盟地區的波羅的海國家從事一意的行為。關於梅迪奇銀行，則請參考 de Roover, 1946, 1963; Parks, 2005

127 威尼斯就是這方面的指標城市，其發展情況也相當具有討論價值。當地沒有任何商業公會，只有工業公會。因為公會的用途就是用來保護政府，而威尼斯的商人階級就是政府（MacKenney, 1987; Mauro, 1993: 259-260）

128 他們被同時指控為異端與雞姦，見Barber, 1978

129 我們無法「正名」伊斯蘭鼓勵了歐洲採用匯票，但考慮到地中海地區的伊斯蘭與歐洲交流情況，否認這件事情看起來有點沒道理。布蘭戴爾認為猶太商人將匯票的概念傳入歐洲，因為他們長期都在埃及使用這種交易工具（Braudel, 1995: 816-817）。

130 關於匯票，請參考Usher, 1914; de Roover, 1967; Boyer-Xambeu, Deleplace and Gillard, 1994; Munro, 2003b: 542-546; Denzel, 2006。無數種貨幣隨時都有可能升值或貶值，甚至會發生嚴重的通貨膨脹。匯票也讓商人可以實際的進行貨幣投機行為，甚至能夠迴避掉高利貸法律，因為只要用以較高一些的價格開立一張匯票，就可以支付另外一張匯票的債務，期間還能夠拉長到幾個月之後。這就是「乾交易」（de Roover, 1944）。隨著時間經過，教會也對這件事情非常敏感，也讓商人階級發展出另外一波的金融創意，希望能夠規避法律。值得一提的是，相較於一般貸款，商業貸款的利率通常都非常的低，最高只有十二％。這個現象也顯示出當時的交易風險相當低（關於利息的發展歷史，請參考Homer, 1987）

131 Lane, 1934

132 「從許多層面來說，奴隸勞工組織、殖民管理單位、帝國行政體系、商業機構、航海技術與調查以及義大利的城邦國家就是葡萄牙與西班牙帝國的前身，因為義大利人出力甚多，並且也分享了相當大筆的利潤」（Brady, 1997: 159）。

133 他們一開始使用的是希臘農奴，隨後就是十字軍從中東抓來的阿拉伯俘虜，最後裁示非洲無力。葡萄牙商人也將這種經濟模式傳入到了諸如加那利群島等太平洋島嶼上，最後更影響了迦勒比海地區（Verlinden, 1970; Phillips, 1985: 93-97; Solow, 1987, Warburg, 1995）

134 Scammell, 1981: 173: 175

135 Spufford, 1988: 142

136 關於冒險的概念，請參考Auerbach, 1946; Nerlich, 1977

137 Duby（1973）已經提出了這個論點。「圓桌」其實是一種比武競賽的概念。在西元一三〇〇年時，比武競賽更是直接仿造了亞瑟王的供電，許多騎士會輪流在競賽中扮演加拉哈德、高文或包爾斯等人。

138 當戰爭技術演進，特別是在十字弓問世與專業軍隊興起之後，騎士在戰爭之中的角色就越來越不重要（Vance, 1973）

139 Kelly, 1937: 10

140 Schoenberger 2008是非常新且令人關注的相關研究作品。他比較希臘、羅馬與中世紀高峰時期的西歐等地區的戰爭動員如何創造市場。

141 Wolf, 1954

142 Vance（1986: 48）已經提出過這個論點。相同的概念在沃爾夫拉姆的《帕西法爾》中則更為顯著。沃爾夫拉姆的作品寫於二十年後，故事中的騎士則「漫步於西班牙、北非、埃及、敘利亞、巴格達、亞美尼亞、印度與錫蘭（Adolf, 1957: 113）——伊斯蘭的對照者則是軍隊（Adolf, 1947, 1957）。歐洲人認識這些地區的唯一管道就是貿易。但是，由於商人只有在非常罕見的情況才會展現出這種特質，因此鮮少在這個主題上面引起重視。

143 Wagner, *Die Wibelungen: Weltgeschichte aus der Sage*（1848）——翻譯之後就是「傳說故事之中的世界歷史」。我對華格納的認知來自於雪爾另外一篇非常優秀的論文〈Accounting for Grail〉（1992: 37-38）。華格納的說法相當複雜，著重在神聖輪馬帝國皇帝巴巴羅薩無法鎮壓義大利城邦國家之後，只好放棄「財產來自於國王」的原則。自此之後，重商的私人財產權觀念興起，並且受到各種金融概念的迴響。

144 雪爾認為，在這個「剛開始熟悉支票與信用制度的時代」，聖杯象徵了舊「豐饒」概念的轉型——並且強調出聖殿騎士團與基督徒之間的傳說故事。當基督徒的原文從Chretien轉變為Christian的過程中，我們也能夠看出基督徒這個字很有可能就是用來指涉改宗的猶太人。沃爾夫拉姆也宣稱自己從猶太文獻中找到了相關的傳說故事（Shell, 1992: 44-45）。

145 就算是中國，也在這個時候陷入了分裂與動盪的狀態。中世紀偉大的帝國建造計畫，從來都不是出自於專業軍隊的手筆，而是阿拉伯人、蒙古人、韃靼人與土耳其人。

146 《尼各馬科倫理學》1133a29-1133a31

147 安薩里不只用郵差作為比較對象，也比較了金錢與統治者之間的關係。後者也同樣身處於人類社會之外以進行統治，並且管理人類之間的互動關係。有趣的是，深受安薩里影響的阿奎那（見Ghazanfar, 2000）也接受了亞里斯多德的說法，認為金錢只是一種社會約定習俗，人類因此可以輕易改變金錢的意義。在中世紀晚期，這種想法也成為天主教的主流思維。

148 就我所知，唯一指出這種關係的學者是法國籍的佛教專家Bernard Faure。讀者請參考Faure, 1998: 798; 2000: 225。

149 稍晚之後，現金交易變得更為普遍，相關規則也可以應用於作為支付頭期款的小額現金，也就是英語所說的保證金（定金）。關於*symbola*，讀者請參考Beauchet, 1897; Jones, 1956; 217; Shell, 1978: 32-35

150 Descat, 1995: 986

151 亞里斯多德，《論詮釋》（*On Interepretation*）I.16-17。惠塔克（Whitaker）因此主張，對於亞里斯多德而言，「文字的意義由社會約定所構成，正如同符木、信物或票卷的重要性，也來自於諸位關係人的同意」（Whitaker, 2002: 10）。

152 《尼各馬科倫理學》1133a29-1133a31

153 但是他們相信這些東西能夠聚集神祕體所洩漏的祕密真理——也就是符號。*symbolon*來自於動詞*symballein*，意思是：「聚集、使集中或者比較」。

154 Müri, 1931; Meyer, 1999。我們迄今對符號的知識都來自於基督教文獻。基督徒後來也採用了自己的符號觀，也就是所謂的「教條」。在中世紀時，符號這個詞彙主要都是用來指涉各種信條。

155 也有人稱呼他為「偽戴奧尼修斯」（pseudo-Dionysius）。因為真正那位亞略巴古的戴奧尼修斯（Dionysius the Areopagite）是西元一世紀的人物，並且在聖保羅的領導下改宗基督教。偽戴奧尼修斯的作品希望調節新柏拉圖主義當中將哲學視為解放人類心靈免於物質限制的概念，以及這種概念與神聖存有之間的關係。不幸的是，他最重要的相關作品《符號神學》（*Symbolic Theology*）已經軼失了，但其餘作品則多少觸碰了這個主題。

156 Barasch, 1993: 161

157 Pseudo-Dionysius, *On the Celestial Hierarchy*, 141A-C。關於戴奧尼修斯的符號理論以及影響力，請參考Barasch, 1993: 158-180; Goux, 1990: 67; Gadamer, 2004: 63-64。

158 戴奧尼修斯認為這種關係就像是聖餐，「任何送給我們的禮讚，都採用了符號的形式」*On the Celestial Hierarchy*, 124A

159 Mathews, 1934: 283 比較了*symbolon*的不同定義：

A. 符木，某些物品折斷之後可以分成兩半，例如指關節骨等。訪客朋友或者任何想要訂定契約的雙方，就可以打破符木或相似的物品，並且將這些東西作為證明的信物。

B. 與前述用途相同的其餘物品，例如以臘彌封過的東西：

1. 任何能夠用來作為信物的東西

2. 保證

3. 各種象徵物，特別用在表揚持有人的善心

以上這些資料取自於Liddell and Scott, 1940: 1676-1677，但例子則是我本人所做。我也將希臘文中的「手指關節骨」與「訪客朋友」翻譯成英文。

160 Rotours, 1952: 6，讀者如果想要更為深入的瞭解「符」（或者「契」，這是古代信物的另外一個說法，通常可以用來作為象徵物），可以參考 Rotour, 1952; Kaltenmark, 1960; Kan, 1978; Faure, 2000: 221-229; Falkenhausen, 2005。

161 但這種說法之中帶有一股令人費解的緊張關係：在某種程度上，上天的意志就是人民的意志。每一個中國思想家都有自己比較關懷的焦點。荀子認為君王的權威來自於人民的信任，也強調這種信任就像記帳信物一般，君王必須信守承諾才能維持這種信任。換句話說，在真正公正的君王之下，社會信任就沒有什麼特別存在的必要性（Roetz, 1993: 73-74）。

162 Kohn, 2000: 330; 讀者也可以參考日本的例子，見Faure, 2000: 227。

163 在《道家百科全書》中，這些東西被描述為「圖像，採用了一種特殊的教義書寫格式。當這些圖像與神明手中的圖像合而為一時，就會孕生出力量。」

164 Sasso, 1978; 陰陽符號的起源仍然非常模糊，也引起了相當程度的辯論。我詢問過的漢學家都發現這種說法相當合理。現代中文的「符號」確實來自於「符」這個字。

165 當我強調「伊斯蘭世界為什麼沒有發展出資本主義」時，Udovich（1956: 19-21）與Ray（1997: 39-40）的說法就顯得相當有份量。前者強調伊斯蘭世界從來沒有發展出「與人無關」的信用機制，後者則堅持禁止利息與保險是更重要的事情。Ray也強調伊斯蘭與其他世界在繼承法的差異之處，相當值得我們探索。

166 Maitland, 1908: 54

167 Davis, 1994

168 從柏拉圖的角度來說，我們在水果樹上看見的鳥，只不過反應出鳥的「理形」（真正的鳥不是物質界存在的東西，既抽象，又像是存在於天堂那般遙遠）。物理世界中的凡人聚集在一起之後所形成的法人，則會變成抽象而宛如天使般的存在。肯托洛維斯認為「法人」當中蘊藏了相當多個知識理論，最重要的就是「永恆的時間」或者說「永生」的概念，也就是永不停止的時間。這個概念最初是用來反對奧古斯丁主義主張永恆不

存在於時間之中，並且復興了戴奧尼修斯的想法（Kantorowicz, 1957: 280-281）。

169 Kantorowicz, 1957: 282-283

170 舉例來說，伊斯蘭法律不只沒有發展出虛構人的概念，也非常堅決的拒絕承認法人，直到近年來才開始解禁。

171 主要引述自藍道・柯林斯（Collins, 1986: 52-58）。他也同時對中國做了比較研究，除此之外，讀者也可以參考Coleman, 1988

172 參閱Nerlich, 1987: 121-124

第十一章

1 關於英國工資的討論，請參考Dyer, 1989；學界對於英國節慶的研究成果相當豐碩，近年來相當不錯的作品則請參考Humphrey, 2001，Silvia Federici, 2004則是相當值得關注的近期綜合研究作品。

2 關於物價革命所引起的爭辯與討論，請參考Hamilton, 1934; Cipolla, 1967; Flynn, 1982; Goldstone, 1984, 1991; Fisher, 1989; Munro, 2003a, 2007；金本位主義者強調貨幣的增加是通貨膨脹的主因，而另外一派人馬則強調人口的急速增加才是關鍵。這只是粗略描述主要的爭論關鍵，相關論述都相當的細緻。

3 歷史學家將這段期間稱為「黃金飢荒」——大多數的礦坑當時都已經乾竭，無法提供任何產出。歐洲大多數的黃金與白銀都用來購買來自於東方世界的奢侈品，但剩下的黃金與白銀也持續的消失當中，造成大規模的商業營運困難。在一四六〇年左右，諸如里斯本這種商業大城遭逢非常嚴重的貨幣短缺，以致於許多商船帶著滿滿的貨物而來，卻沒有做成任何一筆生意，就必須打道回府（Spufford, 1988: 339-362）。

4 Brook, 1998；當然，我在這裡的敘述非常簡化。另外一個重要的問題就是地主主義的大規模興起，讓許多積欠債務的小佃農，幾乎失去了償還的能力。王公貴族、特權家族的成員越來越多，還能夠從國家那裡得到減輕稅賦的照顧，但小佃農的稅賦負擔卻越來越重，使他們不得已將土地賣給有權勢的大家庭，用來交換土地租賃的照顧，才能夠免於稅務負擔。

5 根據中國歷史學家的統治，一四三〇年至一四四〇年間，一共發生了七十七次的「農民革命」（Harrison, 1965: 103-104; cf. Tong, 1992: 60-64; Gernet, 1982: 414）。在一四四五年至一四四九年間，礦工領袖葉宗留發起了一次非常嚴重的反抗事件。他們與福建、上海地區為數眾多的佃農、及都市窮人合作，讓這次反抗活動遍佈到中國許多省分，並且攻下多座城市，驅逐了相當多位地方仕紳。

6 Von Glahn（1996: 70-82）記載了這個發展過程。Gernet, 1982: 415-416則記錄了中國政府在一四五〇年至一五五〇年間一共收到了多少以白銀支付的稅賦。這種轉變時刻的高峰就是「一條鞭法」，也舊事發生在一五三〇年至一五八一年之間的稅務改革（Huang, 1974; Arrighi, Hui, Hung, and Seldon, 2003: 272-273）。

7 許多學者都注意到了這件事情，讀者可參考Wong, 1997; Pomeranz, 2000; Arrighi, 2007。

8 Pomeranz, 2000: 273

9 在十六世紀時，中國的白銀價格（以黃金作為計價單位）仍然是里斯本或安特衛普地區的兩倍（Flynn & Giráldez, 1995, 2002）

10 von Glahn, 1996b: 440; Atwell, 1998

11 Chalis, 1978: 157

12 中國在十五世紀早期時就已經進行過他們自己的「探索年代」，但也沒有帶來大規模的征服與奴役。

13 這些說法也很有可能是錯的。即使是在沒有直接發生種族屠殺的地區，人口也減少了九〇%。但是，在大多數地區，只要經歷過一個世代之後，人口數量都會開始恢復。在伊斯帕尼奧拉島（Hispaniola）、大多數的墨西哥與祕魯地區，死亡率幾乎達到了百分之百。

14 Todorov, 1984: 137-138；關於原文的討論，請參考Icazbalceta, 2008: 23-26

15 一位歷史學家曾經強調：「在十六世紀末期時，各種貴重金屬塊從拉丁美洲運送到歐洲的比例將近九五%，特別是白銀。同時，當歐洲人在掠取這些財富時，也造成九十五%的原住民死亡率」（Stannard, 1993: 221）。

16 Bernal Díaz, 1963: 43

17 Bernal Díaz: 這段引文來自於Lockhart, 1844: II: 120以及Cohen, 1963: 412的翻譯。但是兩位譯者的原文資料略有不同。

18 Bernal Díaz op. cit.

19 Cortés,1868: 141

20 許多征服者都有類似的故事。巴爾沃亞（Balboa）為了躲債而前往美洲。皮澤落借了非常多錢來支付自己遠征祕魯的費用。但是，就在這次遠征早早以失敗作收之後，要不是因為害怕入獄，他早就逃去巴拿馬了。孟德荷（Francisco de Montejo）必須把自己位於墨西哥的全部資產都拿去典當，換來一筆八千比索的貸款，以支付自己遠征宏都拉司的經費。阿瓦拉多（Pedro Alvarado）則是積欠了非常沈重的債務，只好把一切希望都投注在征服香料島嶼與中國之上——當他死後，這群債主立刻把他的遺產拿去拍賣。

21 例子請見Pagden, 1986

22 Gibson, 1964: 253：這些事情其實會讓人充滿不悅的想起當代全球政治的發展情況。舉例來說，當聯合國西為貧窮國家可以建立免費且適用於所有公民的教育機制時，國際貨幣基金（聯合國的旗下組織）卻堅持這些國家應該要做完全相反的事情，將學費視為廣義「經濟改革」的一部份，並且將這種政策視為該國申請債務重整的條件。

23 此處說法來自於William Pietz, 1985: 8，這本作品探索了西非早期冒險商人看待世界的想法；Todorov, 1984: 129-131則檢視了來自於征服者的觀點。

24 有些單位則是直接破產了，例如富格爾家族的某一個分公司。但這種例子非常少。

25 Martin Luther, *Von Kaufshand lung und Wucher*, 1524，轉引自Nelson, 1949: 50

26 在路德的時代，高利貸的手法稱為*Zinskauf*，也就是藉由租賃方式而巧妙的收取利息。

27 Baker, 1974: 53-54。關於保羅的引文，則來自於〈羅馬書〉13:7

28 他認為〈申命記〉允許高利貸的事實，也同時證明了這不是一種普世通用的「精神律則」，而是由特定古老以色列組織所創造的政治法律。因此，在不同的情況，這些律則將會產生不同的適用方法。

29 事實上，這就是「資本」最原本的意義。這個字來自於拉丁文的*capitale*，意思是「資金、貨品存量、金錢的總額或者帶有利息的金錢」（Braudel, 1992: 232）。十六世紀時，英語中也開始使用資本這個字，但當時只是來自於義大利簿記法當中的技術詞彙（Cannan, 1921; Richard, 1926），用來表示一個人在計算完財產、信用、負債之後的淨負額。在十九世紀之前，英文世界仍然比較常用stock（存貨量）這個字，而不是capital（資本）——這可能是因為capital（資本）這個字容易跟高利貸產生連結。

30 因為這些民族也對其他民族實施高利貸，參考Nelson, 1949: 76

31 Ben Nelson在*The Idea of Usury: From Tribal Brotherhood to Universal Otherhood*當中非常強調這一點。

32 Midelfort, 1996: 39

33 Zmora, 2006: 6-8；這個時代的公共財政支出大部分來自於小貴族的有利息貸款。這些小貴族階級也同時是當地行政官員的人選。

34 關於當時的教會土地議題，請見Dixon, 2002: 91; 卡希彌爾的賭債則參考 Janssen, 1910 IV: 147。在一五二八年時，卡希彌爾的賭債已經積欠到一百萬荷蘭盾，一五四一年時也積欠了七十五萬荷蘭盾（Zmora, 2006: 13n55）。

35 稍後，卡希彌爾也遭到指控與投靠反叛軍的法官威廉・馮・何尼博格（Wilhelm von Henneburg）共謀，想要成為當地的公爵。瓦茲堡（Wurzburg）的主教非常堅持這件事情。

36 "Report of the Margrave's Commander, Michel Gross from Trockau"，轉引自Scott & Scribner, 1991: 30；金額的計算方式基於一次處決收取一弗洛林幣；每一次虐囚收取二分之一弗洛林幣。

37 關於這場起義事件的相關權勢，請參考Seebohm, 1877: 141-145; Janssen, 1910 IV: 323-326; Blickle, 1977; Endres, 1979; Vice, 1988; Robisheaux, 1989: 48-67; Sea, 2007; 據說卡希彌爾最後決定要對這些反叛軍索取總計十萬四千荷蘭盾的罰緩，藉此補償他領土內的臣民。

38 Linebaugh（2008）在討論大憲章的作品中，針對這種現象提出了非常優美的分析。

39 儘管當時他們對於平民發起了無數次的報復，但是沒有任何德國君王或貴族（包括與叛軍合作者）受到任何處罰，這一點說明相當多的事情。

40 Muldrew, 1993a, 1993b, 1996, 1998, 2001; cf. MacIntosh, 1988; Zell 1996, Waswo 2004, Ingram 2006, Valenze 2006, Kitch, 2007; 我非常贊同Muldrew的大多數結論，只希望更進一步發展某些論點。舉例來說，他反對MacPherson提出的佔有式個人主義（1962），我個人覺得這一點沒有太大的必要。因為我懷疑MacPherson根本就沒有看初來深層結構的改變對於整體論述的影響力（見Graeber, 1997）

41 Muldrew估計在一六〇〇年時，大約八千名倫敦商人一共佔有了三分之一的英格蘭現金（Muldrew, 2001:92）。

42 Williamson, 1889; Whiting, 1971; Mathias, 1979b; Valenze, 2006:34-40

43 黃金與白銀在一般家庭財富當中的比例相當低。平均十五仙令的貸款大概可以換得一個貨幣（Muldrew, 1998）。

44 E.P. Thompson非常著名的十八世紀「群眾的道德經濟學」（1971）之關鍵就是當時的生活原則。Muldrew認為，這個觀念也能夠直接應用在當時這些信用制度中。

45 Stout, 1742: 74-75; 部分引文轉引自Muldrew, 1993a: 178; 1998: 152

46 更精確的說，如果不是訴諸虔誠（按照喀爾文的說法），那就一定是採用「良好的社會本質」（反對陳舊的歡慶特質）——就在內戰的前幾年，許多教會職員都分成了「如神一般神聖」以及「善良的好人」兩種派系（Hunt, 1983: 146）。

47 Shepherd, 2000; Walker, 1996; 至於我個人對「生命週期式的服務」與顧傭勞工的分析，請見Graeber, 1997

48 Hill, 1972: 39-56; Wrightson & Levine, 1979; Beier, 1985

49 Muldrew, 2001: 84

50 關於都鐸王朝時期的市場、慶典與道德風俗，請參考Agnew（1986）的經典分析。

51 Johnson, 2004: 56-58；關於兩種正義的概念，請參考Wrightson, 1980。布丹的論文相當廣為流傳。他採取了阿奎那對於愛與友誼的觀點，並且將此作為法律的優先概念，也因而回到了亞里斯多德在《尼各馬科倫理學》所提到的傳統（當然，布丹所認識的亞里斯多德，則是從阿拉伯傳回歐洲的知識）。我們無法確定其中是否帶有一些伊斯蘭特質的影響，但考慮到當時歐洲與伊斯蘭世界的相互影響程度（參考Ghazanfar, 2003），確實非常有可能如此。

52 Gerard de Malynes,*Maintenance of Free Trade*（1622），轉引自Maldrew, 1998: 98; Maldrew, 2001: 83

53 喬叟的作品充滿了這種寫作手法。在《巴斯之妻》（Wife of Bath）中，喬叟提到很多「夫妻債」（e.g. Corter, 1969）；在一四〇〇年至一六〇〇年，每一件事情確實都與債務脫離不了關係，確實反應出佔有式個人主義造成的騷動，以及想要用陳舊道德典範調節這種現象的情況。法學家古斯（Guth）就因此稱呼這段時間為「債務時代」，在一六〇〇年之後由「合約時代」所取代（Guth, 2008）

54 Davenant, 1771: 152

55 馬薛爾．沙林斯（Marshall Sahlins, 1996, 2008）強調霍布斯作品中有時出現的神學根源。我在以下的分析受到沙林斯的影響甚多。

56 霍布斯本人沒有使用「自利」這個詞彙，而是採取「特殊」、「私人」、與「共同」利益這三種詞彙。

57 *De L'Esprit* 53; 轉引自 Hirschman, 1986: 45。如果我們探索商鞅的「利」與愛爾維修的「利息」就會透露出非常有說服力的歷史。但是他們其實不是相同的概念。

58 利息這個字來自於十四世紀對於高利貸的委婉說法，但是直到十六世紀才成為常見的詞彙。同樣的，霍布斯本人沒有使用「自利」這個詞彙，而是採取「特殊」、「私人」、與「共同」利益這三種詞彙；但是，這個字在當時已經非常盛行，甚至出現在馬基維利友人古恰丁尼於一五一二年發表的作品中（見Hirschman, 1977; 1992；特別是第二章，〈論利益的概念〉；Dumont, 1981; Myers, 1983; Heibron, 1998）。

59 希（Sée, 1928: 187）指出，直到一八〇〇年之後，利益就變成了法語中的「資本」。在英國，利益這個字就變成了「股本、存貨」（stock）。令人好奇的是，亞當斯密在分析屠夫與烘焙師傅時的著名段落時，回到了奧古斯丁式的「自愛」（《國富論》（*Wealth of Nations*）I.2.2

60 Beier, 1985: 159-163; 參考 Dobb, 1946: 234。當時，如果與吉普賽人往來也是重罪；至於遊民，很少有人會真正指控遊民，所以通常遊民都會被判處鞭刑而已。

61 Walker, 1996: 244

62 Helmholtz, 1986; Brand, 2002; Guth, 2008

63 Helmholtz, 1986; Muldrew, 1998: 255; Schofield & Mayhew, 2002; Guth, 2008

64 Stout, 1742: 121

65 在一七二九年時，人民對於弗雷特或者馬爾沙西監獄的恐懼懷有相當赤裸的恐懼。窮困的債務人會被一起關在擁擠的「普通」牢房——裡面充滿噁心的髒東西還有虱子，窮人們會因為挨餓與永遠的監禁而死，沒有任何人同情。……也不會有人覺得窮困的債務人跟詐欺犯之間有什麼差別。至於富有的壞人，其實有能力償還債務，但卻不願意這麼做。他們反而有可能在奢華且充滿淫慾的高級牢房裡面發起暴動，但貧困倒楣的勞友只好餓死，在「普通牢房」裡面腐爛了（Hallam, 1866 V: 269-270）。

66 我不想批判所謂的「原始資本積累」是錯誤的概念。這種想法著重於圈地、私有財產制度的興起以及數千名佃農變成沒有土地的勞工。我想強調的是另外一個比較不受人重視的層面。這對於我們的討論非常有幫助，因為都鐸王朝與斯圖亞特王朝時代是否發生了大量值得重視的圈地事件，一直都是熱門的討論議題（e.g. Wordie, 1983）。藉由債務來分裂整個設群的作法，跟賽維亞・費德瑞西（Silvia Federici, 2004）提出在中世紀晚期盛行以指控巫術為由阻止群眾獲利的聰慧觀察，並且奠下了資本主義開展基礎的說法，兩者其實來自於相同的理路。

67 個人信用貸款在十八世紀時變成了不好的東西。人們常說為了日常生活的消費用品而貸款是一件錯誤的事情。當時鼓勵現金經濟，審慎持家與吝嗇小氣的德行都獲得了讚揚。因此，接受零售型授信（賒帳）、典當

與貸款都受到了攻擊，借貸雙方也全都成為了目標。」（Hoppit, 1990: 312-313）

68 *Wealth of Nations*. I.2.2

69 Muldrew提出了這個論點（Maldrew, 1993: 163）

70 *Theory of Moral Sentiments*, 4.I.10

71 「為了花費而借錢的人很快就會毀滅；借錢給他的人則會經常懊悔自己的愚笨。因此，在高利貸不存在時，為了這種目的而進行的借貸行為，在各種情況都會違背雙方的利益。但是，從所有人都有自己利益的角度來看，只要我們可以經常想到這件事情，就可以確保它不致於過於頻繁的發生」（*Wealth of Nations*, 2.4.2）。亞當斯密有時確實會提到零售型授信（賒帳），但覺得這件事情沒有什麼重要的地方。

72 Reeves, 1999; Reeves展現出金錢的多變性，這點非常像是Servet, 1994; 2001。除此之外，Puffendorf甚至製作了一張清單。

73 當我們開始思考黃金的價值時，就可以體認到這一點。同樣的爭論也通常會談到中世紀關於水與鑽石的古老難題。為什麼鑽石這麼沒有用途，卻非常昂貴；水在各種層面都很重要，卻幾乎一文不值呢？當時的答案是：「鑽石是水的永恆型態」（斷然拒斥這種假設的伽利略因此建議，任何提出這種說法的人，都應該立刻變成文藝復興風格的雕像。因為，這樣一來，他們這些人就會變成永恆的。第二，其他人也不需要繼續聽這種愚蠢的說法。請參考Wennerlind, 2003。此外，Wennerlind也非常有意思的指出，大多數的歐洲政府都在十七世紀時聘請了煉金術士，就是為了把黃金跟白銀變成錢幣。只有當這個計畫失敗之後，他們才開始認真考慮發行紙鈔（紙幣）。

74 Kindleberger 1984; Boyer-Xambeu, Deleplace, & Gillard; 這種途徑最後創造了股市。歐洲第一批證券交易所出現在十五世紀的布魯日與安特衛普，但交易標的不是各間大型合資企業的股份（當時幾乎沒有這種公司），而是各種票券之間的折讓。

畫失敗之後，他們才開始認真考慮發行紙鈔（紙幣）

75 Usher 1934; 1944 1994; Ingham 2004:171. 首先提出了「原始銀行」與「現代銀行」之間的差別。前者只提供手上有的東西，後者的基礎則是各種準備金體系——換句話說，後者可以借出的金錢，大過於實際持有的金額，因此也在實際上創造了金錢。這就是我們現在已經走入「現代銀行」的另外一個原因——本書之後將會有更詳細的討論。

76 Spufford 1988:258，引述自Usher, 1943:239-242；當儲蓄銀行開始發行票據時，私人銀行的信用交易工具卻相當晚才問世——來自於十七、十八世紀的倫敦Goldsmith銀行。

77 Munro,2003b 提出了相當有用的摘要整理。

78 MacDonald, 2006:156.

79 Tomas de Mercado in Flynn, 1978:400.

80 參考Flynn, 1979; Braudel, 1992:522-523; Stein & Stein, 2000:501-505, 960-962; Tortella & Comín 2002；當時流通的西班牙公債從一五一六年的三百六十萬，在一五九八年時已經變成了八〇四〇千萬。

81 這個立場最有名的支持者就是Nicholas Barbom（1690）。他認為「金錢是由法律所規定的價值」，並且提供了如同「英吋」、「小時」、「盎司」一樣的度量衡作用。除此之外，他也強調大部分的金錢其實都只是信用貨幣。

82 Locke（1691:144），也可參考Caffentzis, 1989:46-47——關於相關議題與意涵，這個作品仍然是最具洞察力的整理與分析。讀者也可以另外參考Perlman & McCann, 1998:117-20; Letwin, 2003:71-78; Valenze 2006:40-43.

83 我們總是容易忘記馬克思傳統下的物質主義不是什麼激進的突破——馬克思就像尼采一樣擷取了資產階級的假設（雖然兩者對此的認知不同安，並且把這種想法推到另外一個層面，甚至激怒了他們最早的支持者。無論如何，我們還是有非常好的理由相信現在的「歷史唯物論」（歷史物質主義）來自於恩格斯——而恩格斯本人如果失去了資產階級的背景與認知能力，大概也無法成就自己（他強烈的支持科隆股市）。

84 Macaulay, 1886:485——原始的散文則發表於一七一一年的三月一日

85 *Faust II*, Act 1，更進一步的仔細分析，請參考Shell, 1991; Binswanger, 1994。與煉金術之間的聯繫非常具有說明力。西元一三〇〇年，當馬可波羅強調中國皇帝「似乎已經精通煉金的技術」時，就是指後者將紙錢變成宛如黃金般的貴重物品。當然，這其實是一個笑話。到了十七世紀，許多歐洲國家的君王都聘請了煉金術士，希望能夠從最基礎的金屬冶煉出黃金。正是因為他們失敗了，才會導致紙錢的盛行（Wennerlend, 2003）。

86 這不是質疑金錢不存在——但是他們希望能夠將重點放在相關的道德與行上學議題（例如：時間小偷）

87 據說，這段文字來自於他在一九二七年時的德州大學演講，但有鑑於這段文字不斷出現在近年來的書籍與網路文章中，卻沒有人可以證明它早於一九七五年。前兩句話受到英國投資顧問專家L.L.B Angas在一九三七年

的說法：「現代銀行體系憑空創造了金錢。現代銀行體系從無當中創造了金錢。這個過程也許是有史以來最巧奪天工的人類發明。銀行可以具體創造、鍛造或者融化現代的簿記貨幣。」（Angas, 1937: 20-21）。另外一個部分則可能是後人自行創作、添加上去的文字——因為史坦普公爵從來沒有在任何公開的著作中提到任何相關的立場。另外一句非常相似銀行佔據了利息帶來的一切好處，也就是憑空創造金錢」則來自於英格蘭銀行的第一任總裁威廉・派特森（William Patterson），最早的記載日期在一九三〇年代，但也非常有可能只是杜撰。

88 合資公司首次出現在殖民時代，也就是著名的東印度公司。這種公司與殖民活動關係相當密切。但是，在工業革命時代，這種公司型態就大量消失，一直要到十九世紀末期才重現，但也僅限於美洲地區與德國。根據 Giovanni Arrighi（1994）指出，英國資本主義的高峰象徵是小型家庭企業但是具備了高度的金融資本；美國與德國在二十世紀上半葉則激烈的相互競爭，試著取代英國，奪下經濟霸權的地位，隨後才將現代大型的官僚企業資本主義帶入這個世界。

89 MacKay, 1854:52

90 MacKay, 1854:53-54

91 Spyer, 1997.

92 Prakash, 2003:209-16

93 Hardenburg & Casement, 1913; Mick Tassig, 1984; 1987 對這個故事的分析相當精采，也非常著名。

94 Encyclopedia Britannica, IIth edition（1991）: entry for Putumayo

95 Tasssig, 1984: 482 指出，當這間公司的領導人在稍後被問到為什麼要說那些印地安人是食人族時。他簡簡單單的說，因為印地安人拒絕交易。

96 Yann Moulier-Boutang（1997）的重要作品裡詳細的闡釋了這一點。不幸的是，這個作品從來沒有翻譯成英文。

97 Davies, 1975 :59；「契約」這個字來自於木板或符木上的「契痕」。這是因為這些會變成奴隸的人，通常無法閱讀，所以必須用這種契約形式作為約定手段。

98 華勒斯坦提出了「第二奴隸」的經典分析途徑（Wallerstein, 1974）。

99 這種說法也相當符合階級的爬升階段。每個人都希望能夠從低階的送牛奶女樸、學徒變成「祀奉皇后的女士」或者「騎士的隨從」。十七世紀的契約勞工無法完成這種階級跳躍是因為他們持續將服務年限從五年延長為七年等等。甚至在中世紀的時候，都還有成年人在從事類似的工作，但這些人通常與罪犯脫離不了關係。

100 事實上，工人階級（或無產階級；proletariat）本身就有暗示這個意義。這個字來自於羅馬時稱呼「擁有小孩的人」。

101 C.L.R. James, 1938; Eric Williams, 1944

102 「這些商人手上有非常多的付款工具，可以用來應付工資需求——但是，工資一定只能夠用長期付款方式。除此之外，也會包含讓工人取得其他東西的方法（用其他東西代替，或者發配各個商店認證過的兌換券，甚至是提供私人票券或代幣）」（Mathias, 1979a: 95）

103 實際上，這些東西的完整清單是：cabbage, chips, waxers, sweepings, sockings, wastages, blessing, lays, dead men, onces, primage, furthing, dunnage, portage, wines, vails, tinge, buggings, colting, rumps, birrs, fents, thrums, potching, scrapings, poake, coltage, extra, tret, tare, largess, the con, nobbings, knockdown, boot, tommy, trimmings, poll, gleanings, lops, tops, bontages, keepy back, pin money（Linebaugh, 1993: 449；也可參考 Linebaugh, 1982; Rule, 1986: 115-117）。

104 Tebbutt, 1983: 49; 討論典當的通論性作品，請參考Hardaker, 1892; Hudson, 1982; Caskey, 1994; Fitzpartrick, 2001

105 Linebaugh, 1993: 371-404

106 通常，這就是為了要指出我們活在不同的世界，因為這些事情都已經不是真的了。對讀者有幫助的小提醒：馬克思本人認為自己的作品屬於「政治經濟批判」——處理的對象則是他那個時代的經濟理論與實踐。

107 請參閱Lockhart翻譯的貝爾納爾・迪亞斯・德爾・卡斯蒂略作品（Díaz, 1844 II: 396）。這本翻譯作品從不同的文獻來源中，提供了不同的故事版本。

108 Clenminden, 1991: 144

109 這就是泰斯塔認為「因賭博而造成的奴隸」非常特別的基礎。賭徒賭上自己的人格，甚至不惜變成債務奴隸，彷彿這一切就是最終極的賭債。「在賭局中將自己整個人都丟下去的賭徒心態，其實非常類似戰士。後者可能會在戰爭中失去生命，或者遭到俘虜，變成奴隸。但是，這兩者都不像是窮人為了生存而販賣自己的

行為。」（Testart, 2002: 180）

110 但是，這也就是為什麼任何批評「欠債」的道德立場都如此虛偽的原因；事實上，既然現代的金錢就是政府債務，如果政府財務沒有任何赤字，就會發生非常可怕的結果。當然，銀行確實可以製造出一些金錢，但其數量總是有限。這也是為什麼柯林頓政府於一九九O年代末期即將創下政府營運盈餘時，以葛林斯潘為首的美國金融菁英會如此緊張的原因。隨後接替的布希政府立刻實施減稅策政策，也可能就是專門用來確保美國財政持續出現赤字。

111 Wallerstein, 1989

112 1988: 600

113 英國在一五四二年時通過了第一部的破產法。

114 毫無疑問，這就是歌德讓浮士德告訴國王用借據支付債務時，內心的真正想法。畢竟，我們都知道當債務到期時，究竟發生了什麼事情。

115 對於這些爭論的發展歷史，Sonenscher, 2007發表了非常仔細的整理。

116 讀者也許會在這裡看見一種帶有宗教特色的元素：自從奧古斯丁時以來，中東就出現了一些教派認為天將降下大火，毀滅整個地球。沒有什麼時代比現在更有可能發生這種事情。兩千年來，人類已經懂得怎麼樣製造這團大火。從更寬闊的角度來看，這種說法就更為清澈了。

第十二章

1 這個重要的年代時間點來自於另外一位人類學家Chris Gregory, 1998: 265-296（也可參考Hudson, 2003a）。美國公民在一九三四年前都不能用美金兌換黃金。我在本章開頭之後的分析，也受到兩位學者的影響甚多。

2 讀者可以從www.rediff.com/money/2001/nov/17wtc.hum看到一個看起來非常言之有理的故事版本。關於更多具備娛樂價值的杜撰故事，可以參考www.rense.com/general73/confess.htm

3 "The Federal Reserve Bank of New York: the Key to the God Vault"（newyorkfed.org/education/addpub/goldvault.pdf）

4 我也在當時的新聞報導中注意到，在雙子星大樓底下的拱廊，原本有好幾間的貴重珠寶店。在事件發生之後，這些珠寶店內的黃金確實都不見了。據了解，這些黃金應該是搜救隊工人順手取走了。考慮到當時的情況，這種說法確實沒什麼可以反駁的地方。至少，我也從來沒有聽過美國政府要繼續調查這件事情，更別說有任何司法動作。

5 當William Greider在一九八九年出版那本對於聯準會歷史的傑出研究作品時，取名為《教堂的祕密》（*Secret of Temple*）不是沒有原因的。教堂就是聯準會的官員私底下經常使用的稱呼。Greider也引述道：「整個系統就像教會一樣……裡面有一個教宗（主席）、一群紅衣主教（政府官員跟銀行總裁）以及元老院（資深員工）。所謂的「俗世信徒」就是商業銀行……除此之外，整個聯準會也有不同的教派，就像耶穌會、方濟會與道明會，只是他們的名字叫做實用主義者、金本位主義者還有新凱因斯主義者。」（ibid: 54）

6 這不是新的見解，而是來自於布勞岱爾（世界系統）學派，近來的代表作品可以參考Mielants（2007）。Custer（2007）則從尼克森時代開始，採取了一種更為偏近古典馬克思主義的角度進行探討。至於新古典主義路徑的研究作品，請讀者參考MacDonald & Gastman, 2001, MacDonald, 2006。

7 Senator Fullbright, in McDermott, 2008: 190

8 我認為這種作法直接抵觸了美國憲法（1.8.5）。根據這項憲法條文，只有國會才有權力：「製造貨幣並且管制相關價值——毫無疑問的，這是來自於傑佛遜的聖旨，因為他非常反對設立中央銀行。從美國政府的法律來看，美金應當直接由財政部所發行。但是美金紙鈔的發行雖然由財政部部長所簽署，但卻是由聯準會所發行。從技術上的角度來說，這些紙鈔其實是銀行票據，就像當初在英國擁有壟斷地位的英格蘭銀行一樣。

9 對於那些不曉得聯準會如何運作的人，以下是參考資訊：從技術上的角度而言，這件事情一共分為好幾個階段。一般來說，財政部會對大眾開放債券，聯準會則會全數買下來。隨後，聯準會將會把這筆債券的金額借給各大銀行，製造出利息（最基本的利息）。因此，這些銀行就可以用更高的利益貸款給別人。由於聯準會可以管理其他的銀行，也因此建立了不同的準備金比例，也就是這些銀行從聯準會借來這筆錢之後，可以再「轉借」出多少錢——事實上，就是創造這些錢——或者把這筆金額列為存款或資產。從技術上的角度來說，大約是十比一的比例，但是這些銀行可以輕易的找到法律漏洞提高這個比率。

10 因此，聯準會的黃金準備率應該是多少，就變成了一個有趣的問題。

11 但是，近年來美國霸權的所做出的妥協，其實反映出這個世界上還有一個地方——中國鄰近臺灣之處——的空力防禦非常縝密而細緻，讓美國空軍無法恣意的盡出。除此之外，美國軍隊無法擊垮賓拉登，當然是最具戲劇性的能力限制。

12 或者把錢放回美國股市也具備一樣的效果。正如哈德森所言：「美國外交官曾經清楚的表示，購買美國企業控制權或要求兌換黃金，都將被視為不友善的舉動」（Hudson, 2002: 7）。因此，除非他們想要完全擺脫美元（也就是更不友善的舉動），否則選擇的空間不大。至於美國會怎麼回應「不友善」的舉動，請繼續看下去。

13 Hudson, 2002a: 12

14 許多人都強調過伊拉克、伊朗與北韓三個想要採用歐元主義的國家，都被布希指控為邪惡軸心。當然，我們可以更詳盡的討論因果關係。除此之外，另外一個重要的事實則是，以歐元為主的國家當中，也不乏德國、法國如此反對戰爭的國家，而美國的同盟裡，也有反對歐元的歐洲國家（英國）。

15 至於美元與美國帝國之間的關係，Ferguson, 2001;2004是屬於新古典主義的作品；激進凱因斯學派的作品請參考Hudson, 2003a；至於馬克思主義的立場，則請參考Brenner（2002）

16 甚至連CIA都會把這種制度稱為「奴隸」，儘管勞務抵債確實有些地方不太相同。

17 將這張表與前一張「軍事赤字表」相比，兩者的曲線幾乎一模一樣。

18 請參考 dailybail.com/home/china-warns-us-about-debt-monetization.html，發表於二〇〇九年十二月二十二日。這個報導的基礎來自於《華爾街週刊》的另外一篇文章，名為〈Don't Monetize the Debt: The president of the Dallas Fed on inflation risk and central bank independence〉（Mary Anastasia, O'Grady, *WSJ*, May 23, 2009）；我應該補充說明一點，當代人說"to monetize the debt"時，通常是指「印鈔票以支付債務」。這種定義已經變得非常普及，但卻與其原意有所出入。事實上，這個片語的原始意義是「把債務變成錢」。英格蘭銀行並沒有藉由印鈔票來支付國債；相反的，他們把國債變成了金錢。在這個討論中，其實也探索到了什麼是金錢本質的議題。

19 中國與美國之間的協定有時也稱作為「布雷頓森林二號協定」（Dooley, Folkerts-Landau & Garber, 2004, 2009）；實際上，自從一九九〇年之後，中國與美國之間也用了許多種非官方途徑來保持美元相對於東方亞洲貨幣——也就是人民幣——的高匯率，就是為了加速廉價中國產品進口到美國。事實上，美國的實質工資自從一九七〇年代起就沒有任何進展，甚至持續性的衰退中，而這種消費債務的累積，或許就是美國實質生活水準還能夠保持平盤的主因。

20 關於鄭和，讀者可參考Dreyer, 2006; Wade, 2004; Wake, 2007；至於「進貢」，請參考Moses, 1967; Yü, 1967; Hamashita, 1994, 2003; Di Cosmo & Wyatt, 2005

21 這裡的說法跟隨了Arrighi, Hui, Hung, and Selden（2003）的論點；某些元素則回應了Arrighi的最新作品*Adam Smith in Beijing*（2007）。

22 日本則是一個顯著的例外。早在這個時代之前，日本就已經達成了近似於第一世界水準的成就。

23 Keynes, 1936: 345

24 讀者請參考 www.irle.berkeley.edu/events/spring08/feller

25 關鍵的法案就是一九八〇年的「儲蓄機關解除管制法案」與「貨幣控制法案」。這兩個法案瓦解了美國所有關於高利貸的聯邦法案。從表面上看來，這兩個法案是為了回應一九七〇年代晚期的通貨膨脹。但是，就算通貨膨脹結束之後，美國政府也沒有收回這兩個法案，讓它們已經實施了將近四分之一個世紀。這兩個法案讓各州可以自行決定利息上限。但是，信用卡公司可以根據自己註冊的州政府法律決定利率，而不是以實際運作的地點。因此，大多數的信用卡公司都選擇在南達科他州註冊，當地沒有規定任何利息上限。

26 第一個詞來自於傅利曼那本趾高氣昂卻空洞無比的作品：*The Lexus and the Olive Tree*；第二個詞則來自於Randy Martine（2000）（書名就是《日常生活的金融化》）

27 在美國，「普遍的離異性」（universal otherness）最重要的「伙伴」就是種族主義。這就是為什麼美國大多數的零售業都是以族群作為分界點。例如韓國人大多數都經營雜貨店或乾洗店等等，他們彼此分享信用，但卻不信任客戶。對他們來說，客戶是在社會關係上非常遙遠的族群，所以根本不可能把信用制度往外延伸，甚至期待建立最基本的信任關係。他們認為這些客戶通常都是電工、鎖匠或者是各種承包商，並且都會想辦法欺騙他們。從本質上來說，任何人只要超過市場中的種族、族群界線，就很有可能變成亞瑪力人。

28 Gilder, 1981: 266；轉引自Cooper, 2008: 7。Cooper在處理債務帝國主義——似乎是她受到Hudson影響受所創造出來的名詞——與基督教福音教派之間的關係，完成了非常優秀的詮釋，我發自內心的推薦這個作品。除此之外，讀者也可以參考Naylor, 1985

29 Robertson, 1992: 153; 轉引自 Cooper, op cit.

30 Atwood, 2008: 42

31 意外的是，這也是用來回應對「窮人之所以負債，是因為他們總是無法忍受必須延後享樂」的最好說詞——

當然，這也是盲目而無法理解人性的經濟學，再次毀滅了自己瞭解消費者真實反應的機會。從數學的角度來說，定存每年大約可以獲得四%的利息，信用卡則收取二〇%的利息，消費者應該要將儲蓄作為緩衝，唯有在真正有需求的時候才選擇負債，並且只有在必要的時候才購買東西，除非個人收支當中已經出現盈餘。但是，非常少人會採取這麼理性的作法，但這不是因為鋪張浪費（例如想要快點買漂亮的衣服），而是因為許多人際關係上的議題不能用「消費者購買力」作為單一標準。例如，每個人的女兒都只有一次五歲，或者某個人祖父其實只剩下幾年光景了。

32 關於這個主題的研究成果非常多，實在令人猶豫應該引用哪一本，但其中有一些非常傑出的作品，例如Anya Kamentz的*Generation Debt*（2006）；Brett Williams的*Social History of the Credit Trap*（2004）。將債務視為階級鬥爭形式的觀點，受到了*Midnight Notes Collectivs*這個團體的影響甚多。他們的說法其實有點矛盾：「新自由主義讓資本與勞動階級在信用這個場域中開啟了一場新的鬥爭」（2009, 7）。我在這裡部分採取這個分析方法，但希望能夠迴避掉經濟學家將人類生活視為「勞力再生產」的限制。這個限制綑綁了馬克思主義。但是，強調生命本身的意義大過於「生存」的論點，則受到瓦內傑姆（Raoul Vaneigem）一九六七年作品的遙遠影響，並且聚集到我自己談論價值理論的研究作品上（Graeber, 2001）。

33 Elyachar, 2002: 510

34 關於這種情況的例子，請讀者參考"India's Microfinance suicide epidemic," South Biswas, BBC News South Asia, 16, December, 2010, http.bbc.uk/news/world-south-asia-11997571

35 我親身參與的所有社會活動讓我第一手觀察到這個事實：警察非常樂於暫停經濟高峰會，這樣就能確保抗議人士不會覺得自己成功。

36 它的實踐方式包括了「免利」的銀行制度——雖然表面上聽起來是採取利潤共享制度，但實際上跟其他銀行差不多。問題是如果這種分享獲利的銀行與其他傳統銀行在同一個市場裡面競爭，認為自己企業將會獲得高利潤的人將會選擇固定利息的貸款，至於預期利潤較低的企業，則會選擇分享獲利的銀行（Kuran, 1995: 162）。為了要讓免利制度順利運作，因此必須規定所有銀行都必須採取這種制度。

37 在阿拉伯帝國時代則是保證金錢供應；中國的方法是使用系統性的穩定秩序、避免獨佔情況；晚近的美國與北大西洋國家則是允許債務的貨幣化。

38 正如我在第五章所說，經濟生活永遠都是相互衝突的原則問題，也因此在某個程度上是內在不協調的領域。

但是，我不認為這是一件壞事——至少，衝突可以帶來永不停止的創造。但是暴力所創造出來的干擾卻是相當可怕的行為。

39 von Mises, 1949: 540-541。德文原典出版於一九四〇年左右，甚至很有可能更早一、兩年前。

40 Ferguson, 2007: iv

41 在這裡，我認為自己說的話相當具有權威性。因為我自己的出身就非常的卑微，幾乎是靠著不斷的勞力付出，才能改變自己的處境。所有的朋友都知道我是一個工作狂——證據就是他們理直氣壯的在我耳朵旁邊發牢騷。因此，我相信清楚這種勞力付出當中的些微病態形式，也不可能讓一個人變得更好。

國家圖書館出版品預行編目資料

債的歷史：從文明的初始到全球負債時代／大衛・格雷伯David Graeber 著；羅育興／林曉欽譯 -- 初版. -- 臺北市：商周出版：家庭傳媒城邦分公司發行, 民102.09
面； 公分.
譯自：Debt: The First 5,000 Years

ISBN 978-986-272-436-1（平裝）

債的歷史：從文明的初始到全球負債時代

原文書名／Debt: The First 5,000 Years
作　　者／大衛・格雷伯David Graeber
譯　　者／羅育興、林曉欽
責任編輯／鄭雅菁

版　　權／林心紅
行銷業務／李衍逸、吳維中
總 編 輯／楊如玉
總 經 理／彭之琬
法律顧問／台英國際商務法律事務所　羅明通律師
出　　版／商周出版
臺北市中山區民生東路二段141號9樓
電話：(02) 2500-7008　傳眞：(02) 2500-7759
E-mail：bwp.service@cite.com.tw
發　　行／英屬蓋曼群島商家庭傳媒股份有限公司城邦分公司
臺北市民生東路二段141號2樓
書虫客服專線：(02)2500-7718；2500-7719
24小時傳眞專線：(02)2500-1990；2500-1991
服務時間：週一至週五上午09:30-12:00；下午13:30-17:00
劃撥帳號：19863813　戶名：書虫股份有限公司
E-mail：service@readingclub.com.tw
歡迎光臨城邦讀書花園　網址：www.cite.com.tw
香港發行所／城邦（香港）出版集團有限公司
香港灣仔駱克道193號東超商業中心1樓
電話：(852) 25086231　傳眞：(852) 25789337
E-mail：hkcite@biznetvigator.com
馬新發行所／城邦（馬新）出版集團　Cité (M) Sdn. Bhd. (458372U)
41, Jalan Radin Anum, Bandar Baru Sri Petaling,,
57000 Kuala Lumpur, Malaysia.
電話：603-90578822　傳眞：603-90576622

封面設計／蘇品銓
排　　版／浩瀚電腦排版股份有限公司
印　　刷／高典印刷有限公司
總 經 銷／高見文化行銷股份有限公司 電話：(02) 2668-9005 傳眞：(02)2668-9790

■2013年（民102）09月03日初版一刷　　Printed in Taiwan
■2013年（民102）10月01日初版4刷

定價／550元

978-986-272-436-1

城邦讀書花園
www.cite.com.tw

商周出版

廣	告	回	函
北區郵政管理登記證			
台北廣字第000791號			
郵資已付，免貼郵票			

104台北市民生東路二段 141 號 2 樓

英屬蓋曼群島商家庭傳媒股份有限公司　城邦分公司

請沿虛線對摺，謝謝！

商周出版

書號： BK7051　**書名：** 債的歷史：從文明的初始到全球負債時代　**編碼：**

請於此處用膠水黏貼

商周出版

讀者回函卡

謝謝您購買我們出版的書籍！請費心填寫此回函卡，我們將不定期寄上城邦集團最新的出版訊息。

姓名：＿＿＿＿＿＿＿＿＿＿＿＿＿＿＿＿　性別：☐男　☐女

生日：西元＿＿＿＿＿＿年＿＿＿＿＿＿月＿＿＿＿＿＿日

地址：＿＿＿＿＿＿＿＿＿＿＿＿＿＿＿＿＿＿＿＿＿＿＿＿

聯絡電話：＿＿＿＿＿＿＿＿＿＿　傳真：＿＿＿＿＿＿＿＿＿＿

E-mail：＿＿＿＿＿＿＿＿＿＿＿＿＿＿＿＿＿＿＿＿＿＿＿＿

學歷：☐1.小學　☐2.國中　☐3.高中　☐4.大專　☐5.研究所以上

職業：☐1.學生　☐2.軍公教　☐3.服務　☐4.金融　☐5.製造　☐6.資訊

☐7.傳播　☐8.自由業　☐9.農漁牧　☐10.家管　☐11.退休

☐12.其他＿＿＿＿＿＿＿＿＿＿＿＿＿＿＿＿＿＿＿＿

您從何種方式得知本書消息？

☐1.書店　☐2.網路　☐3.報紙　☐4.雜誌　☐5.廣播　☐6.電視

☐7.親友推薦　☐8.其他＿＿＿＿＿＿＿＿＿＿＿＿＿＿＿＿

您通常以何種方式購書？

☐1.書店　☐2.網路　☐3.傳真訂購　☐4.郵局劃撥　☐5.其他＿＿＿＿

您喜歡閱讀哪些類別的書籍？

☐1.財經商業　☐2.自然科學　☐3.歷史　☐4.法律　☐5.文學

☐6.休閒旅遊　☐7.小說　☐8.人物傳記　☐9.生活、勵志　☐10.其他

對我們的建議：＿＿＿＿＿＿＿＿＿＿＿＿＿＿＿＿＿＿＿＿＿＿

＿＿＿＿＿＿＿＿＿＿＿＿＿＿＿＿＿＿＿＿＿＿

＿＿＿＿＿＿＿＿＿＿＿＿＿＿＿＿＿＿＿＿＿＿

＿＿＿＿＿＿＿＿＿＿＿＿＿＿＿＿＿＿＿＿＿＿

【為提供訂購、行銷、客戶管理或其他合於營業登記項目或章程所定業務之目的，城邦出版人集團（即英屬蓋曼群島商家庭傳媒（股）公司城邦分公司、城邦文化事業（股）公司），於本集團之營運期間及地區內，將以電郵、傳真、電話、簡訊、郵寄或其他公告方式利用您提供之資料（資料類別：C001、C002、C003、C011等）。利用對象除本集團外，亦可能包括相關服務的協力機構。如您有依個資法第三條或其他需服務之處，得致電本公司客服中心電話(02)25007718請求協助。相關資料如為非必要項目，不提供亦不影響您的權益。

1. C001辨識個人者：如消費者之姓名、地址、電話、電子郵件等資訊。
2. C002辨識財務者：如信用卡或轉帳帳戶資訊。
3. C003政府資料中之辨識者：如身分證字號或護照號碼（外國人）。
4. C011個人描述：如性別、國籍、出生年月日。

請於此處用膠水黏貼